中国近代史学文献丛刊

王　东　李孝迁／主编

中国经学评论

王应宪／编校

上海古籍出版社

上海高校服务国家重大战略出版工程

上海市教育委员会科研创新计划重大项目
"重构中国：中国现代史学的知识谱系（1901—1949）"
（2017-01-07-00-05-E00029）

国家社科基金一般项目"晚清民国经学研究史"
（15BZS086）

丛刊缘起

学术的发展离不开新史料、新视野和新方法,而新史料则尤为关键。就史学而言,世人尝谓无史料便无史学。王国维曾说:"古来新学问之起,大都由于新发现。"无独有偶,陈寅恪亦以为"一时代之学术,必有其新材料与新问题",取用此材料,以研求问题,则为此时代学术之新潮流;顺此潮流者,谓之预流,否则谓之未入流。王、陈二氏所言,实为至论。抚今追昔,中国史学之发达,每每与新史料的发现有着内在联系。举凡学术领域之开拓、学术热点之生成,乃至学术风气之转移、研究方法之创新,往往均缘起于新史料之发现。职是之故,丛刊之编辑,即旨在为中国近代史学史学科向纵深推进,提供丰富的史料支持。

当下的数字化技术为发掘新史料提供了捷径。晚近以来大量文献数据库的推陈出新,中西文报刊图书资料的影印和数字化,各地图书馆、档案馆开放程度的提高,近代学人文集、书信、日记不断影印整理出版,凡此种种,都注定这个时代将是一个史料大发现的时代。我们有幸处在一个图书资讯极度发达的年代,当不负时代赋予我们的绝好机遇,做出更好的研究业绩。

以往研究中国近代史学,大多关注史家生平及其著作,所用材料以正式出版的书籍和期刊文献为主,研究主题和视野均有很大的局限。如果放宽学术视野,把史学作为整个社会、政治、思潮的有机组成部分,互相联络,那么研究中国近代史学所凭借的资料将甚为丰富,且对其也有更为立体动态的观察,而不仅就史论史。令人遗憾的是,近代史学文献资料尚未有系统全面的搜集和整理,从而成为学科发展的瓶颈之一。适值数字化时代,我们有志于从事这项为人作嫁衣裳的事业,推出《中国近代史学文献丛刊》,计划陆续出版各种文献资料,以飨学界同仁。

丛刊收录文献的原则：其一"详人所略，略人所详"，丛刊以发掘新史料为主，尤其是中西文报刊以及档案资料；其二"应有尽有，应无尽无"，丛刊并非常见文献的大杂烩，在文献搜集的广度和深度上，力求涸泽而渔，为研究者提供一份全新的资料，使之具有长久的学术价值。我们立志让丛刊成为相关研究者的案头必备。

这项资料整理工作，涉及面极广，非凭一手一足之力，亦非一朝一夕之功，便可期而成，必待众缘，发挥集体作业的优势，方能集腋成裘，形成规模。华东师范大学历史学系，在史学理论与史学史研究领域有着长久深厚的学术传统，素为海内外所共识。我们有责任，也有雄心和耐心为本学科的发展贡献绵薄之力。在当下的学术评价机制中，这些努力或许不被认可，然为学术自身计，不较一时得失，同仁仍勉力为之。

欢迎学界同道的批评！

整理说明

经学是传统中国的主干学问,居于四部之首。由于儒家经典承载道德教化功能,经学为治世之学,学随世变,然其演变亦有端绪可寻。四库馆臣以为:自汉以后两千年间,"儒者沿波,学凡六变",而其归宿不过"汉宋两家互为胜负"。及至近代中国,因政权更迭、经济变化以及西方学说的影响,经学失去赖以依存的社会与政治"脐带",正统地位走向式微,政治生命已然终结,然而经学的学术承继并未完全中断,其历史与思想的价值在现代观念洗礼下完成更新转型。

近世学人从不同视角多维度地审视经学,经学研究呈现出新的内涵和面貌,涌现出数十部学术专著以及数以千计的专题论文。如皮锡瑞《经学历史》首次叙述经学演变史,章太炎《清儒》篇开启断代经学史先河,刘师培《经学教科书》多角度析论传统经学分派说,范文澜《中国经学史的演变》头一次用马克思主义清算经学,等等。而本田成之《支那经学史论》、泷熊之助《支那经学史概说》等域外经学史论著的译介传入,也丰富了国人对于经学文化的认知。

近代以来的经学成果汗牛充栋,或正式出版,或散见报章,可供检索查阅者有《十三经论著目录》《晚清经学研究文献目录》《经学研究论著目录》以及林庆彰先生主编《民国时期经学丛书》等。编者于此有所关注,数年前汇辑相关论文数十篇,初分"通论""断代""书评"三类,汇辑"中国经学史论文选辑"以为授课参考。此次借《中国近代史学文献丛刊》出版之机,增删原稿,重加董理,易名"中国经学评论",以期呈现近代经学演变、转化的某些面相,为读者了解近代社会大变局下的经、经学以及经学史提供参考。

在编校整理过程中,我们主要遵循以下原则:(一)排序原则。依

"经与经学""读经问题""序跋书评"三个主题,略作区分,同类文献参照时间先后斟酌排列。(二)格式编排。原本竖排繁体者,调整为横排简体;双行夹注者,改为单行夹注,表格部分斟酌处理。(三)文字校勘。原文明显错讹处,径行订正;漫漶而无法辨识者,以"□"表示。

因学识之限,讹误难免,期待读者指正。

王应宪

二〇二〇年五月

目 录

丛刊缘起 / 1
整理说明 / 1

经与经学

经学讲义　王舟瑶 / 3
经学初程　廖平、吴之英 / 95
经学概论讲义　王国维 / 106
群经概要　吕思勉 / 114
经学略说　章太炎 / 130
吴学甄微　贝　琪 / 178
读经通论　饶檀龄 / 199
中国经书之分析　陆懋德 / 203
重论经今古文学问题
　　——方国瑜标点本《新学伪经考》序　钱玄同 / 217
经学的综合与分化　陶希圣 / 275
中国经学史的演变
　　——延安新哲学年会讲演提纲　范文澜 / 279
两汉今古文学之争的意义　杜国庠 / 309

读经问题

大学堂经学科大学（理学附）科目 / 325
京师大学堂经科规约 / 331

奏定经学科大学文学科大学章程书后　王国维 / 335
"读经问题"解嘲　黎锦熙 / 341
十四年的"读经"　鲁迅 / 350
僵尸的出祟
　　——异哉所谓学校读经问题　周予同 / 353
学校读经问题　梁启超 / 363
读经与尊孔
　　——北大教授钱穆在蒙藏学校讲演　长江 / 365
论读经有利而无弊　章太炎 / 367
论学校读经　傅斯年 / 372
我们今日还不配读经　胡适 / 377
再释读经之异议　章太炎 / 381
读经平议　胡适 / 387
读经杂感并评胡适《读经平议》　李源澄 / 391
"经"之价值与"经"之读法　赵纪彬 / 394
论读经　郭沫若 / 398
全国专家对于读经问题的意见 / 402
《读经问题》序言与后记　叶青 / 407
论大学课程之经学研究　杜钢百 / 413

序跋书评

《新学伪经考》序　康有为 / 435
《新学伪经考》叙　梁启超 / 437
《经学导言》自序　邬庆时 / 439
《经学教科书》序例与弁言　刘师培 / 440
《经学讲义》叙　倪羲抱 / 442
《读经救国论》序　孙雄 / 444
《经学通论》叙恉　陈钟凡 / 448
《经学讲义》序　胡朴安 / 451

《经子解题》自序　吕思勉 / 453
《经学通论》序　林思进 / 454
《十三经读本》序　唐文治 / 455
《十三经读本》序　陈宝琛 / 458
《经学抉原》序　蒙文通 / 459
《经学常识》提要　徐敬修 / 461
《先秦经籍考》序　江侠庵 / 462
《经学提要》例言　朱剑芒 / 464
叶郋园先生《经学通诰》跋　杨树达 / 466
《国学研究经部》例言　顾荩臣 / 467
《十三经索引》自序　叶圣陶 / 468
《四书解题及其读法》序　钱基博 / 470
《经训读本》序　杨寿昌 / 474
《六艺后论》自序　陈鼎忠 / 477
《十三经概论》序　卫聚贤 / 479
《经学概论》弁言与序例　汪国镇 / 480
《中国经学史》译者序　孙悢工 / 483
《经学史论》译者序　江侠庵 / 484
《经学通志》自序　钱基博 / 486
《中国经学史》序　马宗霍 / 487
《经学通论》序　李大明 / 488
《经学源流考》叙　甘鹏云 / 491
《经学通论》自序　李源澄 / 493
《经学纂要》绪言　蒋伯潜 / 494
《十三经概论》自序　蒋伯潜 / 498
《西汉经学与政治》自序　杨向奎 / 501
《读经示要》自序　熊十力 / 502
评《新学伪经考》　廖　平 / 505

经学史与经学之派别

——皮锡瑞《经学历史》序　周予同 / 508

评《先秦经籍考》　张季同 / 518

江侠庵编译《先秦经籍考》底胡译　慧　先 / 522

《经今古文学》　童书业 / 526

皮锡瑞《经学通论》书后　杨敏曾 / 533

《经学史论》　一　之 / 540

《中国经学史》　觉　斋 / 545

《经学源流考》　齐思和 / 553

《中国经学史概说》　睎 / 556

熊著《读经示要》　谢幼伟 / 560

经与经学

经学讲义

王舟瑶

序

去岁之冬,京师开办大学堂,管学大臣长沙张公以经史二科命不佞讲授。其经学一科,谨遵章程,先授家法,积成讲义一册。既而复取经中大义,与诸生讲论,未几复积成讲义一册。篇中所言,都半密切于见世情状者。盖六经皆圣人经世之书,不独《春秋》为然。士之通经,亦求经世也。汉儒虽尚训故,重家法,然以《禹贡》行水,以《春秋》折狱,以三百五篇当谏书,固非专务章句之学。东京崇尚经术,一时多气节之士,是其效果。乾嘉学者,于群经大义无所明,于汉儒气节不知重,而徒务为形声训诂、破碎无用之考据,而经学遂为世所诟病,此不佞所大惧而不敢复蹈者也。其间称引东西学说相印证者,盖经所言皆公理,公理无间于中外,所谓东海西海,心同理同也。光绪癸卯十月黄岩王舟瑶。

《京师大学堂经学科讲义》自序[①]

鄙人承管学大臣之命,分教斯度,自惭谫陋,不足副诸君望。诸君学皆有成,不自满假,噬肯来游,此我国文明之进步,自强之始基也。虽然,学问有精神、形式之判。精神之学问,必明乎物竞天择之义,优胜劣败之理。思我国何以弱,彼国何以强,推究原因,知所从事。其读史书,知何者可行,何者不可行,究人群之进化,知立国之本原,坐言起行,见

[①] 编者注:录自《京师大学堂伦理学经学讲义初编》。

诸实用。此为己之学也。形式之学问，贪多务博，西抹东涂。泛览群书，为古人之奴隶；涉猎新史，拾西士之唾余。此为人之学也。故学问宜先定宗旨。宗旨者，如植物之种，所谓种瓜得瓜，种豆得豆。朱子曰："立志如下种，未有播黄稗之种，而能获来牟之实者。"愿诸君奋爱国之热诚，明合群之公理，以德育为本，以智育、体育为辅，共矢如伤之志，各成有用之材，以济时艰，以报君国，庶不负朝廷立学之本意，冀与诸君共勉之。

《经学讲义》第一编目录

论读经法
家法①
　　第一章　孔门教育②
　　第二章　易家
　　第三章　尚书家
　　第四章　诗家
　　第五章　礼家
　　第六章　春秋家
　　第七章　孝经家
　　第八章　论语家
　　第九章　孟子家
　　第十章　尔雅家
　　第十一章　小学家

《经学讲义》第二编目录

大义③
　　通变篇

---

① 编者注：正文作"经学家法述"。
② 编者注：正文作"孔门传授"。
③ 编者注：正文作"经学大义述"。

自强篇

合群篇

天人篇

进化篇

新民篇

古今篇

道德篇上

道德篇下

明伦篇上

明伦篇下

嫁娶篇

学校篇

教育篇

原儒篇

礼乐篇

大同篇

君民篇

集议篇

惩惰篇

义利篇

公私篇

经权篇

矫制篇

复仇篇

论 读 经 法

通经所以致用。孔子曰:"诵《诗》三百,授之以政,不达,使于四方,不能专对,虽多,亦奚以为?"《列子》引孔子曰:"曩吾修《诗》《书》,正礼乐,将以治天下、遗来世,非但修一身、治鲁国而已。"汉之儒者,以《禹贡》行水,《春秋》折狱,三百五篇当谏书,方可谓之经学。若拘拘于形声训诂之中,名物考据之末,章句陋儒,何裨实用? 乾嘉以来,多坐此弊,吾辈不必复蹈也。

欲求实用,其道何由? 曰:一经之中,必有大义。如《孟子》七篇,以性善为体,以仁义为用;其论治,以民为体,以学校、井田为用。此其大义。学者读一经,必求其大义所在,取其有益于心身、有关于国家者而讲明之,余姑从缓可也。

欲求实用,贵乎通今,不可泥古。明堂、辟雍、郊祀、禘祫,经中大典,礼家聚讼,实则皆古人之陈迹,略知其制可耳。专事于此,实无所用。必求其有益于今,实可施行,心知古人之意,以救今日之失,庶足取通经之益。

《易》明天人之道,在诸经中最为精微。然天道远而人事近,故《系辞下传》言致用、崇德,"过此以往,未之或知"以下九节,皆以人事明之。伊川《易传》发挥人事,切于心身,深得夫子学《易》寡过之旨。汉魏《易》说,如阴阳、卦气、飞伏、归游、世应、纳甲等说,虽远有师承,然按诸本经,终属附会。乾嘉诸儒,竞言汉《易》,实无所用。学者可先读《程传》,欲考古说,则李鼎祚《集解》略备矣。

《书》道政事,唐虞三代之治,略具于斯,不可不读。经文简奥,须明训诂,孙星衍《今古文注疏》,足备参考。晚出古文,自宋吴才老、朱子以来已疑之,至国朝阎若璩尽发其覆。然此二十五篇中,不乏微言大义,何可废也。

孔门教人,以《诗》《礼》为先。盖古者三百篇,皆被于管弦,最足以陶淑性情。后世《乐》废,而《诗》之获益较浅。国朝诸儒,于《诗》中名物训诂,考之最详。然于兴观群怨之旨,尚鲜发明。今西国学堂,有唱歌一科,学者借此讽咏,亦古人诗乐合一之意乎。欲求名物训诂,可读陈奂《毛诗疏》。

《周官》一书,条理秩然,有与今日西政西学相符契者,足为经世之用。近孙诒让所著《正义》,颇为精详,可备研究。《仪礼》简古,昌黎叹为难读。国朝诸儒,最有功于是经。凌氏《释例》,极为贯串。胡氏《正义》,集其大成。然仅足以考求古礼,于今日究少实用。《小戴记》中有切用者,亦有仅资考古者,宜分别读之。

三传之中,《左氏》本诸国史,详于记事;《公》《穀》得诸口说,中多微言。《公羊》家说谓孔子因道不行,损益百王之法,作《春秋》以贻来世,以周末文胜,欲变从殷质,故谓黜周;假十二公之事以示法,故谓王鲁。非真谓周可黜,以鲁为王也。其学固有所受,然不善学之,则流弊滋多,学者不如先读《左氏传》。顾栋高《春秋大事表》一书,极为详核,足以备考。

《论语》记孔子之言行,《大学》详为学之次第,《中庸》多微言,《孟子》多大义,此四书者,备修己治人之全,萃六经之精义,学者宜终身服膺。《孝经》乃伦理之书,亦为切要。

群经中多古言古义,不通小学,则义无由明,犹之不通西文,则不能读西书,故《尔雅》《说文》,不可不究,然此乃经学之入门,非经学之全体。为汉学者,每抱此以自足,则小矣。《尔雅》可读郝氏《义疏》,《说文》可读段氏《注》、王氏《释例》。

经学家法述

第一章　孔门传授

六经权舆于孔子,庄子称孔子尝谓老聃曰:"某治《诗》《书》《易》《礼》《春秋》。"《天运篇》。史公谓孔子闵王路废而邪道兴,于是论次《诗》《书》,修治礼乐,因史记作《春秋》。《儒林传》。晚而好《易》,序《彖》《系》《象》《说卦》《文言》,以《诗》《书》、礼乐教弟子,盖三千焉,身通六艺者,七十有二人。《孔子世家》。是经学创始于孔子,传经亦莫盛于孔门。商瞿受《易》,《七十子传》。漆雕受《书》,《家语》。子夏受《诗》,《郑志》。左氏受《春秋》,杜氏《集解序》。曾子受《礼》,《大戴》有《曾子》十篇,《小戴礼》有《曾子问》篇。而子夏尤通群经,序《诗》传《易》,《七十子传》索隐。受《春秋》,《公羊疏》引《孝经钩命诀》以《春秋》属商。作《丧服传》,《仪礼》。孔子既没,教授西河,为魏文侯师,《七十子传》。弟子最盛,公羊、穀梁,皆从受经。《释文·序录》。徐防曰:"《诗》《书》、礼乐,定自孔子;发明章句,始于子夏。"《后汉书·徐防传》。是孔门经学之传,子夏功为多也。

战国时,以孟、荀为大儒。孟子受业于子思之门人,序《诗》《书》,述仲尼之意,作《孟子》七篇。《史记·孟荀传》。赵岐称其"通五经,尤长于《诗》《书》",《孟子题辞》。故其书引《诗》者三十,论《诗》者四,引《书》者十八,论《书》者一,而论《春秋》尤有特识。孟子之学,其长在于微言大义,而不务章句,与子夏之派异。荀卿为子夏五传弟子,《释文·序录》。善为《诗》《礼》《易》《春秋》,齐襄王时,最为老师,刘向《荀子序》。大毛公、浮邱伯皆其弟子,为《毛诗》《鲁诗》所自出。《韩诗外传》引荀子说,凡四十有四,则《韩诗》亦荀卿弟子也。传《穀梁》之瑕邱,传《左氏》之贾谊,则皆再传弟子也。且其学尤长于《礼》,大戴所传之《哀公问五义》篇、《礼三本》篇、《曾子立事》篇、《劝学》篇,小戴所传之《乐记》篇、《三年问》篇、《乡饮酒义》篇,大略皆见于《荀子》,是子夏之后,其有功于经者,又莫荀子若也。

第二章 易家

包牺氏仰观于天,俯察于地,观鸟兽之文,与地之宜,近取诸身,远取诸物,于是始作八卦。《系辞》。其重为六十四卦者,王辅嗣以为宓牺,郑康成以为神农,孙盛以为夏禹,史迁以为文王。《易正义》卷一第二论。案周官太卜掌三易之法,一曰《连山》,二曰《归藏》,三曰《周易》,其经卦皆八,其别皆六十有四。杜子春谓"《连山》宓牺,《归藏》黄帝",郑康成谓"夏曰《连山》,殷曰《归藏》"。郑注《周礼》仍引杜说,至作《易赞》《易论》则以为夏殷。则卦之重为六十四久矣,当不始于文王也。故孔颖达以为伏羲为得其实。其卦辞爻辞,史迁及郑学之徒,以为并出文王。马融、陆绩等以为卦辞出文王,爻辞出周公。夫果出文王,不应言"王用享于岐山","箕子之明夷"。《左传》言:"韩宣子适鲁,见《易象》,云今知周公之德。"则爻辞当是周公,本《正义》说。至孔子为《彖》《象》《系辞》《文言》《序卦》之属十篇。《汉·艺文志》。自鲁商瞿子木受《易》孔子,以授鲁桥庇子庸,子庸授江东馯臂子弓,《史记·七十子传》作瞿传馯臂子弘,弘传矫子庸疵。子弓授燕丑子家,《史记》作疵传周子家竖。子家授东武孙虞子乘,《史记》作竖传淳于光子乘羽。子乘授齐田何子装。及秦禁学,《易》为卜筮之书,独不禁,故传受不绝。汉兴,田何徙杜陵,号杜田生,授东武王同子仲、雒阳丁宽、齐服生,皆著

《易传》。宽再传而有施、孟、梁邱之学。《汉·儒林传》。又别有京氏之学、费氏之学、高氏之学,略分四派。

施、孟、梁邱之学,受诸田王孙,王孙受诸丁宽。班氏称丁宽:"作《易说》三万言,训故举大谊而已,今小章句也。"《儒林传》。陈氏澧曰:"汉时《易》家有阴阳灾变之说,丁宽《易》则无之,惟训故举大谊而已。自商瞿至宽六传,而其说不过如此。此先师家法也。宽再传乃分为施、孟、梁邱三家。"《东塾读书记》。今案:《艺文志》有《易经》十二篇,施、孟、梁邱三家;又有《章句》,施、孟、梁邱氏各二篇。《崇文总目》曰:"《卦》《象》《爻》《彖》与《文言》《说卦》等,离为十二篇,而说者自为章句,《易》之本经也。"

京氏之学,出于焦氏。《儒林传》:"京房受《易》梁人焦延寿。延寿尝从孟喜问《易》。会喜死,房以为延寿《易》即孟氏学,翟牧、白生不肯,皆曰非也。成帝时,刘向校书,考《易》说,以为诸家皆祖田何、杨叔、丁将军,大谊略同,惟京氏为异,党焦延寿独得隐士之传,托之孟氏。"今案:孟喜之学,原分二派,一为章句之学,一为灾异之学。班氏称:"喜从田王孙受《易》,好自称誉,得《易》家候阴阳灾变书,诈言师田生,且死时,枕喜膝,独传喜。同门梁邱贺疏通证明之,曰:'田生死于施雠手,时喜归东海,安得此事?'"《儒林传》。是孟氏之学,本有阴阳灾变一派,所谓卦气、六日七分之学是也。《艺文志》有《章句》施、孟、梁邱氏各二篇,此乃受之田王孙者,与施、孟、梁邱氏同也。又有《孟氏京房》十一篇、《灾异孟氏京房》六十六篇,此所谓得阴阳灾变书,托之田生者,梁邱氏证以为非也。《唐书》载一行《卦议》云:"十二月卦出于孟氏《章句》。"焦氏循辨之曰:"六日七分,必非《章句》中之说。《章句》止二篇,而唐所存十卷,盖以灾异羼入其中。"《易图略》。焦赣从孟喜问《易》,专受灾异一派,传之京易。班书称赣常曰:"得我道以亡身者,京生也。"其说长灾变,分六十四卦,更直日用事,以风雨寒温为候,各有占验,房用之尤精。《隋志》载京氏书凡十种,今惟存《易传》三卷,凡世应、归魂、游魂、纳甲之说,皆出于是。此《易》家之外道,非经之本旨也。

费氏之学,未知所出。班氏称其长于卦筮,亡《章句》,徒以《彖》《象》《系辞》《文言》十篇,解说上下经。《儒林传》。陈氏澧曰:"此千古治《易》之准的也。孔子作十篇,为经注之祖。费氏以十篇解说上下经,乃义疏之祖。费氏之书已佚，而郑康成、荀慈明、王辅嗣皆传费氏学，此后儒之说。凡据十篇以解经者，皆得费氏家法者也。其自为说者，皆非费氏家法也。说《易》者当以此为断。《东塾读书记》。

高氏之学，班氏云："沛人高相治《易》，与费公同时，亦亡《章句》，专说阴阳灾异，自言出于丁将军。"《儒林传》。今案：丁氏《易说》，惟训故举大谊而已。而高氏专说阴阳灾异，其非丁氏学明矣。此与孟喜以所得阴阳灾变书，托之田生者，同出一辙也。

以上四派，汉初立《易》杨氏博士，宣帝复立施、孟、梁邱《易》，元帝复立京氏《易》。《汉·儒林传》。费、高二家，民间传之。刘向以中古文《易》校施、孟、梁邱，或脱去无咎、悔亡，惟费氏经与古文同。《汉·艺文志》。案：施、孟、梁邱，皆今文家，费氏为古文家也。

后汉光武立五经博士，《易》有施、孟、梁邱、京氏四家，其见于范书《儒林传》者，若刘昆、刘轶、景鸾皆传施氏《易》，洼丹、觟阳鸿、任安传孟氏《易》，范升、杨政、张兴及其子鲂传梁邱氏《易》，戴凭、魏满、孙期传京氏《易》。散见于各传及谢承、司马彪书、《东观汉记》《隶释》《隶续》者甚夥，今不悉知。而陈元、郑众皆传费氏《易》。其后马融为之传，授郑玄，玄作《易注》，荀慈明又作《易传》。《儒林传》。魏代王肃、王弼并为之注。自是费氏大兴，高氏遂衰。梁邱、施氏、高氏亡于西晋，孟、京有书无师。梁陈时郑玄、王弼二注列于国学。齐代唯传郑义。至隋王注盛行，郑氏寝微。《隋志》。唐孔颖达撰《正义》，以王注为本，至宋而郑《易》遂亡，王应麟所辑仅一卷而已。

先是唐李鼎祚采汉、魏、晋、唐人《易》说三十余家，为《集解》一书。自谓"刊辅嗣之野文，补康成之逸象"，所载荀、虞之说为多。国朝惠栋据之，著《周易述》。张惠言复专辑虞注，著《虞氏义》。乾嘉以来，虞氏兴而王氏渐息矣。陈氏澧曰："讲汉《易》者，尤推尊虞仲翔，谓仲翔传孟《易》，乃汉学也。然辅嗣传费《易》，独非汉学耶？辅嗣杂以老子之说，仲翔何尝不杂以魏伯阳之说耶？在乎学者分别观之耳。"《东塾读书记》。焦氏循曰："纳甲、卦气，皆《易》之外道。赵宋儒者，辟卦气而用先天，近人知先天之非矣，而复理纳甲、卦气之说，不亦唯之与阿哉！"《易图略》。

第三章　尚书家

《书》之所起远矣，至孔子纂焉，上断于尧，下迄于秦，凡百篇，而为之序，言其作意，班《志》。案：《周官》外史掌三皇五帝之书。朱子云："若果全备，孔子亦不应删去，或简编脱落，不可通晓，或孔子所见，止是唐虞以下。"今案：史公谓孔子时《诗》《书》散佚，盖已不全，故断自尧以来，至《尚书纬》谓："孔子求书，得黄帝玄孙帝魁之书，迄于秦穆，凡三千二百四十篇，断定可以为世法者百二十篇，以百二十篇为《尚书》，十八篇为《中候》。"去三千一百二十篇，此说不足信。岂有三千一百二十篇皆不足为世法乎？郑君作《书论》取之，非也。遭秦灭学。至汉兴，传《尚书》者有二派，一曰欧阳、大小夏侯，今文之学；一曰孔氏，古文之学。

欧阳、大小夏侯之学，皆原出济南伏生。伏生故为秦博士，孝文时求能治《尚书》者，天下无有，闻伏生能治，欲召之。时伏生九十余，老不能行，乃诏太常掌故晁错往受之。秦时焚书，伏生壁藏之，后兵起流亡。汉定，伏生求其书，亡数十篇，独得二十九篇，以教于齐鲁之间。伏生教济南张生，《史记·儒林传》。及千乘欧阳生和伯，欧阳生授同郡兒宽，宽授欧阳生子，世世相传，至曾孙高为博士，《汉书·儒林传》。作《尚书章句》，为欧阳氏学。《释文·叙录》。张生授夏侯都尉，都尉传族子始昌，始昌传族子胜，《儒林传》。胜尝受诏，撰《尚书说》，本传。为大夏侯氏学。胜传从兄子建，为小夏侯氏学。《儒林传》。是三家皆出于伏生。然班《志》列《尚书经》二十九卷，注云："大小夏侯二家，欧阳三十一卷。"又列欧阳《章句》三十一卷，大小夏侯《章句》各二十九卷。是欧阳所传经卷数，与大小夏侯不同。盖大小夏侯所传二十九卷，是伏生之旧；欧阳三十一卷，王氏鸣盛以为分《太誓》为三篇是也。班氏称胜从始昌受《尚书》及《洪范五行》，说灾异，后事兒宽门人简卿，又从欧阳氏，所问非一师。建事胜及欧阳高，左右采获，又从五经诸儒问，与《尚书》相出入者，牵引以次章句，具文饰说。胜非建以为章句小儒，破碎大道；建亦非胜为学疏略，难以应敌。本传。是大小夏侯亦自不同。武帝时立欧阳博士，孝宣复立大小夏侯，《汉志》。东京相传不绝，而欧阳最盛，及晋永嘉之乱而亡。《隋志》。今惟存《大传》四卷，《补遗》一卷，可略考见伏生之家法焉。

《古文尚书》之学，出于孔安国。鲁恭王坏孔子宅，得《古文尚书》，安国得其书，以考二十九篇，得多十六篇，献之，遭巫蛊事，未列学官。

《汉志》。授都尉朝,而司马迁亦从安国问故,迁书所载《尧典》《禹贡》《洪范》《微子》《金縢》诸篇,多古文说。《儒林传》。平帝时立博士。《艺文志》。东汉虽未立学,然肃宗尝诏高才生受之,尹敏、盖豫、周防、孙期、丁鸿、杨伦并传其学,而孔僖世传之,皆见范书《儒林传》。《传》又称扶风杜林传《古文尚书》,同郡贾逵为之训,马融作传,郑玄作注,由是《古文尚书》遂显于世。《隋志》言马、郑所传,惟二十九篇,又杂以今文,非孔氏旧本。《释文·叙录》亦谓马、郑所注,然伏生所诵,非古文。至朱氏彝尊则谓卫、贾、马、郑所注,皆杜氏漆书,非壁中古文。今案:马融《书传序》云:"逸十六篇,绝无师说。"引见《尧典》疏。惟无师说,故马、郑仅注二十九篇,与今文篇同。郑君《书赞》云:"我先师棘下生子安国,亦好此学,后汉卫、贾、马二三君子之业,则雅才好学,既宣之矣。"《尧典》疏引。是郑明言渊源于安国。班书《儒林传》称:"安国授都尉朝,朝授庸生,生授胡常,常授徐敖,敖授涂恽。"范书《贾逵传》称:"逵父徽,受《古文尚书》于涂恽,逵传父业。"则逵尤安国嫡传甚明,而《隋志》、元朗、竹垞之说皆非也。东晋时,伪《孔传》出,与郑注并行。唐时专行伪孔,而马、郑遂废。国朝孙星衍辑有《马郑注》十卷,而王鸣盛《尚书后案》,尤发明郑君一家之学也。

伪古文有二:一为西汉之伪百二篇,一为东晋之伪《孔传》。

百二篇出东莱张霸,分析二十九篇,以为数十,又采《左氏传》《书叙》为作首尾,为百二篇,篇或数简,文意浅陋。成帝时求其古文者,霸以能为《百两》征,以中书校之,非是,后黜其书,《汉书·儒林传》。已佚。

东晋伪古文,出于梅赜。《释文·叙录》称:"赜上《孔传古文尚书》,亡《舜典》一篇,乃取王肃注《尧典》,从'慎徽五典'以下,分为《舜典》以续之,学徒遂盛。"齐建武中,姚方兴采马、王之注,造孔传《舜典》一篇,云于大航头买得之。梁武时为博士,议其非,遂不行。案:伪古文《孔传》,东晋时立学官,唐陆氏作《释文》,孔氏作《正义》,并用其本。自宋吴棫、朱子始疑之,元吴澄、明梅鷟俱辨其伪。至国朝阎若璩作《古文尚书疏证》,其事益明,而梅赜之书几废。《四库提要》曰:"梅赜之书,行世已久。其文本采掇佚经,排比联贯,故其旨不悖于圣人,断无可废之理。"焦氏循云:"置其假托之孔安国,而论其魏晋间人之传,则未尝不可与何晏、杜预、郭璞、范宁之传注并存。"案：此最为持平之论也。

第四章　诗家

古有采诗之官，王者所以观风俗，知得失，自考正也。孔子取周诗，上采殷，下取鲁，凡三百五篇，遭秦而全者，以其讽诵不在竹帛也。班《志》。案：史公言："古诗三千余篇，至孔子去其重取可施于礼义者三百五篇，皆弦歌之，以求合《韶》《武》《雅》《颂》之音。"后儒皆从之。至孔冲远谓："经传所引诸诗，见存者多，亡失者少，不容孔子十去其九。"朱子谓："史官采诗时，已有编次，但孔子时已经散失，故重加整理，未见删去。"又谓："孔子不曾删诗，只是刊定。"叶水心谓："《论语》称诗三百，本古人已具之诗，不应指其自删者。"朱锡鬯又备引逸诗，以为此类未尝不可施于礼义，孔子何必删之，"且诗至三千，则所采定不止十三国，何季札观乐于鲁，所歌《风诗》无出十三国外者"。赵瓯北、崔东壁亦不以删诗之说为然，其言甚辨。至汉时，传《诗》者凡四家：一鲁、二齐、三韩、四毛。

《鲁诗》出于鲁申公培。《史记·儒林传》。申公之学，受诸浮邱伯，《汉书·儒林传》。而伯乃荀卿弟子，刘向《荀子序》。荀卿为子夏五传弟子，《释文·叙录》。则源出子夏也。楚元王交，少与申公俱受《诗》于浮邱伯。元王好《诗》，诸子皆读《诗》，申公始为《诗传》，号《鲁诗》。《汉书·楚元王传》。后居家教授，弟子自远方至者千《史记》作"百"。余人，为博士者十余人，大夫、郎、掌故以百数。《汉书·儒林传》。盖三家之学，鲁最先出，其传亦最盛。《汉志》有《鲁故》二十五卷，《鲁说》二十八卷，皆申公所传也。《史记·儒林传》言："申公独以《诗经》为训以教，无传疑，疑者则阙不传。"《汉书》脱上"疑"字，小颜遂谓口说其指，不为解说之传。案：《楚元王传》言申公始为《诗传》，则作传甚明。

《齐诗》出于齐辕固生，景帝时为博士，《史记·儒林传》。作《诗传》，号《齐诗》。《释文·叙录》。齐之言《诗》皆本诸固，齐人以《诗》显贵，皆其弟子。《史记·儒林传》。而夏侯始昌最明，始昌授后苍。《汉书·儒林传》。《汉志》有《齐后氏故》十卷，《后氏传》二七卷，皆苍所述也。苍授翼奉，奉上封事，称述六情五际，《汉书》本传。与《诗纬·推度灾》《泛历枢》之说合。盖始昌明于阴阳，善推灾异。《汉书》本传。引《诗》说阴阳灾异，当自始昌始，至奉益畅言之也。

《韩诗》出于燕韩婴，《汉书·儒林传》。推诗人之意，作内外传数万言，其说颇与齐鲁殊，然其归一也。淮南贲生受之，燕赵间言《诗》者由韩生。《史记·儒林传》。《汉志》有《韩故》三十六卷，《内传》四卷，《外传》六卷，《说》四十一卷，皆韩生所传也。今惟存《外传》十卷。

《毛诗》出于毛公，自谓子夏所传。《汉·艺文志》。徐整云："子夏授高行子，高行子授薛苍子，薛苍子授帛妙子，帛妙子授河间人大毛公。毛公为《诗故训传》，授赵人小毛公。小毛公为河间王博士，以不在汉朝，故不列于学。"《释文·叙录》。陆玑云："孔子删《诗》，授卜商，商为之序，授曾申，申授李克，克授孟仲子，孟仲子授根牟子，根牟子授荀卿，荀卿授鲁国毛亨，亨作《训诂传》，授赵国毛苌，时人谓亨为大毛公，苌为小毛公。"《毛诗草木虫鱼疏》。《汉志》有《毛诗故训传》三十卷，其书今存。

　　以上四家，齐、鲁、韩三家，西汉皆列于学官，《汉·艺文志》。《毛诗》平帝时始立。《儒林传》。东汉光武，仍立齐、鲁、韩三家，《毛诗》虽未立，然肃宗尝诏高才生授之。范书《儒林传》。班孟坚谓鲁申公为《诗训诂》，而齐辕固生、燕韩生皆为之《传》，或取《春秋》，采杂说，咸非其本义，与不得已，鲁最为近之。《艺文志》。自郑众、贾逵传《毛诗》，马融作《毛诗注》，郑玄作《毛诗笺》，范书《儒林传》。申明毛义，难三家，于是三家遂废。《释文·叙录》。至魏代，《齐诗》已亡，《鲁诗》亡于西晋，《韩诗》虽存，无传之者，惟《毛诗郑笺》立于学官。《隋志》。然郑君初从张祖恭学《韩诗》，范书本传。其作《笺》，间杂《鲁诗》，并参己意，实不尽同毛义。陈奂《毛诗传疏序》。魏王肃更述毛非郑，王基则驳王申郑。晋孙毓为《诗评》，评毛、郑、王三家同异，实朋于王。陈统复难孙申郑，《释文·叙录》。祖分左右，垂数百年。至唐孔颖达因郑《笺》为《正义》，乃论归一定，无复歧涂。《四库提要》。自宋郑樵作《诗辨妄》，攻《小序》，朱子从之，著《本义》，由是朱《传》行而毛、郑又衰。至国朝诸儒，复表彰毛、郑，其专申毛传者，有陈奂《毛诗传疏》；兼申毛、郑者，有陈启源《稽古篇》、马瑞辰《传笺通释》、胡承珙《毛诗后笺》。至齐、鲁、韩遗说，自宋王应麟辑有《三家诗考》，逮国朝陈寿祺父子、严可均、冯登府、马国翰诸儒，益事搜采，三家遗说，亦借存于世矣。

　　《毛诗》之序，沈重云："案郑《诗谱》，《大序》是子夏作，《小序》子夏、毛公合作。"范书《卫宏传》则言宏作。《隋志》云："先儒相承，谓子夏所创，毛公及卫敬仲又加润益。"韩昌黎则谓"子夏不序《诗》"，成伯玛则谓"子夏惟裁初句"以下出于毛公。王安石则谓"序乃诗人所自制"，程子则谓"《小序》国史之旧文，《大序》孔子所作"，王得臣则谓"首句孔子所作",曹粹中则谓"《毛诗》初行,尚未有序,门人互相传授,各记师说"。至郑樵、王质则斥为村野妄人所作。朱子作《集传》,竟废《小序》,而别为之说。当时诸儒,即有不以为然者。其后辨者甚众,而马贵与之说,最为持平,其言曰:"《诗》与《书》不同,《书》直陈其事,《诗》则不然。然《雅》《颂》之作,其辞易知,其意易明,至《国风》诸篇,则不可无序。盖风之为体,比兴之辞,多于叙述,讽谕之意,浮于指斥,有反复咏叹,联章累句,而无一言叙及作之之意者,而叙者乃一言以蔽之曰为某事也。苟非传授之有原,孰能臆料当时指意以示千载乎!且夫子尝删《诗》矣,其取于《关雎》者,谓其乐而不淫耳,则《诗》之可删者,孰大如淫?今以朱子《诗传》考之,其指为男女淫奔而自作诗以叙其事者,凡二十有四。夫以淫奔之人而发为无耻之辞,其诗篇之多如此,夫子犹存之,则不知所删者何等篇也。《左传》载列国聘享赋诗,其太不伦者,每来讥诮,如郑伯有赋《鹑奔》之类是也。然子展赋《将仲子》,子太叔子蟜赋《野有蔓草》,子太叔赋《褰裳》,子游赋《风雨》,子旗赋《有女同车》,子柳赋《箨兮》,此六诗,皆朱子斥为淫奔之人所作也。然所赋皆见善于叔向、赵武、韩起,不闻被讥,乃知当如序说,不当如朱子说也。至作序之人,无明文可考,然康成谓毛公始置诸诗之首,则自汉以前,经师传授,其去作诗之时,未甚远也。且《鸱鸮》之序,见于《尚书》,《硕人》《载驰》《清人》之序,见于《左传》,皆于作诗者同时,非后人之臆说也。"马氏原文甚长,今节录。今案:《诗序》原出于子夏,而毛公及后师皆有所增益,《乡饮酒》贾《疏》以"《南陔》,孝子相戒以养也"之类,是序文,其下云"有其义而亡其辞",是毛公续作,此即沈重所谓"毛更足成"之说也。然非必首句皆子夏所作,以下为毛公所续。如《常棣》序云:"燕兄弟也,闵管蔡之失道,故作《常棣》焉。"孔《疏》引《郑志·答张逸》云:"此序子夏所为,亲受圣人。"是郑以三句皆子夏所作,非独燕兄弟一句也。《十月之交》《雨无正》《小旻》《小宛》四篇,序皆云刺幽王,《诗谱》则云刺厉王,汉兴之初,师移其弟耳。孔疏云此所谓师,即毛公也。是郑以此序皆毛公所定,虽首句亦有,非子夏之旧也。《丝衣》序云:"绎宾尸也。高子曰:'灵星之诗也。'"《郑志·答张逸》云:"高子之言非,句。毛公后人著之。"是郑以高子云云,乃毛公以后人所著也。本陈兰甫说。盖如《公羊传》有子沈子曰、子司马子曰,《穀梁传》有沈子曰、尸子曰之类,皆附著后师之语,非尽《公》《穀》原文也。

第五章　礼家

《周礼》《仪礼》,并周公所作。所谓"礼经三百,威仪三千","礼经"则《周礼》,"威仪"则《仪礼》也。《礼记正义》。及周之衰,诸侯将逾法度,恶其害己,皆灭去其籍。自孔子时已不具,至秦大坏。《汉志》。汉时传《礼》者略分三派,传《仪礼》者为一派,传《周官》者为一派,传《礼记》者为一派。

《仪礼》十七篇,汉谓之《礼经》,以对《礼记》而言也;亦谓之《士礼》,以首士冠、士昏皆士礼也。传自鲁高堂生。史公称《礼》自孔子时,其经不具,至秦焚书,散亡益多,独有《士礼》,高堂生能言之。瑕邱萧奋以《礼》为淮阳太守,《儒林传》。授东海孟卿,卿授同郡后苍,苍说《礼》数万言,号曰《后氏曲台记》。或疑《曲台记》即《礼记》,此说非是。《汉志》有《记》百三十一篇,注云七十子后学所记也。案:此即《礼记》。又有《曲台后苍记》九篇,如淳曰:"行礼射于曲台,后苍为记,故名曰《曲台记》。"案:此是说《仪礼》中之射礼,非即今《礼记》也。授梁戴德、戴圣、沛庆普。德号大戴,圣号小戴,由是礼有大戴、小戴、庆氏之学。初唯立后氏博士,《汉·儒林传》。后三家并立。《艺文志》。东汉仅立大小戴博士,惟董钧、曹充习庆氏学。范书《儒林传》。充作《章句辨难》,传其子裦,裦又作《章句》及《通义》,教授诸生千余人,庆氏学遂行于世。《裦传》。又有《礼古经》出于鲁淹中,苏林曰:"淹中,里名也。"及孔氏与十七原作"学七十",今从刘敞说改正。篇文相似,多三十九篇,《汉志》。后苍传十七篇,所余三十九篇,以付书馆,名为《逸礼》。《释文·叙录》。汉末郑康成本传《小戴礼》,后以古经校之,取其义长者为郑氏学。范书《儒林传》。盖高堂生所传者是今文,鲁淹中所得者是古文。郑君作注,参用二本,取其义长。其从今文者,则今文在经,古文附注,如《士冠礼》"阑西"注云"古文阑为椳"是也;其从古文者,则古文在经,今文附注,如"孝友时格"注云"今文格为嘏"是也。自晋以来,立郑注博士,齐黄庆、隋李恓各为之疏,至唐贾公彦,删二家之书,别为之疏,今存。

《周官》传自河间献王,《汉书·景十三王传》。献王开献书之路,有李氏上《周官》五篇,失《冬官》一篇,购以千金不得,取《考工记》补之。王莽时,刘歆为国师,始立博士。河南缑氏杜子春受业于歆,还家以教门徒,郑兴及其子众等多师之。兴父子及贾逵并作《解诂》,《释文·叙录》。马融作《传》,郑康成作《注》。范书《儒林传》。自晋以来,立郑《注》于学,《释文·叙录》。为之疏者,有沈重及不知撰人四家,《隋志》。至唐贾公彦又为之疏,今存。《周官》一经,自汉成帝时诸儒即排之,林孝友又谓武帝知为末世渎乱不验之书。贾公彦《序周礼兴废》。案:汉武与公卿诸生议封禅,群儒采《尚书》《周官》《王制》之望祀射牛事。《史记·封禅书》。又河间献王与毛生等,采《周官》及诸子言乐事者以作《乐记》,《汉志》。是武帝时诸儒未尝不信《周官》也。郑渔仲以诸儒论《周礼》,或谓文王治岐之制,或谓成周理财之书,或谓战国阴谋之书,或谓汉儒附会之说,或谓末世渎乱不验之书,既一一辨其非,而独取孙处之说。处之言曰:"周公之作《周礼》,在居摄六年之后,书成归丰,而实未尝行,亦犹唐之显庆、开元《礼》,预为之以待他日之用,其实未尝行也。惟其未行,故建都之制,不与《召诰》合,封国之制,不与《武成》《孟子》合,设官之制,不与《周官》合。"《四库提要》。案:《武成》《周官》乃梅赜《古文尚书》,《王制》乃汉文博士所追述,不足以为难。《四库提要》曰:"孙氏之说,差为近之,然未尽也。夫《周礼》作于周初,而周事之可考者,不过春秋以后,其东迁以前三百年,官制之沿革,政典之损益,不知凡几。于是以后世之法窜入之,其书遂杂,其后去之愈远,不可行者渐多,其书遂废。此如后世律令条格,率数十年而一修,修则必有所附益,年远无征,统以为周公之旧耳。迨乎法制既更,简篇犹在,好古者留为文献,其书阅久仍存。此如《开元六典》《政和五礼》,在当代已不行,而今日尚有传本,不足异也。使果作伪,何必阙《冬官》一篇,至以千金购之不得哉!且作伪者必剽取旧文,借真者以实其赝,如《古文尚书》是也。刘歆宗《左传》,而《左传》所云《礼经》,皆不见于《周礼》,且《聘礼》宾行飨饫之物,禾米刍薪之数,笾豆簠簋之实,铏壶鼎甒之列,与《掌客》之文不同。《大射礼》天子、诸侯侯数、侯制,与《司射》之文不同。《礼记·杂记》载子男执圭,与《典瑞》之文不同。《礼器》天子、诸侯席数,与《司几筵》之文不同。歆果赝托,又何难牵就其文,使与经传相合,而必当留此异同,以待后人之攻击哉!"案:《提要》之说是也。今读其书,与西政西学每多符合,泰西之所以开民智、致富强之法,

《周官》已发其端。其思想之发达，制度之精详，断非周公不能及，故康成称为周公致太平之迹，朱子称为广大精密。惟其中间有为后人附益者。程伯子曰："《周礼》不全是周公之礼法，亦有后世随时添入者。"张横渠曰："《周礼》是的当之书，如盟诅之类，必非周公之意，乃末世增入者。"案：此皆持平确当之论也。

《礼记》出自孔氏，孔子没后，七十子之徒，共撰所闻以为此《记》，或录旧礼之义，或录变礼所由。《中庸》是子思作，《缁衣》是公孙尼子作，郑康成谓《月令》吕不韦所修，卢植谓《王制》汉文时博士所录，其余众篇，皆如此例，未能尽知所记之人。《礼记正义》。汉初河间献王得一百三十篇献之，时无传之者，至刘向校经籍，因第而叙之。又得《明堂阴阳记》三十三篇，《孔子三朝记》七篇，《王氏史记》二十一篇，《乐记》二十三篇，凡五种，合二百十四篇。戴德删其烦重，合而记之，为八十五篇，谓之《大戴记》。《隋志》。戴圣又删为四十九篇，谓之《小戴记》。《释文·叙录》引陈邵《周礼论序》。案：《隋志》言戴圣删为四十六篇，后马融足《月令》《明堂位》《乐记》凡三篇，为四十九篇，此说非是。范书《桥玄传》称其祖仁著《礼记章句》四十九篇，仁即班书所谓小戴授梁人桥季卿者，为成帝时人。又《曹褒传》称褒又传《礼记》四十九篇，皆在马融前，则非融所益可知，且《礼记正义》引刘向《别录》有《礼记》四十九篇，当即小戴所传，谓小戴删大戴之书，恐亦非是。

《小戴记》有郑君注，自晋以来立学官。为义疏者，有雷肃之、贺玚、皇侃、沈重、熊安生诸家。并见《隋志》。至唐孔颖达别为之疏，今存，诸家并佚。《大戴记》有卢辩注，自唐以来，仅存三十九篇，《史记索隐》称存三十八篇，盖《夏小正》一篇别行也。《中兴书目》称存四十篇，盖以《盛德》篇别出《明堂位》一篇也。实止三十九篇。未立学。

第六章　春秋家

古之王者，世有史官，君举必书，所以慎言行、昭法式也。左史记言，右史记事，言为《尚书》，事为《春秋》。周室既微，载籍残缺，仲尼思存前圣之业，以鲁周公之国，礼文备物，史官有法，故与左邱明观其史记，案：《史记·十二诸侯年表序》言：孔子西观周室，论史记旧闻，兴于鲁而次《春秋》。《左氏传》疏引《严氏春秋》引《观周》篇云：孔子将修《春秋》，与左邱明乘如周，观书于周史。《公羊传》疏引闵因序云：孔子受端门之命，制《春秋》之义，使子夏等十四人求周史记，得百二十国宝书，九月经立。此皆公羊家说，孟坚所言是左氏家说。据行事，仍人道，假日月以定历数，借朝聘以正礼乐，有所褒讳贬损，不可书见，口授弟子，弟子退而异言，邱明恐弟子各安其意，以失其真，故论本事而作传，案：自有所褒讳云云，皆本史公说，孟坚采之。明夫子不以空言说经也。《春秋》所贬损大人当世君臣，有威权势力，其事实皆形于传，是以隐其书而不宣，所以免时难也。及口说流行，故有公羊、穀梁、邹、夹之传。汉时《公羊》《穀梁》立于学官。《汉·艺文志》。至平帝时，始立《左氏春秋》，《儒林传》。邹氏无师，夹氏有录无书。《艺文志》。

《公羊》之学，始于齐人公羊高，原出子夏。郑康成云：当六国之亡，吴兢、戴彦皆云出子夏弟子。案：未必亲受业于子夏，而源必出子夏。高传其子地，地传其子平，平传其子敢，敢传其子寿。至汉景帝时，寿乃与弟子胡母子都著于竹帛。徐彦疏引戴宏序。盖前此皆口说相传也。何注。胡母生治《公羊春秋》为博士，与董仲舒同业。仲舒称其德，年老归教于齐，齐之言《春秋》者宗事之，公孙弘亦颇受焉。《汉书·儒林传》。仲舒说《春秋》事得失，《闻举》《玉杯》《繁露》《清明》《竹林》之属数十篇，十余万言，皆传于后世。《汉书》本传。史公称汉兴五世，唯仲舒名为明《春秋》，弟子以百数。《史记·儒林传》。仲舒授嬴公，嬴公授眭孟，孟授严彭祖、颜安乐。孟弟子百余人，惟彭祖、安乐为明，质问疑谊。孟曰："《春秋》之意，在二子矣。"孟死，二人各专门教授，由是《公羊》有严、颜之学，《汉书·儒林传》。并立博士。范书《儒林传》。胡母生、严、颜之书，今皆不传。董氏书惟存《繁露》八十二篇。后汉《公羊》之学甚盛，而何休最为名家，其所著《解诂》，自称依胡母生条例，唐徐彦为之疏，今存。

《穀梁》之学，始于鲁人穀梁赤，《风俗通》。案：《论衡》作名寘，《七录》作名俶，小颜《汉·艺文志》注作名喜。亦原出子夏。《风俗通》云子夏门人，桓谭《新论》云后左氏百余年，郑康成云近孔子，糜信云与秦孝公同时。近钟文烝以为当是受业于子夏之门人，后遂误为子夏门人。案：此说似得之。赤传孙卿，孙卿传鲁人申公，杨疏。申公传瑕邱江公，武帝时为博士，使与董仲舒论，江公讷于口，而丞相公孙弘本为《公羊》学，比辑其议，卒用董生，于是上因尊《公羊》，诏太子受，由是《公羊》大兴。卫太子既通《公羊》，复私问《穀梁》而善之，其后寖微，惟荣广、浩星公二人受焉。广授蔡千秋、周庆、丁姓。宣帝即位，闻卫太子好《穀梁》，召千秋与《公羊》家并说，上善《穀梁》说。甘露元年，召五经名儒萧望之等，大议殿中，平《公》《穀》同异，望之等多从《穀梁》，由是《穀梁》之学大盛。初尹更始从千秋受《穀梁》，又受《左氏传》，取其变理合者以为《章句》，《汉书·儒林传》。旧《唐志》犹著其目，今佚。东汉《穀梁》之学，相传不绝。魏晋以来，为之注者，有唐固、糜信、孔演、江熙、程阐、徐仙民、徐干、刘瑶、胡讷、见杨疏。张靖、孔君楷、刘兆、见《隋志》。聂熊《晋书》。之徒，其书皆不传，惟范宁《集解》，唐杨士勋为之疏，今存。

《左氏》之学，始于鲁左邱明。邱明作《传》授曾申，申授吴起，起授其子期，期授铎椒，椒授虞卿，卿授荀况，况授张苍，《左传正义》引刘向《别录》。苍授贾谊，谊为《左氏训故》，《汉书·儒林传》。传其孙嘉，嘉传贯公，《释文·叙录》。贯公传其子长卿，长卿传张禹，禹传尹更始，更始传其子咸及翟方进、胡常，常传贾护，护传陈钦，而刘歆从尹咸、翟方进受，由是言《左氏》者本之贾护、刘歆。《儒林传》。哀帝时，歆欲立《左氏》于学官，为众儒所讪。本传。歆授郑兴、贾徽，兴传其子众，徽传其子逵。兴撰《条例章句训诂》，众作《春秋删》，徽作《条例》，逵作《解诂》，又条奏《左氏》大义长于二《传》者三十事。范书《郑贾传》。自是以来，延笃、彭汪、许淑、服虔、孔嘉及魏王朗、王基、董遇、周生烈并注解《左氏》。又何休作《左氏膏肓》《公羊墨守》《穀梁废疾》，郑君《针膏肓》《发墨守》《起废疾》，自是《左氏》大兴。晋杜预又为《经传集解》，江左中兴，服氏、杜氏并立博士。至唐专用杜注，《释文·叙录》。孔颖达为《正义》，今存。

三家之学，自汉以来，各分门户。江、董竞于前，江公主《穀梁》，仲舒主《公羊》。荣、眭辨于后，荣广主《穀梁》，眭孟主《公羊》。武、宣则先后异立，武帝立《公羊》，宣帝立《穀梁》。向、歆则父子殊科，刘向主《穀梁》，刘歆主《公羊》。以上见班书。范升、陈元，辩难十上；范升难《左氏》，陈元申《左氏》。任城、北海，各持一偏。何休主《公羊》，郑君主《左氏》。以上见范书。其攻《左》者，如汉博士谓《左氏》不传《春秋》，班书《刘歆传》。范升谓《左氏》不祖孔子，而出邱明，师弟相传，又无其人。范书本传。王接谓《左氏》自是一家书，不主为经发。《晋书》本传。其尊《左》者，如刘歆谓邱明好恶与圣人同，亲见夫子，而《公》《穀》在七十子后，传闻之与亲见，详略不同。班书本传。班固谓邱明恐诸弟子失真，论本事而作传，及末世口说流行，故有《公》《穀》《邹》《夹》之传。《艺文志》。贾逵谓《左氏》义深于君父，《公羊》多任于权变。范书本传。

王充谓《春秋》诸家,去孔子远,《左氏》近,得其实。《论衡》。其兼论三家得失者,如郑康成谓《左氏》善于礼,《公羊》善于谶,《穀梁》善于经。《六艺论》。范宁谓《左氏》艳而富,其失也巫;《穀梁》清而婉,其失也短;《公羊》辨而裁,其失也俗。《集解序》。惟朱子言《左氏》史学,事详而理差;《公》《穀》经学,理精而事误。《语类》。此说颇当。盖《左氏》本诸国史,详于纪事,《公》《穀》受诸口说,多得微言。史公谓《春秋》文成数万,其指数千。《自序》。又谓七十子之徒,口授其传指,为有所刺讥、褒讳、挹损之辞,不可以书见也。《十二诸侯年表序》。其所谓指即微言也,微言不可见诸书,故口说相传,而《公羊》所得尤多。盖夫子悯周道既衰,明王不作,欲损益百王之法,作《春秋》以为后王之制。第载之空言,不如见之行事,鲁史具存,因借其事以寓褒贬,故托王于鲁。又生当周末,见文胜之弊,欲变以殷质,故《公羊》家有"黜周王鲁"之说,非真以周为可黜,以鲁为新王也。《公羊》大旨,不过如斯。汉世诸儒,争欲自兴其学,附会谶说,以动时君,谓《春秋》立新王之法,专为汉制作。光武好图谶,博士因端献瑞,妄言西狩获麟,是庶姓刘季之瑞,圣人应符,为汉制作。如何邵公亦以《演孔图》之说解获麟,孔巽轩所谓皆绝不见本传,重自诬其师,以召二家之纠摘也。汉世《公羊》之学最盛,《穀梁》次之。汉末至魏晋,《左氏》盛行。至唐,《公》《穀》渐微。《释文·叙录》云:"二《传》,近代无讲者。"大历以降,经学一变,前此说《春秋》者,皆本三《传》,主于一而兼其二,未有自我作古,去取惟欲者。自啖助、赵匡、陆淳之书出,宋孙复、刘敞、孙觉、程子、叶梦得、胡安国、陈傅良、张洽之徒继之,元黄泽、赵汸又踵而详之,于是三家之书,各不成家,而《春秋》之说滋乱。钟文烝《穀梁补注序》。明代用胡《传》取士,弃经不读,《春秋》之学为最弊。《四库提要》。至国朝孔广森作《公羊通义》,而陈立《正义》集其成,柳兴宗述《穀梁》大义,而钟文烝《补注》抉其奥,于是绝学复兴。为《左氏》学者,虽乏名家,而洪亮吉之《左传诂》,李贻德之《服注辑述》,亦足存古义于什一矣。

三家之外,又有邹、夹二家,未知所出。《汉志》有《邹氏传》十一卷,《夹氏传》十一卷,《王吉传》称吉能治《邹氏春秋》。然此外绝无闻,则汉时其学未盛也。班孟坚谓邹氏无师,夹氏有录无书,《隋志》谓亡于王莽之乱,《宋史·艺文志》有《春秋夹氏》三十卷,盖后人伪托,今亦不传。

第七章　孝经家

《孝经》者,孔子为曾子陈孝道也。夫孝,天之经,地之义,民之行,举大者言,故曰《孝经》。班《志》。魏文侯从子夏受经,《史记·魏世家》。尝作《孝经传》,引见蔡邕《明堂月令论》。遭秦灭学。汉兴,遂分二家,一曰今文家,二曰古文家。

今文《孝经》,出于颜氏。初,秦焚书,河间人颜芝藏之。汉尊学,芝子贞出之。《释文·叙录》。长孙氏、博士江翁、少府后苍、谏大夫翼奉、安昌侯张禹传之,各自名家,凡十八章。班《志》。案班《志》《孝经》一篇十八章,长孙氏、江氏、后氏、翼氏四家,而《隋志》言长孙有《闺门》一章,恐误。

古文《孝经》,出于孔氏壁中,安国得其书。班《志》。昭帝时,鲁国三老献之,许冲《上说文表》。刘向称其字皆古文,《庶人章》分为二,《曾子敢问章》分为三,又多一章,凡二十二章。引见班《志》注。建武时,卫宏曾校之,许慎尝学《孝经》孔氏古文说,然皆口传。至慎子冲,曾撰具一篇上之,《上说文表》。马融亦为之传。《释文·叙录》。

以上二家,今文凡十八章,古文分为二十一章,又多《闺门》一章,为二十二章,此章数之不同也。桓谭《新论》称古《孝经》千八百七十二字,今异者四百余字,此文字之不同也。《隋志》:"古文《孝经》,孔安国为之传。至刘向校经籍,以颜本比古文,除其繁惑,以十八章为定,郑众、马融并为之注。又有郑氏注,或云郑玄,其立义与玄所注余书不同,故疑之。梁代孔、郑二家并立国学,而孔本亡于梁乱。陈及周齐,唯传郑氏。至隋秘书监王劭于京师访得《孔传》,送河间刘炫,炫因序其得丧,述其议疏,讲于人间,渐闻朝廷。后遂著令,与郑氏并立,儒者皆云炫自作之,非孔旧本。"又唐开元七年,诏诸儒详定孔、郑二注所长,刘知幾辨郑注非出由康成,司马贞谓《孔传》出于伪托,诏仍两存。详见《唐会要》。今案:郑注非出康成,陆澄已有此说。至刘子玄益畅言之,王伯厚以此郑氏为郑小同,实为有识。《六艺论》叙《孝经》云:"玄又为之注。"是康成明注此经,盖未成书,故其孙小同踵而成之,犹之康成初注《左氏春秋》未成,以与服子慎,而《六艺论》叙《春秋》,亦云玄又为之注,事同一例也。至古文《孔传》,非第王劭所得本为伪,即梁代立学本亦非真。《汉志》言鲁恭王坏孔子宅,得古文《尚书》《礼记》《论语》《孝经》,孔安国悉得其书，以《古文尚书》献之，并不言作《传》，故《汉志》列《孝经说》五家，《杂传》一家，而无孔氏《传》。且止言献《尚书》，不言献《孝经》，故许冲谓昭帝时鲁国三老所献。梁立学之《孝经孔传》，与《尚书孔传》同一伪托，非第隋王劭所得之本不可信。至唐玄宗《御注》出，而孔、郑二注俱微，后遂佚。近世日本所得《孔传》，《四库提要》谓其非第不类汉儒释经体，并不类唐宋元以前人语，尤为伪中之伪。至郑注，则臧庸、严可均俱有辑本。

自宋以前，疑《孔传》、郑注非真者有之，至经文则无有疑之者。《史记·仲尼弟子列传》："孔子以曾参为能通孝道，故授之业，作《孝经》。"郑君《六艺论》云："孔子以六艺题目不同，指意殊别，恐道离散，后世莫知根源，故作《孝经》以总会之。"又《礼记·中庸》注引孔子曰："吾志在《春秋》，行在《孝经》。"《蜀志·秦宓传》曰："孔子发愤作《春秋》，大乎居正，复制《孝经》，广陈德行，杜渐防萌，预有所抑。"是汉儒以《孝经》为孔子自作，与《春秋》相表里。至宋胡寅、晁公武，则以章首称"仲尼居"，非孔子所著，当是曾子弟子所为书。而朱子信汪应辰说，直以此书是后人缀辑，就古文《孝经》作《刊误》，以"仲尼居"至"未之有也"为一节，云夫子、曾子问答之言，曾氏门人之所记，疑所谓《孝经》者，其本文止如此，其下则或者杂引传记以释经文。陈兰甫曰："如朱子之言，则第一节犹《大学章句》所谓经一章，其下释经文者，犹《大学章句》所谓传也。杂引传记者，犹《中庸章句》所谓杂引孔子之言以明之也。朱子所疑者，首章有'子曰'字，及章末之引《诗》《书》与天之经也云云，乃《左传》子太叔述子产之言；又疑'严父莫大于配天'，非所以为天下之通训。然《中庸》亦有章首用'子曰'者。《孟子》每章之末，引《诗》《书》尤多，《论语》'克己复礼'，及'出门如宾''承事如祭'，皆见于《左传》，则《孝经》有《左传》语，不必疑也。'严父莫大于配天'，与《孟子》所谓'尊亲之至，莫大乎以天下养'，文义正同，尤不必疑矣。"案：陈氏说是也。

第八章　论语家

《论语》者，孔子应答弟子时人，及弟子相与言，而接闻于夫子之语也。当时弟子，各有所记，夫子既卒，门人相与辑而论纂，故谓之《论语》。班《志》。案:《论语谶》谓子夏等六十四人共撰夫子微言,郑康成谓仲弓、子游、子夏等所撰,柳宗元以称曾子为子,谓出自曾子弟子乐正子春之徒,程子、朱子谓出于曾子、有子之门人。汉时,传者有三家,一《齐论》,二《鲁论》,三《古论》。

《齐论语》者,齐人所传,《释文·叙录》。凡二十二篇,多《问王》《知道》二篇。班《志》。案:晁公武谓详其名,必论内圣之道、外王之业。朱彝尊谓今逸《论语》见于《说文》《初学记》《文选注》《太平御览》等书,其诠"玉"之属特详。窃疑《齐论》所逸篇,必是《问玉》,非《问王》,二字形近而误。王伯厚亦先有是说。其二十篇中,章句亦颇多《鲁论》。琅邪王卿、何氏《集解序》。昌邑中尉王吉、少府宋畸、御史大夫贡禹、尚书令五鹿充宗、胶东庸生并传之,惟王阳名家。班《志》。

《鲁论语》者,鲁人所传,即今所行篇次是也。《释文·叙录》。常山都尉龚奋、长信少府夏侯胜、丞相韦贤及子元成、鲁扶卿、太子太傅夏侯建、前将军萧望之、安昌侯张禹并传之,皆名家。班《志》。胜尝受诏撰《论语说》,本传。凡二十一篇,禹亦有《说》二十一篇,又王骏亦有《说》二十篇,班《志》。今并佚。

《古论语》者,出自孔壁中,凡二十一篇。有两《子张》篇,如淳云:分《尧曰》篇后"子张问何如可以从政"以下为篇,名曰《从政》。孔安国得之,班《志》。案:《志》言鲁共王坏孔子宅,得古文《尚书》《礼记》《论语》《孝经》,凡数十篇,皆古字,孔安国悉得其书。是古文《论语》为孔安国所得也。然不言为之注,至何晏《集解序》言安国为之训解,王肃《家语后序》言安国有古文《论语训》二十一篇。案:若果有此书,则刘《略》、班《志》列《论语》十二家,备载齐、鲁《论》传说,何以独遗此乎?近陈鳣、沈涛、丁晏俱辨其伪托。又《论衡》言安国授鲁人扶卿。案:扶卿传《鲁论》,非《古论》,王充说亦误。后汉马融为训说,《集解序》。今佚。

以上三家,篇第、章句各不同,诸儒传者,各专一家。至张禹初从夏侯建受《鲁论》,又从王吉、庸生受《齐论》,择善而从,号曰《张侯论》。《释文·叙录》。禹尝授成帝,最后出而尊贵,诸儒为之语曰:"欲为《论》,念张文。"由是学者多从张氏,余家寖微。班书本传。后汉包咸、周氏,并为《章句》,列于学官。《释文·叙录》。郑康成就《鲁论》篇章,考之《齐》《古》,为之注,魏陈群、王肃、周生烈皆为义说。何晏集诸家之善,记其姓名,有不安者,颇为改易,名曰《集解》。《集解序》。是后诸儒多为之注,《齐论》遂亡。《古论》先无师说,梁、陈之时,惟郑、何立国学,而郑氏甚微。周、齐郑学独立,隋时郑、何并行,《隋志》。至唐盛行何氏。《释文·叙录》。先是,梁皇侃为之疏,至宋咸平,诏邢昺改定旧疏,颁列学官。南渡后,朱子《集注》出,而诸家渐微。国朝诸儒,讲求古义,刘宝楠萃诸家之说,以为《正义》,然义理终以朱子《集注》为精,名物训诂,则近儒不无补正之功也。

第九章　孟子家

《孟子》者,孟子之所作也,以儒术游于诸侯,莫能听纳其说,于是退与弟子公孙丑、万章之徒,疑难问答,又自撰法度之言,著书七篇。案:《汉志》作十一篇,盖并数《外书》。赵氏云:"《外书》四篇,文不能宏深,不与《内篇》相似,后世依仿而托之者。"秦焚经籍,其书号为诸子,得不泯绝。汉文帝欲广游学之路,《论语》《孝经》《尔雅》皆置博士,后罢传记博士,独立五经。赵注《孟子题词》。然韩婴、董仲舒、刘向、扬雄之徒,每称述其书。东汉程曾,始为《孟子章句》。范书《儒林传》。延熹中,赵岐述其所闻,证以经传,为之章句,章别其旨为章旨,分为十四卷。赵注《题词》。自是以来,高诱有《孟子章句》,见所注《吕览序》。郑康成、刘熙、綦毋邃之徒,并为之注。见《隋志》。至韩昌黎谓:"自孔子没,独孟轲之传得其宗,求观圣人之道者,必自《孟子》始。"而其书益尊。至宋朱子以《论语》《大学》《中庸》与《孟子》列为四书,后立于学,并为正经。《汉志》《隋志》俱入子部儒家,至陈氏《书录解题》始入经类。汉儒之注,惟赵氏独存。宋时有邵武士人为之疏,托名孙奭,见《朱子语类》。至朱子《集注》出,而赵注、孙疏渐微。国朝诸儒,讲求汉学,焦循萃诸家之说,别为《正义》,然名物训诂,虽有补正,而义理终不敌朱《注》之精也。

第十章　尔雅家

《尔雅》者,尔,近也;雅,正也。五方之言不同,皆以近正为主也。《释名》。正者,虞夏商周建都之地之正言也。近正者,各国近于王都之正言。《尔雅》一书,皆引古今天下之异言以近于正言。正言者,犹今官话也。近正者,犹各省土音之近于官话者也。阮文达《与郝兰皋论〈尔雅〉书》。《释诂》,释古今之异言也。《释言》,释五方之异言也。《释训》,释《诗》《书》之训辞也。《释器》以下,则释名物也。黄帝正名百物,孔子曰:"必也正名乎。"又对鲁哀公曰:"尔雅以观于古,足以辨言矣。"故《尔雅》一书,即古之名学也。张揖言周公著《尔雅》一篇,今俗所传三篇,案:《汉志》

"《尔雅》三卷",此三篇谓三卷也。或言仲尼所增,或言子夏所足,或言叔孙通所益,或言沛郡梁文所补,皆解家所说,先师口传,疑莫能明。《进广雅表》。盖其书创始于周公,自孔子、子夏及汉儒递有增益。汉文时,曾立博士,后罢。见赵注《孟子题词》。犍为文学、刘歆,后汉樊光、李巡,晋孙炎、郭璞,并为之注,见《隋志》。而郭氏最为名家。景纯《自序》言:沉研十八载,"错综樊、孙,博关群言"。宋邢昺为之疏,其书今传,诸家并佚。唐宋以来,注者颇夥,亦多散佚。其存者如陆佃、郑樵之书,亦无足观。至国朝邵晋涵、郝懿行,俱就郭《注》,别为《正义》《义疏》,实远出邢《疏》上,而郝氏《疏》明于声音文字之本原,尤胜于邵也。

第十一章　小学家

上古结绳而治,《系辞》。黄帝之史仓颉,见鸟兽蹄远之迹,知分理之可相别异也。初造书契,其初依类象形谓之文,其后形声相益谓之字,字者,言孳乳而寖多也。著于竹帛谓之书,书者,如也。五帝三王之世,改易殊体,封于泰山者七十有二代,靡有同焉。《周礼》:八岁入小学,保氏教国子,先以六书。一曰指事,指事者,视而可识,察而见意,"上""下"是也。二曰象形,象形者,画成其物,随体诘诎,"日""月"是也。三曰谐声,谐声者,以事为名,取譬相成,"江""河"是也。四曰会意,会意者,比类合谊,以见指挥,"武""信"是也。五曰转注,转注者,建类一首,同意相受,"考""老"是也。案:转注之说,诸家聚讼,以曾文正说为最确,见《答朱仲我书》。六曰假借,假借者,本无其字,依声托事,"令""长"是也。及宣王太史籀,著《大篆》十五篇,与古文或异。至孔子书六经,左邱明述《春秋》,皆以古文。其后诸侯力政,不统于王,分为七国,言语异声,文字异形。秦始皇帝初兼天下,丞相李斯乃奏同之,罢其不与秦文合者。斯作《仓颉篇》,中车府令赵高作《爰历篇》,太史胡母敬作《博学篇》,皆取史籀大篆,或颇省改,所谓小篆者也。是时秦烧灭经书,涤除旧典,大发吏卒,兴戍役,官狱职务繁,初有隶书,以趣约易,而古文由此绝矣。秦书有八体:一曰大篆,二曰小篆,三曰刻符,四曰虫书,五曰摹印,六曰署书,七曰殳书,八曰隶书。汉兴,有草书。尉律:学僮十七以上始试,讽籀书九千字,乃得为史。又以八体试之,案:《班志》作六体。郡移大史并课,最者以为尚书史,书或不正,辄举劾之。《说文解字序》。其时闾里书师,合秦之《苍颉》《爰历》《博学》三篇,断六十字为一章,凡五十五章,并为《苍颉篇》。武帝时,司马相如作《凡将篇》,元帝时,黄门令史游作《急就篇》,成帝时,将作大匠李长作"作"字据宋祁校补。《元尚篇》,皆《苍颉》中正字也。《凡将》则颇有出矣。元始中,征天下通小者以百数,各令记字于庭中。扬雄取其用者,作《训纂篇》,顺续《苍颉》,又易《苍颉》中重复之字,凡八十九章。东汉班固又续作十三章,凡一百三章,无复字,六艺群书,所载略备矣。《汉·艺文志》。和帝永元中,贾鲂又作《滂喜篇》,于是以汉初所并《苍颉篇》为上卷,《训纂篇》为中卷,《滂喜篇》为下卷,世称为《三苍》。其为训释者,则扬雄、杜林俱有《苍颉训纂》,而林又有《苍颉故》一篇。至许慎别为《说文解字》十四篇,始一终亥,发挥六书之旨,而古人造字之意,于是大明。其书为后世所重,所传有徐铉校定本,徐锴《系传》本。国朝讲求《说文》之学者甚众,而为全书作注者,有段氏玉裁、钱氏大昭、桂氏馥、王氏筠诸家,而段王二家尤精。

文字与人群进化作比例。文字繁则识字者少而进化难,文字简则识字者多而进化易。群经之字,去其重复,不过二千有奇。汉初所并之《苍颉篇》,亦仅三千三百字,尚未繁也。至子云所续,则五千三百四十字。孟坚又续之,则六千一百八十字。贾鲂又续之,则七千三百八十矣。许君《说文》,至九千三百五十三,又重文一千一百六十三。至《玉篇》《广韵》,则益繁矣。且中国文字,主形不主声,识字尤难。其实,《说文》九千余字中,已多冷僻不适于用者,莫如取今日通行急用之字,仿《三苍》之例,四字为句,编为韵语,或仿《尔雅》《方言》之例,别为一书,使通其训而知其名物,则简而易识,亦有益于进化之术也。

《经学讲义》第一编终

群经大义述

通变篇 群经大义述一

《易》之为书,圣人明阴阳之变化,以示人通变之道也。《系辞》曰:

"天地变化,圣人效之。"《说卦》曰:"观变于阴阳而立卦。"此言圣人作《易》之旨也。《系辞》又曰:"化而裁之谓之变,推而行之谓之通,举而措之天下之民谓之事业。"又曰:"通变之谓事。"此言圣人用《易》之道也。又曰:"神农氏没,黄帝、尧、舜氏作,通其变使民不倦,神而化之,使民宜之。《易》,穷则变,变则通,通则久。"盖穷变通久者,《易》之道。通其变神而化者,圣人得《易》之道也。日月不变,无以成昼夜,寒暑不变,无以成四时,法制不变,无以治天下,是故五帝殊时,不相沿乐;三王异世,不相袭礼。夏忠、殷质、周文,三王之道若循环。周末文胜,春秋变之以殷质,故曰:"变通者,趣时者也。"孟子曰:"由今之道,无变今之俗,虽与之天下,不能一朝居。"董子曰:"琴瑟不调,甚者必解而更张之,乃可鼓;为政不行,甚者必变而更化之,乃可理。"二子之言,其知《易》之道乎?

孔冲远曰:"《易》者,变化之总名,改换之殊称。"章实斋曰:"由其说而进推之,《易》为圣人改制之巨典。"案:《公羊》家以《春秋》为改制之书,而章氏又以《易》为改制之典,可谓特别之识矣。然《易乾凿度》称孔子曰:"《易》者,易也,变易也,不易也。易者其德,变易者其气,不易者其位。"郑康成本此义作《易赞》及《易论》,言《易》一名而含三义,易简一也,变易二也,不易三也。窃谓《易》以变易为主,故《系辞》特详言之。然必有易简之法,则变不至于扰,必有不易之理,则变不至于偏,故必兼此三者而义始全。

何谓易简?《系辞》曰:"乾以易知,坤以简能。易则易知,简则易从。易知则有亲,易从则有功。"《乐记》曰:"大乐必易,大礼必简。"孔子之告仲弓,亦谓居敬而行简,故《毛诗·雨无正》序云:"雨自上下者也,众多如雨,非所以为政也。"《匪风》传云:"亨鱼烦则碎,治民烦则散。"此言不易简之病。大抵上世之法简,后世之法繁。上世之法在兴利,后世之法在防弊。法简则民易从,法繁则民思遁。故上世之法虽疏,而实无不行。后世之法虽密,而实无一行者。而且堂廉远隔,礼文繁缛,下情不达,真意无存,故宜尽删芟缚束之具、繁重之仪,顺乎人情,切乎时势,化裁变通,别为条格,使民公认,庶乎易知易从,而法无不行矣。

何谓不易?《系辞》曰:"天尊地卑,乾坤定矣。卑高以陈,贵贱位矣。"《乾凿度》曰:"天在上,地在下,君南面,臣北面,父坐子伏,此其不易也。"《大传》曰："立权度量,考文章,改正朔,易服色,殊徽号,异器械,别衣服,此其得与民变革者也。亲亲也,尊尊也,长长也,男女有别,此其不可得与民变革者也。"盖古今无不变之法,而有不变之道,董子所谓"王者有改制之名,无变道之实"也。

变革之道,圣人于革卦尽之。革之为卦,内离外兑,离为文明,兑为和说,故必其人具有文明才德,出以和平手段,而始可以言改革。经曰"巳日乃孚,元亨利贞,悔亡。"《彖》曰："巳日乃孚,革而信之。文明以说,大亨以正。革而当,悔乃亡。天地革而四时成。汤武革命,顺乎天而应乎人。革之时大矣。"盖改革为非常之事,不可轻遽。未当其时,则民必疑,巳日者,巳可革之日也。解"巳日"用李简说。又必文明以说,文明则事理无不察,说则人心无不应,以此而行,则所革皆当,天顺人应,其悔乃亡也。圣人归其事于二五两爻,而初与三皆未之许,盖改制变法,必有其才、有其位、有其时。初九刚而不中,上无正应,只宜固守,不可变革,故曰"巩用黄牛,不可以有为也"。九三过刚不中,轻举躁动,故曰"征凶贞厉"。惟六二和平中正,上应九五阳刚之君,志意相孚,所革必成,故曰"征吉无咎"。九五阳刚中正,身居尊位,为革之主,足以损益百王,创制立法,焕然一新,故曰"大人虎变,其文炳也"。统观一卦,则圣人之变革,用和平主义,不用冲突主义,明矣。夫变革之事,有出自上者,如俄大彼得、日本睦仁。有起自下者。如英、美、法诸国。出自上者其道顺,起自下者其事烈。圣人用和平主义,不用冲突主义,故望上之自变,不欲下之干涉。然上不自变,则下将起而变之矣。上下皆不自变,则外人将执其权而代之变矣。如埃及、高丽诸国。夫至外人代而变革,则自主之权失,而其事不可言矣,何如已之速为变革为愈乎?是所望于居九五、六二之位者。

自强篇　群经大义述二

《仲虺之诰》曰："兼弱攻昧,取乱侮亡,推亡固存。"此见东晋所出《古文尚书》,然《左》襄十四年传引"取乱侮亡,推亡固存",则出真古文可知。《中庸》曰："天之生物,必因其材而笃焉,故栽者培之,倾者覆之。"窃谓仲虺之所言,物竞之义也。《中庸》之所言,天择之义也。物竞者,物争自存也。天择者,天择其宜存者也。盖民物并生于世,相接相拘,民民物物,争思自存。

其始也种与种争,其继也群与群争,卒之弱者愚者败,而强者智者胜,其尤强尤智者尤胜。故其能自存而遗种者,必其强而智,有特别之点,合于天然之界。非是者必不足以自存,不数传而其种渐归消灭。若天之有所择于其间,故谓之物竞天择。由动植物之蕃耗,推之于种族之盛衰、治化之进退,莫不皆然。此其义发于十八世纪英儒达尔文之《物种探原》,而吾中国数千年前之圣贤已明其理。弱者必为强者所兼,昧者必为智者所攻,乱者必为治者所取,亡者必为存者所侮,此即生存竞争,优胜劣败,天演之公例也。栽者其宜存者也,故培之;顷者其不宜存者也,故覆之。谓天因材而笃,即所谓天择也。

中国诸侯,自黄帝至禹时,皆号万国,故《五帝本纪》称黄帝置大监,监于万国。《尧典》曰:"协和万邦。"《左氏》哀公七年《传》曰:"禹合诸侯于涂山,执玉帛者万国。"然至殷则仅存三千,至周则仅存千八百,至春秋则仅存百二十四,至战国则仅存二十余国,而其大者不过七国而已。盖古之万国,不过酋长之制,族区部别,分土自治,故为数至多。其后强兼弱削,不能自存,渐次减少,亦生存竞争,优胜劣败,天演之公例然也。故处物竞之界,非自强断不足以图守。

所谓自强者,强以力,强以智,强以德也。大抵据乱世竞力,升平世竞智,太平世竞德,孟子所谓"天下有道,小德役大德,小贤役大贤",所谓"以德服人"者,指太平世言也;其所谓"天下无道,小役大,弱役强",所谓"以力服人"者,指据乱世言也。孟子用太平世主义,故教时君行王政,尚仁义,重德不重智力。然兵争之力,机巧之智,太平世不尚。若体育以强其种,智育以致其知,则太平世未尝不与德育并重。盖智育、德育、体育三者,精而言之,即《中庸》所谓智、仁、勇三者,天下之达德也。故治化之进退,与民力、民智、民德三者相比例。三者进则治化进,而其国无不盛;三者退则治化退,而其国无不衰。古今一辙,无或爽也。

自强之道,不任天而任己,不与人争而与己争。孟子曰:"祸福无不自己求之者。"又曰:"夫人必自侮而后人侮之,家必自毁而后人毁之,国必自伐而后人伐之。"《太甲》曰:"天作孽,犹可违,自作孽,不可活。"此之谓也。达尔文论胜败之机,有天然淘汰,有人事淘汰。天然淘汰,出于天择。人事淘汰,在于人为。自能强,则人定胜天,赫胥黎以天行人治,同归天演,而归重于人治,其意以为天不可任,贵乎以人持天,即此意也。

合群篇　群经大义述三

《论语》曰:"鸟兽不可与同群,吾非斯人之徒而谁与?"是孔子之重合群也。桀溺存厌世主义,故重辟世;孔子存救世主义,故重合群。夫圣人以救世为心,视天下为一家,中国为一人,固造群道之至极,然不可概之常人。原群之所自始,由人之生,内有日用之需求,非独力所能给,外有种族之战争,非独力所能捍,不得不相引相倚,结而为团体。盖独则弱,弱则劣而败,群则强,强则优而胜,劣败者死亡,优胜者生存,此天演之公例,而群道所由立也。

《大戴记·曾子制言》篇:"人之相与也,譬如舟车然,相济达也。人非人不济,马非马不走,土非土不高,水非水不流。"《小戴记·中庸》篇:"仁者,人也。"郑《注》:"人,读如相人偶之人。以人意相存问之言。"《说文》:"仁,亲也,从人从二。"《御览》引《春秋元命苞》曰:"二人为仁。"案:此皆明于合群之理。《汉·刑法志》:"不仁爱则不能群,不能群则不能胜物,不胜物则养不足,群而不足,争心乃作。"《天演论》曰:"人心之中,常有物焉以为之宰,字曰天良。天良者,保群之主,所以制自营之私,不使过用以败群也。"赫胥黎以天良为保群之主,与班孟坚言不仁爱则不能群,其旨相符合。盖群之所以败,由于人人谋一己之私益,而不顾全部之公益。不知全部之公益败,则一己之私益亦不能自存,故善合群者,必以公胜私,推己及人。孔子曰:"夫仁者,己欲立而立人,己欲达而达人。"此真善群之道欤!

《系辞》曰:"立人之道,曰仁与义。"孔冲远以惠爱释仁,以断割释义。班氏之论合群,以仁为主。荀子之论合群,以义为主。其《王制》篇曰:"人力不若牛,走不若马,而牛马为用,何也?曰:人能群,彼不能群也。人何以能群?曰:分。分何以能行?曰:以义。故义以分则和,和则一,一则多力,多力则强,强则胜物。群而无分则争,争则乱,乱则离,离则弱,弱则不能胜物。"案:荀子主分义,与班氏主仁爱,其言若相反,而其意实相辅。盖仁爱如吸力,分义如轨道,如日月、五星、地球,互相吸引,而其行必有轨道,无吸力必至倾散,无轨道必至陵犯。仁爱者群之吸力,分义者群之轨道也。无仁爱则不能群,无分义则虽群而必败,故善合群者,必组织一定之规则,而使一群之内,有代表,有裁判,有服从,而其群始固。若使人人言自由,而不知自由之中有界限,人人言平等,而不知平等之中有秩序,势必至人人对抗,而不肯相下,人人角立,而不肯服从。则一群之内,已多私敌,安能御群外之公敌?故合群之道,必以仁为主,以义为辅,合荀、班二家之学说,而其义始全。

《论语》曰:"君子群而不党。"盖圣贤之群,本大同之道,非以私意相联合。此其义,《易》同人一卦,发之尤明。夫同人即合群也。其《象辞》曰:"唯君子能通天下之志。"盖合群之道,贵乎能通天下之志,出以大同,合乎公德,则其群始固。若于一群之内,昵其所亲,私其所爱,一有偏倚,则其群必败。故同人于野则亨,于门则无咎,于宗则吝,于郊则无悔。盖野最广远之处,绝其私与,廓然大公,此其所以亨也。郊则稍近矣,然尚不系于郊内也。门则更近矣,然既出门,已能绝其私也。至宗则惟知家族,用心偏狭,是以有吝道也。王辅嗣曰:"凡处同人而不泰焉,则必用师矣。不能大通,则各私其党而求利焉。"孔冲远释之曰:"此总论同人一卦之义。去初上而言,二有同宗之吝,三有伏戎之祸,四有弗克之困,五有大师之患,是处同人之世,无大通之志,则必用师矣。"盖公普则众心悦,而团体固,群道乃立;偏倚则众心离,而争端起,群体必涣。此必然之理,是以君子群而不党也。

自古未有能群而不兴,不能群而不亡者。所居一年成聚,二年成邑,三年成都,此舜之能群也。予曰有疏附,予曰有先后,予曰有奔走,予曰有御侮,此文之能群也。有臣三千而一心,此武之能群也,是以皆兴也。纣有臣亿万人,亦有亿万心,《管子·法禁》篇引《太誓》与东晋《古文》稍异。其不能群也,是以败也。孟子曰:"得道者多助,失道者寡助。寡助之至,亲戚畔之。多助之至,天下顺之。"此即能群不能群之分也。荀子曰:"君者,何也?曰:能群也。能群者何?曰:善生养人者也,善班治人者也,善显设人者也,善藩饰人者也。四统者俱,而天下归之,夫是之谓能群。四统者亡,而天下去之,夫是之谓匹夫。"

天人篇　群经大义述四

《记》曰:"万物本乎天。"故中西之教,无不以敬天为重。然西教之敬天，尊之为神奇。吾儒之敬天，求之于人事。盖天生万物，人为最灵。有物有则，各有定理。性为天所赋畀，伦本天之秩序。故人性亦称天性，人伦亦称天伦。孟子曰："尽其心，养其性，所以事天也。"《礼运》曰："以正君臣，以笃父子，以睦兄弟，以齐上下，夫妇有所，是谓承天之祜。"是尽人道即所以尽天道。苟于人道有未尽，即于天道有缺憾。故曰："人者，天地之心。"此天人合一之学，理想最为精深。故中国之言天，求之于寻常日用之间，而无宗教迷信之习也。

孟子引《书》曰："天降下民，作之君，作之师。"是君乃天之代表也，故称曰天子。古之王者，必法天而出治。《皋陶》曰："天叙有典，敕我五典五惇哉；天秩有礼，自我五礼有庸哉；天命有德，五服五章哉；天讨有罪，五刑五用哉。"是典礼刑赏，无一不本于天，而王者无所私于其间也。然上天之载，无声无臭，于何见之？而《皋陶》即继之曰："天聪明，自我民聪明；天明畏，自我民明威。"《泰誓》亦曰："天视自我民视，天听自我民听。"又曰："民之所欲，天必从之。"是名以君为天之代表，而实乃以民为天之代表也。故其宜于民者，即其宜于天者也。《诗》曰："宜民宜人，受禄于天。"其不宜于民者，即不宜于天者也。《书》曰："自绝于天，结怨于民。"

自来帝王莫不欲祈天永命，然召公之诰成王曰："王其德之用，祈天永命。"其继曰："欲王以小民，受天永命。"孔《疏》言爱小民则历年多。周公之告成王，亦历举殷王中宗治民祗惧，不敢荒宁，享国七十有五年。高宗不敢荒宁，嘉靖殷邦，小大无怨，享国五十有九年。祖甲知小人之依，能保惠庶民，不敢侮鳏寡，享国三十有三年。厥后王不知稼穑之艰，不闻小人之劳，惟耽乐之从，亦罔或寿，或十年，或七八年，或五六年，或四三年。夫祈天永命，近于神权，岂有周召之圣而尚迷信者？盖以帝王威福玉食，无不自由，所不可知者，惟年命耳。是以后世如秦王、汉武，无不惑于方士神仙，以求长生，是帝王所最注意者年命耳。周公、召公，即从其所注意之处，动以爱民之心，谓祈永命，不必求之于天，但求之于民。能爱民者历年多，不爱民者历年少，令其不重视神而轻视民，此借神权以伸民困，圣贤之苦心也。

舜以涝水而自儆，汤以大旱而自责，大戊见桑谷而修德，祖己闻雊雉而进书。人君遇灾修省,其事古矣。《春秋》一书,书日食三十六,星变四,雷电霜雪冰雹十四,旱不雨九,地震五,山陵崩二,水灾九,火灾十四,虫孽十四,物异五,于灾异纪之特详。《左氏》尤好言休咎占验。逮至汉世,董仲舒之于《公羊》,刘向之于《穀梁》《洪范》,京房之于《易》,翼奉之于《诗》,莫不推阴阳,究五行,言灾异。而班固作《汉书》,至以五行列诸志,为后世史家所祖。夫子产犹知天道远,人道迩,不信裨灶之言。况圣如孔子,平日不语怪神,岂不知日蚀星变,本可推算,鹢退石陨,亦属寻常,而《春秋》必一一书者,以帝王威福自恣,无所警畏,其所畏者惟天耳。故就天地之变,以警政事之失,使之恐惧修省,则虐政可少,民生自苏,《易》所谓以神道设教也。汉儒好言灾异,虽不免如孟坚所言假经设谊,依托象类,近乎亿则屡中。然所上封事,于时政不无补救,以视好言图谶,迎合时君者,则过之远矣。至王荆公谓天变不足畏,虽无宗教迷信之念。然益无所忌惮。盖国民程度尚低,宗教迷信之念,亦足以因势利导,而不可径去也。

汉儒说经,其言天每多怪诞之说。如《生民》诗云:"履帝武敏。"《毛传》:"帝,高辛氏之帝也。"本无可疑。而郑《笺》乃云:"帝,上帝也。姜嫄履大神之迹而有身。"《玄鸟》诗云:"天命玄鸟,降而生商。"毛《传》云:"春分玄鸟降,有娀氏女简狄,配高辛氏帝。帝率与之祈子于郊禖而生契,故本其为天所命,以玄鸟至而生焉。"孔《疏》:"美其得天之命,故言'天命玄鸟',玄鸟非从天至,而谓之降者,重之,若自天来然。"亦本无可疑。而郑《笺》乃谓:"简狄吞鳦遗卵而生契。"郑之所据,盖《史记》及纬书说耳。又《五经异义》云:"《诗》齐、鲁、韩、《春秋》公羊说,圣人皆无父,感天而生。"案:此皆神权时代怪诞之说,与《日本志》言有物如浮脂生空中,遂化生国常立尊;《印度记》言上古有二族,一曰日朝,一曰月朝,并出于天神;《海国图志》引《每月统记传》皮鲁人自言开国首君,由太阳而来,为太阳之子;《新约书》言耶稣为天之子,降生于帝女玛利亚,同一荒唐也。

《周礼·掌次》以大旅上帝与祀五帝别言,《司服》以祀昊天上帝与五帝别言,《典瑞》又以祀天与旅上帝别言。故郑《注》以上帝为五帝,合天与五天帝,而有六天之称。《祭法疏》引王肃难郑云:"天唯一而已,何得有六?"引《家语》:"天有五行,其神谓之五帝。五帝可得称天佐,不得称上天。"《郊特牲》疏又谓:"贾逵、马融、王肃等,以五帝非天,谓太皞、炎帝五人帝之属。"案:肃言:"天唯一而已,何得有六?"其说是矣。而以为五行之神,又以为五人帝,则亦自相歧异。盖古代各国,皆行多神教,拜火拜日,纷纷不一,甚至有拜下等动物者。中国虽理想略高,所祀者皆天神地祇人鬼,然行多神教则一也。故既祀天,又祀五帝,秦汉以来,尚沿其制,而有五畤之祭。至纬书又为五帝制名号,苍帝曰灵威仰,赤帝曰赤熛怒,黄帝曰含枢纽,白帝曰白招矩,黑帝曰叶光纪,《五经通义》先据之。引见《后汉书·明帝纪》章怀注。而郑君且引之以注《周礼·小宗伯》《戴记·月令》,又注《月令》"皇天上帝"云:"皇天,北辰耀魄宝。上帝,太微五帝。"皆据纬书为说。以今日哲理既明,观此等学说,不直一笑。然在汉时,五帝之祭,著于祀典,虽博通如郑君,亦不能不为所惑也。

进化篇　群经大义述五

《系辞》言:"庖牺作八卦。结绳而为罔罟,盖取诸离。神农斫木为耜,揉木为耒,盖取诸《益》。日中为市,盖取诸《噬嗑》。黄帝、尧、舜垂衣裳而天下治,盖取诸《乾》《坤》。刳木为舟,剡木为楫,盖取诸《涣》。服牛乘马,盖取诸《随》。重门击柝,盖取诸《豫》。断木为杵,掘地为臼,盖取诸《小过》,弦木为弧,剡木为矢,盖取诸《睽》。上古穴居而野处,后世圣人易之以宫室,盖取诸《大壮》。古之葬者,厚衣之以薪,葬之中野,不封不树,丧期无数,后世圣人易之以棺椁,盖取诸《大过》。上古结绳而治,后世圣人易之以书契,盖取诸《夬》。"案:此皆言人群开化之度。盖民生之初,去鸟兽几希耳。《白虎通》所谓:"古之时,未有三纲六纪,民人但知其母,不知其父。能覆前不能覆后,卧之法法,行之吁吁。饥即求食,饱即弃余,茹毛饮血,而衣皮革。"盖古者未有火化,茹毛饮血。至燧人钻燧取火,始有熟食之制。古者猎取野兽,或专恃力,至庖牺作为罔罟,始有佃渔之利。古者未有嫁娶,民多野合,至庖牺制俪皮,始有币聘之礼。至神农教民稼穑,始有农政。日中为市,始有商政。迨至黄帝制衣裳,制宫室,制舟车,制货币,制弓矢,制文字,由是民智日开,而文明渐启矣。

上古至黄帝而文化一开,其故有二:一由于文字。盖人群进化,必借文字。庖牺画卦,虽为文字之肇端,然尚非文字,仍恃结绳而治。伪孔《书序》称伏羲造书契,其说不足据。至仓颉、沮诵,制文字而学术始兴。故后世道家、阴阳家、兵家、小说家、天文家、历算家、医家,无一不托始于黄帝。班氏《艺文志》载其书有二十余种,虽多后人依托,然其原实出于黄帝也。一由于舟车。盖人群之进化,与地理有密切之关系。不交通则文化塞,能交通则文化进。黄帝以来,未有舟车,山川隔越,自为部落,其民老死不相往来,安于闭塞。至舟车兴而南北通,智识可以互换,而文化一进。且其时仅有黄河沿岸地,其余皆异族杂据。帝披山通道,以征不顺,东至海,南至江,西至空桐,北逐荤粥,战胜异族,渐次开通,为殖民地,而黄种遂盛。此开辟以来一大进化也。

古之制作,大抵创于黄帝者为多。然《系辞》兼言黄帝、尧、舜垂衣裳而天下治。至《序书》则断自唐虞,不及黄帝。盖中国以道德伦理为国粹,而其学始发明于尧舜,为进化一大阶级。尧之学始明德而亲族,由九族而百姓而万国。舜尤以孝闻,孟子谓:"尧舜之道,孝弟而已。"至危微之训,执中之传,尤为精纯。"危微"数语虽见东晋《古文》,然《荀子》引《道经》已有之。至"执中"一言,则明见《论语》。此仲尼所以祖述尧舜,孟子所以言必称尧舜也。

洪水之灾,下民昏垫,为进化一大阻力,禹随山浚川,任土作贡,东渐于海,西被流沙,朔南暨,声教讫于四海,会诸侯于涂山,执玉帛者万国。帝国主义,由是成立。至其制作,夏时得天统之正,《禹贡》为地学之祖,皆为后世所遵用。盖禹任四载,遍九州,经验既广,思想益达,故文明程度为之一高也。

汤之伐桀,为匹夫匹妇复仇,伊尹视匹夫匹妇有不被尧舜之泽者,若己推而内之沟中。其公德之宏达,可想而知。然殷尚质,率民事神,其失也鬼,故文明未见发达。至周救以文,文王系《易》,周公制礼乐,著《周官》,而文化一进。《周易》为哲学之书,非专为卜筮作也。《官礼》则国家学、政治学也,析言之则诸学科略备于是。如冯相氏、保章氏之所掌,则天学也;大司徒掌土地之图,以周知九州地域广轮之数,辨其山林、川泽、丘陵、坟衍、原隰之名物,则地学也;其以土圭测土深,正日景以求地中，则地学必明测量也；师氏、保氏之所掌，则教育学也；而宫中有女史，则女学亦始于是矣；保氏之九数，则算学也；象胥之所掌，译学也；卝人之所掌，矿学也；大司徒辨十有二壤之物而知其种，以教稼穑树艺，以及遂师、遂大夫、稻人、司稼之所掌，皆农学也；草人所掌土化之法，则以化学培植物之法也；大司徒以土宜之法，辨十有二土之名物以毓草木，则植物学也；大宰以九职任万民，四曰薮牧养、蕃鸟兽，与兽医之所掌，则动物学也；以九赋敛万民，以九式均节财用，以及小宰、大府、内府、外府、司会、职内、职岁、职币、载师、闾师之所掌，皆理财学也；职内所掌赋入之事，则豫算法也；职岁所掌赋出之事，则决算法也；九职五曰百工，饬化八材，而《考工》一篇，尤为工学专门也；九职六曰商贾，阜通货贿，以及司市、质人、廛人、贾师之所掌，皆商学也；夏官司马诸职皆兵学；秋官司寇诸职皆法学；惟《春官》一篇，多半掌祭之官，则宗教之所在也；而夏官之方相氏，秋官之萻蔟氏、庭氏，所掌尤怪诞，盖尚未脱神权时代余习也。观《周官》一书，与近日西学西政，每多暗合，似周初进化之度，几达极点。然何以成康以后，国即不振，民智亦未大开？盖《官礼》为周公理想之书，书成未久，周公即殁，当日未能实行，民间故未普及。后人以周时实行之政，按之《周官》，每多不合，遂疑此书为伪托，盖未得其原因也。

古者政教不分，官师合一，专门之学，皆掌于世守之官，故诸家学术，备见《周官》。而班志艺文，亦谓某家之学出于某官。东迁以后，官失其守，教学不归于上而散于下。然学术思想，反由此发达，而文化一进。盖学掌于官，非其族无由与闻。学散于下，则平民可以普及。故春秋以来，讲学之风特盛，而孔门尤集其成。弟子三千，通六艺者七十有二人，为后世儒家之祖。其余若道家、墨家、名家、法家、阴阳家、纵横家、农家、兵家，无一不发端于春秋之季，立成于战国之时。虽异言放论，蜂出并作，学术不无分裂，然人才之竞起，思想之发达，莫盛于此时。此实三代以来一大进化也。

是故中国进化之度，可分为四大极。黄帝时为一级，尧舜禹时为一级，周初为一级，春秋为一级。根荄于黄帝，莩甲于尧舜禹，至周初而发达，至春秋而灿烂，至秦而大加摧折，自汉以后，虽萌蘖滋生，而已不如其旧矣。

新民篇　群经大义述六

中国自庖牺而神农,而黄帝,而尧舜,而三代,制作日新,文明日启,而终不能长治久安者,其故何哉？盖国者积民而成也,民德、民智、民力三者进,则群治进而其国自治；民德、民智、民力三者退,则群治退而其国自乱。中国之治,责诸君而不责诸民,故君得其人则治,非其人则乱。所谓其人存则其政举,其人亡则其政息,是以治日少而乱日多也。故圣贤之论治,无不以化民为亟。而《大学》之道,必在于新民。《春秋繁露》："民者,瞑也。"《说文》："民,众萌也,萌而无识也。"案：草木之始生曰萌。仓颉造字之时,民未开化,犹草木之无知,故训民为萌。乃后人以此为一定之名词,而以民为无知,不令与闻国家事。为民者亦自安于无知,略不问国家之事。于是民与国家,毫不关涉,此实中国群治之不进一大原因也。如尧之时,《书》所称"黎民于变时雍"者也。然观击壤之歌曰："帝力于我何有哉？"则其民只安耕凿,而不知君与民有密切之关系也。三代之民,孔子称为直道而行者也。然《表记》载孔子之言,称夏民之敝"蠢而愚,乔而野,朴而不文",殷民之敝"荡而不静,胜而无耻",周民之敝"利而巧,文而不惭,贼而蔽"。是夏之时,民智尚未开,殷周之季,民德之腐败可想矣。至于列国,则《管子》称："齐民贪粗而好勇,楚民轻果而贼,越民愚疾而垢,秦民贪戾罔而好事,齐晋之民诡谀葆诈,巧佞而好利,燕民愚戆而好贞,轻疾而易死,宋民闲易而好正。"《水地》篇。《论语》："古者民有三疾,今者或是之亡也。古之狂也肆,今之狂也荡；古之矜也廉,今之矜也忿戾；古之愚也直,今之愚也诈而已矣。"是春秋时民德益腐败。夫治化之进退,与国民之程度相比例。中国人民之程度,其低如是,是以治化有退而无进也。

先王知民德、民智、民力之为急也,于是设为学校,教以师儒,礼乐以养其德,书数以开其智,射御以强其体。凡六经之所陈述,圣贤之所发明,皆为民德、民智、民力计也,而于德尤谆谆焉。老子之徒,生当周季,见文胜之弊,愤作伪之习,不悟民德之腐败,而以为民智之太开,乃曰："绝圣弃智,民利百倍；绝仁弃义,民德孝慈；绝巧弃利,盗贼无有。"又曰："古之善为道者,非以明民,将以愚民。民之难治,以其智多。故以智治国,国之贼;不以智治国,国之福。"于是专以塞民智为事。且曰:"失德而后仁,失仁而后义,失义而后礼。礼者,忠信之薄,而乱之首。"于是民德益坏。又以为"弱胜强,柔胜刚",于是民力益懈。商鞅、申、韩辈,祖其学说。商君谓:"民不贵学则愚,愚则无外交,国安不殆?"又斥礼乐《诗》《书》、孝悌仁义等为六虱。韩非亦云:"群臣为学者,可亡。"至秦燔《诗》《书》,愚黔首,老子之说,见诸实行;愚民之术,达于极点。此民群进化一大阻力也。

难者曰:《论语》言"民可使由之,不可使知之",似圣人亦不欲使民智也。曰:圣人以开民智为心,岂有不欲令其知者?其曰"可使由不可使知"者,盖叹当日国民程度之低,只能使其由,不能使其知也。《系辞》曰:"仁者见之谓之仁,知者见之谓之知,百姓日用而不知,故君子之道鲜矣。"《孟子》曰:"行之而不著焉,习矣而不察焉,终身由之而不知其道者,众也。"此皆叹国民程度之低,而不能使其知也。故何注《论语》,亦言"可使用而不可使知者,百姓能日用而不能知",正引《系辞》为说也。朱子谓:"民可使由于理之当然,不能使之知其所以然。圣人设教,非不欲家喻而户晓也。然不能使之知,但能使之由耳。若谓不使民知,则是后世朝四暮三之术矣。"是朱子亦深知圣人并非以愚民为事,但其所以不能使知之故,尚未发明耳。毛大可乃斥朱注为不通,而别为之说,谓:"如三农生九谷,园圃毓草木,但使播种艺植,而不告之以因天因地之情;百工饬八材,商贾通货贿,但使饬化阜通,而不更导之以审曲面势、懋迁化居之意。只使行事,未尝使知义也。"案:此正中国受病之由。《周官》于农学、植物学、工学、商学,言之颇备。已详上篇。后世此学失传,为农者不知农学,为圃者不知植物学,为工者不知工学,为商者不知商学,墨守旧法,未明新理,是以事事失利而国日贫。西国各有专门之学,研究日精,新理日出,是以事事获利而国日富。若使圣人但授以事,不告其理,是非但欲愚民,并欲贫民也。且孔子不欲令民知,而周公又何以著之于书哉?毛氏之说,不通甚矣。

《韩诗外传》:"《诗》曰:'俾民不迷,昔之君子。'道其百姓不使迷,是以威厉而刑措不用也。故形其仁义,谨其教道,使民目晰焉而见之,使民耳晰焉而闻之,使民心晰焉而知之,则道不迷而民志不惑矣。"案:《外传》此言,益可证圣人未有不欲令民知者。盖欲其行,必先令其知,知之既真,行之自力。朱子谓既先知得方行得,王阳明直以为知行合一。西人于道德、伦理、法律、物理、心理、教育诸学,必一一研究其原理,考察其性质,故能实见之于行。中国墨守成法,不明原理,教者日劳,学者日苦,而终归于不行。至于律令例案,繁杂琐碎,惟掌于胥吏,士大夫尚茫然,而民间无论矣,故民日陷于刑罚而不自知。盖法律不明,则犯法者日众,法律明,则犯法者自少。此《外传》所以谓使民不迷,是以刑措不用也。

古今篇　群经大义述七

《论语》:"温故而知新,可以为师矣。"班书《成帝纪》阳朔二年诏云:"儒林之官,宜皆明于古今,温故知新,通达国体。"又《百官表序》:"以通古今,备温故知新之义。"是汉人解温故为知古,知新为通今也。《论衡·谢短》篇:"知古不知今,谓之陆沈;知今不知古,谓之盲瞽。"温故知新,可以为师。古今不知,称师如何。故儒者贵乎知古,尤贵乎通今。

所贵通知古今者,在于明群治之进退,究种族之强弱,考社会之变迁,以为改良进化地也。世所称知古者,明堂辟雍,考其制度,职官地理,穷其沿革,说经争郑王之门户,论史辨马班之异同;号为通今者,拾国史之遗闻,撮朝野之杂记,名为掌故,自负博闻,实则《论语》所谓虽多奚为,《王制》所谓学非而博,于社会国家毫无影响者也。故必去世儒之所谓通知古今者,而后通知古今始为有用。

中国之学,以崇古为主义。一切风俗制度,即当文明之世,亦必略存最初之制,以示不忘古。如古时未有衣裳,人但知蔽前而不知蔽后。其后既有衣裳,而仍为芾以象之,《诗》所谓"赤芾在股"是也;古时未有宫室,至黄帝为合宫,覆以茅茨,其后明堂之制特隆,而仍略缀以茅,《左氏》所谓"清庙茅屋"是也;古时未有酒醴,而祭用水,其后酒醴既丰,而祭仍不废水,《郊特牲》所谓"玄酒明水贵五味之本"是也;古时未有火化,茹毛饮血,其后既熟食,而祭仍不废毛血,《礼运》所谓"荐其毛血"是也;古时游猎为生而饮其血,故盟誓皆歃血,器成亦涂以血,其后虽不茹血,而器成及盟誓仍用之,《周官》天府所谓"衅宝器",《左氏》所谓"歃而忘"是也。盖中国之学，主于保守，故崇古今之念特重。夫保守主义，本未可非，但保守之念重，则进取之念轻，是实进化一大阻力也。

且中国之所以崇古者，又有一原因。盖自庖牺而神农，而黄帝，而尧舜，而禹汤，而文武周公，治化日进，文明日启。至春秋战国，则民智虽日开，而民德实日坏，故孔孟当日，均有复古思想。《论语》言："古之狂也肆，今之狂也荡；古之矜也廉，今之矜也忿戾；古之愚也直，今之愚也诈。"盖不胜古今人不相及之感。故礼乐欲从先进，作《春秋》欲变周之文，从殷之质。而孟子亦亟欲复学校、井田，行先王之道。盖实见当日社会之变迁，道德之腐败，远不如三代之盛，故深有意于三代之治也，岂漫言复古哉？后儒不知，动援孔孟为说，岂足知孔孟哉？

孟子称孔子为圣之时，自言乃所愿则学孔子，是孟子亦以时为贵也。《礼运》曰："礼，时为大。尧授舜，舜授禹，汤放桀，武王伐纣，时也。"盖尧舜有尧舜之时，汤武有汤武之时，当揖让则揖让，当征诛则征诛，皆以时为贵也。夫孔孟之学说，后儒奉为金科玉律者也。然问行之对，子路与公西不同；速贫之言，曾子与有若异闻。孟子则薄前丧而隆后丧，却齐馈而受宋馈，异其人，异其地，即异其说，则时势既异，学说亦必不同。故使孔孟生秦汉后，其学说必一变；生今日，其学说又必一变。朱子曰："后有圣贤出，必须别有规模，不用前人硬本子。"此可谓通达古今之言矣。

《史记》称孔子问礼于老子，老子曰："子所言者，其人与骨已朽矣，独其言在耳。"似老子并无崇古之念也。然其书则曰："小国寡民，使有什伯之器而不用，使民重死而不远徙。虽有舟舆，无所乘之；虽有甲兵，无所陈之。使人复结绳而用之。"是孔子所欲复者三代之古，老子所欲复者乃太古之古。推老子之意，必使无舟车，无文字，一如未开化之民，卧则诖诖，起则吁吁，饥则求食，饱即弃余，若鸟兽然而后可也。盖老子以愚民为术，绝不知古今之变，进化之度也。

荀子曰："欲观圣王之迹，则于其粲然者矣，后王是也。舍后王而道上古，是由舍己之君而事人之君也。故曰：欲观千岁，则数今日；欲知亿万，则审一二；欲知上世，则审周道；欲知周道，则审其人所贵君子。"又曰："夫妄人曰：'古今异情，以其治乱者异道，而众人惑焉。'圣人者，以己度者也。故以人度人，以情度情，以说度功，以道观尽。古今一度也。"《非相》篇。案：荀子以为当法后王，其言是矣，然以为古今一度则非也。夫古有古之时，今有今之时，三代之中，已自不同。故殷因夏，周因殷，其礼已不能无损益。孔子自言从周，然论为邦则参酌四代之制，其作《春秋》则欲损周之文，从殷之质。董子曰："先王之道，必有偏而不起之处，故政有眊而不行，举其偏者以补其弊而已。三王之道，所祖不同，非其相反，将以救溢扶衰，所遭之变然也。"《汉书》本传。而荀子欲专以周为法，而谓古今无异情，盖亦用保守主义，而不知有进化之度也。

难者曰：中国儒者，病在泥古而不能通今。今仅言通今足矣，而奚贵知古？曰：古者今之起点也，不知古安知今。《韩诗外传》曰："明镜者所以照形也，往古者所以知今也。"汉策曰："善言天者，必有征于人；善言古者，必有验于今。"《董仲舒传》。盖就古今之递变，以审其得失之故，取其得而补其失。如是，则文化可以进。故不通今无由知古，不知古亦无由通今。今之西人，日穷新理者也，然爱古之念特重。故言地学者，分为荒古、极古、太古、近古，而近古又分为石期、铜期、铁期。而言博物学者，于古石、古器、古建筑、古人骨、古鸟兽骨，无不研究其性质，考察其时代。《英国文明史》曰："古人遗物，若画像文书，足以代表人间一切情状。乃至卑俗谚语，虽繁琐无可称述，于历史必有所益。"是爱古者莫西人若也。今吾国之言新者，鄙六经为陈言，束三传于高阁，以为古人之糟粕，无足以阐发性灵，研求新理。噫！何其不善学西人也。

道德篇上　群经大义述八

《繁露·楚庄王》篇："《春秋》之道，奉天而法古。所谓新王必改制者，非改其道，非变其理。受命于天，易姓而王，非继前王而王也。故必徙居处，更称号，改正朔，易服色。若其大纲、人伦、道理、政治、教化、习俗、文义尽如故，亦何必改哉？故王者有改制之名，无易道之实。"其《对贤良策》亦谓："道之大原出于天，天不变，道亦不变。"斯言也，世儒奉为金科玉律者也。夫昼夜互换，寒暑往来，日月星辰，无时不变，故《系辞》曰"天地变化"，是天未尝不变也。至道之变，则西哲所谓道德发达、道德进化是也。其进化之度，有由历代研究而进者，有由世界文明而进者。

何谓由历代研究而进也？盖道德之进步，与知识有密切之关系。上古人民，知识单简，故道德亦仅得其粗浅。至尧克明俊德，舜明于庶物，察于人伦，由仁义行，而道德一进。若皋陶所论之九德，曰"宽而栗，柔而立，愿而恭，乱而敬，扰而毅，直而温，简而廉，刚而塞，强而义"，一一分别其性质，而研究渐精。至成汤日新之铭，太甲顾误之训，皆道德之粹言。而伊尹以先知先觉为己任，欲使匹夫匹妇皆被尧舜之泽，其公德之发达，尤可想见。然性者道德之根源，唐虞以来，皆无明文。至祖伊始标"天性"二字，见于《西伯戡黎》篇。《汤诰》已言"恒性"，然出于东晋《古文》，恐不足据。其后《召诰》言"节性"，《大雅》言"弥性"，《论语》言"性近"，《系辞》言"一阴一阳之谓道，继之者善，成之者性"，《中庸》言"天命之谓性，率性之谓道"，渐次加详。然世（俘）〔硕〕、宓子贱、漆雕开、公孙尼子之徒，皆以为性有善有恶，告子以为性无善无不善。至孟子始发明性善之旨，然诸儒犹不以为然。如荀子以为性恶，董子以为有善质而不能遽谓之善，扬子云以为善恶混。至张横渠分为义理之性、气质之性，义理之性纯善，气质之性不纯善。程朱翕然从之，而其说始定。盖义理之性犹雨水，无不清也；气质之性犹河水、江水、海水、井水，皆含有杂质也。孟子言性善者，指其原质也；世（俘）〔硕〕等言有善有不善者，指已含杂质也；荀子言性恶者，专指杂质也。言各有当，而意实相通也。盖学说必有抵有抗，有正有反，有竞争，有折衷，而后思想日发，真理日出，而学界乃有进步。此《中庸》所以贵明辨，泰西所以立论理为一学科也。故有孟子、告子之辨难而性学一进，有程朱、陆王之反对而性学又一进。犹之有倍根、笛卡儿两派之对抗，而泰西哲学遂大发达。大抵中国道德之学，胚胎于尧舜，成立于孔孟，至宋儒而剖析益细，此进化之阶级显然可指者也。

何谓由世界之文明而进也？泰西道德家言道德有文野之别，随世界而进步。其实中国之道德亦然。如游猎时代，食鸟兽之肉，茹毛饮血，至文明时代则有限制。《王制》所谓："不麛，不卵，不杀胎，不殀夭，不覆巢。诸侯无故不杀牛，大夫无故不杀羊，士无故不杀犬豕。"而仁及庶物矣。上古穴居而野处，其后各治其宫室。至文明时代，不独治其居室,而必治及道路。故匠人为经涂九轨,环涂七轨,野涂五轨,又专设野庐氏以掌之,司空又以时平易之。至其行则男子由右,妇人由左,车从中央,而化及道涂矣。乱世尚力,以杀为能。至文明时代,则以杀为耻。《繁露·竹林》篇曰:"《春秋》重民,故战攻侵伐,虽数百起,必一一书,伤其害所重也。"《孟子》亦言:"不嗜杀人者能一之。"西国近日弭兵会之设,亦其道德进化之一端也。《春秋》三世之义:据乱世,内其国而外诸夏;升平世,内诸夏而外夷狄;至太平世,则天下远近小大若一。正是道德范围之大小,与世界文明程度之高下,作正比例也。故王者之治化,必视其国民之程度。《洪范》三德,曰:"平康正直,强弗友刚克,燮友柔克。"梅传曰:"世平安,用正直治之。世强御不顺,以刚能治之。世和顺,以柔能治之。"《周礼·大司寇职》亦云:"刑平国用中典,刑乱国用重典,刑新国用轻典。"盖世界有文野之别,故道德亦有文野之别。是以道德之进步,与世界文明之进步,有密切之关系也。

曰:若是则中国道德,递有进步,而何以起视民德,日见其颓落也?曰:是有其故。

一由于老庄之破坏也。孔孟言道德重力行,用保守主义。老庄言道德主无为,用破坏主义。老子曰:"绝圣弃智,民利百倍,绝仁弃义,民德孝慈。"又曰:"礼者,忠信之薄,而乱之首。"庄子曰:"圣人不死,大盗不止。"秦用老子说,至于燔《诗》《书》,坑儒士。晋用老庄说,至于蔑礼法,贱行检。此实道德颓败一大原因。《戴记·礼运》篇曰:"坏国,丧家,亡人,必先去其礼。"《经解》篇曰:"夫礼,禁乱之所由生,犹坊止水之所自来也。故以旧坊为无所用而坏之者,必有水败;以旧礼为无所用而去之者,必有乱患。"老庄之祸仁义,正坐此病也。

二由于陈义之太高也。凡立论必切于当日社会情形,使其说印入国民之脑中,始能令其感动改良。六经之中,多圣贤之精言,先王之政典,非中人以下,所能领悟,而且多古言古义,非经师不能尽解。至宋儒所言性理,亦多哲学,皆不切于社会情形。是以国民不能普及,而民德无由进化也。

三由于取士之不重德行也。周之盛时,人才出于学校,所重者德行道艺。至春秋战国,学校已废,士不重德。汉世虽尊经,经师辈出,然班氏谓禄利使然。至后世专以文取士,六经四子书,皆为射策之媒,无复心体力行者。此亦道德颓落一原因也。

四由于讲学之风衰也。孔子弟子三千人,孟子从者数百人。汉世传经,著录多者至万六千人,少者亦不下数百。宋儒讲学,朋徒亦盛。明世姚江学派,遍于海内。是以东汉士尚气节,宋明亦多节义之士。近世以讲学为厉禁,乾嘉以来,士尚考据,名为尊经,实则所得者形声训诂破碎无用之学,而于孔孟微言大义无所明,于汉儒气节不知重,而尤痛诋宋儒义理之学,斥为空谭心性,一时高才硕彦,翕然从之,遂成风气。此又道德颓落一原因也。

虽然,此所言者,犹是中国旧道德家言也。夫旧日道德之进步,由于诸儒之研究,世界之文明。顾今之研究,不同于昔之研究,今之世界,不同于昔之世界。西哲论理,自成科学,其法有归纳,有演绎,研究日精。而吾中国于群经道德,无复研究,即有一二,亦徒咬文嚼字,无所发明。至于近日世界,当用社会主义,不当守个人主义,当用国家主义,不当守家族主义。故学者于群经之言道德者,取其与今日合者而益保守之,以为国粹。其今日所急而古人未之及者,宜取泰西道德家言,补益之,研究之,实行之,庶乎道德复有进步也。

道德篇下　群经大义述九

今之言道德者,以人人独善其身者谓之私德,人人相善其群者谓之公德。谓中国偏于私德而缺公德,《论语》《孟子》及诸经言私德者居十之九,而公德不及其一。乌乎!斯言也,盖有激而然也。夫中国今日之国民,岂第缺于公德,即私德亦何尝完美,而以归咎于《论》《孟》群经则非也。盖古人并非偏重于私德,而放弃其公德。诚以公德必本于私德,私德者公德之母也,公德者私德之积也。有积一人之私德而成为公德者,有积人人之私德而成为公德者。

何谓积一人之私德而成公德?盖就个人言之则有身,身与身积而成家,家与家积而成国,国与国积而成天下。故《大学》言:"欲明明德于天下者,先治其国;欲治其国者,先齐其家;欲齐其家者,先修其身;欲修其身者,先正其心;欲正其心者,先诚其意;欲诚其意者,先致其知。致知在格物。"夫治平,公德也;诚正修齐,私德也。欲治平而必推本于诚正修齐,是公德必根于私德也。由诚正修齐而极之于治平,是积私德而成公德也。《虞书》称:"尧克明俊德,以亲九族;九族既睦,平章百姓,百姓昭明,协和万邦。"夫明德亲族,私德也;至平章百姓,协和万邦,则公德矣。《大雅》称"文王刑于寡妻,至于兄弟",私德也;至"以御于家邦",则公德矣。《论语》言"修己以敬",私德也;至"修己以安人,修己以安百姓",则公德矣。《孟子》言"老吾老以及人之老,幼吾幼以及人之幼",夫老吾老幼吾幼,私德也;及"人之老人之幼",则公德矣。盖公德必本于私德者,私近而公远,私亲而公疏,私易而公难,私者直接,而公者间接。天下断未有近者、亲者、易者、直接者尚不能善,而能普及于远者、疏者、难者、间接者。故自古圣贤,兢兢以修身为本。《大学》言:"自天子至于庶人,壹是皆以修身为本。"《孟子》言:"天下之本在国,国之本在家,家之本在身。"诸经所以注重于私德者此其一,并非缺公德而不言也。

何谓积人人之私德而成公德? 群学家言曰:"群者一之积也。所以为群之德,自其一之德而已定。群者谓之拓都,译言总会。一者谓之么匿,译者单个。拓都之性情形制,么匿为之。"又曰:"么匿之所本无者,不能从拓都而成有;么匿之所同具者,不能以拓都而忽亡。"是故人人各弃其私德,则其群必败;人人各修其私德,则其群自固。《孟子》言:"人人亲其亲,长其长,而天下平。"此正合人人之私德而成为公德也。且有私德者必能爱公德,所谓"仁者爱人""有礼者敬人"是也。其不合于公德者,必于私德有缺,所谓"爱人不新反其仁,治人不治反其智"是也。诸经所以注重于私德者,此又其一,并非缺公德而不言也。

且《春秋》三世之义:据乱世,内其国而外诸夏;升平世,内诸夏而外夷狄;太平世,夷狄进至于爵,天下远近小大若一。夫远近大小若一,始得为公。内其国、内诸夏,似亦近于私矣。不知群治进化之度,必由近及远,由亲及疏,不能躐级施也。《公羊》成十五年《传》云:"王者欲一乎天下,曷为以外内之辞言之? 言自近者始也。"《说苑》云:"内治未得,不可以正外,本惠未袭,不可以制末。是以《春秋》先京师而后诸夏。"《指武》篇。故欲弭外患,必先修内政;欲善公德,必先修私德。今吾中国外患之叠乘,由于内政之不修;内政之不修,由于团体之不固;团体之不固,由于私德之腐败。群经所以注重于私德者,此又其一也。

至群经之言公德者,举之不胜举也。即以孔孟言之,《论语》曰:"夫仁者,己欲立而立人,己欲达而达人。"曰:"吾非斯人之徒而谁与?"皆合群主义也。至孟子则与时君论台沼,论鼓乐田猎,论苑囿,论好货好色,皆引之使与民同乐,且教滕行井田,是均产主义也。曰:"出入相友,守望相助,疾病相扶持。"亦合群主义也。盖孔孟皆注意于大同之治,殷殷以救世为心,而谓其立论偏于私德而不及公德,亦可谓厚诬孔孟矣。不第孔孟,即宋儒如横渠,观其《西铭》之辞曰:"民吾同胞,物吾与也。凡天下疲癃残疾、茕独鳏寡,皆吾兄弟之颠连而无告者也。"其公德之宏达,可想而见。而世每斥宋儒为独善主义,盖亦未之察也。

明伦篇上　群经大义述十

《序卦》曰:"有天地然后有万物,有万物然后有男女,有男女然后有夫妇,有夫妇然后有父子,有父子然后有君臣。"案:此明人群开化之程度,伦理成立之次第。盖上古男女无别,民多野合,故人知母而不知父。其后制为嫁娶,始有夫妇之名。由夫妇始知有父子,其后家族渐繁,成为部落,始有酋长,为君臣之权舆。其后部落渐多,联为邦国,始为君臣之制。世界渐次而开化,伦理亦渐次而成立也。

五教至唐虞而始明,《虞书》:"帝曰:契,百姓不亲,五品不逊。汝作司徒,敬敷五教,在宽。"《孟子》称:"舜使契为司徒,教以人伦,父子有亲,君臣有义,夫妇有别,长幼有序,朋友有信。"又称:"圣人,人伦之至。欲为君,尽君道;欲为臣,尽臣道。二者皆法尧舜而已矣。"又称:"尧舜之道,孝弟而已矣。"盖伦理之学,发明于尧舜。此中国之国粹,孔孟所以亟称尧舜也。

五伦之中,兄弟朋友,固为平等,而君之于臣,父之于子,夫之于妇,亦有各尽之道,而无专制之义。《易·家人·象辞》:"父父子子,兄兄弟弟,夫夫妇妇,而家道正。"《论语》亦言:"君君臣臣,父父子子。"又言:"君使臣以礼,臣事君以忠。"《中庸》称文王:"为人君止于仁,为人臣止于敬,为人子止于孝,为人父止于慈,与国人交止于信。"《礼运》:"父慈子孝,兄良弟弟,夫义妇听,长惠幼顺,君仁臣忠,十者谓之人义。"是群经并不专责于臣于子于妇,而曲恕其君其父其夫也。后世以君以父以夫为帝天,而以臣以子以妇为奴隶,非经义也。

故以礼言之,如《周礼·大祝》:"辨九拜,七曰奇拜。"郑大夫云:"奇拜,谓一拜也。"后郑云:"一拜,答臣下。"贾疏云:此据祭祀。若《燕礼》则君答臣有再拜,是君于臣皆答拜也。故《燕礼》《大射礼》俱称"公答拜""公答再拜",惟《曲礼》称"君于士不答拜",然《士相见礼》言"士、大夫奠挚再拜,君答壹拜",《聘礼》言"使者反命,上介君劳之,再拜稽首,君答拜,劳士介亦如之",是君于士有特敬亦答拜也。《特牲馈食礼》:"酳上蠶。上蠶拜受爵,主人答拜。"敖继公曰:"主人父也,上蠶子也。"是父于子亦答拜也。《士冠礼》:"冠者北面坐取脯,降自西阶。适东壁,北面见于母。母拜受,子拜送,母又拜。"是母于子亦答拜也。《士昏礼》:"质明,赞见妇于舅姑。妇执笲枣栗,自门入,升自西阶;进拜,奠于席。舅坐抚之,兴,答拜。妇还,又拜。降阶,受笲、腶、脩,升;进,北面拜,奠于席。姑坐举以兴,拜。"则舅姑于妇亦答拜也。至夫之于妇,则先亲迎,御车授绥,其礼甚敬。是古者君之于臣,父之于子,夫之于妇,皆各尽其礼,并不待以奴隶也。

至君臣朝见时,则《周礼·司士职》云:"司士摈,孤卿特揖,大夫以其等旅揖,士旁三揖。"郑注"摈"谓:"诏王出揖公、卿、大夫以下朝者。特揖,一一揖。旅,众也。大夫爵同者,众揖之。孤、卿、大夫始入门右,皆北面东上,王揖之,乃就位。群士及故士、大仆之属,发在其位。三揖者,士有上中下。王揖之,皆逡遁。既,复位也。"是古者人君每日视朝,公、卿、大夫皆先立而俟。君出而揖之,乃就朝位,并无拜跪之仪也。其初君臣皆立,至揖毕入路寝听政,则君与大臣皆坐。《考工记》所谓"坐而论道,谓之王公"是也。《曲礼》言:"士朝不坐。"郑《注》谓:"大夫坐于上,士立于下。"则大夫以上皆坐,不徒三公矣。《朱子语类》云:"古来上下之际虽严,而情意甚相通,如'禹拜昌言''王拜稽首'之类。到汉以来,皇帝见丞相,在坐为起,在舆为下。到唐,尚有坐说话底。而今宰相终年立地,不得一日坐。"案:至近世,不第无坐礼,并无立礼。君坐而臣跪,分日严而情日隔,欲其从容论谏,造膝陈情,盖亦难矣。西人见君无拜跪礼,惟鞠躬致敬,简而易行。夫西礼虽不足法,而每日常朝,易拜为揖，大臣则赐以坐，小臣则立而俟，此实《周礼》之常仪，元公所手定，亦岂不足法乎？古者臣敬君，君亦敬臣，故君前臣名，礼也。而君于大臣则不称名。《曲礼》所谓"国君不名卿老"，天子于伯"同姓谓之伯父，异姓谓之伯舅"，于牧"同姓谓之叔父，异姓谓之叔舅"是也。臣于君，"下公门，式路马"，而君于臣亦"式黄发，下卿位"，其互相致敬如此。汉世待大臣之有勋德者，赞拜不名，待丞相，在坐为起，在舆为下，明世称阁臣为先生，犹有古人遗意。至近日无复知此义矣。

至其情意，则《鹿鸣》，燕群臣诗也，而曰"我有嘉宾，鼓瑟鼓琴。和乐且耽"；《湛露》，天子燕诸侯诗也，而曰"厌厌夜饮，不醉无归"；《彤弓》，天子锡有功诸侯诗也，而曰"我有嘉宾，中心好之"；《伐木》，燕朋友故旧诗也，而曰"既有肥羜，以速诸父。宁适不来，微我弗顾。既有肥牡，以速诸舅。宁适不来，微我有咎"。《小序》曰："自天子至于庶人，未有不须友以成者。亲亲以睦，友贤不弃，不遗故旧，则民德归厚矣。"是古者君之于臣，待以朋友，故其情意之恳挚如此。至于疾病，君必问之，《杂记》所谓"卿大夫疾，君问之无算；士，壹问之"是也。其死丧必赴于君，君必吊，《周礼·大仆职》所谓"掌三公、孤卿之吊劳"，郑《注》："王使往。"贾《疏》："此等皆王合亲往，或王有故不亲往，则使大仆往。"《小臣职》所谓"掌大夫之吊劳"是也。又必遗之以衣被，赠之以车马，亲临而视殓，《士丧礼》所谓"君使人襚"，所谓"公赗玄纁束帛"，所谓"君坐抚，当心""要节而踊"是也。《檀弓》曰："君遇柩于路，必使人吊之。"是君于凡民之丧，无不哀而恤之，不第卿大夫士也。后世视臣民如路人，如奴隶，无怪臣民亦漠然于其君也。

《大学衍义》："皋陶赓歌而舜拜之，益进昌言而禹拜之，周公献卜而成王拜之，古帝王以礼遇其臣若此。自秦以后，尊君卑臣，日以益甚，于是君之于臣，直谓名位足以牢笼之，禄利足以鼓舞之，臣不能无求于我，而我可以无藉于臣。君亢然自尊于上，如天地神明之不可亲，臣退焉自卑于下，如仆隶趋走之唯恐后，上下之情，日以乖隔，而乱亡至。《易》所谓'上下不交而天下无邦'者也。"《周官义疏·司士职》引王氏志长曰："观此经，三代之君，所以待其臣者何有礼也。嬴秦至后代而递甚焉。夫君臣一体，公卿其心膂，大夫士其手足。外心膂、堕手足，可乎？《诗》

曰：'恺悌君子，遐不作人。'人才之盛，皆人主志气精神所吹嘘而成者也。是故能师臣，则可师者至矣；能友臣，则可友者至矣；奴隶役之，俳优畜之，则奴隶俳优者至矣。三代以下，臣品日卑，臣节日替，职是故耳。"案：真氏、王氏之言，皆深切著明，洞中后世君臣之病，可为改良者法也。

明伦篇下　群经大义述十一

忠孝者，群经之恒言，古今之通义，中国之国粹，人人所习闻习知，而无容觊缕者也。然群经所言事君事父之道，其中有至义，有浅义，有广义，有狭义，有常义，有变义，有形式，有精神，言非一端，事各有当。后儒不知，往往执浅义而忘至义，执狭义而忘广义，执常义而忘变义，有形式而无精神，虽日日谭忠孝，而实不足谓之忠孝。此不得不略为一辨也。

《论语》所称"立不中门，行不履阈""君命召不俟驾行"，《曲礼》所称"下公门，式路马""君言不宿于家"，诸如此类，皆常仪末节，是形式非精神也。《论语》所称"敬其事而后其食"，《表记》所称"军旅不避难，朝廷不辞贱"，此狭义而非广义也。至《孝经》所称"进思尽忠，退思补过，将顺其美，匡救其恶"，则稍广矣，然犹非其至也。若其至者，则《论语》所称"以道事君，不可则止"，所称"勿欺也，而犯之"，《孟子》所称"责难于君谓之恭，陈善闭邪谓之敬，吾君不能谓之贼"，又曰："不以舜之所以事尧事君，不敬其君者也；不以尧之所以治民治民，贼其民者也。"又曰："我非以尧舜之道，不敢陈于王前。"又曰："人不足与适也，政不足间也，惟大人为能格君心之非。"又曰："君子之事君也，务引其君以当道，志于仁而已。"盖君子之仕也，为民也，君者国之主而民之牧也。欲保其国以救其民，非先正其君不可，故曰："一正君而国定矣。"《孟子》称"汤始征，自葛始。四海之内，皆曰'非富天下也，为匹夫匹妇复仇也'"，称伊尹以先知先觉自任，欲使天下之民皆被尧舜之泽，"故就汤之聘而说以伐夏救民"，是汤之征，专为民也，非利天下也。伊尹之出，亦专为民也，非为汤也。孟子知民为贵，而痛当时之事君者，徒知有君不知有民，专为其君谋富强，故斥为"富桀""辅桀"，而曰："今之所谓良臣，古之所谓民贼也。"盖君所以养民者也,所以教民者也;臣所以导君养民教民,佐君养民教民者也。是国之立君,与君之举臣,皆专为民也。故能导其君佐其君以养民教民者,方可谓之忠;不能导其君佐其君以养民教民者,皆谓之不忠。此经中之至义也。

所谓变义者,如弃、契、皋、夔之事舜,周、召、望、散之事武,常也;伊尹之五就汤、五就桀,变也。以常义绳之,则谓之二臣矣。然伊尹之出,专为救民也,故不害其为忠也。周公之辅成王,常也;伊尹之放大甲,变也。以常义绳之,则近于不臣矣,然大甲颠覆汤之典刑,必不足以治民,故公孙丑称:"伊尹曰:'予不狎于不顺。'放大甲于桐,民大悦。大甲贤。又反之,民大悦。"是伊尹之放与反,皆视民心之向背,毫无私意于其间,故不失为忠也。比干之谏死,常也;微子之受封,箕子之陈书,变也。以常义绳之,则近于偷生矣。不知君为民为国而亡者,吾殉之正也;君无道而亡者,吾殉之非正也。晏子所谓"君为社稷死则死之,为社稷亡则亡之。若为己死而为己亡,非其亲昵,谁敢任之"。《左》襄二十五年《传》。是故微子之存宗祀,忠也;箕子之不死,亦无害其为忠也;比干之谏,欲救民也,其死也亦为民也,非为纣也。故孔子称之为"三仁"也。

《韩诗外传》:"有大忠者,有次忠者,有下忠者,有国贼者。以道覆君而化之,是谓大忠也;以德调君而辅之,是谓次忠也;以谏非君而怨之,是谓下忠也;不恤乎公道之达义,偷合苟同以持禄养者,是谓国贼也。"乌乎!今之事君者,其能免于四贼之讥者谁乎? 为子之道,若《曲礼》所称"冬温而夏凊,昏定而晨省。出必告,反必面",此形式也。《内则》所称"下气怡声,问衣燠寒,疾痛苛痒而敬抑搔之。问所欲而敬进之,柔色以温之",所称"乐其心,不违其志,乐其耳目,安其寝处,以饮食忠养之",此犹狭义也。至所称"父母之所爱亦爱之,父母之所敬亦敬之",则稍广矣,然犹非其至也。所谓至者,则曾子所称"先意承志,谕父母于道",孔子所称"父有争子,不使身陷于不义",《易》所称"干父之蛊,有子,考无咎"是也。尤其至者,若曾子所称"居处不恭非孝也,事君不忠非孝也,莅官不敬非孝也,朋友不信非孝也,战陈无勇非孝也",则不独善亲之身,而并能善亲之遗体矣。曾子曰:"身者亲之遗体也。"至《诗》所称"孝子不匮,永锡尔类",曾子所称"又能率朋友以助敬",则不独尽一己之孝,而并能使人人皆孝矣。至曾子所称"草木以时伐焉,禽兽以时杀焉",孔子所称"断一木,杀一兽,不以其时,非孝也",则不独仁于同类,而并能仁于异类矣。此则由独善而扩为兼善,由私德而推为公德,则孝之至也。

所谓变义者,如《家语》言:"舜事瞽瞍,欲使之,未尝不在侧;索而杀之,未尝可得。小捶则待过,大杖则逃走。"而以曾子仆地受杖为不孝。盖人子之道,以谕亲于道为孝,非从令之为孝,《孝经》论之详矣。若伯奇之投水,事见《太平御览》五百八十八引扬雄《琴清英》,与蔡邕《琴操》所说不同。申生之自缢,皆陷亲于不义,不得谓之孝也。《檀弓》载申生事,末云"是以为共世子也"。郑《注》:"可以为恭,于孝则未之有。"孔疏《春秋左传》云:"晋侯杀其世子申生,父不义也。孝子不陷亲于不义,申生不能自理遂陷。父有杀子之恶,虽心存孝而于理终非,故不曰'孝',但谥为'恭',以其顺于事父而已。"案:孔疏之说甚当。而吴草庐曲为之原,盖执常义而不知变义耳。后世每以从亲之令为孝,不惜牺牲其一身者。噫!经义之不明久矣。

《孝经》:"身体发肤,受之父母,不敢毁伤。"《曲礼》:"居丧之礼,毁瘠不形,视听不衰。"又曰:"不胜丧比于不慈不孝。"《丧服四制》:"毁不灭性,不以死伤生也。"世乃有因亲病而割股,亲殁而身殉,此实比于不慈不孝,而市井反以为美俗,在上亦乐为表扬,此亦经义不明之一端也。

嫁娶篇　群经大义述十二

《小戴·坊记》篇:"取妻不取同姓,以厚别也。"《五经异义》许君案:"《易》曰'同人于宗,吝',言同姓相娶,吝道也。即犯诛绝之罪,言五属之内禽兽行,乃当绝。"案:《说文序》称《易》孟氏,此所言当是孟氏说也。《白虎通·嫁娶》篇、郑氏《曲礼注》、何氏《公羊哀十二年传解诂》,大旨略同。窃谓不取同姓,非第厚别,盖古人明于生理学也。《左》僖十二年《传》叔詹曰:"男女同姓,其生不蕃。"昭元年《传》子产曰:"内官不及同姓,其生不殖。"《国语·郑语》史伯曰:"夫和实生。气同则不继。以它平它谓之和。若以同裨同,尽乃弃矣。故先王聘后于异姓。"盖凡物两异性相合,则其结果必蕃而良。故植物家每以李接桃,以梨接杏。牧畜家每以亚美利加之牡马,交欧亚之牝驹。即人亦然,东西统计家,每验血属结昏,生子不盛,即叔詹所谓"男女同姓,其生不蕃",史伯所谓"气同则不继"之理。此古人所以不娶同姓之故也。

《大戴·保傅》篇:"谨为子孙娶妻嫁女,必择孝弟世世有义行者。如是,则其子孙慈孝,不敢淫暴,党无不善,三族辅之。故曰:'凤皇生而有仁义之意,虎狼生而有贪戾之心,两者不等,各以其母。'乌乎!戒之哉!"又《本命》篇:"女有五不取:逆家子不取,乱家子不取,世有刑人不取,世有恶疾不取,丧妇长子不取。"案:世界文野之别,国民强弱之分,性质善恶之判,其结果视乎教育,其原因关乎种学,故欲改良一切者,当先于传种上改良。泰西医学家,历验其父母智者强者,其子女必智者强者多,其父母愚者弱者,其子女必愚者弱者多。至人之恶疾,亦由于父母遗传者为多,此择种不宜不慎也。至教育莫先于家庭,而家庭之教育,母尤有密切之关系。故欲得佳子,必先求贤母,欲善母教,必先讲女学。《大戴》所言,盖兼有择良种、求母教二义也。

嫁娶之期,《周官·媒氏》、《穀梁》文十二年《传》、《大戴·本命》篇、《小戴·内则》篇、《尚书大传》《毛诗传》《白虎通》,皆言男子三十而娶,女子二十而嫁。《五经异义》引《左氏》说:"国君十五生子,三十而娶,庶人礼也。"许君案:"舜三十不娶,谓之鳏。文王十五生武王,尚有兄伯邑考。故知人君早娶,所以重继嗣。"王肃《圣证论》据《家语》言:"男子十六精通,女子十四血化,可以生民。男子二十而冠,有为人父之道。女子十五许嫁,有适人之道。于此以往,皆可以昏。三十、二十者,'礼言其极不是过'。"案:今之《家语》,乃王肃所伪撰,其言不甚可据。若《周官》所定三十、二十之限,固文明之法律,深合于种学、生理学之公理也。东西统计家,言愈文明之国,其民之结婚愈迟;愈野蛮之国,其民之结婚愈早。故印度人十五而生子者率以为常,欧洲人二十以内而结婚者甚鲜。盖成熟之迟早,与衰落之迟早相比例。凡成熟早者其衰落必早,成熟迟者其衰落亦迟。结婚之迟早,又与生子之强弱相比例。凡结婚早者其生子必弱,结婚迟者其生子必强。盖身体神经既发达,其遗种始能强壮,否则未有不痿弱者。故《内则》曰:"三十壮有室。"《白虎通》曰:"男三十筋骨坚强,任为人父;女二十肌肤充盈,任为人母。"皆合于生理学之理也。且结婚太早,不第害于传种,而亦害于教育。盖其身无为人父母之资格,必不能任家庭之教育。既得弱种,又无教育,此国民日流于愚弱之原因也。《汉书·王吉传》:"吉以为人伦大纲,夭寿之萌也。世俗嫁娶太早,未知为人父母之道而有子,是以教化不明而民多夭。"乌乎!子阳此言,洞中世俗早婚之病矣。若文王十五而生武王,未尝不贤智寿考,此则千古仅见,不能以少数而概多数之人也。

《戴记·昏义》:"古者妇人先嫁三月,祖庙未毁,教于公宫;祖庙既毁,教于宗室。教以妇德、妇言、妇容、妇功。"案:古时妇女皆有学,故《周官》:"九嫔掌妇学之法,以教九御,妇德、妇言、妇容、妇功。"《诗·葛覃》篇:"言告师氏。"《内则》:"女子十年不出,姆教婉娩听从。"是女子幼时即学,至嫁前三月,则又就尊者之宫教之,非谓一生只教三月。《白虎通》谓:"妇人学一时足以成。"此误解也。盖妇人上事舅姑,下教子女,非学不足以明理。至古者后妃夫人,内子命妇,宾享丧祭,咸与其列,并非闭门不出。故《周官》"世妇掌祭祀、宾客、丧纪之事"及"吊临卿、大夫之丧",则必习于典礼,娴于辞令,断非不学所能。如邓曼论盈虚之理,是明天道也;穆姜解元亨之义,是通《易》学也;敬姜之彻袭衣,杞妻之辞郊吊,是习丧礼也;至于漕邑阿邱,许夫人思归之作。朝入夕死,秦穆姬登台之盟。则尤有爱祖国之精神,为巾帼中之特色。观于《春秋》内外传,及《诗》三百篇,当日妇人女子,通知文学,娴习典章者,颇为不乏,是女学本中国所固有。后世以读书非妇人之事,能文为女子之戒,其亦未知九嫔之妇学、二南之风化乎?

"妇有三从之义,无专制之道",《丧服传》言之矣;"妻柔而正",《左氏传》言之矣;"以顺为正,无违夫子",《孟子》言之矣。然公子重耳之安于齐也,齐姜戒之曰"怀与安实败名""与子犯谋,醉而遣之",则非以顺为正也。惧蚕妾之泄言而先杀之,则非以柔为德也。见《左》僖二十三年《传》。《檀弓疏》引《五经异义》:"妻甲,夫乙殴母,甲见乙殴母而杀乙。《公羊》说甲为姑讨夫,犹武王为天诛纣。"郑康成驳之云:"乙虽不孝,但殴之耳,杀之太甚。"孔冲远云:"如郑此言,殴母,妻不得杀之;若其杀母,妻得杀之。"可知服从之义,当服从于道德法律,非徒服从于其夫也。其夫合于道德法律者,妻服从之,义也。其夫不合于道德法律者,妻救正之,义也,服从之,非义也。臣之于君,以勿欺而犯为忠,非容悦之为忠。子之于父,以谕亲于道为孝,非从令之为孝。岂妻之于夫,专以柔媚曲从为义哉?

学校篇　群经大义述十三

　　学校之设,自五帝始。董子所谓"成均,五帝之学"是也。成周之制,有国学,有乡学,而国学、乡学之中,又各分大小。国学之大者有五,中为辟雍,南为成均,北为上庠,东为东序,西为瞽宗。《王制》所谓"大学在郊,天子曰辟雍,诸侯曰頖宫"。郑《注》以此为殷制,谓周制大学在国,小学在郊。其说非是,已为后儒所驳。《文王世子》所谓"学干戈习籥"皆于东序,"礼在瞽宗,书在上庠",《大司乐》所谓"掌成均之法"是也。盖古者太学与明堂同制,其中辟雍为太学,四门之外亦各有学。《大戴·保傅》篇引《学礼》,所谓"帝入东学,帝入南学,帝入西学,帝入北学,帝入太学",蔡邕《明堂月令论》引《易·太初》篇所谓"天子旦入东学,昼入南学,莫入西学,夕入北学,中央曰太学"是也。此皆大学也。其小学有三种:一在虎门之左,《周礼·师氏》所谓"居虎门之左",《保傅》篇所谓"王子年八岁,出就外舍",卢《注》"小学,谓虎门师保之学"是也;一在公宫南,《王制》所谓"小学在公宫南之左"是也。一在四郊,所谓"虞庠在国之四郊"是也。四郊,今本误作西郊。《北史·刘芳传》引此文不误。《祭义》:"天子设四学。"郑《注》谓:"周四郊之虞庠也。"孔疏引皇氏云:"四郊皆有虞庠。"盖虎门之小学,犹闾里之塾也。公宫南及四郊之小学,犹州党之序也。后儒不知小学原分三种,或以天子小学,在虎门之左,诸侯小学,在公宫南之左;或以殷制小学在郊,周制小学在国中,皆未得其实也。至乡学,其大者谓之庠,小者谓之序,又小者谓之塾。《周官·州长》云:"射于州序。"《党正》云:"饮酒于序。"郑《注》:"序,州党之学也。"《乡饮酒义》云:"迎宾于庠门之外。"郑《注》:"庠,乡学也。"是乡学曰庠,州党之学曰序也。而《学记》言:"古之教者,家有塾,党有庠,术有序。"郑《注》:"术当为遂,声之误也。"其名不同。盖家有塾,非谓一家有一塾也,谓合二十五家而教于闾门之塾。郑《注》所谓"古者仕焉而已者,归教于闾里,朝夕坐于门。门侧之堂谓之塾"是也。合二十五家而教于闾塾,谓之家有塾,故合五党而教于乡庠,谓之党有庠,其称名不同,其为义则一也。周制,远郊之内设六乡,凡五家为比,五比为闾,四闾为族,五族为党,五党为州,五州为乡,是六乡之内,当有乡庠六,州序三十,党序百有五十,闾塾三千,百里内置六乡,外置六遂,凡五家为邻,五邻为里,四里为酂,五酂为鄙,五鄙为县,五县为遂,六遂之制如六乡,则六遂之内,当有遂庠六,县序三十,鄙序百有五十,里塾三千。盖塾犹今之蒙学堂,党序犹今之小学堂,州序犹今之中学堂,庠犹今之高等学堂,乡遂距王城仅二百里,不及今之一大郡,而有蒙学堂六千,小学堂三百,中学堂六十,高等学堂十二。以是推之,邦畿千里,则必有蒙学堂数万,小学堂数千,中学堂数百,高等学堂数十,更推之畿外九州邦国,其数益不可计,是周时设学之盛,何让今之欧美诸国乎!

其年限,则《大戴·保傅》篇言:"八岁而就外舍,束发而就大学。"《尚书·周传》言:"王子、公、卿、大夫、元士之适子,十三入小学,二十入大学。"又《书传略说》:"余子十五入小学,十八入大学。"《内则》言:"十年,出就外傅。"《白虎通义》言:"八岁入小学,十五入大学。"卢辨注《大戴记》,以《保傅》篇及《白虎通》所言,是太子之礼,《大传》所言,是世子入学之期。又曰:"十五入小学,十八入大学者,谓诸子姓晚成者,十五入小学,其早成者,十八入大学。《内则》所言'谓公卿以下教子于家也'。"案,卢氏之说未确。《曲礼》言:"人生十年曰幼学。"《论语》言:"吾十有五而志于学。"并不区别贵贱。《白虎通》言:"八岁入小学,十五入大学。"亦未专指太子。而诸书所以参差者,盖王子及贵族之子,必先入虎门之小学,次入公宫南之小学,或四郊之虞庠,然后入大学,其居乡遂者,必由塾而序而庠,而后升入国学。诸书言八岁入小学,当指虎门之学,及闾里之塾;其言十三入小学,当指公宫南之小学,或四郊之小学,或州党之序;其言十五入大学,当指乡庠耳。盖庠在乡学中为已大,视国学仍为小,故他书言十五入大学,《大传》言十五入小学,语异而意同也。至国中之大学,必由乡学选送,司徒论定,然后可以升入。《王制》所谓"命乡论秀士,升之司徒,曰选士;司徒论选士之秀者而升之学,曰俊士"是也。计其年当在二十,其早成者或十八,是以《大传》言二十入大学,又言十八入大学。惟世子贵族,或不在此例,可以早入耳。盖国学乡学,均有大小,经传未分别言之,是以名称易混,年限互异也。

其教科,则《内则》云:"十年出就外傅,学书计,朝夕学幼仪,请肄简谅。"此盖塾之教科也;"十有三年,学乐,诵《诗》,舞《勺》",此盖序之教科也;"成童,舞《象》,学射御",此盖庠之教科也;"二十而冠,始学礼,舞《大夏》,惇行孝弟,博学不教",此盖大学之教科也。然所言多未备,盖略举之,必不尽于此也。至国子之教科,国子谓王太子、王子、群后之太子、卿、大夫、元士之适子。则《周官》师氏教以三德,一曰至德,以为道本;二曰敏德,以为行本;三曰孝德,以知逆恶。教以三行,一曰孝行,以亲父母;二曰友行,以尊贤良;三曰顺行,以事师长。保氏教以六艺,一曰五礼,郑《注》:吉、凶、宾、军、嘉。二曰六乐,《云门》《大咸》《大韶》《大夏》《大濩》《大武》。三曰五射,白矢、参连、剡注、襄尺、井仪。四曰五驭,鸣和鸾、逐水曲、过君表、舞交衢、逐禽左。五曰六书,象形、会意、转注、指事、假借、谐声。六曰九数。方田、粟米、差分、少广、商功、均输、方程、赢不足、旁要。案:自五射以下,后郑采用先郑《注》。教以六仪,一曰祭祀之容,二曰宾客之容,三曰朝廷之容,四曰丧纪之容,五曰军旅之容,六曰车马之容。案:保氏掌虎门之学,然其所谓至德以为道本之类,必非蒙学所能领悟,即师氏所教五礼、六乐、五射、五驭之类,亦岂二三年所能毕业。且《内则》言:"成童学射御,二十始学礼,舞《大夏》。"国子虽当速成以致用,亦不过略早耳。盖自蒙学至入大学以前,皆掌于师氏、保氏,《周礼》此二职所言,盖兼有小学、中学课程也。至大学教科,则《王制》云:"乐正崇四术,立四教,顺先王《诗》《书》、礼、乐以造士,春秋教以礼乐,冬夏教以《诗》《书》。"王子、群后之太子、卿、大夫、元士之适子,国之俊选皆造焉。《文王世子》云:"凡学,世子及学士,郑《注》:"学士,谓司徒论俊选所升于学者。"必时。春夏学干戈,秋冬学羽籥,皆于东序。小乐正学干,大胥赞之;籥师学戈,籥师丞赞之。胥鼓南。春诵夏弦,大师诏之;瞽宗秋学礼,执礼者诏之;冬读书,典书者诏之。礼在瞽宗,书在上庠。"合此二篇观之,则春夏学乐、《诗》、干戈,秋冬学礼、《书》、羽籥。今之学科,按时刻分授,古则按四时分授也。且学干戈,羽籥在东序,礼在瞽宗,《书》在上庠,则各有专门学堂也。盖保氏之三德、三行为德育,师氏之五礼、六书、九数为智育,五射、五驭为体育,至大学所教之《诗》《书》、礼、乐,为修身治国之大经,皆兼德育、智育而有之,干戈为武舞,羽籥为文舞,则体育也。至《戴记》所载《大学》篇,盖古大学之学规,自格致以至于治平,本末先后,尤为秩然也。

其职掌,则《周官》言"大司徒掌邦教",是总掌一国之学务也;"乡大夫各掌其乡之政教",是庠掌于乡大夫也;"州长各掌其州之教治",是州序掌于州长也;"党正各掌其党之教治",是党序掌于党正也;"闾胥各掌其闾之征令",是塾掌于闾胥也。

其教员,则《周官·大司乐》云:"掌成均之法,以乐德教国子,中、和、祗、庸、孝、友。以乐语教国子,兴、道、讽、诵、言、语。以乐舞教国子,舞《云门》《大卷》《大咸》《大磬》《大夏》《大濩》《大武》。"是大司乐乃大学之总教也。乐师"教国子小舞",籥师"教国子舞羽龡籥",大胥"掌学士之版,以待致诸子。春,入学,舍采合舞。秋,颁学合声",小胥"掌学士之征令而比之,觵其不敬者",大师《周官》不言教国子,而《文王世子》云:"春诵夏弦,大师诏之瞽宗。"又云:"秋学礼,执礼者诏之。冬读书,典书者诏之。"此皆大学之分教也。至保氏、师氏,则国中小学、中学之教员也。至乡学之教员,则《礼记疏》引《书传略说》云:"大夫七十而致仕。大夫为父师,士为少师,教于州里。"郑注"家有塾"亦云:"古者仕焉而已者,归教于闾里。"案:大夫、士才德学术,亦有大小,非必皆为塾师,其大者教于庠,次者教于序,又次者教于塾,此乡学之教员也。

其考校,则《学记》云:"比年入学,中年考校。一年视离经辨志,三年视敬业乐群,五年视博习亲师,七年视论学取友,谓之小成。九年知类通达,强立而不反,谓之大成。"郑《注》:"乡遂大夫,间岁则考学者之德行。《周礼》三岁大比,乃考焉。"孔《疏》:"入大学者,国家考校之,未入大学者,乡遂大夫考校之。"案:离经、敬业、博习、论学,是考其学艺,余皆考其德行,知类通达、强立而不反,则并考其识见才力。盖必德育、智育、体育三者俱优,而后可列高等也。

其升学之法,则《王制》云:"命乡论秀士,升之司徒,曰选士。司徒论选士之秀者,而升之学,曰俊士。升于司徒者,不征于乡;升于学者,不征于司徒,曰造士。"《公羊宣十五年传解诂》言:"教于校室。其有秀者移于乡学,乡学之秀者移于庠,庠之秀者移于国学,学于小学。诸侯岁贡小学之秀者于天子,学于大学。其有秀者,命曰造士。"案:《王制》所言,乃畿内乡遂之学,毕业升入大学之法。《公羊传》注所言,乃侯国之学,毕业升入大学之法。盖必由塾而序而庠而大学,犹今由蒙学堂而小学堂而中学堂而高等学堂，而后入大学堂之法也。

其授官之法，则《王制》云："大乐正论造士之秀者，以告于王，而升诸司马，曰进士。司马辨论官材，论进士之贤者以告于王而定其论，论定然后官之，任官然后爵之，位定然后禄之。"盖古者出身有二途：乡学毕业，升诸司徒者曰选士，司徒论定，或用为乡遂之吏，此一途也；其德才优异不愿小成者，由司徒而复升于国学，国学毕业，升诸司马者曰进士，则命为朝廷之官，此一途也。《王制》所言，则国学毕业之出身也。

其黜退之法，则《王制》云："命乡简不帅教者以告，耆老皆朝于庠。元日，习射上功，习乡上齿，大司徒帅国之俊士与执事焉。不变，命国之右乡简不帅教者移之左，命国之左乡简不帅教者移之右，如初礼。不变，移之郊，如初礼。不变，移之遂，如初礼。不变，屏之远方，终身不齿。"案：古之学校，甚重视学生，不轻黜退。故年考之后，简其不率教者，为之行乡射礼、乡饮礼，令耆老俊士咸与，使之观摩激厉，冀其自奋。至第三年年考，若又不变，尚虑教员之失教，同学之未善，因行调学之法，居右乡之学生，令移于左乡之学，居左乡之学生，令移于右乡之学，使之师友一新，冀其自化。又间一年而考校之，若又不变，则降于郊学。又间一年而考校之，若又不变，则降于遂学。又间一年而考校之，若又不变，然后令其退学。必需之以四不变，迟之以九年，孔《疏》："屏之远方谓九年之时。"而后黜退，可知古人爱惜人才之意，视学生为甚重也。至《王制》又云："将出学，小胥、大胥、小乐正，简不帅教者，以告于大乐正，大乐正以告于王，王命三公、九卿、大夫、元士皆入学。不变，王亲视学。不变，王三日不举，屏之远方，终身不齿。"郑《注》："出学，谓九年大成学止也。所简者，谓王太子、王子、群后之太子、卿、大夫、元士之适子也。"案前所言乃乡学黜退之法，此所言乃国学黜退之法，前必经四不变乃屏之，此二不变即屏之，以贵族之子弟，较士庶之子弟当更率教，故二不变即屏之。今每严绳民族而宽于贵族，非三代法也，然必二不变然后屏之，亦非一有过犯，即令退学，又必天子亲视学，其屏之也。天子为制不举者三日，其事甚重，则其爱惜人才之意可想见也。

周时学校之盛，人才无一不出于学校，而国民程度未见邃进者，其故有四：

一由于教科之未完备也。师氏所教者三德三行，保氏所教者六艺六仪。乐正四术，亦只《诗》《书》、礼、乐。盖其时未有历史科，书即历史，若现世之史。如外史所掌四方之志，小史所掌邦国之志，皆藏于官府，不颁诸学校，故韩宣聘鲁，观书于太史氏，始得见《春秋》，孔子使子夏等入周求史记，得百二十国宝书，始能修《春秋》，是学校之中，历史一科未备也。周时颇讲舆图之学，故天官之司会、司书，地官之大司徒、遂人、土训，夏官之司险、职方，皆掌有地图，然亦藏于官而不颁于学，故教国子并不及地理，是地理一科亦未备也。《大学》言致知在格物，然仅存其目，为诸儒所聚讼。而师氏、保氏、大司乐诸职，言教国子法并不及格物，是格致一科亦未备也。《周官》言天学者有冯相、保章，言物质学者有卝人，言译学者有象胥，然亦掌于专官，而未教诸学校，是天文、地质、方言诸科俱未备也。财政掌于大府、内府、外府诸职，兵政掌于司马，刑政掌于司寇，然有政而无学，是理财学、兵学、法学诸科亦未备也。盖当时之所重者德行道艺，故修身、伦理之学最为发达。所谓艺者，不过礼、乐、射、御、书、数耳。科学未能完备，故智识无由发达。此国民程度不能遽进之一端也。

二由于文字之繁，简策之重也。文字书籍，为传播文明之利器，中国文字与语言不合，且主形不主声，识字固已不易，又古无版印，专用简策，极为繁重，非人人所能备。是以传经每用口说，《汉志》称："古之学者耕且养，三年而通一艺。三十而五经立。"则其读书之不易可知。故学科不能多设，文明无出普及。此又国民程度之不能遽进之一端也。

三由于学术一而无竞争也。凡学术思想，有竞争则进，无竞争则退。三代盛时，一道德而同风俗，教学定于一尊，又中国一统，无外界之交通，于是人皆有保守主义，无进取主义，有崇古思想，无求新思想。此又国民程度不能遽进之一端也。

四由于学校之废弛也。周之盛时，广立学校，东迁以后，已见废弛。《毛诗序》："《子衿》，刺学校废也，乱世则学校不修焉。"《左襄三十一年传》："郑人游于乡校，以论执政。然明谓子产曰：'毁乡校，何如？'"盖学校之中，必有清议，为执政所不喜，多欲毁之，郑之学校，因子产一言而存，他国之所毁者必多。此又国民程度有退无进之一端也。

教育篇　群经大义述十四

《大戴·保傅》篇："古者胎教，王后腹之七月，而就宴室。太师持铜而御户左，太宰持升而御户右。比及三月者，王后所求声音，非礼乐，则太师缊瑟而称不习；所求滋味，非正味，则太宰倚升而言曰：不敢以待王太子。"以上引青史氏之记。又曰："周后妃妊成王于身，立而不跂，坐而不差，独处而不倨，虽怒而不詈，胎教之谓也。"案：刘向《列女传》又言：太任娠文王，"目不视恶色，耳不听淫声，口不出敖言。"又言："古者妇人妊子，寝不侧，坐不边，立不跸，不食邪味，割不正不食，席不正不坐，目不视邪色，耳不听淫声，夜则令瞽诵诗，道正事。如此，则生子形容端，必平正，才过人矣。"案：泰西医学家，亦谓胎教之说非虚。法兰西当革命之际，人心多恐惧，所生子每多脑病，又谓醉时所生子多好饮，盖孕时其母印入脑中者，必遗传于子女，故感于善则善，感于恶则恶，是以古人兢兢于胎教，泰西教育家亦以胎教为最先也。

《内则》："异为孺子室于宫中，择于诸母与可者，必求其宽裕慈惠、温良恭敬、慎而寡言者，使为子师，其次为慈母，其次为保母，他人无事不往。"案：古者自大夫以上，子生三月之内，即置师、保、傅三母；士庶之家，则妻自教养其子。盖古人最重家庭之教育，凡身体之发达，知识之开通，德性之纯固，莫不于此基之。故英儒陆克氏，专主家庭教育，瑞士裴司塔若藉氏，亦谓儿童之受教，必自母始，若初生时，则体育尤为重要。故《垤氏实践教育学》，于幼儿之荣养，论之特详，其言乳母须择壮健明敏、诚实温良者，正与《内则》之言相符合也。

《曲礼》："幼子常视毋诳。"孔疏："小儿恒习效长者，长者常示以正事，不宜示以欺诳，恐即学之。故曾子儿啼，妻云：'儿莫啼，吾当与汝杀豕。'儿闻辄止。妻后向曾子说之，曾子曰：'勿教儿欺。'即杀豕食儿。"案：《列女传》载孟母买肉事，亦此意。世俗抚子，或惧之以雷霆，或恐之以鬼神，启其幻觉妄觉，而使迷信之念，深印入神经，此最有害于社会也。

古之教弟子者，先教以实事，不教以哲理。如《内则》言："六年，教之数与方名。九年，教之数日。十年，学书计。朝夕学幼仪，请肄简谅。

十有三年,学乐,诵《诗》,舞《勺》。成童,舞《象》,学射御。"盖书数足以启其觉性及记忆力,歌舞足以鼓其活泼之天性,射御足以壮其尚武之精神,皆就儿童之能力,循其天然之秩序,不强以所不知也。朱子曰:"古者初年入小学,只教之以事,如礼乐射御书数及孝弟忠信之事。至十六七入大学,然后教之以理,如致知格物,及所以为忠信孝弟者。"又曰:"天命非所以教小儿,只说义理大概及眼前事。"案:后世童子入塾,即授以《大学》《中庸》,非三代之教育法,亦非朱子之教育法也。

《蒙》之初六曰:"发蒙,利用刑人,用说桎梏,以往吝。"言发蒙虽利用严,然当脱其束缚之具,不可专事于严也。若一于严,常用刑人之道以往则吝矣。故王《注》曰:"以往吝,刑不可长也。"上九:"击蒙,不利为寇,利御寇。"言为师之道,当捍御其外诱,不当束缚其性灵。若过于严而专事束缚,则为寇而非御寇矣。故舜之告皋陶曰:"汝作司徒,敬敷五教,在宽。"可谓明于教育学之理矣。法儒毛塔耶尼氏曰:"以鞭答威吓儿童,损天然之美,坏生来之质,吾甚悯焉。常入学校中,闻教师怒声,与儿童泣谢声,以此恶貌严刑,临柔弱之儿童,而欲使其改过,其效果安在乎?"裴司塔若藉氏曰:"师若弟宜以爱力相交。"案:吾国蒙学,视学生如囚徒,对塾师若酷吏,推抑独立之性质,沮塞活泼之天机,害于智育、体育,而国民日流于愚弱。至学校之中,往往教员用压力,学生用抵力,而不知以爱力相交,此皆未明教育学之原理也。

群经之言教育者,惟《学记》一篇颇详。其曰:"时观而弗语,存其心也。"又曰:"君子之教喻也,道而弗牵,强而弗抑,开而弗达。道而弗牵则和,强而弗抑则易,开而弗达则思。"又曰:"力不能问,然后语之。"言教育之道,惟示其端倪,使学者自领悟,学者思而勿得,然后为之解剖,方能印入神经而有心得。故《论语》言"不愤不启,不悱不发",颜渊称"夫子循循然善诱人",若不明学者之能力,不待学者之疑问,而扞格以施,则教者徒劳,而学者无得,此谓之强权教育。毛塔耶尼氏曰:"为教师者,宜酌量其教科之度,授诸生徒,令生徒自尝而乐之。又须先其端绪,使知自为解释,教师不宜专自讲说,应使生徒寻绎而自悟。"其所言与《学记》正合也。

《记》又曰:"今之教者,呻其占毕,多其讯,言及于数,进而不顾其安,使人不由其诚,教人不尽其材,其施之也悖,其求之也佛。夫然,故隐其学而疾其师,苦其难而不知其益也。"案:此正言强权教授之弊也。廓美纽司氏曰:"教育须逐渐进步,譬如盛水于狭小之瓶,苟非滴滴流进,而欲倾泻注入之,其扞格也必矣。故授业不可过于繁重,时刻亦不可过长。"案:此言与《学记》意合。盖教育必随学者之程度,依教科之次序,由初级而进级,由单纯而错综,由普通而专门,渐次发达,未有纷然杂投而有效力者也。

《记》又曰:"学者有四失,教者必知之。人之学也,或失则多,或失则寡,或失则易,或失则止。此四者,心之莫同也。知其心,然后能救其失也。"盖教育者必须明于心理学,考察学者之性质,就其偏而为之补助。《论语》:"求也退,故进之;由也兼人,故退之。"此明于二人之性质也。佛罗卜尔氏亦言教法因人而异,十人有十种教法。案:学校之中,一堂百数十人,同一教科书,未免有一炉而铸之弊。此则须细为考察,分班贵得其宜也。

《记》又曰:"一年视离经辨志。"又曰:"凡学士先志。"案:志者,目的之所在也。人之目的,或在于个人,或在于家族,或在于国家。个人主义者,只求一身之幸福,而身以外不计也。家族主义者,只求一家之幸福,而家以外不计也。惟国家主义,则必练成国民之资格,保全国家之独立。《大学》之教,自明德及于新民,自格致极于治平,故教育者必当以国家为主义。所谓德育者,求其公德之宏达,足以安全国家也;所谓智育者,求其智能之开发,足以组织国家也;所谓体育者,求其身体之坚强,足以效力国家也。今日之因,即为它日之果,此热心教习者,所亟宜先辨者也。

原儒篇　群经大义述十五

《戴记·儒行》篇:"今众人之命儒也妄,常以儒相诟病。"《荀子·儒效》篇:"秦昭王曰:儒无益于人国。"是周之季,儒已为世所轻,不待汉高始嫚骂儒生也。不知儒之名词同,而其程度不一,有俗儒,有通儒,有小儒,有大儒,有伪儒,有真儒,世俗不辨,往往执俗儒以概通儒,执小儒以概大儒,执伪儒以概真儒,而曰"儒无益于人国",曰中国之弱由于儒术。

乌乎！岂其然哉！岂其然哉！

《周官》太宰以九两系邦国之民，"三曰师，以贤得民；四曰儒，以道得民"；司徒以本俗六安万民，"四曰联师儒"。是师儒之名，周初已立，至孔子益发达而集其成。《淮南·要略》篇："孔子修成康之道，述周公之训，以教七十子，使服其衣冠，修其篇籍，故儒者之学生焉。"夫儒者之学，岂在于服其衣冠、修其篇籍？以是为儒，乃俗儒、小儒之见，不足以知儒者也。

孔门当日，已列四科，一再传后，派别益分，故《韩非·显学》篇言："孔子之死也，有子张之儒，有子思之儒，有颜氏之儒，有孟氏之儒，有漆雕氏之儒，有仲良氏之儒，有孙氏之儒，有乐正氏之儒。"而分为八，子夏章句之学，遂流为汉儒之训诂；子思中庸之学，遂成为宋儒之性理，盖皆得孔学之一体，未可偏讥而互诮也。然夫子之告子夏曰："女为君子儒，无为小人儒。"刘氏《述何》曰："君子儒，所谓贤者识其大者；小人儒，所谓不贤者识其小者。"焦氏《补疏》曰："儒，犹士也。'言必信，行必果，硁硁然小人哉！'小人儒正指此。"案：刘、焦之说颇当。盖子夏规模稍隘，而又好为章句之学，故夫子以是警之。是儒者当识其大者，不当务为小者。当为行己有耻、不辱君命之君子，不当为硁硁之小人。后世为汉儒之学者，或流为破碎无用之考据；为宋儒之学者，或仅成乡党自好之善士，不知此皆俗儒、小儒，而不足谓之通儒、大儒也。

状儒之全，莫详于《儒行》篇。首言其自立，次容貌，次备豫，次近人，次特立，次刚毅，次自立，次仕，次忧思，次宽裕，次举贤援能，次任举，次特立独行，次规为，次交友，次尊让。盖体用具备，刚柔互剂，所谓通儒、真儒、大儒者盖如此。而郑君《三礼目录》乃云："儒之言优也，柔也，能安人，能服人。"若儒专以优柔为德者，然则篇中所谓"劫之以众，沮之以兵，见死不更其守；鸷虫攫搏，不程勇者；引重鼎，不程其力"，所谓"儒可亲而不可劫，可近而不可迫，可杀而不可辱，过失可微辨不可面数"者皆非欤？郑君又谓："儒者，濡也。以先王之道能濡其身。"若儒专以束身寡过为事者，然则篇中所谓"谗谄之民，有比党而危之者，身可危也，而志不可夺。虽危，起居竟信其志，犹将不忘百姓之病"，所谓"内称不辟亲，外举不辟怨，程功积事，推贤而进（退）〔达〕之，不望其报"者皆非欤？孔冲远知郑训儒为优柔不可通，乃云："儒行不同，或以退谦为儒，或以刚（柔）〔猛〕为儒，但与人交接常能优柔，故以儒表名。"柔此曲为之说也。《曾子制言》篇："君子直言直行，不宛言而取富，不屈行而取位。仁之见逐，智之见杀，固不难。诎身而为不仁，宛言而为不智，则君子弗为也。"是儒岂专以优柔为德者？自世专以优柔为儒，于是退让以鸣谦，缄默以为高，谨小慎微以为德，其贤者则仅成为束修自好之士，而乏宏济艰难之量，有私德而无公德；其不肖者则流为乡愿之徒，并私德而亦无之。而胡广之中庸，苏味道之模棱，冯道之顽钝无耻，遂接踵于世矣。《儒行》之外，莫详于《荀子·儒效》篇，其中分别俗儒、雅儒、大儒，然所推为大儒者，惟周公、仲尼、子弓三人。大旨以"持险、应变曲当，与时迁徙，千举万变，其道一"者为大儒，而以"逢衣浅带，解果其冠，略法先王而足乱世术；缪学杂举，不知法后王而一制度，不知隆礼义而杀《诗》《书》"者为俗儒。而《非十二子》篇又谓与"弟佗其冠，神襌其辞，禹行而舜趋，是子张氏之贱儒也。正其衣冠，齐其颜色，嗛然而终日不言，是子夏氏之贱儒也。偷儒惮事，无廉耻而嗜饮食，必曰君子固不用力，是子游氏之贱儒也。"夫子张、子夏、子游皆圣门之高弟，其学行必不至如是。盖必数传而后，有袭其貌而遗其真者，故荀子痛诋之。夫荀子之言，虽过于偏激，然后世之号为儒，如是类者正不乏人，是以儒为世所诟病也。

　　与儒反对者墨，故《墨子》有《非儒》篇。儒以文，墨以侠，《韩非·五蠹》篇："儒以文乱法，侠以武犯禁。"其所谓侠，即指墨家也。韩非书中以侠代墨者，凡数十见。儒主和平，墨主干涉，其大较也。然孔子论强，不取南方北方之强，而曰："君子中立而不倚，强哉矫！国有道，不变塞焉，强哉矫！国无道，至死不变，强哉矫！"盖北方之强，所谓"衽金革，死而不厌"者，乃墨学，非儒学；南方之强，所谓"宽柔以教，不报无道"者，实老学，非儒学。老子曰言"为天下溪"，"为天下谷"，其主义在谦退。若孔学则《儒行》所谓"可亲不可劫，可近不可迫，可杀不可辱，身可危而志不可夺"，所谓"患难相死""强毅与人"者。故夹谷之会，直却莱兵；陈恒之弑，抗词请讨。而弟子中如曾子、子夏，皆醇笃自守之士。而孟子则谓："孟施舍似曾子，北宫黝似子夏。"且述曾子闻大勇于夫子之言曰："自反而不缩，虽褐宽博，吾不惴焉；自反而缩，虽千万人，吾往矣。"漆雕开以未信而不仕，亦谨守之士,而韩非则谓其"不色挠,不目逃,行曲则违于臧获,行直则怒于诸侯"。《显学》篇。是孔门之学并不主于柔。惟儒之刚以道义,孔子所谓"仁者必有勇",孟子所谓"浩然之气,配义与道",与侠之专尚义气者不同耳。后世之儒,以优柔为德,以谦退为尚,盖阴用老学之实,而强袭儒家之名。所谓能弱人国而无益于用者,盖此类也。

至宋儒之学,今世斥为独善其身,而过于柔者也。然朱子曰:"士大夫平居琢磨淬厉,缓急之际,尚不免退缩。况游谈聚议,习为软熟,卒然有警,何以得其伏节死义乎?大抵不顾义理,只计较利害,皆奴婢之见也。"又曰:"天下事,不可顾利害,且就理上求之。若不明其理而顾利害,则见危致命者,反不如偷生苟免之人。'可怜石头城,宁为袁粲死,不作褚渊生','民之秉彝',不可磨灭如此。"又曰:"今人遇小小利害,便生趋避计较之心。古人刀锯在前,鼎镬在后,视之如无物者,盖只见得道理,都不见那刀锯鼎镬。"又曰:"人须是刚,虽则是偏,然较之柔不同。《易》以阳刚为君子,阴柔为小人。若是柔弱不刚之质,都不会振厉,只会困倒了。"见《语类》。是朱子尚气节,恶软熟,非偏于柔者也。以优柔为德者,非孔子之学,亦非朱子之学也。昔王昆绳不喜程朱之学,谓:"百世以下聪明杰魁之士,沉溺于无用之学而不返,是程朱之罪也。"方望溪谓之曰:"子毋视程朱为气息奄奄人。观朱子《上孝宗书》,虽晚明杨、左之直节无以过也。其备荒浙东,安抚荆湖,西汉赵、张之吏治无以过也。昆绳自是终其身未尝非程朱。"见《李刚主墓志铭》。世之斥程朱为独善其身而过于柔者,皆未读程朱书者也。

礼乐篇　群经大义述十六

礼乐之起,其原因有二。一本于人情之自然。《丧服四制》曰:"礼之大体,顺人情。"《乐记》曰:"凡音之起,由人心生也。"盖上古未有昏姻之礼,然不能无男女之情;未有朝觐之礼,然不能无酋长之制;未有乡饮之礼,然不能无聚集之时;未有丧祭之礼,然不能无哀死追远之情。哀则哭踊,乐则歌舞,此本于性,发于情,而不能自禁者也。先王因其自然而为之节文,以表其爱,达其敬,致其哀,畅其乐,而礼乐由是起焉,此第一原因也。

二由于防人情之流失。《周官·大司徒》:"以五礼防万民之伪而教之中,以六乐防万民之情而教之和。"《乐记》曰:"人生而静,天之性也;感于物而动,性之欲也。物至知知,然后好恶形焉。好恶无节于内,知诱于外,不能反躬,而天理灭矣。中略。是先王之制礼乐,人为之节。衰麻哭泣,所以节丧纪也;钟鼓干戚,所以和安乐也;昏姻冠笄,所以别男女也;射乡食飨,所以正交接也。"案:此皆所以防人情之流失,而制礼乐以为之节,此第二原因也。

此二原因,用意不同。盖人所禀义理之性本善,而气质之性不能纯善,犹之水原质本清,而含有杂质,不能皆清。其善者当顺而导,其不善者当曲为防。《檀弓》曰:"先王之制礼也,过之者俯而就之,不至者跂而及之。"班书《礼乐志》曰:"正人足以副其诚,邪人足以防其失。"皆知兼有此二原因也。而《荀子·礼论》乃谓:"人一之于礼义,则两得之矣;一之于性情,则两丧之矣。"若以性情皆不善,礼乐之设,专防其性情,而非导其性情。盖荀子持性恶之论,只知第二原因,而不知第一原因也。

上古之时,人民质朴,直情径行,不知有防,只有第一原因。其后民智渐开,研究渐精,始有第二原因。然其所谓防者,亦非事事束缚,拂乎人情者也。《坊记》曰:"礼者,因人之情,而为之节文,以为民坊者也。"《乐记》曰:"先王之制礼乐,将以教民平好恶,而反人道之正也。"《荀子》曰:"凡礼始乎梲,《大戴记·礼三本》篇、《史记·礼书》均作"脱",小司马曰:"脱"犹疏略也。成乎文,终乎悦。"是礼虽防人情,而仍不拂乎人情也。其后专制之君,借礼以钳制群下,事事曲为之防,而繁文缛节,渐拂人情,此一敝也。

世界逐渐而文明,故礼乐亦逐渐而文明。《檀弓》载子游之言曰:"有直情而径行者,戎狄之道也。礼道则不然,人喜则斯陶,陶斯咏,咏斯犹,犹斯舞,舞斯愠,愠斯戚,戚斯叹,叹斯辟,辟斯踊矣。品节斯,斯之谓礼。"其所谓戎狄之道,犹今所谓野蛮也。品节斯,斯则文明矣。礼乐由野而之文,故始则燔黍捭豚,污尊而抔饮,其后则陈其牺牲,备其鼎俎矣;始则蒉桴土鼓,其后则列其琴瑟、管磬、钟鼓矣。盖自唐虞夏商,至周而益盛。礼经三百,威仪三千,而文极矣。然文胜则质漓,至周末而益甚。故《论语》言:"先进于礼乐,野人也;后进于礼乐,君子也。如用之,则吾从先进。"盖欲变周之文,从殷之质也。老子以礼为忠信之薄而乱之首。墨子有《非乐》篇,又《非儒》篇中亦痛诋夫礼。盖皆由周末文胜之故,此又一敝也。

古者上下,皆一于礼乐,并不自尊而卑人,尊上而抑下,故君臣父子皆答拜,详第十篇。而在上者尤兢兢。《大戴记》言:"天子失礼乐之度,则史书之,工诵之,三公进而读之,宰夫减其膳,是天子不得为非也。"《保傅》篇。盖视礼乐如宪法,君亦在宪法之中,不能威福自恣。自秦以来,尊君卑臣,徒以礼绳下,而君若可以任自为。叔孙通起朝仪,汉高曰:"吾今日知为皇帝之贵也。"则其礼亦专尊君而抑臣可知,此又一大敝也。

或曰:然则礼乐为束缚人民之具,为尊上抑下之制,其为自由平等之公敌乎?曰:后世之礼乐如是,而古人之礼乐不如是也。古人之视礼乐,其如西人之视法律乎。孟德斯鸠曰:"法律者,无终食之闲可离也。凡人类文野之别,以其有法律无法律为差,于一国亦然,于一身亦然。"而《曲礼》曰:"教训正俗,非礼不备;分争辨讼,非礼不决;君臣上下,父子兄弟,非礼不定。"又曰:"圣人作为礼以教人,使人以有礼,知自别于禽兽。"又曰:"人有礼则安,无礼则危。"《乐记》曰:"君子礼乐不可斯须去身。心中斯须不和不乐,而鄙诈之心入之矣。外貌斯须不庄不敬,而易慢之心入之矣。"是西儒以有法律无法律为文野之别,吾儒以有礼无礼为人禽之别也。西儒以法律为治国治身之具,吾儒以礼乐为治国治身之具也。西儒之自由,由于法律之中;吾儒之自由,由于礼乐之中也。西儒之平等,以人人皆当守法律,不得以尊陵卑,以贵欺贱;吾儒之平等,以人人皆当守礼乐,亦不得以尊陵卑,以贵欺贱也。是礼乐为自由平等之极则,何所谓公敌乎?

或又曰:礼尚谦退,乐主和平,所以抑尚武之精神,损独立之性质,中国国民之弱,未始非礼乐阶之厉也。曰:礼者,敬也。《表记》曰:"君子庄敬日强,安肆日偷。君子不以一日使其躬儳焉,如不终日。"《礼运》曰:"礼也者,所以固人肌肤之会,筋骸之束也。"盖敬则志气壮而体日强,怠则志气衰而体日弱,是敬非第关于德育,而亦益于体育也。《玉藻》言:"足容重,手容恭,头容直,气容肃,色容庄,坐如尸。"今外人每讥吾国人背曲身偻,奄奄如病夫者,皆由安肆日偷,而不能以敬自强也。且强何以可贵哉?《聘义》曰:"所贵于勇敢者,贵其敢行礼义也。勇敢强有力者,天下无事,则用之于礼义,天下有事,则用之于战胜。"是有礼者断未有不强者也。至乐之有歌舞,歌所以发舒其志气,舞所以活泼其精神。古者十有三岁,学乐舞《勺》,成童舞《象》,春夏学干戈,秋冬学羽籥,皆体育事也。且乐之感人深矣。《记》曰:"君子听钟声则思武臣,听磬声则思死封疆之臣,听琴瑟则思忠义之臣,听鼓鼙则思将帅之臣。"是乐正所以壮尚武之精神,坚独立之性质,何为其柔人之气,弱人之国乎?其柔人弱人者,皆促节繁弦,曼声溺响,郑卫之下曲,桑濮之遗音,所谓乱世之声,亡国之乐也。

或曰:然则古人之礼乐,皆可行于今世乎?曰:《曲礼》曰:"礼从宜。"《礼器》曰:"时为大。"《乐记》曰:"五帝殊时,不相沿乐;三王异世,不相袭礼。"《礼运》曰:"礼者,义之实也,协诸义而协,则礼虽先王未之有,可以义起也。"是古礼之不宜于今者,可不必尽从也。今礼之为古所无者,可以义起也。今时势既异,公理日明,故凡君臣之礼,夫妇之礼,外交之礼,拜跪之礼,与夫学校军旅,选举官制,器械服色,及一切制度,皆当斟酌古今,因时变通,逐渐改良,日进于文明之域,此《记》所谓"时为大",所谓"以义起"者是也。朱子曰:"圣人有作,古礼未必尽用,须别有措置。"此真达于礼者之言也,何为其必尽从古乎?

至于六艺之中,《乐经》已佚,诗三百篇,古乐章也。然古则播诸管弦,今则仅施占毕。而且齐、鲁、韩、毛,师说既异,郑、王、朱、吕,持论互殊,徒见聚讼之纷纭,无当性情之陶淑。况夫风雅道乖,乐府波靡,四时子夜,旖旎儿女之情,出塞从军,欸唉征夫之叹。厉志则不足,导淫则有余。是宜采择古诗,兼搜逸事,写从军之乐,制爱国之歌,按诸宫商,被之弦管,变乐府旧传之曲,立学校唱歌之科,庶足鼓独立之精神,壮国民之志气乎!

大同篇　群经大义述十七

孔子论治,有小康、大同二义。其作《春秋》,又区别为三世。所谓升平世,即小康也;所谓太平世,即大同也,皆所以明文化之递开,群治之渐进,其阶级甚为分明。后世儒者,往往执小康之义,而昧大同之治,其范围日趋于狭。而一二高明者,则又忘进化之度,欲躐级而升,而世亦无由治。今刺取经传，略为疏通，使论治者稍有所据焉。

一曰种族。中国人种，自西北来，沿河流而进。《五帝本纪》称："黄帝禽杀蚩尤，诸侯尊为天子。天下有不顺者，帝从而征之。披山通道，东至海，西至空桐，南至江，北逐荤粥。"是中国一统之势，实肇于黄帝。由是黄帝之种族，散布中土，其种优而贵，旧时土著之种劣而贱。贵族赐姓，贱族则谓之民，故《尧典》分百姓、黎民为二。《国语》言："王公之子弟之质，能言能听彻其官者，而物赐之姓，以监其官，是谓百姓。"是百姓为贵族，黎民为贱族之证也。古者种族之界颇严，故《易》曰："君子以类族辨物。"然小康世有种族界，而大同世则无种族界。盖小康世文明未普及，须人人自爱其种族，自保其种族，方足以立于天演物竞之场。至大同世则已经天事淘汰，人事淘汰，劣种败而存者皆优种。且其时公德发达，不独爱其种而兼爱异种，不独亲其族而并亲他族，故无种族界。《左氏传》曰："非我族类，其心必异。"此小康主义也。《论语》曰："有教无类。"曰："四海之内，皆兄弟也。"此大同主义也。

二曰国。《春秋》之义：据乱世，内其国而外诸夏；升平世，内诸夏而外夷狄；至太平世，夷狄进至于爵，天下远近大小若一。夫内诸夏而外夷狄，小康之治也，远近大小若一，大同之治。盖小康世有国界，大同世无国界。小康世群治未一，人尚竞争，若不严国界，则人不知爱国，而团体不固，国无由保，是当有国界。大同世则群治皆进，华夷无别，公羊家所谓"人人有士君子之行"，是宜破国家主义，而用世界主义。管敬仲曰："戎狄豺狼，不可厌也。诸夏亲昵，不可弃也。"《论语》曰："微管仲，吾其被发左衽矣。"此主小康言也。《论语》曰："君子居之，何陋之有？"《中庸》曰："施及蛮貊，莫不尊亲。"此主大同言也。

三曰君。《礼运》以天下为家为小康，以天下为公为大同。天下为家，君主之制也；天下为公，民主之制也。《尧典》："师锡帝曰：有鳏在下，曰虞舜。"王注："师，众也。"《孟子》亦言尧之禅舜由于民，朝觐、讼狱、讴歌者皆归之，而后践天子位。"是即民主之权舆也。夫小康世当重君主，大同世当用民主。小康世民德未纯一，民智未大开，所举未必得人；大同世则民德既一，民智尽开，自当听民公举。孟子曰："一正君而国定矣。"此主小康言也；曰："民为贵。"此主大同言也。

四曰封建。《礼运》以大人世及为小康,以选贤与能为大同。郑《注》:"大人,诸侯也。"孔《疏》:"选贤与能,不世诸侯。"案:古时号称万国,盖酋长之制,如今之土司耳。先王因其相处已久,民心已归,故仍其制。至周之制,虽云亲贤并建,然其宗盟异姓为后,兄弟之国至十五,姬姓之国至四十。《左》僖二十四年《传》:"惧有外侮,扞御侮者莫如亲,故以亲屏周。"是未免有私天下之心,而示人以不广矣。盖封建者,小康之主义也,若大同主义则不当封建。柳子厚曰:"封建非圣人意也。公天下之端自秦始。"不知秦不用封建是也,然其意在于专制,仍私而非公。《始皇本纪》:"李斯议曰:今海内一统,皆为郡县,诸子、功臣,以公赋税重赏赐之,甚足易制。置诸侯不便。"是以封建为权,分郡县得专制也。故后世虽不用封建,而天下仍不能大同也。若大同之治,用郡县制,而使民公举其守令,如周乡大夫职,所谓"使民兴贤,出使长之。使民兴能,入使治之"。郑《注》谓:"使民自举贤者能者。"盖天下者,天下人之天下,天子不得私封其所亲,诸侯不得私传其子孙也。《左氏传》曰:"并建母弟,以藩屏周。"此主小康言也。《小戴记》曰:"爵人于朝,与众共之。"此主大同言也。

五曰伦理。《礼运》以"各亲其亲,各子其子"为小康,以"不独亲其亲,不独子其子"为大同。案,各亲其亲,各子其子,家族主义也;不独亲其亲、子其子,合群主义也。小康之世重家族,大同之世重合群。然进化之度,必由个人而家族,由家族而社会,由社会而国家,不能历级而升。故《孝经》曰:"不爱其亲,而爱他人者,谓之悖德;不敬其亲,而敬他人者,谓之悖礼。"然惟知家族而不知社会,则有私德而无公德,而群道无由立。故必当以天下为一家,中国为一人,视人之溺由己溺,视人之饥由己饥,而后群道立而大同之治成。《丧服传》曰:"子不私其父,则不成为子。"此主小康言也。《孟子》曰:"老吾老以及人之老,幼吾幼以及人之幼。"此主大同言也。

六曰道德。《礼运》以"礼义以为纪"为小康,后儒群疑之,以为大同世,岂不重礼义。不知礼者自然之秩序,义者自然之裁判,孟子所谓"非由外铄我也,我固有之也"。大同世,顺其自然而导之,不见礼义之迹。后世不知因其自然,而强以为防。如《乐记》谓"礼自外作",告子以义为外,荀子谓:"人生而有欲,欲而不得,则不能无求,求而无度量分界,则不能不争,争则乱,乱则穷。先王恶其乱也,故制礼义以分之。"《礼论》篇。

此即"礼义以为纪"之说也。于是以率性之事,变为防欲之具,故成为小康之治。然进化之度,亦有不得不然者。盖小康世民德未纯,不得不以礼义为范围。大同世则人人皆有道德,可以顺其自然,而无事于防。《坊记》曰:"礼者,所以章疑别微,以为民坊者也。"此主小康言也。《论语》曰:"无为而治者,其舜也与。"此主大同言也。

七曰兵。武王以兵定天下,然其济河而西也。归马放牛,藏车甲,包干戈,示天下以不复用,孔子自言:"我战则克。"其论行军也,曰:"好谋而成。"其答问政也,曰:"足食足兵。"至其作《春秋》也,则"恶战伐"。《繁露·竹林》篇:"会同之事,大者主小;战伐之事,后者主先。苟不恶,何为使起之者居下?是其恶战伐之辞已。"盖足兵者小康主义,若大同主义则当弭兵。小康世不足兵,则国无由卫,民无由保,故曰:"以不教民战,是谓弃之。"重在于训兵。然兵究为蠹财残民之具,故作《春秋》,义主于大一统,战攻侵伐,虽数百起,必一一书,伤其害民也。孟子曰:"民惟恐王之不好勇。"此主小康言也,曰:"不嗜杀人者能一之。"此主大同言也。

八曰刑。《周官·大司寇》:"刑新国用轻典,刑平国用中典,刑乱国用重典。"案:乱国谓据乱之国,平国谓升平之国,新国谓太平之国。案:此"新"字当训为自新新民之"新"。即《春秋》三世之义,亦即小康、大同之义。平国为小康,新国为大同也。《吕刑》曰:"刑罚世轻世重。"言据乱世用重典,升平世用中典,太平世用轻典也。盖据乱世民多野蛮,非刑不足以畏之,故用重典;升平世则文化渐开,故用中典;至太平世则人多文明,犯刑者少,故用轻典。泰西旧时,刑极惨酷,百年以来,逐渐改轻,至近世废止死刑之论起,竟有一二国已见诸实行者,足证刑律之轻重,与世界之文野相比例。荀子乃以世轻世重,谓:"治则刑重,乱则刑轻。"见《正论》篇。郑康成乃以新国为新辟之国,谓:"其民未习于教,故用轻刑。"皆未明进化之度也。《论语》曰:"片言可以折狱者,其由也与?"此小康主义也;曰:"听讼,吾犹人也。必也使无讼乎。"此大同主义也。

孔子之学,本有小康、大同二义,而意则注重于大同,故作《春秋》,重大一统,言治国必极至于平天下,然明于进化之度,知不能躐等施,故与诸弟子及时人言,亦多及小康之义。老墨之徒,颇有大同思想,而不明进化程度,遂鄙夷小康之治。故老子之学,尚无为,明自然,弃仁绝义,以礼为忠信之薄。墨子之书,有《尚同》《兼爱》《非攻》《非乐》《非儒》

诸篇。老墨二家,学术不同,而其妄希大同,薄视小康则一也。不知民德未纯,民智未开,而遽欲施大同之治,是犹率未能步之儿童,而使之习跳舞,其不至于踣者,鲜矣。故欲行共和,必先由立宪;欲言自由,必先重自治。此一定之阶级,而确不能越者也。孟子之学,未尝不注重于大同,然明于阶级,故曰:"亲亲而仁民,仁民而爱物。"荀子则徒知小康之义,故以性为恶,借学以矫性,借礼以防民。后之儒者,益执狭义而昧广义,遂有疑《礼运》篇首,乃窃老庄之说,非必孔子之言。自石梁王氏指为非孔子语,后儒皆因之。盖大同之义,不明于天下久矣。近之学者,则又喜治墨子之学,心醉欧美之风,忘秩序而遽言平等,舍私德而远希公德,盖亦于进化之度未之深究也。

君民篇　群经大义述十八

孟子引《书》曰:"天降下民,作之君,作之师,惟曰其助上帝,宠之四方。有罪无罪,惟我在。"东晋古文《秦誓》篇字句稍异。夫生民之初,统谓之人,本无分于君民也。其后日生日繁,人事日多,竞争日烈,不得不奉一人焉,任其责而平其争,于是择其中有才德足以服众者,尊之为君,故曰:"君者群也,群下所归心也。"《白虎通》。此其事本出于民,而归之天者。所谓"天视自我民视,天听自我民听"也,此古人立君之本义也。其曰"有罪无罪,惟我在"者,盖君者,民共奉之使治天下者也,既受其委托,不得不负其责任,故曰"有罪无罪,惟我在"。此其事汤先言之矣,曰:"朕躬有罪,无以万方;万方有罪,罪在朕躬。"泰西立宪之国,君主无责任,而大臣代负其责,则君同于虚设。中国责任在君主,与民尤有密切之关系也。

古之贤君,皆知立君所以为民,故不敢自肆于上。《盘庚》曰:"古我先后,罔不惟民之承。"《酒诰》曰:"古人有言曰:人无于水监,当于民监。"《召诰》曰:"顾畏于民嵒。"东晋古文《五子之歌》曰:"民可近不可下,民惟邦本,本固邦宁。"《左氏》文十二年《传》:"邾子曰:天生民而树之君,以利之也。民既利矣,孤必与焉。"《穀梁》十四年《传》曰:"民者,君之本也。"此皆明于立君所以为民之义。《老子》曰:"圣人无常心,以百姓心为心。"夫老子平日以愚民为主义,而其言犹若是,则立君所以为民之义益显矣。

君民之义,孟子言之为尤切,曰:"民为贵,社稷次之,君为轻。"曰:"桀纣之失天下也,失其民也;失其民者,失其心也。"曰:"贼人者谓之贼,贼义者谓之残,残贼之人,谓之一夫。闻诛一夫纣矣,未闻弑君也。"其言甚为凛凛。盖天下者,积民而成者也,是故得乎民则得天下,不得乎民即失天下,得乎民则为天子,不得乎民即为一夫,所以民贵而君轻。后世以国为君之产业,以民为君之奴隶,贵君而贱民。盖自秦以来,君民之义不明久矣。

孟子之言,古今之通义,非一人之私言也。《韩诗外传》:"齐桓公问于管仲曰:'王者何贵?'曰:'贵天。'桓公仰而视天。管仲曰:'所谓天,非苍莽之天也,王者以百姓为天。百姓与之则安,辅之则强,非之则危,倍之则亡。'"此与孟子"民为贵"之义相发明也。《淮南·道应训》引伊佚曰:"四海之内,善之则吾畜也,不善则吾仇也。昔夏商之民,反仇桀纣而臣汤武。"东晋古文《泰誓》曰:"古人有言曰:抚我则后,虐我则仇。"《荀子·君道》篇曰:"君者何?能群也。能群者何?曰善生养人者也,善班治人者也,善显设人者也,善藩饰人者也。四统者俱而天下归之,夫是谓之能群;四统者亡而天下去之,夫是谓之匹夫。"此与孟子"一夫"之言相发明也。

先王知君民有密切之关系,故国之大事,不敢自私,必求当乎民之心。其爵人也必听诸民,《乡大夫》所谓"使民兴贤,出使长之;使民兴能,入使治之",《曲礼》所谓"爵人于朝,与众共之"是也。其刑人也必听诸民,《小司寇》所谓"听民之所刺宥,以施上服下服之罪",《曲礼》所谓"刑人于市,与众弃之"是也。其用兵也,迁都也,立君也,无不询诸民,《小司寇》所谓"致万民而询,一曰询国危,二曰询国迁,三曰询立君"是也,而惟恐民情之不上达也,听其上书,《小宰》所谓"待万民之逆"是也。郑《注》:逆谓上书。民有喜使达之,有怨使闻之,《掌交》所谓"达万民之说",郑《注》:说,所喜也。达之于王,若其国君。《大仆》所谓"建路鼓以待达穷者"是也。郑《注》:穷谓穷冤失职,则来击此鼓,以达于王。其阻抑者则有罪,《大司寇》所谓"以肺石达穷民,凡远近、惸独、老幼之欲有复于上,而其长勿达者,立于肺石三日,士听其辞,以告于上而罪其长"是也。郑《注》:复犹报也。复之者,若上书诣公府言事。《记》曰:"民之所好好之,民之所恶恶之,此之谓民之父母。"是以先王如此,其兢兢也。

君之待民也挚,故民之报君也亦厚,尊之如神明,亲之如父母。君有田,乐为之耕,曰:"雨我公田,遂及我私。"君有役,乐为之往,曰:"经始勿亟,庶民子来。"一田猎也必献于君,曰:"言私其豵,献豣于公。"一饮食也必祝夫君,曰:"称彼兕觥,万寿无疆。"孔子曰:"上之亲下也,如腹心;则下之亲上也,如赤子之见慈母也。"《大戴·王言》篇。孟子曰:"乐民之乐者,民亦乐其乐。忧民之忧者,民亦忧其忧。"其是之谓乎?

吾读《春秋繁露》而不能无疑矣。曰:"民无所好,君无以权也;民无所恶,君无以畏也。无以权,无以畏,则无以禁制也。无以禁制,则比肩齐势,而无以为贵矣。故设赏以劝之,设法以畏之。既有所劝,又有所畏,然后可以制。"《保位权》篇。夫圣王之刑赏,皆出于公理之当然,而非所以制民也。故曰:"天命有德,五服五章哉;天讨有罪,五刑五用哉。"夫天不言,于何见之?亦示之于民而已。民之所好好之,好之则有赏,民之所恶恶之,恶之则有刑,此圣王刑赏之公也。后世人君,不视民心之好恶,惟凭一己之喜怒,己之所喜则有赏,己之所怒则有刑,于是以顺民之事,反变为制民之具,威福自肆,遂贱视其民。孟子以民为贵,而董子惟恐君之不贵。盖生当专制之朝,习闻法家之说,而立君所以为民之原理,遂不明于天下矣。

虽然,吾责备夫君,吾亦不得不责备夫民。盖天下有义务而后有权利,欲得其权利,必当先尽其义务。君有君之义务,民亦有民之义务。古者寓兵于农,卒伍之众,出于夫家,《大司徒》所谓"会万民之卒伍而用之",所谓"凡国之大事致民,大故致余子",郑《注》:大事,谓戎事,大故谓灾寇。是民有当兵之义务也。至后世一有征调,怨声交作,其后民兵遂分,而民不知有当兵之义务矣。周制田赋之外,丁口有税,民宅有税,市宅有税,《大宰》所谓"以九赋敛财贿",郑《注》:赋,口率出泉。是丁口税也。《载师》所谓"以廛里任国中之地",郑《注》:廛,民居之区域。是民宅税也。廛人所敛之纵布,先郑谓:列肆之税布。是市肆税也。其廛布,郑《注》:物贿,诸货、邸舍之税。案:若今之市房栈房。是市宅税也。是民有纳税之义务也。今丁口既无税,而田仍多逋赋,至房捐、印花等税,一旦暂行,强者抗拒,弱者逋漏，是民不知有纳税之义务也。夫兵者国之卫，税者国之用，国之事皆民之事，民当共任之，而不得专委之君也。今皆委其责于君，而民漠不相关，是民自放弃其义务也。夫放弃其义务，即自放弃其权利，故君亦不假以权利，此不得不责诸民也。

且国也者，积民而成也。国之盛衰，视民德、民智、民力为盛衰。《大司徒》："以乡三物教万民，一曰六德，二曰六行，三曰六艺。"六德、六行所以育其德，六艺之礼、乐、书、数所以浚其智，射、御所以强其力。今则民德不修，民智不开，民力不固，既无国民之资格，而国安得不弱？此又不得不责之民也。

或曰：此皆君之责，而非民之责。盖上无以率之，则下无由兴起也。曰：此正吾国人受病之由也。夫人贵有独立之精神，自治之规则，人人能独立，能自治，虽无贤君而其国无不治；人人皆暴弃，皆游惰，虽有贤君而其国亦不能治。《记》曰："尧舜帅天下以仁，而民从之；桀纣帅天下以暴，而民从之。"此为君言也。《孟子》曰："人皆可以为尧舜。"曰："有为者，亦若是。"此为人人言也。今皆责备乎君，依赖乎君，而不能自立自治，而忍听其国之弱，任人之欺，是奴隶之性质也。民自甘居为奴隶，何怪人之以奴隶待也。故吾重望夫君，而尤不得不重望夫民也。

集议篇　群经大义述十九

乾下坤上为泰，曰："天地交而万物通，上下交而其志同。"坤下乾上为否，曰："天地不交而万物不通，上下不交而天下无邦。"盖邦也者，上与下共之者也。故上必求其情于下，下必达其情于上，上下交则通，不交则塞。《管子》言国有四亡，而塞居其一，即《易》所谓"上下不交而天下无邦"之确诂也。且君独而民众，《韩诗外传》曰："独视不若众视之明，独听不若众听之聪，独虑不若众虑之工。"是以古之帝王，无不博访周咨，集思广益，不敢一人独断于上，此即《周官》询民之原理，泰西议院之胚胎也。议院之名，于经无征，而其实则自古有之。《诗》曰："先民有言，询于刍荛。"《虞书》曰："辟四门，明四目，达四聪。"朱子释四目四聪，言以天下之目为目，以天下之耳为耳。《盘庚》曰："罔其有众咸造，勿亵在王庭。"《洪范》曰："汝则有大疑，谋及乃心，谋及卿士，谋及庶人。"《吕刑》曰：

"皇帝清问下民。"东晋古文《大禹谟》曰:"稽于众,舍己从人。"又曰:"弗询之谋勿庸。"又曰:"询谋佥同。"伏生《大诰传》:"周公先谋于同姓,同姓从,谋于朋友,朋友从,然后谋于天下。"夫谋及卿士,谋于同姓,此上议院之权舆也;谋及庶人,谋于天下,此下议院之权舆也。是中国古时无议院之名,未尝无议院之实也。

至《周官》则言之尤详。《小司寇》:"掌外朝之政,以致万民而询焉。一曰询国危,二曰询国迁,三曰询立君。其位王南乡,三公及州长、百姓北面,群臣西面,群吏东面,小司寇摈以叙进而问焉,以众辅志而弊谋。"是周制人民有参政之权,国有大事,皆得与闻也。今各国议会,君主每年按宪法而召集,若遇变故,则于常会外临时召集。《周官》所谓"致万民而询"者,皆非常大事,盖即日本宪法所谓临时会也。"询国危"者,郑《注》:"谓有兵寇之乱。"今各国凡有战事,须布告于议院,以征集军费,必经国会协赞,始可以宣战,即此所谓"询国危"也。各国凡变更国境,必须国会协议,即此所谓"询国迁"也。"询立君"者,郑《注》:"谓无冢適,选于庶也。"今凡君主之国,大抵皆以血统最亲之男,及年长者嗣立,惟英及西班牙、葡萄牙诸国,则男女并重,无男则立女。至君主未成年,或有笃疾者,建置摄政,须经国会承诺。德国君崩,无近亲可摄政者,必由国会选举。若民主之国,则举总统亦必由国会,皆与此"询立君"合也。盖用兵、迁都、立君,三者皆国之大事,与民有密切之关系,善则民受其福,不善则民受其祸,故必与国民集议,经其协赞。《周官》之制,隐合泰西,实文明之宪法也。

《小司寇职》又云:"以三刺断庶民狱讼之中,一曰讯群臣,二曰讯群吏,三曰讯万民,听民之所刺宥,以施上服下服之刑。"郑《注》:"刺,杀也。宥,宽也。民言杀杀之,言宽宽之。"《曲礼》:"疑狱,泛与众共之,众疑赦之。"《孟子》曰:"左右皆曰可杀,勿听;诸大夫皆曰可杀,勿听,国人皆曰可杀,然后察之,见可杀焉,然后杀之。"是周制讼狱,民亦得与议也。今西国凡改订法律,议院得有协赞权,至判决讼狱,则属于司法裁判所。盖立法、行政、司法,三权分立,议院有协赞立法之权,而无干涉司法之权,惟裁判官外更有陪审官。英制,凡有疑狱,官为延公正人十二,作为陪审官,或商或民,皆可充选,共决可否,以定其狱。陪审官以为有罪则罪之,以为无罪则释之。此即《周官》"三讯",《戴记》"与众共之"之意也。

西国议院,有监督财政之权。凡豫算经费,变更税则,新课租税,募集国债,皆宣告议院,必经其协赞承诺,方得行之,所以豫防朝廷之滥用,保护国民之生计,意美法良。而《周官》国用总于太宰,岁终,则与司会、大府、司书,会计一岁之出入,即以豫算明岁之用;《王制》所谓"冢宰制国用,必于岁之杪,五谷皆入,然后制国用"是也。职内所掌赋入之法,即豫算;职岁所掌赋出之法,即决算,亦未尝不与西法暗合,惟并不言与民议,颇为可疑。盖周制,赋税有一定之则,见于《地官》诸职,无所变更,且其时无增加新税,募集国债之举,故无事与民议。然国用皆取诸民,而不宣布于民,与之集议,此亦当日立法之未周,《官礼》之缺典也。

西国议院,远本于希腊、罗马之市府国家,其时版图未广,人民不多,并不设代议士,而民得以直接。至中世始征集代议士,至近世则议员有一定之资格,选举有一定之规则,法益精密。《周官》言:"致万民而询。"未闻有代表之人,盖亦同欧洲古世之制,用直接不用间接也。至汉始设有议员,《汉书·百官表》:"大夫掌论议,有大中大夫、中大夫、谏大夫,皆无员,多至数十人。"《汉官解诂》:"议郎不属署,不直事,国有大政、大狱、大礼,则与中二千石博士会议。"此皆专为议事而设,与西国之议员略同,其曰无员数,不属署,不直事,亦与西国之制同也。又有博士,亦掌议事。《汉旧仪》云:"博士,国有疑事则承问,有大事则与中二千石会议。"中世以后,博士多加给事中,入中朝备顾问,称为腹心,上所折中定疑。是以汉世朝议,必会博士,每上一议,必列博士名,见于《史记》《汉书》者甚夥,是博士亦议员,不专掌教育也。又郡国皆有议曹,杂见于《汉书》、汉碑,与今西国县会、郡会、町村会之议员略同。惟西国上议员,由君主敕选,或由特殊阶级,及团体中选举。至下议员,皆由国民投票选举,县会、郡会之议员亦由民选。汉制,谏大夫、博士、议郎皆朝命,郡国议曹由长官自辟,而不由民公举,则未必能代表国民之志意而负其责任,此犹规制之未善也。

总之,三代圣王,知君与民有密切之关系,国之事皆民之事,故遇大政大狱,皆与民公议,不敢以己见自私。然得议院之意,而无议院之名,故规模粗具,而组织未全。今宜上师三代之遗意,旁采西国之章程,精选议员,宏开国会,举凡军国之大事,悉凭公论之是非,庶使情无不达,事无不举,足壮国民之志气,隐消列强之侵陵乎。

惩惰篇　群经大义述二十

《大学》言:"生财之道,首在生之者众,食之者寡。"生之者,计学家所谓生利者也;食之者,计学家所谓分利者也。凡一家之中,必使生利之人多,分利之人少,则其家日兴,否则未有不落;一国之中,必使生利之人多,分利之人少,则其国日富,否则未有不贫。吾中国物产之富,人民之众,甲于五洲,而日事忧贫者,其原因甚夥,而分利之人,多于生利之人,实一大漏卮也。分利之人,其种类不一,有劳力而分利者,有不劳力而分利者,而不劳力之分利,其患尤深。《王制》曰:"无旷土,无游民。"《管子》曰:"冗国所开口而食者几何人。"盖游惰之民,足以贫国,故欲救贫,必先惩惰。

《周官》:"大宰以九职任万民,一曰三农,生九谷;二曰园圃,毓草木;三曰虞衡,作山泽之材;四曰薮牧,养蕃鸟兽;五曰百工,饬化八材;六曰商贾,阜通货贿;七曰嫔妇,化治丝枲;八曰臣妾,聚敛疏材;九曰闲民,无常职,转移执事。"案:计学家分生利之人为二种,有直接以生利者,有间接以生利者。直接以生利者,若农、若工之类是也;间接以生利者,若商人、若军人、若政治家、若教育家之类是也。太宰九职之中,三农、园圃、山泽、薮牧、百工、嫔妇、臣妾,皆直接以生利者也,贾商则间接以生利者也。至转移执事之闲民,先郑谓:"为人执事,若今之佣赁。"计学家谓工师厂主,出财雇佣,其财无损,过时而复,且有赢利,是亦生利之人,非分利之人矣。是周制无游惰之闲民也。

太宰止九职,大司徒广之为十二职,一曰稼穑,二曰树艺,三曰作材,四曰阜蕃,五曰饬材,六曰通材,七曰化材,八曰敛材,九曰生材,十曰学艺,十一曰世事,十二曰服事。其前九者即太宰之九职,皆生利之人也。至习道艺之学士,守世事之医巫卜筮,<small>先郑据十二职之世事以注此,非是。今从《义疏》说。</small>服公事之府史胥徒,则有生利分利之别。英儒斯密亚丹斥官吏、师儒、武夫、医巫，皆不生利而致贫，其言颇为后儒所聚讼，谓斯密氏徒尚有形之利，而不数无形之利，知民力之生财，而不察民德、民智之有关于生财尤巨。不知此不可一概论也。盖保民之官吏，觉民之师儒，卫民之军人，卫生之医士，虽非直接生利之人，实为间接生利之人。若扰民之官吏，愚民之师儒，害民之军人，杀人之庸医，不第分利，而且有害于生利。今则利于民者十之一二，害于民者十之四五，余则无利无害，而徒为分利之人而已。至巫与卜筮，在神权时代，以为有关民人吉凶祸福，所以保卫生利。周时尚未脱宗教迷信之习，故列于十二职中。今哲理既明，此辈皆为分利之蠹，是冗官、游士、弱卒、庸医，以及僧道、巫卜、星相、日者、堪舆，皆宜一切淘汰，令其改业，此惩惰之一法也。

《载师》："凡宅不毛者，有里布；凡田不耕者，出屋粟；凡民无职事者，出夫家之征。"《闾师》："凡庶民不畜者祭无牲，不耕者祭无盛，不树者无椁，不蚕者不帛，不绩者不衰。"案：先王最重生利之人，而恶分利之人，故宅必使之树桑，田必使之耕，民必使之有执事，又使之牧畜，使之蚕绩，皆所以生利也。其有宅不毛者，罚以二十五家之泉；田不耕者，罚以三家之税粟；无职事者，罚以百亩之夫税。士徒车辇之家税，皆从郑《注》。而使之有所畏。闾师又为之减其丧祭之礼，衣服之制，而使之有所愧，则游惰者庶知警，皆务为生利之人而耻为分利矣。后儒疑先王之罚，不当如是其重，而以郑君之注为未确，此不得其用意之所在也。今游民无罚，徒手坐食，得以自便，所以日积月多。是宜仿《周官》之法，严加之罚，垂为禁令，此又惩惰之一法也。

《大司寇》："以圜土聚教罢民，凡害人者，寘之圜土而施职事焉，以明刑耻之。其能改者，反于中国，不齿三年。其不能改而出圜土者杀。"郑《注》：民不愍作劳，有似于罢。施职事，以所能役使之。明刑，书其罪恶于大方版，著其背。又云："以嘉石平罢民。凡万民之有罪过，而未丽于法，而害于州里者，桎梏而坐诸嘉石，役诸司空。重罪旬有三日坐，期役；其次九日坐，九月役；其次七日坐，七月役；其次五日坐，五月役；其下罪三日坐，三月役。使州里任之，则宥而舍之。"郑《注》：役诸司空，坐日讫，使给百工之役。又《司圜职》云："掌收教罢民，凡害人者弗使冠饰，而加明刑焉，任之以事而收教之。能改者，上罪三年而舍，中罪二年而舍，下罪一年而舍；其不能改而出圜土者，杀。虽出，三年不齿。"案：罢民即游惰之民。《管子》言："罢士无伍,罢女无家。"亦言游惰之士女也。《载师》所言"不毛不耕"者,荒其本业之惰民,尚不害于州里者,故仅加之重罚,此则游惰无赖,且扰害于州里者,故禁之于圜土中,而使执工役以劳其体。又书其罪恶,去其冠饰,以愧其心,使之有所激厉而知改。夫罢民,分利者也,今役之以事,责之使改,则成生利之人矣。且古之罪人,各有职事,其"役诸司空""执百工之事"者无论矣。即如《掌戮职》所云:"墨者使守门,劓者使守关,宫者使守内,刖者使守囿,髡者使守积。"虽非直接以生利,亦断非不劳力而分利也。汉时输城旦、输鬼薪亦然。今西国罪人,令为工作,其有业者执旧业,无业者令学习一业,所获工资,半给罪人私用,半给狱中公用,且留其所余,于罚满释放时发给,俾得谋生,隐合《周官》之制而尤为精密。是西国罪人,仍生利而非分利也。今中土游民,酗酒斗殴,为害乡里,漫无禁制。至于罪人,一入囹圄,即成废人,仰食于官及其所亲,是专为分利之人,而为生利之蠹。此宜上法《周官》,旁采西制,使各有执业,是又惩惰之一法也。

《王制》:"瘖、聋、跛、躃、断者、侏儒,百工各以其器食之。"郑《注》:器,能也。孔《疏》:因其各有所能,供官役使,以廪饩食之。《晋语》:"文公问八疾,胥臣对曰:戚施直镈,蘧蒢蒙璆,侏儒扶卢,矇瞍修声,聋聩司火;其童昏、嚚瘖、僬侥,官师所不材者,宜于掌土。"《淮南·齐俗训》:"伊尹之兴土工也,修胫者使之踏镬,强脊者使之负土,眇者使之准,伛者使之涂。"是古废疾之人皆有执事,不使之坐食而分利也。今西国则有训盲聋哑等学堂,以凸字教盲,以传声器教聋,以手势教哑,皆使之识字习艺,尤足以弥天然之缺憾。而中国废疾之人,富者无事坐食,贫者流为乞丐,亟宜教以工艺,使之自养,此又惩惰之一法也。

难者曰:若使一国之民,皆令生利而不分利,则大司徒何以有慈幼养老、振穷恤贫之典乎?曰:幼者未及生利之年,老者已过生利之年,幼者宜宝贵之,以为他日生利之资,老者则自食其前所生之利,皆不得谓之分利也。至所振之穷,郑《注》以为矜寡孤独,然《王制》谓:"少而无父者谓之孤,老而无子者谓之独,老而无妻者谓之矜,老而无夫者谓之寡。"孔《疏》引《孝经说》:"六十无妻曰鳏,五十无夫曰寡。"是孤者亦未及生利之年,鳏寡与独,皆已过生利之年,虽有所振,不得嫌其分利也。

若所恤之贫,则《遗人职》所谓"乡里之委积,以恤民之艰阨。"贾《疏》谓:"年谷不熟,民有困乏,则振恤之。"并非振游惰之民也。斯宾塞尔极言西国旧日养贫民之害,谓:"将使国之勤民日耗,惰民日蕃,课其终效,使人芒背。"其言甚为痛切。见《群学肄言·物蔽》篇,文长不具引。今吾国徒知设栖流所、养济院,而不知为劝工场、教贫局,是以游民日多。强者为盗,弱者为乞,民德日坏,民智日塞,民力日惰。生利人少,分利人多,民由是贫,而国因之。此实关于根本之治,而不可不亟思变计也。

义利篇　群经大义述二十一

《论语》以义利分君子小人,《孟子》七篇,首重仁义而恶言利。后之儒者,遂以言利为大戒。然人终趋于利者多,而趋于义者少,即号称儒者,口虽不言利,而行亦不免近利。是虽日日与人言义,日日禁人言利,亦无补于事实也。夫讳言利而行实背驰,何如明言利而因势利导?盖天下有私利,有公利,有小利,有大利,其私者小者与义相冲突,利有害于义者也,其公者大者与义相调和,利必合于义者也。世人谋其私而害其公,计其小而忘其大,非特不知义,实亦不知利,则利之真相,不得不略为解剖。利之真相显,则义之原理亦明,是虽日日言利,实不啻日日言义也。曷谓利之私者小者与义相冲突,利有害于义也?盖善言利者,以不侵人之利为界,犹之真自由者,以不侵人之自由为界。《礼书》曰:"人生而有欲,欲而不得,则不能无忿;忿而无度量则争,争则乱。先王恶其乱,故制礼义以分之。"是义者利之界也。故曰"见得思义"。人若不明界说,惟图一己之私利,而不顾一群之公利,惟知一时之小利,而不计一世之大利,势必侵人之利以为利。由是上欲侵下之利,下亦欲侵上之利,则义之防决,而利之界紊矣。其界一紊,不第失利,而害即随之。《论语》所谓"放于利而行,多怨",所谓"见小利则大事不成",《左》宣十四年《传》所谓"贪必谋人,谋人,人亦谋己",《孟子》所谓"上下交征利而国危""不夺不餍"者也。是舍义以言利,意在得利,而适得害。故言私利小利者,皆不知利之真相者也。

曷谓利之公者大者与义相调和,利必合于义也?盖狉榛之世,民智未开,惟知个人主义,所图者只一身之利而已。其后民智渐开,进而为家族主义,然亦仅知一家之利而已。其后民智益开,知非合群不足以得利,由是通功易事,日中为市,而交易之制兴,八家共井,出入相友,守望相助,疾病相扶持,而井田之法立。然一群之中,未必人人皆顾公益而不谋私益,于是组织规则以保公益,其规则即所谓义也。《荀子》曰:"人何以能群?曰分。分何以行?曰以义。义以分则和,和则一,一则多力,多力则强,强则胜物。"是义者善群之极则,保利之公法也。盖人人咸知义,不谋一己之私利,而顾全部之公利,不计一时之小利,而谋百年之大利,则无人不利,无时不利,而己自无不利,故言公利大利者,始有当于利也。

自古圣贤,无不知利为生民所急。故《易》言美利,《书》言利用,《周官》《大学》皆言理财之道,并不讳言利。然其所谋者,乃一群之公利,并非一己之私利。盖深知谋私利则必害公利,害公利即不足以保私利。《论语》曰:"百姓足,君孰与不足?百姓不足,君孰与足?"《周语》曰:"夫利,百物之所生也,天地之所载也,而或专之,其害多矣。"是保公利即所以保私利,害公利即所以害私利也。故善言利者,必求人己两利,而合于群道。斯密亚丹,泰西之大计学家也,其所著《原富》一书,中有最大公例,曰"大利所存,必其两益",数十篇中,皆反复申明此旨。故西国近世,讲求公利,商务大兴,上下俱富,皆得力于斯密氏之书也。是故善言利者,断无有舍公利而专谋私利者也。

且义者正所以保全公利,并非舍利而不言也。《易》有四德,而利居其一。《文言》曰:"利者义之和也,利物足以和义。"《系辞》曰:"理财正辞,禁民为非曰义。"《左》昭十年《传》曰:"义,利之本也。"是知非利不足以和义,非义不足以保利也。董子乃谓:"正其义不谋其利。"不知私利不当谋,而公利不得不保也。我若放弃其利权,必有人焉攘而取之,国中之人攘而取之,犹可也,至国外之人攘而取之,则国非其国矣。是故一群之人,放弃其公利,而其群必败;一国之人,放弃其公利,则其国必衰。今吾国人以自利为心,只图一身一家之利,而不顾一群一国之利,不知一群一国之利既不保,即一身一家之利亦无由存,此至愚而极可哀者也。

孟子称:"杨子为我,拔一毛而利天下,不为。墨子兼爱,摩顶放踵利天下,为之。"今西人尚合群,讲公利,合于墨子之学,其自保权利甚严,则兼用杨子之学也。吾国人大抵为我者多,则杨子之学也。然杨子曰:"人人不损一毫,人人不利天下,天下治矣。"《列子·杨朱》篇。其意以为不许人之损我,我亦不损人,人人皆自保,则天下自治。世人不欲人侵我之利,而每欲侵人之利,是学杨子之学,亦未得其全也。

张南轩以无所为而为谓之义,有所为而为谓之利。近世日本加藤宏之谓利他心实即利己心。盖欲自谋真实之利,非先谋他人之利不可。其别有二:一曰唯物的,因利他人而我得实益之报偿;二曰唯心的,因利他人而我之本心得以愉快。案:孟子谓:"乐民之乐者,民亦乐其乐;忧民之忧者,民亦忧其忧。"此利人即所以利己,然不过论其感应如此,并非豫存一利己之心,而始行利人之事也。至谓因利人而我之本心得以愉快,此即南轩所谓发于本心之自然,并非有所为而为者。而加藤乃谓仍是利己心,盖其平日持人类由动物进变之说,徒知气质之性,而不知义理之性也。然区为三种:谓下等动物,惟有利己心。至进为高等动物,虽谋自利,而稍有限制,不安害群;及进为人类,则有利他心。若仅有第一种之利己心,而无余二者,则非人而禽兽矣。其言颇为警悚,世之图自利而害群者,可以恍然悟矣。

公私篇　群经大义述二十二

《韩非·五蠹》篇:"古者苍颉之作书也,自环者谓之私,背私谓之公。"公私之相背,苍颉固已知之矣。今以为同利者,不察之患也。许叔重作《说文》,亦引韩非说:"自营为厶,厶乃公私本字,今作私,乃借字。私本训为禾。背厶为公。"今案:以自营为厶固也,言背厶为公则非。公之为文,从八从厶,八,别也,象分别之形。段若膺云:"今江浙俗语,以物与人谓之八。"案:自营则为厶,分其厶以公诸人则为公,故其文从八厶而训为平分。古人造字之意本如是也。此其义孟子曾发明之矣,如好货,私也,若能如"公刘之好货,使居者有积仓,行者有裹粮。与百姓同之",则公矣;好色,私也,若能如"太王之好色,使内无怨女,外无旷夫",则公矣;好台沼,私也,若能如"文王之灵台灵沼,与民偕乐",则公矣;好苑囿,私也,若能如"文王之囿,刍荛者往,雉兔者往,与民同之",则公矣;

好鼓乐好田猎,私也,若能"与百姓同乐",则公矣。盖推一己之私,以恤人人之私,使人人各遂其私,则合天下之私,而成天下之公,王道不外于是矣。故不必背私以为公也,在善推其私而已。

夫私者何?人情也,治天下在得人情。故《礼运》曰:"人情者,圣王之田也。"晁错述三王之治,曰:"人情莫不欲寿,三王生而不伤也;人情莫不欲富,三王厚而不困也;人情莫不欲安,三王扶而不危也;人情莫不欲逸,三王节其力而不尽也。其为法令也,合于人情而后行,其动众使民也。本于人情然后为。"《汉书》本传。然人情无由见,亦推己之情以度之而已。《韩诗外传》曰:"己恶饥寒,则知天下之欲衣食也;己恶劳苦,则知天下之欲安佚也;己恶衰乏,则知天下之欲富足也。知此三者,圣王之所以不降席而匡天下也。"夫下之情私也,上之情亦私也,推上之私,以求下之私,使下之私毕达于上,而得各遂其私,则大公之治成矣。

曰:然则所谓以公灭私,公尔忘私者,皆非欤?曰:下之于上,当先公后私;上之于下,必先有以恤其私,而后能使其急于公。《中庸》九经所谓劝之之法,皆所以恤其私也。"尊位重禄,同其好恶",所以恤亲臣之私也;"官盛任使",所以恤大臣之私也;"忠信重禄",所以恤士之私也;"时使薄敛",所以恤百姓之私也;"既禀称事",所以恤百工之私也;"送往迎来",所以恤远人之私也;"朝聘以时,厚往薄来",所以恤诸侯之私也。故必重官俸而后可以责其廉,修农政而后可以征其赋,讲保商之法而后可以加其税。今官俸极薄,故官以贿成矣;农政不修,故农多逋赋矣;保商无法,故商多漏税矣。是无以恤其私,势必害于公,有以恤其私,自能利于公,此所谓公私同利也。韩非以为公私无同利,此韩非之不察耳。

不独《中庸》为然也,而古之为诗者尤注意于是。如《四牡》,劳使臣诗也,而曰:"王事靡盬,不遑将父,不遑将母。"《采薇》,遣戍役诗也,而曰:"靡室靡家,狁之故。"《出车》,劳还帅诗也,而曰:"忧心悄悄,仆夫况瘁。"《杕杜》,劳还役诗也,而曰:"女心伤止,征夫遑止。"曰:"王事靡盬,忧我父母。"夫王者之于臣下,何以不责以公义,而必叙其私情?盖必得其私情,而后可以望其奋于公义也。《东山》诗序云:"君子之于人,叙其情而闵其劳,所以说也。"说以使民,民忘其死,其唯《东山》乎?《四牡》毛传云:"思归者,私恩也;靡盬者,公义也。"无私恩,非孝子也;无公义,非忠臣也。君子不以私害公,不以家事辞王事。朱《传》引范氏说云:"臣之事上也,必先公而后私。君之劳臣也,必先恩而后义。"真西山曰:"《陟岵》诸诗,与《采薇》《东山》诸诗之辞略同。然《采薇》《东山》,上叙戍者之情也。《陟岵》诸诗,戍者与其家人自叙其情也,得失之相去远矣。"夫上恤其私,则下忘其私而急于公;上不恤其私,则下自顾其私而急于公,此必然之理也。

顾氏《日知录》:"'雨我公田,遂及我私',先公后私也。'言私其豵,献豜于公',先私后公也。自天下为家,各亲其亲,各子其子,而人之有私,固情之所不能免矣。故先王弗为之禁,非惟弗禁,且从而恤之。建国亲侯,胙土锡氏,画井分田,合天下之私,以成天下之公,此所以为王政也。至于《周官》之训,则曰'以公灭私',然而禄足以代其耕,田足以供其祭,使之无将母之嗟,室人之谪,又所以恤其私也。此义不明。君子必曰有公而无私,此后代之美言,非先王之至训矣。"案:亭林此言,可谓达于人情矣。

且积私成公之理,关于国家甚巨。如一人私也,一国公也。然国也者,积人而成者也。一人之事,私也;一国之事,公也。然国之事积人之事而成者也。一人之权利,私也;一国之权利,公也。然国之权利积人之权利而成者也。是故欲强国必先强民,欲善国事必先善民事,欲保国之权利必先保民之权利。古之圣王知其然,故求通民情,尽心民事,国有大事,必谋之民,使人人各有权利。见于经传者甚明。详《君民》篇、《集议》篇。后世人君,贱视乎民,以为民情不足恤,民议不足采,民不可使有权利。夫民情不达,则壅闭之事多;民议不采,则公众之益败;民无权利,则贫弱之势成。由是私坏而公亦坏,而国非其国矣。《书》曰:"罔咈百姓以从己之欲。"《左氏传》曰:"圣人与众同欲,是以济事。"故从一人之私,是为真私,合天下之私,即为大公。

经权篇 群经大义述二十三

天下之事,有常有变,故处事之方,有经有权,不知经无以处常,不知权无以处变。《论语》曰:"可与立,未可与权。"此言可处常不可处变也。故君子贵守经,亦贵行权。

虽然,权不易言也,非有精义之学者,不足以知权。《孟子》曰:"权,然后知轻重。"又曰:"子莫执中。执中无权,犹执一也。"盖权为称物之器,必能知轻重,舍其轻而取其重,然后可谓之知权。故权虽反经,而其理仍不背乎经也。桓十一年《公羊传》:"权者何?反于经然后有善者也。"《论语》:"可与立,未可与权。""唐棣之华,偏其反而。"古本合为一章。《集解》:"赋此诗者,以言权道反而后至于大顺也。"《系辞》:"巽以行权。"韩《注》:"权,反经而合道。"程子以经为不可反,谓:"权只是经。"讥汉以下无人识得权。窃谓经未尝不可反,然其迹虽反,而其理仍合也。如汤之于桀,武之于纣,伊尹之于太甲,皆君也,事之,经也,诛之放之,反乎经者也。然汤武之志在救民,伊尹之志在匡君,仍合乎经也。周公之于管蔡,弟也,爱之,经也,诛之,反乎经者也。石碏之于厚,子也,慈之,经也,杀之,反乎经者也。然周公、石碏之灭亲以大义,仍合乎经也。盖其势不得不诛、不放、不杀,则其事虽反乎经,而其理仍不背乎经也。此所谓权反于经而后有善也,所谓权道反而后大顺也,所谓权反经而合道也。《孟子》曰:"男女授受不亲,礼也;嫂溺援之以手,权也。"《淮南子》曰:"君臣之接,屈膝卑拜,以相尊礼。至其迫于窘也,则举足蹴其体。谓黄衰微举足蹴楚恭王事。孝子之事亲,和颜卑体。至其溺也,则捽其发而拯。故溺则捽父,祝则名君,势不得不然也,此权之所设也。孔子曰:'可以立,未可与权。'权者圣人所独见也。故忤而后合者,谓之知权;合而后舛者,谓之不知权。"《氾论》篇。

权者,达于义者也,义谓制事之宜也。《恒》六五曰:"恒其德,贞,妇人吉,夫子凶。"夫贞一其德,合于经者也。而《易》以为夫子凶,以其不明于义也。故曰:"夫子制义,从妇,凶也。"孟子曰:"大人者,言不必信,行不必果,惟义所在。"夫言信行果,经也;不必信不必果,权也,惟其明于义也。《淮南子》曰:"唯圣人为能知权,言而必信,期而必当,天下之高行也。直躬其父攘羊,而子证之,尾生与妇人期而死之。直而证父,信而溺死,虽有直信,孰能贵之?"《氾论》篇。是故君子以明义为贵,明义则可常可变,可以守经,可以行权。

经传之中,惟公羊家言权特详。《繁露·玉英》篇:"《春秋》有经礼,有变礼。为如安性平心者,经礼也。至有于性,虽不安心,虽不平于道,无以易之,此变礼也。是故昏礼不称主人,经礼也;辞穷无称,称主人,变礼也。隐二年"纪履緰来逆女"《传》曰:"何以不称使?婚礼不称主人。宋公使公孙寿来纳币,则其称主人何?辞穷也。辞穷者何?无母也。"天子三年然后称王,经礼也;有故则未三年而称王,变礼也。文九年《传》:"以天子三年然后称王。"昭二十三年"天王居于狄泉"《传》:"此未三年,其称天王何?著有天子也。"妇人无出境之事,经礼也;母为子娶妇,奔丧父母,变礼也。僖二十五年"宋荡伯姬来逆妇",又三十一年"杞伯姬来求妇",文九年"姜氏如齐",又书"夫人姜氏至自齐",奔丧得礼,故志。明乎经变之事,然后知轻重之分,可与适权矣。"案:此所谓变礼,皆权也。

《精华》篇:"《春秋》之法,大夫无遂事。僖三十年《传》,事见下。又曰:'出境有可以安社稷、利国家者,则专之可也。'庄十九年《传》,事见下。又曰:'大夫以君命出,进退在大夫也。'襄十九年"晋士匄侵齐,至穀,闻齐侯卒,乃还"《传》。又曰:'闻丧徐行而不反也。'宣八年"公子遂如齐,至黄乃复"《传》。夫既曰无遂事矣,又曰专之可也;既曰进退在大夫矣,又曰徐行不反也。若相悖然,是何谓也?曰:'《春秋》固有常义,又有应变。无遂事者,谓平生安宁也;专之可也,谓救危除患也;进退在大夫者,谓将率用兵也;徐行不反者,谓不以亲害尊,不以私妨公也。故公子结受命,往媵陈人之妇于鄄,道生事,从齐桓盟,《春秋》弗非,以为救庄公之危。庄十九年。公子遂受命使京师,道生事,之晋,《春秋》非之,以为是时僖公安宁无危。僖三十年。故有危而不专救,谓之不忠;无危而擅生事,是卑君也。故此二臣俱生事,《春秋》有是有非,其义然也。"案:大夫无遂事者,经也;专之可也者,权也。闻丧徐行不反者,经也;进退在大夫者,权也。

《公羊》有论权而其事未核者。如桓十一年"宋人执祭仲"《传》曰:"何以不名?贤也。何贤乎祭仲?以为知权也。其为知权奈何?宋人执祭仲谓之曰:'为我出忽而立突。'祭仲不从其言,则君必死、国必亡;从其言,则君可以生易死,国可以存易亡;少迟缓之,则突可故出而忽可故反,是不可得而病,然后有郑国。古人之有权者,祭仲之权是也。权者何,反于经然后有善者也。权之所设,舍死亡无所设。行权有道,自贬损以行权,不害人以行权。杀人以自生,亡人以自存,君子不为也。"案:《公羊》之论权是也,而以加诸祭仲,则非事实也。盖祭仲之废君,实出于威胁,非真能知权如《公羊》所谓也。孔巽轩知祭仲非真知权,以为:"假祭仲以见行权之道,犹齐襄未必非利纪,而假以立复仇之准。所谓《春秋》非记事之书,明义之书也。"案:无其实而与以名,则后世之乱臣,皆将假权之名以售其奸。是《春秋》非明义之书,乃使诈之书耳。范武子曰:"《公羊》以祭仲废君为行权。是神器可得而窥也。"王伯厚曰:"若祭仲者,董卓、司马师、孙綝、桓温之徒也,其可褒乎!"可谓义正而严矣。

《繁露·竹林》篇:"逢丑父杀其身以生其君,何以不得为知权? 丑父欺晋,祭仲诈宋,俱枉正以存其君。然而丑父之所为,难于祭仲,祭仲见贤而丑父见非,何也? 曰:'去位而避兄弟,君子之所甚贵;获虏逃遁者,君子之所甚贱。祭仲措其君于人所甚贵以生其君,故《春秋》以为知权而贤之。丑父措其君于人所甚贱以生其君,《春秋》以为不知权而非之。'"案:董子论祭仲之行权,与《公羊》稍异。《公羊》以为祭仲诈许宋,其心仍为忽复位计,董子以为使其君得让位之美名。要之皆非当日事实也。至逢丑父杀身以生其君,是真善于行权者。《繁露》谓《春秋》之义,国灭君死。丑父当请顷公俱死,不知国灭君死,经也,非权也。况是时齐未尝灭,顷公固可以生。若果如《繁露》之说,请君俱死,非第不知权,即与经亦不合也。《繁露》之言,近于迂矣。故非有精义之学者,不可轻言权也。

矫制篇　群经大义述二十四

《春秋》之义,人臣不得自专。僖三十一年"公子遂如京师,遂如晋",《公羊传》曰:"大夫无遂事,此其言遂何? 公不得为政尔。"《解诂》:"不从公政令也。时见使如京师,而横生事,矫君命聘晋,故疾其骄蹇自专,当绝之。"襄二年"仲孙蔑会晋荀䓨、齐崔杼、宋华元、卫孙林父、曹人、邾人、滕人、薛人、小邾人于戚,遂城虎牢",《传》曰:"大夫无遂事,此其言遂何? 归恶乎大夫也。"十二年"季孙宿帅师救台,遂入郓",《传》文与僖三十一年同。是人臣不得自专也,而有时可得自专者,其义有二:

一曰奉使遇变也。庄十九年"公子结媵陈人之妇于鄄,遂及齐侯宋公盟",《公羊传》曰:"大夫无遂事,此其言遂何? 聘礼,大夫受命不受辞,出竟有可以安社稷、利国家者,则专之可也。"《解诂》:"公子结出境,遭齐宋欲深谋伐鲁,故专矫君命而与之盟。"是奉使遇变得以自专也。

一曰将师在外也。襄十九年"晋士匄帅师侵齐,至谷,闻齐侯卒,乃还",《公羊传》曰:"还者何?善辞也。何善尔?大其不伐丧也。此受命乎君而伐齐,则何大乎其不伐丧?大夫以君命出,进退在大夫也。"《解诂》:"礼,兵不从中御外,临事制宜,当敌为师,唯义所在。"是将帅在外得自专也。

《繁露·精华》篇:"《春秋》有常义,又有应变。无遂事者,谓平生安宁也。专之可也者,谓救危除患也。进退在大夫者,谓将率用兵也。徐行不反者,谓不以亲害尊,不以私妨公也。"董子此文,发挥传义,最为明确。盖无遂事者,是处常之道,经也。专之可也者,是处变之道,权也。进退在大夫者,是用兵之时,公也。徐行不反者,是一己之事,私也。

难者曰:《穀梁》言:"君不尸小事,臣不专大名,善则称君,过则称己。士匄外专君命,故《春秋》书还以非之。为士匄者,宜埤帷而归命乎介。"是将兵在外不得自专也。曰:《穀梁》以书复为事毕,书还为事未毕,然则公子遂、公孙敖皆未毕事,《春秋》何以书复以贬之?可知其说之未确矣。夫将帅出外,未可遥制,故《司马法》曰:"阃外之事,将军裁之。"《白虎通》曰:"大夫将兵,出不御者,欲盛其威,使士卒一意系心也。故但闻将军令,不闻君命,明进退在大夫也。"又曰:"国不可从外治,兵不可从内御。"盖用兵之道,随机应变,迫不及待,若必事事请命于朝,以取进止,则缓不济事,失机必多。故《穀梁》之说,乃迂儒之见,不如《公羊》之明于常变也。

难者又曰:《周官·条狼氏》:"誓大夫曰:敢不关,鞭五百。"先郑云:"敢不关,谓不关于君也。"后郑谓:"大夫自受命以出,则其余事莫不复请。"是亦出征不得自专之证也。曰:郑君从《穀梁》义,故以为当关白于君。郑释《废疾》云:"士匄不伐丧则善矣。然于善则称君,礼仍未备,故言乃还,不言乃复。"是郑从《穀梁》义也。《周官》贾氏乃谓:"受命出征,梱外之事,将军裁之,不须复请。除此以外,皆须请于君。"是未得郑意而曲为之说也。其实此所谓大夫,指师帅以下。关,谓关白于主将。王在军则王为主将,王不在军则卿为主将。《义疏》从王昭明之说甚当,并非谓将帅在外,遥白于朝廷也。

自秦以来,政尚专制,故《汉律》有矫诏害,矫诏不害,害者死。班书《终军传》:"元鼎中,博士徐偃使行风俗。矫制,使胶东、鲁国鼓盐铁御史大夫张汤,劾矫制大害,法至死。偃以为《春秋》之义,大夫出疆,有可以安社稷存万民者,颛之可也。终军诘偃曰:'古者诸侯,国异俗分,百里不通,时有聘会之事,安危之势,呼吸成变,故有不辞造命颛己之宜。今天下为一,《春秋》王者无外。偃巡封域之中,称以出疆,何也?且盐铁,郡有余臧,正二国废,国家不足以为利害,而以安社稷存万民为辞,何也?偃矫制颛行,非奉使礼,请下御史征偃即罪。'"又《冯奉世传》:"以节谕告诸国王,发兵,击破莎车。上甚说,下议封奉世。丞相、将军皆曰:'《春秋》之义,大夫出疆,有可以安国,则颛之可也。奉世功效尤著,宜加爵土之赏。'少府萧望之独以奉世奉使有指,小颜注:本为送诸国客。而矫制违命,发诸国兵,虽有功效,不可以为后法。上善望之议。"又《陈汤传》:"矫制发诸国兵,与甘延寿袭斩郅支单于,军还论功,石显、匡衡:'以为延寿、汤兴师矫制,幸得不诛,如复加爵土,则后奉使者争欲乘危徼幸,生事于蛮夷,为国招难,渐不可长。'"窃谓徐偃为民兴利,本属无罪,终军之诘,已近于刻。至莎车郅支单于,皆杀汉使,方为国患。冯奉世、甘延寿、陈汤之举,正《公羊》所谓大夫出境,有利国家者,专之可也。石显小人,固不足责。萧望之、匡衡乃一时名儒,而亦不能据经断事,以旌其功,此张敞所谓"常人可与守经未可与权也"。

宋之儒者,生居专制之朝,习闻秦汉之制,益不知权。如《胡氏春秋传》谓:"违命行私,虽有利国家、安社稷之功,使者当以矫制请罪,有司当以擅命论刑。不可以一时之利,乱万世之法,是《春秋》之义也。"不知违命行私,罪之可也。若利国家、安社稷,是公也,非私也。公私之不辨,经权之不明,安足知《春秋》之义哉?且法久必弊,宜因时而变,安有万世可守哉!

今万国公法,凡盟会,派全权大臣前往,一切事件,既经商定,立约画押,其君必当遵行,即小有不便,亦不得轻议更改。盖君既付权于臣,即不可更夺其权也。其非全权大臣,则盟约须由国主,约定,钤盖国玺,然亦有权宜行事。如准人通商,议换俘虏,停兵退兵,皆可由本官约定,不必请诸其君,是亦非事事遥制也。庚子之变,中外失和,北方开战,而东南疆臣,擅与外人立约,保守和局,当时守旧之士,亦议其违命行私,不知此正《春秋》之义,所谓"有安社稷、利国家者,专之可也"。

复仇篇　群经大义述二十五

复仇者,伦理之大义,人类之特性,保种保国之要素也。凡人莫不爱其群,而群之中骨肉为最亲,爱骨肉斯能爱种族,爱种族斯能爱国家。由亲而疏,自近之远,一以贯之也。后世人性日薄,民质日弱,忍于其亲,偷生苟活,靦颜事仇,不以为怪。夫忍于其亲,斯忍于同种,忍于同国,视其种之存灭,国之兴亡,漠然不介于怀,而种与国将无由保。盖民彝泪而经义之不明于世者久矣,故复仇之义,不得亟为发明也。

《曲礼》:"父之仇,弗与共戴天;兄弟之仇,不反兵;交游之仇,不同国。"《檀弓》载孔子答子夏之言谓:"居父母之仇,寝苦枕干,不仕,弗与共天下。遇诸市朝,不反兵而斗。居昆弟之仇,仕弗与共国,衔君命而使,虽遇之不斗。居从父昆弟之仇,不为魁,主人能,则执兵而陪其后。"《曾子制言》篇:"父母之仇,不与同生;兄弟之仇,不与聚国;友之仇,不与聚乡;族人之仇,不与共邻。"夫杀人者死,国有常刑。此其事操之于上,何以听之于下,而使之自复仇,似最不可解者也。不知朝廷有三宥三赦之法,有议亲议贵之条。且据乱世刑罚失中,漏网者多,而父母兄弟之仇,则痛心饮血,一日不能忘者也。故朝虽宥之赦之,减之漏之,而为子弟者,则必欲复之以为快。圣人原其情而不为之禁,非惟不禁,且著之经,以明仇之必当复,所以厉国民之义气,坚独立之性质,其用意深矣。交游之仇不同国,是友之仇亦当复。《曲礼》:"父母存,不许友以死。"郑《注》:"死,为报仇雠。"孔《疏》:"亲亡,则得许友报仇。"吕与叔谓:"结私交,报仇怨,此战国游侠之习,先王所必诛。"黄东发谓:"记《礼》者汉人,杂取后世豪侠之言。"林光朝亦以为不可为训。不知友居五伦之内,《儒行》言"患难相死"也,是友之仇不得不报。且司徒六行,而任居其一。后世薄视任侠,义气不讲,人人自顾其身,而不知爱群,此中国国民,所以日流于弱也。

《周官·调人》:"凡过而杀伤人者,以民成之。凡和难,父之仇辟诸海外,兄弟之仇辟诸千里之外,从父兄弟之仇不同国。君之仇视父,师长之仇视兄弟,主友之仇视从父兄弟,弗辟,则与之瑞节而以执之。"案:

此谓误伤杀人之父兄，其罪不至于死者，加以死罪，则过于严，不与以罪，则死者之子弟必不安，故立避仇之法而使之远徙。此即《虞书》所谓"流宥五刑"也。辟诸海外，犹投诸四裔，辟诸千里之外，与不同国，犹屏诸远方。如此则国法已伸，而死者之子弟，虽不得报，亦足以少慰其心。此先王之善体人情也。

至《春秋》尤重复仇之义，故能复仇者则贤之。是以齐襄复九世之仇，不言其灭纪。《公羊》庄四年"纪侯大去其国"《传》。吴子雪子胥之仇，大其忧中国。定五年"蔡侯以吴子及楚人战于柏举"《传》。其不能复仇者则讥之，是以之郜狩不书齐侯，讳其与仇狩也。庄四年"公及齐侯狩于郜"《传》。乾时之战不言公，以复仇者在下也。庄九年"及齐师战于乾时"《传》。《公羊》隐十一年《传》引子沈子曰："臣不讨贼，非臣也。子不复仇，非子也。"庄四年《传》曰："九世犹可以复仇乎？虽百世可也。"又曰："先君之耻，犹今君之耻也。今君之耻，犹先君之耻也。"又曰："仇者无时，焉可与通。"此数言者，可谓发伦理之至义，表人性之特质，而有关于保种保国者也。

曰：《公羊》谓可复百世之仇，而古《周礼》说，谓："复仇之义，不过五世。五世之外，施于己则无义，施于彼则无罪。"许君称："鲁桓公为齐襄公所杀，其子庄公与齐桓公会，《春秋》不讥。定公为桓公九世孙，孔子相公，与齐会于夹谷。是不复百世之仇也。故从《周礼》说。"《周官·调人》疏、《戴记·曲礼》疏引《五经异义》。然则其说非欤？曰：《周礼》之法，为中人立也。五世服尽，怨可以释也。《公羊》之义，推孝子慈孙之心也，祖父之仇，虽百世而不能忘也。朱子《戊午谠议》曰："有天下者，承万世无疆之统，则有万世必报之仇。"是则国一日存，仇必一日报，种一息传，仇必一息复，而岂以世为断哉？至鲁庄之会齐，《春秋》未尝不讥。《公羊》发其例于狩郜，《传》曰："仇者无时，焉可与通，通则大讥，不可胜讥，故壹讥而已，其余从同同。"是《春秋》未尝不讥也。至夹谷之会，权在鲁君，非孔子所得主，不得执此以难也。

曰：《公羊》说君非理杀臣，子可复仇，故子胥伐楚，《春秋》贤之。《左氏》说："君命，天也"，是不可复仇。两说若何？曰：《公羊》之言，合于公理者也。《左氏》之言，专制之治也。郑《驳异义》云："子思称：'今之君子，退人若将坠诸渊，无为戎首，不亦善乎？'子胥父兄之诛，坠渊不足喻,伐楚使吴首兵,合于子思之言也。"引见《曲礼》疏。是郑君亦以《公羊》义为长也。且《调人职》言:"杀人而义者,令勿仇。"则杀人而不义者,可以仇甚明。今《公羊》云:"父不受诛,子复仇可也。父受诛,子复仇,推刃之道也。"《解诂》:不受诛,罪不当诛也。一往一来曰推刃。是亦以义为断。杀人不义者,子可复仇,杀人而义者,子不当复仇。《公羊》之言,合于《周官》之法也。是故复仇虽非大同之义,而实小康世不可不有也。盖大同世,天下为一家,中国为一人,人人有道德,有法律,自无妄杀人之事,无所谓复仇。若小康世,须人人自爱其家,人人自爱其国,人人自爱其种。其有害于吾家者,吾必有以报之;有害于吾国者,吾必有以报之;有害于吾种者,吾必有以报之。如是则种强而国亦强,庶足御他族之欺陵,不为外人之奴隶乎!

《经学讲义》第二编终

(学务处官书局,1904年)

经学初程
廖平、吴之英

学问之道，视乎资性，凡得力处，人各不同，不能预设程格，以律天下。然臻巧入妙，不可相传，而规矩准绳，匠人所共。孟子曰："大匠能与人规矩，不能使人巧。"今之论著，即语以规矩之意也。

经学须耐烦苦思，方能有得。若资性华而不实，脆而不坚，则但能略窥门户，不能深入妙境。盖资性不近，无妨择选他途，不必强以学经，堕入苦趣，非其本心，不能有成也。

经学为科举先资，本无妨于科举。或有心亦好之，而恐误科名，不敢习者。不知果能通经，未必不掇巍科；终身株守制义，未必成名。得之不得，有命存焉。经学之于科举，有益无损也。

经学要有内心，看考据书，一见能解，非解人也。必须沉静思索，推比考订，自然心中贯通。若徒口头记诵，道听涂说，小遇盘错，即便败绩。惟心知其意，则百变不穷。前人云："读书贵沉思，不贵敏悟。"信哉！

初学见识贵超旷，然不可稍涉狂妄。若一入国学，便目空古今，盗窃玄远之言，自待过高，于学问中甘苦全无领略，终归无成。不如一步一趋，自卑自迩之有实迹。

性敏者之学词章，稍知摹古，即有小效。至于治经，若非深通其意，断无近功。盖词章犹可剽窃以成篇，经学不能随意剿说以欺世。经学抉其理，词章发其华。自来经学湛深之儒，词章自然古茂，骈文蚕辩，谊愈坚则气愈雄，能先通经学，以为词章，根柢尤较深厚也。

治经岁月，略以二十为断。二十以前，纵为颖悟，未可便教以经学，略读小学书可也,然成诵则在此时。二十以后,悟性开,则记性短,不可求急助长,当知各用所长。

初学不读注疏,从何着手？读而不信,有何归宿？无论何经,先须将注实心体会,凡与注异者,绝不闻听,笃信注说,有所不解,乃后读疏,能将注疏融会贯通,已具根柢,盖有所遵守,则考校有方,此经学小成之候也。从此再加功力,始徐悟注说某有未通,乃求一说以通之,或五年,或十年,由好而乐,可以自为程限。若初入大门,便怀疑虑于注疏,尚未通晓,本无宗守,安得依归？纵皓首钻研,其成效略可睹矣。

读书要疑要信,然信在疑先。读《说文》当先信《说文》,读段、桂诸说当先信段、桂诸说。笃信专守到精熟后,其疑将汩汩而启,由信生疑,此一定之法,实自然之序。若始即多疑,则旁皇道涂,终难入竟。或云:二说不同,则何所信从？曰:各求其理,不敢左右可也。如段与桂不合,读段求段意,读桂求桂意,不生驳斥,不为袒护,至水到渠成,则孰得孰失,恚然理解矣。

治经当以注疏为主,治《说文》当以本注为主,以外枝叶繁博之书,不必早读。俟本注已熟,然后读《经解》诸书,取其去疑开悟,以资博洽。若初时有疑,可记存其事,不必遽检别书,以致不能按日计功,且泛滥无归,将畏难而自沮耳。

尊经初议不考课,惟分校勘、句读各门,以便初学。后以官府意定为课试,于初学颇不甚宜。南学及莲池书院不考课,以日记为程,最为核实。初学治经,正如寠人求富,节衣缩食,收敛闭藏,乃可徐图富有。今一入大庠,便作考辨解说,茫无头绪,势不能不蒙昧钞袭,希图了事。资性平常者,则东涂西抹,望文生训,以希迎合,不能循序用功。至于播私慧,弄小巧,一枝一节,自矜新颖,未检注疏,已诋先儒。若此用功,徒劳无益。故学者须知考课之学,非治经之道,当于平时积累,不可于课期猝办,既当改易心志,又宜更立课程。

先博后约,一定之理。学者虽通小学,犹未可治专经。必须以一二年博览诸经论辨,知其源流派别,自审于何学为近,选择一经以为宗主,则无孤陋扞格之病。且欲通一经,必于别经辨别门户,通达条理,然后本经能通。未有不读群经而能通一经者。博览群书,本学人分内之事,若苦畏繁难,苟求简便,枯守穷乡,闭关自大,不惟窭陋可嗤,怪迂尤多流弊。

古人治经,先学小学、算学,皆所以磨练其心,使其耐劳苦,思以返朴质。盖小学释字,义理浅近,算学核计,更无词华,以易者引之,故取效甚速。《春秋》学三传繁难,汉人犹不以教子。《礼》学千头万绪,更无总纲,在群经中最号难治。《春秋》文约理繁,多所况是,非心思开悟、深明义例者不能知其变化。初学寻常数墨,尚有未能,岂能解此神化之用? 尝见有治此学四五年,而全无头绪者,皆好高务远之过也。况三礼中《礼记》尤杂无条理,或一事而彼此不同,前后违牾,老师宿儒尚不知其要领,初学一入其中,五花八门,不辨方位,终无益矣。

小学既通,则当习经。盖小学为经学梯航,自来治经家未有不通小学者。但声音训诂,亦非旦夕可以毕功,若沉浸于中,则终身以小道自域,殊嫌狭隘。故经学自小学始,不当以小学止也。特不可遽读三礼、三传。如行远者,于出门庭,便入荆棘,意趣索然,恐仍还辕自守耳。

初学治经,除三礼、三传外,若《书》《诗》《论》《孟》,唯人所择。但治《书》须知今古文之异,不宜笃守伪孔之学,先儒所辟,有明征也。兼读马、郑注,阳湖孙本即佳,然亦须涉猎伪传,知其短浅,乃愈见马、郑之优长,众恶所必察也。《诗》则有传有笺,传笺互有同异,各求其旨,以观其通,不宜执此诋彼,启同室之戈矛。《论》有何,《孟》有赵,旧日最称名家。及宋朱注出,而近世学人罕读古注。然何、赵时有精理,朱注务叶中味,各有所长,不容相掩。但能熟读注谊,将来所得,必有出于三家之外。不在耳目之所及者,不必别白优绌,诋议昔人以为快也。

《书》《诗》《论》《孟》固当治已外,有《易经》《孝经》,治经家以为畏途。盖《易经》合四圣人之论,著以成书,理气象数,无乎不具。名家解说最繁,今则但存王注。原疏本主王,故古注微耳。然李鼎祚《周易集解》实存古说。康成之注,王伯厚旧有辑录。盖语其浅,则王注但长于理,其他故谊师说,可网罗散佚,以窥其全;语其深,则圣人假年之学也,末学无得名焉,在性近者善治之耳。《孝经》故说不见,脱误为多。今注疏中但存开元旧本,考据稍阙,礼制尤疏,漏略不可治也。而其可治,即在漏略者。数旧典以为之考据,推旧仪以为之礼制,芃芃之社,则酒黍易治,乃悟其漏略者,原以待我之致力也,夫安有不可治之经哉!

《书》《诗》《论》《孟》《易经》《孝经》皆有可治之方,唯三礼、三传文博谊富,治经稍久者,乃可渐问其途。三传各立门户,有可相通者,有必不相通者,但因注例以见传例,因传例以见经例,则三传同此经术也。既登其堂,入其室,则各有材质之强弱,学力之深浅,随施引申,补救之宜,则非更仆所能穷,亦有轮扁所不得言者矣。三礼相维,与三传异。其有相错者,当为曲关其理,不可听其乖违。礼为郑学,通其所通,并通其所不通,郑已先导而入,谨步趋之可矣。有谓读《礼》当先《仪礼》者,云篇目简少,节文易明。鄙意窃谓读《礼记》尤较《仪礼》之易。盖《仪礼》直举节目,无字不实,实处已难解悟,空处尚有繁文,不如《礼记》,方言其礼,即详其义,密疏相间,经纬代宣,方读其礼而罔罔者,旋读其义而昭昭。治礼者于读《礼》之始,自审《仪礼》《礼记》孰晦孰明,性所近焉,工可决矣。要之能治三传、三礼,已非疏谫之人,当知自求其安,不容以扞格者相强也。

不博遂求约,不可也。然其所以博览者,正为博观以视性之所近,便于择术,以定指归耳。夫深造之诣,惟专乃精。苟欲兼营,必无深入。若徒欲兼包,以市鸿博,刚经柔史,朝子暮文,无所不习,必至一无所长。夫宏通之谊,代不数人,必是专门,乃能自立。心思既分,课程必懈。若此之流,初欲兼长,终归一无所长而已。

注疏无论矣,近来撰述诸家,莫不天资卓越,学力精勤。当其自负,亦自不可一时,非独自负,实亦如此。凡欲知其得失,必须究其底蕴。若先立成见,志在攻驳,则全是客气,无复细心,求异既不自安,前后亦或相反。总之,入门务在恂谨,苟或狂肆,未能有得。

学问之道,天下公同,外求合人,内必自治,乃可信今传后,垂法无穷。而治经家每多客气,或者自知依托,辩给不改,苟立异端,便生间隙。夫泰山之高,积由尘土。若欲以护短饰非,矜求名誉,一人之手,岂尽掩天下之目?若此之伦,不怒其戆,乃哀其愚矣。

礼学繁难,入手专治一经,已为躐等,乃又好大喜夸,兼治三礼,此必败之道也。况近派多不守旧,徒肆更张,治丝而棼,愈以霶乱。使如此用功,无论中材,即使天分过人,终亦劳苦无得。或欲以势力辩给,徒钳人口,赵宾说《易》,其明验矣。

躐等意在求速效,岂知循序则易悦而有功,躐等则扞格而不入。世有好为苟难,用功五六年,全无所得者。此譬如登山,一人安步,一人飞行,安步者不劳而上,飞行者半途而蹶。蹶者困乏,又安有登临之乐?故升高自卑,一定之式也。

古人先入小学,后入大学,原有等次。今失学过时,自谓成人,便鄙弃小学,此非法也。夫治经之道,不能离声音、训诂。学虽二名,实本一事。近来风尚,好高务远,谓童蒙占毕,成学所羞,便欲超迁,横通绝域。若此之流,不惟学有未全,亦心先失练矣。

初学最宜信古,既有遵守,不必遽用苦思,迟之三年,便能记诵,俟其精熟,然后审其得失,可以小出新意,略为改修。昔北朝大儒世代遵用郑学,皓首研精,疏栉注说。若旁皇门外,便发难端,检校未终,痛诋何、郑,使先师果如所呵,则所注早经毁弃。或不能诵习循绎,乃抄袭浅说以相易,割裂经文以为类,人人自为著作之才,罔用心力,可不惜哉!

目录校勘,为初学入门必由之道。特目录所以识流别,为深造之初基。校勘祛舛误,本为精研之首事。不谓风气所移,竟以二事为末,知其目而不知其蕴,校其字而不习其编,遂使初学之功,再无续效。若此之派,亦非深诣。

本经未熟,而好求新异,此躐等凌次,志欲横通者也。王霞举先生教人先诵读,朱肯夫先生立课亦重章句,皆学者所当遵守。若未熟经传,新解已张,不屑注疏,异文自炫,使经学如此便易,则其道已属不尊。况学业须有本末,故南人之巧,不如北学之拙矣。

耻躬不逮,昔人慎言。一近剿袭,行同贩侩。若不守本分,徒炫新奇,采拾荒唐之言,以耸庸愚之耳,闻者震其玄远,未及反唇,久假不归,自忘菲薄。夫好为深语,本为浅人之技,倡者既已失言,和者尤为取噱。若此之辈,既以自欺,更后何云。特愿后贤,可稍自省,屏除张皇之习,以归朴实之途。凡事无幸获,何况治经。迂缓自悟,乃称心得。不谓学人全图便捷,窥伺观望,延搁岁时。岂知易成不能耐久,取巧未必万全,非宏毅自奋,别无捷径也。

三礼之服饰器物,《诗》之鸟兽草木,《书》之山水官职,《春秋》之日月爵名，近来学人最好言此，一事数说，迄无折中。苟欲研精，虽数月求通一说，亦有不能，破碎支离，最为大害。近今经学，少深入之士，皆浮沉于此之误。此当先急其大者，而小者自不能外。若专说琐细，必失宏纲，而小者亦不能通矣。

读书不贵一见能记，十行俱下，而贵能推究寻绎。又不贵博览、泛涉、矜奇，而贵能深入详考。苟不力求精深，而惟以泛滥自炫，纵读破万卷，仍无一字得力也。凡进锐贪多，好奇喜迁者，终无成就。

学问之道，出门有功，纵使异涂，犹有启悟，况系同道，乃乏观摩。乃学者耻于下问，推其所由，非有不屑下人之志，则以质疑，恐贻轻侮，无宁闭户自求。人欲治经，先须化气。好问美行，苟菲尚采，彼有咨询之效，此抱孤陋之伤，名实并加，何惮不为乎？或者声誉虚张，名过其实，倘遇高明，恐致败露，杜门养拙，借以自全耳。

学者治经，每因难自阻。无论何经，皆有深奥难通处。如天文、地志、草木、禽兽，必求其精微，初非浅识所能。学者每欲求深，以此自阻。不知学问之道，如临战阵，先其所易，后其所难。今当专力于其易者，凡属所难，以俟徐通，姑阙所疑，不为规避。苟必欲争明此类，则无论何门，有非皓首不能精通者。因小失大，固无一经可通矣。

初学《说文》，先要认得篆字，又要分得六书，事颇繁难。今立定章程，凡初看者，先抄部首五百四十字篆文并注，意有未明者，可摘录段注于下，每日钞十字，要认得清，记得确，讲得明，即以六书名目注于篆旁。二月毕工，可参看《文字蒙求》《六书浅说》。即钞部首，则须将全书过笔一次，以认得清为主。过笔时须订十数钞本，将部中象形、指事、会意、形声字分四本钞之，钞传不钞注。又将其中古文、附奇字。籀文、附大篆。篆文分别钞出。其有阙者及引经者及博采通人者，可渐次依类钞而考之。

初学首习《说文》，须有等级。今以所闻于南皮太夫子者著之于此，学者不可以近而忽之。

篆文或体，通人说之重文，分作数本钞之，一日二百字，二月可毕。可以参看《新附考》《逸字》之类，看时可照《释例》门目，择其要者十数门，就所看者依类钞之，不必求合。俟钞毕，以《释例》所钞校正，既将全书钞过一遍,则渐熟矣。然后看段注一遍,笃信其言,不旁看别家,八月可以毕。

看段注多不解其《音韵表》,此音学专门之功。看段注毕,然后考音学,看顾氏《唐韵正》、姚氏《音系表》、苗氏《声读表》、戚氏《汉学谐声》。可以参看金石、钟鼎、篆隶诸书,以尽文字之变,用半年功考此门可也。

下则将《说文释例》为主,照其门类分考各门,然后看《转注假借表》,以穷用字之例。每例当推至百余事。再看训诂书,如《尔雅》《广雅》,并览《方言》《玉篇》《广韵》《经籍籑诂》等篇。

分象形为一册,指事为一册,会意为一册,形声为一册,不依《说文》旧部,各从其类。

凡虚字独体者,皆讲还实字,补以近人新说。倘有不知者,便可阙疑,以归《说文》本派。

高深之言,因人而发,而近来风习,未有初工,竟菲前贤。教人之事最难,高下皆有所蔽,故略定资格,以示程限,庶无陵节躐等之病,渐有迩远卑高之效。

近人韩紫汀先生讲算学,其教人不喜看书,而贵衍草,衍熟一法,然后改衍,用力少,成效多。今人苦算书难看,皆无下学之功,遂究高妙之说,故厌苦而无所得。使初看入门之书,则至为易解。但须记熟衍熟,方可再看。有一定程限,不可躐等躁进也。

予幼笃好宋五子书、八家文。丙子,从事训诂文字之学,用功甚勤,博览考据诸书,冬间偶读唐宋人文,不觉嫌其空滑无实,不如训诂书字字有意。盖聪明心思,于此一变矣。庚辰以后,厌弃破碎,专事求大义,以视考据诸书,则又以为糟粕而无精华,枝叶而非根本。取《庄子》《管》《列》《墨》读之,则乃喜其义实,是心思聪明至此又一变矣。初学看考据书,当以自验,倘未变移性情,其功犹甚浅也。

学者初治经,莫妙于看《王制辑证》。篇帙少,无烦难之苦,一也。皆一家言,无参差不齐之患,二也。自为制度,纲领具在,有经营制作之用,三也。经少而义多,寻绎无穷,有条不紊,四也。有《春秋》以为之证,皆有实据,无泛滥无归及隐虚无主之失,五也。且统属今学,诸家纲领具在,于治今学诸经甚易,六也。知此为经学大宗,以此推之六艺,则

《易》《书》《诗》《礼》皆在所包，诸经可由此而推，七也。既明今学，则古学家袭用今学者可知，其变易今学者更易明，八也。今学异说多，既以此为主，然后以推异例，巨纲在手，足以驳变，九也。秦汉以来，经传注记、子纬史集皆本此立义。今习其宗，则群书易读，十也。有此十效，又易于成功，不过期月，端委皆通，故愿初治经者从此入手也。至于古学入手之书，则别辑《古学礼制考》，取《左传》《周礼》与今学不同专条，分类辑为此书，以配《王制》。此亦为纲领矣。

教者好以《公羊》、三礼教人，学者多无成效。去塾投贽，便言三礼、《公羊》，正如遇魅所行，不出寻丈之间，往反曲折，履袜皆穿。窃以三礼、《公羊》皆初学之迷道，又如八门阵，《公羊》、三礼为死门，初学治之，如从死门入也。

金石有益于文学，如同学"时迈其邦"，"迈"为"万"羡文。"金曰从革"，"革"为"黄"误，"革"即从横。"宁考""宁人"羡文，皆从金石中考出，足以为释经之助。专门之学，其精粹全在于此。

近来学者颇有凌躐之习，轻訾何、郑。岂知治经如修屋，何、郑作室已成，可避风雨，其中苟有不合，是必将其廊厅、窗棂、门户，下至一瓦一石，皆悉周览，知其命意所在。其有未安处，或所未经意处，仍用其法补之，必深知其甘苦，历其浅深，乃可以言改作。今之驳者，直如初至一人家，见其大门曰："此门不善，宜拆使更营。"至二门如此，至厅堂如此，至宫至室亦如此，外而闲厅客舍，内而沐厨庾厕，莫不毁坏，破瓦残砖，离然满目，甚至随拆随修，向背左右，莫不迷乱。以其胸无成室，无所摹仿，材料不具，基址难定。吾见有拆室一生，直无片椽可以避风雨者。毁瓦画墁者尚不得食，何况治经？苟欲改作，务须深求作者苦心，此非专功十年者，不能委曲周到，何未入门，先发难也？

《魏略》云：人有从董遇学者，不肯教人，而云"先读百遍"。言读书百遍，而义自见。从学者云苦渴无日，遇云："当以三余。"或问"三余"之意，遇言："冬者岁之余，夜者日之余，阴雨者时之余也。"前说可以医经本不熟之病，记诵而不论说，为初学要道。后说可以警推卸之弊，若勤三余，则无人不有余暇矣。

讲音学，初宜看顾宁人《音学五书》，就中尤以《唐韵正》为要。学海堂未刻此种,蜀中颇难得。古音大明,全赖顾君。其书汇集韵证,标举误读,初学读之,最易明了。后来江、钱、段、王诸家之说,最本原顾作,因顾既有此书,故所言多后半功夫,非初学所宜,阅之不能遽解也。今蜀中诸书盛行,顾甚少,阅诸书不能解,且有不能读者,皆缘先未读《唐韵正》也。欲讲古音者,须先求顾书读之。

教人最忌以己所心得使初学行之,己所疑难使初学考之。在己不过欲因人之力以成己之事,而初学作此,耗消岁月,浮沉迷津,亦何忍心。在师之学力不拘深浅,总较弟子为优。师当初学时,识见深浅与教人时迥不相同,苦思弥久,乃有此境,而欲使初学亦为能人,岂有此理?苟为借人之力,则其心不恭。若欲躐等凌次,使初学飞渡,则所见更为颠顼。总之,教人之法,《学记》言之已详。昔人讥陆王言学以己律人,不知高下之别,予则云此其失又在不能以己律人,使能推己及物,则可即己昔日之甘苦,以为初学今日之程式,又何至于好为苟难以困顿后生哉!

《孝经》一书,其书少,易于通习。近来博雅者厌其平淡,故不以教人。今特新注二本,以复今、古二派。其中立国制度,五等尊卑仪制,今学用《王制》,古学用《左传》《周礼》,因端竟委,颇为详备。又取《礼记·祭义》《内则》《少仪》《曾子事父母》《保傅》《弟子职》诸篇附于其后,更刺取子、史、汉儒引说《孝经》者,别为外传、决事二事,既可以端正伦常,简要明备,尤可为经学先导之助。《孝经》不入六艺,孔子虽与《春秋》并重,今则若有若无,不过如《急就篇》僮蒙记诵而已。今欲大明之,使与《春秋》略相轩轾,以其事近行习,故以为初学首基。

超何轶郑,谈何容易。统古今学人计之,恐亿万中无有一二。教者于弟子贽见,便高言玄渺,初有一长,便以何、郑相许,不惟无此事实,亦无此理。无如浅近不知奖诱之义,真以为古人实出己下,究其归宿,不惟学问不成,甚且气质亦坏。须知古今自大自高、同此覆辙者不知凡几,若以一日之暴,竟谓千古无人,是聪明睿智当在百千万亿人才之上,自顾何修,乃能得此。且数千年不能一出之才,乃一地一时而至于数十见,犹复不悟身在迷乡,是下愚也,又何足与何、郑同年语乎?

《说文》为古学之渊海,最为有用。其有功古学,不在贾、马之下。

今欲解《左传》《周礼》《古书》《毛诗》，取之《说文》而有余，其说都为先师相传之旧，并非臆解。其引据今学说，皆有标目，抄之便可为今古不同立一表。《白虎通》为今学之准则，其录今文说，颇与《说文》录古文说相同。其中有古文说，然甚少，亦如《说文》之今文说而已。

博文约礼，孔门遗教，治经贵专是也。然极聪明之才，亦须涉猎三四年，然后可言专经，未有初入门治专经而能通者也。扬子云谓作赋宜多读，南皮师以八股非记得三四千篇不能工。余以为非熟看注疏、《学海堂经解》，亦未有便可为经生者。盖不见诸书，则见闻陋，心思鄙。人莫不自宝敝帚，虽燕石亦爱惜之而不忍弃。据此以为根柢，安见其枝叶之能敷荣乎？《輶轩语》《书目答问》，学者之金科玉律也。经学在于得师，无师，虽勤无益也。然师不过指示程向，至于高深，全由自造，非一览《驿程记》便能飞越关河。故无师而愤者，每有独得之境；有师而自画者，终无咫尺之效。道听涂说记问之学，乃欲鄙薄笃志潜修之士，不知一虚一实，一内一外，不能相过也。

经学有古时童子知之，至今则老师宿儒犹不能通者。如《禹贡》山川、《周礼》名物、《诗》之鸟兽草木是也。试以《诗》言，孔子教小子以多识鸟兽草木之名，就当时目见以示初学，宜无不解。如即今之目睹之飞走动植以教童蒙，其名号既所素习，其形象又为所就见，何有不知。至于《诗》之所言，则方隅不同，北有或南无，即有而或形体变异，名号纷歧，一难也。又或古今异致，古有是物，今乃无之，今有是名，乃非古物者，名实参差，沿变不一，二难也。今欲考究，又不能据目见，全凭古书，若专据一书，犹易为力。乃书多言殊，苟欲考清一草一木，无论是与不是，非用数日之力不能。且以尊经考课之事说之，如课题"雎鸠""荇菜"，以数百人三四日之心力，课试已毕，试问果为何物，皆不能明。故予谓学不宜从此用工，以其枉劳心力，如欲求便易之法，则请专信一书，如陆氏《草木鸟兽》之类。人虽指其谬误，笃信不改。以此为《诗》中之小事，尚有大者在，今欲明此小事，遂致陷没终身，岂非目见飞尘，不睹泰山之大？况即使专心致志，皓首于此，亦终无是处，故初学最忌从此用功。苟将此工夫用之于兴观群怨，其有益身心为何如。鸟兽草木，不过传闻之细事，经学总以有益身心为大纲，舍大循细，不可也。程子所谓"玩物丧志"者,盖谓此矣。《尚书》之山川,《周礼》之名物,同此一例。前人皆望而生畏,今为后学一笔删之,以惜精力,为别事之用,可谓便切矣。

讲此名物象数之专书,《尔雅》是也。古人盖小时读此书,即证以目见,故童子能知其形状。今则无是物,而空有其名,如欲求实,是扪盘指烛之见,叩虚索影,有何归宿。故讲《尔雅》不可求指实,一求指实,则虽老农、老圃、山工、药师,不能尽识所见之草木。何况枯坐一室,欲尽穷名物之变哉?

人之读书,不能如洋药之上瘾,苟能上瘾,则将有终焉之志,其学必有大成。然其所以至此资格,殊不易到,必有精心坚力,胶固缠绵,迟之又久,乃能至此。当初亦如读书,浅尝无味,倦而思去,久而其味乃出,又久而后不能相离,此非旦夕之效也。今人治一书,非小有理会便自足,即稍有龃龉便自迁,安得有上瘾者而与之语经哉!

诸上所列治经之始事,而成学之理寓焉。盖神明变化,不过精熟规矩之名,俪规矩而称神明,其说经必多乖谬矣。如欲分汇考订,辑录成帙者,目录具在,自可任占一题。若信而好古,不嫌成书之少迟,或即可采择此编,立为常课,深造有得,将来自然左右逢原,盖成书迟而悔者愈少耳。此编与题纸名异实同,皆月课也。道通为一,同学诸君子择可从而从之,记其所疑,以时会讲,要以月,会以岁,各鞭厥后,以底大成,则此编蹄筌之力,正未可忘尔。

(存古书局,1914年)

经学概论讲义

王国维

第一章 总 论

孔子以前,有《易》《书》《诗》《礼》《乐》《春秋》诸书,而未有经名。《礼记》有《经解》篇,其所举之经凡六,曰:"温柔敦厚,《诗》教也;疏通知远,《书》教也;广博易良,《乐》教也;絜静精微,《易》教也;恭俭庄敬,《礼》教也;属辞比事,《春秋》教也。"此篇记以为孔子之言,虽未必然,要不失为七十子后学之说。《庄子·天下》篇亦云:"《诗》以道志,《书》以道事,《礼》以道行,《乐》以道和,《易》以道阴阳,《春秋》以道名分。"其所述者,盖儒家之恒言;是战国时,"六经"之名固已确立矣。此六经中,《诗》《书》《礼》《乐》皆古代之遗文。百家诸子多称《诗》《书》,《礼》《乐》独为儒家所传。《荀子》屡云:"隆《礼》《乐》而杀《诗》《书》。"《庄子》云:"其在《诗》《书》《礼》《乐》者,邹鲁之士,缙绅先生,多能明之。"《易》为卜筮之书,《春秋》为鲁国史,孔子以前,其行世不及《诗》《书》《礼》《乐》之广。儒家以孔子赞《易》,修《春秋》,遂尊之为经。故《诗》《书》《礼》《乐》者,古代之公学,亦儒家之外学也;《易》《春秋》者,儒家之专学,亦其内学也。其尊之为经者,以皆孔子手定之故。儒家谓孔子删《诗》《书》,定《礼》《乐》,赞《周易》,修《春秋》,以经圣人手定,故谓之经。六经亦谓之六艺。汉初,《乐经》先亡,故又称五经。古所谓经,皆不出此六者。其余孔子之言,为门人所记者,如《论语》《孝经》,均不在六经数,二书汉人皆谓之传。《尔雅》为释经之书,亦传之一也。《孟子》则与《荀子》并在诸子之列。其后《周官》《礼记》,以附于《礼》而称经。《左传》《公羊》《穀梁传》，以附于《春秋》而称经。唐以后，遂有"九经"之目。而《论语》《孝经》《尔雅》则谓之"三传"，盖犹承汉人之旧。宋儒自《礼记》中别出《大学》《中庸》，与《论语》《孟子》并称四书，亦犹汉人呼《论语》《孝经》为传之意。然汉人于石经未刊《论语》，唐石经中并刊《论语》《孝经》《尔雅》，宋人补刊蜀石经，并及《孟子》。宋元以后，又有"十四经"兼《大戴礼》。"十三经"之目。于是古人所谓传，皆得经名。然其初，本谓孔子手定之书，不可不知也。其所谓之经者，常也，谓可为后世常法者也。故诸子百家目其先师之书，亦谓之经。如墨家有《墨经》，道家谓老子之书为《道德经》，医家谓神农《本草》为《本草经》，黄帝《素问》为《内经》。其余小小方技，如相牛、相马之属，亦各有经，甚至茶谱谓之《茶经》，酒谱谓之《酒经》，皆谓其先师之书，足以常为后世程式者，其与儒家称孔子之书为经之意，固不相远。故今可得下经之定义曰："经者，孔子手定之书，足为后世常法也。"今当就经之次序，分别论之。

第二章　周　易

《易》之为书，自古有之。初伏羲氏画八卦，文王重之，为六十四卦。卦积六画而成，故每卦有六爻。卦有卦辞，爻有爻辞，相传亦文王所作也，或云《爻辞》周公作。故谓之《周易》。《易》之书，古代但以供卜筮之用。孔子晚而学《易》，乃作《彖》上下传以释卦辞，《象》上下传以释爻辞；又作《系辞》上下传、《文言》《说卦》《序卦》《杂卦》诸传，以释其大义，谓之"十翼"。其书说阴阳消长之理。《系辞传》云："易穷则变，变则通，通则久。"郑玄赞《易》，以"变易""不易"二语释之。变易者，《传》之所谓"穷则变"也；不易者，《传》所谓"通则久"也。天道如是，人事亦然。圣人推天道以明人事，而作此书，以为人事之准绳，占筮之用，其一端也。孔子《易》学，传之弟子商瞿。汉初传《易》者，有施、孟、梁邱三家。又有京氏、费氏，多以象数为说。魏王弼出，始纯以义理说之，然颇杂以老庄之说。唐以后，诸家说渐亡，而王弼注立于学官，流传至今。宋时程子颐作《程氏传》，亦说义理。朱子复参以象数，作《周易本义》。宋元以后，并立于学官，要皆得《易》之一端云。

第三章 尚 书

《书》谓之《尚书》者,以其为上古之书也。《书》始尧舜,终秦穆公。相传孔子删《书》,定为百篇。至秦焚书,亡其七十二篇。伏生以所存十八篇教于齐鲁之间,其篇名为:《尧典》兼今之《舜典》。《皋陶谟》兼今之《益稷》。《禹贡》《甘誓》《汤誓》《盘庚》兼今三篇。《高宗肜日》《西伯戡黎》《微子》《牧誓》《洪范》《金縢》《大诰》《康诰》《酒诰》《梓材》《召诰》《洛诰》《多士》《无逸》《君奭》《多方》《立政》《顾命》兼今《康王之诰》。《费誓》《吕刑》《文侯之命》《秦誓》。其后又益以《太誓》,《泰誓》。为二十九篇。伏生之传,为欧阳、大小夏侯三家,所谓《今文尚书》也。汉景帝时,鲁共王发孔子宅,于其壁中得《古文尚书》四十五篇,多于今文者十六篇。孔安国以今文读之,通其二十九篇,其十六篇无说,谓之《逸书》,遂亡于汉魏之间。时今古文二学皆微,晋初乃有伪造孔安国《尚书传》者,析旧有之二十八篇为三十一篇,欧阳今文及马融、郑玄注古文已如此。又易《泰誓》以伪《泰誓》三篇,又增出伪书二十四篇,共五十八篇,今所传本是也。唐时立于学官。宋时朱子弟子蔡沈作《尚书集传》,亦据伪孔安国本。元明以后,亦立于学官。自宋以来,儒者已疑《泰誓》及二十四篇之伪,历元明至清四代,遂成定论。其伪者亦魏晋间人搜辑古逸书所成,其言多有裨于政治道德,不可废也。其真者多纪帝王行事及君臣论治之语,实中国三千年来政治道德之渊源,亦中国最古之史也。

第四章 诗

《诗》,大都周世之所作也。其采诸各国者,谓之风,有《周南》《召南》《邶风》《鄘风》《卫风》三者皆卫诗。《王风》周东都之诗。《郑风》《齐风》《魏风》《唐风》晋诗。《秦风》《陈风》《桧风》《曹风》《豳风》,凡十五国。其王朝所作,以美刺政事者,谓之雅;以祭先王及百神者,谓之颂。雅有《小雅》《大雅》。颂有《周颂》;又鲁为周公之后,宋为先代之后,皆得用天子礼乐,故其诗亦谓之颂焉。国风之诗,多民间歌谣,古人采之,以观风俗及政治之美恶。至于雅颂,则多出于士大夫之手,或咏歌先王之德,或陈古以刺今,其言均可讽诵;而道德政治上之教训,亦多寓其中。其使人感发兴起,较《易》《书》为深,故孔子屡令弟子学《诗》,以为教育之方术。《诗》出于孔氏者三百十一篇,其六篇无辞,故为三百五篇。汉兴,传《诗》者有鲁、齐、韩三家,至后世俱亡;《毛诗》稍后出而独存。今之《毛诗故训传》,汉毛苌所作也,汉末郑玄复为之笺。六朝以后,《毛诗》孤行。宋人始舍旧注而以新意说《诗》,朱子《诗集传》,其一也,朱子既殁,其书立于学官,人皆宗之。二者各有得失,未可偏废。

第五章　礼

一、《仪礼》。六经中之《礼经》,谓今之《仪礼》也。六朝以前,无"仪礼"之名,其书但谓之《礼》。或据其首数篇,谓之《士礼》,或谓之《礼经》。或谓之《礼记》非今之《礼记》。汉初高堂生所传者,凡十七篇:曰《士冠礼》,曰《士昏礼》,曰《士相见礼》,曰《乡饮酒礼》,曰《乡射礼》,曰《燕礼》,曰《大射仪》,曰《聘礼》,曰《公食大夫礼》,曰《觐礼》,曰《丧服》,曰《士丧礼》,曰《既夕礼》,即《士丧礼》之下篇。曰《士虞礼》,曰《特牲馈食礼》,曰《少牢馈食礼》,曰《有司彻》。即《少牢馈食礼》下篇。其中惟士礼稍备,天子、诸侯、大夫之礼多不具。盖孔子之时,已无完书。就其存者观之,其记诸礼节目,至纤至悉。经后往往有记,以补经之所未备。《丧服》一篇复有传,则为释经而作也。又汉时,鲁淹中得古文《礼》五十六卷,比高堂生所传增多三十九篇。然所增加《中霤礼》等,皆琐碎非十七篇之比,又无师说,故书亦不传。高堂生之传,其后为大小戴氏及庆氏。及后汉郑玄以古文校十七篇,择其是者从之,并为之注,通行至今。宋儒于他经皆有注,独于此经则全用郑氏之说也。

二、《礼记》。汉初有记百三十一篇,戴德所传八十五篇,戴圣传四十九篇。今之《礼记》即戴圣之本,其书多七十子后学所记,亦有秦汉人作,皆《礼经》之支流也。如《冠义》《昏义》《乡饮酒义》《射义》《燕义》《聘义》《大传》《祭义》,皆释《礼经》之大义;如《奔丧》《投壶》,说者以为《礼经》之逸篇。又如《曾子问》《丧服小记》《杂记》《丧大记》《问丧》《服问》

《间传》《三年问》《丧服四制》九篇皆属丧服，《郊特牲》《祭法》《祭统》诸篇皆属祭祀，皆《礼经》之附庸。其余有属通论者，有属制度者，有属明堂阴阳者，有属子法者，皆足补《礼经》之不备；而《曲礼》《内则》《少仪》诸篇，又切于日用。故六朝以后，《礼经》学微而《礼记》遂昌。汉末，郑玄作《礼记注》。唐初，孔颖达等定《五经正义》，有《礼记》而无《礼经》，遂取《仪礼》而代之。宋朱子特取其中《大学》《中庸》二篇，为之章句，与《论语》《孟子》合称"四书"。元陈澔作《礼记集说》，明初立于学官，然不及郑注远甚也。

三、《周礼》。载周之官制，凡分六官：《天官冢宰》《地官司徒》《春官宗伯》《夏官司马》《秋官司寇》《冬官司空》。《冬官》篇亡，以《考工记》补之。六官官属共三百六十，其制与《诗》《书》所载不尽相合，其书亦最晚出。汉刘歆始笃好之，于《七略》载其书，谓之《周官经》，王莽时立于学官。后汉初废，然民间颇有传习者。刘歆弟子杜子春始通其训诂。郑兴、郑众父子亦治此经。郑玄校以旧本，合三家说为之注。当时遂与《仪礼》《礼记》并称三礼。实则为周时制度之书，与《礼经》固无涉也。

第六章　春　　秋

《春秋》本鲁史记之书，孔子修之。自鲁隐公元年，历桓、庄、闵、僖、文、宣、成、襄、昭、定，凡十公，讫于哀公十四年。凡十二公二百四十二年，以事系日，以日系月，以月系时，以时系年。盖本鲁史之旧，孔子加以笔削，以见一王之法，以寓褒贬。传《春秋》者五家，今存三家，左氏、公羊、穀梁是也。

一、《左氏传》。《春秋左氏传》者，左邱明之所作也。昔人谓孔子将作《春秋》，与左邱明观其史记，为有所褒讳贬损，不可书见，口授弟子，弟子退而异言。邱明恐弟子各安其意以失其真，故论本事而作传，故其书以史事为详，后世知春秋时事迹者，全赖此书。汉兴，张苍献之。司马迁作《史记》，多采其书。然汉人皆以为史书，不以为经说。后汉初立于学官，未几而废，然民间颇传习之。贾逵、服虔等并为之注。今所传者，晋杜预注也。魏晋以后，说《春秋》者皆以左氏为宗。

二、《公羊传》。初，齐人公羊高受《春秋》于子夏，五世相传，其说皆口授。至汉景帝时，公羊寿始与其弟子胡母子都著于竹帛。同时董仲舒亦治《公羊春秋》，作《春秋繁露》以辅之，于是公羊之学大显。其传有严氏、颜氏二家之学，其书皆不传；传者后汉何休注也。公羊家说《春秋》，以为《春秋》非纪事之书，重义而不重事。《春秋》书法，字字皆有义例。凡时月日名字之异，皆求其所以然。于是设为科旨条例，至为烦赜，亦颇有非常异义可怪之论。何休之注，虽成于后汉之季，然用胡母生条例，及公羊先师之说，前汉《春秋》之学，惟此尚为全书。此学在两汉最显，至魏晋以后，左氏盛行，而公羊遂微。

三、《穀梁传》。出于鲁人穀梁赤，比二《传》为晚出。汉时曾立于学官，然未几而废。旧注皆不传，传者惟晋范宁注。六朝以后，其学亦微。

第七章 论　　语

《论语》者，孔子弟子记孔子言行之书，弟子之言合于孔子者，亦附见焉。孔子生时，弟子已各有所记。既卒，门人相与辑而论纂，故谓之《论语》。汉兴，传者有三家：《鲁论语》二十篇；《齐论语》二十二篇；《古论语》出孔子壁中，凡二十一篇。张禹初受《鲁论》，又受《齐论》，择善而从，别为《张侯论》，其书盛行于后汉。郑玄以《古论》校《张侯论》，用《鲁论》之篇次，采《古论》之文字，复为之注，顾其书今敦煌所出，有唐人写郑注《论语·述而》《子罕》《乡党》三篇。不传。魏时何晏作《集解》，其本亦与郑校本同，其注则兼采古今之说，六朝时立于学官。宋朱子出，复为《论语集注》，宋以后立于学官。《论语》多言立身行己之事，较六经之言经世者尤于人为切近，故历代皆以为通经之门户。汉人受经者，必先通《论语》《孝经》，宋以后读五经者，必先受四书，皆以此也。

第八章 孝　　经

《孝经》者，孔子为曾子陈孝道之书。汉时亦有今文、古文，今文十八章,古文二十二章。六朝时,今文《孝经》有郑氏注,或云郑玄所作。后有伪为古文孔安国传者,二书世多疑之。唐明皇因采旧说,自为之注,用今文本。唐时立于学官。宋朱子作《孝经刊误》,用古文本,然其书不行。

第九章 尔雅

《尔雅》者,昔人荟萃训诂之书,其中以释《诗》《书》为多。孔子之时已有此书,后人又有附益。汉时与《孝经》《论语》并为初学之书。故刘向父子校书,列之经类中。汉人注者数家,后世皆亡。今唯晋郭璞注存。世以其为释经之书,故亦附之经后焉。

第十章 孟子

《孟子》,本诸子之书,然汉文帝已立《孟子》博士,后乃罢之。后汉赵岐为之注。北宋末,席益补刻蜀石经,附《孟子》于后,为十三经。南宋初,邵武士人假孙奭之名,为赵注作疏,越州刊诸经疏,亦刊此疏,盖已跻于诸经之列。朱子复为之集注,列于四书。于是十三经之名,遂一定而不可易矣。

第十一章 历代之经学

《史记》称孔子弟子身通六艺者七十二人,六艺即六经,是孔子之门未有分经之事也。然商瞿传《易》,子夏传《诗》,曾子、子游特善于《礼》,是孔子门人于经既各有专长。其后如孟子通五经,尤长于《诗》《书》;荀子特隆于《礼》《乐》。汉初诸儒,皆以一经名家,其设教也,先授《尔雅》及诸子书,次授《论语》《孝经》,最后乃授一经。然其时诸大儒,无不兼通五经者。其后乃有今古学之分。今学者,乃先秦以来师师相传之学,汉初皆立于学官,是为官学。古学则后出之古书,民间创通传习者也。二者各有家法,本不相谋。后汉以后,古学渐盛,后有郑玄者,博通五经,兼综今古,于《易》《书》《诗》、三礼、《论语》,皆为之注,学者宗之。于是两汉今古二家之学,渐微而亡。同时王弼之《易注》,伪托之孔安国《尚书传》,杜预之《左传集解》,亦与郑氏之书并行于世。至南北朝学者,乃复为此种经注作释,谓之义疏,亦谓之正义。唐有天下,令孔颖达等撰《五经正义》,于《易》用王弼注,《书》用孔安国传,《诗》用郑氏《毛诗笺》,《礼记》用郑氏注,《春秋左氏传》用杜预注,均采前人旧疏,为之正义,于是此五注者,遂为官学正本。其后贾公彦撰《周礼》《仪礼》二疏,皆用郑《注》。杨士勋撰《穀梁传疏》,用范宁《集解》。徐彦撰《公羊疏》,用何休注。于是九经皆有正义。而《论语》有梁皇侃旧疏,用何晏《集解》。《孝经》有元行冲疏,用明皇《御注》。《尔雅》有孙炎、高琏二疏。皆用郭璞《注》。至宋真宗时,命邢昺校定《论语》《孝经》《尔雅》三疏,合贾氏《周礼》《仪礼》二疏、杨氏《穀梁疏》、徐氏《公羊疏》刊布之,谓之《七经正义》,以继孔颖达《五经正义》之后,以是亦为官学正本。唐时学者,皆谨守旧注,无敢出入。宋刘敞、欧阳修、苏轼、王安石等,始以新意说经。同时周敦颐,程颢、颐兄弟,张载、邵雍等,复为心性之学,至朱子而集其大成。朱子于《易》作《本义》,于《诗》作《集传》,唯《尚书》注未成,以授其门人蔡沈,沈作《集传》。朱子又作《四书集注》,皆与汉魏以来旧注不同,其说义理或校旧注为长。其后朱子之书,尽立于学官。明以后,《春秋》亦用胡安国传,《礼记》用陈澔集说。于是五经旧注,皆遏而不行。明永乐中,作《五经大全》,为宋元经注之义疏,犹唐宋之《五经正义》《七经正义》为汉魏经注之义疏也。元明二代,笃守宋注,与唐人之笃守旧注无异。有清一代,其取士虽仍用宋注,然亦兼采旧说。学者著书,尤多发明汉学。其于诸经各有专家;于《易》,则由虞翻以上溯孟氏;于《书》,则古学求诸马、郑,今学求之欧阳、大小夏侯;于《诗》,兼采齐、鲁、韩。而陈氏奂之《毛诗传疏》、孙氏诒让之《周礼正义》、胡氏培翚之《仪礼正义》、陈氏立之《公羊义疏》,其精博均在六朝唐人义疏之上。至郝氏懿行之《尔雅义疏》,虽释郭注,其识并驾郭氏而上之。缘有清一代,考证之风大盛,穷经之方法既定,又得小学、史学之助,故其于经学之成功,实非元明之所能及也。

(商务印书馆,1918 年)

群经概要

吕思勉

研究经书之目的有三：(一)专治经学。即视经为一种学问，就其内容全体而研究之。惟经之内容所涉范围极广，而人之性情各有所近，欲了解经之全体，则各方面所涉必多。如清阎百诗因欲攻击伪《古文尚书》，遂从事研究天文，天文乃艰深之科学，非尽人可得而研究者。古人治经之精神固极可佩，惟揆诸经济原理，终属事倍而功半也。近人章太炎氏谓研究经子方法各异，治经重名物制度，治子则当重理，惟故马融、郑玄不能注子，郭象、张湛不能治经，其说极是。盖人之个性有别，兴味各异也。(二)整理国故。"整理国故"一语，本为时下所流行，惟"国故"一名词，义极笼统，吾人只能各各整理其一方面，而不能兼及其全体，犹之治西学者，不能精通其各种科学也。至整理时所趋之途径，则自视各人个性而不同。吾人于普通知识全备后，自能向一定之方向而前进焉。(三)明白文学源流。后世极繁复之文学变迁，其根源往往在极简单之古书中，故研究经书，可视为达到文学进步之手段。

上述三种目的："(一)"短时期内精力所能及，且为吾人所不取。"(三)"研究文学，以欣赏为主，无从讲演。兹姑以"(二)"整理国故之眼光略述之。

于此可附带说明前人关于经书次序之排列，前人关于经之排列法，有新旧二种。旧法：今文家。《诗》《书》《礼》《乐》《易》《春秋》。称此为"孔门六艺"，以内容浅深为序。新法：古文家。《易》《书》《诗》《礼》《乐》《春秋》。以六经为周公之旧典，孔子不过加以修改耳。其排列法，以时代先后为序。今依今文家排列次序，自《诗》讲。

诗　　经

研究《诗经》可分三派，即

(一) 今文 ｛ 鲁 / 齐 / 韩

(二) 古文毛 ｛ 郑——五经正义 / 王

(三) 宋

今文有鲁、齐、韩三家，亦总称三家《诗》，此派即不论《诗》之作义，惟论其颂义如何——作义、颂义两名词，系清陈乔枞所创——此其重要关键，不可不知。讲《诗》本有名物训诂及义理两方面，名物训诂亦甚重要，三家自无不讲之理，此而不明，即颂义亦无从说起矣。

但今三家中，鲁、齐均全佚，《韩诗》分内外传，亦惟《外传》存。《外传》系韩婴所记，皆推论义理，而名物训诂，则均在《内传》，故今三家所讲名物训诂，可见者极少也。

古文派即所谓《毛诗》是也，据传授源流，此书第一老师为子夏，其后有大毛公、小毛公——出《经典释文》叙录——此说殊不可靠。《汉志》谓"尚有毛诸自谓出于子夏"，"自谓"二字明为不信之口吻。一切经书传授源流，其姓名颇多伪造，不能取信于人，此古文家所以受人攻击，而不及今文家之处也。《毛诗》只讲名物训诂，不讲义理，故亦称诂训传。传本应讲经之义理，此传独在例外。然专讲诂训不成学问，故讲《毛诗》必连带及于小序，小序必说明一诗之作意焉。

汉末郑康成兼通今古文，初研究《韩诗》，后复治《毛诗》，后就《毛诗》作《笺》，颇采韩说。盖郑系不守家法者也。《笺》既释〔经〕，复释《传》，实即后世之疏体。

汉祚渐衰，而今古文之传授统绪亦绝断，时惟郑说盛行耳。有王肃者，亦兼通今古文，此人好与郑玄为难，指斥郑注《毛诗》之误谬，不遗余力。于是今古文之争息，而郑王之争起矣。当时学者申郑难王者有之，申王难郑者亦有之。此等著作存古者,均在《经解汇函》中,可以翻阅。如欲知关于经学著述之目录,则可阅朱彝尊《经义考》。《古经解汇函》所搜集者,截至宋代止。宋以后书,须阅《通志堂经解》,至清代则有正续《皇清经解》。直至唐代定《五经正义》,用毛《传》郑《笺》本,其争乃息。

经学至唐代为一段落,唐代讲经学者绝少,为应试计,而读者则但读《五经正义》耳。

宋人研究经学,风气一变,如欧阳修、苏辙、刘敞、王安石、邵雍、程颢、程颐、司马光等各各有其新说。司马光反对孟子,其说不传。刘敞著有《七经小传》,建设极少,只存残本。王安石著《三经新义》,曾立于学官,但仅为应科举,在所宗奉,今亦残缺。欧、苏等说,亦并不盛行。其最盛者为二程派,后传与朱熹。《七经小传》《三经新义》中,均有关于《诗》之学说,欧阳修有《诗本义》,苏辙有《诗传》,二人均致疑于《诗序》。宋人眼光均注在义理方面。《毛传》本传本无可攻击,因《毛传》必与《诗序》相依为命,此《诗序》之所以受攻击也。惟欧、苏仅致怀疑耳。迨南宋郑樵著《诗辨妄》始大肆攻击,朱熹之《诗集传》亦宗郑说,自此,《诗序》不复能取信于人矣。朱熹为讲宋学者所宗奉,以宋人义理为标准,攻击《诗序》中不合此标准者,势自颇盛也。怀疑至于极端,遂及《诗》之本身,如王柏之《诗疑》是也。《诗疑》自郑卫起,以前相传有"郑卫淫声"一语,但郑声淫,不必郑诗亦淫。如今之皮簧声调淫靡,而其词白则不必随之而淫。即郑声与郑诗均淫靡矣,而所谓淫诗是否即现存于今《诗经》中者,仍为一问题也。

清人讲汉学而反对宋学,其学问初讲东汉,进而讲西汉,讲《诗》则宗毛、郑,其关于《诗》之著述,有马瑞辰《传笺通释》、陈奂《毛诗传疏》、陈乔枞《三家诗遗说考》、魏源《诗古微》等,前二人为古文派,余为今文派。《传笺通释》经传并解,关于毛、郑之说,可阅马、陈二书。魏源《诗古微》则从理论上斥古文家之不可靠,《三家诗遗说考》系陈乔枞父子所辑,极为精密。辑三家《诗》,起自宋之王应麟,仅成一薄本,陈氏父子之成绩,则倍蓰王氏矣。

《诗经》可以研究方面极多,或以博物家眼光研究之,如陆玑《诗草木鸟兽虫鱼疏》是也。或以文学家眼光研究之,或考其地理,如朱右曾《诗地理征》。或摘其古韵,而尤以古韵之关系为大,最初讲究古韵者,乃明之陈第所著之《诗古韵考》,全以诗为出发点,后又有顾炎武之《诗本音》,则更精审矣。近人研究《诗经》有二派,余意颇不谓然。其一以文学观念读《诗》,结果与宋人之自定义理标准以观书相类。《诗》宜以文学眼光观之,意固甚是,但《诗》之为诗,实太古奥,假一不慎,即搀己意,故未可取也。汉景帝谓食肉不食马肝未为不知味,其意颇可采也。其又一则根据《诗》以研究历史,《诗》为古书之一,借以研究历史,固无不可,惟决无以基础立于《诗经》之理。盖中国古书之可以为史材者有:

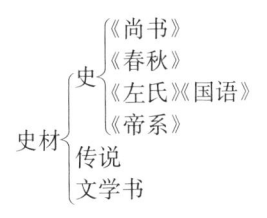

$$\text{史材} \begin{cases} \text{史} \begin{cases} 《尚书》 \\ 《春秋》 \\ 《左氏》《国语》 \\ 《帝系》 \end{cases} \\ \text{传说} \\ \text{文学书} \end{cases}$$

此三种中,自以第一种为最可靠。《尚书》等固不可全假,如诰、《尧典》……,只可与清之《东华录》、雍正之朱批……同价观之。《春秋》又经孔之改削,《左传》《国语》为记事,本可靠性颇大,喜言神怪且尚征验,又用笔势利,对于将封被灭之国家,尚预加贬词,盖已有作用存乎其间矣。至传说又分二种,其一带小说性质,如《吴越春秋》载伍子胥过昭关,一夜而发白,此种荒诞之言不必论。其一为寓言,不问事实真相,随意记述,亦未足尽信。近人刘掞藜与顾颉刚论古史,顾以三数部书为根据,余皆不信,刘则杂引古书以观之,多而无去取,所谓楚固失,齐亦未为得也。文学书则较传说又逊一等,其不确实性更大。

书 经

《书》于各经中乃特殊之典,各经对于"经说"有问题,于经文则无问题——经文本身只汉今古文略异数字耳——《书经》则不然,其经说固有问题,即经之本文,亦有真伪之别。伪者称之为伪古文可也。今文家谓《尚书》二十八篇外,皆伪经。经于二十八篇中,是否为今文,抑为古文,则难以知悉。群经中惟《仪礼》一书,最易别其为今文或古文,因郑《注》分别甚明也。孙星衍著《尚书今古文注疏》,各本字句异同,均行搜采,盖郑注《仪礼》之例。

今之谈新文学者,每谓司马迁尝抄袭《尚书》,而改易数字,足征言语随时代而变迁,凡古语当改为今语。其实不然,安知《史记》上所用非《今文尚书》原本乎?今始终只见枚颐本耳。今人每以今古文对举,殊不知信今文家言者,虽以古文为伪,然与伪古文之伪中之伪,仍自有别。不能但以古今文对举也,而混古文与伪古文为一也。

《今文尚书》又有二说:一说为二八篇,一说为二九篇。关于二九篇一问题,又有二说,一谓二八篇外,更加《书序》一篇,合成二九。古书之序,列于卷末,作为一篇,自为通例。惟此所谓《书序》,并非孔子所作,孔子不过叙其书之次序而已。此系今古文家不能分清之说。一谓将汉人所得之《泰誓》篇——见王充《论衡》,谓汉河内女子发屋得古书,使博士读之,谓为《泰誓》篇——并入二八篇中成二九篇,此说颇确,隋之《经籍志》亦宗此说。《泰誓》篇今已佚,盖当时并未附入二八篇中也。

又古文十六篇,东汉时有之,今亦佚去,仅有目录存于书疏中。今文家谓此十六篇为刘歆所伪造,此语信否,无从论断也。——汉马融、郑玄注《古文尚书》二八篇,而不注此十六篇,以无师说传授故也。

东晋时枚颐,忽出孔安国所得之《古文尚书》,较今之通行本,仅少《舜典》开首二八字。

晋有王肃者,曾注《书经》,其说与伪孔安国相似,故颇有疑肃窃安国之说,据为己有者。或谓孔安国所传之《尚书》,肃曾见过,故意隐藏不为人知耳。然未尝有疑为王肃所伪造者也。至宋之吴棫、朱熹,始疑《古文尚书》为伪书,数十篇中,文体之难易相差甚大,决不能无疑也。

朱子颇有注疏群经之气概,但《尚书》未注,其弟子蔡沈注之,作《尚书集传》,虽经朱子发凡启例,其实学究不若朱子远甚。

宋学至理宗时而大盛,与科举关系极深,可分为下之三时期:一元之延祐科举,一明初,一《五经大全》。

唐有明经一科,不过背诵古经,谓之墨义应试,类皆不能为文人者也。宋王安石改墨义为大义,一改昔时之背诵法而发表己意。

宋人治《尚书》者,有苏辙、欧阳修、王安石、程颐……,欧、苏之学不传,惟王、程之学独盛。

宋之党争与科举亦有关系,新党执政,则崇王安石本,旧党执政,则废王本而用程颐注本,新旧党势力之消长,与士人关系极巨也。宋理宗信程朱之学,大为表彰,于是朱学大盛,而王学衰。元延祐年间开科举,所用各经,均沿袭宋人注本。明初开科举,所用各经,亦与元同。至永乐年间编成《五经大全》,专备应科举者用为课本,自此书出,而当时应试之士不复攻其他各家注本矣。惟此书极鄙陋,明代学者共趋于陋,学殖之荒落也宜矣。虽然当时考究实学者,亦未始无人,如焦竑、梅鹫等皆非死守《五经大全》之人,梅鹫致疑伪《古文尚书》,从客观方面考证之,虽不甚精密,实开此案之先河。清之阎若璩作《古文尚书疏证》,而证据乃大备。此外清人之注《书经》者,有惠栋《古文尚书考》、丁晏《尚书余论》、孙星衍《尚书今古文注疏》、王鸣盛《尚书后案》、段玉裁《古文尚书撰异》、陈寿祺《今文尚书经说考》、魏源《书古微》。

阎若璩之《古文尚书疏证》只证明《古文尚书》为伪造,尚未证明出于何人手笔,丁晏之《尚书余论》出,伪《古文尚书》之作者,乃属于晋之王肃矣。

清人之疏《尚书》可分两种:一为江声之《尚书集注音疏》,不甚精确,一为孙星衍之《尚书今古文注疏》。

依今文家言,谓《尚书》本不止二八篇,不过孔子所传讹此数耳,所谓《逸尚书》者,即未经孔子之传授,而散见于各书者也。古文家则并为篇而信之。

王鸣盛《尚书后案》一书,专辑郑玄之说——王笃信郑说——段玉裁意见亦偏于古文方面,故王、段所著二书,结论皆不甚信,惟材料尚可取耳。

关于汉学今古文之别,首先考究者,清人有庄方耕、刘逢禄,庄、刘对于《春秋》有所建设,余则绝无。自魏源出,对于《尚书》之研究更精深矣。

近人朱希祖在《北大月刊》发表一文,谓整理国故不难,只须解决汉以前各经今古文之争——国故中最生问题者,即此争论——即易下手解决之道,只须去其今古文家所争论者,而采取其所同者,斯可矣。此说殊荒谬,犹今人往西洋从罗素学,归而各述其师说,而意见或异,因而各是其是,争持难决,或欲取罗素原书为之解纷,其不徒劳而无功也几希。盖罗素之书，非恃其弟子，本不可解释，强为释之，是以一己之私见为人解纷，非惟徒劳而无功，且将纠纷愈甚矣。

今人欲治经学，须先知门径；门径之最重要者，为各经之派别；研究各经之派别，当从汉学入手。非左袒汉学也，实因宋学专重主观，对于客观并不清楚，读宋学而不读汉学，犹读史者不观历代史事而专读史论也。

欲治汉学，须读下列各书：陈立《白虎通疏证》，《周礼》《礼记·王制》注疏，陈寿祺《五经异义疏证》。读以上数书，对于汉学今古文之大要可知矣。

陈寿祺《五经异义疏证》系先将许慎《五经异义》辑出而加以考订者。其结论虽不尽可靠，而材料则可靠者也。

《白虎通》汉十四博士在白虎观所讲，而班固笔录者也，书中全为今文，后世辑辞遂杂古文。此书条例最清晰，为治汉学者所必读。

又伪书虽系后人伪造，然必有其根据，非可凭空假造者，故于相当条件之下，尽可引用。盖"知伪书"为一事，"用伪书"又为一事，必知之，而后相当条件下用之，非谓既伪即弃不可用也。整理国故与经之真伪问题，无甚关系，盖以历史的眼光观察之故也。如《周礼》一书，谓为周公所作固伪，为战国时之作品则真确矣。

三　礼

《礼记》《仪礼》《周礼》，后世称之曰"三礼"。但今文家言礼，仅承认《仪礼》为孔子所传之书，故单称曰《礼》，或称《礼经》，以别于传，对于《周礼》则称之曰《周官》。古文家之说则不然，以六经皆为先王旧典，礼则系周公所制，孔子修之而已，故谓礼有《礼经》、今之《周礼》。《曲礼》今之《仪礼》。二种，且讥今文家惟有士礼，大夫、公、侯、天子之礼，皆以士礼推致之。今文家则辩曰：公、侯、大夫聘礼之类皆非士礼，是以十七篇尽为士礼之说，诬也。要之，三礼之传，古今文家各有家法，绝不相混，爰详述之。

（一）《礼记》　《礼记》非经也。凡孔手定者曰经。相传出汉戴德，其侄戴圣删而简之,是称《小戴礼》,即传于今日之《礼记》也,而别戴德原本,曰《大戴礼》。《大戴礼》今犹存在,然师承之系统不明,故人多不之信。据丁晏之说,则谓今《小戴礼》一篇中多包数篇,分析之适合于《大戴礼》篇,是知戴圣未尝删《大戴礼》也。又据康有为之说,今之《礼记》实儒家之《传》及诸子混合而成,如《王制》出于《尚书大传》,《乐记》出于《荀子》,《中庸》可名为《子思子》,《缁衣》可名为《公孙尼子》之类是。

（二）《仪礼》　前汉说礼只有今文家言,迨后汉古文家与今文家乃多方反对,然《仪礼》不全之说,今文家终难掩护,且不得不承认之也。郑玄说礼,兼采今古,对于三礼,悉为之注。自魏晋以迄于隋,学涉玄理,与两汉大异。然礼制不能凭空虚说,故此时治礼者,仍宗郑说,无有异议。唐定《五经正义》专引郑学,更不待言矣。然《周礼》缺《冬官》,《仪礼》又不完全,《礼记》又极无系统,故朱子起,即欲著《仪礼经传通解》,参酌己意,寻其条理系统,为大规模之传述,然未成而卒；其弟子黄榦继续为之,又成其一部分；至清秦蕙田《五礼通考》出,始告成功。

《五礼通考》等书二种优点：（一）有条理系统；（二）昔时偏于一方面者,今则甚为完全。

处今日而行三礼所定之制,固绝对不可能,然以之为史料,颇有价值。如吉、凶、军、宾、嘉等礼,可征古时之风俗制度；读《丧服礼》可明亲缘之关系。故研究社会历史者,不可不读礼也。

（三）《周礼》　《周礼》向有真伪问题,汉时古文家谓《周礼》系周公所手定,然汉武帝谓为"渎乱不验",今文家尤非难。惟朱子谓《周礼》"曲折入微,盛水不漏",郑樵则谓《周礼》确系周公所为,但未实行耳。此外议论尚多。至清代排《周礼》为伪书者,始方氏望溪也。方固迂儒,然研究礼学颇精深,其最大之疑点,即在王莽以前,未闻有制度若《周礼》者,是以知《周礼》决非王莽以前之书,当为王莽时刘歆所作,否则何以此种制度,独王莽时有之也。<small>观《周官辩》。</small>

康有为谓汉武帝所云"渎乱不验"之说颇确,谓如《周礼》祭礼,将终岁疲于祭祀,势难实行,可见系杂凑而成,即可知其渎乱。又如封建制度之礼数等,与其他各书所载多不合,即可知其为不验；与《周礼》制度合者,仅一《管子》耳。然则《周礼》当如何休所云,必为六国之阴谋,至早亦当与《管子》为同时代之作品。康有为之《新学伪经考》确定一切古文,皆系刘歆所伪造。

虽然古今文家之所争者,欲各认为孔子手定之经耳,吾人为史料而整理国故,则真伪问题,亦可毋庸多辨也。

三礼之注释,汉以后,郑学专行,即有别家之注,终不背郑说。宋朱子有遍注群经气魄,礼虽未注,而门人陈澔黄榦弟子,陈大猷之子。所著《礼记集说》,悉宗于朱。元时科举所用,兼用《礼记集说》,于是郑学不兴,而三礼亦随之以衰。盖陈之《集说》,仅于字句上为空疏之解释,殊为荒谬。其后《仪礼》几至不可读,迨清顾炎武校十三经,《礼记》始可读焉。

《周礼》尚有一问题,即《周官》中少《冬官》一篇,昔河间献王悬千金征之不得,乃以《考工记》补入之。元时吴澄谓《冬官》杂见于五官中,但未另列耳。然反对者又各有其辞,即所谓《冬官》补亡问题也。其实《冬官》确已散亡,不必哓哓争辩也。

吾人整理国故,须用总算账之书,胡适语。故治礼当注意下列各书:宋卫湜《礼记集说》、唐李鼎祚《周易集解》、胡培翚《仪礼正义》、孙诒让《周礼正义》、〔康有为〕《新学伪经考》。

易　　经

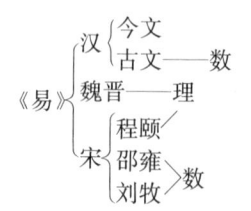

```
       ┌汉  ┌今文
       │    └古文──数
《易》 ┤魏晋──理
       │    ┌程颐
       └宋 ┤邵雍 ⟩数
            └刘牧
```

《易》在汉时本分今古文两派,今文《易》出于施雠、孟喜、梁丘贺三家,今已全佚,不能知其真相。虞氏出孟喜为疑问。古文《易》出于费直,其书无经说。夫古人传经,所贵在"说",如一部教科书不足贵,所贵者在乎教师之讲解与补充焉。汉之古文经尝有无经说者,费氏古文《易》,其一种也。其书既无经说,乃以彖辞、象辞、文言充之,以解释《易》之经文、卦辞与爻辞,其学无师传授,盖可见矣。

费氏《易》内容如何,今亦不知,其后传为两派,一为东汉之古文家,一为魏晋之王弼。弼亦用费氏本而讲法则大异,汉主讲数——中国前所谓数,非纯粹之数学,乃术数也。凡天文、历律及一切迷信之事,均涉及也——其著名人物北方为郑玄,南方则虞翻也。魏晋既兴,而讲法一变,魏晋时哲学盛行,以"易老"或"老庄"并称,为哲学之根本思想,汉则尚以"黄老"相连举焉。东汉之《易》,今虽无全书,其为清人辑出者,则颇有可观。开山之第一功人,当推惠栋,所著有《周易述》《易微言》《易汉学》等,而未脱稿者尚多,《周易述》亦未完全著成,其弟子江藩因有《周易述补》之作。诸著系初步功夫,自难求全责备。其第二人则为张惠言,张氏途径与惠氏绝似,所著有《虞氏学》《郑氏学》《荀氏学》等,较惠著为精密。第三人为焦循,据惠、张所得,作进之研究,成《易通释》一书。

汉今文家《易》失传后,魏晋派即盛行。当时思想趋重哲学,以哲理谈《易》,普通人类能发挥几句,只有深浅之不同耳。至数术则为专门学问,非普通人所能了解者,此亦魏晋派《易》盛行之原因也。

关于《易经》本自体例如何,可阅《易汉学》。关于《易经》上各名词之定义,如"一""元"……可阅《易微言》。《周易述》为自注自疏之注疏体,各方面包举,魄力甚大。《尚书明堂大道录》一书亦惠先生所著,与数术之学互相关连。张著除前述诸种外,并会集众意,成《易义别录》,惠收辑于前,张校订于后。古文已亡,得复窥其内容者,惠、张、焦诸先生之功也。

魏晋派《易经》,现存《十三经注疏》中,系王弼辑,韩康伯所注,完全讲哲理者也。此派直传至唐代,唐定《五经正义》,亦采用之。古人之易学大概如此。

凡学问必涉及哲学方能稳固,宋学有哲学上之根据,其哲学上之立足点,即为《易经》。宋学之真正根源为华山道士陈抟所传之二图,一为太极图,一为先后天图,即后人所称"河图洛书"者是也。后人讲《易》,乃分两派,邵雍以十为河图,九为洛书,刘牧则反是。邵未直接注《易》,而著有《皇极经世》,刘著《易义钩隐》,二人各发挥其主张。至程颐著《易传》,亦称《程传》。不以邵说为正当,乃称之为"易外别传"。佛家有教下三家,禅宗不著书立说,全赖直觉参悟,故称"教外别传",以其本身未可非，但不认其为正当耳，程意亦犹是也。朱熹学问出自闽派，闽派则出于洛派，故朱著《周易本义》，大概与程传相仿佛，且较逊焉。程本谈易理者，朱自当与之同辙，惟朱书即首忽列入陈抟之先后天图，是矛盾甚矣。然在元明之世，人咸奉朱子若神明，弃程而从朱，于是所谓先后天图者亦连带被取矣。其有发不信先后天图之论者，则谓此图并非朱子所列入，就书之本身既不能证明为朱子所亲置，即在他处亦颇多与此图相反之论焉。

宋学中虽有此争辩，惟事实上终不能推翻此图。自元明以来，凡讲《易》者，盖无不连带讲图也。直至明末而反动起，首从考据方面而攻击《易》图者为黄梨洲先生。胡渭继之，著《易图明辨》，考据益精，结果证明此图出于道家陈抟，非儒家之物，自此遂被推翻。

总之，《易经》一书，归纳前人所研究，一为数，一为理，数为专门学问，惟讲理者，亦不可不稍通于数也。

关于《易经》，余个人尚有一意见。余以为中国古代学问，无论何家，其根源盖无不相同，至少亦极接近，世无凭空创造之学说，必有渊源可寻。古代学术，盖皆以《易经》等书为根据，故胡渭并不驳《易》图之误，只能证其为道家所出耳。方东树所著《汉学商兑》，反对汉学，颇有偏见，但自谓河图洛书，只能证明非出儒家，不能谓其与不合，其言甚是，故吾意儒实不能分也。根据此理，可知古时各家学说，盖完全相通。汉之今文《易》，今虽全佚，依此道，亦又辑出其一部分。余曾思得一着手处，即《淮南子》有《原道训》一篇，据《汉书》注，此为淮南子《易》九师所著成，颇似汉之今文《易》，因其与《易纬》多相同也。《易纬》诚系假书，惟必有所本。造《易纬》时，古文尚未出世，故除荒诞处不足信外，殆全与今文《易》相合。《易纬》既似今文《易》，而《原道训》似《易纬》，是即《原道训》为今文《易》矣。若假定《原道训》为今文《易》之经说，自此出发，合此者辑出之，则今文《易》或有重观之望，亦未可知，惜事实上无力从事于此耳。

春　秋

《公羊》《穀梁》《左氏》谓之三传，三传之说，各有异同，信之疑之，代有其人。三传，《公羊》《穀梁》为今文，《左氏》为古文，自清末崔适之《春秋复始》，考证《穀梁》亦为古文，然《公》《穀》解经，《左氏》纪事，世所公认也。《春秋》一书，自来无以历史目之者，观《孟子》"其事则齐桓、晋文，其文则史，孔子曰'其义则丘窃取之矣'"，可以知之矣。

《公羊》 考《春秋》一书，乃孔子据鲁史作成者，于其原文，或仍之或改之。例如《公羊》"上夜中星陨而雨"一语，即孔子改后之条文也。又如《礼记·坊记》中所举之鲁《春秋》与今之《春秋》同，此即孔子未修之条文也。故郑樵氏曰："《春秋》者，鲁史记之名也。有未经夫子笔削之《春秋》，有已经夫子笔削之《春秋》。"太史公谓："文成数万，其指数千。"盖《春秋》之作，各条皆有用意，但其义隐而不显，故非亲炙孔子者，不易解索其本意，而究其所以，实缘当时欲讥刺国君，不得不隐其辞也。故曰："定哀之间多微辞。"又曰："主人习其读而问其传，则未知己之有罪焉。"

《公羊传》中无后世之所谓例，例者何？即同一文法而其义相同也。例如"罢国务总理段祺瑞"，是乃不当罢而罢之，罪总统者也；"国务院总理段祺瑞罢"，是乃罢者与被罢者皆无罪也；若被罢者有罪当罢，则书"段祺瑞罢"：此即后世之所谓例也。但此理不适用于《公羊》，故讲《公羊》者不讲例。全书一例之说，起自晋杜预之疏《左传》。至于《公羊》，则同一字句，若见于不同之处，其义往往大异。《春秋》美恶不嫌同辞，此之谓也。董仲舒曰："《诗》无达诂，《易》无达占，《春秋》无达辞。"亦此之谓也。

〔《穀梁》〕 《穀梁》之体例与《公羊》相近，但无甚道理。

《左氏传》 《左氏传》中记事多而讲义理者少，且其中有经无传者有之，有传无经者有之。信之者谓《左氏》一书，系孔子之友左邱明所作。左邱明恐孔氏弟子听夫子之言，退而各安其意，以失其真，故论本事而为三传，明夫子不以空言说经也。不信《左氏》者，谓《左氏传》与《春秋》无关，所以与《春秋》有关系者，皆汉刘歆治《左氏》，引"传文以解经"之所致也。此汉今文家谓"《左氏》不传《春秋》"说也。至近代之今文家，并谓《左传》无此书，左邱明亦无此人，左邱明三字只见于古文家所传之《论语》。即左氏有此人，亦未尝作《左传》，观太史公与任少卿书内"左丘失明,厥有《国语》"之句可知矣。盖《左氏传》实为刘歆据《国语》而汇编之书,并加以《春秋》之说耳。此为清末康有为之主张。

孔子作《春秋》,专重书法,以历史之眼光观之,书法似可置之不论。然有时不通书法,则不能得其事之真者。例如:"正月卫人伐齐,楚杀其大夫,三月晋人伐卫。"以文字之表面观之,则正月中有两件事,二月中无事,三月中有一件事也。其实不然,年月之表明与否,不以时为标准,乃以事为标准者也。盖何事须表明日月,何事毋庸表明日月,皆有定例焉。有蒙月与不蒙月之别。故如前所谓楚之杀其大夫之事,亦可在二月中也。而《公羊》上又有"所传闻世"隔代传闻之事,最略。"所闻世"所闻之事,稍详。"所见世"最详。三种。《春秋》所记诸侯会盟,初年国数少,末年国数多。据《左氏传》,则谓初年会盟,国数实少,末年何故会盟国数较多也。但据《公羊》之说,则有"据乱世""升平世""太平世"三种。春秋初年为"据乱世",所治之国少,故少书之;其后为升平世,最后为太平世,所治之国之多少,依此而增,故所书者多也。此《左氏传》与《公羊》书法不同之点也。

三传源流考

《公羊》 汉传《公羊》者为胡毋生、董仲舒及十四博士中严彭祖、颜安乐二人。董传为《春秋繁露》。自此以后,无人过问,几成绝学。直至清代之刘逢禄、庄存与始继起研究。二人皆有著作,刘逢禄有《刘礼部集》。清人疏《公羊》者,有陈立之《公羊义疏》,颇有价值。近人研究《公羊》者,有康有为之《春秋董氏学》、崔适之《春秋复始》。《春秋董氏学》系根据《春秋繁露》而编纂者,《春秋复始》内谓《左传》《穀梁》皆刘歆所伪造。刘歆先造《穀梁》,后造《左氏传》。以余观之,亦未必然也。崔氏又谓汉时无所谓三传,以汉时只有一《公羊春秋》而已,并无所谓经与传之别也。以余观之,汉时经传本分不清楚,非独立《公羊》然也。

《穀梁》 注《穀梁》者,为晋之范宁,但范不守家法,虽注而仍驳之,故此书不可为传《穀梁》之正宗。如欲观其条例,当阅清柳兴宗之《穀梁大义述》。

《左氏传》 三传中治《左氏》之学者最多,约可分为两派,杜预以前为一派,自杜预以后为一派。杜以前治《左氏》之最著者为服虔。《左氏传》无师说，故东汉人治《左氏传》仍遵《公》《穀》之条理，实则《左氏传》十之七八可脱离《公》《穀》而独立。故脱离《公》《穀》，自定条例，实为研究《左氏传》之改进。晋杜预一变陈法，另立新说，诚《左氏》之大功臣也。杜研究《左氏》，定凡例，凡者如"凡雨自三日以往为霖，平地尺为大水"，是其凡也；例则《左氏》所未明书者，杜氏乃著《春秋释例》此书已逸。以明之。自杜以后治《左氏》者，又分两派，自南北朝始。一主杜说，一主杜以前之说。如刘炫之《规过》，即反杜说者也。刘文淇考今疏中驳斥刘炫之说，即剽窃炫说，作《左传旧疏考证》。洪亮吉之《春秋左传诂》系采取杜以前诸家治《左氏》之学说，而集其大成者也。

又有一派，对于三传均加怀疑，谓欲治《春秋》，与其研究三传，不若直接研究《春秋经》之为愈也。此派学说起于啖助与赵匡，其弟子陆淳曾有著作行世。昔韩退之赠赵、啖二人诗曰："《春秋》三传束高阁，独抱遗经究终始。"宋人治《春秋》亦主啖、赵之说，其最重要之书有两种：（一）孙复之《尊王攘夷发微》；（二）胡安国之《春秋传》。宋人之讲"尊王攘夷"与汉人所讲不同，宋人持论冷酷，完全为偏狭之"种族思想""排外主义"所酿成，故戴东原骂之曰："专讲名义，不讲情面。"讲尊王不过因为当时天下纷扰，非王不足以镇摄，故重尊王；其讲攘夷亦无偏狭之种族思想杂其间。胡安国所著《春秋》，自称为传，因之《公》《穀》《左》《胡》谓之"四传"，后皆立于学官。

《春秋》一书不可以历史目之，然其中史料，实有足取者，观清顾栋高之《春秋大事表》可得其要也。

四　书

四书者，《大学》《中庸》《论语》《孟子》是也。朱子于《大学》《中庸》有章句，于《论语》《孟子》有集注。《大学》次序，颇有颠倒，《中庸》次序虽不甚颠倒，然章句大异，故称"章句"。《论》《孟》则无问题，以合前人之说，谓之"集注"。朱子注四书，稿屡屡改易，观其《四书或问》可以知其所以改之之理。朱子文集中，与人问答之语，尝辑为《语类》，而《四书注》之所以改易，亦有散见于文集、《语类》中。讲程朱之学，多以文集、

《语类》为根据,今非研究程朱,不赘论。

《论语》古有何晏集注,十三经所辑者是也。至清,在日本得一书,名《论语皇侃疏》,是书作于南北朝时,不知何时流于日本,从大体观之,尚非伪书,反对此书者,乃以一节而概全体也。

《孟子》古注有后汉赵岐邠卿之注,昔人对于是书不生真伪问题,以予观之,颇有可疑。赵注一书在昔固存,今传赵注是否真本,实尚问题。即以今注"摩顶放踵"一句观之,与《文选》曾引赵注比较已不合,《文选》所注至为通达,而今注则不通矣。此在《校勘记》亦见之。是书在童时读之,觉无甚价值。予凡读二遍,读后曾将其讹误处摘出数十条。赵注颇费一番苦心,而今所传者,则似非有精见者之著作,即章旨亦多属敷衍之词,在南北朝以前未之见,果属伪书,亦当为隋唐时物矣。《孟子疏》标题为孙奭,实为邵武士人所作。朱子语甚确,其友曾识其人。此《疏》最属无谓,注中精要处,均未能疏出也。赵注在最切实处,亦未能畅达;其所引事实,颇类小说,对于汉以前之人,又未尝加注,故予谓其颇有疑处也。至书中之疏,则更系敷衍之作,不能为注更张,诸经之疏实以此为最不切实矣。清有刘宝楠《论语正义》、焦循《孟子正义》,焦书搜集极博,堪称佳作。

孝　经

《孝经》可分两派:

《孝经》 { 今文郑玄——传自荀昶
　　　　　 古文孔安国——刘炫所伪造

开元御注用今文本,朱子重订用古文本,而又有删节。《孝经》本身先有一真伪问题,若认为真,则今古文何者为真,仍属一问题;今传之本是否真本,又属一问题。此汉人称传不称经,为教(一)常人,(二)为初学之书。以予观之,此书真伪不必穷考。孝之义,儒家言之者多。《孝经》之说孝,亦粗浅无谓也。惟汉确有是书,及后分为二派。今文家郑玄,传自晋荀昶。诸书皆有传授源流,独《孝经》则无之。虽诸经中亦有引《孝经》之句,但不能考其渊源。今文然,古文亦然。今古文之别,字句略异,本不成大问题。而古文多"闺门"一章,比今文多四百余字。迄唐玄宗忽有注意《孝经》,是时复分二派,主古文者讥今之略,主今文者讥古文言太鄙陋,结果御注用今文。因御注用今文,古文遂亡。至宋朱子复用古文本,然亦有删节。至清,《孝经》郑注有八辑;至于孔注,在日本得一书,属于伪造。郑注有湖南皮锡瑞《孝经郑注疏》。

尔　　雅

《尔雅》为何人所作,此问题颇为麻烦。一说首篇作自周公,甚荒谬;一说出自孔门;一说汉儒集训诂之说而成。大约第三说较可信。

《尔雅》为郭璞所注。郭璞曾注《山海经》,故深信《山海经》之说,惟著此类书者有一病,不知《山海经》多为前人窜改,一部分确为汉以前人所作。郭璞信是书,于是注古书亦以之为根据。如《尔雅·释鱼》,即以辽东之鱼释之,即动植物亦以外国之名释之。是时中国无此疆土,是其谬也。李巡注"九夷",牵入高句丽之类,高句丽在汉时始见,孔子之所谓"九夷",则在淮水一带。魏晋人注书大抵有是病。此讲注之本身已属谬误,他则非所论也。迄清有二疏,一为邵晋涵《尔雅正义》,一为郝懿行《尔雅义疏》,是二书互有佳处。

(汤焕文记,油印本,1923年。华东师范大学张耕华教授提供)

经学略说

章太炎

上

"经"之训"常",乃后起之义。《韩非·内外储》首冠"经"名,其意殆如后之目录,并无常义。今人书册用纸,贯之以线。古代无纸,以青丝绳贯竹简为之。用绳贯穿,故谓之经。经者,今所谓线装书矣。《仪礼·聘礼》:"百名以上书于策,不及百名书于方。"《礼记·中庸》云:"文武之政,布在方策。"盖字少者书于方,字多者编简而书之。方不贯以绳,而简则贯以绳。以其用绳故曰"编",以其用竹故曰"篇"。方,版牍也。古者师徒讲习,亦用方誊写。《尔雅》:"大版谓之业。"故曰肄业、受业矣。《管子》云:"修业不息版。"修业云者,修习其版上之所书也。竹简繁重,非别版书写,不易肄习。二尺四寸之简,《后汉书·周磐传》:编二尺四寸简写《尧典》。据刘向校《古文尚书》,每简或二十五字,或二十二字,知一字约占简一寸,二十五自乘为六百二十五。令简策纵横皆二十四寸,仅得六百二十五字。《尚书》每篇字数无几,多者不及千余。《周礼》六篇,每篇少则二三千,多至五千。《仪礼·乡射》有六千字,《大射仪》有六千八百字。如横布《大射》《乡射》之简于地,占地须二丈四尺,合之今尺,一丈六尺,倘师徒十余人对面讲诵,便非一室所能容。由是可知讲授时决不用原书,必也移书于版,然后便捷。故称肄业、受业,而不曰肄策、受策也。帛,绢也,古时少用。《汉书·艺文志》六艺略、诸子略、诗赋略、兵书略,每书皆云篇;数术、方技,则皆称卷。数术、方技,乃秦汉时书,古代所无。六艺、诸子、诗赋、兵书,汉人亦多有作。所以不称卷者,以刘向叙录,皆用竹简,杀青缮写。数术、方技,或不用竹简也。惟图不称篇而称卷,盖帛书矣。《孙子兵法》皆附图。由今观之,篇繁重而卷简便,然古代质厚,用简者多。《庄子》云:"惠施多方,其书五车。"五车之书,如为帛书,乃可称多;如非帛书,而为竹简,则亦未可云多。秦皇衡石程书,一日须尽一石。如为帛书,则一石之数泰多,非一人一日之力所能尽。古一石当今三十斤,如为帛书,准之于今,当亦有一二百本。古称奏牍,牍即方版,故一日一石不为多耳。

周代《诗》《书》《礼》《乐》皆官书。《春秋》史官所掌,《易》藏太卜,亦官书。官书用二尺四寸之简书之。郑康成谓"六经二尺四寸,《孝经》半之,《论语》又半之"是也。《汉书》称律曰"三尺法",又曰"二尺四寸之律"。律亦经类,故亦用二尺四寸之简。惟六经为周之官书,汉律乃汉之官书耳。寻常之书,非经又非律者,《论衡》谓之短书。此所谓短,非理之短,乃策之短也。西汉用竹简者尚多,东汉以后即不用。《后汉书》称董卓移都之乱,缣帛图书,"大则连为帷盖,小乃制为縢囊",可知东汉官书已非竹简本矣。帛书可卷可舒,较之竹简,自然轻易,然犹不及今之用纸。纸之起源,人皆谓始于蔡伦,然《汉书·外戚传》已称赫蹄,则西汉时已有纸,但不通用耳。正惟古人之不用纸,作书不易;北地少竹,得之甚难;代以缣帛,价值又贵,故非熟读强记不为功也。竹简书之以漆,刘向校书可证,方版亦然。至于缣帛,则不可漆书,必当用墨。《庄子》云:"宋元君将画图,众史舐笔和墨。"则此所谓图,当是缣素。又《仪礼》铭旌用帛,《论语》子张书绅,绅以帛为之,皆非用墨不能书。惟经典皆用漆书简,学生讲习,则用版以求方便耳。以上论经之形式及质料。

《庄子·天下》篇:"《诗》以道志,《书》以道事,《礼》以道行,《乐》以道和,《易》以道阴阳,《春秋》以道名分。"列举六经,而不称之曰"经"。然则六经之名,孰定之耶?曰孔子耳。孔子之前,《诗》《书》《礼》《乐》已备。学校教授,即此四种。孔子教人,亦曰:"兴于《诗》,立于《礼》,成于《乐》。"又曰:"《诗》《书》执礼,皆雅言也。"可见《诗》《书》《礼》《乐》,乃周代通行之课本。至于《春秋》,国史秘密,非可公布;《易》为卜筮之书,事异恒常,非当务之急,故均不以教人。自孔子赞《周易》、修《春秋》,然后《易》与《春秋》同列六经。以是知六经之名,定于孔子也。

五礼著吉、凶、宾、军、嘉之称，今《仪礼》十七篇，只有吉、凶、宾、嘉，而不及军礼。不但十七篇无军礼，即《汉书》所谓五十六篇《古经》者亦无之。《艺文志》以《司马法》二百余篇入《礼》类，今残本不多。此军礼之遗，而不在六经之内。孔子曰："军旅之事，未之学也。"盖孔子不喜言兵，故无取焉。又古律亦官书，汉以来有《汉律》。汉以前据《周礼》所称，五刑有二千五百条，《吕刑》则云三千条。当时必著简册，然孔子不编入六经，至今无只字之遗。盖律者，在官之人所当共知，不必以之教士。若谓古人尚德不尚刑，语涉迂阔，无有是处。且《周礼·地官》之属，州长、党正，有读法之举，是百姓均须知律。孔子不以入六经者，当以刑律代有改变，不可为典要故尔。

六经今存五经，《乐经》汉时已亡。其实六经须作六类经书解，非六部之经书也。礼，今存《周礼》《仪礼》。或谓《周礼》与礼不同，名曰《周官》，疑非礼类。然《孝经》称："安上治民，莫善于礼。"《左传》亦云："礼，经国家、定社稷、序人民、利后嗣。"由《孝经》《左传》之言观之，则《周官》之设官分职、体国经野，正是礼类，安得谓与礼不同哉？春秋时人引《逸周书》皆称《周书》，《艺文志》称《逸周书》乃孔子所删百篇之余。因为孔子所删，故不入六经。又《连山》《归藏》，汉时尚存，桓谭《新论》云：或藏兰台。与《周易》本为同类，以孔子不赞，故亦不入六经。实则《逸周书》与《书》为一类，三《易》同为一类，均宜称之曰经也。

今所传之十三经，其中《礼记》《左传》《公羊》《榖梁》，均传记也。《论语》《孝经》，《艺文志》与《诗》《书》《易》《礼》《春秋》同入六艺，实亦传记耳。《孟子》应入子部，《尔雅》乃当时释经之书，亦不与经同。严格论之，六经无十三部也。

史部本与六经同类。《艺文志》春秋家列《战国策》《太史公书》。太史公亦自言继续《春秋》。后人以史部太多，故别为一类。荀勖《中经簿》始立经史子集四部，区经史为二，后世仍之。然乙部有《皇览》。《皇览》者，当时之类书也，与史部不类。王俭仿《七略》作《七志》，《七略》本仅六种：一六艺，二诸子，三诗赋，四兵书，五数术，六方技。增图谱一门，称六艺略曰经典志，中分六艺、小学、史记、杂传四门，有心复古，颇见卓识。又有《汉志》不收而今亦归入经部者，纬书是也。纬书对经书而称，后人虽不信，犹不得不以入经部。独王俭以数术略改为阴阳志,而收入纬书,以纬书与阴阳家、形法家同列,不入经典,亦王氏之卓识也。自《隋书·经籍志》后,人皆依荀勖四部之目,以史多于经,为便宜计,不得不尔。明知纬书非经之比,无可奈何,亦录入经部,此皆权宜之计也。

兵书在《汉志》本与诸子分列。《孙子兵法》入兵书,不入诸子。《七志》亦分兵书曰军书,而阮孝绪《七录》依王俭为七部,不分经史子集。以子书、兵书合曰子兵,未免谬误。盖当代之兵书,应秘而不宣;古代之兵书,可人人省览。《孙子》十三篇,空论行军之理,与当时号令编制之法绝异,不似今参谋部之书,禁人窥览者也。是故当代之兵书,不得与子部并录。

向、歆校书之时,史部书少,故可归入《春秋》。其后史部渐多,非别立一类不可,亦犹《汉志》别立诗赋一类,不归入《诗经》类耳。后人侈言复古,如章实斋《校雠通义》,独断断于此,亦徒为高论而已。顾源流不得不明,纬与经本应分类,史与经本不应分,此乃治经之枢纽,不可不知者也。

汉人治经,有古文、今文二派。伏生时纬书未出,尚无怪诞之言。至东汉时,则今文家多附会纬书者矣。古文家言历史而不信纬书,史部入经,乃古文家之主张;纬书入经,则今文家之主张也。

古文家间引纬书,则非纯古文学,郑康成一流是也。王肃以贾、马之学,反对康成。贾虽不信纬书,然亦有附会处,《后汉书》可证。马则绝不附会矣。马书今存者少。至三国时人治经,则与汉人途径相反。东汉今文说盛行之时,说经多采纬书,谓孔子为玄圣之子,称其述作曰为汉制法。今观孔林中所存汉碑,《史晨》《乙瑛》《韩敕》,皆录当时奏议文告,并用纬书之说。及黄初元年,封孔羡为宗圣侯,立碑庙堂,陈思王撰文,录文帝诏书,其中无一语引纬书者。非惟不引纬书,即今文家言,亦所不采。以此知东汉与魏,治经之法,截然不同。今人皆谓汉代经学最盛,三国已衰,然魏文廓清谶纬之功,岂可少哉!文帝虽好为文,似词章家一流,所作《典论》,《隋志》归入儒家。纬书非儒家言,乃阴阳家言,故文帝诏书未引一语,岂可仅以词章家目之?

自汉武立五经博士,至东汉有十四博士。五经本仅五博士,后分派众多,故有十四博士。《易》则施、孟、梁丘、京,《书》则欧阳、大小夏侯,《诗》则齐、鲁、韩,《礼》则大小戴,《春秋》则严、颜,皆《公羊》家。皆今文家也。孔安国之《古文尚书》,后世不传。汉末,马、郑之书,不立学官。《毛诗》亦未立学官。古文《礼》传之者少。《春秋》则《左氏》亦未立学官。至三国时,《古文尚书》《毛诗》《左氏春秋》,皆立学官,此魏文帝之卓见也。汉熹平石经,隶书一字,是乃今文。魏正始时立三体石经,则用古文。当时古文《礼》不传,《尚书》《春秋》皆用古文。《易》用费氏,以费《易》为古文也。传费《易》者,汉末最盛,皆未入学官。马、郑、荀爽、刘表、王弼皆费氏《易》。《周礼》则本为古文。三国之学官,与汉末不同如此。故曰魏文廓清之功不可少也。

清人治经,以汉学为名。其实汉学有古文、今文之别。信今文则非,守古文即是。三国时渐知尊信古文。故魏晋两代,说经之作,虽精到不及汉儒,论其大体,实后胜于前。故"汉学"二字,不足为治经之正轨。昔高邮王氏称其父熟于汉学之门径,而不囿于汉学之藩篱。此但就训诂言耳。其实论事迹、论义理,均当如是。魏晋人说经之作,岂可废哉!以上论经典原流及古今文大概。

欲明今古文之分,须先明经典之来源。所谓孔子删《诗》《书》、定《礼》《乐》、赞《周易》、修《春秋》者,《汉书·艺文志》云:"《礼》《乐》,周衰俱坏,《乐》尤微眇,又为郑、卫所乱,故无遗法。"又云:"及周之衰,诸侯将逾法度,恶其害己,皆灭去其籍,自孔子时而不具。"是孔子时《礼》《乐》已阙,惟《诗》《书》被删则俱有明证。《左传》:"韩宣子适鲁,观书于太史氏,见《易象》与鲁《春秋》,曰:周礼尽在鲁矣。"可见别国所传《易象》,与鲁不尽同。孔子所赞,盖鲁之《周易》也。《春秋》本鲁国之史,当时各国皆有《春秋》,而皆以副本藏于王室。故太史公谓:"孔子西观周室,论史记旧闻而修《春秋》。"盖六经之来历如此。

《礼记·礼器》云:"经礼三百,曲礼三千。"郑康成注"经礼"谓《周礼》,"曲礼"即《仪礼》。《中庸》云:"礼仪三百,威仪三千。"孔颖达疏"礼仪三百"即《周礼》,"威仪三千"即《仪礼》。今《仪礼》十七篇,约五万六千字,均分之,每篇得三千三百字。汉时,高堂生传《士礼》十七篇,合淹中所得,凡五十六篇,较今《仪礼》三倍。若以平均三千三百字一篇计之,则五十六篇,当有十七万字,恐孔子时《礼经》不过如此。以字数之多,故当时儒者不能尽学,孟子所谓"诸侯之礼,吾未之学也"。至于《周礼》是否经孔子论定,无明文可见。孟子谓:"诸侯恶其害己也,而皆去其籍。"是七国时《周礼》已不常见,故孟子论封建与《周礼》不同。

太史公谓古诗三千余篇,孔子删为三百篇。或谓孔子前本仅三百篇,孔子自言"诗三百"是也。然《周礼》言九德、六诗之歌。九德者,《左传》所谓水、火、金、木、土、谷、正德、利用、厚生。九功之德皆可歌者,谓之九歌。六诗者,一曰风,二曰赋,三曰比,四曰兴,五曰雅,六曰颂。今《诗》但存风、雅、颂,而无赋、比、兴。盖不歌而诵谓之赋,例如后之《离骚》,篇幅冗长,宜于诵而不宜于歌,故孔子不取耳。九德、六诗合十五种,今《诗》仅存三种,已有三百篇之多,则十五种当有一千五百篇。风、雅、颂之逸篇为春秋时人所引者已不少,可见未删之前,太史公三千篇之说为不诬也。孔子所以删九德之歌者,盖水、火、金、木、土、谷,皆咏物之作,与道性情之旨不合,故删之也。季札观周乐,不及赋、比、兴,赋本不可歌,比、兴被删之故,则今不可知。墨子言:"诵诗三百,弦诗三百,歌诗三百,舞诗三百。"夫可弦必可歌,舞虽有节奏,恐未必可歌,诵则不歌也。由此可知,诗不仅三百,依墨子之言,亦有千二百矣。要之诗不但取其意义,又必取其音节,故可存者少耳。

《书》之篇数,据杨子《法言》称:昔之说《书》者序以百。《艺文志》亦云凡百篇。百篇者,孔子所删定者也。其后伏生传二十九篇,据《书序》则分为三十四篇。壁中得五十八篇。由今观之,《书》在孔子删定之前已有亡佚者。楚灵王之左史,通《三坟》《五典》《八索》《九丘》。今《三坟》不传,《五典》仅存其二。楚灵王时,孔子年已二十余,至删《书》时而仅著《尧典》《舜典》二篇,盖其余本已佚矣。若依百篇计之,虞、夏、商、周凡四代,如商、周各四十篇,虞、夏亦当有二十篇。今夏书最少,《禹贡》犹不能谓为夏书。真为夏书者,仅《甘誓》《五子之歌》《胤征》三篇而已。《胤征》之后,《左传》载魏绛述后羿、寒浞事,伍员述少康中兴事,皆《尚书》所无。魏绛在孔子前,而伍员与孔子同时,二子何以知之?必当时别有记载,而本文则已亡也。此亦未删而已佚之证也。至如周代封国必有命,如近代之册命。封康叔有《康诰》,而封伯禽、封唐叔,《左氏》皆载其篇名,《书序》则不录。且鲁为孔子父母之邦,无不知其封诰之理。所以不录者,殆以周封诸侯甚多,不得篇篇而登之,亦惟择其要者耳。否则将如私家谱牒所录诰命,人且厌观之矣。《康诰》事涉重要,故录之,其余则不录,此删《书》之意也。

《逸周书》者,《艺文志》云:"孔子所论百篇之余。"今《逸周书》有目者七十一篇。由此可知,孔子于《书》,删去不少。虽自有深意,然删去之书,今仍在者,亦不妨视为经书。今观《逸周书》与《尚书》性质相同,价值亦略相等。正史之外,犹存别史,《史》《汉》无别史,《后汉书》外有袁宏《后汉纪》,其中所载事实、奏议,有与《后汉书》不同者,可备参考。《三国志》外有鱼豢之《魏略》、王沈之《魏书》,不可谓只《三国志》可信,余即不可信也。安得皇古之书,可信如《逸周书》者,顾不重视之乎?《诗》既删为三百篇,而删去之诗,如"巧笑倩兮,美目盼兮,素以为绚兮"一章,子夏犹以问孔子,孔子亦有"启予"之言。由此可见,逸诗仍有价值。逸书亦犹是矣。盖古书过多,或残缺,或不足重,人之日力有限,不能尽读,于是不得不删繁就简。故孔子删《诗》《书》,使人易于持诵,删余之书仍自有其价值在也。崔东壁辈,以为经书以外均不足采,不知太史公三代本纪,固以《尚书》为本,《周本纪》即采《逸周书·克殷解》《度邑解》,此其卓识过人,洵非其余诸儒所能及。

六经自秦火之后,《易》为卜筮,传者不绝。汉初北平侯张苍,献《春秋左氏传》,经传俱全。《诗》由口授,非秦火所能焚,汉初有齐、鲁、毛、韩四家。惟毛有六笙诗。自秦焚书,至汉高祖破秦子婴,历时七年,人人熟习之歌,自当不亡。礼则《仪礼》不易诵习,故高堂生仅传十七篇。高堂生必读熟方能传也。《周礼》在孟子时已不传,而荀子则多引之,荀子学博远过孟子,故能引之。然全书不可见。至汉河间献王乃得全书,犹缺《冬官》一篇,以《考工记》补之。《尚书》本百篇,伏生壁藏之,乱后求得二十九篇,至鲁恭王坏孔子宅,又得五十八篇,孔安国传之,谓之古文。此秦火后六经重出之大概也。

经今古文之别有二:一、文字之不同;二、典章制度与事实之不同。何谓文字之不同?譬如《尚书》,古文篇数多,今文篇数少,今古文所同有者,文字又各殊异,其后愈说愈歧。此非伏生之过,由欧阳、大小夏侯三家立于学官,博士抱残守缺,强不知以为知,故愈说而愈歧也。《古文尚书》孔安国传之太史公,太史公以之参考他书,以故不但文字不同,事实亦不同矣。今文家不肯参考他书,古文家不然,太史公采《逸周书》可证也。何谓典章制度之不同?如《周礼》本无今文,一代典章制度,于是大备。可见七国以来传说之语,都可不信。如封建一事,《周礼》谓公五百里、侯四百里、伯三百里、子二百里、男百里。而孟子乃谓公侯皆方百里、伯七十里、子男五十里,与《周礼》不合。此当依《周礼》,不当依《孟子》,以《孟子》所称乃传闻之辞也。汉初人不知《周礼》,文帝时命博士撰《王制》,即用孟子之说,以未见《周礼》故。此典章制度之不同也。何谓事实之不同?如《春秋左传》为古文,《公羊》《穀梁》为今文。《穀梁》称申公所传,《公羊》称胡毋生所传,二家皆师弟问答之语。《公羊》至胡毋生始著竹帛,《穀梁》则著录不知何时。今三传不但经文有异,即事实亦不同,例亦不同。刘歆以为左氏亲见夫子,好恶与圣人不同;而公羊、穀梁在七十子之后,传闻之与亲见之,其详略不同。以故,若论事实,自当信《左氏》,不当信《公》《穀》也。《诗》无所谓今古文,口授至汉,书于竹帛,皆用当时习用之隶书。《毛诗》所以称古文者,以其所言事实与《左传》相应,典章制度与《周礼》相应故尔。《礼》,高堂生所传十七篇为今文,孔壁所得五十六篇为古文。古文、今文大义无殊,惟十七篇缺天子、诸侯之礼,于是后苍今文家。推士礼致于天子。五十六篇中有天子、诸侯之礼。后人不得不讲《礼记》,即以此故。以十七篇未备,故须《礼记》补之。《礼记》中本有《仪礼》正篇,如《奔丧》,小戴所有;《投壶》,大戴俱有。大小戴皆传自后苍,皆知十七篇不足,故采《投壶》《奔丧》二篇。二家之书,所以称《礼记》者,以其为七十子后学者所记,故谓之《礼记》。记,百三十一篇:大戴八十二篇,小戴四十九篇。今大戴存三十九篇,小戴四十九篇具在,合之得八十八篇。此八十八篇中,有并非采自百三十一篇之记者,如大戴有《孔子三朝记》七篇,《孔子三朝记》应入《论语》家;《艺文志》如此。《三朝记》之外,《孔子闲居》《仲尼燕居》《哀公问》等,不在《三朝记》中,则应入《家语》一类。要之,乃《论语》家言,非《礼》家言也。大戴采《曾子》十篇,《曾子》本儒家书。又《中庸》《缁衣》《表记》《坊记》四篇,在《小戴记》,皆子思作。子思书,《艺文志》录入儒家。若然,《孔子三朝记》以及曾子、子思所著,录入大小戴者,近三十篇。加以《月令》本属《吕氏春秋》,汉人称为《明堂月令》。亦不在百三十一篇中。又《王制》一篇,汉文帝时博士所作。则八十八篇应去三十余篇,所余不及百三十一篇之半,恐犹有采自他书者在。如言《礼记》不足据,则其中有百三十一篇之文在;如云可据,则其中有后人所作在。故《礼记》最难辨别,其中所记是否为古代典章制度,乃成疑窦。若但据《礼记》以求之,未为得也。《易》未遭秦火,汉兴,田何数传至施、孟、梁丘三家。或脱去"无咎""悔亡",惟费氏不脱,与古文同。故后汉马融、荀爽、郑玄、刘表皆信费《易》。《易》专言理,惟变所适,不可为典要,故不可据以说《礼》。然汉人说《易》,往往与礼制相牵。如《五经异义》以"时乘六龙"谓天子驾六,此大谬也。又施、孟、梁丘之说,今无只字之存。施、孟与梁丘共事田生,孟喜自云:"田生且死时,枕喜膝,独传喜。"而梁丘曰:"田生绝于施雠手中,时喜归东海,安得此事?"是当时已起争端。今孟喜之《易》,尚存一鳞一爪。臆造之说,未足信赖。焦延寿自称尝从孟喜问《易》,传之京房,喜死,房以延寿《易》即孟氏学,而孟喜之徒不肯,曰"非也"。然则焦氏、京氏之《易》,都为难信。虞氏四世传孟氏《易》,孟不可信,则虞说亦难信。此数家外,荀氏、郑氏传世最多,然《汉书》谓费本无书,以《彖》《象》《文言》释经,而荀氏据爻象承应阴阳变化之义解说经意,是否为费之正传,亦不可知。郑《易》较为简单,恐亦非费氏正传。今学《易》者多依王弼之注,弼本费《易》,以文字论,费《易》无脱文,当为可信。余谓论《易》,只可如此而已。

此外,《古论语》不可见,今所传者,古、齐、鲁杂糅。《孝经》但存今文。关于典章制度、事实之不同者,须依古文为准。至寻常修身之语,今古文无大差别,则《论语》《孝经》之类,不必问其为古文或今文也。

十四博士皆今文,三国时始信古文。古文所以引起许多纠纷者,孔壁所得五十八篇之书,亡于汉末,西晋郑冲伪造二十五篇,今之孔氏《尚书》,即郑冲伪造之本。其中马、郑所本有者,未加窜改;所无者,即出郑冲伪造。又分虞书为《尧典》《舜典》二篇,分《皋陶谟》为《益稷》。《大禹谟》《五子之歌》《胤征》已亡,则补作三篇。既是伪作,不足置信。至汉人传《易》,是否《易》之正本不可知。后则王弼一家为费氏书。宋陈希夷辈造先天八卦、河洛诸图,传之邵康节,此乃荒谬之说。东序河图,既无人见,孔子亦叹"河不出图",则后世何由知其象也?先天八卦,以《说卦》方位本离南坎北者,改为乾南坤北,则与观象观法而造八卦之说不相应,此与《尚书》伪古文,同不足信。伪古文参考阎氏《古文尚书疏证》,河洛参考胡氏《易图明辨》。至今日治《书》而信伪古文,言《易》而及河洛、先天,则所谓门外汉矣。然汉人以误传之说今文家。亦甚多。清儒用功较深,亦未入说经正轨,凡以其参杂今古文故也。近孙诒让专讲《周礼》,为纯古文家。惜此等著述,至清末方见萌芽,如群经皆如此疏释,斯可谓入正轨矣。

经之由来及今古文之大概既明,须进而分讲各经之源流。今先讲《易经》。

初造文字,取法兽蹄鸟迹,画卦亦然。《易·系辞》云:"古者庖牺氏之王天下也,仰则观象于天,俯则观法于地,观鸟兽之文,与地之宜,近取诸身,远取诸物,于是始作八卦。"今观乾坤二卦,乾作☰,坤作☷。《抱朴子》云:"八卦出于鹰隼之所被,六甲出于灵龟之所负。"盖鸟舒六翮,即成☰象,但取其翮而遗其身,即成☷象。于是或分或合,错而综之,则成八卦。此所以言观鸟兽之文也。抱朴之说,必有所受,然今无可考,施、孟、马、郑、荀爽皆未言之。

重卦出于何人,说者纷如。王弼以为伏羲,郑玄以为神农,孙盛以为夏禹,而太史公则以为文王。伏羲之说,由于《周礼》"太卜掌三《易》之法:一曰《连山》,二曰《归藏》,三曰《周易》"。三《易》均六十四卦,杜子春谓《连山》伏羲,《归藏》黄帝。王弼据之,故云重卦出于伏羲。然伏羲作《连山》,黄帝作《归藏》,语无凭证,故郑玄不从之也。神农之说,由于《系辞》称"神农氏作,斫木为耜,揉木为耒,盖取诸《益》;日中为市,交易而退,盖取诸《噬嗑》"二语。以神农时已有《益》与《噬嗑》,故知重卦出于神农。然《系辞》所谓"盖取",皆想像之辞,乌可据为实事?夏禹之说,从郑玄之义蜕化而来。郑玄《易赞》及《易论》云:"夏曰《连山》,殷曰《归藏》,周曰《周易》。"孙盛取之,以为夏有《连山》,即兼山之艮,可见重卦始于夏禹。至文王之说,则太史公因"作《易》者,其有忧患乎"一语而为是言。要之,上列诸说,虽不可确知其是非,以余观之,则重卦必不在夏禹之后,短中取长,则孙盛之说为可信耳。

至卦辞、爻辞之作,当是皆出文王。《系辞》云:"《易》之兴也,当文王与纣之事耶?"又云:"作《易》者,其有忧患乎?"太史公据此,谓:"西伯拘而演《周易》。"故卦辞、爻辞并是文王被囚而作,或以为周公作爻辞,其说无据。如据韩宣子聘于鲁,见《易象》而称周公之德,以此知《易象》系于周公,故谓周公作爻辞。然韩宣子并及鲁之《春秋》,《春秋》岂周公作耶?如据"王用享于岐山",及"箕子之明夷",及"东邻杀牛,不如西邻之禴祭"诸文,以为岐山之王当是文王。文王被囚之时,犹未受命称王。箕子之被囚奴,在武王观兵之后,文王不宜预言明夷。东邻指纣,西邻指文王,纣尚南面,文王不宜自称己德。以此知爻辞非文王作,而为周公作。然《禹贡》"导岍及岐",是岐为名山,远在夏后之世。古帝王必祭山川,安知文王以前,竟无王者享于岐山乎?"箕子"二字,本又读为"荄滋"。赵宾说。且箕子被囚,在观兵以后,亦无实据。《彖传》:"内文明而外柔顺,以蒙大难,文王以之;内难而能正其志,箕子以之。"并未明言箕子之被囚奴,且不必被囚然后谓之明夷也。东邻、西邻,不过随意称说,安见东邻之必为纣、西邻之必为文王哉?据此三条,固不能谓爻辞必周公作矣。且《系辞》明言"殷之末世,周之盛德",而不及周公之时。孔颖达乃谓文王被囚,固为忧患;周公流言,亦属忧患。此附会之语矣。余谓据《左传》,纣囚文王七年,七年之时甚久,卦辞、爻辞,不过五千余字,以七年之久,作五千余字,亦未为多。故应依太史公说,谓为文王作,则与《系辞》相应。

文王作《易》之时,在官卜筮之书有《连山》《归藏》,文王之《易》与之等列,未必视为独重。且《周易》亦不止一部。《艺文志》"六艺略"首列《周易》十二篇,"数术略"蓍龟家又有《周易》三十八卷。且《左传》所载筮辞,不与今《周易》同者甚多。成季将生,筮得大有之乾曰:"同复于父,敬如君所。"秦缪伐晋,筮遇《蛊》,曰:"千乘三去,三去之余,获其雄狐。"皆今《周易》所无,解之者疑为《连山》《归藏》。然《左传》明言以《周易》筮之,则非《连山》《归藏》也。余谓此不足疑,三十八卷中,或有此耳。今《周易》六十四卦、三百八十四爻,而焦延寿作《易林》,以六十四自乘,得四千九十六条。安知周代无《易林》一类之书,别存于《周易》之外乎?盖《连山》《归藏》《周易》,初同为卜筮之书,上下二篇之《周易》与三十八卷之《周易》,性质相同,亦无高下之分,至孔子赞《易》,乃专取文王所演者耳。

《易》何以称《易》，与夫《连山》《归藏》，何以称《连山》《归藏》，此颇费解。郑玄注《周礼》曰："《连山》似山出内气变也；《归藏》者，万物莫不归而藏于中也。"皆无可奈何而强为之辞。盖此二名本不可解。"周易"二字，周为代名，不必深论；易之名，《连山》《归藏》《周易》之所共。《周礼》："太卜掌三《易》之法。"《连山》《归藏》均称为《易》，然易之义不可解。郑玄谓易有三义：易简，一也；变易，二也；不易，三也。易简之说，颇近牵强，然古人说《易》，多以易简为言。《左传》南蒯将叛，以《周易》占之，子服惠伯曰："《易》不可以占险。"则易有平易之意，且直读为易去声矣。易者变动不居，周流六虚，不可为典要，唯变所适，则变易之义，最为易之确诂。惟不易之义，恐为附会，既曰易，如何又谓之不易哉？又《系辞》云："生生之谓易。"此义在变易、易简之外，然与字意不甚相关。故今日说《易》，但取变易、易简二义，至当时究何所取义而称之曰《易》，则不可知矣。

孔子赞《易》以前，人皆以《易》为卜筮之书。卜筮之书，后多有之，如东方朔《灵棋经》之类是。古人之视《周易》，亦如后人之视《灵棋经》耳。赞《易》之后，《易》之范围益大，而价值亦高。《系辞》曰："夫《易》何为者也？夫《易》开物成务，冒天下之道，如斯而已者也。"孔子之言如此。盖发展社会、创造事业，俱为《易》义所包矣。此孔子之独识也。文王作《易》，付之太卜一流。卜筮之徒，不知文王深意，至孔子乃视为穷高极远，于是《周易》遂为六经之一。秦皇焚书，以《易》为卜筮之书，未之焚也。故自孔子传商瞿之后，直至田何，中间未尝断绝，不如《尚书》经孔子删定之后，传授不明，至伏生，突然以传《书》著称；亦不如《诗经》删定之后，传授不明，至辕固生、韩婴等突然以传《诗》著称也。《鲁诗》虽云浮邱伯受于荀卿，而荀卿之前不可知；《毛诗》虽云传自子夏，然其事不见于《艺文志》，亦不见于《汉书·儒林传》。惟《易》之传授，最为清楚，自商瞿一传至桥庇子庸，二传至馯臂子弓，三传至周丑子家，四传至孙虞子乘，五传而至田何。其历史明白如此，篇章亦未有阙脱。《艺文志》：《周易》十二篇，施、孟、梁丘三家。向来说经者，往往据此疑彼，惟《易》一无可疑。以秦本未焚，汉仍完整也。欧阳修经学疏浅，首疑《系辞》非孔子作,以为《系辞》中有"子曰"字,决非孔子自道。然《史记》自称"太史公曰",太史公下腐刑时,已非太史令矣,而《报任少卿书》犹自称太史公,即欧阳修作《秋声赋》,亦自称欧阳子,安得谓《史记》非太史公作、《秋声赋》非欧阳修作哉?商瞿受《易》之时,或与孔子问答,退而题"子曰"字,事未可知,安得径谓非孔子作哉?欧阳修无谓之疑,犹不足怪,后人亦无尊信之者。近皮锡瑞经学颇有功夫,亦疑《易》非文王作,以为卦辞、爻辞皆孔子作,夫以卦辞、爻辞为孔子作,则《系辞》当非孔子作矣。然则《系辞》谁作之哉?皮氏于此未能明言。夫《易》自商瞿至田何,十二篇师师相传,并未有人增损。晋人发冢,得《周易》上下经,无"十翼",此不足怪,或当时但录经文,不录"十翼"耳。《系辞》明言:"易之兴也,其当殷之末世,周之盛德邪?当文王与纣之事邪?"如上下经为孔子作,则不得不推翻此二语。且田何所传,已有《系辞》,田何上去孔子,不及三百年,亦如今之去顾亭林耳。人纵疏于考证,必不至误认顾亭林书为唐宋人书也。又"文言"二字,亦有异解。梁武帝谓文言者,文王之言也。今按:"元者,善之长也;亨者,嘉之会也;利者,义之和也;贞者,事之干也。君子体仁足以长人,嘉会足以合礼,利物足以和义,贞固足以干事。"此五十字为穆姜语,惟"体仁"作"体信"略异。穆姜在孔子前,故梁武帝谓为文王之言。然文王既作卦辞曰"元亨利贞",而又自作《文言》以解之,恐涉词费。由今思之,或文王以后、孔子以前,说《易》者发为是言,而孔子采之耳。所以题曰"文言"者,盖解释文王之言。

《史记·孔子世家》:"孔子晚而喜《易》,读《易》韦编三绝。"如孔子以前,但有六十四卦之名,亦何须数数披览,至于韦编三绝耶?必已有五千余字,孔子披览之勤,故韦编三绝也。陈希夷辈意欲超过孔子,创先天八卦之说,不知八卦成列由观象于天、观法于地而来,其方位见于《说卦》传。即陈希夷辈所谓后天八卦。当时所观之天,为全世界共见之天;所观之地,则中国之地也。今以全地球言之,中国位东半球之东部,八卦方位,就中国所见而定。乾在西北者,中国之西北也;坤在西南者,中国之西南也。古人以北极标天,以昆仑标地。就中国之地而观之,北极在中国西北,故乾位西北;昆仑在中国西南,故坤位西南。正南之离为火,即赤道;正北之坎为水,即翰海。观象观法,以中国之地为本,故八卦方位如此。后之先天八卦，乾在南而坤在北，与天文地理全不相应。作先天八卦者，但知乾为高明之象，以之标阳；坤为沉潜之象，以之标阴。遂谓坤应在北，乾应在南。不知仰观俯察，非言阴阳，乃言方位耳。《周礼》："圜丘祭天，方泽祭地。"郑玄注："祭天谓祭北极，祭地谓祭昆仑。"人以北极、昆仑，分标天地，于此可见先天八卦为无知妄作矣。

《汉书·五行志》刘歆曰："伏羲氏继天而王，受《河图》而则画之，八卦是也；禹治洪水，赐《洛书》，法而陈之，《洪范》是也。"然不知所谓《图》《书》者何物也。至宋刘牧以《乾凿度》九宫之法为《河图》，又以生数就成数依五方图之，以为《洛书》。更有《洞极经》亦言《河图》《洛书》，则如刘牧之说而互易之，以五方者为图，九宫者为书。然郑氏、虞氏说《易》，并不以九宫、五方为《图》《书》。桓谭《新论》曰："《河图》《洛书》，但有朕兆而不可知。"是汉人虽说《河图》《洛书》，却未言《图》《书》为何象，宋人说《易》，创为《河》《洛》及《先天八卦图》，朱晦庵《易本义》亦列此图。其实先天图书，荒唐悠谬，要当以左道视之，等之天师一流可矣。

其余说《易》者，汉儒主象数，王弼入清谈。拘牵象数，固非至当；流入清谈，亦非了义。乾坤二卦，以及既济、未济，以清谈释之，说亦可通。然其他六十卦，恐非清谈所能了也。《系辞》云："夫《易》开物成务，冒天下之道。"谓"冒天下之道"，则佛法自亦在内。李鼎祚《集解序》云："权舆三教，钤键九流。"详李氏此说，非但佛法在内，墨、道、名、法，均入《易》之范围矣。然李氏虽作此说，亦不能有所发明。孔颖达云："《易》理难穷。虽复玄之又玄，至于垂范作则，便是有而教有，若论住内住外之空，就能就所之说，斯乃义涉于释氏，非为教于孔门。"然《正义》依王、韩为说，往往杂以清谈。后之解者，因清谈而入佛法。虽为孔氏所不取，然《易》理亦自包含佛法。论说经之正，则非不但佛法不可引用，即《老子》"玄之又玄"之语，亦不应取。如欲穷究《易》理，则不但应取老庄，即佛法亦不得不取。其他九流之说，固无妨并采之矣。

《礼记·经解》曰："《易》之失，贼。"此至言也。尚清谈者，犹不致贼。如以施之人事，则必用机械之心，用机械之心太过，即不自觉为贼矣。盖作《易》者本有忧患，故曰"其辞危"。危者使平，易者使倾，若之何其不贼也。若蔡泽以亢龙说范雎，取范雎之位而代之，此真可谓贼矣。夫蔡泽犹浅言之耳。当文王被囚七年,使四友献宝,纣见宝而喜,曰:"谮西伯者,乃崇侯虎也。"则文王亦何尝讳贼哉?论其大者、远者,所谓"开物成务,冒天下之道"是矣。"冒天下之道"者,权舆三教也;"开物成务"者,钤键九流也。然不用权谋,则不能开物成务;不极玄妙,则不能冒天下之道。管辂谓善《易》者不言《易》。然则真传《易》者,正恐不肯轻道阴阳也。以上讲《周易》大概。

《尚书》分六段讲:一、命名;二、孔子删《书》;三、秦焚书;四、汉今古文之分;五、东晋古文;六、明清人说《尚书》者。

一、命名。周秦之《书》,但称曰《书》,无称《尚书》者。《尚书》之名,见于《史记·五帝本纪》《三代世表》及《儒林传》。《儒林传》云伏生以二十九篇"教于齐鲁之间,学者由是颇能言《尚书》",又云:"孔氏有《古文尚书》。"则今古文皆称《尚书》也。何以称之曰《尚书》?伪孔《尚书序》云:"以其上古之书,谓之《尚书》。"此言不始于伪孔,马融亦谓上古有虞氏之书,故曰《尚书》,而郑玄则以为孔子尊而命之曰《尚书》。然孔子既命之曰《尚书》,何以孔子之后,伏生之前,传记子书无言《尚书》者?恐《尚书》非孔子名之,汉人名之耳。何以汉人名之曰《尚书》?盖仅一"书"字不能成名,故为此累言尔。《书》包虞、夏、商、周四代文告,马融独称虞者,因《书》以《尧典》《舜典》开端,故据以为名,亦犹《仪礼》汉人称《士礼》耳。《仪礼》不皆士礼,亦有诸侯、大夫礼,所以称《士礼》者,以其首篇为《士冠礼》也。哀、平以后,纬书渐出,有所谓《中候》者。汉儒谓孔子定《书》一百二十篇,百两篇为《尚书》,十八篇为《中候》。"中候",官名。以中候对尚书,则以尚书为官名矣。汉尚书令不过千石,分曹尚书六百石,位秩虽卑,权任实大。北军中候六百石,掌监五营。汉人以为文吏位小而权大者尚书,武臣位小而权大者中候,故以为匹。此荒谬之说,不足具论。要之,《尚书》命名,以马融说为最当。

二、删《书》。孔子删《书》,以何为凭?曰:以《书序》为凭。《书序》所有,皆孔子所录也。然何以知孔子删《书》而为百篇,焉知非本是百篇而孔子依次录之耶?曰:有《逸周书》在,可证《尚书》本不止百篇也。且《左传》载封伯禽、封唐叔皆有诰,今《书》无之,是必为孔子所删矣。至于《书》之有序,与《易》之有《序卦》同。《序卦》孔子所作,故汉人亦以《书序》为孔子作。他且勿论,但观《史记·孔子世家》曰:"孔子序《书传》,上纪唐虞之际,下至秦缪,编次其事。"是太史公已以《书序》为孔子作矣。夏殷《本纪》多采《书序》之文。《汉书·艺文志》本向、歆《七略》,亦曰:"《书》之所起远矣,至孔子纂焉,上断于尧,下讫于秦,凡百篇,而为之序。"是刘氏父子亦以《书序》为孔子作矣。汉人说经,于此并无异词。然《古文尚书》自当有序,今文则当无序,而今《熹平石经》残石,《书》亦有序,甚可疑也,或者今人伪造之耳。何以疑今文《尚书序》伪也?刘歆欲立古文时,今文家诸博士不肯,谓《尚书》唯有二十八篇,不信本有百篇,如有《书序》,则不至以《尚书》为备矣。《书序》有数篇同序,亦有一篇一序者。《尧典》《舜典》,一篇一序也;《大禹谟》《皋陶》《弃稷》,三篇同序也。数篇同序者,《书序》所习见,然扬子《法言》曰:"昔之说《书》者序以百,而《酒诰》之篇俄空焉。"盖《康诰》《酒诰》《梓材》三篇同序,而扬子以为仅《康诰》有序,《酒诰》无序,或者《尚书》真有无序之篇,以《酒诰》为无序,则《梓材》亦无序。今观《康诰》曰:"周公咸勤,乃洪大诰治。王若曰:孟侯,朕其弟,小子封。"王者,周公代王自称之词,故曰"孟侯,朕其弟"矣。《酒诰》称"成王若曰:明大命于妹邦",今文如此,古文马、郑、王本亦然。马融之意,以为"成"字后录书者加之。然康叔始封而作《康诰》,与成王即政而作《酒诰》,年代相去甚久,不当并为一序。故扬子以为《酒诰》之篇俄空焉。不但《酒诰》之序俄空,即《梓材》亦不能确知为何人之语也。

汉时古文家皆以《书序》为孔子作,唐人作《五经正义》时,并无异词,宋初亦无异词。朱晦庵出,忽然生疑。蔡沈作《集传》,遂屏《书序》而不载。晦庵说经本多荒谬之言,于《诗》不信小序,于《尚书》亦不信有序。《后汉书》称卫宏作《诗序》。卫宏之序,是否即小序,今不可知,晦庵以此为疑,犹可说也。《书序》向来无疑之者,乃据《康诰》"王若曰:孟侯,朕其弟"一语而疑之,以为如王为成王,则不应称康叔为弟;如为周公,则周公不应称王,心拟武王,而《书序》明言:"成王既伐管叔、蔡叔,以殷余民封康叔。"知其事必在武康叛灭之后,决非武王时事。无可奈何,乃云《书序》伪造。不知古今殊世,后世一切官职,皆可代理,惟王不可代;古人视王亦如官吏,未尝不可代。生于后世,不能再见古人。如生民国,见内阁摄政,而布告署大总统令,则可释然于周公之事矣。《诗》是文言,必须有序,乃可知作诗之旨;《书》本叙事,似不必有序,然

《尚书》有无头无尾之语,如《甘誓》:"大战于甘,乃召六卿。"未明言谁与谁大战;又称:"王曰:嗟六事之人,予誓告汝,有扈氏威侮五行,怠弃三正。"亦不明言王之为谁。如无《书序》"启与有扈战于甘之野"一语,真似冥冥长夜,终古不晓矣。孔子未作《书序》之前,王字当有异论,其后《墨子》所引《甘誓》以王为禹。《商书序》称王必举其名,本文亦然。《周书》与《夏书》相似,王之为谁,皆不可知。《吕刑》穆王时作,本文但言王享国百年,序始明言穆王。如不读序,从何知为穆王哉?是故《书》无序亦不可解。自虞、夏至孔子时,《书》虽未有序,亦必有目录之类,历古相传,故孔子得据以为去取。否则,孔子将何以删《书》也?《书序》文义古奥,不若《诗序》之平易,决非汉人所能伪造。自《史记》已录《书序》原文,太史公受古文于孔安国,安国得之壁中,则壁中《书》已有序矣。然自宋至明,读《尚书》者,皆不重《书序》,梅鷟首发伪古文之覆,亦以《书序》为疑。习非胜是,虽贤者亦不能免。不有清儒,则《书序》之疑,至今仍如冥冥长夜尔。

孔子删《书》,传之何人,未见明文。《易》与《春秋》三传,为说不同,其传授原流皆可考。《诗》《书》《礼》则不可知。子夏传《诗》,未可信据。盖《诗》《书》《礼》《乐》,古人以之教士,民间明习者众,孔子删《书》之时,习《书》者世多有之,故不必明言传与何人。《周易》《春秋》,特明言传授者,《易》本卜筮之书,《春秋》为国之大典,其事秘密,不以教士,此犹近代实录,不许示人。而孔子独以为教,故须明言传授也。伏生《尚书》何从受之,不可知。孔壁古文既出,孔安国读之而能通。安国本受《尚书》于申公,此事在伏生之后。申公但有传《诗》、传《穀梁》之说,其传《尚书》事,不载本传,何所受学亦不可知。盖七国时通《尚书》者尚多,故无须特为标榜耳。

孔子删《书》百篇之余为《逸周书》,今考《汉书·律历志》所引《武成》,与《逸周书·世俘解》词句相近。疑《世俘解》即《武成篇》。又《箕子》一篇,录入《逸周书》,今不可见,疑即今之《洪范》。逸书与百篇之书文字出入,并非篇篇不同。盖《尚书》过多,以之教士,恐人未能毕读,不得不加以删节,亦如后之作史者,不能将前人实录字字录之也。删《书》之故,不过如此。虽云《书》以道政事,然以其为孔子所删,而谓篇篇皆是大经大法,可以为后世模楷,正未必然。即实论之,《尚书》不过片断之史料而已。

三、秦焚书。秦之焚书,《尚书》受厄最甚。揆秦之意,何尝不欲全灭六经。无如《诗》乃口诵,易于流传;《礼》在当时,已不甚行,不须严令焚之。故禁令独重《诗》《书》,而不及《礼》。李斯奏言:"有敢藏《诗》《书》、百家语者,悉诣守尉杂烧之。有敢偶语《诗》《书》,弃市。"盖《诗》《书》所载,皆前代史迹,可作以古非今之资,《礼》《乐》都不甚相关。《春秋》事迹最近,最为所忌,特以柱下史张苍藏《左传》,故全书无缺。《公羊传》如今之讲义,师弟问答,未著竹帛,无从烧之。《穀梁》与《公羊》相似,至申公乃有传授。《易》本卜筮,不禁。惟《尚书》文义古奥,不易熟读,故焚后传者少也。伏生所藏,究有若干篇,今不可知,所能读者二十九篇耳。孔壁序虽百篇,所藏止五十八篇。知《书》在秦时,已不全读,如其全读,何不全数藏之?盖自荀卿隆礼仪而杀《诗》《书》,百篇之书,全读者已少,故壁中止藏五十八篇也。此犹《诗》在汉初虽未缺,而治之者,或为《雅》,或为《颂》,鲜有理全经者。又《毛传》《鲁诗》,皆以《国风》、大小《雅》《颂》为四始,而《齐诗》以水、木、火、金为四始。其言卯、酉、午、戌、亥五际,亦但取《小雅》《大雅》而不及《颂》。盖杀《诗》《书》之影响如此。然则百篇之《书》,自孔壁已不具。近人好生异论,盖导原于郑樵。郑樵之意,以为秦之焚书,但焚民间之书,不焚博士官所藏。其实郑樵误读《史记》文句,故有此说。《史记》载李斯奏云:"臣请史官非秦记皆烧之。非博士官所职,天下敢有藏《诗》《书》、百家语者,悉诣守尉杂烧之。"此文本应读"天下敢有藏《诗》《书》、百家语非博士官所职者",何以知之?以李斯之请烧书,本为反对博士淳于越,岂有民间不许藏《诗》《书》,而博士反得藏之之理?《叔孙通传》:"陈胜起山东,二世召博士诸生问曰:'楚戍卒攻蕲入陈,于公如何?'博士诸生三十余人前曰:'人臣无将,将即反,罪死无赦,愿陛下急发兵击之。'二世怒,作色,叔孙通前曰:'诸生言皆非也。明主在其上,法令具于下,人人奉职,四方辐辏,安敢有反者?此特群盗鼠窃狗盗耳。'二世喜曰:'善。'令御史案诸生言反者下吏,曰:'非所宜言。'"今案"人臣无将"二语,见《公羊传》,于是《公羊》尚未著竹帛,然犹以"非所宜言"得罪,假如称引《诗》《书》,其罪不更重哉!李斯明言:"有敢偶语《诗》《书》者,弃市。"如何博士而可藏《诗》《书》哉!李斯虽奏偶语《诗》《书》者弃市,然其谏二世有曰:"放弃《诗》《书》,极意声色,祖伊所以惧也。"此李斯前后相背处。郑樵误读李斯奏语,乃为妄说,以归罪于项羽。近康有为之流,采郑说而发挥之,遂谓秦时六经本未烧尽,博士可藏《诗》《书》,伏生为秦博士,传《尚书》二十九篇,以《尚书》本止有二十九篇故,《新学伪经考》主意即此。二十九篇之外,皆刘歆所伪造。余谓《书序》本有《汤诰》,壁中亦有《汤诰》原文,载《殷本纪》中。如谓二十九篇之外,皆是刘歆所造,则太史公焉得先采之? 于是崔适谓《史记》所载不合二十九篇者,皆后人所加。《史记探源》如此说。由此说推之,凡古书不合己说者,无一不可云伪造。即谓尧舜是孔子所伪造,孔子是汉人所伪造,秦皇焚书之案,亦汉人所伪造,迁、固之流,皆后人所伪造,何所不可! 充类至尽,则凡非目见而在百年以外者,皆不可信。凡引经典以古非今者,不必焚其书而其书自废。呜呼! 孰料秦火之后,更有灭学之祸什佰于秦火者耶!

四、汉古今文之分。汉人传《书》者,伏生为今文,孔安国为古文,此人人所共知。《史记·儒林传》云:"伏生故为秦博士,孝文时,欲求能治《尚书》者,天下无有,乃闻伏生能治,欲召之,时伏生年九十余,老不能行,于是乃诏太常使掌故朝错往受之。秦时禁书,伏生壁藏之。其后兵大起,流亡。汉定,伏生求其书,亡数十篇,独得二十九篇,即以教于齐鲁之间。"其叙《尚书》源流彰明如此,可知伏生所藏,原系古文,无所谓今文也,且所藏不止二十九篇,其余散失不可见耳。朝错本法吏,不习古文,伏生之徒张生、欧阳生辈,恐亦非卓绝之流,但能以隶书迻写而已,以故二十九篇变而为今文也。其后刘向以中古文校伏生之《书》,《酒诰》脱简一,《召诰》脱简二,文字异者七百有余。文字之异,或由于张生、欧阳生等传写有误,脱简则当由壁藏断烂,然据此可知郑樵、康有为辈以为秦火不焚博士之书谬。如博士之书可以不焚,伏生何必壁藏之耶?

《儒林传》称伏生得二十九篇,而刘歆《移让太常博士》云:"《泰誓》后得,博士集而赞之。"又,《论衡·正说》篇云:"孝宣皇帝时,河内女子发老屋,得逸《易》《礼》《尚书》各一篇,奏之。宣帝下示博士,然后《易》《礼》《尚书》各益一篇。而《尚书》二十九篇始定。"然则伏生所得本二十九篇乎? 抑二十八篇乎? 余谓太史公已明言二十九篇,则二十九篇之说当可信。今观《尚书大传》有引《泰誓》语，《周本纪》《齐世家》亦有之。武帝时董仲舒、司马相如、终军辈，均太初以前人，亦引《泰誓》。由此可知，伏生本有二十九篇，不待武帝末与宣帝时始为二十九篇也。意者，伏生所传之《泰誓》，或脱烂不全，至河内女子发屋，才得全本。今观汉唐人所引，颇有出《尚书大传》外者，可见以河内女子本补之，《泰誓》始全也。马融辈以为《左传》《国语》《孟子》所引，皆非今之《泰誓》。《泰誓》称白鱼跃入王舟、火流为乌，语近神怪，以此疑今之《泰誓》。然如以今之《泰誓》为伏生所伪造，则非也。河内女子所得者，秦以前所藏，亦非伪造。以余观之，今之《泰誓》，盖当时解释《泰誓》者之言。《周语》有《泰誓故》，疑伏生所述即《泰誓故》也。不得《泰誓》，以《泰誓故》补之，亦犹《考工记》之补《冬官》矣。然《泰誓》之文，确有可疑者。所称八百诸侯，不召自来、不期同时、不谋同辞，何其诞也？武王伐纣，如有征调，当先下令。不征调而自来，不令而同时俱至，事越常理，振古希闻。据《乐记》孔子与宾牟贾论大武之言曰："久立于缀，以待诸侯之至也。"可见诸侯毕会，亦非易事。焉得八百诸侯，同时自来之事耶？此殆解释《泰誓》者张大其辞，以耸人听闻耳。据《牧誓》，武王伐纣，虽有友邦冢君，然誓曰："逖矣，西土之人！"可知非西土之人，武王所不用也。又曰："庸、蜀、羌、髳、微、卢、彭、濮人。"庸、蜀、羌、髳、微、卢、彭、濮，均在周之南部，武王但用此南部之人，而不用诸侯之师者，以庸、蜀诸师本在西方，亲加训练，而东方诸侯之师，非其所训练者也。所以召东方诸侯者，不过壮声势、扬威武而已。此条马融疑之，余亦以为可疑。又观兵之说，亦不可信。岂有诸侯既会，皆曰可伐，而武王必待天命，忽然还师之理乎？是故伏生《泰誓》不可信。若以《泰誓故》视之，亦如《三国志注》采《魏略》《曹瞒传》之类，未始不可为参考之助也。《泰誓》亦有今古文之别。"流为乌"，郑注："古文乌为雕。"盖古文者河内女子所发，今文者伏生所传也。此古文非孔壁所得。伏生发藏之后，张生、欧阳生传之。据《史记·娄敬传》，高帝时，娄敬已引八百诸侯之语。又《陆贾传》称陆生时时前称说《诗》《书》，可见汉初尚有人知《尚书》者。盖娄敬、陆贾早岁诵习而晚失其书，故《儒林传》云"孝文时求为《尚书》者，天下无有"。"无有"者，无其书耳。然《贾谊传》称谊年十八以能诵《诗》属书闻于郡中，其时在文帝之前。《诗》本讽诵在口，《尚书》则必在篇籍矣。可知当时传《书》者不仅伏生一人，特伏生为秦博士，故著名尔。

《尚书》在景帝以前，流传者皆今文。武帝初，鲁恭王坏孔子宅，得《古文尚书》，孔安国献之。据《史记》《汉书》及《说文序》所引，所得不止《尚书》一种。孔安国何以能通《古文尚书》？以其本治《尚书》也。伏生传《书》之后，未得壁经之前，《史记》称鲁周霸、孔安国、洛阳贾嘉，颇能言《尚书》事，孔安国、周霸，皆申公弟子。申公之治《尚书》于此可见。贾谊本诵《诗》《书》，故其孙嘉亦能治《尚书》。孔安国为博士，以书教授。兒宽初受业于欧阳生，后又受业于安国。所以然者，以欧阳生本与孔安国本不同耳。兒宽之徒，为欧阳高、大小夏侯。欧阳、大小夏侯三家本之兒宽，而兒宽本之孔安国。孔安国非本之伏生，则汉之所谓《今文尚书》者，名为伏生所传，实非伏生所传。三家《尚书》亦有孔安国说，今谓三家悉本伏生，未尽当也。

《今文尚书》之名见称于世，始于三国，而非始于汉人。人皆据《史记·儒林传》"孔氏有《古文尚书》，而安国以今文读之"一语，谓孔安国以《今文尚书》翻译古文。此实不然。《汉书》称"孔安国以今文字读之"，谓以隶书读古文耳。孔安国所得者为五十八篇，较伏生二十九篇分为三十四篇者，实多二十四篇。二十四篇中《九共》九篇，故汉人通称为十六篇。孔安国既以今文字读之，而《史记》又谓《逸周书》得十余篇，《尚书》兹多于是。可知孔安国非以伏生之《书》读古文也。盖汉初人识古文者犹多，本不须伏生之《书》对勘也。

孔安国之《书》授都尉朝，都尉朝授胶东庸生，庸生授胡常，常授徐敖，敖授王璜、涂恽。自孔至王、涂凡五传。王、涂至王莽时，《古文尚书》立于学官。涂传东汉贾徽。太史公从孔安国问，《汉书》称迁书载《尧典》《禹贡》《洪范》《微子》《金縢》诸篇多古文说。然太史公所传者，不以伏生之书为限。故《汤诰》一篇，《殷本纪》载之。

哀帝时刘歆欲以《古文尚书》立学官，博士不肯，博士抱残守缺，亦知今之教授已不能讲，不愿人讲也。歆移书让之。王莽时，乃立于学官。莽败，说虽不传，《书》则具存。盖古文本为竹简，经莽乱而散失，其存者惟传钞本耳。东汉杜林，于西州天水郡，今甘肃秦州。得漆书一篇，林宝爱之，以传卫宏、徐巡，杜林所得必为王莽乱后流传至天水郡者。其后，马、郑犹能知逸《书》篇数，郑玄、许慎亦能引之者，盖传写犹可见，而真本则已亡矣。后汉讲古文者自此始。杜林非由孔安国直接传授,早岁学于张敞之孙张竦。林之好古文,盖渊源于张氏。其后,马融、郑玄注《尚书》,但注伏生所有,不注伏生所无,于孔安国五十八篇不全注。马融受之何人不可知,惟贾逵受《书》于父徽,逵弟子许慎作《说文解字》。是故《说文》所称《古文尚书》,当较马、郑为可信,然其中亦有异同。今欲求安国正传,惟《史记》耳。《汉书》云,迁书《尧典》五篇为古文说,然《五帝本纪》所载《尧典》与后人所说不同。所以然者,杜林所读与孔安国本不甚同也。《说文》"圛"下称"《尚书》曰:圛圛升云,半有半无。"据郑玄注称《古文尚书》以弟为圛,而《宋微子世家》引《洪范》"曰雨、曰济、曰涕",字作涕。是太史公承孔安国正传,孔安国作涕,而东汉人读之为圛,恐是承用今文,非古文也。自清以来,治《尚书》者皆以马、郑为宗,段玉裁作《古文尚书撰异》,以为马、郑是真古文,太史公是今文。不知太史公之治古文,《汉书》具有明文。以马、郑异读,故生异说耳。

古文家所读,时亦谓之古文。此义为余所摘发。治古文者,不可不知。盖古文家传经,必依原本钞写一通,马融本当犹近真,郑玄本则多改字。古文真本,今不可见,唯有三体石经,尚见一斑。三体石经为邯郸淳所书,淳师度尚,尚治《古文尚书》。邯郸淳之本,实由度尚而来。据卫恒《四体书势》称,魏世传古文者,唯邯郸淳一人。何以仅得邯郸淳一人,而郑玄之徒无有传者?盖郑玄晚年,书多腐敝,不得于礼堂写定,传与其人。故传古文者,仅一邯郸淳也。今观三体石经残石,上一字为古文,中一字为篆文,下一字为隶书。篆书往往与上一字古文不同。盖篆书即古文家所读之字矣。例始三体石经《无逸》篇"中宗之中",上一字为"中",下一字为"仲",此即古文家读"中,仲也"。考华山碑,亦称宣帝为仲宗。欧阳修疑为好奇,实则汉人本读"中"为"仲"也。

今文为欧阳、大小夏侯为三家,传至三国而绝。然蔡邕熹平石经犹依今文。今欲研究今文,只可求之《汉书》《后汉书》及汉碑所引。然汉碑所引,恐亦有古文在。

五、东晋古文。今之《尚书》,乃东晋之伪古文,据《尚书正义》引《晋书》,定为郑冲所作。以马、郑所有者分《尧典》为《舜典》,《舜典》《书序》中本有。更分《皋陶谟》为《益稷》,又改作《泰誓》,此外又伪造二十五篇。不但伪造经,且伪造传。亦称孔传。自西晋开始伪造以后,更四十余年,至东晋梅赜始献之。字体以古文作隶书,名曰隶古定。人以其多古字,且与三体石经相近,遂信以为真孔氏之传,于是众皆传之。甚至孔颖达作《尚书正义》,亦以马、郑为今文矣。

梅赜献书之时,缺《舜典》一篇,分《尧典》"慎徽五典"以下为《舜典》之首。至齐建武四年姚方兴献《舜典》,于"慎徽五典"之上加"曰若稽古帝舜"等十二字,而梁武帝时为博士,议曰:"孔序称伏生误合五篇,皆文相承接,所以致误。《舜典》首有'曰若稽古',伏生虽昏耄,何容合之?"遂不行用。然其后江南皆信梅书,惟北朝犹用郑本耳。隋一天下,采南朝经说,乃纯用东晋古文,即姚方兴十二字本也。其后又不知如何增为二十八字,今注疏本是已。

东晋古文,又有今文、古文之分,以隶古定传授不易,故改用今文写之,传之者有范宁等。唐玄宗时,卫包以古文本改为今文,用隶书写之,唐石经即依是本,然《经典释文》犹未改也。宋开宝初始改。唐宋间亦多有引《古文尚书》者,如颜师古之《匡谬正俗》,玄应之《一切经音义》,郭忠恕之《汗简》,徐锴之《说文系传》,皆是。宋仁宗时,宋次道得《古文尚书》,传至南宋,薛季宣据以作训,而段玉裁以为宋人假造,然以校《汗简》及足利本《尚书》,均符合。要之,真正古文,惟三体石经可据。东晋古文则以薛季宣本、敦煌本、足利本为可据耳。

六、明清人说《尚书》者。明正德时,梅鷟始攻东晋古文之伪。梅鷟之前,吴棫、朱熹亦尝疑之,以为岂有古文反较今文易读之理。至梅鷟出,证据乃备。梅鷟不信孔安国得《古文尚书》,以为东晋古文即成帝时张霸伪造之百两篇,然校《汉书》原文,可知其误。张霸之百两篇,分析众篇,略加首尾而已。东晋古文,非从二十九篇分出,自非张霸本也。此梅鷟之误。清康熙时,阎若璩作《古文尚书疏证》,始知郑康成《尚书》为真本。阎氏谓《孟子》引"父母使舜完廪"一段为《舜典》之文,此说当确。惠栋《古文尚书考》,较阎氏为简要。其弟子江声艮庭。作《尚书集注音疏》,于今文、古文不加分别。古文"钦明文思安安",今文作"钦明文塞晏晏",东晋古文犹作"钦明文思安安",江氏不信东晋古文,宁改为"文塞晏晏"。于是王鸣盛西庄。作《尚书后案》,一以郑康成本为主,所不同者,概行驳斥,虽较江为可信,亦非治经之道。至孙星衍作《尚书今古文注疏》,古文采马、郑本,今文采两《汉书》所引,虽优于王之墨守，然其所疏释，于本文未能联贯。盖孙氏学力有余，而识见不足，故有此病。今人以为孙书完备，此亦短中取长耳。要之，清儒之治《尚书》者，均不足取也。今文家以陈寿祺、乔枞父子为优。凡汉人《书》说，皆入网罗，并不全篇下注，亦不问其上下文义合与不合，所考今文，尚无大谬。其后魏源 默深。作《书古微》，最为荒谬。魏源于陈氏父子之书，恐未全见，自以为采辑今文，其实亦不尽合。源本非经学专家，晚年始以治经为名，犹不足怪。近皮锡瑞所著，采陈氏书甚多。陈氏并无今古是否之论，其意在网罗散失而已。皮氏则以为今文皆是，古文皆非。其最荒谬者，《史记》明引《汤诰》，在伏生二十九篇之外。太史公亦明言"年十岁，诵古文"，而皮氏以为此所谓古文，乃汉以前之书，非《古文尚书》也，此诚不知而妄作矣。古文残阙，三体石经存字无几，其他引马、郑之言，亦已无多，然犹有马、郑之绪余在。今日治《书》，且当依薛季宣《古文训》及日本足利本古文，删去伪孔所造二十五篇，则本文已足。至训释一事，当以"《古文尚书》，读应《尔雅》"一言为准。以《尔雅》释《书》，十可得其七八，斯亦可matter。王引之《经义述闻》，解《尚书》者近百条；近孙诒让作《尚书骈枝》，亦有六七十条；义均明确，犹有不合处。余有《古文尚书拾遗》，自觉较江、王、孙三家略胜。然全书总未能通释，此有待后贤之研讨矣。

古人有言："昔吾有先正，其言明且清。"训诂之道，虽有古今之异，然造语行文，无甚差池，古人决不至故作不可解之语。故今日治《书》，当先求通文理。如文理不通，而高谈微言大义，失之远矣。不但治经如此，读古书无不如此也。

下

《虞书》曰："诗言志，歌永言，声依永，律和声。"先有志而后有诗。诗者，志之所发也。然有志亦可发为文。诗之异于文者，以其可歌也。所谓歌永言，即诗与文不同之处。永者，延长其音也。延长其音，而有高下洪纤之别，遂生宫、商、角、徵、羽之名。律者，所以定声音也。既须永言，又须依永，于是不得不有韵。急语无收声，收声即有韵，前后句收声相同即韵也。诗之有韵，即由歌永言来。

《虞书》载"元首明哉！股肱良哉！庶事康哉！""元首丛脞哉！股肱惰哉！万事堕哉！"二歌，可见尧舜时已有诗。《尚书大传》有《卿云之歌》，汉初人语未必可信。《乐记》云："舜作五弦之琴以歌南风。"今所传《南风歌》出王肃《家语》，他无所见，亦不可信。唐虞之诗，要以二《典》所载为可信耳。郑康成《诗谱序》云："有夏承之，篇章泯弃，靡有孑遗。"而今《尚书》载《五子之歌》，可知其为晋人伪造也。《诗谱序》又云："降及商王，不风不雅。"此谓商但有《颂》，《风》《雅》不可见矣。《周礼·太师》："教六诗：曰风，曰赋，曰比，曰兴，曰雅，曰颂。"赋、比、兴与风、雅、颂并列，则为诗体无疑。今《毛传》言兴者甚多，恐非赋比兴之兴耳。赋体后世盛行，《毛传》以升高能赋为九能之一，谓之德音。周末屈原、荀卿俱有赋。赋既在风、雅、颂之外，比、兴当亦若是。惟孔子删诗，存风、雅、颂而去赋、比、兴。《郑志》答张逸问，赋、比、兴，吴札观诗已不歌。盖不歌而诵谓之赋。赋不可歌，与风、雅、颂异，故季札不得闻也。比、兴不知如何。赋、比、兴之外，又有《九德之歌》，《左传》郤缺曰："九功之德，皆可歌也，谓之九歌。六府三事，谓之九功。水、火、金、木、土、谷，谓之六府；正德、利用、厚生，谓之三事。"合之为十五种。今《诗》仅存风、雅、颂三种。

《诗大序》："风，风也"，"雅，正也"，"颂者，美盛德之形容，以其成功告于神明者也"。风有讽谕之义，雅之训正，读若"尔雅"之雅，然风、雅、颂之雅，恐本不训正。《说文》："疋，古文以为《诗·大雅》字。""一曰：疋，记也。"疋即今疏字。然则诗之称疋，纪事之谓，亦犹后世称杜工部诗曰诗史。故《大雅》《小雅》无非纪事之诗。或谓雅即"雅乌"。孔子曰："乌，盱呼也。"李斯《谏逐客书》："击瓮叩缶，弹筝搏髀，而歌呼呜呜快耳者，真秦之声也。"杨恽《报孙会宗书》："家本秦也，能为秦声"，"仰天抚缶而呼呜呜"。秦本周地，故大小雅皆以雅名。所谓乌乌，秦声者，即今之梆子腔也。此亦可备一说。余意《说文》训疋为记，乃雅之正义，以其性质言也；雅乌可为雅之别一义，以其声调言也。至正之一训，乃后起之义。盖以雅为正调，故释之曰正耳。

诗以四言为主，取其可歌，然亦有二言、三言以至九言者，惟不多见耳。今按："肇禋"，二言也。"泂酌彼行潦挹彼注兹"，九言也。一言太短，不可以歌，故三百篇无一言之诗。然梁鸿《五噫》之歌曰："陟彼北芒兮，噫！顾览帝京兮，噫！宫室崔嵬兮，噫！人之劬劳兮，噫！辽辽未央兮，噫！"则一言未始不可成句，或者三百篇中偶然无一言之句耳，非一言之句必不可歌也。

《诗经》而后，四言渐少。汉世五言盛行，唐则七言为多。八言、九言，偶一为之。三言惟汉《郊祀歌》用之。六言亦不多见。《汉书》所录汉人四言之作，有韦孟《谏诗》一首、《在邹诗》一首，韦玄成《自责诗》一首、《戒子孙诗》一首，西汉所作，传于世者，尽于此矣。魏武帝作《短歌》，犹用四言，虽格调有异《诗经》，然犹有霸气。至《文选》所录魏晋间四言之作，语多迂腐。自是之后，四言衰歇，五言盛行。李白谓："兴寄深微，五言不如四言，七言尤其靡也。"然所作《雪谗诗》讥刺杨妃，有乖敦厚之义，或故为大言以欺人耳。又杂言一体，《诗经》所有，汉乐府往往用之，唐人歌行亦用之。夫抒写性情，贵在自由，不宜过于拘束，如必句句字数相同，或不能发挥尽致。故杂言之作，未为不可。今人创新体诗，以杂言为主，可也，但无韵终不成诗耳。以上论《诗》之大概。

太史公谓古诗三千余篇，盖合六诗、《九德之歌》言之。孔子删《诗》，仅取三百余篇。盖以古诗过多，不能全读，故删之尔，未必其余皆不足观也。或谓孔子删《诗》与昭明之作《文选》有异。余意不然，《文选》为总集，《诗经》亦总集，性质正复相似，所谓"自卫反鲁，然后乐正，《雅》《颂》各得其所"者，决非未正以前，《雅》入《颂》，《颂》入《雅》也。《雅》主记事，篇幅舒长；《颂》主赞美，章节简短。但观形式，已易辨别，且其声调又不同，何至相乱，或次序颠倒，孔子更定之耳？

风、雅有正、变，盛周为正，衰周为变。颂无正变，因风、雅有美有刺，颂则有美无刺也。《鲁语》闵马父之言曰："昔正考父校商之名颂十二篇于周太师，以《那》为首。"今《商颂》仅存五篇，其余七篇，或孔子时而已佚矣。据今《商颂》，有商初所作，亦有武丁时所作，而《周颂》皆成王时诗，后则无有。《孟子》曰："由汤至于武丁，贤圣之君六七作。"故颂声未息，周则成王以后无贤圣也。或以《鲁颂》为僭天子之礼。若然，孔子当屏而不录。孔子录之，将何以说？案《周官·籥章》龡豳诗以逆暑迎寒，龡豳雅以乐田峻，歈豳颂以息老物。同为《七月》之诗，而风、雅、颂异名者，歌诗之时，其声调三变尔。《豳风》非天子之诗，而可称颂，则《鲁颂》称颂而孔子录之，无可怪也。今观《泮水》《閟宫》之属，体制近雅而不近颂，若以雅为称，则无可讥矣。

《史记·孔子世家》称"三百五篇，孔子皆弦歌之，以求合《韶》《武》《雅》《颂》之音"，然则今之《诗经》在孔子时无一不可歌也。《汉书·礼乐志》云：河间献王献雅乐，"天子下大乐官常存肄之"。是其乐谱尚在。后则可歌者，惟《鹿鸣》《伐檀》等十二篇耳。近人以《鹿鸣》《伐檀》等谱一字一声，无抑扬高下之音，疑为唐人所作。然一字一声，不但《诗经》为然，宋词亦然。姜夔、张炎之谱可证也。一字之谱多声，始于元曲，古人未必如是。孔子曰："放郑声。"又曰："恶郑声之乱雅乐。"汉儒解郑声以为烦手踯躅之声。张仲景《伤寒论》云："实则谵语，虚则郑声。郑声者，重语也。"可见汉人皆读郑为郑重之郑。郑声即一字而谱多声之谓。唐人所传十二诗之谱，一字一声，正是雅乐，无可致疑。以上论《诗》之可歌。

《诗》以口诵，至秦未焚。汉兴有齐、鲁、毛、韩四家，齐、鲁、韩三家无笙诗，为三百五篇，毛有笙诗为三百十一篇。笙诗有其义而亡其辞，则四家篇数本相同也。笙诗六篇，殆如今之乐曲，有声音节奏而无文词。所不同者，《小雅》"彼都人士，狐裘黄黄。其容不改，出言有章。行归于周，万民所望"数句，三家所无，而毛独有，此其最著者也。其余文字虽有异同，不如《尚书》今古文之甚。以《诗》为口诵，故无形近之讹耳。

《鲁诗》出自浮邱伯，申公传之。鲁人所传，故曰《鲁诗》。《齐诗》传自辕固生，齐人所传，故曰《齐诗》。《韩诗》传自韩婴，据姓为称，故曰《韩诗》。齐、韩二家，当汉景帝时，在《鲁诗》之后。《毛诗》者，毛公所传，故曰《毛诗》。相传毛公之学出自子夏，三国时吴徐整谓子夏授高行子，高行子授薛仓子，薛仓子授帛妙子，帛妙子授河间人大毛公，毛公为《诗故训传》于家，授赵小人毛公，小毛公为河间献王博士。而陆玑则谓子夏传曾申，申传魏人李克，李克传鲁人孟仲子，孟仲子传根牟子，根牟子传赵人孙卿子，孙卿子传鲁人大毛公。由徐整之说，则子夏五传而至大毛公；由陆玑之说，则子夏七传而至大毛公。所以参差者，二家之言，互有详略耳。大毛公名亨，小毛公名苌，今之《诗传》乃大毛公所作，当称《毛亨诗传》，而世皆误以为毛苌,不可不正也。

《毛诗·丝衣序》引高子曰:"灵星之尸也。"《维天之命》传引孟仲子曰:"大哉天命之无极,而美周之礼也。"《閟宫》传引孟仲子曰:"是禖宫也。"高子、孟仲子并见《孟子》七篇中。或疑高子即高行子。高行子为子夏弟子,不当与孟子同时,然赵岐注云:"高子年长,或高叟即高行子矣。"赵注又云:"孟仲子,孟子之从昆弟,学于孟子者也。"然则孟子长于《诗》《书》,故高子、孟仲子之说皆为毛公所引。

《汉书·艺文志》谓齐、鲁、韩三家"咸非《诗》之本义,与不得已,鲁最为近之"。又云:"毛公之学,自谓子夏所传。"据此,知向、歆父子不信三家诗说。歆让太常博士,欲以《毛诗》立学官,而《七略》不称《毛诗》之优。今观四家之异同,其优劣可得而言,太史公言《关雎》之乱以为《风》始,《鹿鸣》为《小雅》始,《文王》为《大雅》始,《清庙》为《颂》始,其言与《诗大序》"《关雎》,风之始也"语同。《诗大序》但举《雅》《颂》之名,而不言《鹿鸣》为《小雅》始,《文王》为《大雅》始,《清庙》为《颂》始,但云"是谓四始,《诗》之至也"者,盖由"《关雎》,《风》之始也"一语,可以类推其余耳。郑康成云:"始者,王道兴衰之所由。"余谓毛意同史公,史公所引,多本《鲁诗》,《毛诗》传自荀子,《鲁诗》亦传自荀子,此其所以符合也。

《齐诗》与鲁、毛全异,萧望之、翼奉、匡衡同事后苍,治《齐诗》。翼奉有五际、六情之语,不及四始。诗纬《泛历枢》称四始有水、木、火、金之语。谓《大明》水始,《四牡》木始,《嘉鱼》火始,《鸿雁》金始,其言甚不可解,恐东汉人所造,非《齐诗》本义。匡衡上书称孔子论《诗》以《关雎》为始,此言与《毛传》相同,并无水、木、火、金之语。可知《泛历枢》为后人臆说也。衡奏议平正,奉则有怪诞之语,虽与衡同师,而别有发明矣。如以水、木、火、金说四始,则《齐诗》竟是神话。四始为《诗》之大义,而《齐诗》之说如此,以此知齐之不逮毛、鲁远也。然匡衡说《诗》,亦有胜于鲁、韩者。《鲁诗》说"周道缺,诗人本之衽席,《关雎》作",《齐诗》亦谓周康王后佩玉晏鸣,《关雎》叹之。匡衡上书乃谓:"《周南》《召南》,被贤圣之化深,故笃于行而廉于色。"此非以《关雎》为刺诗矣。盖《齐诗》由辕固数传而至后苍,苍本传《礼》。《乡饮酒礼》:"合乐《周南·关雎》《葛覃》《卷耳》。"《燕礼》:"歌乡乐《周南·关雎》《葛覃》《卷耳》。"《仪礼》,周公所定,已有《周南·关雎》,知《关雎》非康王时毕公所作。匡衡师事后苍,故其说《诗》长于鲁、韩也。

齐、鲁、韩三家诗序不传,而毛序全存。如《左传》隐三年:"卫庄公娶于齐东宫得臣之妹,曰庄姜,美而无子,卫人所为赋《硕人》也。"闵二年:"郑人恶高克,使帅师次于河上,久而弗召,师溃而归,高克奔陈,郑人为之赋《清人》。"文六年:"秦伯任好卒,以子车氏之三子奄息、仲行、鍼虎为殉;皆秦之良也,国人哀之,为之赋《黄鸟》。"《毛序》所云,皆与《左传》符合,此毛之优于三家者也。又三家诗,皆有怪诞之语,毛则无有。即如"履帝武敏歆",《尔雅》已有"敏,拇也"之训,而三家说皆谓姜嫄出野见巨人迹,践之身动如孕,而生后稷。《毛传》则以疾训敏,以帝为高辛氏之帝,从于帝而见于天,将事齐敏,不信感生之说。又如"赫赫姜嫄,其德不回,上帝是依",若用感生之说,必谓上帝依姜嫄之身,降之精气,而《毛传》则谓上帝依其子孙。又如"文王在上,于昭于天,文王陟降,在帝左右",《毛传》之前,《墨子·明鬼》已引此诗,谓若鬼神无有,则文王既死,岂能在帝之左右哉!而《毛传》则谓:"文王在民上,文王升接天、下接人。"一扫向来神怪之说。盖自荀子作《天论》,谓圣人不求知天,神话于是摧破。《毛诗》为荀卿所传,即此可征。

《大序》,相传子夏所作,《小序》,毛公所作。郑康成之意,谓《小序》发端句子夏作,其下则后人所益,或毛公作也。今按《序》引高子曰:"灵星之尸也。"此语自当出子夏之后矣。《卫宏传》有"作诗序"语,故《释文》或云《小序》是东海卫敬仲所作。然卫宏先康成仅百年,如《小序》果为宏作,康成不容不知。由今思之,殆宏别为《毛诗序》,不与此同,而不传于后。或宏撰次诗序于每篇之首,亦通谓之作耳。汉人专说《毛诗》者,今存《郑笺》一种。马融《毛诗传》散佚已久,今可见者,惟《生民》篇正义所引言帝喾事为最详耳。以上论三家《诗》与毛之不同。

朱晦庵误解"郑声淫"一语,以为郑风皆淫,于是刺忽之诗,皆释为淫奔之作。陈止斋笑晦庵以彤管为行淫之具,城阙为偷期之所,今《集传·静女》篇中无此语,盖晦庵自觉其非而删之矣。凡《小序》言刺者,晦庵一概目为淫人自道之词。自来淫人自道之词未尝无有,如六朝歌谣之类,恐未可以例《国风》。若郑风而为淫人自道之词,显背无邪之旨,孔子何以取之?昔昭明编集《文选》,于六朝狎邪之诗,摈而不录。

《高唐》《神女》《洛神》之属，别有托意，故录之。见《菂汉闲话》。昭明作《陶渊明集序》，谓《闲情》一赋，白璧微瑕。昭明尚然，何况孔子？晦庵之言，亦无知而妄作尔。

自晦庵作《集传》，说《诗》之风大变。清陈启源作《毛诗稽古编》，反驳晦庵，其功不可没。吕东莱作《读诗记》，不以晦庵为然。晦庵好胜，谓东莱为毛、郑之佞臣。后之治《毛诗》者，桐城马瑞辰作《毛诗传笺通释》，泾县胡承珙作《毛诗后笺》，长洲陈奂作《诗毛氏传疏》。马氏并重《传》《笺》，胡氏从《传》而不甚从《笺》，陈氏则全依《毛传》。治三家诗者，《齐诗》亡于三国；《鲁诗》亡于永嘉之乱；《韩诗》唐代犹存，今但存《外传》而已。三家至宋全亡，如三家《诗》不亡，晦庵作《集传》当不至荒谬如此。王应麟后，清有陈寿祺、乔枞父子。乔枞好为牵附，谓《仪礼》引《诗》，皆《齐诗》说；又谓《尔雅》为《鲁诗》之学，恐皆未然。要之陈氏父子，虽识见未足，然网罗放失之功，亦不可没。其后，魏源作《诗古微》，全主三家。三家无序，其说流传又少，合之不过三十篇，谓之"古微"，其实逞臆之谈耳。

今治《诗经》，不得不依《毛传》，以其序之完全无缺也。诗若无序，则作诗之本意已不明，更无可说。三家《诗》序存者无几，无从求其大义矣。戴东原作《毛郑诗考证》，东原长于训诂之学，而信服晦庵，故考证未能全备。东原之外，治诗者皆宗《毛传》，陈氏父子，不过网罗放失而已。

《孝经》曰："安上治民，莫善于礼。"《左传》曰："礼，经国家，定社稷，序民人，利后嗣。"今案《仪礼》与安上治民有关，《周礼》则经国家、定社稷之书也。《周礼》初出曰《周官经》，刘歆始改称《周礼》，然《七略》犹曰《周官》，《汉书·艺文志》仍之。马融训释之作，亦称《周官传》，至郑康成以《周礼》名之，合《仪礼》《小戴记》为三礼。三礼之名，自郑氏始。今若以《大戴礼》合之，当称四礼。称三礼者，沿郑氏注也。

贾公彦《序周礼废兴》引马融传，称刘歆末年，知周公致太平之迹具在《周官》，然当时今文家不肯置信。林硕以为黩乱不验之书，何休以为战国阴谋之书。今观《周礼》，知刘歆之言不谬。惟其书非一时一人之作，盖如历代会典，屡有增损。《唐六典》以及明清之《会典》，皆拟《周礼》。《六典》全依《周官》，《会典》虽稍异，然行文多模仿之迹，此亦有关文体。不学《周礼》，则官制说不清楚。亦如后之律书必拟汉律也。创始之功，首推周公，增损之笔，终于穆王耳。今

《逸周书》有《职方》篇,为穆王时作,而其文见于《周礼·夏官》,知周公以后、穆王以前,《周礼》一书,时有修改。穆王以后,则未见修改之迹也。何以言之?曰:《周礼》司刑掌五刑之法,墨罪五百、劓罪五百、宫罪五百、刖罪五百、杀罪五百,合二千五百条;而穆王作《吕刑》称五刑之属三千,较《周礼》多五百条。《吕刑》别行,以此知穆王晚年,已不改《周礼》也。《左传》子革曰:"昔穆王欲肆其心,周行天下,将皆必有车辙马迹焉。"今《穆天子传》真伪未可知,然穆王好大喜功,观《职方氏》一篇可知也。《职方氏》言中国疆域,东西南北相距万里。方千里曰王畿,其外方五百里曰侯服,又其外方五百里曰甸服,又其外方五百里曰男服,又其外方五百里曰采服,又其外方五百里曰卫服,又其外方五百里曰蛮服,又称要服。又其外方五百里曰夷服,又其外方五百里曰镇服,又其外方五百里曰藩服。依此推算,自王城至藩服之边,东西南北均五千里,为方万里,积一万万方里。蛮服以内为九州,以外为蕃国。九州之内,方七千里,积四千九百万方里。非穆王之好大,何以至此?《康诰》曰:"周公初基作新大邑于东国洛,四方民大和会,侯、甸、男、邦、采、卫。"是周公作洛时,无所谓要服。《康王之诰》称庶、邦、侯、甸、男、卫,亦无要服。不特此也,汉人迷信《王制》,《王制》曰:"凡四海之内九州,州方千里。"郑注云:"大界方三千里,三三而九,方千里者九也。其一为县内,余八各立一州,此殷制也。"余谓夏制不可知,殷制则不止方三千里。《酒诰》曰:"自成汤咸至于帝乙,越在外服,侯、甸、男、卫、邦伯,罔敢湎于酒。"是周初之制与商制无甚差异,皆侯、甸、男、采、卫五等,无所谓要服也。要服本为蛮服,不在九州之内。穆王好大喜功,故《职方》之言如此。《大行人》朝贡一节,与《职方氏》相应,当亦穆王所改。若巾车掌公车之政令,革路以封四卫,木路以封蕃国。可见周初疆域,至卫服而止,无所谓要服,此穆王所未改者也。夷、镇、藩三服,地域渺茫,叛服不常,安知其必为五百里?要服去王城三千五百里,东西七千里,九州之大,恐无此数。今中国本部,最北为独石口,当北纬四十一度半;极南至于琼州,当北纬十八度。其中南北相去二十三度半,为里四千七百。周尺今不可知,若以汉尺作准,汉尺存者有虑虒尺,虑虒尺一尺,合清营造尺七寸四分。尺度虽古今不同,里法则古今不异。古之五服六千里,以七四比之，当四千四百四十里，与今四千七百里不甚相远。穆王加要服为七千里，以今尺计之，则为五千一百八十里，较今长三四百里，此由今中国本部，北至独石口，而古者陕西北部之河套亦隶境内。今属绥远。河套之地，于汉为朔方、九原、定襄，朔方正傍黄河，周时"城彼朔方"，此朔方与汉之朔方为近，非唐之朔方也。如并朔方计之，当有五千一百八十里。恐穆王时疆域亦未必大于今日也。《汉书·地理志》郡县北至朔方，南至交趾，九真、日南即今安南。而云南北万三千三百六十八里。以今尺七四比之，有九千六百余里。自朔方以至日南，亦无此数。自此以后，言地域者，皆称南北万里、东西九千里。其实中国本部并无此数，此后世粗疏，更甚于《周礼》也。测量之不精，自周至明，相差不远，惟周人不甚夸大，汉以后夸大耳。

测量之法，古人未精，西晋裴秀作官图，盖尝测量矣。所以不准者，以不知北极出地之法也。唐贾耽作《华夷图》及关中、陇右、山南、九州等图；至宋，略改郡县之名，刘豫阜昌七年刻之西安，一曰《禹迹图》，一曰《华夷图》，今尚完好。贾耽之作，亦由测量而来，然亦未准者，不知北极出地之法，一也；未免夸大，二也。北极出地之法，周人自未之知，因其不夸大，故所言里数与今相差不远耳。以上言《职方》与周初疆域不同，明《周礼》非周公一时之作，周公之后屡有修改。

管仲治齐，略变《周礼》之法，《小匡》篇及《齐语》并载桓公问为政之道，管子称："昔吾先王昭王、穆王，世法文武之远绩，以成其名。"《周礼》至穆王乃定，此亦一证。又，《周礼》萍氏掌国之水禁，几酒、谨酒，其法不甚严厉，其职殆如今卫生警察。如言《周礼》之作在周公时，则萍氏显违《酒诰》之文。《酒诰》曰："群饮，汝勿佚，尽执拘以归于周，予其杀！"不仅几酒、谨酒而已！此亦可见《周礼》之屡有修改，盖百余年中，不知修改若干次矣。

六官之制，古无异论。清金鹗作《求古录礼说》，言六官之制，实始于周。《曲礼》云："天子之五官，曰司徒、司马、司空、司士、司寇。"此与《周官》不同，当为殷制。又云：王者设官，所以代天工，故其制必法乎天。三光以法三公，五官以法五行。引《左传》云："五行之官，是谓五官。木正曰句芒，火正曰祝融，金正曰蓐收，水正曰玄冥，土正曰后土。"明自少皞、颛顼以来皆五官。余谓少皞、颛顼之制，确为五官，前乎此则未可知。至商,恐已六官矣。《曲礼》之言,不知何据。郑注《礼记》,凡与《周礼》不合者,皆曰夏殷之制。其实五官是否确为殷制,不可知也。余谓与其据《曲礼》,不如据《论语》。《论语》云:"君薨,百官总己以听于冢宰三年。""何必高宗?古人之皆然。"此所谓冢宰,当如《周官》之冢宰,为六官之首。否则,百官何以听之?冢宰于《周礼》曰太宰。太宰之名,不见虞、夏之书,殆起于商。《说文》云:"宰,罪人在屋下执事者。从宀从辛。辛,罪也。"具食之官,见于《左传》者曰宰夫,或曰膳宰。《汉书》有廱太宰,为五時具食之官。宰本罪人之称,庖人具食,事近奴隶,故以宰为名。然太宰、小宰,位秩俱隆,而貤被宰名,当自伊尹始。《吕览·本味》篇称伊尹说汤以至味,极论水火调剂之事,周举天下鱼肉菜果之美,而结之曰:"天子成则至味具。"《史记·殷本纪》亦谓:"伊尹欲干汤而无由,乃为有莘氏媵臣,负鼎俎以滋味说汤,致于王道。"二家之说与《孟子》"伊尹以割烹要汤"符合。据《文选》李善注引《鲁连子》曰:"伊尹负鼎佩刀以干汤,得意,故尊宰舍。"盖伊尹参与帷幄之谋,权势虽尊,本职则卑。后以其功高,而尊宰舍,故有太宰、冢宰之名耳。又《商颂》称伊尹为阿衡,《周书》曰保衡。保阿,女师也。阿,《说文》作娿,在女子曰保阿,在男子亦曰阿衡、保衡,其为媵,同也。伊尹为媵臣,故尊保阿;伊尹为庖人,故尊宰舍。此说虽为孟子所不信,然其为实事至明。周因殷礼,故设太宰之官。今观太宰所属之官,与清之内务府不远。惟司会掌邦之六典、八法、八则之贰,以逆邦国都鄙官府之治;太府掌九贡、九赋、九功之贰,以受其货贿之入,为与国计有关。自余宫殿之官,如宫正之属;禁掖之官,如内宰之属;饮食之官,如膳夫之属;衣服之官,如司裘、掌皮之属,皆清内务府所掌也。周官三百六十,太宰所掌六十,位秩最崇,然治官之属,仅司会、大府为有关于国计者。以太宰本之殷制而来,其本职不过《周礼》膳夫、内宰二官。由饮食而兼司衣服,由禁掖而兼司宫殿。是故,周官太宰无所不掌,而属员仍冗官耳。后儒不明此理,谓周公防宦官用事,故立此制。不知宦官用事,必不在贵族执政之世。周公时贵族执政,断无防及刑余擅权之理也。汉、唐、明三代,皆有刑余擅权之事,六朝则无。何则?贵族执政阶级严明,非刑余所得间也。由此论之,天官冢宰,周袭殷制,后世未必可法。至春官宗伯主祭祀,非今之要职。地官司徒掌地方行政,兼司教育,如今内务、教育两部。夏官司马掌行军用兵,如今军政部。秋官司寇掌狱讼刑法,如今之司法部。皆立国要典,可资取法者也。以上论六官之职。

何以汉儒谓《周礼》为黩乱不验之书也?以汉初经师之说,与《周礼》不同,故排弃之耳。《马融传》云:"秦自孝公以下,用商君之法,其政酷烈,与《周官》相反,故始皇禁挟书,特疾恶,欲绝灭之,搜求焚烧之独悉,是以隐藏百年。孝武帝始除挟书之律,开献书之路,既出于山岩屋壁,复入于秘府。五家之儒,莫得见焉。"案:马谓秦烧《周礼》独悉,其言太过。秦所最恶者为《诗》《书》,而不及《礼》。孟子曰:"诸侯恶其害己也,而皆去其籍。"可见《周礼》自七国时已不甚传。虽以孟子之贤,犹未之见。故其言封建与《周礼》全异。孟子言:"公、侯皆方百里,伯七十里,子、男五十里。"《周礼》谓公五百里,侯四百里,伯三百里,子二百里,男百里。汉初儒者未见《周礼》,而孟之说流传已久,故深信不疑。景帝末年,河间献王始得《周礼》。《周礼》未出时,汉儒言封建者皆宗孟子,文帝时作《王制》亦采《孟子》为说。又以贾谊有众建诸侯之论,故虽见《周礼》,亦不敢明说。周之五百里,为今三百七十里,其封域不过江浙之一道,川云之一府。汉初王国之广,犹不止此。夏商二代,封国狭小,故汤之始征,四方风靡,文王伐崇戡黎,为时亦暂。以四邻本非强大,故得指顾而定之也。《逸周书·世俘解》称武王翦商,灭国六百余,孟子言灭国五十。若非小国寡民,安得数月之间灭国六百余乎?周公有鉴于此,故大封宗室,取其均势,以为藩屏。其弊至于诸侯争霸,互相征伐,而天子不能禁。以视武丁朝诸侯、有天下,如运诸掌,本末之势,迥乎不同。由此可知,商代封国尚无五百里之制也。贾谊患诸侯王尾大不掉,故不肯明征《周礼》。惟太史公《汉兴以来诸侯年表》云:"封伯禽、康叔于鲁、卫,地各四百里。"《汉书·韩安国传》,王恢与安国论辨,称秦缪公都雍地,方三百里,并与《周礼》相应。盖史公但论史事,王恢不知忌讳,故直举之耳。然孟子之言亦未为无据。周之封建,有功者,视其功之高下以为等级,无功则封地狭小。滕、薛皆侯国。滕,周所封;薛,夏所封。考其地不出今滕县一县,犹不及孟子所言之百里。齐、鲁、卫、燕,亦皆侯国,而封域不止四百里。齐,太公之后;鲁,周公之后;燕,召公之后。功业最高,故封地独大。卫包邶、鄘、卫三国,殷畿千里,皆为卫有。盖于鲁、卫为褒有德,于齐、燕为尊勤劳。其地皆去周远,亦所以固吾圉也。以此知五百里、四百里之制,不过折衷言之,非不可斟酌损益也。明乎此义,则可知《周礼》非瞀乱不验之书矣。至谓《周礼》为六国阴谋之书者,汉人信《孟子》,何休专讲《公羊》,故有此言耳。

后之论者,以王莽、王安石皆依《周礼》施政而败,故反对《周礼》。余谓二王致败之由,在不知《周礼》本非事事可法,即欲采取,只可师其意,而不可袭其迹。西汉之末,家给人足,天下艾安。莽之变法,可谓庸人扰之。宋神宗时,国势虽衰,民犹安乐,安石乃以变风俗、立法度为急,而其法又主于聚敛,宜其败矣。宇文周时关陇残破,苏绰为六条诏书奏施行之,曰先治心,曰敦教化,曰尽地利,曰擢贤良,曰恤狱讼,曰均赋役。盖亦以《周礼》为本,终能斫雕为朴,变奢从俭。隋及唐初,胥蒙其福。贞观之治,基础于此。夫变法之道,乱世用之则治,治世用之则乱,况《周礼》不尽可为后世法乎?陈止斋、叶水心尊信《周礼》,当南宋残破之时而行《周礼》,或有可致治之理,然不可行之今日。何者?今外患虽烈,犹未成南宋之局,若再变法,正恐治丝而益棼耳。

《中庸》云:"礼仪三百,威仪三千。"《礼器》云:"经礼三百,曲礼三千。"礼仪、经礼谓《周礼》也;威仪、曲礼谓《仪礼》也。《仪礼》篇目不至有三千,故郑康成云"其中事仪三千"。然《汉志》言礼自孔子时而不具,《杂记》言恤由之丧,哀公使孺悲之孔子学《士丧礼》,《士丧礼》于是乎书。然则在孔子时,《仪礼》早有亡失。三百三千云者,约举其大数云尔。

秦燔书后,汉兴,高堂生传《士礼》十七篇,又于孔壁得《礼古经》五十六篇,其十七篇与高堂生所传同;《记》百三十一篇,七十子后学者所记。以古礼仅存五十六篇,故学者无不重视《礼记》。今五十六篇又散佚矣。汉儒说经,为《仪礼》作注者绝少。马融但注《丧服》一篇,至康成乃注全经。自汉末以逮西晋,注《丧服》者,无虑二三十家,而注全经者,仅王肃一人而已。

今人见《仪礼》仅存十七篇,以为《礼古经》五十六篇,除十七篇外,悉已散佚。此不然也。案小戴记《投壶》《奔丧》二篇,郑《目录》云:"实逸《曲礼》之正篇也。"又,《大戴记》之《诸侯迁庙》《诸侯衅庙》《公冠》《公冠》文简，是否全文，未可知，后附孝昭冠辞，文亦无多。三篇，皆当为逸礼之正篇。又郑注《内宰》，引《天子巡守礼》；注《司巫》《月令》，引《中霤礼》，其文虽少，亦《礼古经》之正篇，当在五十六卷之数。依是数之，则十七篇外，今可知者又有七篇，合之得二十四篇。《礼经》之文，平易可读，汉儒所以不注者，或以其繁琐泰甚，或以通习者不多。西汉习礼者有鲁国桓公，见刘歆《移让太常博士书》，其授受不可知。盖汉人治经谨慎，非有师受，不敢妄说。康成但注十七篇者，亦以三十九篇先师未有讲说故耳。

礼书序次，大小戴及《别录》，彼此不同。其以《士冠》《士昏》《士相见》为次，则三家未有违异。郑氏次第，悉依《别录》。其经文有今古文之异者，郑于字从今者，下注古文作某；从古者，下注今文作某。所谓今古文，非立说有异，不过文字之异耳。自汉以来，传《丧服》者独盛。马融而后，三国蒋琬亦作《丧服要记》一卷。《小戴记》论《丧服》者十余篇，大戴记亦有论丧服变除之言，见《通典》所引。古人三年之丧，未葬，服斩衰，居倚庐，寝苫枕块；既葬，齐衰，居垩室；小祥以后，衰裳练冠，居外寝；大祥则禫服素冠，出垩室，始居内寝。《檀弓》言"祥而缟"，盖缟冠素纰也。素即白绢。《诗·桧风》："《素冠》，刺不能三年也。"禫服三月之后，则以墨絰白纬为冠，得佩纷帨之属，寝有床，犹别内，始饮醴酒。逾月复吉，三年之礼乃成，此即所谓丧服变除。盖古人居丧，兼居处饮食言之，非专系于冠服也。汉人居丧尚合古法，故能精讲《丧服》。韩昌黎自比孟子，而言《仪礼》"行于今者盖寡，沿袭不同，复之无由，考于今，诚无所用"。夫《仪礼》在后代可用者诚少，然昏礼至今尚用纳采、问名、纳吉、纳征、请期、亲迎之名，丧礼亦尚有古人遗意，冠礼至唐已废，乡饮酒礼六朝至唐仍沿用之。昌黎疏于礼，故为此言耳。《丧服》一篇，自汉末以至六朝，讲究精密，《通典》录其论议，多至二三十卷。其中疑难，约有数端。出妻之子为母期，而嫁母之有服无服，《仪礼》未有明文。或以为应视出母，或以为嫁由自绝，与被出有异。又为人后者，议论纷繁。《传》曰："为人后者孰后？后大宗也。"大宗不可以绝，故族人以支子后大宗。汉代王侯往往以无子国除，此不行古代后大宗之礼也。否则，王侯传国四五代，必有近支可承，何至无子国除？迨元始时，始令诸侯王、公、列侯、关内侯无子而有孙、若子、同产子者，皆得以为嗣。师古曰："子同产子者，谓养昆弟之子为子者。"如诸葛亮以兄子为子，皇甫谧出后其叔，此皆非后大宗，与《仪礼》之为人后者不相应。《唐律》于此亦称养子。《开元礼》有为人后者，实即养子也。后人误以养子为即俗称之螟蛉子，因疑《唐律》既许养子，何以又有不许养异姓男一条。不知《唐律》所称养子是养同宗于昭穆相当者也。《仪礼》"为人后"者，为其父母降为齐衰不杖期，盖持重于大宗者，降其小宗也。然魏晋六朝人于三年之内不得嫁娶，即子女嫁娶亦所不许。曹公为子整与袁谭结婚，裴松之曰："绍死至此不过周五月耳，谭虽出后其伯，不为绍服三年，而于再期之内以行吉礼，悖矣。"于此可见古人守礼之严。至今所谓养子者，魏时或为《四孤论》曰："遇兵饥馑有卖子者，有弃沟壑者；有生而父母亡，复无缌麻亲，其死必也者；有俗人以五月生子妨忌不举者。有家无儿，收养教训成人。"则对于公妪育养者应有服否，三国两晋论议甚多，或以为宜服齐衰周，方之继父同居者，此议斟酌尽善，可补《仪礼》之阙。《仪礼》制于宗法时代，秦汉而后，宗法渐衰，自有可斟酌损益之处。《开元礼》亦有与《仪礼》不同者，《仪礼》父在为母齐衰期，武后时，改为父在为母齐衰三年；《仪礼》为祖父母齐衰不杖期，为曾祖父母齐衰三月，高祖之服则无有，或以为古人婚晚，玄孙不及见高祖，故无服。其说非是，恐高祖以上概括在曾祖之内。《开元礼》改为曾祖父母齐衰五月正服，为高祖父母齐衰三月加服。嫂叔本无服，盖推而远之也。唐太宗以同爨尚有缌麻之恩，增叔嫂小功五月义服。古人外亲之服皆缌，为外祖父母小功，以尊加也。为舅缌，从服也。母之姐妹曰从母，而舅不可称从父，故为从母小功，以名加也，此亦古人之执著。《开元礼》改为舅及从母小功正服。综此四条，悉当情理。六朝人天性独厚，守礼最笃，其视君臣之义，不若父子之恩，讲论《丧服》，多有精义。唐人议礼定服，亦尚有法，不似后世之枉戾失中也。服有降服、正服、义服。斩衰无降服，衰以缕之粗细为等，斩者不缉也。为父正服，为君义服，故为父斩衰三升，为君三升半，父子之恩固重于君臣之义也。魏太子会众宾百数十人，太子建议曰："君父各有笃疾，有药一丸，可救一人，当救君耶？父耶？"众人纷纭，或父或君。邴原在座，不与此论。太子咨之于原，原悖然对曰："父也！"南朝二百七十余年，国势虽不盛强，而维持人纪，为功特多。《丧服》一篇，师儒无不悉心探讨，以是团体固结，虽陵夷而不至澌灭。此所谓鲁秉周礼，未可取也。宋代理学家亦知讲求古礼，至明人而渐不能矣。今讲《仪礼》，自以《丧服》为最要。

《隋书·经籍志》云："汉初，河间献王得仲尼弟子及后学者所记一百三十一篇献之。至刘向校书，检得一百三十篇，第而叙之；又得《明堂阴阳记》三十三篇、《孔子三朝记》七篇、《王氏史氏记》二十一篇、《乐记》二十三篇，凡五种，合二百十四篇。戴德删其烦重，合而记之，为八十五篇，谓之《大戴记》；而戴圣又删大戴之书为四十六篇，谓之《小戴记》。马融传小戴之学，又足《月令》一篇、《明堂位》一篇、《乐记》一篇，合四十九篇。"今《大戴记》存三十九篇，《小戴记》四十九篇。《投壶》《哀公问》两篇，二戴所同，合得八十六篇。大戴亡佚篇目，今不可考。钱晓徵以为小戴实止四十六篇，今《曲礼》《檀弓》《杂记》俱分上下，故为四十九篇；以小戴四十六，合大戴八十五，即古记之百三十一篇也。其说殊未谛。《乐记》二十三篇，本不在古记之数。今《乐记》断取十一篇为一篇，以入《礼记》。《月令》与《明堂位》同属《明堂阴阳记》，大戴《盛德》篇亦应属《明堂阴阳记》。古记百三十一篇之数，决不如钱氏所举也。

又二戴所录，有非礼家之言。如大戴之《千乘》《四代》《虞戴德》《诰志》《小辨》《用兵》《少闲》七篇，采自《孔子三朝记》。唐人所引直称《三朝记》。《汉志》"儒家"《子思》二十三篇，《曾子》十八篇。大戴录《曾子立事》以下十篇，而小戴之《中庸》《坊记》《表记》《缁衣》四篇，当为子思之书。又大戴《武王践阼》录自《太公阴谋》，《汉志》以太公入道家。此皆二戴所采诸子之文，凡二十二篇。又小戴《王制》，乃孝文帝令博士所作，大戴《公冠》后附孝昭冠辞，并非古记旧有，更去其属于《明堂阴阳记》及《乐记》者，删其复重《投壶》《哀公问》二篇，则二《戴记》中可说为古记之旧者，不及百三十一篇之半。又如通论之篇，若《儒行》《大学》等，是否在百三十一篇中，尚难言也。

《礼记》一书，杂糅今古文之说。《王制》一篇为今文家言，其言封建，采自《孟子》，言养老不知所据。惟《丧礼》《丧服》无今古文之异，《礼记》言此綦详。自明以来，读经所以应科举，以《丧礼》《丧服》不在程试范围，则删节不读。其实读《礼记》以《丧礼》《丧服》为最要。余如《儒行》《大学》《表记》《坊记》《缁衣》等篇，皆言寻常修己治人之道，亦无今古文之异。凡此皆《礼记》之可信者。若言典章制度，则宜从古文、不从今文，古文无谬误，今文多纰漏也。

三礼郑注之后，孔、贾之疏已为尽善，清人以贾疏尚有未尽，胡培翚作《仪礼正义》，孙诒让作《周礼正义》。由今观之，新疏自比贾疏更精。《礼记》孔疏理晰而词富，清儒无以复加，朱彬作《训纂》，不过比于补注而已。《大戴礼》自北魏卢辩作注，历千余年，讹舛不可卒读，戴震校之，孔广森作《补注》，但阙佚已多耳。说礼者皆称"三礼"，而屏弃《大戴》不道。其实《大戴礼》亦多精义，应与《小戴》并举，而称"四礼"。理学家最重《小戴》，以《大学》《中庸》并在其中故。独杨慈湖以为《大戴》多孔子遗言，所作《先圣大训》录《大戴记》特多。二《戴记》中《哀公问》《儒行》《仲尼燕居》《孔子闲居》《王言》诸篇，皆孔子一人之言。七十子后学者所记，《汉志》不入《论语》家，独《三朝记》入《论语》家，殆以《三朝》七篇，文理古奥，与余篇不同，或是孔子手作，或是孔子口说、弟子笔录者尔。

关于《春秋》者，余所著《春秋左氏疑义答问》大旨略具，今所讲者，补其未备而已。

问《春秋》起于何时？曰：晋之《乘》、楚之《梼杌》、鲁之《春秋》，皆在孔子之前。《周官》"外史，掌四方之志"，郑《注》云："谓若晋之《乘》、楚之《梼杌》、鲁之《春秋》。"是《春秋》起于周，非始于古代也。《左传》："韩宣子适鲁，见《易象》与鲁《春秋》，曰：'周礼尽在鲁矣。吾乃今知周公之德与周之所以王也。'"孔《疏》云："鲁《春秋》遵周公之典以序时事"，"发凡言例，皆是周公制之"。然韩宣子云周礼在鲁者，所以美周公之德耳，非谓《易象》《春秋》是周公所作也。《春秋》备纪年时月日，《尚书》往往有年有月有日而无时，惟"秋大获"一句纪时，其余不见。其纪年月日又无定例。如《书序》："惟十有一年，武王伐殷。"此所谓十有一年者，以文王受命起数，非武王之纪元也。纪年之法，苟且如此，即为未有《春秋》编年之法之故。今人以为古圣制礼作乐，必无不能纪年之理。其实，非惟周公未知纪年之法，即孔子亦何尝思及本纪、世家、列传哉！太史公《三代世表》谓："余读谍记，黄帝以来，皆有年数。稽其历谱牒终始五德之传，古文咸不同，乖异。夫子之弗论次其年月，岂虚哉！"可见史公所见周秦以前书不少，而纪年各不同。今观《竹书纪年》，七国时书。自黄帝以来，亦皆有年数，而与王孙满所称"鼎迁于商，载祀六百"之言违异。此为古无纪年之作，后人据历推之。战国时有六家历，《汉书·律历志》所云黄帝、颛顼、夏、殷、周及鲁历是也。《艺文志》"春秋家"有《太古以来年纪》二篇，当亦此类。各家所推不同，故《竹书》所载与古语不符也。太史公不信谱牒，故于三代但作世表，共和以后，始著《十二诸侯年表》。《大戴礼·五帝德》称宰予问于孔子曰："昔者予闻诸荣伊言'黄帝三百年'，请问黄帝者人耶？抑非人耶？何以至于三百年乎？"如当时有纪年之书，宰予何为发此问哉？刘歆作《三统历》以说《春秋》，班氏以为推法密要。然周以前不可推，以古人历疏，往往有日无月，不能以月日推也。

《十二诸侯年表》，始于共和元年，余意《春秋》之作，即在共和之后。盖宣王即位，补记共和时事，而有《春秋》也。观《十二诸侯年表》，诸侯卒与即位均书年，可见《春秋》编年之法即在此时发明者，于时厉王出奔，宣王未立，元年者，谁之元年乎？《春秋》以道名分，故书共和元年也。《墨子·明鬼》历举周之春秋、燕之春秋、宋之春秋、齐之春秋，而始于杜伯射宣王事。前乎此者，但征及《诗》《书》而已。可见宣王以前无《春秋》也。宣王中兴令主，不但武功昭著，即文化亦远迈前古，改古文为籀文，易纪事以编年，皆发明绝大者也。至列国之有春秋，则时有早晚，决非同时并作。《晋世家》记穆侯四年取齐女姜氏为夫人，当周宣王二十年，是晋于是始有春秋。其余各国皆在宣王之后。鲁之《春秋》，始于隐公元年，当平王四十九年，上去共和元年历一百一十九年。其所以始于隐公者，汉儒罕言其故。杜元凯谓平王东周之始王，隐公让国之贤君，故托始于此。此殆未然。列国春秋，本非同时并作，鲁则隐公时始有春秋耳，非孔子有意托始于隐公也。后人以太史公世家首太伯，列传首夷、齐，推之《春秋》始于鲁隐，其意正同。其实太史公或有此意，孔子则未必然。隐公但有让桓之言，而无其实事。云"使营菟裘，吾将老焉"者，不过寻常酬酢语耳，何尝真以国让哉！

周之史官有辛甲、尹佚。尹佚即史佚，其书二篇，《艺文志》入墨家。《吕氏春秋·当染》篇云："鲁惠公使宰让请郊庙之礼于天子，桓王当作平王。使史角往，惠公止之。其后在于鲁，墨子学焉。"墨子之学，出于史角，由此可知史角即尹佚之后。鲁有《春秋》，殆自史角始矣。

《左传》所载五十凡例，杜氏以为周公之旧典，盖据传凡例谓之礼经，而谓此礼经为周公所制也。然时王之礼皆是礼经，岂必周公所制然后谓之礼经哉！余意五十凡例乃宣王始作春秋之时王朝特起之例。列国之史，其凡例由周室颁布，抑列国自定，今不可知。要之，当时之礼即可谓之礼经，不必定是周公作也。

作史不得不有凡例，太史公、班孟坚之作有无凡例不可知。范蔚宗作《后汉书》则有之，《宋书·范晔传》云：班氏任情无例，吾杂传论，皆有精意。纪传例为举其大略耳。惟今不可见。唐修《晋书》，非一人之作，不得不立凡例以齐一之。宋修《新唐书》，吕夏卿有《唐书直笔新例》一卷。见《宋史·艺文志》。《新唐书》本纪、志、表，皆欧阳修作；列传则宋祁作。二人分工，如出一手，凡例之效也。大抵一人之作，不愿以凡例自限，《春秋》本不定出一史官之手，无例则有前后错乱之虞，故不得不立凡例。惟《左传》所举五十凡例，不知为周史所遗，抑鲁史自定之耳。

自来论孔子修《春秋》之故者，孟子曰："世道衰微，邪说暴行又作，臣弑其君者有之，子弑其父者有之，孔子惧，作《春秋》。"《公羊传》曰："君子曷为《春秋》？拨乱世，反诸正，莫近诸《春秋》。"公羊之论较孟子为简赅。然《春秋》者，史也。即在盛世，亦不可无史。《尚书》纪事，略无年月，或颇有而多阙，仅为片断之史料。《春秋》始有编年之法，史法于是一变，故不可谓《春秋》之作专为拨乱反正也。宋儒以为《春秋》贵王贱霸，此意适与《春秋》相反。《春秋》详述齐桓、晋文之事，尚霸之意显然。孟子、公羊，同然一辞。虽孟子论人，好论人心，以五霸为假。然假与不假，《春秋》所不论也。贵王贱霸之说，三传俱无，汉人偶一及之，宋儒乃极言之耳。三传事迹不同，褒贬亦不同，而大旨则相近。所谓绌周、王鲁、为汉制法者，公羊固无其语，汉儒傅会以干人主，意在求售，非《春秋》之旨也。要之，立国不可无史，《春秋》之作，凡为述行事以存国性。以此为说，无可非难。今文化之国皆有史，惟不如中土详备。印度玄学之深，科学亦优，而其史则不可考。又如西域三十六国，徒以《汉书》有此一传，尚可据以知其大概，彼三十六国无史，至今不能自明其种类。中国之大，固不至如三十六国之泯焉无闻，然使堕入印度则易。此史之所以可贵，而《春秋》之所以作也。

问：鲁之《春秋》，孔子何为修之？曰：鲁之《春秋》，一国之史也。欲以一国之春秋，包举列国之春秋，其事不易。当时之史，惟周之春秋最备，以列国纪载皆须上之周室。《史记·六国表》谓："秦既得志，烧天下《诗》《书》，诸侯史记尤甚，为其有所刺讥也。《诗》《书》所以复见者，多藏人家，而史记独藏周室，以故灭。"可见七国时列国之史犹藏周室。孔子之作《春秋》，如欲包举列国之史，则非修周之春秋不为功。然周之《春秋》，孔子欲修之而不可得。鲁为父母之邦，故得修鲁之《春秋》耳。然鲁之《春秋》，局于一国，其于列国之事，或赴告不全，甚或有所隐讳，不能得其实事；即鲁史载笔，亦未必无误。如此则其纪载未必可信，不信则无从褒贬，不足传之后世。以故，孔子不得不观书于周史也。既窥百国之书，贯穿考核，然后能笔削一经尔。

嘉庆时，袁蕙纕据《左传》从赴之言，以为孔子未尝笔削。然此可以一言破之：鲁史以鲁为范围，不得逾越范围而窜易之，使同于王室之史。孔子之修《春秋》，殆如今大理院判案，不问当事者事实，但据下级法廷所叙，正其判断之合法与否而已。《传》曰："非圣人谁能修之？"焉得谓孔子无治定旧史之事哉？乾隆时重修《明史》，一切依王鸿绪《明史稿》，略加论赞。孔子之修《春秋》，亦犹是也。所以必观书于周史者，《十二诸侯年表》云孔子"西观周室，论史记旧闻，兴于鲁而次《春秋》"，"七十子之徒口受其传指。为有所刺讥、褒讳、挹损之文辞，不可以书见也。鲁君子左丘明，惧弟子人人异端，各安其意，失其真，故因孔子史记，具论其语，成《左氏春秋》"。据此可知，孔子观周与修《春秋》之关系浅，与作《左传》之关系深，然自孔子感麟制作，以讫文成，为时亦当一年，更逾年而孔子卒。古之学者，三年而通一艺，《春秋》二百四十二年之事，以授弟子，恐非期月之间所能深通。今观仲尼弟子所著，如《曾子》十八篇，无一言及《春秋》者。太史公云："《春秋》笔则笔，削则削，子夏之徒不能赞一辞。"信矣！盖《春秋》与《诗》《书》《礼》《乐》不同，《诗》《书》《礼》《乐》，自古以之教人；《春秋》，史官之宝书，非他人所素习。文成一年，微言遂绝，故以子夏之贤，曾无启予之效。而太史公又谓七十子咸受传指，人人异端，盖已过矣。诚令弟子人人异端，则《论语》应载其说，传文何其阙如？尝谓《春秋》既成，能通其传指者甚少，亦如《太史公书》惟杨恽为能祖述耳。左丘明身为鲁史，与孔子同观周室，孔子作经，不暇更为之传，既卒而弟子又莫能继其志，于是具论其事而作传耳。

孟子曰："《春秋》，天子之事也。是故孔子曰：'知我者，其惟《春秋》乎！罪我者，其惟《春秋》乎！'"案《说文》，事从史之省声，史所以记事，可知事即史也。《春秋》天子之事者，犹云《春秋》天子之史记矣。后人解《孟子》，以为孔子匹夫而行天子之事，故曰"罪我者其惟《春秋》"，此大谬也。周史秘藏，孔子窥之，而又泄之于外，故有罪焉尔。向来国史实录，秘不示人。明清两代，作实录成，焚其稿本，弃其灰于太液池。以近例远，正复相似。岂徒国史秘密，其凡例当亦秘密，故又曰"其义则丘窃取之矣"，义即凡例之谓。窃取其义者，犹云盗其凡例也。孟子之言至明白，而后人不了其义，遂有汉儒之妄说。夫司马子长身为史官，作史固其所也。班孟坚因其父业而修《汉书》，即有人告私改作国史者，而被收系狱。《后汉书》亦私家之作，然著述于易代之后，故不以私作为罪。《新五代史》亦私家之作，所以不为罪者，徒以宋世法律之宽耳。若庄廷鑨私修《明史》，生前未蒙刑罪，死后乃至戮尸。国史之不可私作也如此，故孔子曰"窃取"、曰"罪我"矣。

孔子之修《春秋》，其意在保存史书，不修则独藏周室，修之则传诸其人。秦之燔书，周室之史一炬无存，至今日而犹得闻十二诸侯之事者，独赖孔子之修《春秋》耳。使孔子不修《春秋》，丘明不述《左传》，则今日之视春秋犹是洪荒之世已。以上论孔子修《春秋》。

《公羊传》云："所见异辞，所闻异辞，所传闻异辞。"此语不然。公羊在野之人，不知国史，以事实为传闻，其实鲁有国史，非传闻也。董仲舒、何休更以所见之世为著太平，所闻之世为见升平，所传闻之世为起衰乱，分春秋二百四十二年以为三世，然公羊本谓《春秋》拨乱世、反诸正，是指二百四十二年皆为乱世也。

僖公经二十八年："天王狩于河阳。"《左传》称仲尼曰："以臣召君，不可以训，故书曰：'天王狩于河阳。'"似传意以此为孔子所修。然《史记·晋世家》称孔子读史记，至文公曰："诸侯无召王。'王狩河阳'者，《春秋》讳之也。"则知此乃晋史旧文，孔子据而录之耳。是故，杜氏以诸称"书""不书""先书""故书""不言""不称""书曰"之类皆是孔子新意，正未必然。惟《赵世家》云："孔子闻赵简子不请晋君而执邯郸午、保晋阳，故书《春秋》曰：'赵鞅以晋阳叛。'"此当为孔子特笔。又，《左传》具论《春秋》非圣人不能修,盖以书齐豹曰盗、三叛人名为孔子特笔。外此,则孔子特笔治定者殆无几焉。《春秋》本史官旧文,前后史官意见不同,故褒贬不能一致。例如《史》《汉》二书,太史公所讥,往往为班孟坚所许,《春秋》之褒贬,当作如是观矣。宋人谓《春秋》本无褒贬,朱晦庵即如此说。则又不然。三传皆明言褒贬,不褒贬无以为惩劝,乱臣贼子何为而惧也?胡安国谓圣人以天自处,故王亦可贬。此又荒谬之说也。晋侯、齐侯,贬称曰人,略之而已,无妨于实事。如称齐伯、晋伯,则名实乖违,夫岂其可?如胡氏之言,孔子可任意褒贬,则充类至尽,必至如洪秀全所为。洪秀全自称天王,而贬秦始皇曰秦始侯,贬汉高祖曰汉高侯,可笑孰甚焉?余意"褒贬"二字,犹言详略,天子诸侯之爵位略而不书,贬云乎哉?

《春秋》三传者,《左氏》《公羊》《穀梁》是也。《史记》称《左氏》曰《春秋》,称《公》《穀》曰传。清刘逢禄据是谓《左氏春秋》犹《晏子春秋》《吕氏春秋》也。刘歆等改《左氏》为传《春秋》之书。东汉以后,以讹传讹,冒名《春秋左氏传》,不知《春秋》固为史书之通称,而传之名号亦广矣。孟子常称"于传有之",是凡经传无不可称传,孔子作《易》"十翼",后人称曰《彖传》《象传》《文言传》《系辞传》是也。《左氏》之初称传与否,今莫能详。太史公云:"左邱明因孔子史记具论其语,成《左氏春秋》。"此谓丘明述传,本以说经。故桓谭《新论》《太平御览》引。云:"《左氏传》于经,犹衣之表里,相持而成。"焉得谓是《晏子》《吕览》之比?盖《左氏》之旨,在采集事实,以考同异、明义法,不以训故为事,本与其余释经之传不同。《春秋》不须训故,即《公》《穀》亦不得训故也。

《春秋经》十二公,何人所题?三体石经今存文公篇题。哀公经又何人所题?是当属左氏无疑。《汉志》:"《春秋古经》十二篇,经十一卷。"此因《公》《穀》合闵于庄,而《左氏》则庄、闵各卷,故《公》《穀》十一,而《古经》十二也。闵公历年不久,篇卷短少,故合之于庄,乃何休则以为"三年无改于父之道"。不以凿乎?

《汉志》:"《春秋古经》十二篇","《左氏传》三十卷"。是经传别行。杜元凯作注,始合经传而释之。昔马融作《周官传》,就经为注。康成注《易》以"十翼"合之于经,皆所以便讽籀耳。《论衡·案书》篇云:"《春秋左氏传〉者,盖出孔子壁中。"而《汉志》称孔壁所得止有《尚书》《礼记》《论语》《孝经》。《说文序》云:"鲁恭王坏孔子宅,而得《礼记》《尚书》《春秋》《论语》《孝经》,又北平侯张苍献《春秋左氏传》。"张苍所献者,是否经传合编,则不可知。今《左氏》经文已经后师用《公》《穀》校改,观三体石经与今本不同可知也。《儒林传》称贾谊为《左氏传训故》,是《左氏传》先恭王坏壁而出,《说文序》云张苍献之是也。

唐赵匡云:"邱明者,盖夫子以前贤人,如史佚、迟任之流,而刘歆以为《春秋左氏传》是邱明所为耳。"案:昔人所以致疑于左氏者,以《左传》称鲁悼公之谥。鲁悼之卒,后于获麟五十年。又称赵襄子之谥,赵襄之卒,更在其后四年。如左氏与孔子同时,不至如此老寿。然考仲尼弟子,老寿者多。《史记·仲尼弟子列传》称子夏少孔子四十四岁,《六国表》称魏文侯十八年受经子夏,时子夏一百一岁矣。至文侯二十五年,子夏一百有八,《魏世家》犹有受经艺之文。假令左氏之年与子夏相若,所举谥号在鲁元初年,其时不过八十余岁,未为笃老也。又《吕览·长利》篇载南宫括与鲁缪公论辛宽语。缪公之卒,上距元公之初五十余年,南宫得见缪公,则何疑于左氏之不逮元公也。刘向《别录》称左邱明授曾申,申授吴起,起授其子期,期授楚人铎椒,铎椒作钞撮八卷,授虞卿,虞卿作抄撮九卷,授荀卿,荀卿授张苍。案:《吕氏春秋·当染》篇、《史记》列传,皆称吴起学于曾子;《檀弓》亦称曾申为曾子。《说苑·建本》篇称魏武侯问元年于吴子,则起受《左氏春秋》于曾申可信。起死在鲁缪公二十七年,去获麟已百岁。《十二诸侯年表》云:"铎椒为楚威王傅,威王元年去获麟一百四十二年。为王不能尽观《春秋》,采取成败,卒四十章,为《铎氏微》。"微者,具体而微之谓,即钞撮是也。《左传》全文十七万字,合经文则十九万字,简编之繁重如此,观览不易,传布亦难矣。《汉志》云:"《春秋》所贬损大人当世君臣,有威权势力,其事实皆形于传,是以隐其书而不宣,所以免时难也。"抑亦未尽之论,恐《左氏》之不显,正为简编繁重之故,此铎椒所以作钞撮也。

《吕氏春秋》《韩非子》诸书多引《左氏》之文,其所见是否《左氏》全文抑仅见铎氏钞撮,今无可征。至《公》《穀》所举事实,与《左氏》有同有异。大概《公》《穀》本诸《铎氏》,其不同者,铎本所无耳。《别录》云铎椒授虞卿，以其时考之，虞卿欲以信陵君之存邯郸为平原君请封，本传。而铎椒为楚威王傅，自楚威王元年至信陵君救邯郸之岁，历八十三年，则卿不得亲受《春秋》于椒。《别录》所述，当有阙夺。又云："虞卿授荀卿，荀卿授张苍。"虞卿相赵，荀卿赵人，自得见之。荀卿适楚而春申君以为兰陵令，春申君死而荀卿废。本传。荀卿废后十八年秦并天下，时张苍为秦御史，主柱下方书。苍以汉景帝五年卒，年百有余岁，本传。则为御史时已三四十矣，其得事荀卿自可信。荀卿之卒，史无明文。《盐铁论》称李斯为相，荀卿为之不食，是荀卿亦寿考人也。苍献《左传》而传之贾谊。今观贾谊《新书》征引《左氏》甚多，其传授分明如此。

桓谭《新论》云："《左氏》传世后百余年，鲁穀梁赤为《春秋》，残略多所遗失；又有齐人公羊高缘经文作传，弥离其本事。"观《公羊》隐十一年《传》称"子沈子曰"，何休云："沈子称子，冠氏上者，著其为师也。"《穀梁》定元年《传》直称沈子，则沈子当与穀梁为同辈，此《公》《穀》后先之证也。柏举之役，穀梁称蔡昭公归乃用事乎汉，公羊则改为用事乎河。盖公羊齐人，知有河而不知有汉，不知自楚归蔡，无事渡河，此公羊不明地理之过也。《史通》讥《公羊》记晋灵公使勇士贼赵盾，勇士见盾食鱼飧，叹以为俭，以为公羊生自齐邦，不详晋物，以东土所贱，谓西州亦然，遂目彼嘉馔呼为菲食，于物理全爽。改一字而成巨谬，斯又《公羊》后出之证也。穀梁常引《尸子》之言，《汉志》云："尸子名佼，鲁人，秦相商君师之，鞅死，佼逃入蜀。"穀梁有闻于尸佼，疑其亦得见《秦记》。《六国表》称《秦记》不载月日，穀梁习闻尸佼之说，见《秦记》之文，故以鲁史之书月日为义例所在矣。殽之役，《穀梁》言"秦越千里之险，入虚国，进不能守，退败其师，徒乱人子女之教，无男女之别，秦之为狄，自殽之战始也。"范宁不能解，杨士勋疏云："'乱人子女'，谓入滑之时纵暴乱也。"案：《史记·扁鹊传》云秦穆公梦之帝所，帝告以"晋国且大乱，其后将霸，霸者之子且令而国男女无别"。夫献公之乱、文公之霸，而襄公败秦师于殽，而归纵淫，与《穀梁》之言合符。盖穀梁得之《秦记》尔。《史记·商君传》："商君告赵良曰：始秦戎狄之教，父子无别，同室而居，今我更制其教，而为其男女之别。"此亦秦师败于殽而归纵淫之证也。至《穀梁》所记，亦有可笑者，如季孙行父秃、晋郤克眇、卫孙良夫跛、曹公子手偻，同时而聘于齐，齐使秃者御秃者，使眇者御眕者,使跛者御跛者,使偻者御偻者。此真齐东野人之语,而穀梁信之。又如宋、卫、陈、郑灾,《穀梁》述子产之言曰:"是人也,同日为四国灾也。"岂以禆灶一人能同日为四国灾耶?

穀梁下笔矜慎,于事实不甚明了者,常出以怀疑之词,不敢武断。荀卿与申公皆传《穀梁》,大氐《穀梁》鲁学,有儒者之风,不甚重视王霸;公羊齐人,以《孟子》有"其事则齐桓、晋文"之言,故盛称齐桓,亦或过为偏护。何休更推演之,以为黜周、王鲁、为汉制法诸说,弥离《公羊》之本义矣。

《公羊》后师有"新周故宋"之说。《公羊》成十六年《传》:成周宣榭灾,"外灾不书,此何以书?新周也。"夫丰镐为旧都,成周为新都。《康诰》曰:"周公初基作新大邑于东国洛。"《召诰》曰:"乃社于新邑。"《洛诰》曰:"王在新邑烝。"新周犹言新邑,周不可外,故书。义本坦易,无须曲解。故宋本非公羊家言,《穀梁》桓公二年《传》:"孔子,故宋也。"孟僖子称孔子圣人之后,而灭于宋。《穀梁》亦谓孔子旧是宋人。新周、故宋,截然二事,董、何辈合而一之,以为上黜杞,下新周而故宋,此义实《公》《穀》所无,由董、何读传文而立。至文家五等、质家三等之说,尤为傅会。《左氏》言:在礼,卿不会公、侯,会伯、子、男可也。《公羊》亦云:《春秋》,伯、子、男,一也。申之会,子产献伯、子、男会公之礼六。《鲁语》叔孙穆子言诸侯有卿无军,伯、子、男有大夫无卿。据《周官》上公九命、侯伯七命、子男五命,即谓公一等,侯伯一等,子男一等;至春秋时,则伯、子、男同等。此时王新制尔。若云素王改制,则子产、叔孙穆子皆在孔子修《春秋》以前,何以已有伯、子、男同班之说?仲舒未见《左氏》,不知《公羊》之语所由来,乃谓孔子改五等以为三等,为汉制法。其实汉代止有王、侯二等,非三等也。

公羊即不见《左氏传》,或曾见铎氏钞撮,故其说亦有通于《左氏》者。如"元年春,王正月",《左氏》云:"王周正月。"王周犹后世之称皇唐、皇宋。谓此乃王周之正月,所以别于夏、殷也。《公羊》云:"王者孰谓?谓文王也。曷为先言王而后言正月?王正月也。何言乎王正月?大一统也。"盖文王始称王、改正朔,故公羊以周正属之,其义与《左氏》不异。乃董仲舒演为通三统之说。如董说则夏建寅、商建丑,必将以二月为商正月,三月为夏正月,不得言王二月、王三月矣。

《公羊》本无神话,凡诸近神话者,皆《公羊》后师傅会而成。近人或谓始于董仲舒。案《公羊》本以口授,至胡毋生乃著竹帛,当汉景帝时,则与仲舒同时也。何休解诂,一依胡毋生条例。盖妖妄之说,胡毋生已有之,不专出董氏也。《公羊》嫡传,汉初未有其人。戴宏之说,全无征验。《论衡·案书》篇云:"公羊高、穀梁寘、胡毋氏皆传《春秋》,各门异户。"夫三人并列,可知胡毋生虽说《公羊》而亦自为一家之学。汉人传《尚书》者,小夏侯本受之大夏侯,后别立小夏侯一家。胡毋生之传《公羊》,亦其比矣。《别录》及《艺文志》但列公、穀、邹、夹四家,今谓应加胡毋氏为五家,庶几淄渑有辨。惜清儒未见及此,故其解释《公羊》总不能如晦之见明,如符之复合也。惟《公羊》得胡毋生而始著竹帛,使无胡毋生则《公羊》或竟中绝,然则胡毋生亦可谓《公羊》之功臣矣。

汉末钟繇不好《公羊》而好《左氏》,谓《左氏》为太官厨,《公羊》为卖饼家。自《公羊》本义为董、胡妄说所掩,而圣经等于神话,微言竟似预言,固与《推背图》《烧饼歌》无别矣。今治三传自应以《左氏》为主,《穀梁》可取者多,《公羊》颇有刻薄之语,可取者亦尚不少,如内诸夏、外夷狄之义,三传所同,而《公羊》独著明文。又讥世卿之意,《左》《穀》皆有之,而《公羊》于尹氏卒、崔氏出奔,特言世卿非礼。故读《公羊传》者,宜舍短取长,知其为万世制法,非为汉一代制法也。

(王乘六、诸祖耿记,孙世扬校,《章氏国学讲习会讲演记录》1935年第3、4期)

吴学甄微
贝　琪

溯　源　第　一

古者治教未分，官师合一，学主于官，官守其书。周衰道微，处士横议，仲尼思挽叔季之颓，用修废坠之业，删定六艺，著以为经，大义微言，准则万世。秦政一天下，变革古制，患博士儒生相与非议，燔五经之文，设挟书之禁，由是旧时学术，一时销匿不张，虽秘隐或存，亦已微矣。汉兴，典籍出于灰烬之余，抱残守缺之士，各进所传，而于异文逸说，则莫绎其全焉。诸儒考订稽核，补苴罅隙，张惶幽邈，其说皆递相师承，不为向壁虚造，大势所迫，风会所趋，故两汉间训诂之学特盛。然及其流弊，不务守大体，破辞害义，卑卑于文字章句之末，而于一经之宏旨转昧焉。魏晋以降，继世推移，或胶于旧说，坚固罕通，而笃守师承，抱持未坠。宋儒说经不信注疏，务反古训而探索新义，遂多纯任主观，武断事实，其说亦有突过前人者，而蹈于玄虚，驯至自立伪证，移经就己，则大谬生矣。夫汉学之所以征实不诬，在重家法，守专门，宋儒既无家法、专门之传授，又薄章句、训诂之牵拘，本实先拨，歧途自迷，固其宜也。元明株守宋说，所得益陋。逮满清入主中夏，而学风于以丕变。清初诸儒，重考据兼明义理，汉宋兼采之学也。乾嘉间说经者皆主实证，不轻下己意，蔑弃宋诠，独标汉帜，博名物，穷训诂，弟子景从，讲诵不绝，则粹然汉儒家数矣。其间区以地域，俨如具门户、著学统者凡二派，曰东吴学派，曰皖南学派，而尤以吴派为笃信汉说，锐意复古，于一代学风之开拓有大力焉。

析流第二

　　吴派经学开宗者为惠定宇，栋。定宇之先有何义门、焯。陈少章景云。等，杂治经史文辞，皆尚通洽，然未能成宗派也。定宇承其祖元龙、周惕。父天牧士奇。家学，益覃精经术，崇尚汉儒，世称吴中三惠。由是壁垒森严，承其绪者甚众，而同邑江艮庭、声。余古农、萧客。嘉定王西庄、鸣盛。钱竹汀大昕。最为嫡传，余如吴江沈果堂、彤。阳湖孙渊如、星衍。洪稚存亮吉。辈亦转相号召，流衍益广。艮庭弟子中有元和顾千里、广圻。甘泉江郑堂、藩。郑堂亦就学萧客，撰《国朝汉学师承记》，清儒流派，昭然可稽。自是流风所被，大江南北，以次兴起。长洲褚鹤侣、寅亮。江都汪容甫、中。高邮李孝臣、惇。武进臧拜经庸。等亦标汉学之帜，皆吴派之支与流裔也。道咸以下，常州今文学派崛起，而吴学寖衰微，末流肤受，震于新异，刊落训诂，徒长虚骄。吴中曹叔彦元弼。独谨守朴学，笃志述汉，丕振坠绪，号东南大师，为鲁灵光，惜其说泥拘不化，而禀师承以不贰者亦几几衰息矣。呜呼！班固之言曰："惑者失精微，而辟者又随时抑扬，是以五经乖析，儒学日微，此辟儒之患。"方今滔滔者流，皆辟儒之亚耳，班氏所诮，宁独见议于汉世哉？

惠氏第三

　　夫辨章学术，考镜源流，咸有从入之途。汉儒通经，或寻条理，或守专门，故所造纵有不同，而俱足以名家。惠氏周惕、士奇，父子专经，栋受家学，益弘其业，以强记博览为入门，以尊古、守家法为究竟，其治经要旨，谓："当以汉经师说与经并行，古训不可改，经师不可废。"则纯宗汉儒之守专门者也。

　　惠氏说经，莫邃于《易》。按：《易》自孔子殁后，得其传者独称商瞿。秦燔诸经，而《易》以卜筮之书，得未波及，传受者不绝也。汉时，齐田何至丁宽凡一传，宽作《易说》三万言，训故举大义而已，不言阴阳灾变也。宽传田王孙，王孙传施雠、梁邱贺，由是《易》有施、梁邱之学，是为《易》

之正传。东海孟喜亦从田王孙受《易》，传《易》家候阴阳灾变书，谓师田生且死时，枕喜膝，独传喜，而同门梁邱贺辈咸目喜为诞诈也。然孟喜之学，虽与施、梁邱等所传不同，要为田王孙之所自出，独东郡京房之《易》为别出，房事梁人焦延寿，延寿著《易林》十六卷，其书以一卦演六十四卦，总四千九十六卦，各系以繇词，文句古奥，汉《易》之流为术数，自此始也。京房说《易》，长于灾变，分六十四卦更直日用事，以风雨寒温为候，各有占验，而其推衍更精于延寿，由是《易》有京氏之学。京氏《易》于东汉特盛，言占候者皆宗之。于时民间复有费直、高相二家之说，以《彖》《象》《系辞》十篇文言解说上下经，亡章句，为《易》古文之学。故综汉儒论《易》之说，凡分两派：一派训故举大谊，如丁宽以至费、高皆是也；一派阴阳候灾变，则孟喜、京房之流是也。东汉末，北海郑玄初从第五元受京氏《易》，又从扶风马融受费氏《易》，故所学出入两家，然要其大旨，费义居多。同时颍川荀爽以硕儒作《易传》，据爻象承应阴阳变化之义，以十篇之文解说经意，亦宗费氏而言消息。自是费氏兴而京氏亦衰。晋王弼援老庄之说以论《易》，阐明义理，自标新学，而吴士之善《易》者，曰会稽虞翻、吴郡陆绩。翻先世本治孟氏《易》，而绩之注则采诸《京氏易传》者为多。嗣后弼注盛行，诸家皆废。丁、费、孟、京之说，传者都绝矣。宋儒以道教丹鼎之术附会《易》说，谬戾更甚。惠氏生千数百年之后，力矫王弼以下空言说经之弊。士奇撰《易说》六卷，以为："《易》者，象也。圣人观象而系辞，君子观象而玩辞，六十四卦皆实象，安得虚哉？""汉儒言《易》，孟喜以卦气，京房以适变，荀爽以升降，郑玄以爻辰，虞翻以纳甲，其说不一，而指归则同，皆不可废。"征引赅备，顾不免失之于杂。定宇承父之说，精研三十年，引伸触类，益能贯通其旨，乃追考汉儒《易》学，掇拾绪论，以见大凡，为《易汉学》八卷，凡《孟氏易》二卷、《虞氏易》一卷、《京氏易》二卷、《郑氏易》一卷、《荀氏易》一卷，其末一卷，则定宇发明汉《易》之理，以辨正宋儒河洛说之妄者也。又自为解释，成《周易述》二十三卷，以荀爽、虞翻之说为主，而有不通者，则参以郑玄、宋咸诸家之说，约其旨为注，演其义为疏，持论尤精警者，如孔颖达《正义》据马融、陆绩说，以爻辞为周公作，与郑学异。其所执者，明夷六五云"箕子"，升六四云"王用享岐山"，皆文王后事，论者不能夺也。

独定宇引《春秋传》《禹贡》《尔雅》,以证"王用享岐山"之为夏后氏,而非文王,而箕子明夷则用汉赵宾之说,疏通证明之,皆敢为异论者也。自是清儒论《易》家多信孟、京,其端实自惠氏启之。然定宇辑汉儒《易》说之动机,原由于不满魏晋以后之《易》书,故所贡献,在搜讨之勤,使久坠之汉儒学说复呈于吾人之前,而谓其有功《易》道则未必也。盖汉人纳甲、爻辰、卦气诸说之矫诬,在无汉宋成见者观之,初不亚于先天太极、河图洛书,左右佩剑,庸有异乎?而定宇于宋儒则攻之不遗余力,于汉人则崇之惟恐不至,此过信之失也。且杂采孟、虞、京、郑、荀诸氏之说,而统曰汉学,亦殊未当。汉儒说《易》,各具家数,势不尽合,兼收并蓄,无所去取,又岂能真谓专门之学耶?故高邮王伯申引之。评之曰:"定宇先生考古虽勤,而识不高,心不细,见异于今者则从之,大都不论是非。"仪征刘申叔师培。评之曰:惠氏"执注说经,随文演释,富于引申,寡于裁断"。夫不问是非,见异于今则从之。以此治学,安能通方?故惠氏说《易》,所造亦未必宏也,不过区分畛域,使学者得以考见汉儒之学说,厥功诚不可泯耳。

惠氏说《易》诸书外,于《书》《礼》《春秋》均有论及。元龙撰《诗说》三卷、《春秋问》五卷、《三礼问》六卷,其说《诗》尤解人颐,博而不芜,辨而不诡于正。大旨谓:"大小雅以音别,不以政别。"谓:"正雅变雅,美刺杂陈,不必分'六月'以上为正,'六月'以下为变,'文王'以下为正,'民劳'以下为变。"谓:"周、召之分判,郑笺误以为文王。"谓:"天子诸侯均得有颂,鲁颂非僭。"其言率有依据。天牧撰《礼说》十四卷、《春秋说》十五卷,其论《周礼》曰:"《礼经》多出屋壁,多古字古音。经之义存乎训,识字审音,乃知其义,故古训不可改也。康成注经,皆从古读,盖字有音义相近而讹者,故读从之。后世不学,遂谓康成好改字,岂其然乎?康成三礼,何休《公羊》,多引汉法,以其去古未远,故借以为说。贾公彦于郑注多不能疏,其字亦不尽识,辄曰'从俗读',甚非'不知盖阙'之义。夫汉远于周,而唐又远于汉,宜其说之不能尽通也,况宋以后乎?周秦诸子,其文虽不尽雅驯,然皆可引为《礼经》之证,以其近古也。"其论《春秋》曰:"《春秋》三传,事莫详于《左氏》,论莫正于《穀梁》。韩宣子见《鲁春秋》曰:'周礼尽在鲁矣。'然则《春秋》本《周礼》以记事者也。《左氏》

褒贬,皆春秋诸儒之论,故记事皆实,而论或未公。《公羊》不信国史,惟笃信其师说,师所未言,则以意逆之,故所失尝多。要之,《左氏》得诸国史,《公》《穀》得之师承,虽互有得失,不可偏废。"其言至公允也。定宇于《礼》撰《明堂大道录》八卷、《禘说》二卷,谓:"禘行于明堂,明堂法本于《易》。"又撰《古文尚书考》二卷,继太原阎百诗若璩。之业,考订东晋晚出之二十五篇为伪,而以郑玄所传之二十四篇为孔壁真古文,其说较阎氏益为慎密。自是晚出《古文尚书》之伪乃为定谳,皆持论至精者也。善夫钱大昕之称曰:"惠氏所得,拟诸前儒,当在何休、服虔之间,马融辈不及也。"所言或不无过论,顾亦庶几不远者矣。

江余第四

惠栋弟子最著者,曰江艮庭,曰余古农,皆亲炙惠氏,笃守师承不变者也。艮庭所长在《书》,亦兼治《说文》。古农则杂研诸经古训,为摭拾校勘之学。艮庭作《尚书集注音疏》十二卷,用力颇勤。按:《尚书》伪古文自阎百诗及惠定宇等考定后,唐贞观时根据《孔传》所作之《正义》,当然价值低落,于是《尚书》乃有另作新疏之必要,艮庭此书,即应此要求而出者也。其体例系取《书》传所引《汤征》《泰誓》诸篇逸文,按《书》序入录,又采《说文》、经子所引《书》古文本字,更正秦人隶书及唐时改易古字之谬,辑郑玄之注,并汉儒逸说,参以己见为之疏,末附《尚书集注音疏述》,对于《尚书》传注之变迁与今古文之纠纷,叙述颇明晰。自述作书之大意,曰:"唐贞观间诏儒臣纂《五经正义》,孔颖达辈误以梅赜所上之《书》为壁中古文而为之正义,反斥郑氏所述之二十四篇为张霸伪造,斡弃周鼎而宝康瓠,由是孔氏之古文亡,而郑氏三十四篇注亦与之偕亡矣。呜呼!《尚书》之厄,一至于此哉!声窃悯汉学之沦亡,伤圣经之晦蚀,于是翻阅群书,搜拾汉儒之说,参酌而辑之,更傍采他书之有涉于《尚书》者以益之,皆以己意为之疏,以申其谊。"又曰:"吾师惠定宇先生《周易述》融会汉儒之说以为注,而复为之疏,其体例固有自来矣。声不揆梼昧,综核经传之训故,采摭诸子百家之说与夫汉儒之解以注《尚书》,言必当理,不敢衒奇,谊必有征,不敢欺世,务求惬心云尔。顾自唐宋以来，汉学微甚，不旁证而引伸之，尟不以为孟浪之言，奚以信今而垂后？则疏其弗可以已也矣。"由前之说，可见江氏著书之动机；由后之说，可见江氏治学之态度。惠派学者皆笃守汉说，故此书立意模仿定宇之《周易述》，大体皆以汉儒之言为主，其搜讨之宏博，信足以扶翼马、郑也。

艮庭治《说文》亦极精审，病后世深求考老转注之义，至以篆迹泥之。著《六书说》一卷，谓："建类一首，即始一终亥五百四十部之首也。"时治小学者多以为允，独皖南学派开宗者休宁戴东原震。氏疑之，谓："贯全部则义太广。"乃折之曰："若止考老为转注，不已隘乎？且谐声一义，不贯全部乎？"艮庭与戴氏以学相重，其和而不同如此。厥后艮庭孙子兰沅。亦精研《说文》，金坛段懋堂玉裁。作《说文解字注》，多所商榷。尝以《说文》五百四十部从段氏《音韵表》十七部编之字为之注，凡段氏之讹者，加驳正焉，惟全书卷帙繁重，未克付梓，今传者仅《说文释例》二卷耳。

古农从定宇问学前，尝精研《尔雅》，作《尔雅旧注疏》未就，成《注雅别钞》八卷，专攻陆佃、罗愿之误。其后质之定宇，定宇谓："陆氏乃安石新学，罗亦非有宋大儒，均不必辨。子读书撰著，当务其大者远者。"古农闻之瞿然，自是于宋以下说经书不屑措意，探索古训，深有所获。念唐以前经说颇多阙遗，欲求补之，乃翻览训典，兼及类书，有可采摘，即付之楮翰，岁月积久，篇帙略备，乃依经文诠次，为《古经解钩沉》三十卷，其体例一仍定宇之《九经古义》，凡《叙录》一卷、《周易》二卷、《尚书》三卷、《毛诗》二卷、《周礼》一卷、《仪礼》二卷、《礼记》四卷、《左传》八卷、《公羊》《穀梁》《孝经》《论语》各一卷、《孟子》二卷、《尔雅》三卷。《叙录》备述唐以前诸儒名氏及其已佚之书名，《周易》以下各卷则掇次古谊，然其间多寡，亦微有准绳，辞采丰蔚，则掇其菁英，一二仅存，则随条备录，兼注所引书名卷第，以示不由臆撰。并以北宋精本参校前明监版之讹舛，于辑佚之外，兼及校勘，扶微攗绝，厥功甚伟也。惟辑搜虽勤，而疏落之处亦多，故戴东原氏评之谓："有钩而未沉者，有沉而未钩者。"虽然，古农以一介寒儒，生平读书，皆有资于借钞，居然博稽广核，成此巨著，则非有不懈之毅力，乌克臻此？其搜讨之未完备，则地位与资力限之也。江郑堂曰："戴震谓《古经解钩沉》有钩而未沉者,有沉而未钩者。夫沉而未钩,诚如震言,若曰钩而未沉,则震之妄言也。今核考其书,岂有是哉?惟皇侃《论语义疏》,其书出于著《钩沉》之后,且为足利赝鼎,何得谓之钩而未沉者乎?藩为先生受业弟子,闻之先生曰:'《钩沉》一书,汉、晋、唐三代经注之亡者,本欲尽采,因罹危疾,急欲成书,乃取旧稿,录成付梓,至今欿然也。'"观郑堂之言,讥之者当可谅然矣。

古农亦精《文选》之学,所著有《文选纪闻》三十卷,《杂题》三十卷,《音义》八卷,皆博洽之作,为艺林所珍重云。

钱氏第五

自江艮庭、余古农外,其亲炙惠氏之教者,有王西庄等;其服膺惠氏之说者,有钱竹汀等。然钱、王之学,揆其意趣,实与三惠稍异其趋。尤以钱氏为甚。盖益推其术以治史,不拘拘于说经矣。

竹汀初从沈归愚,属文辞,蜚声吴中,既忽弃置不为,以为此徒绣其鞶帨耳。于是闳览群籍,勉为博洽之儒,故所造就,不专一家,举凡经史、金石、算术无不通达,而其重要之贡献,则在于史之校勘,尝谓:"史之难读久矣,二十二家之书,文字烦多,义例纷纠,地则今昔异名,侨置殊所,官则沿革迭代,冗要逐时,欲其条理贯串,了如指掌,良非易事。"因作《二十二史考异》,稽核典实,校正文字,识趣甚精。其自序曰:"史非一家之书,实千载之书,祛其疑乃能坚其信,指其瑕益以见其美,拾遗规过,匪为龂龂前人,实开导后学。然如考古者拾班、范之一言,摘沈、萧之数简,兼有竹素烂脱,豕虎传讹,由校书者之陋,非作史者之愆,而皆文致小疵,目为大创,驰骋笔墨,夸曜凡庸,予所不能效也。更有空疏措大,辄以褒贬自任,强作聪明,妄生疻痏,不卟年代,不揆时势,强人以所难行,责人以所难受,陈义相高,居心过刻,亦予所不能效也。"其言至为公允。盖竹汀一本实事求是为治学之态度,言必有征,不务泛论。故《考异》虽仅采掇旧闻,辨析同异,有近于摭拾之学,而加惠后儒,固胜于枵腹空谈者万倍也。钱竹汀氏于元史之学,实为有清一代首出之名家。按明纂《元史》,芜漏实甚,竹汀尝有志改修,未果。得旧时史料《元朝秘史》，因刊行之。《秘史》叙蒙族初起兼并诸部落事，极为详确，可证宋濂《元史》之误，徒以译文质朴，悉用当时元人俚语，明初修史诸臣，鄙弃不加留意，任其湮没。竹汀既得《秘史》旧本，稽考内容，乃知此为可据可宝之史料，并考出其中与《元史》不合之各事，毅然认为彼误而此信，其识断之明决为何如。所著书涉及《元史》者，于《二十二史考异》中《元史考异》外，尚有《辽金元史拾遗》五卷、《补艺文志》四卷、《补氏族表》三卷，而《补氏族表》尤为生平精力所萃，其《表》盖据陶宗仪氏《辍耕录》所载蒙古七十二种、色目三十一种，而分列表晰之，属稿时，于前代史料之有关元事者，旁搜远绍，正史、杂史外，兼及碑刻、文集，考其得失，审其异同，用力几及三十年，可谓勤矣。

竹汀亦深于音韵、历算之学，颇多心得。如论反切七音，皆甚精卓，一洗雷同剿说之谈。金石文跋尾等专核金石，各有发明，间出大兴翁覃溪、方纲。镇洋毕秋帆沅。诸家之外。《疑年录》考核汉末至清重要学者之生卒年月，惜未完备。又成《恒言录》十卷，纂辑成语，分门排列，一一详其出处，为今人纂《辞源》之所本。其书虽无关宏旨，然吴派学者好为支支节节之搜求，故科条详密，亦从可知矣。

竹汀之弟曰竹庐，大昭。亦淹通经史，著述甚富，惟刊行者仅《后汉书补表》八卷而已。从子溉亭塘。精天算，十兰坫。精舆地，余如亦轩、东垣。小庐、绎。赵堂侗。辈，皆渊源家学，各有撰述，一门景从，蔚为东南之望焉。

王　氏　第　六

西庄之学，与竹汀极相似，皆标揭汉学之名，而所长则在于考订史事，然有微不同者。竹汀治学之精神虽一本惠氏，而绝不类西庄之主张墨守，观其言"学问乃千秋事，订讹规过，非訾毁前人，实嘉惠后学"之语，可知其并不过信古人，而西庄则胶执古训，守一家之言，不能越惠氏之藩篱而自抒其心灵，故竹汀可谓与三惠歧其趋矣，而西庄则虽移其术以治史，固与江艮庭、余古农辈异途而同归者也。

西庄尝论治经与治史异同之点，为一生治学之核心，其言曰："读经之法与读史小异而大同,何以言之?经以明道,而求道者不必空执义理以求之也,但当正文字、辨音读、释训诂、通传注,则义理自见,而道在其中矣。史以纪述,读史者不必以议论求法戒,而但当考其典制之实,不必以褒贬为与夺,但当考其事迹之实,亦犹是也,故曰同也。若夫异者则有矣,治经者断不敢以经驳经,而史则虽子长、孟坚,苟有所失,无妨箴而砭之,此其异也。抑治经者岂特不敢驳经而已,经文之艰奥难通者,若于古传注凭己意择取融贯,犹不免于僭越,但当墨守汉人家法,定从一师而不敢他徙,至于史则于正文有失,尚加箴砭,遑论裴骃、颜师古一辈乎?其当择善而从,无庸偏徇,固不待言矣。"此种论调,最足代表吴派治学之宗旨。盖读经但当遵守汉人之家法,其敢指斥者,则目为信道不笃,自惠氏元龙、天牧、定宇以至西庄,皆一贯此精神而不变者也。西庄尝作《尚书后案》三十卷,极力搜罗郑氏遗注,积三十六年始成完书,裁成损益,征引博繁,惟胶执古训,守一家之言,而不能自抒其性灵。自序言:"予于郑氏一家之学,可谓尽心焉而已,若云有功于经,则吾岂敢。"其言非自谦也。夫本此态度以治经,不问是非,一意遵守,充其量不过为汉人之忠仆而已,奚足贵哉?而其治史则取择善以从之旨,故所得转优于经。尝汇录校读史书时所札记之质料,成《十七史商榷》一百卷,主于校勘文字,补正脱讹,审事迹之虚实,辨纪传之同异,最详于舆地、职官、典章制度,独不喜参以评议,以为:"书生胸臆,每患迂愚,即使考订之已详,而议论褒贬犹恐未当,况其考之未确者哉?学问之道,求于虚不如求于实,议论褒贬,皆虚文耳。作史者之所记录,读史者之所考核,总期于能得其实焉而已矣。"又撰《蛾术编》百卷,分《说录》《说字》《说地》《说制》《说人》《说物》《说集》《说刻》《说通》《说系》十目。钱竹汀评之谓"仿王深宁、顾亭林之意,而援引尤博赡"云。

江藩 第七

惠氏三世之学,皆确宗汉诂,以掇拾为主。定宇研经,尤能覃抉奥义,其说《书》、说《易》、说《礼》之作,莫不根究古训,扶植微学,笃守而不疑。厥后掇拾之学,传于余古农,《尚书》之学,则江艮庭得其传,故余、江之书,言必称师。郑堂受业古农,兼事艮庭,笃信师说,可谓得惠氏之正传矣。

郑堂所著书,以《国朝汉学师承记》为最著,其中,辨析吴、皖派别,持之甚严,由是汉儒家法之承受,清代经术之源流,厘然可考。顾标揭汉学之名,仁和龚定庵自珍。等咸不谓然,定庵贻笺诤之曰:"大著读讫,其曰《汉学师承记》,名目有十不安焉,改为《国朝经学师承记》,敢贡其说:夫读书者实事求是,千古同之,此虽汉人语,非汉人所能专,一不安也。本朝自有学,非汉学,有汉人稍开门径而近加邃密者,有汉人未开之门径,谓之汉学,不甚甘心,不安二也。琐碎钉饾,不可谓非学,不得谓汉学,三也。汉人与汉人不同,家各一经,经各一师,孰为汉学乎?四也。若以汉与宋为对峙,尤非大方之言,汉人何尝不谈性道?五也。宋人何尝不谈名物训诂?不足概服宋儒之心,六也。近者有一类人,以名物训诂为尽圣人之道,经师收之,人师摈之,以诬汉人,汉人不受,七也。汉人有一种风气,与经无与,而附于经,谬以禅灶、梓慎之言为真,因以汩陈五行,矫诬上帝为说经,《大易》《洪范》,身无完肤,虽刘向亦不免,以及东京内学,本朝人何尝有此恶习?本朝人又不免矣。八也。本朝别有绝特之士,涵泳白文,创获于经,非汉非宋,亦其是而已矣,方且为门户之见者所摈,九也。国初之学,与乾隆初年以来之学不同,国初即不专立汉学门户,大旨欠区别,十也。有此十者,改其名目,则浑浑圜圜,无一切语弊矣。"郑堂不肯从。同时甘泉焦里堂循。亦有异议,桐城方植之东树。且作《汉学商兑》,以为反唇之讥,门户角立,盖自此始矣。

郑堂于《汉学师承记》外,又成《宋学渊源记》三卷,分北学、南学、附记,共若干人,更裁取诸儒撰述中之专精汉学者,仿唐陆德明《经典释文》传注姓氏之例,成《国朝经师经义目录》一卷。义旨严正,文词茂美,虽间或失之颟顸,然能甄择无泛爱。如吴江陈长发启源。说《诗》"西方美人"一言不善,即削其姓氏不录。而《宋学》所载,止穷檐苦行,摈南方浮华士,其体例亦甚谨严也。

郑堂他著,于《易》有《周易述补》,申定宇之誊义,于乐有《乐县考》,稽古时之典制,于小学有《尔雅正字》《尔雅小笺》,厘别形声,亦极详备,皆有功后学者也。

曹氏第八

自汉学昌明，特识之士，皆疲精殚思于析名辨物、梳文栉字之间。二百年来，硕儒大师，且有倾毕生之力于一经一义者，是固无益于人国，而为群经忠仆，使后此治国学者省无量精力，其功亦不可诬也。然道穷则变，逮其晚季，江之南，淮之北，虽犹有承学方闻之彦，谨守摭拾校勘之学，标揭汉帜，以为说经之正宗者。然精华既竭，泄发无余，鲜深识玄解，未能竞胜前儒。末学小生，稍习章句，违于别择，昧厥源流，亦傍依门户，辗转稗贩，说经至此，盖穷而欲变矣。于是西汉今文派说崛起常州，摧拉贾、马、许、郑之说，以微言大义相矜，然恢诡诪谬，逞臆为谭，往往支离穿凿，不能自完其说也。吴县曹叔彦氏不为俗流所动，禀承三惠、江、余、钱、王、江藩诸儒之学，探赜索隐，确守许、郑，研习之精，当世罕俪，盖庶几东吴学派之殿。

叔彦治诸经皆能贯通，而尤邃《易》《礼》。其读《易》初据虞氏义，意深辞奥，都不能解，乃批览定宇《周易述》，觉文从字顺，心无窒碍，以之参证虞氏，悉得其旨，故说《易》一宗汉儒，而力袪求象太过之弊。所著有《周易学》七卷，融会众说，集其大成，而叙次诸家得失，允执厥中。尝言："《易》含万象，经文时一及之，诸儒有说有不说，当并存之也。"于近人之说《易》者，谓："惟惠定宇及张皋文、惠言。姚仲虞配中。三家为善，所言不背经旨。"又撰《周易郑注笺释》《周易集解补释》等书，皆精当不刊，足以传之名山，汉《易》至此，盖炳炳矣。

叔彦治三礼最有心得，自谓："沉研钻极，积精覃思，盖有年月，视听言动，悉范乎礼，进德修业，卓然人师，当与并世好学之士共甘之。"其所撰述，若《礼经校释》《礼经纂疏》等，皆贯串经传，体大思精，于济阳张稷若、尔岐。绩溪胡竹村、培翚。仪征阮云台元。诸氏以外，别成一家言者也。生平最服膺郑玄，尝曰："先师郑君康成作六经注义，穷理尽性，而三礼之学，尤集大成，即以十七篇注论，今文古文，各求其是，二戴别录，必从其长，本《周礼》以提其纲，引《戴记》以阐其义，参之以《易》《书》

《诗》《论语》《孝经》以观其会通,考训诂,捃秘逸,转相发明,定一义而全经贯,起一例而众篇明,吉凶常变,各止其科,辞所不及,通之以指,辨记传之讹,正旧读之失,案图立文,举今晓古,若网在纲,如晦见明,其学实为天下儒者宗。"顾叔彦虽笃守康成,而亦未尝无择别之意,故其言又曰:"注者,所以解经,治经为经也,非为注也。苟后人之说果是,郑君之说固未是,何必唯郑之从?且从善服义者,君子之心也,屈经以就传,学者之惑也。郑君之意,在经义之明,不在己说之申。苟其说果有未合于经者,方深望后人之弥缝其阙而匡救其违,又何必反为之曲护也?"此其言之明允为何如乎?而惜乎曹氏之未能实践厥言,其释《礼》之一字一义,莫不呻吟康成,是其所是,非其所非,不敢越藩篱一步,宜乎有识者之谓其泥拘而不化也。

友裔第九

吴派经学,自惠氏三世开其先,江、余、钱、王昌其焰,郑堂以下衍其传,家派宗法,确然以立。由是朝野上下有志学术者,承流向风,奚可悉数,其尤著称者,于乾嘉时期有沈果堂、褚鹤侣、王兰泉、昶。吴客槎、凌云。洪稚存、孙渊如、臧拜经、金璞园、曰追。费在轩、士玑。李孝臣、宋爬园、绵初。程东治、际盛。李许斋、赓芸。王南陔绍兰、辈。于道光时则有顾千里、陈恬生、瑗。朱咀露、右曾。王实斋、聘珍。赵宽夫、坦。李天彝、贻德。臧眉卿寿恭、辈。虽所造未能大宏,而尊经笃古,渊乎汉训是则,皆确然有所建树,为吴派之支干扶翼者也。今略撮其学谊,论列于江藩、曹氏以下,非敢先后倒置也,比观汇述,用便省览故也。

果堂之学,长于《礼》,而尤精《周官》,尝谓:"官之命者必有禄,禄必称其爵而量给于公田,是《周官》法制之大端,其等与数之相当,在当时固彰彰可考也。自司禄籍亡,先后郑注专取诸《王制》,而本经之禄秩以晦。迨欧阳修发官多田寡,禄将不给之疑,而周制几无复显。"因撰《周官禄田考》,都凡三篇,曰《官爵数》,曰《公田数》,曰《禄田数》,义例颇为慎密。《四库提要》评之,谓:"于郑、贾注疏以后,可云特出。"亦足想见其价值矣。夫《周官》一书,为考周制者所据,然大为浅学者所疑,安断其出于汉人之伪造,果堂以实制而考订之,亦吴派学者笃信古义之色采也。其所用方法,凡田、爵、禄之数,不见于经者则求诸注,不见于注者则据经起例,推阐旁通,补经所无,又岂平庸无识地者所能为乎?他著尚有《仪礼小疏》《尚书小疏》《春秋左氏传小疏》等书,则得失互见,且俱未成完书,故不论云。

鹤侣治经,亦邃于《礼》,研事者几三十年,乃确知郑康成注之可从,而元敖君善之说之无据,乃著《仪礼管见》三卷,谓:"宋人之说经,每好标新立异,弁髦古注,惟《仪礼》为朴质之书,空谈义理者不能措辞,故郑氏旧义未为异说所汩,至元敖氏理董之,虽云采先儒之言,其实自注疏而外,皆逞私臆,专攻高密,学者苦注疏之难读,而喜其平易,遂入其彀中而不悟。"疏通证明,敖氏之说以摧,虽好辩者亦莫能致其喙也。兼精天文历算,长勾股和较诸法,钱竹汀亦服其精审。又成《公羊释例》三十篇,谓:"三传仅《公羊》为汉学,孔子作《春秋》,本为后王制作,訾议《公羊》者,实违经旨。"其言为后来常州今文学派之所宗,然支离附会、变本加厉之说,则亦非褚氏之所知也。

王兰泉氏为惠定宇弟子,故治学一遵汉人之说,《诗》《礼》宗毛、郑,《易》学荀、虞,然发明绝鲜,故于经学上之贡献,殊为寥寥。所著书除文集、地志外,大都金石、笔记之类,虽亦有关涉史事,可资参稽者,顾亦微矣。惟以达官贵显而提倡朴学,四方学人,景仰者颇多,故其功不在研经之覃精,而在为经学之羽翼耳。

吴客槎氏专精小学,而说经则纯宗汉儒。尝取十三经、《释文》,最录其文字、声音、训诂之互异者,剖析其义类,折衷许书,实事求是,不苟依傍前贤,亦不妄与前贤驳难。惜未及完稿而殁,然即其成书者观之,皆简质精卓,辞达而理举,且多阐发前人未宣之秘云。

洪稚存,著述极富,文章行谊,俱为当世所重。于经,深《春秋》,以杜元凯注《左氏传》,训诂既有刺谬,地理又多舛误,乃撰《春秋左氏传诂》二十卷,纠正旧文,折衷至当,而于杜注地理之误者,博摭司马彪、京相璠等残文遗简,以相诘难。又辑三传古义,成《公羊》《穀梁》二卷。于六书,通谐声,谓:"古之训诂,即声音辗转相训,不离其初。"又曰:"求汉魏人之训诂而不先求其声音,是舍本而逐末。"乃作《汉魏音》四卷,专考汉魏声音，所据材料，大都以当时人传注为主，复次转互之训，成《六书转注录》十卷，依《广雅》例，成《比雅》十卷，皆例严思精者也。然洪氏之最大贡献，实在于古地理之研究，尝仿《宋书·州郡志》作《补三国疆域志》二卷，于要害争夺之可考者，著于郡县下。又以东晋疆志与实土广狭不同，侨置名目，益多混淆，且有不详其地者，乃作《东晋疆域志》四卷。复依其例，杂采诸史，撰《十六国疆域志》十六卷，皆补正旧史之缺略者也。此外《晓读书斋杂录》八卷，《传经表》《通经表》各二卷等，亦精谛之作，皆加惠后学者云。

孙渊如与洪稚存齐名，淹贯经史，长于校勘，生平致力最勤之书，曰《尚书今古文注疏》，自序述作书之大旨曰："兼疏今古文者，仿《诗疏》之例，毛、郑异义，如其说以疏之。史迁所说，则孔安国故，《书大传》则夏侯、欧阳说；马、郑《注》则本卫宏、贾逵孔壁古文说。皆有师法，不可遗也。今古文说之不能合一，犹三家《诗》及三传难以折衷。至晋以后，乃用李斯别黑白、定一尊之学，独申己见，自杜预之注《左氏》、王弼之注《易》、郭璞之注《尔雅》滥觞也。"故此书所长，即在能分清今古文之界限，不相混淆，较艮庭、西庄之书，尤为厘然有序，故治《尚书》之学者，莫不视为最完善之本焉。至渊如对于古书校注、辑佚之功，尤不可没，所辑如《孔子集语》《燕丹子》《尸子》《晏子春秋》等，皆其成绩之较著者也。

与孙渊如、洪稚存辈同时者有臧拜经，拜经之曾祖曰玉琳，琳。精《尔雅》《说文》，谓："不识字何以读书，不通训诂何以明经，后儒注经，疏于校雠，多讹文脱字，致失圣人之本意。"因作《经义杂记》三十卷，会萃唐以前诸儒之说，辨其离合，咸有确证，非由臆决。拜经笃守先说，而剖析尤极精微。尝拟《经义杂记》为《拜经日记》八卷，虽不过为短条之札记，然其中不乏考核缜密、精审过人之处。生平稽古甚勤，故辑古之书亦多，《子夏易传》《韩诗遗说》等，其最著者也。

金璞园氏为王西庄入室弟子，研治质学，好古而具深识。其于诸经注疏，悉心校雠，并有成书，汇刊之曰《十三经注疏正讹》，就中《仪礼正讹》十七卷，博采众说，详加考定，折衷至当，取较诸家所得，盖不啻数倍之云。

费在轩亦受业西庄之门，得其指授，所造甚深，而尤邃于《礼》，三礼注疏之同异，言之历历如指掌，兼治汉《易》，并有发明，故西庄尝称之曰："吾门下士以金子璞园为第一，费子在轩次之。"盖见许如此。

李孝臣治经博洽通敏，尤深于《诗》及《春秋》三传之学。是时皖南学派力倡古学，与吴派相持，极一时之盛，同邑王石臞、念孙。兴化任子田大椿。辈皆尊信之，说经一尊戴氏，孝臣独笃守吴说，而与王、任辈皆相友。著述甚多，然刊行者仅《群经识小》八卷而已。亦精历算，得宣城梅氏、文鼎。等之书，尽通其术，与嘉定钱氏斋名云。

宋庖园氏为高邮硕儒，说经贯串古义，能得其会通。所著书于《礼》有《释服》二卷，自冕服深衣，下逮履舄之类，莫不原原本本，曲为考订。于《诗》有《韩诗内传征》四卷，征引翔实，训故明析，深得西汉今文家法。子定之保。能世其家学，然受业同里王石臞之门，故说经宗戴东原诸人，非吴派之支裔矣。

长洲程东冶氏精研三礼，辨析文字同异，以为诸儒各记所闻，不可强合，郑君或以今文易之，仍载古文古音，不轻改一字，以尊经典，乃手摘其要，区为三卷，曰《周礼古书考》，曰《仪礼古文今文考》，曰《礼记古训考》，其中稽钩推抉，自为证明，尤不务泛滥旁涉，极得治经之体云。

李许斋为钱竹汀弟子，通六书、《苍》《雅》及三礼。其属文，以《礼经》、史志为根柢，在文家别开一径。著书十余种，后汇编为四卷，说经一卷，论小学二卷，考订子史金石疑讹一卷。他著尚有《唐五代宋学士年表》等，则代竹汀所撰者也。

萧山王氏世通经术，南陔承家学，所造益精核，著述极富。其尤著者，于经有《漆书古文尚书逸文考》《礼堂集议》《王氏经说》等，于小学有《说文集注》《说文段注订补》等，于史有《后汉纪补证》《汉书地理志校注》等，莫不训义邃精，故论者谓"可仿惠、戴"。然南陔尊古好博，殊不类东原，固于吴派为支流云。

顾千里氏与江郑堂同时，并为江艮庭高第弟子，通经史小学之义，然江氏以墨守汉人为务，而千里则虽不失吴派矩矱，颇有裁别之识，尝谓："汉人治经，最重师法，古文今文，其说各异，混而一之，则镠辖不胜矣。"盖不满于惠氏以下"凡汉皆好"之主张也。覃精校雠之学，较之孙渊如辈有过之无不及，当时学者无不重视之。所校书如士礼居本之《国语》《国策》,平津馆本之《抱朴子》,皆其最著者也。

陈恬生,父妙士,尝从钱竹汀问学,精研六书,得汉儒家法,以学行著于时,所著有《说文声义》《读书证疑》等。恬生承庭训,研经益臻精微,居恒谓:"学者通经,必先识字,不有《说文》,何以究《苍》《雅》之遗文、篆籀之微恉?顾《说文》之存于今者,误戾脱落,窜入改易,许君原本,仅十之六七,惟所称诸经虽亦更传写迻钞,而证以他书,汉儒之训诂,七十子之大义微言,往往而在也。"因作《说文引经考证》七卷,而附以《异同之说》一卷焉。又撰《国语翼解》《春秋岁星算例》等书,皆考订翔实,且多发前人所未发者云。

朱咀露与陈恬生并为嘉定硕儒,恬生邃于《说文》,而咀露则致力于《诗》及《逸周书》,尝谓:"《周书》弘深质古,虽未必真出文、武、周、召之手,要非战国秦汉间人所伪托。顾注本疏略,更多讹误。"爰采集各家之说,仍是删违,断以己意,为《逸周书集训校释》十卷,其体例,一考定正文,二正其训诂,三详其名物,洵孔、晁以下唯一善本也。又成《诗地理征》七卷,取《诗经》中地名,广搜群籍,一一辨订,并考其今地所在,亦审谛完善之作也。

王实斋氏覃志学《礼》,研治者数十载,未尝辍诵习。病《大戴记》旧注之少,且又不尽允当,乃博访通儒,遍稽古籍,融会郑氏说经诸书,分节注之,成《解诂》十三卷,用力甚勤,为功巨矣。别有《周礼学》《仪礼学》残稿等,亦刊行。

赵宽夫于诂经精舍肄业,时王兰泉、孙渊如等迭主讲席,举重其学。其研究汉经师言,能博综贯串,一一疏通证明之。所著书有《周易郑注引义》《春秋异文笺》等。尤好古金石文,钩稽剔抉,具有深识,为当世所重云。

李天彝为淹博之儒,于经史皆甚精熟,而尤邃于《诗》《礼》,各有纂述,惜均未成。其成书者,为《春秋左传疏解》,盖取贾、服注与杜氏异者,疏通而证明之也。与孙渊如交往甚密,渊如晚年所著书,天彝为卒其业者居多,然退然不伐其功云。

长兴臧眉卿氏治经亦纯宗汉儒,其教人也,谓:"当据一经以通诸经。"尝诏弟子杨见山岘。曰:"置散钱满屋,无下手处,授以索则贯矣。

四部书千万卷,犹散钱也,沉研一经而群书为之用,殆犹索钦?"故其治经,覃精《春秋左氏传》,作《春秋古谊》一书,撼先秦、两汉旧说及贾、服之注,正杜预之谬,订核义赡,洵所谓"沉研一经而群书为之用"也。

嗣是以下,吴中学者,如管申季、礼耕。叶鞠裳、昌炽。叶奂彬德辉。等,皆为时流所宗仰,然说经或不遵守汉儒,所造或短促不能具大体,固不足为三惠、钱、王辈之支与流裔也,是以存而不论云。

别 裁 第 十

夫吴派经学之所以兴起,原鉴于宋学既不足尚,而力攻宋学,如萧山毛西河奇龄。辈,其谬戾尤甚焉,故纯取汉儒之说,不敢出入其间,所以廓清芜障也。然过于崇信,汉人之所是者是之,汉人之所非者亦是之,胶执古训,寡于裁断,此其大短也。于是有原本吴学,参证他派,裁以己意,折衷一是者。若江都汪容甫、武进张皋文、闽县陈左海、寿祺。番禺侯君模、康。宝应刘端临、台拱。仪征刘孟瞻、文淇。江都凌晓楼、曙。旌德姚仲虞、长洲陈硕甫、奂。句容陈默斋、立。丹徒柳宾叔兴恩。等,皆其伦也。是数子者,虽非惠氏以后之嫡裔,然论究吴派经术,欲指示其流变,揆榷其得失者,亦不可不叙及之也。

汪容甫氏为学殊赅博,经传诸史外,旁逮医乐、种树之书,靡不观览,而解经尤有神识。治三代典礼,溯源于荀卿、贾傅,纲提条析,得其会通,于《丧服》用力最深,治《尚书》,撰《尚书考异》,治《春秋》,撰《春秋述义》。尝推阐六经之指,以合于世用,凡古今制度沿革,民生利病,皆博问而切究之。又考核文字、训诂、名物、象数,成一家言,为《述学》内外篇,依据经证,实事求是,为《经义知新记》,此二书均刊行,识议超卓,箴砭俗学,论者谓"唐以下所未有也"。子孟慈喜孙。亦通经好古,所学由声音以通训诂,由训诂以通名物,由名物以通周秦大义,而要以经明行修为归。著书有《国朝名臣言行录》《经师言行录》诸种。

张皋文说《易》,实本定宇而修明之,其《周易虞氏义》《周易虞氏消息》,专申一家之学,视惠氏研核尤精。按汉儒说《易》大旨之可考见者凡三家,曰虞翻,曰郑玄,曰荀爽。虞氏言消息,本乎孟喜,郑氏言《礼》,

荀氏言升降,则本乎费直,轨辙不同,故其势未可悉合。定宇作《周易述》,遵虞翻而补以郑、荀,诸凡汉《易》皆在汇辑之列,不问其说之可通与否,实违失汉儒专门传受之意,皋文力矫其弊,说《易》一主虞氏,以阴阳、消息、六爻发挥,释其疑滞,明其条贯,归于乾元用九而天下治,依物取类,会通比附,实衍孟氏《易》家阴阳之学,而非宋儒意造图书者所可比。又刺取《易》文之可与《礼经》相合者,本郑氏以《礼》言《易》之指,不用爻辰,而更以虞氏之例,为《易礼》二卷,更撰《易事》《易言》诸书,皆补充其说《易》之主张者也。故近人评之曰"皋文意在探赜索隐,俾存一家之学,其识见盖高出于惠氏"云。

陈左海氏以博闻强识,覃精许、郑之学,与张皋文等并负当世重誉。阮云台氏尝思萃群经古义,成《经郛》一书,左海定义例十条上之,一曰探原本,二曰钩微言,三曰综大义,四曰备古礼,五曰存汉学,六曰证传注,七曰通互诠,八曰辨剿说,九曰正谬解,十曰广异文,规模宏远,惜未及成书。其说经也,能通两汉大义,每举一事,必有折衷,所著书有《五经异义疏证》等。子朴园乔枞。亦邃经术,欲寻西汉今文不传之绪,故于《今文尚书》及齐、鲁、韩诸家《诗》用力尤深,所著以《三家诗遗说考》为著名。盖自齐、鲁、韩《诗》亡后,宋王应麟始掇拾残膏,辑《三家诗考》三卷,其后虽间有补苴罅漏者,然终不如此书为赅备,特是功在辑逸而罕所发明耳。

侯君模氏为粤中硕儒,研精注疏,尽通诸经,尝考汉、魏、六朝礼仪,贯穿三礼,著书数十篇,治《春秋穀梁传》,考其涉于《礼》者,为《穀梁礼证》一书,疏通证明,多前儒所未及。按《穀梁》自范注行后,汉儒家师法久绝,惟刘中垒遗著及班史所采各说仅存。君谟深明礼制,而又笃守汉法,洵足以扶微补绝。故余杭章太炎炳麟。先生称之曰:"《春秋》三传,《穀梁》最微,番禺侯氏,丹徒柳氏,具抉微补绝之心,非牢守一家以概六艺者。"亦吴派之变迁欤?

宝应刘氏数世传经,端临精熟三礼,不为虚辞穿凿,尤邃《论语》。撰《论语骈枝》一卷,或推广郑义,或驳正孔注,均极明确。族子念楼宝楠。亦治《论语》,尝病皇、邢笺疏芜陋,乃搜采汉儒旧说,益以近世诸家及宋人长义,作《正义》二十四卷,未完稿,子叔俛恭冕。厘定之。叔俛读

《公羊》注，见何休引《论语》文甚伙，知何氏亦深嗜《论语》，或意欲作注未成耳。遂搜辑何氏诸书，凡有涉于《论语》者，皆次第录之，成《何休注论语述》一卷，与《论语正义》俱刊行，故说者谓"宝应刘氏之于《论语》，盖为颛家绝业"云。

于宝应刘氏以外，其有通经好古，足以世其家学，为东吴学派之别出者，有仪征刘氏四世。惟宝应之绝业在《论语》，而仪征则世守《左氏》之学。刘孟瞻氏于经史皆曾博览，而于《左氏传》致力尤深，尝欲辑《左传旧注疏证》一书，以为："《左氏》之义，为杜元凯注所剥蚀已久，其稍可观览者，大抵袭取旧说。"爰取贾、服、郑三君之注，疏通证明。凡杜氏之所排击者纠之，所剽袭者彰之，遍稽诸家之书，苟有可采，咸与登列，末始下以己意，定其从违，务期《左氏》大旨，炳然著明。然《长编》虽具，未及写定而遽卒，所成者仅《左传旧疏考正》八卷而已。子松崖毓崧。能读父书，通经史诸子百家，为《左氏》之学，缵承先志，所撰有《春秋左氏传大义》《周礼尚书毛诗礼记旧疏考正》等，皆博综载籍，旁究根要，剖析精微，顾于孟瞻所遗《左氏旧疏长编》亦整理未就。松崖子恭甫寿曾。夙承庭训，洞达汉儒之学，念累世覃研《左氏》，未成完书，乃创立程限，锐志编纂，疏稿属至"襄公四年"，而遘微疾竟卒，千秋大业，终亏一篑，是诚可叹已。恭甫犹子有申叔师培。者，传先人之业，攻《左氏》，守古文家法，以《春秋》三传同主诠经，而《左传》为书，说尤赅备，审其义例，或经无传著，或经略传详，以传勘经，知笔削所昭，类存微恉。爰阐厥科条，著之凡例，成《春秋左氏传例略》一卷，又精研三礼，成《周礼古注集疏》《礼经旧说考略》《佚礼考》等书，匡微补缺，阐发宏多，其树一义，建一说，必广征古说，旁推交通，虽百思莫能或易，故造述纵视前儒为妙，而精当寖寖过之。信乎！研精覃思，持之有故者矣。然于先人未竟之业，不思传述而阐表之，时论惜之。

凌晓楼氏为刘孟瞻舅氏，以治《公羊春秋》名。尝玩索汉以下诸家《春秋》说，深念《春秋》之义存于《公羊》，而《公羊》之学传于董子《繁露》一书，乃博参旁讨，承意仪志，梳其章，栉其句，为注十七卷，又别撰《公羊礼疏》《公羊礼说》《公羊问答》等，皆博洽精审，为治《公羊》学者必读之书也。

姚仲虞氏说《易》为近儒所宗,其所发明,盖于惠定宇、张皋文二家以外,别辟一蹊径者也。尝究研汉儒群说,以为郑氏最优,顾苦其简略,意推之至形梦寐,成《周易参象》十四卷,依象说义,不泥象宰义。又撰《周易姚氏学》一书,通贯《易》象,折衷己意。复以《月令》一编,实先王体天穷经之大法,其义一皆本于卦气,为《月令笺》三卷,《月令说》一卷,皆广甄旧说,自创新解者也。曹叔彦称之曰:"当道光之季,经术已衰,邪说方兴,世变将作,凡今日内忧外患,当时皆已萌兆,姚氏见微知著,忧深思远,故其书于伦理治化、是非得失之故,辩之再辩,合于作《易》忧患之旨。"其言非过誉云。

陈硕甫氏师友皆皖南学派人,然其说《诗》专守毛传,笃信古训,实与吴派相近。尝谓:"《毛诗》多记古文,倍详前典,或引申,或假借,或互训,或通释,或文生上下而无害,或辞用顺逆而不违。"因先仿《尔雅》,编作义类,凡声音、训诂之用,天地、山川之大,宫室、衣服、制度之精,鸟兽、草木、虫鱼之细,分别部居,各为探索,久乃划陈条例章句,揉成作疏,凡三十卷,于先汉微言大义,靡不曲发其蕴。清儒说《毛诗》者,允以此为最完善之著述也。又撰《毛诗音义》《毛诗说》等书,皆与传疏互为发明。盖《毛诗》之有硕甫,犹虞《易》之有张皋文矣。然硕甫虽确宗毛氏学,亦颇稽三家同异,又兼通《礼经》以旁证《春秋谷梁》,撰《谷梁逸礼》一卷,盖其贯通诸经,固未尝拘墟于一孔之陋见也。

陈默斋氏与凌晓楼、刘孟瞻等均负时望,称名师。默斋通许氏《说文》《公羊》《春秋》、郑氏《礼》,而于《公羊》用力独勤,尝以《公羊》一书,多言礼制,故欲治《公羊》,必先精熟三礼,而《白虎通德论》实能集礼制之大成,且书中所列大抵皆《公羊》家言,可谓通经之滥觞,乃撰《白虎通疏证》十二卷,稽典制,考古训,而于汉代今文、古文之流别,亦厘然详明。顾其生平殚精极思之作,实在《公羊义疏》一书,于徐氏疏、孔氏《通义》以后,钩稽贯串,允能复邵公之家法者也。故说者谓"《公羊》家专门绝业之学,得晓楼、默斋二氏出而稍彰"云。

《春秋》三传,以《公羊》《谷梁》为隐晦难治,而《谷梁》尤微,清儒覃志研索者,番禺侯氏以外,丹徒柳宾叔最为大师。宾叔初治《毛诗》,著《毛诗注疏纠补》三十卷,嗣以毛公师荀卿,荀卿师谷梁,而《谷梁春秋》,

千古绝谊，唐以后绝鲜治之者，乃纂《穀梁春秋大义述》一书，凡《述日月例》第一、《述礼》第二、《述异文》第三、《述古训》第四、《述师说》第五、《述经师》第六、《述长编》第七，倡明鲁学，成一家言。议者或谓："自《日月例》外，所采稍杂。"然其书本本为释例作也。阮云台见之，许为扶翼孤经云。

其他说经之书尚富，以名繁不具录。

草本章既竟，问者有以陈朴园、凌晓楼、陈默斋等皆为常州今文学派之硕儒，不当列于吴学别派内相诘难者，答之曰："子不闻余杭章太炎先生之言乎？章先生曰：'今文之学，不专在常州，其庄方耕、存与。刘申受、逢禄。宋虞廷、翔凤。戴子高望。诸家，执守今文，深闭固拒，而附会之词亦众，则常州之家法也。若凌晓楼之说《公羊》，陈默斋之疏《白虎》，陈朴园之稽三家《诗》与三家《尚书》，只以古书难理，为之疏明，本非定立一宗旨者，其学亦不出自常州，此种与吴派专主汉学者当为一类，而不当与常州派并存也。'章氏之言如此，学者可以深思其故矣。"

(《吴学甄微》，稿本，1934 年)

读经通论

饶檀龄

今天下士之醉心欧化者,骛其新奇,歆其强富,而以视吾国贫弱若斯,顽钝若斯,遂并疑吾古圣贤帝王相嬗之绪,于世无补,几不至尽弃其学而学不止。矫其说者则又谓官失其守,诸子散佚,泰西之事事物物,悉源于我,举古书中单词只义,以自缘饰,甚至穿凿附会,不可究诘。此皆私见未融,不足与于读经者也。夫立国莫不有道,轨道莫不有本,虽宗尚各有差别,苟极于一德同俗之盛,以溯其化民成物之源,固无古今无中外一也。经者非他,天下之公理而已(本《四库提要·经部总叙》)。自人不能以公理说经,于是经旨盲晦,而变而弥猜,下而弥酷,憧憧扰扰,遂以成今日之学界。

三代以上,政教合一,无人不学,无学非经,未尝硁硁而界以经名。《汉书·儒林传叙》云:"六学者,王教之典籍,先圣所以致治之成法也。"《隋书·经籍志》云:"先圣南面以君天下,咸有史官以纪言行。《三坟》《五典》《八索》《九丘》之类是也。"《易》曰:"云雷屯,君子以经纶。"郑君谓:"论撰书礼乐,施政事。"大哉其言经乎!故朱子谓:"经之有解,所以通经。经既通,自无事于解,借经以通乎理。理得,则无俟乎经。"鄙儒龊龊,闻寸见尺,人自为说,家自为编,叫呼衒鬻,悬旌自表,诩然命之曰经学,而经学于是为天下所诟病,不亦宜乎? 虽然,此非一朝一夕之故也。

秦政不道,六籍煨烬。汉儒修明,厥功綦巨。顾《汉书·艺文志》有云:"古之学者耕且养,三年而通一艺,存其大体,玩经文而已,是故用日少而畜德多。后世经传乖离,而务碎义逃难,便辞巧说。此学者之大患。"《儒林传赞》又曰："自武帝立五经博士,开弟子员,设科射策。一经说至百余万言,大师众至千余人,盖禄利之路然也。"班氏当汉学正盛之世,其言若此,知当时学者,不免于哗众取宠。固师道之不明,抑朝政有以召之耳。然一二巨儒,未尝不以明理为贵。刘歆称董子潜心大业,令后学者有所统一。范史称郑君括囊大典,删裁繁诬,非必奇伟所闻,简忽所见,襞绩剽略,如世所称汉学家言也。魏晋之际,二王(肃、弼)相望,虽斯文尚存一线,而南北纷歧。隋唐颇矫其弊,类不过于名物训诂,规袭汉迹,其于复性体道之方,经世牖民之略,王(通)、韩(愈)二子,稍或见及,而仍未之尽。有宋诸儒,首推安定,洛学郁兴,流被渐广,而道国纯粹,横渠刚毅,所造尤为不易。论者每谓宋儒摆落传注,深讨冥搜,实则何尝舍经言理。故朱子论学,务涤旧闻,尤去私意(《语类》云："学者不可只管守从前所见,须除了,方见新意。"又云："大凡心不公底人,读书不得。全然把一己私意去看圣贤之书,如何看得出。")。躬行心得,遂底于成。此吾圣祖所称学最醇而著作最备者也。他若永嘉期于经世,金华勇于疑古,金溪之以经注我,即高明卓绝如姚江,取径各别,适道则一。惜乎依草附木之徒,罔究本源,徒窃余唾,党同伐异,终成水火。有心世道之君子,未尝不反复太息于元明以来诸儒讲学之失也。我朝经学,因时升降,鸿编巨制,亦云夥矣。乃其末流,或犹以为适酿洪杨之乱,虽其说不无过激,然殷鉴匪远,来轸方遒,若不求明公理,龂龂于入主出奴之间,经术之疵,何非世道之患乎!

然则所谓公理者,于何征之?《诗》曰："天生蒸民,有物有则。民之秉彝,好是懿德。"懿德者,公理也(赵《注》："彝,常也,常好美德。孔子谓之知道,故曰人皆有善也。")。圣贤帝王无所加,愚夫妇亦无所减。圣贤之所以为圣贤,帝王之所以为帝王,能充此公理而已。故事则颁之而为政,言则垂之而为经。其实未有经,先有理,惟有理,乃有经。承学之士,不克发明而惟以私意测之,于是或舍己耘人,或操戈入室,或凿之使深而实涉于浅,或扬之使高而转流于卑。墨守输攻,胶结不解,其始仅贼乎学术,而浸淫渐渍,其害遂中于世道人心,可不惧哉?孔子之系《易》也,曰："天下同归而殊途,一致而百虑。天下何思何虑?"此《易》之公理也。其观礼也,曰："大道之行,三代之英,某未之逮,而有志焉。"是故圣人能以天下为一家,以中国为一人,此《礼》之公理也。至于《春秋》褒讳贬损,《书》以号众(本《汉志》),《诗》以感人,无非此公理弥纶蟠际于其间。孟子曰:"苟能充之,足以保四海;苟不充之,不足以事父母。"荀子曰:"人之所以异于禽兽者,以其能群。君者,善群也。群道当,则万物皆得其宜,群生皆得其命。"可谓善言公理者矣。故不读经,不知公理。不知公理,不足以读经。英儒斯密氏之言曰:"大利所存,必其两益。损人利己,非也;损己利人,亦非也;损下益上,非也;损上益下,亦非也。"论者推为计学家名言,实何非六经之公理哉?读经者其审诸。

然则欲明公理,于何求之?曰通而已矣。《易》曰:"穷则变,变则通,通则久。"《诗》曰:"九变复贯,知言之选。"知比物此志,无不以通为要,而读经其尤也。《隋志》有曰:"经者,机神之妙旨,圣哲之能事。遭时制宜,质文迭用,应之以通变,通变之以中庸;中庸则可久,通变则可大。"中庸者,公理也;通变者,将以明此公理也。不中庸则不能久,不通变则不能大。奈何奉半部之书,守一先生之说,终身钻研,遂以为毕乃事乎?潘次耕氏序《日知录》曰:"学者将以明体达用也。综贯百家,上下千载,评考其得失之故,而断之于心,笔之于书。元元本本,无不洞悉,其术足以匡时,其言足以救世,是谓通儒之学。"此固为顾亭林氏状其所学言也,窃援以为读经之法,则经学乌有不重于世者哉?

或曰修学好古,实事求是,此读经家法也。若不衷一是,而徒务贯穿驰骋,恃其聪明,逞其材辩,空谈臆断,无所归宿,此王、何之徒,所以入于老,陆、王之弊,所以流于禅也。况先师有言:"古之学者为己,今之学者为人。"读古人书,不求捍卫吾道,乃别构户牖,依违迁就,不汉不宋,不朱不陆,虽无面墙之讥,能免调人之诮哉?曰:不然。知今而不知古,谓之盲瞽;知古而不知今,谓之陆沉。盲瞽可虑,陆沉尤可痛。夫公理者,一成不变者也;通者,因时制宜者也。司马子长氏曰:"究天人之际,通古今之变,成一家之言。"然则不究天人,不通古今,必不能成一家之言也。所贵乎通者,不为崖岸,非无统摄;不为扞格,非无竞争;不为畛域,非无是非;不为党附,非无予夺。圣人觉世牖民,大抵因事以寓教,故曰:"四时行焉,百物生焉,天何言哉?"又曰:"吾道一以贯之。"孟子称孔子为时中之圣者,职是故也。汉儒笃守师法,每出一义,必曰师说如是。孟喜改师法，遂不见用。严则严矣，何拘之甚也。善夫希儒亚里士多德之言曰："吾爱吾师，吾尤爱真理。"此西人之进化，所以捷于吾国欤？人有恒言，通经致用，不知致用在乎经邦，经邦在乎立事，立事在乎师古，师古在乎随时（本李瀚《通典叙》）。甚矣！随时之义大矣哉！

虽然，又非可以曲学阿世为也。世之衰也，不于其衰，而于其盛肇之；世之盛也，亦不于其盛，而于其衰觇之，经术者，与世运相表里者也。一二跅弛之材，倡之于前，千百妄庸之夫，和之于后，相激相引，相摩相荡，而学术为之一变，而世运为之一变。战国异说蜂起，孟子不辞迂阔而独言仁义，荀子甘废死而独言礼，非不通也，存此公理而已矣。第天下不能无风气，风气不能无循环，所贵君子之学，为能持世而救偏。风气之开，必有所以取；风气之成，必有所以敝。开者虽不免于偏，必取其精者为新气之迎；敝者纵名为正，必袭其伪者为末流之托（本章实斋氏《原学》）。此又读经者不可不知也。夫水火相灭而相生，仁之与敬，义之与和，相反而皆相成，古人其言之矣。彼叔孙通面谀而起礼乐，公孙宏希世而说《春秋》，张文虑患而援《论语》，刘歆文奸而托《周官》，虽趣向不一，均吾辈所宜痛戒者已。范史有言："桓谭以不善谶流亡，郑兴以逊辞仅免，贾逵能附会文致，最差贵显。世主以此论学，悲矣哉！"呜呼！诚足悲矣！

要之，经学者不泥乎古，亦不徇乎今。《诗》《书》、礼、乐之归，一以公理准之。施之于世，无不可致诸实用者也。环球大通，列强竞学，更新涤旧，日起有功，然其教育、政治、思想发明，悉肇于希腊学派。日本中兴，发端于讨幕尊王，亦何非宗我汉学？然则经学者，信非无用，坐无人焉以发明之耳。呜呼！西士不忘《十诫》，突人尚重《可兰》，顾以吾二帝三王、周孔群圣人之绪，忍听其若存若灭、若断若续于我生之时？谅亦诸君子所共尽。然者，握粟出卜，自何能谷？孔鲋之所以四顾伤心，不能已已者也。经之义大矣备矣，猥徒云保我国粹哉？猥徒云保我国粹哉！

（选自《大学堂经学讲义》，油印本）

中国经书之分析

陆懋德

吾国学者凡语及经书,即觉其有"神圣不可侵犯"之势力,故中国所谓经者,其名词实为近时欧美各国所未有也。然因何而谓之曰经?自古至今,尚无人能为切实之解释。近时学者章炳麟先生,精于训诂,尝谓:"经即是一根线,所谓经书,只是一种线装书。"[1]余昔闻其说而甚以为不然也。夫以著作称经,在周末已见于《管子》《墨子》《庄子》《荀子》等书,知其由来久矣(详见下节)。今人所谓经书者,大抵皆为周代人士所纂述之书籍,而周代人士所谓书籍者,又大抵皆用竹简为著录之材料。《晋书·束晳传》称汲郡魏王冢发现竹简《穆天子传》[2],《齐书·文惠太子传》称襄阳楚王冢发现竹简《考工记》[3],此其明证也。周秦之时,尚无纸张,故用竹简,编以竹简而累积之,则谓之书。古书不但不称几本,且不称几卷。当时凡书皆谓之册,册者古文作𠕋[4],即象竹简编贯之形也。司马迁称:"孔子读《易》,韦编三绝。"[5]《抱朴子》称:"孔子读《易》,铁挝三折。"[6]由此可知孔子之时,皆用竹简作书,或用韦编联之,或用铁挝贯之;而竹简编贯,既厚且重,决不能用线装也。余考古书自汉以后,始改用捲子,故称曰卷,见《汉书·艺文志》[7]。自唐以后,始改用叶子,即今之书本,见欧阳修《归田录》[8]。盖自书籍用纸为叶子,

---

[1] 章太炎演讲《国学概论》,第六页,上海泰东图书局本,民国一二年(一九二三)。
[2] 《晋书》第五一卷,第二五页(下),五洲同文局本,光绪癸卯年(一九〇三)。
[3] 《南齐书》第二一卷,第二页(下),同文局本,光绪癸卯年(一九〇三)。
[4] 《说文古籀补》第二卷,第一〇页(上),吴大澂自刻本,光绪戊戌年(一八九八)。
[5] 《史记》第四七卷,第二三页(下),同文局本,光绪癸卯年(一九〇三)。
[6] 《抱朴子》第四卷,第二三页(下),湖北局本,光绪元年(一八七五)。
[7] 《汉书》第三〇卷,第三页(下),同文局本,光绪癸卯年(一九〇三)。
[8] 欧阳修《归田录》第二卷,第一三页(下),《学津讨原》本,嘉庆一〇年(一八〇五)。

方能用线装订成本,故线装书至早当在唐末始能发生。近时敦煌发现之唐人写经,尚用捲子,不用叶子,此其证也。唐距周相差八百余年,安得谓周末经书之名,即由于"线装书"而起也?

余考古人尊其著作为经,其起原当在周末。《管子》书内有《经言》①,《墨子》书内有《经说》②,是知周人于其本人最精之说,已谓之曰经。管、墨之书,虽未必为本人自作,然《经言》《经说》等篇至少必为门人后学所辑。此外《荀子·性恶》篇引《道经》之语,是必当时有道家之书名《道经》者矣。《庄子·天下》篇有《墨经》之名,是必当时有墨家之书名《墨经》者矣。《天下》篇虽未必出于庄子,然亦必出于门人后学之手。《性恶》篇当为荀子所作,当与孟子同时。由此言之,则经之名词,起于周末,无可疑也。余又考《孟子·尽心》篇曰:"君子反经而已矣。"赵岐《孟子注》曰:"经,常也。"③班固《白虎通》曰:"经,常道也。"④此语当为古代相传之故训。盖古人初无名其书为经者,至周末百家并起,著作繁多,于是尊其精深之语,名之曰经,即谓人人所当遵守之常道也。道家既尊其师说为《道经》,墨家既尊其师说为《墨经》,则儒家自可尊其师说为《儒经》,此即经书之名所由出也。然百家之学既皆称经,则经之名词自不应为儒家所独用。故余谓儒家之经当曰《儒经》,今不曰《儒经》而曰经,此名之不可不正者也。

世人所谓经者,果何指耶?《庄子·天道》篇称"孔子翻十二经以说老聃"⑤,而未言明"十二经"为何书。或以"六经""六纬"为"十二经",然周末之时,决无"六纬";又按"十二"字或为古篆书"六"字传写之讹,亦或未知。世人所谓"六经"者,指实即《诗》《书》《礼》《乐》《易》《春秋》六种著作而言也。然古人最初并不称之曰《诗经》《易经》《书经》《礼经》《乐经》《春秋经》,而仅曰《诗》、曰《易》、曰《书》、曰《礼》、曰《乐》、曰《春秋》。《庄子·天运》篇始言"《诗》《书》《易》《礼》《乐》《春秋》六经"⑥,此"六经"之名所自始也。《天运》篇虽未必出于庄子之手,然至少必为周

---

① 《管子》第一卷,第二页(上),《四部丛刊》影宋本,民国九年(一九二〇)。
② 《墨子》第一〇卷,第一页(上),灵岩山馆本,乾隆甲辰年(一七八四)。
③ 赵岐注《孟子》第一四卷,第一八页(下),《四部丛刊》影宋本,民国九年(一九二〇)。
④ 《白虎通》第四卷(上),第八页(下),抱经堂本,乾隆甲辰年(一七八四)。
⑤ 《庄子集解》第四卷,第五页(上),王先谦自刻本,宣统元年(一九〇九)。
⑥ 《庄子集解》第四卷,第一四页(上),王先谦自刻本,宣统元年(一九〇九)。

末后学所述。其后《礼记·经解》篇即以此六种著作为经①,"六经"之名,自此始通用。《经解》篇虽首称孔子之说,然此篇实类汉初人文字,则谓"六经"之名始于周末而通行于汉初可也。其后又因《乐经》久亡,于是由"六经"变为"五经"。汉武帝以《易》《书》《诗》《礼》《春秋》列于学官,宣帝诏诸儒讲"五经"异同②,此又"五经"之名所自始矣。东汉赵典学孔子"七经"(见《后汉书》本传注引谢承书),盖以《易》《书》《诗》《仪礼》《春秋》《公羊》《论语》为七经(见《隋书·经籍志》引汉人一字石经)。唐以后以《易》《书》《诗》《三礼》《三传》为"九经"③,宋以后又加以《孝经》《论语》《孟子》《尔雅》为"十三经"④。然而《周礼》《礼记》均非孔子时代之著作,而《三传》及《孝经》《论语》《孟子》《尔雅》又均为孔子以后之人所纂述。故"十三经"之内,仍当以"六经"为正宗也。

所谓"六经"者,汉初人亦谓之"六艺",见《史记·自叙》。"六经"虽古有其书,而实皆定于孔子。《史记·儒林传》曰:"孔子悯王路废而邪道兴,于是论次《诗》《书》,修起《礼》《乐》,因鲁史作《春秋》,以寓王法。"⑤又曰:"孔子晚而喜《易》,序《彖》《系》《象》《说卦》《文言》。"⑥余考孔子以《易》为学,以《诗》《书》《礼》《乐》为教,已见于《论语》,而作《春秋》之说,又见于《孟子》。此皆见于周人之书者也。然则《史记》之言当是实事,故知"六经"之学即孔子之学也。《礼记·经解》篇曰:"温柔敦厚,《诗》教也;疏通知远,《书》教也;广博易良,《乐》教也;洁净精微,《易》教也;恭俭庄敬,《礼》教也;属辞比事,《春秋》教也。"⑦《庄子·天下》篇曰:"《诗》以道志,《书》以道事,《礼》以道行,《乐》以道和,《易》以道阴阳,《春秋》以道名分。"⑧《史记·自叙》曰:"《易》著天地阴阳,故长于变;《礼》经纪人伦,故长于行;《乐》乐其所以立,故长于和;《书》纪先王之事,故长于政;《诗》纪山川溪谷草木禽兽,故长于风;《春秋》辨是

---

① ⑦ 《礼记》第一五卷,第一页(上),《四部丛刊》影宋本,民国九年(一九二〇)。
② 详见《汉书·儒林传》及《宣帝本纪》甘露三年(元前五一)诏书。
③ 《日知录》第一卷,第二页(下),湖北局本,光绪元年(一八七五)。
④ 同上。又按唐人虽用九经,而开成(八三六—八四〇)石经亦附刻《论语》《孝经》《尔雅》。
⑤ 《史记》第一二一卷,第一页(下)。
⑥ 《史记》第四七卷,第二三页(上)。
⑧ 《庄子集解》第八卷,第二八页(上)。

非,故长于治人。"①汉兴,《乐经》既亡,于是只有五经。扬雄曰:"大哉五经之为众说郛。"②班固曰:"五经何谓?《易》《书》《诗》《礼》《春秋》也。"③又曰:"有五常之道,故曰五经。"盖班固以"五经"配仁义礼智信,犹言五经如天地五常之大道,不可或增、不可或减者也。

古人重视五经,不仅以为五常之大道,且以为天神之传授,由是由道德的古训而入于宗教的神秘矣。《易·系词》称:"天垂象,见吉凶,圣人象之;河出图,洛出书,圣人则之。"汉人谓:"伏羲受《河图》,则而书之,《八卦》是也;禹锡《洛书》,法而陈之,《洪范》是也。"④《易·系词》又称伏羲"仰则观象于天,俯则观法于地,于是始作八卦"。《书·洪范》亦称:"天乃锡禹《洪范》《九畴》"。八卦为《周易》之根源,《洪范》为《尚书》之一篇,其来源之神秘如此,自古有其说矣。其他古人所称引神秘之事,如曰:"孔子撰书,尊而命之曰《尚书》。尚者,上也,言若天书然。"⑤又曰:"《尚书》二十八篇上应二十八宿。"⑥又曰:"孔子叙《书》,上谓天谈,下谓民意。"⑦又曰:"孔子论经,有鸟化为书,孔子奉以告天。"⑧又曰:"孔子学《孝经》,文成道立,斋以告天,玄云踊,紫云开。"⑨又曰:"孔子作《孝经》,使七十二弟子向北辰而磬折。"⑩又曰:"孔子作《春秋》,精和圣制,上通于天,而麟至。"⑪又曰:"孔子作《春秋》成,天下血书鲁端门,子夏明日往视之,血书化为赤鸟。"⑫又曰:"孔子修《春秋》成,制《孝经》,斋戒告备于天,有赤虹自天而下,化为黄玉。"⑬此皆见汉人纬书中所言之神秘。今曲阜孔庙尚存汉鲁相史晨碑,内述孔子制作诸经之遗事曰:"获麟趣作,端门见征,血书著纪,黄玉景应,乃作《春秋》,复演《孝

---

① 《史记》第一三〇卷,第九页(下)。
② 《扬子法言》,第九页(上),湖北局本,光绪元年(一八七五)。
③ 《白虎通》第四卷(上),第八页(下)。
④ 《汉书》第二七卷,第一页(下)。
⑤ 惠栋《九经古义》第三卷,第一页(上),引《书赞》,学海堂本,道光末年(一八二一——一八五〇)。
⑥ 皮锡瑞《书经通论》,第四页(上),引《正义》,思贤书局本,光绪丁未年(一九〇七)。
⑦ 马总《意林》第四卷,第一二页(上),《学津讨原》本,嘉庆一〇年(一八〇五)。
⑧ 《太平御览》第八〇四卷,第五页(下),引《演孔图》鲍氏仿宋本,嘉庆一二年(一八〇七)。
⑨ 《太平御览》第六一〇卷,第八页(下),引《孝经中契》。
⑩ 《北堂书钞》第八五卷,第一二页(上),引《孝经右契》,金陵局本,同治一〇年(一八七一)。
⑪ 刘向《说苑》第一四卷,第四页(上),湖北局本,光绪元年(一八七五)。
⑫ 何休《公羊传解诂》第一二卷,第九页(下),金陵局本,光绪二一年(一八九五)。
⑬ 《宋书》第二十七卷,第九页(上),同文局,光绪癸卯年(一九〇三)。

经》,删定六艺,象与天谈,钩《河》摘《洛》,却揆未然。"①此即总述孔子修定诸经之神迹也。由是观之,可知古代确有多数人尊六经为天书,并奉孔子为"代天制作"。余幼时常见塾师某先生,每诵经书,必洗手净面,正襟危坐,而后敢开卷,斯亦见神秘之印象入人深矣。

由汉至今之学者,虽未必尽信诸经为代天之制作,然无人不奉以为五常之大道。刘勰曰:"经者,恒久之至道,不刊之鸿教也。"②此语实可代表二千年内中国人对于经书之态度,而其所谓经者,其道是否恒久,其教是否不刊,是为别一问题。然由此亦可考见诸经在中国思想界地位之尊,与其势力之大矣。诸经在思想界之地位既如此其尊,势力既如此其大,然而究竟现存之诸经是否为孔子论定之原文,是否为周末通行之原本,惜乎自古至今,议论纷纭,莫衷一是。近人或笃于信古而不敢怀疑,或勇于疑古而不求实据,余均无取焉。余故本先秦西汉之旧说,用近时科学之眼光,为之详细钩稽,并分析而辨明之如下。

《易》者,诸经中最古之书也。伏羲始画八卦,见《尸子》及《易·系词》③,此见于周末人之书中者也。伏羲又为六十四卦,见《淮南子·要略训》④,八卦出于《河图》,见孔安国《论语注》⑤,此见于汉初人之书中者也。余考《河图》之物,周室藏为宝器,见《书经·顾命》篇,孔子叹为瑞征,见《论语·子罕》篇,是必古有其物。盖上古或有哲人本一时之妙悟,划阴阳之文于龟板,流之于黄河,伏羲见而法之,遂画八卦,故谓八卦出于《河图》,此亦事之可能者也。要之,由八卦变为六十四卦,遂能包括一切学理,此为吾国上古之最大发明,世界学者莫不承认。或谓卦词作于文王,爻词作于周公,实则在先秦古籍中并无确证,然文王演《易》见《史记·自叙》,周室增爻见《淮南子·要略训》⑥,亦皆汉初人旧说。秦时《周易》以卜筮之书,未遭焚毁⑦。晋时盗发汲郡魏襄王冢,得竹简本《周易》上下篇⑧,与西汉人所传之本正同,此《周易》尚为完本之

---

① 汉鲁相《史晨碑》,现存曲阜孔庙汉碑亭。
② 刘勰《文心雕龙》第一卷,第一〇页(上),两广督署本,道光一三年(一八三三)。
③ 《北堂书钞》第一五三卷,引《尸子》。
④⑥ 《淮南子》第二一卷,第四页(下),湖北局本,光绪元年(一八七五)。
⑤ 孙星衍《周易集解》第一卷,第一页引,粤雅堂本,咸丰初年(一八五一——一八六一)。
⑦ 《史记》第六卷,第二二页(下)。
⑧ 《晋书》第五一卷,第二五页(下)。

明征。夫《周易》为吾国最古之经,而至今完全无缺,此吾国学术界之幸也。竹简古本《周易》,原无所附之《十翼》,而《史记》《汉书》均以《十翼》为孔子所作,其实在先秦人书中亦无确据。余考《十翼》中多称"子曰"云云,其文例与《论语》相同,此明为孔门后学所记,决非孔子手笔。然《周易》上下经自为完全之书,虽无《十翼》,无害其为全本也。《论语》孔子曰:"加我数年,卒以学《易》,可以无大过矣。"此书之贵重,于此可见。《史记·儒林传》言:"鲁商瞿受《易》于孔子。"①又传六世至菑川田何。据《汉书·儒林传》,沛人施雠、兰陵人孟喜、诸人梁丘贺均受《易》于田何,东郡顿丘人京房又受《易》于田何弟子梁人焦延寿②,于是西汉之时,《易》有施、孟、梁丘、京四家之学,列于学官。今四家之学皆亡。

东汉人所传《书纬》称:"《尚书》原有三千篇,孔子删为百篇。"③此言盖不可信。西汉人旧说多以二十八篇为备④,然扬雄《法言·问神》篇曰:"古之说《书》者序以百"⑤,是西汉人亦有百篇之说也。余谓上古遗文决无三千篇之多,亦不至如二十八篇之少。然则百篇之说,较为可信。《史记·儒林传》称:"秦焚书,济南伏生壁藏之,汉定,伏生求其书,亡数十篇,独得二十九篇,即以教于齐鲁之间。"⑥所谓二十九篇者,即以《顾命》及《康王之诰》分为二篇,《史记·周本纪》分列二篇之名,其说即出于伏生,然合之仍为二十八篇也。《史记·儒林传》又称:"孔氏有《古文尚书》,孔安国以今文读之,因以起其家逸书得十余篇。"惜此十余篇后遭巫蛊之祸,未列于学官,遂以亡失。其后武帝末年,民间有得《泰誓》篇于屋壁者,献于朝⑦,而宣帝时河内女子发老屋,又得《尚书》一篇⑧,然二篇皆不久亦亡,后无传焉。然则三代所遗之高文典册,即此二十八篇而已。晋以来之《伪古文尚书》久有定论,故不多述。《书经》以《尧典》为首篇,而称"曰若稽古帝尧",则知其非尧时著作明矣。孔颖

---

① 《史记》第一二〇卷,第一页(下)。
② 《汉书》第八八卷,第七页(上)。
③ 《尚书正义》第一卷,第九页(下)引,江西局本,嘉庆二〇年(一八一五)。
④ 《汉书》第三六卷,第三六页(下)。
⑤ 《扬子法言》,第九页(上),湖北局本,光绪元年(一八七五)。
⑥ 《史记》第一二〇卷,第八页(上)。
⑦ 《尚书正义》第一卷,第一一页(下),引刘向《别录》,江西局本,嘉庆二〇年(一八一五)。
⑧ 王充《论衡》第二八卷,第一页(下),湖北局本,光绪元年(一八七五)。

达谓《尧典》为虞史所修①,刘逢禄谓为夏史所修②,魏源谓为周史所修③,其实皆无确实证据。然谓二十八篇已为周代史官所整理,而其中亦有虞夏商史官之遗文,则无可疑也。《史记》称"孔子序《书》"④,又称"孔子论次《诗》《书》"⑤。曰"序"曰"次",其意正同,均为编定次序之义,是西汉人并无孔子删《书》之说也。余又考所谓序《书》,即是次《书》;自东汉人班固误读"序"字,遂又谓孔子为《尚书》作序⑥,"言其作意"而不知西汉人实无此说。前言扬雄所谓"古之说《书》者序以百",正谓次以百篇也。今所存《书序》,盖后人由《史记》三代本纪及世家各篇内钞出而加以补缀。皮锡瑞谓《史记》引《书序》⑦,而不知其实为作《书序》者钞《史记》也。据《史记·儒林传》,文帝求治《尚书》者,时伏生年九十余,不能行,于是使朝错往受之⑧。又据《汉书·儒林传》,伏生之书,传千乘欧阳伯和及夏侯胜、夏侯建⑨,于是西汉之时,《书》有欧阳、大小夏侯之学,列于学官。今三家之学皆亡。

《史记·孔子世家》称:"古者《诗》三千余篇,孔子去其重,取其可施于礼义者,三百五篇。"⑩是孔子删《诗》,西汉人已有此说矣。此事在先秦人书中,虽无其他确据,然古《诗》决不止三百五篇,可断言也。然"诗三百"已见《论语》,又可见其由来已久。此经自遭秦火之后,依然完全存在。班固曰:"《诗》遭秦而全者,以其讽诵,不独在竹帛中故也。"⑪今《诗》中最古之篇曰《商颂》,相传为商代诗人之著作⑫,其实不然也。余考《史记·宋世家》曰:"宋大夫正考父美襄公修仁行义,故追道殷所以兴,作《商颂》。"⑬此明谓《商颂》为周末宋大夫所作也。西汉人韩婴《韩

---

① 《尚书正义》第二卷,第二页(上),江西局本,嘉庆二〇年(一八一五)。
② 《续经解》第三二三卷,第一页(上),南菁书院本,光绪一二年(一八八六)。
③ 魏源《书古微》第一卷,第一页(上),淮南局本,光绪四年(一七八八)。
④ 《史记》第四七卷,第二二页(上)。
⑤ 《史记》第一二一卷,第一页(下)。
⑥ 《汉书》第三〇卷,第四页(下)。
⑦ 皮锡瑞《书经通论》,第三三页(下),忠贤书局本,光绪丁未年(一九〇七)。
⑧ 《史记》第一二一卷,第八页(上)。
⑨ 《汉书》第八八卷,第一二页(上)。
⑩ 《史记》第四七卷,第二二页(上)。
⑪ 《汉书》第三〇卷,第六页(上)。
⑫ 《郑氏诗谱》,第一九页(上),江南局本。
⑬ 《史记》第三八卷,第一六页(下)。

诗》及扬雄《法言》并同此说①,可见《商颂》乃宋人追美前王而作,并非商代之遗诗也。由是言之,《大雅》《周颂》亦多为周人追美前贤而作,未能皆证明为周初之遗诗也。据《史记·十二诸侯年表序》,则知《关雎》作于"周道之缺",《鹿鸣》作于"仁义陵迟",然则二诗出于周衰,亦为西汉旧说,而东汉人郑玄反谓二诗为文王时作者误矣②。惟周公作《鸱鸮之诗》,见于《书经·金縢》篇;周公作《清庙之诗》,见于《尚书大传·皋陶谟》篇;周公作《文王之诗》,见于《吕氏春秋·古乐》篇。此皆信为周初作品,距今亦三千年矣。盖《诗经》不过代表周人一代之著作,而其年代最早者,亦只有周公之作数篇,并未有周公以前之遗文也。今所传《毛诗序》,据郑玄之意以为子夏所作③,其实西汉人实无此说。余考《后汉书·儒林传》称:"东海人卫宏作《毛诗序》,善得风雅之旨。"④然则《诗序》为东汉人所作,已有明据。余又考东汉以前之著作,无人语及《诗序》者,此亦一证也。要之,今之《诗序》是否为卫宏之书(崔述认《诗序》为卫宏所作)亦无确证;然其非子夏之作,则无可疑也。据《史记·儒林传》,汉兴言《诗》者有鲁人申培、齐人辕固、燕人韩婴⑤,于是西汉之时,《诗》有鲁齐韩三家之学,列于学官⑥。今三家之学皆亡。

《尸子》称:"曾子每读《丧礼》,泣下沾襟。"⑦此周时已有《礼书》之明证也。然当时虽有其书,必不完备。《史记·儒林传》称:"《礼》自孔子时而其经不具,及至秦焚书,散亡益多。独有《士礼》,鲁人高堂生能言之。"⑧《汉书·儒林传》称《士礼》有十七篇⑨。《艺文志》又称:"《礼古经》出于鲁淹中及孔氏,与十七篇文相似,多三十九篇。"⑩所谓鲁淹中者盖即指鲁恭王坏孔子宅所在之地,而所谓孔氏者,盖即指孔安国之家也。余考《士礼》十七篇,即今之《仪礼》是也。《艺文志》又称:"汉兴,高

---

① 《史记》第三八卷,第一六页(下),《集解》引《韩诗》。又按《扬子法言·学行》篇亦曰正考父常希尹吉甫矣。又按《鲁语》虽有校《商颂》于周太史之说,然周人多谓宋为商,且宋诗亦必存于周史也。
② 《郑氏诗谱》第三卷下,第一四页(下),江南书局本。
③ 《毛诗正义》第一卷,第一页(上)引,江西局本,嘉庆二〇年(一八一五)。
④ 《后汉书》第一〇九卷下,第六页(下),同文局本,光绪癸卯年(一九〇三)。
⑤ 《史记》第一二一卷,第五一第八页。
⑥ 《汉书》第三〇卷,第六页(上)。
⑦ 《文选》李善注第一六卷,第二六页(下),《恨赋》注引,湖北局本,同治八年(一八六九)。
⑧ 《史记》第一二一卷,第九页(上)。
⑨⑩ 《汉书》第三〇卷,第七页(下)。

堂生传《士礼》十七篇,讫孝宣世,后仓最明,戴德、戴圣、庆普皆其弟子,三家立于学官。"①然则三家所传者,均为《仪礼》之学,其事甚明,此即西汉人所谓《礼》也。盖当时仅有《士礼》十七篇列于学官,而《士礼》又仅有三家之说,备人传习。前言后得《礼古经》五十六篇,除内有十七篇与《士礼》相同外,余三十九篇皆为古文,均无师说,未立学官,故未久而亡。宣帝时,河内女子发老屋,又得《逸礼》一篇②,而河间献王亦得古文礼《礼记》③,其书后皆不传。然河间献王所得之《礼记》,后人亦无能证其为今之《礼记》。故知西汉人所谓《礼》,所谓戴氏之《礼》者,即指《士礼》而言,亦即指今之《仪礼》而言也。晋人始谓:"戴德删《古礼》八十五篇为《大戴礼》,戴圣删为四十九篇为《小戴礼》,马融、卢植又考其异同,去其繁重,即今之《礼记》。"④余考《大戴礼》《小戴礼》二书之名,均未见于《史记》《汉书》,是知西汉人并无"大小戴作《礼记》"之说,而今之《礼记》,实为马融、卢植所辑也。《士礼》十七篇是否为周公遗制,今已无从证明,然谓为周人所述周代旧制,则尚为可信。《礼记》虽或为东汉人马融、卢植所辑,而内存先秦及西汉旧说尚多,然亦杂矣。据《汉书·儒林传》,后仓为东海郯人,说《礼》数万言,授梁人戴德、戴圣,沛人庆普,于是西汉之时,《礼》有大小戴、庆氏之学,立于学官⑤。今三家之学皆亡。

《春秋》为孔子所作,孟子已言之,所谓"孔子成《春秋》而乱臣贼子惧"是也。《史记》称:"孔子因史记作《春秋》以寓王法。"⑥又曰:"孔子论史记旧文,兴与鲁而次《春秋》,约其文词,去其繁重,以制义法。鲁君子左邱明惧弟子人人异端,各安其意,失其真,故因孔子史记,具论其语,成《左氏春秋》。"⑦《严氏春秋》曰:"孔子与左邱明乘而如周,观书于周史,归而修《春秋》之经。"⑧刘向《别录》称"左邱明授曾申"⑨。此皆西汉人之旧说也。然则孔子之《春秋》当时必与左氏之《传》相辅而行。《春秋》所以寓褒贬,《左传》所以详本事,缺一不可者也。汉兴之初,《春秋》

---

① ⑤ 《汉书》第三〇卷,第七页(下)。
② 王充《论衡》第六卷,第六页(下),湖北局本,光绪元年(一八七五)。
③ 《汉书》第五三卷,第一页(下)。
④ 《经典释文》第一卷,第一八页(下),《序录》引陈绍说,抱经堂本,乾隆辛亥年(一七九一)。
⑥ 《史记》第一二一卷,第二页(下)。
⑦ 《史记》第一四卷,第一页(上)。
⑧ 《左传正义》第一卷,第一一页(上)引,江西局本,嘉庆二〇年(一八一五)。
⑨ 《左传正义》第一卷,第一页(下)引。

何以完全保存,《左传》何以无人传习,后人已无从考明。东汉人虽称:"汉兴,张仓、贾谊皆修《春秋左氏传》,谊为《左氏传诂》,授赵人贯公。"① 然西汉人所作《史记》,张仓、贾谊二传均无此事,则此言亦非旧说也。且据刘歆所言,则《春秋左传》藏于秘府,未有今文②,未行于民间,是知西汉人尚未有治《左氏传》者也。司马迁以太史之资格,当可见秘府中之《左传》,而非外人所能借读。《左传》既不通行于世,于是《春秋》之本事无人能详,而《春秋》之大义遂无人能通,盖不能以空言说经也。《史记·儒林传》称:"汉兴至于五世之间,惟董仲舒名为明于《春秋》。"③斯可见当时通《春秋》者之少矣。《左传》既不通行,且其书重在记事,而不重在解经,故当时仅有《公羊》《穀梁》二家为解经之书。旧说公羊、穀梁皆受《春秋》于子夏,余考此说始于戴宏④、应劭⑤,此实东汉人夸诞之说,不足信也。二子既非受子夏真传,则所说亦未必尽合孔子本意也。据《史记·儒林传》,汉初言《春秋》者,于齐鲁自胡毋生,于赵自董仲舒,皆治《公羊春秋》,瑕丘江公治《穀梁春秋》⑥。公、穀二人究竟生于何时,受《春秋》于何人,在西汉著作中已无可考。《汉书·艺文志》亦仅言公羊子为齐人,穀梁子为鲁人而已⑦。然谓公、穀二人生于汉初以前,尚为可信,此因治《公羊》之胡毋生,治《穀梁》之江公,皆西汉初年之人故也。据《汉书·艺文志》,在西汉之时,公羊、穀梁二家之学均列于学官⑧。今二家之学尚存。

前所述如《易》上下篇、《诗》三百五篇、《礼》十七篇、《书》二十八篇,及公羊氏、穀梁氏《春秋》,此皆西汉人所谓经也。其说皆有传授可考,其学皆有渊源可寻,又其书皆列于学官,掌于博士,此即西汉人所谓经学也。又因已上各经,皆已写为汉初通行文字,故谓之今文经书。《史记·儒林传》所谓"以今文读之",《汉书·儒林传》所谓"以今文字读之"者,即谓此也。此外又有所谓古文经书者,如汉秘府中有古文《易经》⑨,

---

① 《汉书》第八八卷,第二六页(下)。
② 《汉书》第三六卷,第三六页(上)。
③ 《史记》第一二一卷,第一一页(上)。
④ 《公羊传》徐彦疏第一卷,第二页(上)引,江西局本,嘉庆二〇年(一八一五)。
⑤ 《经典释文》第一卷,第二〇页(下),《序录》引《风俗通》,抱经堂本,乾隆辛亥年(一七九一)。
⑥ 《史记》第一二一卷,第一〇—一一页。
⑦ 《汉书》第三〇卷,第九页(上)。
⑧ 《汉书》第三〇卷,第一一页(上)。
⑨ 《汉书》第三〇卷,第三页(下)。

而武帝末年，鲁共王坏孔子宅①，闻鼓琴瑟钟磬之声，乃止不坏，而得古文《尚书》《礼记》《论语》《孝经》，而秘府中又有《春秋》，左氏邱明所修②，皆古文旧书。河间献王又得古文《周官》《礼》《礼记》《孟子》之属③。东莱人费直所治《周易》与古文同④。孔氏《古文尚书》比今文多十六篇，时遭巫蛊之祸，未立学官，故未久而亡⑤。《诗》有《毛诗》二十九卷，《汉书·艺文志》称："毛公之学，自谓子夏所传。"⑥盖班固亦不能证明其传授，故称之曰"自谓"，盖不之信也。鲁淹中所得《古礼经》比今文多三十九篇，然未久亦亡⑦。《汉书·艺文志》所存《记》百三十一篇，《明堂阴阳》三十三篇，《王史氏》三十一篇，《乐记》二十三篇，此盖与前言河间献王所得《礼记》略同，今共存四十九篇，谓之《礼记》，又三十八篇，谓之《大戴礼》。《汉志》所载《左氏传》三十卷，盖即汉秘府所藏之本，而是否即今之《左传》，亦无从证明。《汉志》又载《周官经》六篇，或即前言河间献王所得之本，今只存《周官》五篇，后以《考工记》补之，谓之《周礼》。以上各书在西汉皆因无人传授，无人通晓，无人译为今文，故谓之古文，均未列于学官。此因当时能通古文而能"以今文读之"者甚少。其他如《汉志》所录，在《鲁论语》二十篇，《齐论语》二十二篇之外，又有《古论语》二十篇，盖即前言鲁共王所得之本。《孝经》十八章之外，又有《古孝经》二十二章，盖亦共王所得之本。此二书之今古文，无甚大异，不过有几处章节字句之不同而已。此西汉经学今古文字之大略也。

　　由前所述观之，可见西汉已列学官之今文诸经，皆汉初经师之旧说。汉初去周末未远，有师承可寻，有家法可守，虽未必直接孔子之真传，然亦必渊源孔门之遗说，此西汉经学所以可贵，而西汉经学究竟是否无误，则又别为一问题也。惜乎各家之书皆亡，今所存者，只有公羊、穀梁之《春秋传》而已。再以古文之书言之，如费氏之《易》，孔氏之《书》，今皆不存。《汉书·艺文志》有《毛诗故训传》，而未言作者姓名，且称"毛公自谓子夏所传"，可见其无他证据矣。余考今本《毛氏传》所

---

① ⑤　《汉书》第三〇卷，第七页（上）。
②　《汉书》第三六卷，第三六页（上）。
③　《汉书》第五三卷，第一页（下）。
④　《汉书》第三〇卷，第三页（下）。
⑥　《汉书》第三〇卷，第六页（上）。
⑦　《汉书》第三〇卷，第七页（下）。

说多与《左传》《周礼》相合,而《左传》《周礼》在王莽篡位以前,实未通行,此见今本《毛诗传》当作于王莽以后也。余又考《后汉书·儒林传》,马融亦作《毛诗传》①,然则今本《毛诗传》或即东汉人马氏之书,实非西汉人毛氏之旧也。余前已证明大小戴均受《仪礼》,并未作《礼记》,有《史记》《汉书》为据。又前已言据晋人说,则今之大小戴《礼记》乃东汉人马融、卢植所辑,非西汉人戴氏之作也②。《左传》《周礼》在西汉并为晚出古文,传受皆不明了。《左传》乃纪事之书,今本虽未必为左邱明原书③,然大半必为周末人所著。《周礼》为记政之书,今本虽非周公制作④,然大半亦必为周末人所述。或以二书为刘歆伪作,则刘氏其可谓万能乎?晋时,盗发汲郡魏襄王冢,得《竹书纪年》⑤,所言多与《左传》符同,是知《左传》内容,大部分必为先秦古书无疑矣。《周礼》原缺《冬官》,河间献王购以千金不得,乃取《考工记》补之,此事初见《隋书》⑥,而汉人亦无此说。六朝时,盗发襄阳楚王冢,得科斗书《考工记》⑦,然则此书亦必为先秦古书无疑矣。《论语》《孝经》《孟子》《尔雅》,西汉人均视为传记之书,尚不尊为经也。东汉人好治古文经学,然所注古文诸经,亦多失传,今所存者,亦只有郑玄《三礼注》、赵岐《孟子注》而已。

　　章学诚谓"六经皆史"⑧,其说非也。经内如《尚书》、如《春秋》固皆古史之类,而《易》《诗》《礼》性质不同,岂可谓之史书乎?顾炎武谓"经学即理学"⑨,其说亦非也。经内如《易》、如《礼》固皆言理之书,而《诗》《书》《春秋》性质不同,岂可谓之理学乎?二氏皆未详细分析,故言之未得其当也。余用近世科学方法将诸经分为三类,曰哲学,曰史学,曰文学,现存之五经固皆可归纳于此三类。《周易》《论语》《孝经》《孟子》在哲学以内,《礼记》多述七十子后学遗言,亦附焉。《尚书》《春秋》在史学以内,《公羊》《穀梁》《左氏》解释《春秋》,《周礼》《仪礼》纪载古制,亦附焉。《诗经》在文学以内,《尔雅》详于故训,亦附焉。再就其内容分析

---

① 《后汉书》第一〇九卷下,第六页(下),同文局本,光绪癸卯年(一九〇三)。
② 《经典释文》第一卷,第一八页(下),《序录》引陈绍说,抱经堂本,乾隆辛亥年(一七九一)。
③ 《史记》称《左传》为左邱明所作,见前。
④ 刘歆谓《周礼》为周公致太平之迹,贾公彦《周礼序》引,《周礼正义》,第一卷,第一〇页(下),江西局本,嘉庆二〇年(一八一五)。
⑤ 杜预《左传集解后序》,附杜注《左传》本后,学部图书局本,宣统元年(一九〇九)。
⑥ 《隋书》第三二卷,第一六页(下),同文局本,光绪癸卯年(一九〇三)。
⑦ 《南齐书》第二一卷,第二页(下),同文局本,光绪癸卯年(一九〇三)。
⑧ 章学诚《文史通义》第一卷,第一页(上),粤雅堂本,咸丰初年(一八五一—一八六一)。
⑨ 全祖望《鲒埼亭集》第一二卷,第二页(下),借树山房本,同治一〇年(一八七一)。

之,《礼记》虽在哲学范围以内,而其中如《王制》《月令》《丧服》等篇为记制度之书,又有史学的性质。《尚书》虽在史学范围以内,而其中如《洪范》《皋陶谟》等篇为言理学之书,又有哲学的性质。然自其大体而论,固可以三类分析者也。由以上之分析观之,可知《周易》为最古之哲学,《尚书》为最古之史学,《诗经》为最古之文学。自此系统既定之后,则后起之著作,皆可按类分入其内,无虑浑淆矣。然则经之称谓与经学之名词,虽废去可也。兹为分析其门类如下:

(1) 哲学类——《易经》《论语》《孝经》《孟子》及《礼记》。
(2) 史学类——《书经》《春秋三传》《周礼》及《仪礼》。
(3) 文学类——《诗经》及《尔雅》。

试就哲学类言之,余前述《周易》上下篇尚全,且与汲冢古本正同,其为周人相传之古书,毫无疑义。《易》内之《十翼》并非孔子所作,前已言之矣。《论语》记曾子之死,而曾子在孔门中年又最少,且寿又最长,是知《论语》当为孔子再传弟子所记,且今本《论语》又为张禹所乱,非原书矣①。《孝经》开端言:"仲尼居,曾子侍。"此可见不仅非孔子所作,亦且非曾子自著,且其文多钞袭《左传》,姚际恒《古今伪书考》已详言之矣。西汉人治《孝经》者凡四家②,其说皆亡,今本《孝经》或东汉人所补辑欤?《孟子》为公孙丑、万章之徒所作,已见《史记》③。余前已言今本《礼记》为东汉人马融、卢植所辑,然其内存七十子后学遗言尚多,惜不易分辨。再就史学类言之,余前已言《书序》非孔子所作,《尚书》二十八篇中,其《殷盘》《周诰》凡十篇,已不可读。《史记》多采录《尚书》原文,惟于《殷盘》《周诰》则略而不录,盖自西汉人已不能通其读,后人无能为役矣。《春秋》之作,"子夏不能赞一词"④,其精微可知。夫褒贬赏诛既系于一字,而《三传》之说经又各不同,然则后人将何所适从乎?余前已言张仓、贾谊传受《左氏传》非西汉旧说,并言公羊、穀梁二氏亦非子夏弟子。《春秋》之师说既缺,微言绝矣。《仪礼》仅存《士礼》,《周礼》仅存五官,且二书所言礼制,彼此不同,可知为周末一家之纪载,非周公一代

---

① 崔述《洙泗考信录》第二卷,第一一一一二页,《东壁遗书》本,道光二年(一八二二)。
② 《汉书》第三〇卷,第一二页(下)。
③ 《史记》第七四卷,第三页。
④ 《史记》第四七卷,第二六页(下)。

之制作也。再就文学类言之，《诗经》尚全，并与《论语》所言之篇数相符。余前已证明《诗经》之《商颂》为宋大夫所作，而周诗仅有周初之诗数篇，余均为东迁以后作品。且西汉三家之诗说既亡，而今本之《毛诗序》《毛诗传》又为东汉人所作，余亦言之于前矣。然则所谓某诗为某作者，安可信乎？《尔雅》乃汉初时"小学家缀辑旧文，递相增益"①，更不得谓之为经。然则吾国人二千年以来所尊为"神圣不可侵犯"之孔门经典者，实则残缺讹乱，所余无几矣。

欧阳修曰："自六经焚于秦而复出于汉，其间师传之道中绝，而简编脱乱讹缺，学者莫得于本真。"②盖最初诸经原不难读，自遭秦火以后，始变为"脱乱讹缺"，非为之分别真伪，辨析异同，则后生小子无从下手也。余谓最要之条件，须以先秦、西汉之说为证。关于著作人者，如前述伏羲画八卦，见于《尸子》；孔子作《春秋》，见于《孟子》。关于篇章者，如前述《诗》有三百，见于《论语》；《礼》存《士礼》，见于《史记》。此皆为先秦、西汉旧说，当为可信。自此以后，颇多虚诞之说。如前述《史记》并未言贾谊治《左氏》，而《汉书》则言贾谊作《左传诂》，故信《汉书》不如信《史记》，因《史记》代表西汉人旧说，而《汉书》则参加东汉人意见也。又如前述班固仅谓穀梁子为鲁人，而应劭则谓穀梁子为子夏弟子，故信东汉末年著作，不如信东汉初年著作，因东汉初年传闻失实尚少，而东汉末年传闻失实又多也。又如前述《史记》称宋大夫作《商颂》，而汉末人反谓《商颂》作于殷代；《汉书》称戴氏传《士礼》，而晋初人反谓《礼记》作于戴氏。如此之类，以误传误，辗转至今者甚多，故不可以不辨也。夫诸经之存于今者，其数已微矣。近时青年学子，往往震于圣经之名，而不知其内容何似，故略为分析如上以便初学。庄子曰："六经先王之陈迹，岂其所以迹哉？"③孰知今之六经又皆"脱乱讹缺"之陈迹。然而吾国最宝贵，最尊重，视为"神圣不可侵犯"之古籍，已尽于此矣。

(《清华学报》1928年第2期)

---

① 《四库全书提要》第四〇卷，第一页(下)，点石斋本，光绪二六年(一九〇〇)。
② 《新唐书》第五七卷，第一页(上)，同文局本，光绪癸卯年(一九〇三)。
③ 《庄子集解》第四卷，第一四页(上)，王先谦自刻本，宣统元年(一九〇九)。

重论经今古文学问题
——方国瑜标点本《新学伪经考》序

钱玄同

（Ⅰ）

康长素(有为)先生的《新学伪经考》，是一部极重要极精审的"辨伪"专著。他这部书于公历一八九一(清光绪十七，辛卯)刻成木板，一出版，就有翻刻和石印的本子，但原本不久即遭禁毁，一八九四(清光绪二十，甲午)、一八九八(清光绪廿四，戊戌)、一九〇〇(清光绪廿六，庚子)，三次被清廷降旨毁版，所以当时这书极难见到。一九一七(民国六，丁巳)，康氏重刻木板，改名为"伪经考"，但这重刻本出世不过十来年，现在已经不容易买到了。

这书刚出版就有翻刻和石印的本子，似乎是曾经风行过两三年的，但我敢说，那时读这书的人虽多，然懂得它的真价值的一定是极少极少。最下的，大概是因为自翁(同龢)、潘(祖荫)当国以来，《公羊》之学成为一种时髦的东西，这书中的材料和议论可以作他们干禄幸进的取资罢了。稍高的，大概是看了这书力翻二千年来的成案，觉得新奇可喜罢了。最上的，大概是因为当时国势危殆，对于这位俊伟卓荦的康氏欲行变法维新之巨业，敬其人，并敬其书罢了。至于这书在考证上的价值，他们是不理会的；岂独不理会，恐怕虽在政治主张上极佩服康氏的人，对于这书也许还要说它是凭臆武断呢。我且拿皮锡瑞做个例。皮氏是当时一位经学家，而且是一位经今文学家，而且在一八九七(丁酉)到一八九八(戊戌)的时候，人皆目之为"康党"而大遭湖南的顽固党叶德辉等所排斥反对的。他的经学著作如《经学历史》《经学通论》《王制笺》等，虽有些地方也略采康氏之说，但他对于康氏"壁中古文经是刘歆伪造的"这个断案，始终是拿住将信将疑、不敢质言的态度。皮氏且然，何况他人！甚矣，解人之难得也！

在三十年前，对于《新学伪经考》因仔细研究的结果而极端尊信，且更进一步而发挥光大其说者，以我所知，唯有先师崔觯甫（适）先生一人。崔君受业于俞曲园（樾）先生之门，治经本宗郑学，不分今古；后于俞氏处得读康氏这书，大为佩服，说它"字字精确""古今无比"，于是力排伪古，专宗今文。他于一九一一年（辛亥）二月廿五日第一次给我的信中说：

> 《新学伪经考》字字精确，自汉以来未有能及之者。

三月中又来信说：

> 康君《伪经考》作于二十年前，专论经学之真伪。弟向服膺纪（昀）、阮（元）、段（玉裁）、俞（樾）诸公书，根据确凿，过于国初（指清初）诸儒，然管见所及，亦有可驳者，康书则无之，故以为古今无比。若无此书，则弟亦兼宗今古文，至今尚在梦中也。

崔君著《史记探源》《春秋复始》《论语足征记》《五经释要》诸书，皆引伸康氏之说，益加邃密。一九一一年二月廿五日的信中还有这样一段话：

> 知汉古文亦伪，自康君始。下走之于康，略如攻东晋《古文尚书》者惠定宇于阎百诗之比。虽若"五德"之说与《穀梁传》皆古文学，"文王称王""周公摄政"之义并今文说，皆康所未言，譬若自秦之燕，非乘康君之舟车至赵，亦不能徒步至燕也。

玄同于一九一一年二月谒崔君请业，始得借读《新学伪经考》，细细籀绎，觉得崔君对于康氏之推崇实不为过。玄同自此也笃信"古文经为刘歆所伪造"之说，认为康、崔两君推翻伪古的著作在考证学上的价值，较阎若璩的《尚书古文疏证》犹远过之。自一九一一（辛亥）至一九一三（民国二），此三年中，玄同时向崔君质疑请益；一九一四年（民国三）二月，以札问安，遂自称"弟子"。

我因为确信《新学伪经考》是一部极重要极精审的辨伪专著,故二十年来对于青年学子们常常道及这书,认为这是治国故的人们必读的一部要籍,无论是治文学的,治历史的,治政治的,乃至治其他种种国故的,都有读它的必要。

但这书无论原刻本、翻刻本、石印本、重刻本,现在都是无法买到。空口赞美,画饼充饥,这实在是一件大憾事。两年前,吾友顾颉刚先生曾经把它标点一过,打算由朴社印作《辨伪丛刊》之一,因经费窘绌之故,一时尚未能付印。现在吾友方国瑜先生把它标点印行,这真使我欢喜赞叹,不能自已。我因为二十年来曾将这书精读数过,又得先师崔君的指导,不自揣量,妄谓对于这书的好处和坏处都能够有些了解,所以便不辞"人之患在好为人序"之讥,自告奋勇,来写这一篇序。

(Ⅱ)

凡治历史科学,第一步必要的工作是"审查史料的真伪",简称可曰"辨伪"。要是不经过这步工作,"任何材料都供捃扯",则结果尽可闹到"下笔千言,离题万里",说得"像杀有介事",其实"满不是那么一回事"。中国(别国如何,我不知道,所以只好撇开,不敢妄有牵涉)的伪书和伪史实在太多,所以辨伪的书籍和议论也不少,自宋以来辨伪之学尤为发达。如明胡应麟的《四部正讹》,清姚际恒的《古今伪书考》等,都是辨伪的专书,又清代官书《四库提要》中辨伪书的议论也很多。这些固然都是治国故者的重要参考资料。但辨明一首伪诗,一篇伪文,一部伪笔记,一部伪杂史,虽然警告治学的人们对于那些伪材料不可信任,很有益处,究竟关系还小。若辨明几部伪先秦子书,如《管子》《商君书》《尹文子》《鹖冠子》《列子》之类,自然较为重要了,但关系也还不算很大。这话怎讲呢?因为那些伪诗或伪笔记之流,大家本没有怎样看重它。有时候他们随便采用了,你若警告他们:"那是伪的,采用不得!"他们也满不在乎:"你既说采用不得,那就不采用好了。"讲到伪先秦子书,就稍微有点问题了。你说《管子》或《列子》等书,是伪造的,采用不得,他们就要迟疑了,因为若不采用《管子》或《列子》等书,岂非要抛弃一部分政治史料或思想史料吗？他们自然觉得太可惜了。但这还不打紧，因为先秦子书，他们看起来究竟不过是可爱的古书罢了。子书是自来被认为"异端"的（只有《孟子》除外，连《荀子》也要以"异端"论的），所以你说这是假的，那是假的，他们还不至于怎样生气；稍微明白一点的人，也还有肯说"某部子书是伪造的"这类话的。胡、姚之书和《四库提要》中辨伪书的议论，都是属于辨伪史、伪子、伪集的（惟姚书略涉于伪经，然不多，也太简略，但因此已经使妄庸人顾实大大的生气了！），所以我觉得虽然也很有用，但还不是最重要的辨伪著作。

过去的学术界，是被"宗经"的思想支配的。而自宋以来多数学者所宗之经，则更是杂凑之书，就是流俗所谓十三经也者。所以无论治文学的，治历史的，治政治的，乃至治其他种种国故的，无不宗经——宗十三经。他们尽管不信任"史"和"集"，甚至不信任"子"，但一定信任"经"。因为信任"经"的缘故，于是认为"经"中所有的一定是最真实的史料，一定可以采用的。譬如治文学的，对于《尚书》的《益稷》（应该说《皋陶谟》，但十三经中的《尚书》是用伪孔本，将《皋陶谟》下半分为《益稷》）中的帝舜及皋陶之歌，认为真是虞代文学了；对于《五子之歌》，认为真是夏代文学了。又如治历史的，什么伏羲画八卦呀，什么尧舜禅让啊，什么禹治洪水呀，认为是古代的真历史了。又如治政治的，对于《周礼》，认为真是周代的官制；对于井田，认为古代真有那样的田制。其他如风俗、礼仪、神话、圣迹，凡"经"中所有的，或解经的先生们所说过的，一一皆看做最可靠的真史料，任意掊扯，尽力采用。——这种情形，不但过去的学术界是这样；你看，现代新出的书，关于国故方面的材料，除了一二种特别的，能根据甲骨刻辞、尊彝铭文及新发掘得的古器物来讲古史外，一般的《中国文学史》不是依然大谈其《五子之歌》吗？一般的《中国历史》不是依然谈三皇五帝，谈周公作《周礼》吗？

所以我以为我们现在对于治国故的人们，应该供给他们许多辨伪的材料；而辨伪"经"的材料，比辨伪"史"、伪"子"、伪"集"的材料，尤其应该特别注重。我认为点印《新学伪经考》这类书，比点印《四部正讹》这类书尤为切要。

但我说这句话，有些人一定要反对。他们以为像《新学伪经考》这类书,辨"今文""古文"的真伪那是"经学家"的事,不治"经学"的人,不必去管这些问题。我以为这是极大的错误。"经"是什么? 它是古代史料的一部分,有的是思想史料,有的是文学史料,有的是政治史料,有的是其他国故的史料。既是史料,就有审查它的真伪之必要。古文经和今文经的篇章不同,字句不同,多少不同。孰为可信的真史料,孰为不可信的伪史料,岂可漫不考辨而随意的采用或随意的不采用!

或谓:"子言诚是。但康有为不是很尊信今文经吗? 他不是经今文学家吗? 他站在今文家的立场上来辨古文经为伪书,他的话可信吗? 公允吗? 今文经真是真书吗? 古文经真是伪书吗? 有人说他是偷了廖平的成说,据为己有,有什么价值可言!"抱这样见解的人,我总疑心他没有看过《新学伪经考》;或者是虽然看了,但因为有怀疑今文经说或厌恶康氏的成见在胸,所以觉得他说的话总是不对的。我以为康氏政见之好坏,今文经说之然否,那是别一问题。就《新学伪经考》这书而论,断不能与廖平的《今古学考》等书相提并论。廖氏之书,东拉西扯,凭臆妄断,拉杂失伦,有如梦呓,正是十足的昏乱思想的代表,和"考证""辨伪"这两个词儿断断联接不上。康氏这书,全用清儒的考证方法——这考证方法是科学的方法,吾友胡适之(适)先生曾用很精炼的两句话来说明这方法:"尊重事实,尊重证据","大胆的假设,小心的求证"——他这书证据之充足,诊断之精核,与顾炎武、阎若璩、戴震、钱大昕、段玉裁、王念孙、王引之、俞樾、黄以周、孙诒让、章太炎(炳麟)师、王国维诸人的著作相比,决无逊色,而其眼光之敏锐尚犹过之;求诸前代,惟宋之郑樵、朱熹,清之姚际恒、崔述,堪与抗衡耳。古文经给他那样层层驳辨,凡来历之离奇,传授之臆测,年代之差舛,处处都显露出伪造的痕迹来了。于是一千九百多年以来学术史上一个大骗局,至此乃完全破案,"铁案如山摇不动,万牛回首丘山重",《新学伪经考》实在当得起这两句话。我们只能说,还有些地方被康氏忽略了,没有举发出来的;也还有极好的证据为康氏所未注意或未及知的;也有康氏一时的粗心或武断,致语有渗漏,论有偏驳,我们应该匡正他的。总之自《新学伪经考》出世以后,汉古文经之为伪造已成不易之定论,正与阎若璩的《尚书古文疏证》出世以后,晋《古文尚书》之为伪造已成不易之定论相同。我们现在对于康氏这书,应该做程廷祚、惠栋、江声、王鸣盛、段玉裁、丁晏(均辨驳伪《古文尚书》而对于阎说有所修正者),不应该做毛奇龄、洪良品、王照(均替伪《古文尚书》辨护者),这是我敢坚决主张的。至于问今文经是否真书,这要分别说明。若对于古文经而言,当然可以说今文经是真书,因为今文经在前,古文经在后,而古文经是故意对于今文经来立异的。古文家对于今文家的态度是这样:"我的篇章比你的多;我的字句比你的准;我的解释比你的古;我有你所没有的书,而你所有的我却一概都有。"因为古文家是这样的态度,所以他就上了今文家一点小当:今文经中汉朝人伪造的篇章,古文经中居然也有了,如《易》之《说卦》以下三篇和《书》之《泰誓》皆是。古文经,据说非得自孔壁,即发自中秘,或献自民间,总之皆所谓"先秦旧书"也。先秦人用"古文"写的书中居然有汉朝人伪造的篇章,这不是作伪的显证吗?古文经对于今文经而立异,就是对于今文经而作伪。所以今文经对于古文经,当然可以傲然的说自己是真书;而站在今文家的立场上来斥古文经为伪书,是可信的,是公允的。至于把古文经打倒以后,再来审查今文经,则其篇章之来源殊甚复杂,它的真伪又是极应考辨的。但这是要站在超今文的"历史家"的立场上才配说;若站在古文家的立场上,则绝对没有来议论今文经的真伪之资格!举个例来说:我们若疑今文家所言周代的典礼制度不足信,则应该根据尊彝铭文来推翻它,绝对不应该根据《周礼》来推翻它。据我看来,今文经中有一部分是儒家"托古改制"的文章,这一部分只能作为儒家思想史的材料,而不能作为古代历史的材料。所以今文经即使全是真书,但决不能说全是史实。关于"托古改制"这一点,也是康氏所发明的,他有极精详的考证,在《孔子改制考》中(《孔子改制考》一书,在考辨史料上,比《新学伪经考》更进一步,也是一部极重要极精审的书,我希望方君暇时也把它标点印行)。——综上所言,我认为康氏说古文经为伪造,证据是极确凿的;他说今文经是真书,对于古文经而言,也很对的;至于今文经中有许多不能认作真史料的,康氏也已经见到,别有考证。所以我说康氏这部《新学伪经考》是极重要极精审的辨伪专著,是治国故的人们必读的要籍。至于康氏尊信今文家言和他自己的"托古改制"的经说(如他的《春秋笔削大义微言考》《论语注》《孟子微》等），还有他那种"尊孔"的态度，其为是为非，应与《新学伪经考》分别评价；《新学伪经考》在考证学上的价值，决不因此而有增损。善夫，顾颉刚先生之言曰：

> 康有为为适应时代需要而提倡"孔教"，以为自己的"变法说"的护符，是一件事；他站在学术史的立场上打破新代出现的伪经传，又是一件事。（《五德终始说下的政治和历史》）

（Ⅲ）

《新学伪经考》中，我认为精当的和错误的部分，现在择要论之如次：

书中最重大的发明有二点：

(1) 秦焚六经未尝亡缺；

(2) 河间献王及鲁共王无得古文经之事。

(1)《秦焚六经未尝亡缺考》一篇，所举的证据没有一条不是极确凿的，所下的断语没有一条不是极精审的。"书缺简脱"或"秦焚《诗》《书》，六艺从此缺焉"这类话，经康氏这一番考证，根本打倒，决不能再翻案了。我现在又想到两点，亦颇足为破"书缺简脱"之说之证：

(ㄅ)《诗经》的篇数，若照古文经的《毛诗》说，全经该有三百十一篇。因《小雅》中之《南陔》《白华》《华黍》《由庚》《崇丘》《由仪》六篇都是"有其义而亡其辞"，故残本之今文经只剩了三百〇五篇。《郑笺》："遭战国及秦之世而亡之。"《孔疏》："六国之灭，皆秦并之，始皇三十四年而燔《诗》《书》，故以为遭此而亡之。"据此所说，这六篇诗是因秦焚而亡缺了。但汉初传《诗》，即分鲁、齐、韩三家。这三家各自传授，并非同出一源，何以申培、辕固、韩婴三位老先生都把这六篇诗忘了，又都把其他的三百〇五篇记住了！天下竟有这样巧事，岂非大奇！更奇的是，古文之《毛诗》，这六篇的篇名虽然幸被保存了，偏偏它们的词句也亡缺了！今文《诗》据说是靠讽诵而传下来的，三位老先生既同样的背不出这六篇，而古文《诗》据说是从子夏一代一代传到大毛公，作《故训传》，被河间献王所赏识,立博士,则早已著于竹帛了,偏偏也是缺了六篇,偏偏和今文三家同样的也是缺了这六篇。这种奇迹,居然能使自来的经学家深信不疑,刘歆的魔力真是不小哇!

(夕)《史记·秦始皇本纪》:"非博士官所职,天下敢有藏诗书百家语者,悉诣守尉杂烧之。"这是博士之书不焚之铁证,康氏已详言之矣。在这一点上,我又找出奇迹来了。《史记·儒林传》云:

> 伏生者,济南人也,故为秦博士。

下文忽云:

> 秦时焚书,伏生壁藏之,其后兵大起,流亡;汉定,伏生求其书,亡数十篇,独得二十九篇。

《始皇本纪》中明明说博士以外的书才要焚,而《儒林传》中偏说伏老博士因为政府焚书而把《尚书》藏到墙壁里去,以致亡缺。如此矛盾,如何可信!康氏及崔君都说《史记·儒林传》曾被刘歆增窜,我看是很对的。即此一事,足以证明伏生在汉文帝时所传的《尚书》,就是他在周末所受的,也就是他做秦博士时所掌的,并无亡缺。刘歆非说《今文尚书》为残本不可,于是不得不增窜《史记·儒林传》以为证据,初不料竟与《始皇本纪》抵牾也。

或曰:"然则汉初申培、辕固、韩婴、伏胜、高堂伯、田何、胡母子都、董仲舒这八位经师所传的五经,果与孔子之时完全相同欤?"答曰:这个问题当然有待于仔细的讨论,决不能随便武断。据我看来,今文五经中,恐怕有一部分是战国时人的著作。但八位经师之中,惟董生年辈较晚;其他七人,高堂与田不可考,似乎是生于周末;至于申、辕、韩、伏、胡母五人,皆周末之儒生也。他们在周末受经,经过国祚只有十余年之秦,至汉初而传经,我敢说他们在汉初所传之本就是在周末所受之本,没有什么两样(董生的年辈虽稍晚,但他所传的《春秋》,与胡母生的并无不同)。我们可以说经中有战国时增加的部分,然决无秦汉间亡缺的部分;汉初的今文经固然未必与原始的经相同,但是一定与周末的经相同。

(2)《汉书河间献王鲁共王传辨伪》一篇,康氏于一九一七(民国六,丁巳)重刻这书时所作的《后序》中有一段自述的话,很简赅,可作此篇的解题读：

> 吾……拾取《史记》，偶得河间献王传、鲁共王传读之，乃无"得古文经"一事，大惊疑；乃取《汉书》河间献王、鲁共王传对较《史记》读之，又取《史记》《汉书》两《儒林传》对读之，则《汉书》详言古文事，与《史记》大反，乃益大惊大疑。又取《太史公自序》读之，子长自称天下郡国群书皆写副集于太史公，太史公仍世父子纂其业，乃翻金匮石室之藏，厥协六经异传，整齐百家杂语，则子长于中秘之书，郡国人间之藏，盖无所不见，其生又当河间献王、鲁共王之后，有献书开壁事，更无所不知；子长对此孔经大事，更无所不纪。然而《史记》无之，则为刘歆之伪窜无疑也。

这真是巨眼卓识！他从这一点上起了疑问，先"大胆的假设"，说古文经是伪造的，于是"小心的求证"——

> 以《史记》为主，遍考《汉书》而辨之；以今文为主，遍考古文而辨之。遍考周、秦、西汉群书，无不合者。虽间有窜乱，或儒家以外杂史有之，则刘歆采撷之所自出也。于是涣然冰释，怡然理顺，万理千条，纵横皆合矣。（亦《后序》语）

照此看来，这一篇是他做《新学伪经考》的起点。这篇末了有一段极精要的话：

> 据《艺文志》《刘歆传》《河间献王传》：古文《书》《礼》《礼记》，共王与献王同得，而皆不言二家所得之异同。岂残缺之余，诸本杂出，而篇章文字不谋而合，岂有此理？其为虚诞，即此已可断。然《艺文志》又言："《礼》古经者，出于鲁淹中及孔氏，与十七篇文相似，多三十九篇。"是古文《礼》淹中又得，淹中及孔氏所得，与十七篇同一"相似"，同一"多三十九篇"，不谋而同，绝无殊异。焚余之书，数本杂出，而整齐画一如是，虽欺童蒙，其谁信之！而欺绐数千年，无一人发其覆者，亦可异也！

这种奇巧的情形，一经点破，真要令人绝倒！不知何以后来的古文家总是那样深信不疑；而自命为无门户之见的学者，也都不敢怀疑，不敢考辨，一任刘歆欺蒙，真可异也！

此外还有两点,也是康氏的特识:

(3)他说《史记》中有被刘歆增窜的部分。这一点,康氏虽已见到,但未暇深究,仅引其端,附《史记经说足证伪经考》之末。先师崔君继康氏而专考此事,发见甚多,撰成《史记探源》一书。关于此点,几无余蕴矣。

(4)他说刘向与刘歆父子异撰,向为今学,歆为古学,成《刘向经说足证伪经考》一篇。盖自来治校雠之学者,总认向歆父子为同术。康氏于此篇之首大声疾呼曰:"盖人以为《七略》出于刘向而信之,不知其尽出于歆也;又以为《别录》出于刘向而信之,不知其亦伪于歆也。"可谓一语破的!(关于这一点,崔君的《史记探源》和《春秋复始》中又补充了许多材料。)

(Ⅳ)

打倒古文经的中心文章,自然是《汉书艺文志辨伪》(《书序辨伪》《汉书儒林传辨伪》《经典释文纠谬》《隋书经籍志纠谬》四篇,与《艺文志辨伪》或互相发明,或补所未备,均当参看)。这篇文章,证据详备,驳辨明快,从大体上说,是很精核的;但疏略武断之处亦颇不免。兹就管见所及,按经分述如左:

(ㄅ)《诗经》

康氏之辨《毛诗》,议论最为透彻,吾无间然。他不相信徐整和陆玑说的两种传授源流;他不相信有《南陔》《白华》《华黍》《由庚》《崇丘》《由仪》这六篇"笙诗";他不相信《商颂》是商代的诗;他不相信有毛亨和毛苌两个"毛公";他并且根本怀疑"毛公"之有无其人;他不相信河间献王有得《毛诗》立博士这回事;他确认《毛诗序》为卫宏所作。这都是极精当的见解。我觉得他辨诸经的伪古文,以辨《毛诗》为最好。前乎他的魏源,虽也不信任《毛诗》,但见解远不及他。惟宋之郑樵、朱熹,清之牟庭、崔述,其攻击《毛诗》,堪与康氏相伯仲。

(ㄆ)《尚书》

康氏之辨《古文尚书》,有极精核的议论,也有不彻底的见解,还有

很错误的叙述,兹分述之:

《汉书·艺文志》云:"武帝末,鲁共王坏孔子宅,……而得《古文尚书》。……孔安国……悉得其书,……献之,遭巫蛊事,未列于学官。"康氏说共王薨于武帝初年,孔安国为武帝博士,也早卒,均不及至武帝末年,遭巫蛊事,年代差舛,故知为伪。又,《汉书·儒林传》云:"迁书载《尧典》《禹贡》《洪范》《微子》《金縢》诸篇多古文说。"他说今考史迁载《尧典》诸篇说实皆今文,以为古文者,妄。(按:崔君遍考《史记》所载关于此五篇之说,可证其为今文与今文说者凡二十二条,无一从古文说者,足为康说之铁证,详《史记探源》。)他的《书序辨伪》篇中辨《今文尚书》止有二十八篇,《泰誓》确为后得。又说《书序》亦刘歆所伪作,《今文尚书》无序,力驳陈寿祺"今文有序"之说。这都是他极精核的议论。

《史记》载入之《书序》,决非司马迁原文所有,实为妄人所窜入(未必就是刘歆)。有《史记》叙事与《书序》不合而不录《书序》者,如《文侯之命》及《秦誓》等篇是也。有《史记》无其事而仅录《书序》者,如《帝告》《嫠鸠》《嫠房》《典宝》《夏社》等篇是也。(《书序》中之伪篇以《商书》为最多,故窜入《史记》者亦以《殷本纪》为最多。我们看商代最真实的史料甲骨刻辞中的文句和社会状况,可以断定那时绝对不会有《书序》所说的那一篇一篇的文章。商代历史本极缺乏,故刘歆得以任意增窜也。)有《史记》叙事与《书序》不合而又录《书序》,以致前后文自相矛盾者,如《盘庚》及《高宗肜日》诸篇是也。看第一例,可证《史记》与《书序》无关。看第二例,则增窜之迹显然可见。看第三例,更可明其为不顾文义之妄人所窜入。关于此点,崔君的《史记探源》中考辨最为精详。康氏虽知百篇《书序》为刘歆所伪造,然对于《史记》中的《书序》尚谓"《史记》与《书序》同者,乃《书序》剿《史记》,非《史记》采《书序》",其《书序条辨》中屡有"《史记》云,因某事作某篇,即刘歆所本"这样的话,他还是被骗了!这是他不彻底的见解。

刘歆伪造的《逸书》,凡十六篇;又把《九共》九篇分开,称为二十四篇。其篇名、篇次及分合各点,列之如下(用"一、二……"记十六篇,用"1、2……"记二十四篇):

《舜典》　一　　1

　　　　《汨作》　二　2

　　　　《九共》（九篇）　三　3、4、5、6、7、8、9、10、11

　　　　《大禹谟》　四　12

　　　　《弃稷》　五　13

　　　　《五子之歌》　六　7

　　　　《胤征》　七　15

　　　　《汤诰》　八　16

　　　　《咸有一德》　九　17

　　　　《典宝》　十　18

　　　　《伊训》　十一　19

　　　　《肆命》　十二　20

　　　　《原命》　十三　21

　　　　《武成》　十四　22

　　　　《旅獒》　十五　23

　　　　《冏命》　十六　24

康氏的《尚书篇目异同真伪表》第五栏"十六篇伪古文篇目"所列为——

　　《舜典》《汨作》《九共》（九篇）《大禹谟》《胤征》《汤诰》《伊训》《武成》《冏命》

之十七篇，而——

　　《弃稷》《五子之歌》《典宝》《咸有一德》《肆命》《原命》《旅獒》

之七篇均未列入，这是绝无根据的。他的《汉书艺文志辨伪》中引刘逢禄《尚书今古文集解》语叙此十六篇与二十四篇，亦全同旧说，并无驳辨之语，可知此表所叙，乃是一时的错误。他偶然误把二十四篇的计算法来算十六篇（就是误把《九共》分作九篇作为十六篇的计算法），于是觉得多出几篇来了，就胡乱的把《弃稷》等七篇删去，这实在太不应该了！而且就照他那么办，他所列的还不是十六篇，乃是十七篇。这是他很错误的叙述。

《汉书·艺文志》叙《今文尚书》的卷数是这样：

　　《经》二十九卷，大小夏侯二家。

欧阳《经》三十二卷。

欧阳《章句》三十一卷。

大小夏侯《章句》各二十九卷。

大小夏侯《解故》二十九篇。

案：伏生所传《尚书》，本来只有二十八篇："《泰誓》后得，博士集而读之。"故大小夏侯《经》皆增为二十九篇，其《章句》与《解故》亦皆二十九篇。独欧阳《经》为三十二卷，而其《章句》则三十一卷，又与《经》异，颇难索解。康氏对此问题，搁起不谈，但云"欧阳《经》及《章句》卷数难明"，又云"并难引据"（《书序辨伪》）而已。王引之《经义述闻》以为，《经》与《章句》皆有误字，皆当作三十三卷，盖取二十九卷中之《盘庚》与《泰誓》各分为三，故为三十三卷。王氏此说，因为两处都要改字，才能成立，所以别人都不以为然。陈寿祺《左海经辨》说：

伏生经文二十八篇，增《泰誓》三篇，止三十一卷，其一卷必百篇之《序》也。西汉经师不为序作训，故欧阳《章句》仍止三十一卷矣。

陈氏此说，显然错误。《今文尚书》无序，《书序》为刘歆所伪作，康、崔二君之所考明，已成定论。但陈氏之计算卷数，略有可采之处，故先把他这段话引在这儿。

我以为要说明欧阳《经》及《章句》的卷数，应该根据汉石经。但是说到汉石经，却有一篇很别致的文章，不能不先说明它。原来汉石经中竟有《书序》。汉石经中有《书序》，不是适足为陈氏"今文有序"之说之显证吗？不然！不然！陈氏说今文有序，是与古文同样的百篇《书序》，故胪举今文家提到今文经所无而只见于百篇《书序》之篇目，以为今文有序之证。但汉石经中的《书序》，却很别致，仅有今文经所有的二十九篇之序，此外七十一篇序一概没有，这是计算它的行数字数而可以断定的。这样别致的《书序》，不但陈氏所未知，且西汉人及刘歆等亦从未道及。西汉今文家绝无言及《书序》者，也绝无称引《书序》文句者。刘歆、杨雄、王充诸人皆据百篇《书序》以证《今文尚书》为不全，绝不据百篇《书序》以证二十九篇《书序》为不全。由此可知，一定是东汉的今文家就古文的百篇《书序》,删去今文所无的七十一篇,以成此二十九篇《书序》;决非西汉时本有今文的二十九篇《书序》,而被古文家加上七十一篇,以成百篇《书序》。汉代的今文经师,识见甚陋,他们反对古文家,绝够不上说辨伪,只是怕人家来分他的地盘而已。只要地盘稳固了,那经的真伪问题,他们本不想研究,亦非他们的识见所能判断;变更原来的面目以趋时尚,也毫不要紧,《易》增《说卦》以下三篇即其一例。所以古文既有《书序》,他们也不妨把它钞来,加在今文经中。但因当时有"《尚书》二十九篇,法北斗七宿"及"孔子更选二十九篇,二十九篇独有法也"这些穿凿不根的谬论(均见《论衡·正说》篇),若把百篇《书序》完全钞来,总觉得有些不合式,于是就单钞"有法"的二十九篇的序了。先师崔君《史记探源》卷一《序证》"《书序》"节中谓《洪范》与《君奭》两序皆与《史记》不合,证明为刘歆之说。今汉石经的《书序》中,《洪范序》存"以箕子"三字,《君奭序》存"周公作君"四字,计其字数,知其上下文必与古文《书序》相同,这也是东汉今文家钞古文序的一个证据。所以得此二十九篇的《书序》更可十分坚决的说:西汉的《今文尚书》绝对无序!

现在要说"欧阳《尚书》的卷数与汉石经"这个问题了。

汉石经所用的本子:《诗》鲁,《礼》大戴,《易》京,《春秋》及《公羊传》严,《论语》张侯,均由吾友马叔平(衡)先生次第证明;惟《书》用何家之本,尚未考定。我从卷数上研究,窃谓是欧阳《经》也。其证有二:

(夂)《隶释》所录《石经尚书残碑》中,有"建乃家　般□既"数字。"建乃家"是《盘庚》中篇的末句,"般庚既迁"是它下篇的首句,两句之间空一个字,是汉石经的《盘庚》分上中下三篇也。

(夊)最近所出汉石经的《书序》残石,凡九行,兹依原石行款,录之如下:

<pre>
            周
    同 甫 公 使 以 堪 遂 广 民
    异 刑 作 召 箕 饥 与 度
            君 公 子 ●
</pre>

首行存一"民"字,系《秦誓》篇末"以不能保我子孙黎民"之"民"字。末行存"同异"二字,当是校记。把这首末两行除外,其中七行是今文二

十九篇《书序》。

此二十九篇《书序》中,有《泰誓序》(应在书序第三行),无《康王之诰序》(《顾命序》在第六行,其下应接《鲜誓序》,方与字数相合,故知无《康王之诰序》),则《今文尚书》二十九篇之一,陈寿祺等以《书序》当之,龚自珍等分《康王之诰》以当之,而均不数《泰誓》者,皆非也。旧说以为伏生本二十八篇,加后得之《泰誓》一篇,故为二十九篇,实在没有错。《汉志》叙大小夏侯《经》《章句》及《解故》皆二十九卷,必是如此。汉石经分《盘庚》为三,则三十一;又加《书序》,则三十二。欧阳《经》的卷数适与汉石经相同,故疑《汉石经》所用的是欧阳经。至于欧阳《章句》三十一卷,则因不为《书序》作训之故,陈寿祺之说是也(其实是西汉经师作训时尚未有《书序》耳)。

兹将欧阳、大小夏侯及汉石经的分卷异同表列如左:

篇名	大小夏侯《经》《章句》及《解故》各二十九卷	欧阳《经》三十二卷(汉石经与此同)	欧阳《章句》三十一卷
尧典	一	一	一
皋陶谟	二	二	二
禹贡	三	三	三
甘誓	四	四	四
汤誓	五	五	五
般庚	六	(上)六 (中)七 (下)八	(上)六 (中)七 (下)八
高宗肜日	七	九	九
西伯戡饥	八	十	十
微子	九	十一	十一
大誓	十	十二	十二
牧誓	十一	十三	十三
鸿范	十二	十四	十四
金縢	十三	十五	十五

续　表

篇名	大小夏侯《经》《章句》及《解故》各二十九卷	欧阳《经》三十二卷（汉石经与此同）	欧阳《章句》三十一卷
大诰	十四	十六	十六
康诰	十五	十七	十七
酒诰	十六	十八	十八
梓材	十七	十九	十九
召诰	十八	二十	二十
雒诰	十九	二十一	二十一
多士	二十	二十二	二十二
毋佚	二十一	二十三	二十三
君奭	二十二	二十四	二十四
多方	二十三	二十五	二十五
立政	二十四	二十六	二十六
顾命	二十五	二十七	二十七
鲜誓	二十六	二十八	二十八
甫刑	二十七	二十九	二十九
文侯之命	二十八	三十	三十
秦誓	二十九	三十一	三十一
书序		三十二	

陈寿祺的"今文有序"十七证，康氏一一驳之，皆是也。但是他的第十三证，对于"欧阳《尚书》"的卷数与汉石经"这个问题却有用处。他说：

　　《后汉书·杨震传》：曾孙彪议迁都曰："般庚五迁，殷民胥怨。"此引《商书·般庚》之序也。彪世传欧阳《尚书》，所据乃其本经。今文有序，其证十三矣。

东汉习欧阳《尚书》者引《书序》，而汉石经有《书序》，这也可以作为汉石经用欧阳《经》的一个证据。

(ㄇ)《仪礼》

康氏主张经皆孔子所作之说(《孔子改制考》中有《六经皆孔子改制所作考》一篇),故认制礼者是孔子而非周公,谓《仪礼》十七篇悉为孔子所作,本书中已发其端,《孔子改制考》中乃大畅其旨。康氏此说,人多视为无征之臆谈;赞成而采用之者,惟皮锡瑞之《经学历史》与《经学通论》耳。我以为孔子制礼之说虽未尽当,然亦非无征之臆谈,比周公制礼之说高明多矣。礼之中确有一部分为孔子所制,如"三年之丧",看《论语·阳货》篇、《孟子·滕文公》篇,《墨子·非儒》《公孟》《节葬》诸篇,则此礼制自孔子,实有明征。惟《仪礼》中如《聘礼》所言,与孔子之主张相背(崔述与姚际恒皆有此说),而升降揖让之繁文缛节,自非孔子所定,且与孔子重礼之意亦未必吻合;其书盖晚周为荀子之学者所作。《仪礼》为晚周之书,毛奇龄、顾栋高、袁枚、崔述、牟庭皆有此说。近见姚际恒之《仪礼通论》,亦谓《仪礼》为春秋后人所作。姚书尚未刊行,世所罕见(最近始由吾友顾颉刚先生向杭州旧家钞得),今录其一二要语于此。其言曰:

　　《仪礼》是春秋以后儒者所作,如《聘礼》皆述《春秋》时事;又多用《左传》事,尤可见。(卷前,《论旨》)

又曰:

　　祝辞多用《诗》语,便知《仪礼》为春秋后人所作。(卷一,《士冠礼》)

对于《聘礼》一篇,谓其——

　　前后多规摹《乡党》之文,而有意别为简练刻画以异之。(卷八,《聘礼》)

看姚氏所论,可知《仪礼》的确作于晚周;五经之中,当以《仪礼》为最晚出之书。不信康氏之说者,多从旧说,以为周公所作。实则康氏以为作于孔子尚嫌太早;若作于周公之旧说,则离事实更远,真是无征之臆谈矣。

康氏之辨《逸礼》,其说采自邵懿辰的《礼经通论》。邵氏根据《礼运》中"冠、昏、丧、祭、射、乡、朝、聘"(今本"乡"误作"御",邵氏始订正之)之次,证今文《仪礼》十七篇为完书,当以大戴之次序为最合;又谓若取王应麟、吴澄二氏所举《王居明堂礼》《天子巡狩礼》《奔丧》《投壶》诸篇厕于十七篇之间,则不相比附:故知《逸礼》三十九篇为刘歆剽取杂书而伪造者。其说极为精当(姚际恒亦以《逸礼》三十九篇为伪书,说见《仪礼通论》的《论旨》)。

(亡)《周礼》

康氏辨《周礼》之说曰:"《王莽传》所谓'发得《周礼》以明因监',故与莽所更法立制略同,盖刘歆所伪撰也。歆欲附成莽业而为此书。其伪群经,乃以证《周官》者。"这几句话,真所谓"一针见血"之论,《周礼》的原形给他识破了。他又取《汉书·王莽传》中莽所措施与《周礼》相证,成《汉书王莽传辨伪》一篇。凡所举证,皆极精核。读了他这篇文章,可无疑于刘歆为王莽更法立制而造为《周礼》,伪托于周公之说矣。现在除墨守古文家言者,对于郑玄要"头面礼足"者,以及认"一切古籍皆是真书"之浅人外,凡好学深思之士,对于《周礼》,皆不信其为周公之书。但又有以为系晚周人所作者,如钱穆与郭沫若二氏皆有此说。钱氏撰《周官著作时代考》(载《燕京学报》第十一期),谓以何休所云"《周官》乃六国阴谋之书"之说为近情。郭氏撰《周官质疑》(见其所作《金文丛考》中),谓"《周官》一书,盖赵人荀卿子之弟子所为,袭其师'爵名从周'之意,纂集遗闻佚志,参以己见而成一家言"。我以为从制度上看,云出于晚周,并无实据;云刘歆所作,则《王莽传》恰是极有力之凭证:故仍认康氏之论为最确。即使让一步说,承认《周礼》出于晚周,然刘歆利用此书以佐王莽,总是无可否认的事实。既利用矣,则大加窜改以适合王莽更法立制之用,当时实有此必要。故今之《周礼》,无论是本有此书而遭刘歆之窜改,或本无此书而为刘歆所创作,总之只能认为刘歆的理想政制而不能认为晚周某一学者的理想政制。而若考周代之政制而引用《周礼》为史料,则尤为荒谬矣。

(勹)《礼记》

康氏之辨《礼记》,有极精之语;但他还是被刘歆骗了,所以支离穿凿之论也很多。他说:

> 孔门相传,无别为一书谓之《礼记》者。

这话极是。他又说:

> 既非孔子制作,亦无关朝廷功令。其篇数盖不可考,但为礼家附记之类书。

这话也对。

但康氏终不免被刘歆所骗。《汉书·艺文志·礼家》:

> 《记》百三十一篇(七十子后学者所记也)。
> 《明堂阴阳》三十三篇(古明堂之遗事)。
> 《王史氏》二十一篇(七十子后学者)。

又《乐家》:

> 《乐记》二十三篇。

又《论语家》:

> 《孔子三朝》七篇。

这五种都是《古文礼记》。《隋书·经籍志》:

> 汉初,河间献王又得仲尼弟子及后学者所记一百三十一篇,献之,时亦无传之者。至刘向考校经籍,检得一百三十篇,向因第而叙之;而又得《明堂阴阳记》三十三篇,《孔子三朝记》七篇,《王氏史氏记》二十一篇,《乐记》二十三篇:凡五种,合二百十四篇。

《经典释文序录》:

> 刘向《别录》云:《古文记》二百四篇。

按:依《汉志》所列五种,其总数当为二百十五篇,而《隋志》谓为二百十四篇者,《记》一百三十一篇少了一篇故也。《隋志》谓刘向检校时已少一篇,但《汉志》本于刘向(实应说刘歆)的《七略》与《别录》,仍说是一百三十一篇,这事究竟如何,现在无从知道了。《释文》引《别录》比《隋志》又少了十篇,为二百〇四篇。我疑心或是传写误脱"十"字,然它下文有"戴德删《古礼》二百四篇"之语,似不应两处都脱"十"字,疑莫能明。但这二百十五篇、二百十四篇、二百〇四篇的参差问题,与本节所说没有什么关系,可以不论。我的意思,是要说明《汉志》所谓"一百三十一篇",《隋志》所谓"二百十四篇"及《释文》所谓"二百四篇",都是指

《古文礼记》而言,与今文无关,与今存之《大戴礼记》及《小戴礼记》亦非一物,决不可把它们牵合为一事,但康氏却认"二百四篇"为《今文礼记》的篇数而被刘歆窜改为——

《记》百三十一篇,

《明堂阴阳》三十三篇,

《王史氏》二十一篇,

《曲台后仓》九篇,

《中庸说》二篇,

《明堂阴阳说》五篇,

《周官传》四篇。

共二百〇五篇(康云二百〇六篇,今案七种合计只有二百〇五篇)。说二百〇四篇之《礼记》为这样七种书的合计,是毫无根据而为康氏一人所臆造,决不可信。

他于是又异想天开,造出一段"《今文礼记》二百〇四篇"的账来,他把《汉书·艺文志·儒家》中选出十九种书以当"《今文礼记》二百〇四篇"。我现在为使看的人一目了然计,特将《汉志·儒家》在《高祖传》以前之三十一种书名全钞下,其康氏选作"《今文礼记》二百〇四篇"之十九种,外加括弧〔〕以示别:

〔《晏子》八篇〕　　〔《子思》二十三篇〕

〔《曾子》十八篇〕　〔《漆雕子》十三篇〕

〔《宓子》十六篇〕　〔《景子》三篇〕

〔《世子》二十一篇〕〔《魏文侯》六篇〕

〔《李克》七篇〕　　〔《公孙尼子》二十八篇〕

〔《孟子》十一篇〕　〔《孙卿子》三十三篇〕

〔《芊子》十八篇〕　《内业》十五篇

《周史六弢》六篇　　《周政》六篇

《周法》九篇　　　　《河间周制》十八篇

《谰言》十篇　　　　《功议》四篇

〔《宵越》一篇〕　　〔《王孙子》一篇〕

〔《公孙固》一篇〕　　《李氏春秋》二篇
〔《羊子》四篇〕　　　〔《董子》一篇〕
〔《侯子》一篇〕　　　《徐子》四十二篇
《鲁仲连子》十四篇　　《平原君》七篇
《虞氏春秋》十五篇

康氏所选的十九种书，合计二百十四篇，但他自己却说"实二百四篇"。他接着又说：

> 是则二百四篇者，七十子后学记，原篇人所共知。歆欲攻后仓士礼之阙，又窥见《礼经》十七篇天子诸侯卿大夫之制无多，乃伪造典礼以为《明堂阴阳》《王史氏记》，谓多天子诸侯卿大夫之制。于是去取七十子后学及后仓记，而窜《明堂阴阳》《王史氏记》数十篇于其中，以实二百四篇之目，而痛抑今学为"推士礼而至于天子"。其作伪之术，情见乎辞。

其实刘歆并没有"去取七十子后学及后仓记……以实二百四篇之目"，倒是康氏忽然去取"儒家"各书以实二百四篇之目了。康氏致误之由实缘误认《古文礼记》为《今文礼记》也。《今文礼记》本无此书，康氏已自言之矣（见上引）。今文礼家或有抄撮儒家诸子中关于论礼的文章；或有他们自己对于礼的讲论，如《曲台》《后仓》之类；又如《白虎通》中所引之"某某记"等，大多数当亦为今文家论礼之作；即今存之二《戴记》中，也许采了些今文家论礼之作。但这些都是零星散文，在西汉时并没有像古文家那样编成一部丛书式的《礼记》。所以主张今文的人决不该说"七十子后学记原有二百四篇"这样一句话。

至于今存之《小戴礼记》四十九篇及《大戴礼记》三十九篇（本有八十五篇，今残存此数），关于这两部礼记的记载，最早的是郑玄的《六艺论》，他说：

> 戴德传记八十五篇，则《大戴礼》是也；戴圣传记四十九篇，则此《礼记》是也。

《经典释文序录》引晋陈邵的《周礼论序》说：

> 戴德删《古礼》二百四篇为八十五篇，谓之《大戴礼》；戴圣删

《大戴礼》为四十九篇,是为《小戴礼》。

《隋书·经籍志》说:

> 戴德删其(指刘向所叙之《记》二百十四篇)烦重,合而记之,为八十五篇,谓之《大戴记》;而戴圣又删大戴之书为四十六篇,谓之《小戴记》。汉末,马融遂传小戴之学;融又足《月令》一篇,《明堂位》一篇,《乐记》一篇,合四十九篇。

这三种记载,彼此有两点不同:

(夂)《六艺论》说二《戴记》各有所受,彼此不相干,又没有提到二《戴记》的来源。《周礼论序》与《隋志》则均谓《大戴记》是删《古文记》而成的,而《小戴记》又是删《大戴记》而成的。

(夂)《六艺论》与《周礼论序》均谓《小戴记》原来就有四十九篇。《隋志》则谓《小戴记》原来只有四十六篇,马融加入三篇,才成为四十九篇。

案:戴圣删《大戴记》之说,陈寿祺和皮锡瑞都以为是不对的。戴德删《古文记》之说,自来学者皆无异议。我以为单就这样一句话论,是根本不能成立的。因为戴德是西汉的今文经师,当他的时候并无所谓《古文记》也。但这是驳这样一句话。若论今之《大戴礼记》与《小戴礼记》这两部书,据我的研究,决非戴德和戴圣这两个人编成的;看它们的内容,虽不见得是删《古文记》而成,但的确采了好些《古文记》,如《大戴记》中之《千乘》《四代》《虞戴德》《诰志》《小辨》《用兵》《少间》,采自《孔子三朝记》;《小戴记》中之《乐记》采自《乐记》(《古文记》中之《乐记》凡二十三篇,《小戴记》中之《乐记》采了它十一篇),《月令》与《明堂位》采自《明堂》《阴阳》,皆有明证。又如《大戴记》中之《盛德》记明堂之事,《朝事》与《周礼》相合,当亦采自《古文记》中。这两部书一定是东汉人编成的,所以其中今古杂糅,不易辨析。今《大戴礼记》已多残缺脱误,所存之三十九篇中,有与《小戴记》相同者,是否与郑玄、陈邵诸人所见者相合,无从审知;又其来源,除郑玄、陈邵及《隋志》所记,亦无其他异说,只可阙而不论。单说《小戴记》。《隋志》谓《小戴记》原来只有四十六篇,马融加入三篇,才成为四十九篇。前人信此说者,据我现在记忆所及,似乎只有姚际恒的《礼记通论》。康氏亦深信此说。我则以为这三篇的古文色彩特别浓厚,说是马融加入,固甚可信;但此外四十六篇又何尝是戴圣所编?《隋志》之说虽略胜于郑玄与陈邵,但尚远不及陆德明之说尤与情事相合。陆氏《经典释文序录》于引陈邵之说之下,接着就有他自己一段极精核之论,他说:

> 后汉马融、卢植考诸家同异,附戴圣篇章,去其繁重及所叙略,而行于世,即今之《礼记》是也。郑玄亦依卢、马之本而注焉。

这明明说今之《礼记》为卢植、马融所编定,郑玄所注者即是卢、马编定之本。然则无论戴圣曾否编有《礼记》,即使有之,而今郑注之《礼记》四十九篇,则决非戴圣之本也。故《月令》《明堂位》《乐记》三篇固为马融所编入,即其他四十六篇中,卢、马二人编入之篇亦必不少。可惜这样几句极重要的话,自来都把它忽略过了;康氏也不加深察,反谓"此古学家虚造之说,不可信",岂非误欤!

总之,二《戴记》都是东汉人编成的,那时古文虽未立于学官,但民间的学者尊信它的很多,它的势力很不小,即立于学官的今文也不免要被它窜乱,《白虎通》中有古文说,汉石经中有《书序》,都是极好的例。二《戴记》产生于这样的环境中,即使是今文经师所编,恐怕也不免要闹到今古杂糅,何况《小戴记》的编者是卢、马这两位古文经师呢?《大戴记》的来源,虽以前的记述没有像《释文》和《隋志》那样详明,但就内容看来,其杂乱无纪之状态,实与《小戴记》无异。还有一层,时代愈晚,伪书愈多,伪史也愈多,伪说也愈多。汉代的学者,除了一位极特别的王充外,都是最缺乏怀疑的精神的(古文家和今文家是一丘之貉,今文家攻击古文经是吃醋,如师丹、范升是;古文家攻击今文经是阴谋,如刘歆是,都够不上说怀疑)。他们对于一切真伪的古书,是持"买菜求益"的态度,认为多多益善的。所以二《戴记》这两部丛书所采各篇的来源,除上文所举《古文记》以外,尚有采自《荀子》(《三年问》《礼三本》《劝学》《哀公问五义》)、《吕氏春秋》(《月令》)、《贾谊新书》(《保傅》)、《逸礼》(《奔丧》《投壶》《诸侯迁庙》《诸侯衅庙》)及其他秦汉以来伪造的古书(《五帝德》《帝系姓》《诰志》《公冠》《祭法》《仲尼燕居》《孔子闲居》《表记》《中庸》《大学》等)。姚际恒之评《小戴记》(见其所作之《礼记通论》,此书载入杭世骏的《续礼记集说》中,无单行本),龚自珍之评《大戴记》

（见张祖廉的《定庵先生年谱外纪》），皆有极精之论。龚氏说：

> 二戴之记，皆七十子以后逮乎炎汉之儒所为，源远而流分，故多支离猥陋之词，或庸浅无味，敷衍成篇。盖杂家喜依托黄帝，而儒家喜依托孔子，周末汉初人习尚类然。
>
> 合两戴所记淘之澄之，孔子之言亦必居什之四，究贤于杂家之托三皇也。

又说：

> 衰周及汉代多至庸极陋之书，而善依托，《周书》中之《太子晋解》，大小《戴记》之《五帝德》《坊记》《表记》《缁衣》等篇，其尤者也。
>
> 扬雄《法言》，王通《中说》，是其嫡传。

这两段话，很精核，很公允。

（匇）《乐记》

"乐本无经"之说，亦发于邵氏《礼经通论》。那位十三岁就瞎了眼（《汉志》颜注引桓谭《新论》）而能活到二百五六十岁的窦老头子来献什么"《周官》大宗伯之大司乐章"这件奇事，当然是造谎，不值得一驳。但古文家不但不以此事为可疑，且有更进一步，认"《周官》大宗伯之大司乐章"为即"《乐经》"者。吾友黄季刚（侃）先生说：

> 乐本有经，盖即《周官》大司乐"二十职"。或谓《乐经》至秦燔失，或谓乐本无经，殆皆不然也。（《六艺略说》）

黄氏极端崇信古文，崇信刘歆，但此奇论，实刘歆所未言，《七略》所不载。其然，岂其然乎！《汉志》又说：

> 武帝时，河间献王好儒，与毛生等共采《周官》及诸子言乐事者，以作《乐记》。……其内史丞王定传之，以授常山王禹。
>
> 禹，成帝时为谒者，数言其义，献二十四卷。

又要搬出河间献王和《周官》来了，而且又来了一位毛老先生！是毛亨？是毛苌？还是另有一位姓毛的？何毛氏之多才也！

（圥）《周易》

康氏书中，以辨《易》的部分为最坏，十之八九都是错误的。因为他主张经皆孔子所作,故非说孔子作《卦辞》《爻辞》不可。其实五经之中,惟《春秋》为孔子所作;其他四经,有成于孔子以前的,有成于孔子以后的;内中如《尚书》,大部分的《周书》及《商书》之《盘庚》当成于孔子以前,而《虞夏书》及《周书》之《洪范》等当出于孔子以后,皆非孔子所作也。《易经》明明是一部卜筮之书。朱熹说:

> 窃疑卦爻之辞,本为卜筮者断吉凶而因以训戒。……其可通处,极有本甚平易浅近,而今传注误为高深微妙之说者,如"利用祭祀""利用享祀",只是卜祭则吉;"田获三狐""田获三品",只是卜田则吉;"公用享于天子",只是卜朝觐则吉;"利建侯",只是卜立君则吉;"利用为依迁国",只是卜迁国则吉;"利用侵伐",只是卜侵伐则吉之类。(《答吕伯恭书》)

这话极精。《易经》所写的生活是渔猎和牧畜时代的生活(看郭沫若的《中国古代社会研究》中《周易时代的社会生活》);所引的史事是商及周初之际的史事(看顾颉刚的《周易卦爻辞中的故事》,载《古史辨》第三册),可以证明它是作于西周的卜筮之官。但未必是西周的卜筮之官预先创作了这样一部完完全全、整整齐齐的《易经》,而到卜筮之时检用的;似乎是卜筮之时撰成的繇辞,所以有好些句子都好像指一件事实而言,虽然我们现在无法知道它是怎么一回事。后来有一个人搜集了这许多彼此不相干的繇辞编纂为此书,又自己特撰了一部分。所以有些卦的六爻之意是一贯的,有些卦是各爻之意彼此没有关系的。大概前者是编此书的人所特撰的,后者是他将旧繇卦杂凑而成的。李镜池氏的《周易筮辞考》(亦载《古史辨》第三册)发挥此意最为精详,今引其第四节的三个结论:

(1)《卦爻辞》中有两种体制不同的文字——散体的筮辞与韵文的诗歌——可以看出《周易》是编纂而成的。

(2)《卦爻辞》之编纂,有大部分是编录旧有的筮辞,有小部分是编者的著作。

(3)《卦爻辞》的编纂年代,当在西周初叶。

其第五节起首说:

> 《周易》中有故事,《周易》中有诗歌,《周易》中还有格言。

其篇末的结论凡八条,今引其三条:

(一)从《卦爻辞》中筮占贞问等字,可以证明《易》是卦筮之书,由卜筮而成,为卜筮而作。

(二)从《卦爻辞》的著作体例及其中的格言及诗歌式的句子,可以看出《周易》是编纂而成的。

(三)从《易》辞中所表现的时代性及所叙的历史故事,可以看出《周易》的编纂年代是在西周初叶。

郭沫若氏的《周易时代的社会生活》中说:

> 《易经》是古代卜筮的底本,就跟我们现代的各种神祠佛寺的灵签符咒一样。它的作者不必是一个人,作的时期也不必是一个时代。

他的《金文所无考》(见《金文丛考》中)中说:

> 基本二卦之"乾""坤"二字亦为金文所绝无。金文无与"天"对立之"地"字;天地对立之观念,事当后起,则乾坤对立之观念亦当后起矣。且《易》之为书虽诡谲悖谬,然其本身亦有其固有之系统,乃于著述意识之下所构成之作品,与古代自然发生之书史不类。其经部之成或在春秋以后,即孔子亦未必及见。

《卦爻辞》为卜筮之用,《易经》为编纂而成之书,李、郭二氏之说彼此相同。惟对于编纂之时代,李氏谓在西周初叶,郭氏谓当在孔子以后,我以为郭说近是。

至康氏以《易经》为孔子所作,则大谬不然。孔子时代的生活断不是那样简单,孔子自己的思想决不会那样野蛮。说孔子作《卦爻辞》,未免太看低他老人家了。以此尊孔,翩其反矣!("作"与"编"不同,"作"是发表自己的思想,"编"是集合过去的材料。若云孔子编《易》,还可以说得通;但康氏系坚主"六经皆孔子改制所作"之论者,照他所说,则《易经》里那种野蛮思想一定是孔子的"大义微言"了。)康氏既以《卦爻辞》为孔子所作,又不肯把《象传》《彖传》送给七十子后学者,于是皮锡瑞就造出"孔子作《卦辞》《爻辞》又作《彖》《象》《文言》,是自作而自解"的妙论,还要说与杨雄作《太玄》同例了(皮说见《经学通论》。康氏《伪经考》

中辨伪的精核之论,皮氏皆不能——实在是不敢——干脆采用,独此万不可通之"孔子作《易》"说,皮氏反深信不疑,且从而为之推波助澜,殊可异也)。

康氏不但认《卦辞》《爻辞》及《彖传》《象传》为孔子一人所作,且反认郑玄、王弼以来合《彖》《象》《文言传》于《经》之改编本为今文《易》之本来面目,于是力斥《汉志》"《易经》十二篇——施、孟、梁丘三家"之语为刘歆所伪托,可谓凭臆武断。惟其云《说卦传》为焦京之徒所附入,却是特见。我于一九二九年(民国十八年)撰《读汉石经周易残字而论及今文易的篇数问题》一文(亦载《古史辨》第三册),有讨论康氏辨《易》一段,现将彼文节录于后:

《汉书·艺文志》:"《易经》十二篇——施、孟、梁丘三家。"这句话,清中叶诸经师,除戴震以外,是没有人对它怀疑的。但《论衡·正说》篇云:

孝宣皇帝之时,河内女子发老屋,得逸《易》《礼》《尚书》各一篇,奏之;宣帝下示博士,然后《易》《礼》《尚书》各益一篇。

又《隋书·经籍志》云:

及秦焚书,《周易》独以卜筮得存,唯失《说卦》三篇,后河内女子得之。

案:《论衡》所云河内女子所得之逸经,惟《逸礼》为何篇,至今尚未考明;《逸书》,则东汉末之房宏(《尚书正义》卷一引)、《隋书·经籍志》《经典释文序录》皆云是《泰誓》。《泰誓》之确为后得,非伏胜传《书》时所有,今已成为定案。那么,《逸易》是《说卦》以下三篇(说详下),亦经《隋志》证明,亦当确定为后得,非田何传《易》时所有了。"河内女子发老屋",与"鲁共王坏孔子宅"虽同样是不根之谈,然亦同样可作为汉人造作伪经之证,故所谓"逸《易》《礼》《尚书》各一篇"者,实均为西汉人所伪作,无疑也。

首疑《说卦》以下三篇者为戴震(宋人虽有疑之者,但其立场与此下所说者不同,故不举及)。其《周易补注目录后语》云:

武帝时博士之业,《易》虽已十二篇,然昔儒相传,《说卦》三篇与今文《泰誓》同后出，《说卦》分之为《序卦》《杂卦》，故三篇词指不类孔子之言。或经师所记孔门余论，或别有所传述，博士集而读之，遂一归孔子，谓之"十翼"矣。

这明明说《说卦》三篇是后出之文，不与《彖》《象》《系辞》《文言》同时了。

及康有为撰《新学伪经考》，则云：

至《说卦》《序卦》《杂卦》三篇，《隋志》以为后得，盖本《论衡·正说》篇"河内后得《逸易》"之事。《法言·问神》篇"《易》损其一也，虽蠢知阙焉"，则西汉前《易》无《说卦》可知。杨雄、王充尝见西汉博士旧本，故知之。《说卦》与孟京《卦气图》合，其出汉时伪托无疑。《序卦》肤浅，《杂卦》则言训诂，此则歆所伪窜，并非河内所出。（卷三上）

康氏又辨《史记·孔子世家》"序彖系象说卦文言"一句中"说卦"二字为刘歆所窜入，云：

《隋志》之说出于《论衡》，此必王充曾见武、宣前本也。《说卦》，"帝出乎《震》，齐乎《巽》，相见乎《离》，致役乎《坤》，说言乎《兑》，战乎《乾》，劳乎《坎》，成言乎《艮》"；又曰："《震》，东方也；《离》也者，南方之卦也；《兑》，正秋也；《坎》者，正北方之卦也。"与焦京《卦气图》合。盖宣帝时说《易》者附之入经，田何、丁宽之传无之也。史迁不知焦、京，必无之，此二字不知何时窜入。至《序卦》《杂卦》，所出尤后，《史记》不著，盖出刘歆之所伪，故其辞闪烁隐约，于《艺文志》著《序卦》，于《儒林传》不著而以"十篇"二字总括其间。要之，三篇非孔子经文。（卷二，又卷五，卷十，卷十一，及《孔子改制考》卷十，亦有关于此问题之驳辨，与此二条大意相同。）

案：康氏直断《说卦》为焦、京之徒所伪作，宣帝时说《易》者附之入经，可谓巨眼卓识。至以《序卦》和《杂卦》为刘歆所伪作，则未必然。我以为《论衡》所云"《逸易》一篇"和《隋志》所云"《说卦》三篇",其内容实相同,盖《说卦》与《序卦》《杂卦》本合为一篇,故《隋志》虽云三篇,亦但举《说卦》以赅《序卦》和《杂卦》也。戴震云"《说卦》分之为《序卦》《杂卦》";严可均云"汉宣帝时,河内女子得《说卦》一篇,不数《序卦》《杂卦》者,统于《说卦》"(《唐石经校文》卷一),其说甚是。故韩康伯注本,《序卦》和《杂卦》均附《说卦》卷内,直至唐石经还是这样。康氏谓"《序卦》肤浅",诚哉其肤浅也;然意义肤浅,不能作为刘歆伪造之证。刘歆造了许多伪经,固是事实,然其学实不肤浅;肤浅之评,惟彼焦、京之徒适足以当之耳。

《杂卦》仍是说明卦义,与《说卦》《序卦》性质相同,与训诂之方法根本有异;说它"言训诂",实在不对。即使言训诂,亦不能即断为刘歆所作。刘歆以前言训诂者多矣:《诗》之《鲁故》《齐后氏故》《韩故》,《书》之大小夏侯《解故》等等,都是言训诂的;《春秋公羊传》中言训诂处亦甚多。

据上面所说,则《汉志》谓施、孟、梁丘三家之《易》为十二篇之说就发生了问题。盖《说卦》三篇既是西汉人所伪作,则三家之《易》似不应有十二篇,因为三家同出于田何,田何所没有的,似乎三家也不应该有。于是康氏以为田何所传之《易》但有《经》上下二篇,而《彖》和《象》都在《经》内,其言云:

> 此志(《汉书·艺文志》)叙周王孙、服光、杨何、蔡公、韩婴、王同诸《易》先师《传》皆二篇;《章句》,施、孟、梁丘氏各二篇。然则《易》之《卦辞》《爻辞》《彖辞》《象辞》皆合。以其简帙繁重,分为上下二篇。(《新学伪经考》卷三上)

又云:

> 《彖》《象》与《卦辞》《爻辞》相属,分为上下二篇,乃孔子所作原本。(同上,卷十;又见《孔子改制考》卷十)

至于《系辞》,康氏则云:

> 盖《系辞》有"子曰",则非出孔子手笔,但为孔门弟子所作,商瞿之徒所传授,故太史谈不以为经而以为传也。(《新学伪经考》卷三上;又卷十与《孔子改制考》卷十略同)

《文言》，则康氏没有提到它。我想，今本《周易》把《彖传》《象传》《文言传》都合在上下《经》之内，康氏既以《彖传》和《象传》合在上下《经》之内为原本《周易》之面目，想来他把《文言传》也算在里面了。那么，康氏意中之三家《易》大概是这样的：经，上下二篇（其内容与今本相同）；传，《系辞》（或是一篇，或如今本那样，分为上下二篇）。或如崔君所说，他没有把《系辞传》算在内（见下）。

  康氏所说的三家《易》，其内容的排列和篇数的多少，均与《汉志》绝不相同。如果三家《易》的面目诚如康氏所言，则《汉志》决不能这样的瞎造谣言。《汉志》本于刘歆《七略》，不可信的地方固然很多，但他造了好几部伪古文经，说"这是你们没有见过的古本"，那样说法，是可以蒙得过人的；他又利用一部晚出的《春秋穀梁传》，来与《春秋公羊传》对抗，那也不会出什么岔子，因为那时立于学官的《春秋公羊传》，与他利用的《穀梁传》都没有"今文"之称，他只说："你们读的《公羊传》之外，还有你们没有见过的《穀梁传》，与《公羊传》或同或异。"但是他只能在立于学官的书以外去造假书，决不能把立于学官，大家都看得见的书来瞎造谣言，改变内容，增加篇数。假使他竟那样办，他的作伪不是立刻就败露了吗？刘歆不至于那么的蠢吧。即使他真那么蠢，竟想以一手掩尽天下人之目，瞎造那样与事实全不相符的谣言，难道东汉的四家《易》博士（施，孟，梁丘，京），人人都是头等傻子，会齐心协力的遵守刘歆"《易经》十二篇"那样一句谣言，反将远有师承的"《易经》上下二篇"这样一件实事抛弃了吗？这不是情理上万不会有的事吗？还有，《卦辞》《爻辞》是术数，《彖传》《象传》是玄理，两者的思想和文章全不相同，而认为一个人所作，这也是极讲不通的。

  所以，先师崔觯甫（适）先生起而驳之云：

> 《彖传》解说《卦辞》，谓与《卦辞》共篇，犹似可通。《大象》与《卦辞》自明一义，已当分篇。《小象》全体用韵，原本必不与《爻辞》共篇。……是则大小《象》皆当各自为篇，则《彖辞》可知，而《易经》无从合为二篇矣。康氏又以《系辞》……为孔门弟子所作，……此说诚是也。但《系辞》纵非孔子手笔，犹是弟

子述孔子之言。……若《卦辞》《爻辞》《象辞》《彖辞》为孔子作,而《系辞传》二篇既不得入"《易经》二篇"之内,又不得与周王孙以下六家皆有《易传》二篇,丁宽《易传》八篇,同列《班志》之内,此亦事理所必不然者也。惟《文言》亦有"子曰",则亦孔门弟子所作,亦当为传,康氏不言,此由遗漏,姑不待辨。然则《系辞》《文言》必当在十篇之内,《易经》不止二篇又明矣。(《五经释要》卷四)

看了崔君这一段话,则康说之谬自显然了。

我以为刘歆伪造古文各经,他是有偏重的。特撰《周礼》,特改《国语》为《春秋左氏传》,这是他认为最重要的。《尚书》和《仪礼》,都伪造逸篇,又伪造百篇《书序》和《古文礼记》二百十五篇(这二百十五篇,自然不能说全是刘歆伪造的,如《月令》采自《吕氏春秋》,即其一例,但刘歆伪造了以作《周礼》之证者亦必不少),这也是他很注意的。此外则《诗》之毛氏,《易》之费氏,《春秋》之榖梁氏,窃疑或在刘歆以前本有此一家(《书》之张霸,《易》之京房,皆西汉晚出之家派,有心立异,冀分博士之地盘,盖禄利之路然也。《毛诗》《费易》《榖梁春秋》,殆亦此类),刘歆但利用之而加以窜改,以抗当时立于学官之今文家而已。至于《论语》和《孝经》,本为六艺之附庸,故仅言壁中有古文本,与今文相较,只是篇章有分合,文字有异同罢了,这是他本不看重的。故今文施、孟、梁丘三家之《易》凡十二篇,古文费氏之《易》亦十二篇,所谓不同者,就只在什么今文"或脱去'无咎''悔亡'"这一点。《周易》篇数的变迁,我看是如此的:

汉元帝世京氏立学官以前　上下《经》及《彖》《象》《系辞》《文言传》。

汉元帝世京氏立学官以后　上下《经》及《彖》《象》《系辞》《文言》《说卦》《序卦》《杂卦传》。这七篇传分成十篇,后来称为"《十翼》";经传合计,凡十二篇。刘《略》、班《志》之今文孟、施、梁丘与古文费氏皆据此本;汉石经亦即据此本,最近发见的汉石经《周易》残字,《下系》《文言》《说卦》三篇相联接,是其证。但"《十翼》"之中,《系辞》以上如何分法,却还待考。《孔疏》:

但数《十翼》,亦有多家。既文王《易经》本分为上下二篇,则区域各别；彖象释卦，亦当随经而分。故一家数《十翼》云：《上彖》一，《下彖》二，《上象》三，《下象》四，《上系》五，《下系》六，《文言》七，《说卦》八，《序卦》九，《杂卦》十。郑学之徒并同此说。

可见"《十翼》"的分法自来并不一致。今文施、孟、梁丘、京四家是否与《孔疏》所引者相同，今不可知。将来若再发现汉石经《周易》残字，或有解决此问题之希望。郑玄、王弼以后，合《彖》《象》《文言传》于《经》中，遂成今之通行本。惟朱熹之《周易本义》复孔《疏》所引十二篇之旧。

又，《易传》亦非孔子所作。《说卦》以下不用再说了。《系辞》与《文言》非孔子所作，为欧阳修与叶适所考明。《象传》非孔子所作，为崔述所考明。姚际恒《古今伪书考》首列《易传》，说：

> 陈直斋振孙《书录解题》曰："赵汝谈《南塘易说》三卷，专辨《十翼》非夫子作。"今此书无传。予别有《易传通论》六卷，兹亦不详。

据此，可知赵、姚二氏皆谓《十翼》全非孔子所作，较欧阳氏、叶氏、崔氏更彻底。赵书固不传，姚书今亦未见；但近十年来，我们已经得到姚氏的《仪礼通论》与《春秋通论》，则此《易传通论》将来或亦有发现之可能也。今人如钱穆、冯友兰、顾颉刚诸氏，对于《易传》都有非孔子所作之说，而以李镜池氏的《易传探源》最为详审精密（李文载《古史辨》第三册中）。至《论语》之"加我数年，五十以学易，可以无大过矣"一语，其中"易"字明明是古文家所改，《经典释文》云，"鲁读'易'为'亦'，今从古"，是其铁证。康氏亦认《论语》改"亦"为"易"是古文家所为。但他以为《易》是孔子所作，故《论语》中不应有"学《易》"之文；我则以为《易》与孔子无关，故《论语》中不会有"学《易》"的话。因为我与康氏的观点不同，所以结论恰恰相反。

（3）《左传》

"左氏不传《春秋》"之说，刘逢禄发挥得最为精核。他的《左氏春秋考证》，考明《左传》的凡例书法及比年依经缘饰之语为刘歆所增窜，非原书固有，其原书体例当与《国语》相似，系取晋《乘》、楚《梼杌》等书编成，与《春秋》没有关系。他这部《左氏春秋考证》之辨伪的价值，实与阎若璩的《尚书古文疏证》相埒。阎书出而伪《古文尚书》之案大白，刘书出而伪《春秋左氏传》之案亦大白。康氏之辨伪《左》，亦本于刘氏。惟刘氏尚未达一间，他虽已确知"左氏不传《春秋》"，而尚被《史记·十二诸侯年表》中"鲁君子左丘明……成《左氏春秋》"这句增窜的伪文所骗，说左氏之书原名"《左氏春秋》"，不名"《春秋左氏传》"。其实"《左氏春秋》"这个名称，与"《毛诗》""《欧阳尚书》""《费氏易》""《鲁论》"一样，不得谓其意义不同于"《春秋左氏传》"这个名称也。康氏于此更进一步，谓《史记》中"《左氏春秋》"之名亦刘歆所增窜，《左传》原书实为《国语》之一部分（见《史记经说足征伪经考》。此意康氏仅发其端，崔君《史记探源》详加考辨，证明《史记》此语确系为刘歆之学者所窜入）。《汉志》所谓

《新国语》五十四篇（原注：刘向分《国语》）

者，乃左丘明《国语》之原本；而《汉志》所谓

《左氏传》三十卷（原注：左丘明，鲁太史）
《国语》二十一篇（原注：左丘明著）

这两部书乃刘歆取《国语》原本瓜分之而成者也。他说：

《国语》仅一书，而《志》以为二种，可异一也。其一，"二十一篇"，即今传本也；其一，刘向所分之"《新国语》五十四篇"。同一《国语》，何篇数相去数倍？可异二也。刘向之书皆传于后汉，而五十四篇之《新国语》，后汉人无及之者，可异三也。盖五十四篇者，左丘明之原本也。歆既分其大半，凡三十篇，以为《春秋传》；于是留其残剩，掇拾杂书，加以附益，而为今本之《国语》，故仅得二十一篇也。

这真是他的巨眼卓识！这个秘密，自来学者都没有注意，现在经康氏一语道破了。我觉得他下的断语，实在是邺确不易之论。

《左传》与今本《国语》既证明为原本《国语》所瓜分，则瓜分之迹必有可考见者。此事当然须有专书考证，我现在姑且举出一点漏洞来：

（ㄅ）《左传》记周事颇略，故《周语》所存春秋时代的周事尚详（但同于《左传》的已有好几条）。

（ㄆ）《左传》记鲁事最详，而残余之《鲁语》所记多半是琐事；薄薄

的两卷中,关于公父文伯的记载竟有八条之多。

（八）《左传》记齐桓公霸业最略,所谓"管仲相桓公霸诸侯,一匡天下"的政迹竟全无记载,而《齐语》则专记此事。

（亡）《晋语》中同于《左传》者最多,而关于霸业之荦荦大端,记载甚略,《左传》则甚详。

（夕）《郑语》皆《春秋》以前事。

（七）《楚语》同于《左传》者亦多,关于大端的记载亦甚略。

（ろ）《吴语》专记夫差伐越而卒致亡国事,《左传》对于此事的记载又是异常简略,与齐桓霸业相同。

（力）《越语》专记越灭吴的经过,《左传》全无。

你看,《左传》与今本《国语》二书,此详则彼略,彼详则此略,这不是将一书瓜分为二的显证吗？至于彼此同记一事者,往往大体相同,而文辞则《国语》中有许多琐屑的记载和支蔓的议论,《左传》大都没有,这更露出删改的痕迹来了。

近来瑞典人高本汉氏(Bernhard Karlgren)著《左传真伪考》一书,由吾友陆侃如先生译为汉文。高氏从文法上研究,证明《左传》的文法不是"鲁语"(高氏假定《论语》《孟子》的语言为"鲁语"),所以《史记》中"鲁君子左丘明"这个称谓是不对的。他的总结论是：

> 在周秦和汉初书内,没有一种有和《左传》完全相同的文法组织的。最接近的是《国语》。此外便没有第二部书在文法上和《左传》这么相近的了。

这也是《左传》和《国语》本是一部书的一个很强有力的证据,左丘明决不是鲁人,决不与孔子同时；他是战国时代的魏人,这是在《左传》中有许多材料可以证明的(参用郑樵与姚鼐二人之说)。

（力）《穀梁》

《汉书·艺文志》论《春秋》,有"及末世口说流行,故有公羊、穀梁、邹、夹之传"之语,又其记录《春秋》今文经,云"《经》十一卷——公羊、穀梁二家",故自来言《春秋》今文者,必兼举《公》《穀》二家。虽以康氏之精思卓识,而其对此述义不同之《公》《穀》二传,亦毫不怀疑,且从而弥缝之曰："《公》《穀》以义附经文,有同经同义,同经异义,异经同义；而舍经文,传大义,则其口说皆同。"(见所著《春秋笔削大义微言考》的《发凡》)这话实在是讲不通的。要是《公》《穀》"同经异义"的还可以说二家大义相同,则虽谓《公》《穀》《左》三家大义相同,亦何不可?因《公》《穀》《左》之彼此各异,也不过是"同经异义"罢了。刘逢禄虽作《穀梁废疾申何》,但意在为何休作干城,并非辨《穀梁》之真伪,所以这书的价值远不及他的《左氏春秋考证》。首疑《穀梁》者为先师崔君。他著《春秋复始》,其首卷《序证》中有"穀梁氏亦古文学"一节,辨《汉书·儒林传》叙述《穀梁》传授及废兴一段为非事实,疏证极精。崔君后又编《五经释要》,较《春秋复始》所言又稍加详。今将《五经释要》中辨《穀梁》之语全录如左:

《汉书·梅福传》:"推迹古文,以《左氏》《穀梁》《世本》《礼记》相明。"

《后汉书·章帝纪》:"令群儒受学《左氏》《穀梁》《古文尚书》《毛诗》。"

此于《穀梁》,一则明言古文,一则与三古文并列,其为古文明矣。

《汉书·儒林传》述《古文尚书》曰:"孔安国授都尉朝;朝授胶东庸生;庸生授胡常,以明《穀梁春秋》,为部刺史。"

案:西汉儒者无一人兼授今古文者。胡常所传《尚书》《左氏》皆古文,则《穀梁》亦古文明矣。

《传》又述《穀梁》学曰:"始江博士授胡常;常授梁萧秉,王莽时为讲学大夫。"

正与胡常以《古文尚书》授徐敖,敖授王璜、涂恽,王莽时诸学皆立,刘歆为国师,璜、恽等皆贵显(亦见《儒林传》),其事相类。案:王莽时所立,皆古文学也。璜、恽以《古文尚书》贵显,则萧秉以《穀梁》贵显,《穀梁》为古文又明矣。

古文为刘歆所造,则武宣之世安得有《穀梁》?刘歆、班固皆有《汉书》,后人杂之,遂成今之《汉书》(说详《史记探源》卷一《序证》"要略"节注),故其言多矛盾。以全书互证之,洞见症结矣。

《儒林传》曰:"瑕丘江公授《穀梁春秋》及《诗》于鲁申公(案上

文,"申公卒以《诗》《春秋》授,而瑕丘江公尽能传之",则此"授"字当作"受"。然西汉人单称《春秋》,专谓《公羊》;且八家经师无一人兼传二经者,申公既授《鲁诗》,未必复授《春秋》。若江公尽传《春秋》及《诗》,何以《穀梁春秋》传子孙,《诗》不传子孙耶？误矣),传子至孙,为博士。武帝时,江公与董仲舒并,仲舒通五经,能持论,善属文;江公呐于口,上使与仲舒议,不如仲舒。而丞相公孙弘本为《公羊》学,比辑其议,卒用董生。于是上因尊《公羊》家,诏太子受《公羊春秋》。太子复弘问《穀梁》而善之。其后浸微,唯鲁荣广、皓星公二人受焉。广与《公羊》大师眭孟等论,数困之,故好学者颇复受《穀梁》。沛蔡千秋,梁周庆,丁姓皆从广受;千秋又事皓星公。宣帝闻卫太子好《穀梁》,以问丞相韦贤,长信少府夏侯胜,侍中史高,皆鲁人也,言穀梁子本鲁学,公羊氏乃齐学也,宜兴《穀梁》。汝南尹更始本自事千秋,会千秋病死,征江公孙为博士;刘向以故谏大夫待诏受穀梁,欲令助之,江博士复死,乃征周庆、丁姓待诏保宫。甘露元年,召五经名儒太子太傅萧望之等大议殿中,平《公羊》《穀梁》同异,各以经处是非;时《公羊》博士严彭祖,侍郎申挽、伊推、宋显,《穀梁》议郎尹更始,待诏刘向、周庆、丁姓并论。望之等十一人(案:以上止有九人)各以经谊对,多从《穀梁》,由是《穀梁》大盛。"

案:此传宗旨与《六艺略》同,亦刘歆所作也。歆造《左氏传》以篡《春秋》之统,又造《穀梁传》为《左氏》驱除;故兼论《三传》则申《左》,并论《公》《穀》则右《穀》。谓江之屈于董也以呐,而董又借公孙丞相之助,以见《穀》之非不如《公》;其后荣广论困眭孟,以见《公》之不如《穀》;谓《穀梁》鲁学,则其亲炙七十子之徒,自广于《公羊》齐学矣。

但如此大议,岂不视傅太后称尊事重要相若？彼时媚说太后者为董宏,而弹劾董宏者师丹、傅喜、孔光、王莽也,四人传中皆言之。《后汉书》光武帝建武二年,韩歆欲立《左氏》博士,范升、陈元互相争辩,二人传中皆言之,《儒林》李育传又引之,何以廷议《穀梁》,屈江公,申董生,仲舒、公孙传中并不言;对宣帝问,韦贤、夏侯胜、萧望之、刘向传中亦不言也?

江公之《穀梁》学既为公孙丞相所不用,武帝因尊《公羊》而诏卫太子受《公羊》,则卫太子复安所问《穀梁》?且公孙丞相薨于元狩二年,尝逐仲舒胶西,则用董生又在其前。董生用则江公罢,太子果问《穀梁》,当在江公未罢以前,即使同在一年,是时太子甫八岁,未闻天纵如周晋,安能辨《公》《穀》之孰善?宣帝尊武帝为世宗,谥卫太子曰戾,抑扬之意可知;独于经学则违世宗而从戾园,亦情理所不合者也。

谓贤、胜、望之皆右《穀梁》,更始、向且为《穀梁》学家。乃考其言,贤子玄成,少修父业者也,玄成为丞相,与谏大夫尹更始《陈罢郡国庙议》曰:"毁庙之主,臧乎太祖,五年而再殷祭。"

萧望之《雨雹对》曰:"季氏专权,卒逐昭公。"

《伐匈奴对》曰:"大士匄不伐丧。"

刘向《上封事》曰:"周大夫祭伯出奔于鲁,而《春秋》为讳,不言来奔。"(《公羊传》曰:"何以不称使?奔也。"穀梁氏亦曰:"奔也。"《公》《穀》文同,未见其出于《穀梁》也。张晏注引《穀梁》而不及《公羊》,偏矣)。是后尹氏世卿而专恣(惟下引"卫侯朔召不往",文出《穀梁》而意同《公羊》。凡《公》《穀》意同,多由《穀梁》拾袭《公羊》,则向之言仍未见其不出于《公羊》也)。

(玄同案:隐公元年,"冬,十有二月,祭伯来。"《公羊》曰:"奔也。"《穀梁》曰:"来朝也。"刘向用《公羊》义,与《穀梁》大异。张晏注误,刘攽已驳之矣。崔君以为《公》《穀》文同,仍沿张晏之误。)

所引皆《公羊传》文,而无引《穀梁》者。惟胜言于《公》《穀》皆无所引。若韦、尹、萧、刘明引《公羊》尚不足为《公羊》学之证,岂不引《穀梁》转足为《穀梁》学之证乎?

然则《儒林传》谓《公》《穀》二家争论于武宣之世者,直如捕风系影而已矣。

至成帝绥和元年,立二王后,采梅福所上书,引《春秋经》曰:"宋杀其大夫。"《穀梁传》曰:"其不称名姓,以其在祖位,尊之也。"

是为引《穀梁氏》之始,去河平三年刘歆校书时十八年矣,歆所造伪书已出故也。

《史记·儒林传》末有"瑕丘江生为《穀梁春秋》"一节,崔君《史记探源》中谓亦刘歆所窜入,其说极是。传首叙汉初传经之八师中,传《春秋》者止有胡母生和董仲舒二人,都是公羊家,何以篇末忽然添出一个穀梁家的江生来?又,此节自"仲舒弟子遂者"以下都是叙公羊家董仲舒的传授,把这些话记在江生节下,亦觉不伦。

最近吾友张西堂先生著《穀梁真伪考》,大阐崔君之说,谓《穀梁》之义例自相乖戾,文词前后重累,暗袭《公羊》《左氏》,杂取《周礼》《毛诗》,详于琐节,略于大义,证明它出于《公羊》之后。张氏援引该博,辨析精详。《穀梁》为汉人所作之伪传,得崔、张两君之考证,殆可成为定谳了。

我一向觉得《穀梁》释经,不通可笑的话触处皆是,现在随手举它几条:

隐公元年,夏,五月,郑伯克段于鄢。

(《公》)克之者何?杀之也。

(《穀》)克者何?能也。何能也?能杀也。

案:《公羊》解为"郑伯杀段于鄢",这是通的。《穀梁》欲与《公羊》立异,知"克"又有"能"义,加了一重训诂,于是变为"郑伯能段于鄢",文理实在太不通了!若训"能"为"能杀",则又成了"增字解经"的办法。

隐公二年,冬,十月,纪子伯莒子盟于密。

(《公》)纪子伯者何?无闻焉尔。

(《穀》)或曰:纪子伯莒子而与之盟。或曰:年同,爵同,故纪子以伯先也。

案:"纪子伯"三字,或与"伯于阳"同例,文有脱误,《公羊》未知其审,故云"无闻焉尔"。这是阙疑的谨慎态度。《穀梁》异想天开,竟将"伯"字解作动词,穿凿可笑!试问《春秋》他条有这样的文例吗?

桓公元年,春,王正月,公即位。

(《穀》)桓无王,其曰王,何也?谨始也。其曰无王(案,此四字不通!),何也？桓弟弑兄,臣弑君,天子不能定,诸侯不能救,百姓不能去,以为无王之道遂可以至焉尔。元年有王,所以治桓也。

桓公二年,春,王正月,戊申,宋督弑其君与夷及其大夫孔父。

(《穀》)桓无王,其曰王,何也？正与夷之卒也。

桓公十年,春,王正月,庚申,曹伯终生卒。

(《穀》)桓无王,其曰王,何也？正终生之卒也。

案：桓公十八年中今本《三传》之《经》于元、二、十、十八年皆书"王",其余之十四年皆不书"王"。这本来有些古怪。《公羊》无说。《穀梁》遂望文生训,凭臆凿说,甚可闵笑！且依其于二年与十年所说之义推之,则"五年,春,正月,甲戌,己丑,陈侯鲍卒",也该书"王"才对。何以不书"王"？难道鲍之卒就不必正吗？十八年无传,大概这位穀梁子想不出理由来了,所以只好不说了。何休作《公羊解诂》时,却想出一个理由来,他说："十八年有'王'者,桓公之终也。"这种见解,与穀梁子真是"半斤八两",不幸何休之生也晚,其说不及为穀梁子所见。惜哉！(何休对于元、二、十年之书"王",也说出理由来,而与穀梁子不同,其穿凿可笑则一也。)这桓公十八年中有十四年不书"王",据我的猜想,大概早一点的《春秋》本子并不如此,所以《公羊》无说。质言之,即《公羊春秋》此十四年本有"王"字,传写脱去耳。若本无"王"字,《公羊》乌得无说？假使不解,也应该来一句"无闻焉尔",如"纪子伯""夏五""宋子哀"之例。若知其为脱误,也应该如"伯于阳"之例,加以说明。今乃无说,是《公羊传》著作之时,此十四年皆有"王"字也。至董仲舒时,已脱"王"字,故《春秋繁露·玉英》篇有"桓之志无王,故不书王"之说。我相信《公羊传》的话,最能得《春秋》笔削之旨(但亦只能说大部分如此,不能说绝无后人羼入之语);而董仲舒、何休的话,则可信者甚少,不能与《公羊传》同等看待。今之《公羊春秋》,凡文句有些古怪而无传者,恐多数都是后来的脱误。如桓四年与七年之无"秋""冬",昭十年与定十四年之无"冬",桓十二年之两书"丙戌",庄廿二年之"夏五月",《公羊传》皆无说,我以为这都是后来的脱误。或疑：如系脱误,何以三家皆同？这是极容易说明的。《春秋经》本来只有《公羊》一个本子，《穀》《左》均系汉代的伪经；伪经本依真经而造，真经有脱误，伪经自然也跟着脱误了。刘歆伪造《古文尚书》，把汉人伪造了而加入《今文尚书》之《泰誓》，也依样葫芦的造了一篇壁中本的，这是很好的旁证。

我疑心《穀梁传》乃是武、宣以后陋儒所作，取《公羊》而颠倒之，如取《公羊》隐公三年"癸未，葬宋缪公"下"大居正"之义，改系于隐公元年"春王正月"之下；取隐公六年"秋七月"下《春秋》编年，四时具，然后为年"之文，改系于桓公元年"冬十月"之下。诸如此类，不一而足。此外或删削《公羊》大义，或故意与《公羊》相反，或明驳《公羊》之说，或阴袭《公羊》之义而变其文。作伪者殆见当时《公羊》势力大盛，未免眼馋，因取《公羊》而加以点窜涂改，希冀得立博士，与焦、京之《易》相类。刘歆要建立《左氏》，打倒《公羊》，于是就利用它来与《公羊》为难耳。

还有，"《公羊传》"这个书名和"穀梁"这个姓，都是极可疑的。董仲舒以前称《公羊传》即谓之《春秋》，董仲舒始称为《春秋传》，从刘歆《七略》起乃改称为《公羊传》（详崔君《春秋复始》的序证）。其实只是传中两引"子公羊子曰"而已，如何可以就说是一位公羊子做的呢？至于公羊氏之名曰高，及公羊高、公羊平、公羊地、公羊敢、公羊寿，这五代传经的世系，那更是东汉人所臆造，刘歆《七略》尚无之，与徐整、陆玑二人所言《毛诗》传授源流同样是无稽之谈，决不足信。"穀梁"这个姓更古怪，"穀"与"公"是群纽双声而韵部又是屋钟对转，"梁"与"羊"是阳部叠韵而声纽又是来定同阻，照我假定的古音读法，"公羊"是〔guŋdʌŋ〕，"穀梁"是〔guklʌŋ〕。我颇疑心"穀梁"这个姓就是从"公羊"两字之音幻化出来的．

（六）《论语》

刘歆伪造的《古论语》，没有多出什么逸篇来，只是分《鲁论》之二十篇为二十一篇而已。但又分得不甚高明，只把末了的一篇《尧曰》分成《尧曰》和《子张》两篇；鲁论的《尧曰》篇篇幅最少，本就只有"尧曰"和"子张"两章，《古论》把"尧曰"一章就算一篇，又在"子张"章后加"不知命"一章（康氏《论语注》以"不知命"章为出于《齐论》，无确证），把这两章算成《子张》篇，没有想到篇名又与第十九篇之《子张》篇重复，盖草率为之,聊以立异罢了。至于内容的增窜,自必有之。康氏举"左丘明耻之,丘亦耻之"之语谓为刘歆伪造,我看是极对的,左丘明决不能与孔子同时,况照《论语》所记,竟似此公还是孔子的老前辈,那更说不通了。"五十以学《易》",《鲁论》本是"亦"字,《古论》改为"易",《经典释文》有明证。此外如"凤鸟不至"一语,顾颉刚先生疑心也是刘歆所窜入的,因其与《左氏》昭公十七年"郯子来朝"传中"我高祖少皡挚之立也,凤鸟适至"之语相契合,《左传》中此类传文必是刘歆所增窜,故《论语》此语亦大可疑。诸如此类,大概还有。康氏《论语注》中所怀疑之各章,其辨证之语亦可供参考。

《论语》之出,后于五经,至汉宣帝世始有鲁、齐二家之传授。《鲁论》只有二十篇,《齐论》则有二十二篇;而《齐论》之二十篇中,章句颇多于《鲁论》(见何晏《论语序》)。盖此书最初是曾子门人弟子所述孔子之言行,历战国以至秦汉,诸儒各记所闻,时有增益。其来源不一,故醇驳杂陈;本无一定之篇章,故写定时齐多于鲁。康氏谓"曾子垂教于鲁,其传当以鲁为宗"(《论语注序》),这是很对的。但《鲁论》中亦有不可靠的部分。崔述《论语余说》云:

> 《论语》后五篇,惟《子张》篇专记门弟子之言,无可疑者。至于《季氏》《阳货》《微子》《尧曰》四篇中,可疑者甚多;而前十五篇之末,亦间有一二章不类者。

又,他的《洙泗考信录》中,说《论语》之文有自相复者,有复而有详略者,有复而有异同者,又有语相似而人地异者,未必果为两事,或所传闻小异。案:崔氏所论,皆甚精核。

(丂)《孝经》

《孝经》是汉代教学童之书,用现在的话来说,是一部"小学修身教科书"。姚际恒《古今伪书考》及杨椿《读孝经》(见《孟邻堂文钞》卷六)皆谓是汉人所作,谅矣。俞曲园先生的《九九销夏录》卷五有"古书有篇名无章名"一则,他说:

> 古书但有篇名,如《书》之《尧典》《舜典》,《诗》之《关雎》《葛覃》,皆篇名也;《礼记·乐记》一篇分十一篇,亦是篇名。惟《孝经》

有《开宗明义章》《天子章》《诸侯章》等名，则是每章各有章名，他经所无。故学者疑《孝经》为伪书，不为无见。

按：俞氏所疑固有道理，然尚未尽也。《开宗明义》等章名，始见于郑玄注本，邢昺、严可均、皮锡瑞皆如此说，故章名非西汉时所固有。但西汉时虽无章名，而实分为十八章，《汉书·艺文志》可证。不满二千字的《孝经》而分为十八章，正与不满二千字的《急就篇》而分为三十一章相同。《孝经》是一整篇文章而切断为十八章，亦与《急就篇》是一整篇文章而切断为三十一章相同；此不但与《乐记》分篇之性质不同，亦与《论语》分章之性质不同也。这样短短的一章一章，各章字数的多少大致差不多，正是适合于教科之用的体裁。

今人吕思勉氏不信姚际恒之说，其《经子解题》中说：

> 《孝经》一书，无甚精义。姚际恒以为伪。然其书在汉时实有传授，且《吕览》即已引之，则姚说未当。此书虽无甚精义，而汉儒顾颇重之者，汉时社会，宗法尚严，视孝甚重，此书文简义浅，人人可通，故用以教不能深造之人，如后汉令期门羽林之士通《孝经》章句是也。

黄云眉氏《古今伪书考补证》驳之，说：

> 后汉荀慈明对策，有"汉制，使天下诵《孝经》"之语（《后汉书》本传），而汉代诸帝又始以"孝"为谥，可知《孝经》之产生必与汉代最有关。思勉既知汉代之重视《孝经》，而犹以《吕览》有《孝经》语（《孝行览》言孝，与《孝经》有相同处。又《先识览·察微》篇引《孝经》曰："高而不危，所以长守贵也；满而不溢，所以长守富也；富贵不离其身，然后能保其社稷而和其民人。"），信为先秦之书，未免不充其类（黄震亦以《吕览》有引，信《孝经》为古书。汪中《经义知新记》同）。
>
> 《吕览》亦不可全靠；且高诱注《孝行览》，亦引《孝经》语，则《察微》篇所引《孝经》，安知非高诱之注而误入正文耶？

案：黄氏此论甚精。至吕氏所云"其书在汉时实有传授"，则更不足据信。《汉书·艺文志》及《儒林传》等所记传授，十有八九皆不可靠也。

这样一部汉人所作而伪托于曾子问与孔子答之书,居然也有什么孔壁古文之本,则孔壁古文经之为伪造,又添了一个好证据了。

《孝经》全书不满二千字,今文分为十八章,每章的字数已经很少了。古文还要把它再多分四章,成为二十二章,也不过聊以立异而已。这书自身既是伪书,而伪中又有伪,伪本最多,过于他经。第一次伪古文本出于汉之刘歆,第二次伪古文本出于隋之刘炫(唐刘知幾所议行及宋司马光作《指解》的,皆即此伪本),第三次伪古文本出于日本之太宰纯(刻入《知不足斋丛书》第一集中)。郑玄注《孝经》,用的是今文本,因唐玄宗新注出而渐微,至宋初已亡,于是又有伪郑注,出于日本之冈田挺之(刻入《知不足斋丛书》第二十一集中)。又宋真宗时,日本僧奝然(奝音ㄉㄧㄠ)以郑注《孝经》来献,此本不传,是真是伪,今不可知。

(厂)《尔雅》

康氏因汉平帝时征通知《逸礼》《古书》《毛诗》《周官》等等者诣京师(详下),其中有"《尔雅》"一项,又《尔雅》有与《毛诗》《周礼》相合者,谓《尔雅》亦刘歆所伪作。我以为据此两点,可证《尔雅》之中必有刘歆们增益的部分;但康氏谓其书全为刘歆所作,则未必然。窃疑此书当是秦汉时人编的一部"名物杂记"。清《四库提要》说:

> 今观其文,大抵采诸书训诂名物之同异以广见闻,实自为一书,不附经义。

此论最确。据我看来,《释亲》至《释畜》十六篇,或是原书所固有(也许有刘歆们窜入的字句);而《释诂》《释言》《释训》三篇,就大体上看,可称为"《毛诗》训诂杂抄",这是刘歆们所增益的。

(丩)小学

康氏之辨小学,甚多特见。他说:

> 盖秦篆文字出于《史籀》篇。《史籀》为周之文而为汉今文之祖。

案:王国维氏以大篆为秦文,说:

> 《史籀》一书殆出……春秋战国之间,秦人作之以教学童。(《史籀篇叙录》)

其说甚确。他又说：

> 班固谓《仓颉》《爰历》《博学》三篇文字多取诸《史籀》篇。许慎亦谓其"皆取《史籀》大篆，或颇省改"。"或"之者，疑之；"颇"之者，少之也。《史籀》十五篇，文成数千，而《说文》仅出二百二十余字，其不出者，必与篆文同者也。考战国时秦之文字，如传世"秦大良造鞅铜量"乃孝公十六年作，其文字全同篆文；《诅楚文》摹刻本，文字亦多同篆文，而"殹、麞、鼬、意"四字则同籀文。篆文固取诸籀文，则李斯以前秦之文字，谓之用篆文可也，谓之用籀文亦可也。（同上）

看王氏这一段话，足证小篆即是大篆，但有一小部分字笔画稍有省变，自战国时已然。及秦并六国，以小篆统一文字，颁行天下；因文字之用日广，于是不知不觉自然而然的再把小篆的笔画渐渐省变，以趋约易，即所谓西汉之"隶书"是也。故秦汉文字有大篆、小篆、隶书之异体，实与现行文字有楷书、行书、草书之异体相同。康氏谓"《史籀》篇为汉今文之祖"，这是很对的。

康氏又说：

> 《史籀》十五篇，建武已亡其六。《仓颉》五十五章，每章六十字，然则西汉《仓颉》篇三千三百字。相如《凡将》、史游《急就》、李长《元尚》，皆《仓颉》正字；唯《凡将》颇有出，当不多，兼有复字。盖汉时《仓颉》篇，本合《仓颉》《爰历》《博学》之书为之，故有复字；李斯、赵、胡各自著书，本不相谋，则复字当必多，是并无三千三百字之数矣。西汉六艺群书当备集矣。此为周秦相传之正字也。而扬雄、班固所增凡一百三章（案，当云一百二章），以六十字一章计之，共六千一百八十字（案，当云六千一百二十字），骤增两倍之数。《仓颉》本皆今字，歆复使杜林作《训故》，窜以古字古训，于是《仓颉》亦有乱于古学者矣；故云"《仓颉》多古字，俗师失其读"，盖以歆授意杜林窜入古学之本为正也。许慎绍贾逵之传，主张古学。《说文叙》云"九千三百五十三文"，殆兼《仓颉》篇五十五章，三千三百字，扬雄、班固所续一百章六千一百八十字，共九千余字而

成之(案,此语有误,辨三章,见下)。于是真伪之字,淄渑混合,不可复辨。……今唯据《急就》篇,择籀文及西汉今文经之逸文汇存之,而以西汉前金石文字辅证之,或可存周汉经艺正字之大概焉。

康氏这段话分别今文经的真字与古文经的伪字,大体不错。但尚嫌疏略,今再申言之。大篆、小篆、隶书是一种文字,故《史籀》《仓颉》《凡将》《急就》《元尚》这五部书一线相承,这里面的文字,是秦汉时通行的文字,也就是今文经中所用的字,但今文经中之字未必全备于其中。及刘歆造古文经,杂取六国讹别简率之异形文字(详下)写之,伪称"古文",以与当时通行的文字立异。《汉书·平帝纪》:

> (元始五年),征天下通知逸经、古记、天文、历算、钟律、小学、史篇、方术、本草,及以五经、《论语》《孝经》《尔雅》教授者,在所为驾一封轺传,遣诣京师。至者数千人。

又《王莽传》:

> (元始四年),征天下通一艺教授十一人以上,及有《逸礼》《古书》《毛诗》《周官》《尔雅》、天文、图谶、钟律、月令、兵法、史篇文字,通知其意者,皆诣公车。网罗天下异能之士。至者前后千数,皆令记说廷中,将令正乖谬、壹异说云。

这两段记载是一件事(纪与传相差一年,当有一误)。这是刘歆伪造"古文经"及"古文字"的重要史料。但对于"古文字"之造成和发表的经过没有说明,当以《汉书·艺文志》及《说文解字序》补之。《汉书·艺文志》:

> 元始中,征天下通小学者以百数,各令记字于庭中。杨雄取有用者以作《训纂篇》,顺续《仓颉》,又易《仓颉》中重复之字,凡八十九章;臣(班固自称)复续杨雄,作十三章,凡一百二章,无复字。六艺群书所载略备矣。《仓颉》多古字,俗师失其读,宣帝时,征齐人能正读者,张敞从受之,传至外孙之子杜林,为作训故。

《说文解字序》:

> 孝宣皇帝时,召通《仓颉》读者,张敞从受之;凉州刺史杜业,沛

人爱礼,讲学大夫秦近亦能言之。孝平皇帝时,征礼等百余人,令说文字未央廷中,以礼为小学元士。黄门侍郎杨雄采以作《训纂篇》,凡《仓颉》已下十四篇,凡五千三百四十字。群书所载,略存之矣。

看班、许所记,知刘歆之伪"古文字"是在平帝时由爰礼发表的,后由杨雄记录的,而班固又增补杨雄之书。班书凡六千一百二十字,较《仓颉》篇增加了二千八百二十字。此增加字中,当以刘歆之伪古文字为主,其今文经中所有而为《仓颉》篇等书所未收者,及六艺以外之"群书"所载,又汉代通行之文字,亦必收了许多。及许慎作《说文解字》凡九千三百五十三字,较班书又增三千余字。康氏谓许之九千余字系合《仓颉》篇之三千余字及班固书之六千余字而成,误也;因班书之六千余字中,已将《仓颉》篇之三千余字合计在内,故许书实较班书又增三千余字。此许书所增之三千余字,固亦必有采自今文经、群书、鼎彝、汉律,又汉代通行之文字,但采自伪古文经者亦必不少;因杨、班所录,必未完备,许氏以"五经无双"之古文大师,所搜集之伪古文字必远过于杨、班二氏也(今看《魏三体石经》残字,知许氏所录仍不完备,但必多于杨、班无疑)。

至于《说文序》所云"孝宣皇帝时,召通《仓颉》读者",及《汉志》所云"《仓颉》多古字,俗师失其读,宣帝时,征齐人能正读者",这一件事,必是刘歆所伪托,其不可信之点有四:

(ㄅ)我们知道《仓颉》篇是西汉时间里书师所编以教学童之书,用现在的话来说,是一部"小学国文教科书"。其中所录,都是汉代通行的文字。这种学童必识之字,何以竟至无人能懂,而必特别征求这位"无名氏"的齐人来解决?

(ㄆ)《仓颉》篇一书,武帝时的司马相如既据之以作《凡将》篇,元帝时的史游又据之以作《急就》篇,成帝时的李长又据之以作《元尚》篇。可见终西汉之世,大家都把它看做一部极平凡的书,人人可以利用它的字来改编新本。何以单单在武帝后与元帝前之宣帝时,它忽然变成艰深古奥之书,只有这位"无名氏"的齐人能够了解?

(ㄇ)《仓颉》篇是西汉的书,其时只有今文经,其训诂必与今文经相合而与古文经无关。这位"无名氏"的齐人既是宣帝时人,亦必仅知今文经而不知有所谓古文经。但是经他传于张敞，敞又传于其外孙杜业，业又传于其子杜林，林为传"漆书《古文尚书》"之人，是一个纯粹的古文经师，他所作《仓颉训纂》和《仓颉故》，必是古文说而非今文说。试问古文说与这位齐人有何渊源？

（亡）《仓颉》篇只有三千三百字，乃经这位"无名氏"的齐人数传而至爰礼，忽然增加许多古文字，被杨雄收入《训纂》篇。试问这些古文字从何而来？如说是这位齐人所传，则宣帝之世只有今文经，何以会有古文字？如就是爰礼所增加的，则与这位齐人何涉？

所以这位"无名氏"的齐人，也与"毛公"一样，无是公而已，乌有先生而已。刘歆要说《仓颉》篇中有古文字，有古文训诂，宣帝时就有这位齐人能通之，正与说"司马迁书载《尧典》《禹贡》《洪范》《微子》《金縢》诸篇多古文说"一样，其实并无那么一回事。

康氏对于"程邈作隶书，施之于徒隶"之说也不信，他说：

> 盖皆刘歆伪撰古文，欲黜今学，故以徒隶之书比之，以重辱之。其实古无"籀""篆""隶"之名，但谓之"文"耳。

他又说：

> 文字之流变，皆因自然，非有人造之也。南北地隔则音殊，古今时隔则音亦殊，盖无时不变，无地不变，此天理也。然当其时地相接，则转变之渐可考焉。文字亦然。

这两段话，真是颠扑不破之名论。王国维氏疑"史籀"非人名，说：

> 昔人作字书者，其首句盖云"太史籀书"，以目下文；后人因取句中"史籀"二字以名其篇。"太史籀书"犹言"太史读书"。汉人不审，乃以"史籀"为著此书者之人，其官为太史，其生当宣王之世。（《史籀篇叙录》）

王氏此说，极为有见，可以作康氏"古无'籀'名"的说明。"篆"字《说文》训为"引书"，《段注》："引书者，引笔而著于竹帛也。"那么，"篆"字之义就是"写字"；窃谓"大篆""小篆"，犹今言"大写""小写"耳。康氏文中又列举从"石鼓"到"魏碑"，就是从大篆到楷书，都是自然渐变，证明它们决非一人改造，实足以摧破二千年来"某人作某书"种种不根之谈。

但康氏对于文字,又有极错误之论。他认古文经中的"古文"是刘歆所伪造,这话固然极对;可是他又认尊彝也是刘歆所伪造,那就完全错了。刘歆伪造的古文,今尚可窥见一斑,《魏三体石经》中之"古文"一体是也。《说文》中明说为"古文"者,必有大多数的字出于古文经,即《说文》之"正篆"中亦必有许多古文经中之字。此外如《汗简》《古文四声韵》《隶古定尚书》(存《禹贡》《甘誓》《五子之歌》《胤征》《盘庚》上中下、《说命》上中下、《高宗肜日》《西伯戡黎》《微子》《泰誓》上中下、《牧誓》《武成》《洪范》《旅獒》《金縢》《大诰》《微子之命》《顾命》诸篇,罗振玉均有影印本),《书古文训》,这些书中也保存刘歆的古文字不少。拿它们来和尊彝铭文相较,大不相同,实因尊彝铭文是周代的真古字,而古文经中所用的字则是刘歆的伪古字。我以为要打倒刘歆的伪古字,尊彝铭文实在是最有效的武器。岂可反认尊彝铭文为伪字,而拿它来与刘歆的伪古字混为一谈!至于康氏所举的杨慎伪撰的《岣嵝》之碑,梦英伪作的《垂露》诸体,"吉日癸巳"之刻,《比干铜盘》之铭,这些固然都是伪器,但那上面的文字哪里有丝毫像真的尊彝铭文呢?

刘歆写古文经所用的"古文",王氏曾考明其来源,极为精确。他说:

> 近世所出,如六国兵器,数几逾百;其余若货币,若玺印,若陶器,其数乃以千计;而魏石经及《说文解字》所出之壁中古文,亦为当时齐鲁间书。此数种文字皆自相似,然并讹别简率,上不合殷周古文,下不合小篆,不能以六书求之。而同时秦之文字则颇与之异。传世秦器作于此时者,若"大良造鞅铜量"(秦孝公十八作),若"大良造鞅戟",若"新郪虎符"(秦昭王五十四年以后所作),若"相邦吕不韦戈"(秦始皇五年作),石刻若《诅楚文》(宋王厚之考为秦惠王后十二年作),皆秦未并天下时所作。其文字之什九与篆文同,其什一与籀文同;其去殷周古文,较之六国文字为近。(《桐乡徐氏印谱序》)

又说:

> 其上不合殷周古文,下不合秦篆者,时不同也;中不合秦文者,

地不同也。其讹别草率，亦如北朝文字上与魏晋，下与隋唐，中与江左不同。其中玺印、陶器，可比北朝碑碣；兵器、货币，则几于魏齐小铜造像之凿款矣。（同上）

又说：

余谓欲治壁中古文，不当绳以殷周古文，而当于同时之兵器、陶器、玺印、货币求之。惜此数种文字，世尚未有专攻之者。以余之不敏，又所见实物谱录至为狭陋，然就所见者言之，已足知此四种文字自为一系，又与昔人所传之壁中书为一系。（同上）

王氏这几段话，明明白白告诉我们三件重要的事实：

（ㄅ）壁中古文经的文字，与殷周秦的文字都不相合。

（ㄆ）这种文字，与六国的兵器、陶器、玺印、货币四种文字为一系。

（ㄇ）这种文字的字体讹别简率，不能以六书求之。

根据这三件事实，更可证实"孔子用古文写六经"之说之确为伪造，足为康氏考辨伪经加一重要证据。盖刘歆伪造古经，当然要用古字来写。但他那时甲骨固未发见，尊彝也极少极少；而六国的兵器、陶器、玺印、货币，时代既近，当时必尚有存者。

这些东西上面的文字，则自秦始皇"书同文字"以来悉被废除，常人必多不识，虽本是六国异体，大可冒充为"仓颉古文"；更妙在字体讹别简率，奇诡难识，拿它来写伪古文经，是很合式的。所以壁中古文经就拿这种"古文"来写了。康氏对于伪经，举凡来历之离奇，传授之臆测，年代之差舛诸端，无不知之明而辨之精。但美犹有憾，即康氏对于文字之学太不讲求，并无心得，故虽明知"古文"为刘歆所伪造，而不能知其来源，竟误认为与尊彝文字为一系，因此而反疑尊彝亦是刘歆所伪造，实为千虑之一失。王氏最精于古代文字，以其研究所得证明壁中古文经为用六国时讹别简率之字体所写，适足以补康氏之阙；且得此重要证据，更足以见康氏考辨伪经之精确。但王氏识虽甚高，胆实太小，他是决不敢"疑古""惑经"的，所以有那么明确的好证据，他还要说"世人……疑魏石经、《说文》所出之壁中古文为汉人伪作，此则惑之甚者也"这样一句话，这实在太可惜了！这实在太可惜了！

或曰：壁中古文经既是用六国文字写的，则经虽可目为刘歆之伪经，然字却不可目为刘歆之伪字。曰：不然。刘歆的"古文"虽源出于六国的兵器、陶器、玺印、货币上的文字，但那些东西上的文字，为数一定很少，拿来写经，是决不够用的。用近代同样的一件事作比例，便可以明白了。清吴大澂用尊彝文字写《论语》与《孝经》二书，并且也兼采兵器、陶器、玺印、货币上的文字。吴氏所见古字材料之多，过于刘歆当不止十倍；而吴氏仅写《论语》《孝经》二书，刘歆则要写《尚书》《仪礼》《礼记》《春秋》《论语》《孝经》这许多书，还要写《左传》（《说文序》谓左丘明用古文写《左传》，又谓张苍所献《左传》中的字与壁中古文相似），是刘歆需用的字，应该多于吴氏者当在百倍以上。可是吴氏用那样丰富的材料写那么简少的书，还是要多多的拼合偏旁，造许多假古字，又加上许多《说文》中的篆字，才勉强写成；则刘歆用那样贫乏的材料写那么繁多的书，岂能不拼合偏旁，造极多量的假古字呢？后来晋之《隶古定尚书》、宋之《书古文训》，其中十有八九都是拼合偏旁的假古字，这些假古字源出于《魏三体石经》之古文，而《魏三体石经》之古文则源出于刘歆之壁中古文。我们看《魏三体石经》《隶古定尚书》《书古文训》，以及《汗简》《古文四声韵》这些书中的"古文"，便可测知壁中古文之大概。据此看来，说刘歆的古文源出于六国文字，不过考明它有来历罢了。实际上壁中经的字用真六国文字写的，不知有没有百分之一，而拼合偏旁的假古字一定占了最大多数，这是无疑的。所以说刘歆的古文源出于六国文字是对的；若说它就是六国文字，那可大错了。然则目壁中古文为刘歆之伪字，不但可以，而且是应该的。

康氏辨《汉志》的"小学家"，还有一点也是错的，他说：

六艺之末而附以《小学》，……此刘歆提倡训诂，抑乱圣道，伪作古文之深意也。

这却冤枉刘歆了。六艺与《论语》《孝经》、小学是汉代学校诵习的科目，故《七略》中把它们专列为一略，与今古文问题并无关系；即使今文家来编书目，也要这样排列的。这一点也是王国维氏所发见的，他说：

刘向父子作《七略》，六艺一百三家，于《易》《书》《诗》《礼》

《乐》《春秋》之后，附以《论语》《孝经》(《尔雅》附)、小学三目。六艺与此三者，皆汉时学校诵习之书。以后世之制明之，小学诸书者，汉小学之科目；《论语》《孝经》者，汉中学之科目，而六艺，则大学之科目也。……汉时教初学之所名曰"书馆"，其师名曰"书师"，其书用《仓颉》《凡将》《急就》《元尚》诸篇，其旨在使学童识字习字。《论衡·自纪》篇："充八岁，出于书馆。书馆小僮百人以上，皆以过失袒谪，或以书丑得鞭。充书日进，又无过失。"《后汉书·皇后纪》："郑皇后六岁，能史书；十二，通《诗》《论语》。梁皇后少善女工，好史书；九岁，能诵《论语》。"是汉人就学，首学书法，其业成者，得试为吏，此一级也。其进则授《尔雅》《孝经》《论语》，有以一师专授者，亦有由经师兼授者。（《汉魏博士考》）

案：王氏此论，发前人所未发，前人研究《汉书·艺文志》最有心得者为宋之郑樵及清之章学诚，皆未见到此点。我以为王氏所见，极为精核，惟文中提及《尔雅》，则我不以为然。我虽不主张康氏的"《尔雅》为刘歆所伪作"之说，但认为其书厕于六艺之林，则实始于刘歆，且其中亦实有刘歆增窜之部分（说见前），在刘歆以前，并非学校诵习之书也。吾友余季豫（嘉锡）先生亦极以王氏所论为是，但又有匡正之处，他于一九三一年（民国二十年）九月十八日有信给我，说：

> 王静安先生论《六艺略》语，援据精博。惟其以今世学制相譬况，以为小学者汉小学之科目，《论语》《孝经》者中学科目，六艺则大学科目。鄙意于此尚有所疑。盖大学、小学，为汉世所固有，不必以今制相譬况；而中学，则遍考群书，当时并无名目。大抵汉人读书，小学与《孝经》同治，为普通之平民教育；至《论语》则在小学似随意科，在大学似预科，无意升学者，此书可不读，故有从同里书师即已读《论语》者，有从当代经师先读《论语》后习专经者。此为弟所考与静安先生不同之处，证据亦甚多。最强有力者，莫如崔寔《四民月令》（见《齐民要术》及《玉烛宝典》），明以《孝经》《论语》《篇章》（原注：六甲，九九，《急就》《三苍》）同为幼童入小学所读之书。故窃以王先生说为未安。

案：余氏此论更精。观此，可知小学在汉代学校中实为人人必修之科目，就教育上说，其重要尚远过于专经也。

我所见到的《新学伪经考》中精当的和错误的部分，现在都说完了。

（Ⅴ）

古文经自康氏此书出世，先师崔君继之而作《史记探源》与《春秋复始》等书，张西堂氏又继之而作《穀梁真伪考》，伪证昭昭，无可抵赖，其为伪经，已成定谳矣。今文经对于古文经而言，固然是真经。但今文经实为周秦间儒生集合而成之书，西汉时尚有加入之篇（如《泰誓》与《说卦》等）。今文经：《诗》三百零五篇，《书》二十九篇，《礼》十七篇，《易》十二篇，《春秋》十一篇，《论语》（鲁《论》）二十篇，《孝经》一篇分为十八章。这其中，有真为古代的史实，有儒家托古的伪史，有真为孔子的思想，有后儒托于孔子的思想，有全真之书，有全伪之书，有真书之中羼入伪篇的，有书虽真而不免有阙文、误字、错简的。凡此种种，皆应一一分析，疏证明白，方能作古代种种史料之用。这类工作是"超今文"的，自唐中叶以来，常有人做，如王柏之于《诗》，刘知幾之于《书》，姚际恒、毛奇龄、崔述诸人之于《礼》，欧阳修、叶适、崔述诸人之于《易传》，啖助、赵匡、陆淳、刘敞、孙觉诸人之于《春秋》，崔述之于《论语》，姚际恒、杨椿之于《孝经》，皆能独具只眼，从事疑辨；但成绩还不甚好，比阎若璩之辨晋《古文尚书》与康有为之辨汉古文经，尚犹不逮。今人如刘节之辨《洪范》，顾颉刚之辨《尧典》《禹贡》，李镜池之辨《易经》与《易传》等等，其方法、材料、眼光，都突过前人。照这样努力下去，将来必有极丰穰之收获，这是我敢断言的。

我这篇序，意在专论康氏所辨之是非，故仍以辨古文经为主；虽偶有辨今文经的话，不过是涉及而已。

（Ⅵ）

近儒之主张应该分析经今古文的，或认今文为真而古文为伪，或认古文为优而今文为劣,虽立论相反,然皆以为今文古文之不同在于经说,而文字之差异与篇卷之多少尚在其次。窃谓不然。我以为今文古文之不同,最重要的是篇卷之多少,次则文字之差异;至于经说,虽有种种异义,其实是不值得注意的。略述鄙见如次:

古文经中必须摒弃的是"笙诗"六篇,《逸书》十六篇,百篇《书序》,《逸礼》三十九篇,《周礼》,因为这是全属伪造的。还有,《春秋左氏传》,虽系取左丘《国语》改窜而成,并非全属伪造,但既改原书之分国为编年,又加上什么凡例书法及比年依经缘饰之语,则在"《国语》探源"之工作未完成以前,我们对于《左传》亦只能视同伪书。其凡例等等固必须屏弃;即其叙事之部分,虽非全属伪造,而伪造者亦必有之,故引用时必须审慎,与其过而存之也,宁过而废之,如此,庶不至为刘歆所绐。

其文字之差异,固当以今文为正,但古文倒不是全无可取,也竟有应该用古文改今文的。因为今文虽真,却不能说没有传写之误;古文后起,遇到今文不可通的地方,往往加以修改。改错的固然不少,改对的也不能说没有。试举《春秋》为例:隐公二年之"纪子伯",《左氏经》改为"纪子帛",三年之"尹氏卒",《左氏经》改为"君氏卒",这是故意与《公羊经》立异,自不足信。但下举两事,实以改本为长:

(ㄣ)成公"六年,冬,晋栾书率师侵郑"。《穀梁经》及《左氏经》皆改"侵"为"救",是也。上文:"五年,冬,十有二月,己丑,公会晋侯、齐侯、宋公、卫侯、郑伯、曹伯、邾娄子、杞伯同盟于虫牢。""六年,秋,楚公子婴齐率师伐郑。"下文:"七年,秋,楚公子婴齐率师伐郑。公会晋侯、齐侯、宋公、卫侯、曹伯、莒子、邾娄子、杞伯救郑。"比事而观,知此数年中郑从晋,故楚伐之而晋救之。然则《穀》《左》所改者是也。

(ㄆ)昭公"二十有一年,冬,蔡侯朱出奔楚","二十有三年,夏,六月,蔡侯东国卒于楚"。《左氏经》与《公羊经》同。《穀梁经》改"朱"为"东",谓即"东国",是也。不但比事而观,奔楚与卒于楚者可断其必是一人。且《史记·十二诸侯年表》明言鲁昭公二十一年奔楚者为蔡悼侯东国,悼侯立三年,卒,适为鲁昭公之二十三年。《管蔡世家》略同。是知"朱"实"东"之误字,下又脱"国"字也。《穀梁经》改"朱"为"东",固是。但他不知增"国"字,而强为之说曰:"东者,东国也。何为谓之'东'

也？王父诱而杀焉,父执而用焉,奔而又奔之曰'东',恶之而贬之也。"这又与解"纪子伯"同样为可笑之论了。又,"奔而又奔之曰东"一语,文理不通！（又疑太史公所见之《公羊经》,"朱"字盖作"东国"二字,为未误之本,故《年表》与《世家》皆只有东国而无朱。其后伪造《穀梁传》者所见之《公羊经》,脱"国"存"东",故伪《穀梁经》作"东",而造伪传者即望文生训,发此可笑之论。又其后伪造《左氏传》者所见之《公羊经》,"东"又误为"朱",故伪《左氏经》作"朱",而造伪传者遂臆撰"楚费无极取货于东国,而使蔡人出朱而立东国,朱诉于楚"之伪事。太史公所见原本左丘《国语》必无此记载,故《史记》与《左传》不同。）

古文家改今文经的文字,除因有作用而故意窜改者外,大可与郑玄、朱熹、王念孙、俞樾诸人之校改古书文字同样看待。古书传写,阙误必多,后人读之而觉其不可通,循其前后文义而增删移易其字句,此为校读古书者所应有之事。古文家造作伪经,固当排斥,然其改正今文文字之阙误,则不当一例排斥也。

至于经说,则古文家与今文家正是一丘之貉耳。两家言作《诗》本义,言古代史实,言典礼制度,同为无据之臆测,无甚优劣可言。因为两家都是要利用孔子以献媚汉帝,希冀得到高官厚禄者,故都喜欢说孔子为汉制法,都喜欢谈图谶纬候。古文家之异于今文家者,仅在孔子以前又加了一个周公。这是因为古文家的始祖刘歆欲献媚新帝王莽,因周公摄位之传说最适宜于作王莽篡汉时利用的工具,故古文经说到处要抬出周公来,且特造《周礼》一书,凡莽所更法立制,悉在其中；如此,则周公为新制法比孔子为汉制法更为亲切有用,治古文经者当然可以得到新室之高官厚禄矣。经说愈多,则立学之机会亦愈多。西汉之世,今文五经博士已逐渐增至十四家。及刘歆伪造古文经,于是《左氏春秋》《毛诗》《逸礼》《古文尚书》又得立于学官矣。新室虽不久即亡,而古文经与古文经说则并不随之而皆亡。那时治古文经者方自欣其得此与今文诸家相异之经说,可以获得立学之机会,故东汉之初希望立学者甚多。范升对光武之言曰：

> 近有司请置京氏《易》博士,群下执事莫能据正。京氏既立,费氏怨望；左氏《春秋》复以比类,亦希置立。京、费已行,次复高氏。

《春秋》之家,又有驺、夹。如今左氏、费氏得置博士,高氏、驺、夹,五经奇异,并复求立,各有所执,乖戾分争。(《后汉书·范升传》)

这几句话,把当时那些治古文经者(驺、夹之《春秋》亦系刘歆所伪造者)希望立学的情状说得很明白。为什么希望立学?因为立了学则可以得到高官厚禄也。故古文经说之异于今文经说,刘歆之目的为媚莽,东汉古文家之目的为立学。刘歆既有媚莽之目的,特造《周礼》,又伪群经以证《周礼》,其经说尚可谓有一贯之主张。至于以立学为目的之东汉古文家,则其经说只在求异于今文家:或与今文说相反,或与今文说微异,或与今文说貌异而实同,或今文本有歧说而取其一以为古文说,如是而已。其与今文经说,并非截然两派,各有系统,绝不可合,如廖平之《今古学考》所云云也(西汉的今文家,本就是用了这种手段来争到立学的,如《书》之大夏侯与欧阳立异,小夏侯又与大夏侯立异,《易》之孟京与施、梁丘立异,所以五经博士可以分到十四家之多)。

近人或谓今文家言"微言大义",古文家言"训故名物",这是两家最不同之点。此实大谬不然。今文家何尝不言训故名物?《汉书·艺文志》于《诗》有《鲁故》《齐后氏故》《齐孙氏故》《韩故》诸书,于《书》有大小夏侯《解故》诸书,都是言训故名物的(汉师说经,"解故"以外,尚有"章句"。《书》之欧阳、大小夏侯,《易》之施、孟、梁丘,《春秋公羊传》,《艺文志》皆著录有章句之书。章句虽非专言训故名物,然亦非绝不言训故名物也)。至于"微言""大义",本是两词,近人合为一词,谓凡今文经说,专务发挥微言大义,而近代今文家亦多以发挥微言大义之责自承。其实此两词绝不见于西汉今文家的书中。最早用此两词的是古文家的始祖刘歆。他的《让太常博士书》中有云:"夫子没而微言绝,七十子终而大义乖。"又,《汉书·艺文志》为刘歆《七略》之要删,其篇首即云:"昔仲尼没而微言绝,七十子丧而大义乖。"是当以此两词归之古文家,方为适当耳。若云微言大义即指《公羊传》所言"《春秋》之义",则《孟子》《公羊传》《史记》《春秋繁露》中言及《春秋》之义,皆无微言大义之称。且古文家之刘歆亦曾造有伪《左》的"《春秋》之义",即所谓"五十凡"等等是也。古文家何尝不言微言大义乎?"微言""大义"两词既为古文家所创,则称"五十凡"等等为微言大义,更为切合,大概刘歆亦正指此耳。

或又谓古文家言"六经皆史",今文家言"六经皆孔子所作"。此则尤与事实不合。按此两说,汉之今文家与古文家皆无之。对于经的来源及其与孔子的关系,《史记·孔子世家》及《儒林传》所言为今文说,《汉书·艺文志》及《儒林传》所言为古文说,两说固不甚相同,然亦不甚相远,而皆与"六经皆史"及"六经皆孔子所作"之说不同。考"六经皆史"之说,始于宋之陈傅良(徐得之《左氏国纪序》),其后明之王守仁(《传习录》),清之袁枚(《史学例议序》)、章学诚(《文史通义》)、龚自珍(《古史钩沉论二》),及章太炎师(《国故论衡》的《原经》),皆主此说。陈、王、袁、章四氏,不但非古文家,且非经学家;龚氏则为今文家;惟章君为古文家耳。然则云"六经皆史"之说为古文家言者,非也。至于六经皆孔子所作之说,始于廖平(《知圣篇》),而康有为(《孔子改制考》的《六经皆孔子改制所作考》)、皮锡瑞(《经学历史》与《经学通论》)皆从之,三氏固为近代之今文家(廖氏议论数变,实不能称为今文家,惟作《古学考》及《知圣篇》之时代尚可归入今文家耳),但前于三氏之今文家龚自珍即主"六经皆史"之说,后于三氏之崔觯甫师又反对康氏之说(《五经释要》的《孔子述作五经之大纲》)。然则云"六经皆孔子所作"之说为今文家言者,又非也。

汉之今文家言与古文家言,或墨守师说,或苟立异说,既无系统,又无见解,现在看来,可取者殊少。近代之今文家如庄述祖、刘逢禄、龚自珍、魏源、康有为诸人,古文家之章太炎师(从郑玄以后至章君以前,没有一个古文家,或目郑学者与惠、戴、段、王诸氏为古文家,则大误),虽或宗今文,或宗古文,实则他们并非仅述旧说,很多自创的新解,其精神与唐之啖助、赵匡至清之姚际恒、崔述诸氏相类;所异者,啖、赵至姚、崔诸氏不宗一家,实事求是,其见解较之庄、刘诸氏及章君更进步耳。

我以为我们今后对于过去的一切笺、注、解、疏,不管它是今文说或古文说,汉儒说或宋儒说或清儒说,正注或杂说,都可以资我们的参考及采取。例如《诗》说,不但汉刘歆之伪毛公《诗传》可以采取,即明丰坊之伪子贡《诗传》与伪申培《诗说》也可以采取。又如《书》说,伏生之《大传》、王肃之伪孔安国《传》、蔡沈之《书集传》、孙星衍之《尚书今古文注疏》、魏源之《书古微》等等都可采取,不必存歧视之见。近代经学大师俞曲园先生，说经依高邮王氏（念孙及其子引之）律令。王为戴震弟子。章君谓"凡戴学数家，分析条理，皆缜密严瑮，上溯古义而断以己之律令"，故能"研精故训而不支，博考事实而不乱；文理密察，发前修所未见；每下一义，泰山不移"（章君评俞氏及黄以周、孙诒让语）。然俞氏以前诸师，引据旧说，范围甚严，以唐为断；自宋以后，则认为不通古训，不合古义，概从屏弃。故创获最多者，仅在"依古音之通转而发明文字之假借"一端。此外则既不敢创汉唐所无之新说，尤不敢大胆疑经。而俞氏独不然，他是能够决破这个网罗的。章君所作《俞先生传》云："为学无常师，左右采获，深嫉守家法违实录者。"此语最能道出俞氏治学的精神。今举其解经五事为例：

（夕）他对于"《周易》的《上经》三十卦与《下经》三十四卦"的说明，采清吴隆元的《易宫》之说（《经课续编》与《九九销夏录》）。因其立论允当而采之，不以其说原于宋戴师愈伪造的《麻衣正易心法》而屏弃之。

（夂）他对于《尚书》的"曰若稽古"一语，谓郑玄训"稽古"为"同天"，伪孔训"若稽古"为"顺考古道"，两说都不对；惟蔡沈训"稽古帝尧"为"考古之帝尧"，最是。（《达斋书说》）

（冂）他说《论语·泰伯》篇"有妇人焉"之妇人，非太姒，亦非邑姜，当为戎胥轩之妻郦山女，事见《史记·秦本纪》。（《经课续编》）

（匚）他解《礼记·曲礼》"医不三世，不服其药"一语，引宋孟元老《东京梦华录》所载之李生菜小儿药铺、丑婆婆药铺，吴自牧《梦粱录》所载之修义坊三不欺药铺，陈元靓《岁时广记》所载之苏州卖药朱家，谓"如此等类，皆累世相传，人所共信，其药可服无疑"，以证明《记》义。（《茶香室经说》）

（勹）他说："《中庸》盖秦书也。……吾意秦并六国之后，或孔氏之徒传述绪言而为此书。"又说："《周礼》一书乃周衰有志之士所为，……非周公之书，亦非周制也。"又说："《左传》所载当时君大夫言语，皆左氏所撰，非其本文，故历年二百，国非一国，人非一人，而辞气之间如出一口。"（均见《湖楼笔谈》）又说："《王制》者，孔氏之遗书，七十子后学者所记也。王者孰谓？谓素王也。孔子生衰周，不得位，乃托鲁史成《春秋》，立素王之法，垂示后世。"（《达斋丛说》）又说："古书但有篇名。……惟《孝经》有《开宗明义章》《天子章》《诸侯章》等名,则是每章各有章名,他经所无。故学者疑《孝经》为伪书,不为无见。"(《九九销夏录》)——看这几条,可以知道他很能大胆疑经,与姚际恒、崔述诸氏相同。

俞氏这种解经的态度,实在是我们的好榜样。总而言之,我们今后解经,应该以"实事求是"为鹄的,而绝对破除"师说""家法"这些分门别户、是丹非素、出主入奴的陋见!

公历一九三一年(民国二十年)十一月十六日。

> 方君标点本的《新学伪经考》,由北平文化学社出版。出书以后,我又将此序大大的增改了一番。此篇即系增改之本,故与印在书上的不同。——玄同

(《国学季刊》1932年第3卷第2号)

经学的综合与分化
陶希圣

【本报特讯】北大教授陶希圣,昨下午三时,在东单三条协和大礼堂公开讲演,讲题为"经学的综合与分化"。计到听众约二百人,内有日本记者一二人。讲演约二小时之久,讲演毕,复有多人纷纷向陶氏提出各种政治问题,陶氏皆予以分别置答,于五时余始散。兹特约略介绍陶氏之演辞于左。

兄弟今日之讲题为"经学之综合与分化",此题原为半月前所确定,后以时间地点及平市各学校曾发生一度恐慌时期,致延至今日,际兹榆关被陷,国势危急,兄弟仍在此讲演此题好似有些不适宜,不过争取民族生存,需要国人长期之努力,因此仍应抱定镇静态度,以作长期抵抗。故兄弟仍照预定之讲题,以符诸君之厚意。

孔子之学说,自发生以至于今,已有二千三百年之历史。在这长期的历史过程中,由萌芽以及于发达、衰落,曾经发生许多变化,但这种变化,实在是随着社会之变化而转移。在这种变化过程中,大约可以分为几个时期,在纪元前五世纪时,为孔子学说之萌芽期。至纪元前二三世纪之间,荀墨学说,盛行一时,此时孔子学说还不能成为当时支配势力。迄纪元前一世纪时,则孔子学说,日加发达,此为孔氏学说之发达期,时正为西汉时代。至以后二世纪时,实为孔氏学说之最盛期,时为东汉之朝。当其在最盛期中,即已经孕育着衰落的胚胎,所以最盛期以后,即为其衰落期。至纪元后九百六十年代始重复发达,一直到清朝。

夫孔氏学说之发达与衰落,乃系自然之理,即有其内在的自然律,在《易经》即指出此理,如第一卦系乾卦,乾为阳,该卦即有"盛极则衰"

之原则。如"龙伏在下""飞龙在天""亢龙有悔"等句,即其例也。其意即表示凡事不可久,当其发达之极点,亦即衰落之开始,其衰落在整个发展过程中,属于突变,然这种突变,实由渐变发展而来。在《易经》之第二卦,即表示此意。第二卦为阴卦,所谓"履霜坚冰"至"由水变冰"之句,表示冰系由水之渐变而来,虽由渐变而发生突变,然其来也非突。孔子之学说发展过程,亦同此理。当东西汉时,为其最盛期,以后即入于衰落期,所谓东汉儒学之发达,再发展即变为其反对物。

所谓现代流行之经学皆非出于孔子之手,概系汉时之学者所成。本来经学为孔子学说之基本条件,相传为孔子所写,或经其删改,或为其教学时教程,然吾人详细观之,则可以发现皆系于孔子死后三四百年,即纪元一世纪时,及纪元时各现一批。第一批在汉武帝、景帝、宣帝时,此批系经过荀孟之系统传流下来,依汉武帝时之社会情形写成,其主要精神为大一统主义,其主要经卷为《公羊春秋》。盖当时社会制度已由氏族及原始封建社会,变为中央集权,在生产关系上已由氏族变为家族,生产私有制度发展,土地奴隶皆为家族所占有。

至西汉时贫富之分化,已达空前的程度,在这时代已经由氏族制之生产,变为家长制之生产,由自给之生产品,一变而为市场需要之商品。彼时之富商大贾交通王公,是在社会生产上已经扩大,为了发展商业,不得不求市场,所以当汉武帝时,南取南粤、福建、云南一带,东至朝鲜,主要是在这方取得奴隶供给之来源,因为这时仍是奴隶的生产,在北与匈奴贸易,以商品销售交换牛马珠宝,此时的政府充分代表商人们的需求,而实行了大一统主义,当时的学者遂根据当时社会的需要,而完成《礼记》《书经》《公羊春秋》等书,以上皆代表此种精神,此派称为今文学派,因皆系由汉字写成。

至以后经济发展,小农经济破产,在社会组织中发现了新的矛盾,土地入于少数商人手中,形成"富者田连阡陌,贫者无立锥之地",于是至纪元前二三十年时,社会发生极大恐慌,中央政权动摇,而有一些儒者,提倡对商人采取限制,如董仲舒等之限田法,但此深为大地主所反对,因此在政权动摇中,遂有伪书之发现,传伪书为孔子秘藏,内多寓言,寓言中一派传汉将亡,一派传刘氏复兴,当此社会紊乱中,遂发生一派儒家，主张干涉商人，保护农民，采取均田主义。此派之经书以蝌蚪文写成，遂称之为古文学派，新派打击《公羊春秋》，以《左传》《榖梁春秋》与之对抗，更用《周礼》以代《礼记》，《周礼》中主张均田，限制商人放高利贷，主张改革，此派之人物为王莽、杨雄，由于此派努力改革之结果，遂生新莽之政变，而引起大地主之反对，结果此派势力被打倒，而代之以刘秀之新政权。

光武帝信纬书，纬书系今文学派之作品，是以光武当政后，对于古文学派，大加逮戮，但以后由于社会之变革，古文经又不得不略事抬头，迨后土地集中于豪族，由家族制产一变为田庄制之生产，全田庄之氏族多为佃户。今文学派之经典已与当时之社会组织不合，至章帝时古文学派，又大为流行，于是发生古今文经合读，而有"正选"之出世，形成今之十三经。如《诗》为古今文合成，《礼记》为今文学派，《周礼》为古文学派，《春秋》则有《公羊》《左氏》《榖梁》等，此时为儒学综合，最盛之时代。

至三国时，又从儒学之内部发生二派，一为自然主义，一为阴阳五行之迷信派，前派由古文学派发展而成，后派由今文学派发展而成，古文派则以万物自生去说明事物，去打击今文派，王充之《论衡》可为该派之代表，以后由于反对儒学之迷信，遂始老庄学说抬高，如晋之嵇康、阮籍之流，皆系自然主义，反对儒家，此为自然主义哲学发达，儒学失败。另一派则以纬书等为根据，发展至道教，创太平道而有《太平清领书》之问世，此书亦曾为襄楷所赞成，惟以后恐该道流行，不利于当道，遂加禁止。然此书之思想，日益流行，以后遂有张角等黄巾之乱，而反对儒教。社会经此变乱，豪族虽得胜利，削平农民之乱，然田园荒芜，社会生活发生巨大变迁，于是施行屯田制度。此时除《周礼》思想外，民间道教及自然主义盛行，老庄学说之发达，与佛教相结合，遂致佛教流行，而庙宇发达，迄南北朝时僧人日增，而企图避免政府捐税之负担。以后佛教势力渐长，政府恐不利于己，于是再扶助道教与儒教联合打激佛教。当隋唐之季，儒学大衰，直至宋时，始复渐发达，然其内容，则皆根源于佛道教自身之发展而来，陆象山派以佛教之思想去贯注于儒教中，朱熹派以道教思想贯注于儒学中。

综上所述，经学之综合与分化，实受社会之变革所左右，当其最盛期,在其内部已孕育着衰落种子,无论其综合与分化,皆由于受到社会变革之影响,而从其自身发展过程而来。

(《北平晨报》1933年1月9、10日,第7版。华东师范大学李孝迁教授提供)

中国经学史的演变
——延安新哲学年会讲演提纲

范文澜

延安新哲学年会教我试讲中国经学的简史,"五四"运动以前二千多年里面,所谓学问,几乎专指经学而言。学人以名列儒林为荣,著述以敷赞圣旨为贵,派别繁杂,训解浩瀚,我对这门学问,既所知有限,借以批判经学的马列主义,更未能窥见途径,谈不到正确运用。那末,我这次试讲,一定错误很多,毫无疑问。我把讲演提纲发表出来,希望学术界友人,尽量给它严厉的驳正,使它完成研究经学的初步任务。在没有接到批评以前,先向友人致给我批评的谢意。——范文澜识

绪　　言

一　经是什么?

经是封建统治阶级在思想方面压迫人民的重要工具。统治阶级要巩固自己的政权,必需一套"天经地义,万古不刊"的"永恒真理"来证明自己地位的不可动摇。统治阶级指着一大堆书籍对人民说:"这都是从古以来,圣贤人说的话,我们能不信么?谁敢非圣无法,谁就该死!"不论统治阶级怎样尊圣尊经,经到底还是压迫人民的工具。

二　经怎样产生的?

经是封建社会的产物。原始封建社会产生原始的经,封建社会发

展,经也跟着发展;封建社会衰落,经也跟着衰落;封建社会灭亡,经也跟着灭亡。中国封建从西周开始,所以经托始于西周,周公是这一时代的代表人物。春秋时代封建初步发展,六经也初步形成,孔子是这一时代的代表人物。两汉封建高度发展,经学也高度繁荣,董仲舒、刘歆、郑玄是这一时代的代表人物。三国到南北朝,因战争而社会遭受破坏,经学随之衰落。隋唐统一中国,社会恢复繁荣,旧经学结束,新经学发生,孔颖达、韩愈是这一时代的代表人物。两宋社会高度发展,经学也高度兴盛,濂(周敦颐)、洛(程颢、程颐)、关(张载)、闽(朱熹)、陆(陆九渊)都是这一时代的代表人物。程朱派经学,影响更大而远。元明社会没有显著的变动,经学也保持旧有状态。清朝前半期(鸦片战争以前)社会又向外发展,经学也创立新局面,戴震是这一时代的代表人物。清朝后半期,外国资本主义侵入中国,社会开始分化。封建势力与新兴资产阶级发生冲突,封建势力与一部分资产阶级向帝国主义妥协勾结,社会呈混乱状态,经学也混乱不堪而趋于衰落。一九一九年"五四"运动以后,中国开始新民主主义革命,也就是说,中国无产阶级开始领导人民大众作反帝反封建的斗争。新民主主义革命一往直前地发展和深入,封建残余势力必然趋于消灭。因之经学不仅不能发展,而且止能跟着封建残余势力的消灭而同归于尽。

三　经讲些什么?

经本是古代史料。《尚书》《春秋》、三礼(《周礼》《仪礼》《礼记》)记载"言""行""制"(制度),显然是史。《易经》是卜筮书,《诗经》是歌诗集,都包含着丰富的历史材料。所以章学诚说"六经皆史"(《文史通义》)。经书里面虽然记载着某人做过什么事,说过什么话,行过什么制度,可是这些记载是当时的实录呢,还是后人所追述;是完全可信呢,还是杂有虚伪。经作为古史来研究,问题自能得到适当的解答,经作为"圣训"来背诵,死教条成为束缚思想的桎梏。

四　经与经学

封建社会本身变动着,写定了的经,怎样能跟着变动而适合统治阶级的需要呢？这就必需依靠经学了。儒生解释经义，使它适合新需要。同样的经，经不同解释，就成不同的经，也就发生不同的作用。例如一部《春秋经》，有左氏、公羊、穀梁三家不同的传，因之《春秋》分为《左氏春秋》《公羊春秋》《穀梁春秋》。又如一部《诗经》，有古文、今文的分别，今文又有《齐诗》《鲁诗》《韩诗》的分别。究竟那一部是真《春秋》、真《诗经》呢？谁也不能知道。如果没有左邱明、公羊高、穀梁赤三个儒生，不会有三家《春秋》，不会有四家《诗》学。没有经学，《春秋》止是本"断烂朝报"，《诗》三百篇止是一本唱歌集了，还有什么"威望"呢？所以"经""儒生""经学"是三位一体的东西，缺少一个，其余两个就成为无用之物。统治阶级表面上教人"尊圣""读经"，实际是教人尊迎合君主的儒生，读改头换面的经学。两汉指定学十四博士的经，元明清指定读朱熹的四书注，就是这个原因。

五　经学史的分段

经学史可以划分三个部分：

（1）汉学系——从孔子到唐人《九经正义》，其中包括孔子、孟、荀、今文学、古文学，南学、北学，两汉是极盛时代。

（2）宋学系——从唐韩愈到清代理学，其中包括韩愈、濂、洛、关、闽、陆、王，两宋是极盛时代。

（3）新汉学系——从清初到"五四"运动，其中包括顾炎武、黄宗羲、戴震、康有为，乾嘉是极盛时代。

汉学、宋学、新汉学各有不同的质态。一般说来，宋学讲求心性哲学，着重纲常伦理，把讲求训诂名物、五行谶纬的汉学否定了。新汉学重新讲求训诂名物，把空疏浅陋的宋学又否定了。同时汉学目的在致用，发展古史为经学，新汉学不讲致用，发展经学为古史（考据），所以新汉学与汉学，不是简单的循环，而是前进的发展。

"五四"运动以后，经学本身已无丝毫发展的可能，古史研究的新道路却由新汉学的成就而供给丰富的材料。

六　经学发展的规律

发展就是各对立方面之间的斗争，有斗争才有发展。既然经学曾经是发展了,那末,它一定曾经是作过许多次斗争了的。如果认为"经者不刊之常道,恒久之至理",因之它无须斗争,而且也没有其他学派敢同它斗争,经永是经,不会变化消灭。这样想的人,不是被人欺就是想欺人。试看过去经学发展的史实,充分证明一部经学史,就是一部经学斗争史。它有内部斗争(汉宋斗争、今古文斗争、程朱陆王斗争等等),有对外斗争(儒与杨墨斗争、儒道斗争、儒佛斗争等等)。斗争方法:(一)迎合统治阶级,发挥适合君长利益的理论,掩蔽抹煞近乎危险的言辞。例如三纲、三从、五行、五常之类,尽量发挥,《易传》里原始辩证法,《诗》《书》天听民听、天命靡常,《左传》揭破鬼神迷信,《孟子》直陈民贵君轻,凡是带有革命性的全被阉割歪曲,这样取得统治阶级的尊信。(二)采取对方的长处,来改造自己的短处。例如西汉今文学采取刑名阴阳五行,南学采取老庄,宋学采取佛道两教,夺对方武器战败对方是经学发展的主要规律。

新民主主义革命时代,经学何以必然趋于灭亡呢? 第一,统治阶级的落后部分,虽然积极援助它,但援助者本身已经软弱无力,自己朝不保夕,那有余力给它以长期的支持。例如张作霖(北京大元帅)、张宗昌(山东军务督办)、宋哲元(北平什么委员长)还有些记不清姓名的军阀们,当其一时称雄的时候,都曾提倡(强迫)青年学生尊孔读经。结果呢? 除了留给青年"讨厌头痛"的强烈回忆以外,什么也没有。第二,它有夺取对方武器的传统本领,虽然新民主主义的武器(民主)欢迎任何人去采用,可是阶级性质限止了它,使它没有勇气去夺取或采用。它既没有强力的援助,又没有采用新武器充实自己改造自己的勇气,所以它的唯一的前途是追随封建残余势力共同消灭。

第一部分　汉学系——孔子到唐

一　原始状态的经

(一)殷朝社会确已存在着阶级。剥削阶级脱离生产,有余力创造文化,《尚书·洛诰》篇所谓"殷礼",《多士》篇所谓"惟殷先人,有册有典,殷革夏命",都说明殷代已有文化记录,而这些记录的保管者是王官

（史官、卜官、乐官等）。西周社会更发展了大小封建主，各依本国经济能力，设立官职，世代传业，专官们逐渐积累起典章制度，前言往行，形成统治阶级专有的文化。章学诚说"六经皆史"，这是很对的。因为六经正是专官们保存了些文化记录流传下来被尊为经典，当初既没有经的名号，也没有特别贵重的意义。

（二）孔子以前，史官或专官们保存许多文化记录，孔子从他们手里取得若干材料，转教给弟子们。依现在所见的经书，推想孔子当时取得的是下列几种材料。

《周易》卦辞、爻辞——卜官用作占卜吉凶的隐语，其中都是可解又不可解，像这个又像那个，简单含混，容易穿凿附会的话头。按它的性质和作用，等于后世所谓金钱课、大六壬、牙牌数、关帝庙神签之类。神权时代，它是人间一切行动的最高指导者，所以《易》被尊为六经之首。

《尚书》——史官保存许多"圣君贤臣"的号令谋谟，其中有当代史官所记录，也有后史据传闻所追记。大概盘庚以后，实录颇多；盘庚以前，全是追记。

《诗》——从周初到春秋时代的乐歌。贵族行礼以及朝聘盟会，都需要奏乐赋诗。最流行的有三百多篇。

《礼》——礼是贵族实际生活的记录。从组织国家家族的制度起，直到个人的起居饮食小节目止，材料最丰富。它的变动很多，所以有"三年不为礼，礼必坏"的话。有些礼是最高统治者所制定，如《左传》屡称"周公之典""先王之制"。也有惯例相传，并无成文规定，如鲁人为同母异父之昆弟服齐衰（《礼记·檀弓》）。也有随宜适变，时增时损，如所谓"变礼"是。大体是从简到繁，从无到有，从旧变新，孔子以前存在着大量的礼制。

《春秋》——各国都有史记，如墨子说见过百国《春秋》，孟子说晋史称《乘》，楚史称《梼杌》，鲁史称《春秋》。《春秋》是最古的编年史，有一定的书法，文字极简单。

（三）照上面所说，经止是卜官、乐官、史官们写了些本官的职掌，并没有什么"神圣"的意义。它之所以被尊为"神圣"仅仅在于它是封建统治阶级的"祖传古典"，既然封建统治不该存在了，经也不该看作"神圣"，而该回复到"古史材料"的地位。

二 原始经学——孔子及七十子后学

（一）春秋时代周天子衰微贫弱，养不起许多王官，失职王官凭着世传的专门知识去各国求食。如"以《周易》见陈侯"的周史，见秦献公的太史儋，都是这一类的人。同时诸侯国内大夫们兼并擅权僭越礼制，如"三家以《雍》彻""季氏八佾舞于庭"之类，需要一批懂得赞礼的人来帮着僭越。春秋后半期商业相当发展，如齐、晋、周、郑等国都有大商人。他们虽是庶民，既有了钱，自然要讲些体面，冒充上等人。乡村间田宅已经自由买卖，发生中小地主的"土财东"，他们有剩余粮食，办起丧事来，也得讲些排场（《墨子·非儒》篇），表示阔气。本来礼是"不下庶人"的，现在大商人、土财东都要讲礼了，"礼生"（懂得行礼的专家）的用途激增，供给这些需要的是"士"，孔子就是"士"的最大首领。

（二）"士"是统治阶级最卑下的一个阶层。他们难得有官做，升级做大夫的更少（孔子曾做大夫），多数是下降当庶人。孔子祖先是宋国的贵族，迁居鲁国后流落做士。当时各国贵族子孙，因与宗子亲属疏远，逐渐降级做"士""庶人"的，数量很大。孔子从王官学得周礼，又参酌宋鲁两国的文献，博采失职专官的旧业（所谓孔子学无常师），组织成一种新的学问（儒学），教授那些破落贵族出身的"士""庶人"（《史记·仲尼弟子列传》）。据说他的弟子多至三千人。在他那个时候，能够号召这样多的学生，足见他的学问适合社会各方面的需要。孔门弟子成名的七十余人，大体高升做诸侯的师友卿相。普通弟子回到民间，也不失为大商人、土财东的师友卿相。孔子活着的时候，已被尊称为圣人，弟子们在社会上下层活动，势力愈大，他的圣人地位也愈巩固。

（三）孔子删《诗》《书》，订礼乐，修《春秋》，作《易传》，所谓"删""订""修""传"就是孔子的经学。弟子们学了这一套学问，再去传授学问，形成一个学派，称为孔家学派。

（四）孔子讲授经学，多凭口说，弟子们笔录下来，发展传授，自然发生增益、遗失、误解、分歧等等弊病。孔子死后，子张、子游、子夏、曾子等大弟子，已经彼此诃责讥刺，各不相下（《论语》《礼记·檀弓》）。何况七十子以后的儒生，更是歧之又歧了。战国时代，儒分为八个派别

(《韩非子·显学》),究竟那一派是孔子真传,谁也不能知道。

(五)孔子原来的经学,经过一二百年口耳相传的变动,战国时代,儒家集合传闻,写成固定的书本。孔子以及传经儒生的经学,转化为经,于是出现新的经。这种新经,比旧经数量质量都起了变化。

(六)新出现的经是《周易》——《卦辞》《爻辞》加《易传》。《易传》也称为《十翼》,其中一部分是孔子口说,一部分是儒生附加。相传孔子作《十翼》,不可信。

《尚书》——据《史记·孔子世家》说,孔子选定一百篇,每篇做小序。一百篇的名目,没有定说。汉朝《尚书》博士所传止二十九篇,其中《禹贡》一篇,显然是秦汉间人伪托,足见二十九篇并非孔子原选本。究竟孔子选了几篇书教学生,不能确知。

《诗》——孔子按照乐章次序,把三百篇重新整理一番。《论语》所记"吾自卫反鲁,然后乐正,雅颂各得其所",就是孔子的诗学。

《礼》——封建社会的经济、政治、文化,主要是表现在《礼经》上,孔子教弟子的礼就是《仪礼》。《仪礼》包括士冠、士昏、士相见、士丧、士虞(祭)等礼,适用于士及商贾地主;乡饮酒、乡射、燕、大射、聘、公食大夫、觐、特牲馈食、少牢馈食等礼,适用于诸侯及卿大夫。丧服上下通用。《仪礼》所讲的礼,正是儒生帮人行礼的重要部分,也就是儒生借以谋食的重要手段。

《春秋》——孔子依据鲁国史记,借隐公元年到哀公十四年共二百四十二年的史料,加以褒贬笔削,寄托他的政治思想。鲁史应该托始伯禽(西周初年)被孔子删节,旧史料因之不被重视而亡逸。

(七)原始的经加上孔子及其弟子们的经学,成为师生专有的经典。儒经流传,旧有史料逐渐废弃消灭(例如墨子引用的《诗》《书》《春秋》与儒经本子不同)。如果那些旧书存在,对古史研究,可能供给更多的材料,真像也可能更多保存些。古史变成圣经,从封建统治阶级看来真是莫大的功绩。

三 从原始经学看儒家思想

(一)《论语》载孔子说:"述而不作,信而好古。"事实上述与作是分不开的。他讲解古书,绝不能不掺入自己的意见,这个意见正是作而非述。

(二)《易》是"卜筮之书"。卜筮指导人的一切行动,所以孔子借来发挥哲学思想,作为经学的基础。儒家认宇宙间所有事物是在不断变动,变动的原因是两个不同性质的力量(阴阳)互为消长(斗争)。《系辞》说:

> 易穷则变,变则通,通则久。

又说:

> 变动不居,周流六虚,上下无常,刚柔相易,不可为典要,唯变所适。

所以要免凶就吉,必须发展吉的因素,抑止凶的因素。《系辞》说:

> 善不积不足以成名,恶不积不足以灭身。小人以小善为无益,而弗为也;以小恶为无伤而弗去也。故恶积而不可掩,罪大而不可解。

> 危者安其位者也,亡者保其存者也,乱者有其治者也。是故君子安而不忘危,存而不忘亡,治而不忘乱,是以身安而国家可保也。

这类见解,《易传》说得很多,可以说《易传》了解到辩证法。

《易传》思想是属于唯物主义的。它说:"形而上者谓之道(一阴一阳之谓道),形而下者谓之器(制作器物)。"道与器都取法乎"象"。"象"是实在的物质,所以"法象莫大乎天地,变通莫大乎四时,县(悬)象著明莫大乎日月"。

其他取象如龙牛马隼等等也都是实在的事物。先有物质,后有精神,精神是物质的产物,《易传》了解到了这一基本的真理。

《易传》发挥一些原始的唯物辩证法,替封建主义服务。它取象天地,得出"不变"的"最高真理"。《系辞》开头就说:

> 天尊地卑,乾坤定矣;卑高以陈,贵贱位矣。

天一定在上,地一定在下,在上的一定尊,在下的一定贱,因此尊卑贵贱是无可变动的"真理"。天从来不会在下,地从来不会在上,所以庶民永远当贵族的奴仆。这正是十足的封建主义哲学。

(三) 礼是封建社会分配生活资料的规矩。荀子《礼论》篇说得很透彻。他说:

> 礼起于何也? 曰:人生而有欲,欲而不得,则不能无求;求而无度量分界,则不能不争;争则乱,乱则穷。先王恶其乱也,故制礼义

以分之,以养人之欲,给人之求;使欲必不穷乎物,物必不屈于欲,两者相持而长,是礼之所起也。

因之礼之基本精神在乎"别"。所谓别,就是"贵贱有等,长幼有差,贫富轻重皆有称也"。

贵的长的得物应该多,贱的幼的应该少,说得神圣不可侵犯的礼典,归根到底,止是拥护统治阶级的剥削制度。

依据儒家的哲学,礼有可变与不可变两类,《礼记·大传》篇说:

立权度量,考文章,改正朔,易服色,殊徽号,异器械,别衣服,此其所得与民变革者也。其不可得变革者则有矣,亲亲也,尊尊也,长长也,男女有别,此其不可得与民变革者也。

这就是说,什么制度都可以通融改革,止有剥削制度、等级制度绝对不容商量。

(四)《春秋》是"正名分"的经典。"名分"是绝对固定的,例如鲁隐公明明做了鲁君,却不写"公即位"三字,表示君位该属于身分较贵的桓公。隐公明明被桓公杀死,却写"公薨"二字,算是"讳国恶"。而"讳国恶"《左传》说是"礼也"。可是晋国太史写:"赵盾弑其君(夷皋)。"孔子称:"董狐,古之良史也,书法不隐。"孔子自己"隐",而称赞别人的"不隐"。弑君大恶,也可以变通,这是儒家"言岂一端""明哲保身"的中庸态度。

(五)儒家从天地法象,得出"仁义"的概念。《系辞》说:"天地之大德曰生,圣人之大宝曰位,何以守位曰仁,何以聚人曰财,理财正辞(正名分),禁民为非曰义。"就是说,剥削人民到不能生活,君主的地位就保不住,所以应该讲些仁慈。但人民要求容易超越范围,必须用义来制约他们。义是什么?《礼记·乐记》篇说:

仁近于乐,义近于礼。

那末,义就是礼了。乐是礼的附属,义是仁的主宰,到底儒家止着重一个礼字,也就是只着重等级制度。儒家的仁,与墨家的兼爱,区别就在这里。

(六)儒的社会身分是士,因之儒者唯一希望是做相(帮忙或帮闲者)。他迫切需求做官,但对主人止限于从旁赞助,《礼记·曲礼》篇说:

为人臣之礼,不显谏,三谏而不听,则逃之。

《论语》载孔子说:

> 邦有道则知,邦无道则愚。天下有道则见,无道则隐。

孔子虽然"三月无君,则皇皇如也"。可是他十分注意"惹事非"。卫灵公问陈(战阵),孔子说没有学过,第二天就跑走。所以儒家处世哲学一定是中庸主义,就是"庸言庸行""无咎无誉",避免一切祸难危险,确保自己的身家安全。中庸主义的本质是调和主义、折衷主义、迎合主义、反斗争主义。统治阶级愿意登用儒生,因为儒生积极方面能帮忙(实际是帮闲),消极方面决不会危害君长(所谓"无道则隐",就是隐身避祸)。

(七)"礼乐""仁义"是"经学";"中庸主义"是"儒行"。自然,中庸主义也成了经学的一部分,经学的演变,大体如下表:

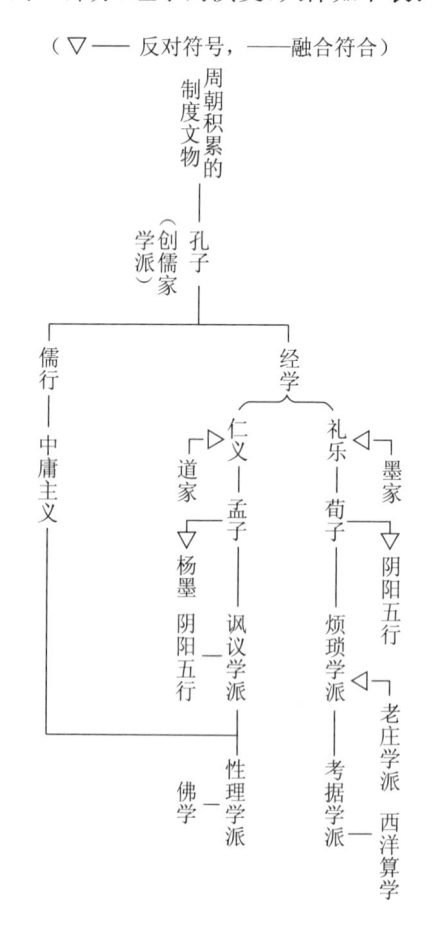

(▽ —— 反对符号, —— 融合符合)

```
                周朝积累的制度文物
                       │
                      孔子
                   (创儒家学派)
                       │
         ┌─────────────┴─────────────┐
        儒行                        经学
         │                ┌─────────┴─────────┐
       中庸主义           仁义                礼乐
                      ▽  │               │  ◁
                     道家─孟子           荀子─墨家
                      ▽  │               │  ▽
                   杨墨  讽议学派      烦琐学派  阴阳五行
                 阴阳五行    │           │    ◁
                            │           │   老庄学派
                         性理学派    考据学派
                            │           │
                           佛学      西洋算学
```

四　经学的初步发展——战国时代

（一）《论语》记孔子"子所雅言,《诗》《书》、执礼,皆雅言也","子罕(少)言利与命与仁"。孔子多讲礼,少讲仁,性与天道讲得更少,连大弟子端木赐都说不可得而闻。因为礼在当时适合广泛的需要,所以他加紧讲授,礼乐派特别兴旺起来(《礼记·檀弓》篇可以看出)。到了战国初期,遭遇墨家学派的猛攻,国王们战争剧烈,也顾不得讲究繁文缛礼,礼乐派大受打击而衰落。儒讲亲亲,墨讲尚贤;儒讲差等,墨讲兼爱;儒讲繁礼,墨讲节用;儒讲丧祭,墨讲节葬;儒讲无鬼(《礼记·祭义》篇),墨讲有鬼;儒讲乐舞,墨讲非乐。墨家学说,几乎全部针对儒家礼乐派而发。儒家所称"战国之世,礼坏乐崩",就是说,礼乐派失败了。

（二）礼乐派被墨家击败,仁义派代兴。墨子也讲仁义。可是他的仁是"兼爱",义是"天志",到底非统治阶级所乐闻。儒家讲仁义,完全从统治阶级的利益出发,因此博得真诚的欢迎。仁义派的首领是孟子,他劝国王(梁惠王、齐宣王)行仁政,王天下,虽然也包含着"民贵君轻,土芥寇仇"等"危险思想"(朱元璋认为危险,命儒臣删改《孟子》),但仅限于警惕统治者知所畏惧,并非赞成革命。孟子责杨墨为"无父无君,是禽兽也",革命当然更是"禽兽"了。仁义派的理论,足够打败墨家,止是"迂阔而难行",使统治者无法实际施行(例如滕文公)。李耳的道家学派提出权术阴谋,愚民胜敌的实际办法,把仁义礼乐一起否认。从"人君南面之术"的意义上说,确比仁义派的空谈切合实用。道家发展起来,仁义派遭受猛攻而失败了(《庄子》外篇、杂篇多攻击儒家仁义派,可以代表道家思想)。

（三）儒家主张宿命论,子思、孟子开始发展阴阳五行(《荀子·非十二子》篇。《孟子》讲五百年必有王者兴)。邹衍大发挥五德终始的学说,成立阴阳五行学派。《史记》说邹衍学派宗旨:"要其归,必止乎仁义节俭,君臣上下六亲之施。"邹衍显然是仁义派的派别。这一套"闳大不经"的新宿命论,比儒家旧宿命论大进步。因为儒家只说有命,邹衍却说能推定运命,宜乎大受封建主欢迎,而仁义派儒家也得到有力的援助。

（四）仁义派、阳阴五行派与道家斗争，形成相持不决的局面。失败了的礼乐派，经荀子改造又起来争霸。荀子攻击墨家、道家、阴阳五行家、仁义派（孟子）、旧礼乐派（所谓贱儒）以及其他小学派，建立接近刑名的新礼乐派。他主张用礼乐维持统治阶级的利益，用刑法压迫被统治阶级的反抗。这是最适统治阶级需要的学说。

（五）荀子弟子李斯、韩非在秦国大受尊信。韩非最得荀子真传，组织道（韩非作《解老》《喻老》，首先提倡《道德经》）刑名法术与荀学混合的学说。他发挥荀子的唯物论（《天论》篇），认为人与人止有利害的结合，君臣父子兄弟夫妇在利害冲突时都不可靠。所以人君必需固握"二柄"（刑赏），驾驭臣属。他把荀学发展为法家学派，面貌好像不同了。李斯发挥了荀子的官僚主义（《荀子·仲尼》篇讲"持宠处位，终身不厌之术"）。他用阴谋杀死韩非，又用"法先王，是古非今"的罪名，坑杀孟派与阴阳五行派混合的儒生（《史记·秦始皇本纪》、赵岐《孟子章句题词》）。新礼乐派以李斯为代表，在秦朝几乎占了独尊的地位。

（六）战国时代儒家与其他学派大斗争，内容丰富了，更适合统治阶级的实用了。荀学吸收刑名，孟学吸收阴阳五行，孟荀两派对立着。在秦朝荀派战胜孟派，在汉朝孟派战胜荀派。

五 新的经出现——西汉

（一）西汉时代墨家学派完全消灭，连貌似墨家的游侠，也被统治者用严刑禁止。儒家名义上获得独尊的地位。但宣帝以前，黄老、刑名即李耳、韩非之学，保持实际指导政治的地位（《汉书·元帝纪》）。

（二）西汉统一中国，需要维持统一的经学（三纲五常），尤其需要证明匹夫做皇帝，是上天所命（五德终始），是孔子所预知（为汉制法）。因此，阴阳五行化的经学，成为西汉经学的"骄子"。

（三）汉立十四博士（逐渐添设）。博士经是唯一"利禄之路"，凡不合博士经说，不得仕进。十四博士如下：

《易》——有施、孟、梁丘、京房四家，专讲卜筮、命运、历数、灾异等迷信学说，哲学思想完全被废弃。

《书》——有欧阳、大小夏侯三家。《洪范》篇被附会为阴阳五行的根据。

《诗》——有齐、鲁、韩三家。《齐诗》讲"四始五际六情",在三家中附会阴阳五行最甚。

《礼》——有大小戴二家。礼学也附会阴阳,比其他经学似乎少些(《礼经》在西汉不甚重视)。

《春秋》——《公羊春秋》有颜、严二家。《公羊春秋》经传,本是口耳相传,景帝时才写出来。

(四)合乎博士说的定为"正经"。在博士说范围外还有许多经说,都被否认。十四博士的经学,取得经的地位。

六 经学战胜黄老刑名,取得实际的独尊地位

(一)经学尊君抑臣,定名分,正三纲,博得统治阶级的赞许;但"是古非今,不达时务",却非统治者所喜。

(二)经学混合阴阳五行,更得统治阶级的赞许;但"众忌讳,使人拘而多畏",也觉得讨厌。

(三)黄老主张"清静无为",刑名主张君主绝对专制,在西汉前半期(武帝以前)统治权还没有充分巩固的时候,是最适用的学说。可是黄老反对仁义礼乐,刑名显然"刻薄寡恩",在表面上是必需掩盖的。所以统治者利用阴阳五行化的经学做旗帜,暗中任用黄老刑名,诸博士仅仅"具官待问,未有进者"。

(四)景帝时《公羊传》出现,有"大一统""国君报九世甚至百世之仇""君亲无将,将而必诛""责备贤者""为尊者贤者亲者讳"等等所谓"微言大义"。刑名的长处,被《公羊》吸取,统治者得借孔子名义,施行刑名之实。

(五)董仲舒发挥刑名,又采取阴阳五行入公羊学,完全适合统治者的全部需要。仲舒"能"求雨止雨,推验灾异(《春秋繁露》《汉书·五行志》),行为像巫师道士。汉儒尊他为"圣人",因为他完成了儒家独尊的巨大事业。

(六)武帝时统治权十分巩固了。"清静无为"成为"好大喜功"的障碍,黄老应该退位了。圣人(《春秋》)、巫师(阴阳五行)、刽子手(刑

名)混合的公羊学,恰恰供给他残忍雄猜的暴行以理论根据。他毅然下诏罢斥诸子百家,独尊经学。所谓经学,主要就是公羊学。公孙弘(公羊学者)做宰相封侯,董仲舒作《公羊治狱》,公羊学尊显无比。

（七）元帝时代君权衰落,大臣贵族放纵腐化,含有刑名性质的公羊学不适用了。于是"温柔敦厚"而又尽量阴阳五行化的《齐诗》,代替《公羊》指导政治(匡衡做宰相)。

公羊排斥了黄老,齐诗排斥了刑名。阴阳五行极大发展,成为"纬候之学"。阴阳五行化的经,不仅名义上,而是实际占领了独尊的地位。

七　今文古文的斗争——西汉东汉

（一）经在战国各有师传,说解纷歧(所谓儒分为八)。汉初一部分"识时务"的儒生,用当时通俗的隶书写出经文,教授生徒,朝廷立他们做博士,用的书本就称为经。自从古文经出现,这些隶书写的经被称为"今文经""博士经"。

（二）一部分"不知时变"(叔孙通笑鲁两生语)的儒生,抱着老本子(用籀文、蝌蚪文、小篆写的),在民间传授。因为不立于博士,没有做官希望,止有少数"好古之士"学习(主要是靠家传)。在今文经发达的西汉,古文经不显于世。

（三）西汉末,王莽采取"周公式"的篡位法,要学周公"制礼作乐与太平"。今文讲古制度的止有《礼记·王制》篇,不合王莽的需要。恰恰相传有一部古文经叫做《周礼》,书中设官分职,条目繁多,模范宏大,比《王制》篇详备得多。《周礼》来历不明,其中一部份当是周朝旧制,一部份当是历代师儒逐渐增益,一部份当是王莽、刘歆私意附加,作为自己制作的依据。《周礼》以外,还有《古文尚书》《左传》《毛诗》《国语》等书。这些书世人少见,极便于王莽的利用。所以王莽、刘歆竭力提倡,企图夺取经的地位。

（四）王莽、刘歆依政治力量提倡世人不常见的古文经,与久已独尊的今文经起猛烈的斗争(刘歆《移太常博士书》)。古文经终于战胜,与今文同立博士。

（五）王莽时新出现的古文经有：

《周礼》——记载详备繁碎的官制职掌。王莽土地国有制度，北宋王安石的保甲制度，都取法《周礼》。古文学者认为周公制作的《礼经》，今文学者认为全出刘歆伪造，《周礼》的"疑""信"问题成为今古文斗争的焦点。

《左氏春秋传》——编辑各国史料，解释《春秋》经旨，不像《公羊传》专谈"大义微言"。今文学者不信《左传》解经，但承认他是古史遗文。

《毛诗》——毛亨作《诂训传》，自称子夏所传授。三家诗（今文）亡佚，所以今文学者不攻击《毛诗》。

《古文尚书》——说是从孔子壁中掘得（景帝末年），比今文多十六篇。王莽时《古文尚书》不甚重要，因为《今文尚书》一样讲周公的故事，尽可利用。

（六）古文经学专讲古代典章制度，不讲阴阳五行。今文经学尽量发挥阴阳五行，纬候图谶。王莽别畜一批贱儒（哀章之流）大创符瑞，证明自己该代汉做皇帝。所以王莽虽尊古文，但不废今文。

（七）东汉今古文并行，今文混合谶纬，得统治阶级的奖励。学古文在东汉也得做官，而且经学内容比较丰富，因之古文学非常发达。两派各有社会基础，进行着剧烈的斗争。

（八）东汉末郑玄博习古文、今文、谶纬之学，采取今文长处（混合谶纬）融入古文，成立新的经学（称为郑学），古文学获得极大的胜利。当时公羊大师何休气得这样说："康成（玄字）入我室，操我戈，可乎！"足见今文学的惨败。

八　郑学与王学，南学与北学的斗争——东汉末迄南北朝

（一）郑学大胜利以后，今文几乎退出经学界。但郑学破坏古文传统的"家法"，采取今文说及纬候说入古文，因之古文经学阵营里，又发生冲突。

（二）魏朝王肃"好贾（逵）、马（融）之学"，站在纯古文学的立场上，反对郑学。他伪造《圣证论》《孔子家语》等书发起攻势。郑、王斗争是守旧派与改造派的斗争。守旧派一定不能战胜改造派，所以王肃经学虽然不比郑玄差，虽然有外孙司马炎（晋武帝）用政治力量帮助他，到底

王学归于失败。

（三）东汉极端奖励虚伪的礼教，激起魏晋时代老庄学派（玄学）的反动。老庄学派的首领阮籍作《大人先生传》，比"礼教之士"为破裤中虱子；嵇康作《难自然好学论》，比六经为"鬼话"。他们不仅口头上，而且用实际行动来破坏礼教，否认"人伦之至"的圣人。

（四）经学不仅遭玄学的猛攻，同时它本身也失去存在的依据。因为魏晋用九品取士法，名门子弟，自然富贵利达，贫贱下士，学经并无大用。经学既非仕宦正路，谁愿"皓首穷经"作无利可获的研求。所以西晋末"永嘉之乱"，今文经学全部溃灭，古文经学仅保存一部分。

（五）经学被老庄学派猛攻，魏晋儒者采取老庄学改造出玄学化的经学，王弼注《易》，何晏注《论语》，杜预注《左传》，皇甫谧或枚颐造伪《孔传》，范宁注《穀梁》，辞义简括，标举大旨，一反两汉烦琐支离而又阴阳五行化的经学。尤其是王弼的《易注》《易略例》，发挥久被汉儒埋没了的哲学，《周易》居然以谈玄根据的资格，与《道德经》《庄子》并为玄学家所玩味。

（六）南北朝时代，北朝儒生保守汉儒烦琐经学，南朝儒生采取老庄创造新经学。所谓"南学简约，得其英华（要义）；北学深芜，穷其枝叶（烦琐）"，就是南北学的区别。因为南北朝政治上的分裂，经学没有显著的冲突，但玄学化的南学，被一般公认为经学正统。

（七）隋统一中国，南北经学接触，北学大败退，陆德明作《经典释文》，规定下列南学的经：

《易》——魏王弼注（《系辞》以下东晋韩康伯注）。

《书》——伪《孔传》。何人伪造，不可知。西晋皇甫谧、东晋枚颐，都有作伪《孔传》的嫌疑。

《春秋左氏传》——西晋杜预注。

《春秋穀梁传》——东晋范宁注。

《论语》——魏何晏注。

《尔雅》——东晋郭璞注。

以上皆南学。此外《诗》（毛传郑笺）、三礼（郑玄注）注解简明，合于南学规律，为南北经学所共用。《春秋公羊传》（何休注）是今文学，仅备经数,地位在《穀梁传》下。

（八）东汉末以及魏晋人的经学（南学），到隋唐被公认为经,博士经与北学完全失败。

九　经学与佛教的斗争——南朝

（一）魏晋老庄学派攻击经学,经学对玄学妥协。玄学家所谓"名教中自有乐地",就是妥协成功的证据。经学迎合统治阶级的需要,又被认为"乐地"了。

（二）佛教在东晋时代发展起来,整个六朝佛教一直向上发展。统治阶级重视佛教,因为佛教的欺骗手段（因果报应）、麻醉作用（唯心哲学）,确比经学有力。经学仅保持《周易》（哲学）、三礼（主要讲丧服）两个地盘。六朝贵族政治,门第界限极严,这就是三礼独得相当发展的原因。一般说,经学逐渐退处次要地位,经学博士出身的萧衍（梁武帝）,竟承认孔子是释迦的学生。

（三）经学有它社会的、历史的坚固基础,当然不能让佛教独尊。东晋儒佛因跪拜服装问题起冲突,结果儒学失败。正当佛教极盛时代（梁武帝）,儒生范缜提出一篇《神灭论》,给佛教致命的打击。《神灭论》主张物质是本体,精神是作用（形者神之质,神者形之用）。物质灭,精神随之而灭（形存则神存,形消则神灭）。他举出许多例证,其中一条是：

> 神之于质,犹利之于刃。形之于用,犹刃之于利。利之名非刃也,刃之名非利也。然而舍利无刃,舍刃无利。未闻刃没而利存,岂容形亡而神在。

他这种论据非常有力,把佛教的基本信仰（神不灭）摇动了。从皇帝（梁武帝）起,所有贵族僧徒都反对他,范缜却愈辩愈胜利。佛教徒大窘,幸得梁武帝下一道诏敕,禁止范缜再发言,问题算是"解决"了。

（四）魏晋道家攻击经学,因妥协而告结束。东晋佛教拉拢道家（玄学与儒学对立）。晋宋道教（神仙教）与佛教斗争,道教拉拢儒家,反对佛教。南朝佛教势力巨大,道儒联合反攻,未能得利。北朝道儒联合,曾两次毁灭佛教,但最后还是佛教胜利。

十　汉学的末路——唐

（一）唐朝封建经济较前代发达，统治阶级要求享乐也特别提高。他们过着"诗的生活"，饮酒、音乐、跳舞、美女、赋诗，极尽风流的"韵事"。尤其是"男女别"这一条大礼，唐人是不愿意提倡的。其他烦碎礼法，也非一般统治阶级所必需，经学失去存在的意义。

（二）佛教在唐朝发展到最高点，道教也有很高的地位（唐朝皇帝自称李耳的子孙）。儒学既没有高深的哲理，又没有政治的援助，自然成了"告朔之饩羊"。

（三）唐朝取士特重"进士科"，专力诗赋，不需要经学，应"明经科"的是低能人，永无作大官的希望。所谓"明经"，止是"帖括之学"，根本不讲什么经义。

（四）太宗、高宗定《五经正义》（《易》《诗》《书》《左传》《礼记》）作为考试的标准。应试人不得超越《正义》有所发挥，因之《正义》以外的经说，归于废灭。

（五）汉学系到唐朝结束了。唐人作《九经正义》（孔颖达《五经正义》加贾公彦《周礼》《仪礼》疏，杨士勋《穀梁疏》，徐彦《公羊疏》）就是经学结束的表示（算总账）。

第二部分　宋学系（道学、理学、心学）——唐到清

一　经学怎样战胜佛老

（一）唐朝佛教极盛，中国僧徒自创唯识宗（玄奘窥基）、天台宗（智凯）、华严宗（法藏）、禅宗（达摩开创，中国僧徒发挥），阐发心性之学，曲尽唯心论哲学之能事。唯心论凭主观发挥"自私自利"主义（二程语），起初对统治阶级是有利的，到了自私自利的极端，破坏纲常人伦（朱熹说佛老灭人伦），统治阶级就感到莫大的威胁（佛老说一切都是空幻虚无，统治权当然也在空幻虚无之列），又觉得儒学的"平易近人"了。布施免罪得福，更使有权势人大胆作恶。唐武宗时僧尼二十六万人，寺院

奴婢十五万人，田数千万亩，佛教本身腐化可以想见。道教炼丹求神仙，虽然假造"三醉岳阳人不识，月明飞过洞庭湖"等等"仙诗"，却没有人真做神仙。佛道两教弱点暴露，给经学以复兴的机会。

（二）唐朝应用文字，全用"四六体"，甚至狱讼判辞，也用"四六"。陈陈相因，虚浮可厌。古文（散体文）经六朝隋唐，逐渐发展，到韩愈时已有对"四六"革命的力量。

（三）韩愈提出"文以载道"的主张，用古文反对"四六"，用经学反对佛老，文学革命与经学复兴联系起来。韩愈以前，古文运动比儒学复兴运动历史较久而有力（古文作者很多），可是运动仅限于文学形式的改革。韩愈利用文学革命力量，鼓舞经学复兴的声势，使湮没已久的经学，因文学革命而引起注意。韩愈先从梁肃学古文。梁肃是古文家兼天台宗学者（肃著《止观统例》）。愈学古文而别赋以经学的内容，作《原道》《原性》等篇，提出：(1)道统问题（尧、舜、禹、汤、文、武、周公、孔子、孟轲）；(2)"明明德""正心""诚意"问题，《礼记·大学》篇故特别提出；(3)性情问题，说性有三品，情也有三品。韩愈经学虽粗浅，可是已离开佛教的束缚，打出儒学的明显旗帜，宋人道学从此开端。

（四）韩愈弟子李翱作《复性书》三篇，上篇论"性""情""诚""圣人"等问题，中篇论所以修养成圣的方法，下篇论人必需努力修养。李翱学说包含佛学成分比韩愈更显，（李翱也是梁肃弟子）他又提出《礼记·中庸》篇。宋人提倡《大学》《中庸》《孟子》合《论语》成《四书》，韩愈、李翱已开出端绪。韩愈不承认受学于梁肃，李翱也不承认受学于韩愈（称韩愈为兄，不称师），可见他们道统观念还没有完成，可是宋学的基础已由韩、李两人奠定。

（五）宋朝统治者鉴于五代的大混乱，尤其君臣一伦完全破坏，想巩固自己的政权，需要建立严格的儒家纲常伦理，对经学极端奖励，所以宋人道学尽管高谈心性哲理，着重点只在"伦常"上面。

（六）宋初学者首先讲春秋学，古文家穆修提出"《春秋》有贬而无褒"的苛论。就是说，止有皇帝"是"，臣子都是"非"。同时理学家孙复作《春秋尊王发微》，发挥尊君抑臣的"大义"。他们要自由发挥适合对时务的见解，必需废除汉学、训诂的束缚。因之连三传也废弃，止是凭主观任意穿凿。

（七）起初道统与文统不分别，合力攻击佛、老、西昆（四六文）。到欧阳修、周敦颐文与道分界渐显。欧以古文为主，道学为附；周以道学为主，古文为附，但彼此还没有冲突。

（八）到苏轼、二程（程颢、程颐）文与道完全分离。苏主张文学完全离道学而独立，二程主张道学完全离文学而独立，说文学是"玩物丧志"。两派斗争极烈，历史家称为"蜀洛之争"。这一分裂，说明经学已经战胜佛、老、西昆，古文与道学各能独立发展。

二 宋学的发展

（一）宋朝佛道两教丧落，统治阶级止利用它的迷信部分去欺骗人民（如赵匡胤被称为玄武大帝下凡，仁宗是赤脚大仙转世，徽宗自称道君皇帝，偏远州县，逢朝贺大典，皂隶扮和尚道士与儒生陪位行礼之类）。思想界完全被经学独占。但经学关于哲学部分，是先天贫乏的。经过唐朝佛教发达以后，如果经学不能哲学化，绝不能满足一般知识欲的要求，也就不能保持真正的胜利。经学要哲学化，必需夺取佛道两教的武器，来改造自己。

（二）周敦颐首先采用道教思想入经学。道家有太极图，用作修炼丹药的秘诀。周敦颐作《太极图说》以新解释新意义。《太极图说》是宋明道学家中有系统著作之一。宋明道学家讲宇宙发生论，多就其说推衍（冯友兰《中国哲学史》下册）。周敦颐又作《通书》，提出"诚"字、"静"字的功夫。后来二程以为"才说静，便入于释氏之说也"，把"静"字修改为"敬"字。

（三）二程是周敦颐的弟子，把周学更发展。程颢"出入于老释者几十年，反求诸六经而后得之"，程颐"于书无所不读，其学本于诚，以《大学》《语》《孟》《中庸》为标旨而达于六经"，二程都是先学佛老，取佛老精义来改造经学。程颢以为天理即具体的事物之自然趋势，非离事物而有者（万物皆备于我），开出后来心学一派；程颐分理（形而上）与气（形而下），以为气质在时空之内，为具体的事物之原质，可以有变化成毁，天理不在时空之内，无变化而永存，开出后来理学一派（冯友兰《中

（四）二程讲体认天理，流传为李侗的"默坐澄心"（佛教有"入定"）。朱熹是李侗的弟子，传二程之学。宋学（理学派）到朱熹发展到最高点，集周（敦颐）、邵（雍）、张（载）、二程的大成。朱熹以为："太极（理）无方所，无形体，无地位可顿放。"天地未判时，太极（理）已存在，天地生物千万年，理还是存在。理是不受时空限制，先天而生的最高概念。他这套理论应用到"伦常"，就是一切道德永恒不变，所以君臣上下的秩序，是绝对不可变的天理。谁想革命，谁就是绝灭天理。理学供给统治阶级更精妙的压迫工具，比汉学讲礼讲阴阳五行精妙得多。朱熹被尊为道统继承人，决不是偶然的事。

三　道学（理学）与心学的斗争

（一）程朱一派称为道学（《宋史》特立《道学传》）或理学。朱熹发展理学到"尽善尽美"的境界，足够统治阶级的利用（周密《癸辛杂志》说得很慨切）。与朱熹同时别创一派的陆九渊，主张"宇宙便在吾心，吾心便是宇宙""学苟知本，六经皆我注脚"，他批评朱学是"支离事业"。陆九渊一派称为心学，与佛教所谓"教外别传"的禅宗极相似。朱陆两派斗争很剧烈，有名的"鹅湖大会"，曾进行势不两立的大论战。程朱派承认性善，但人杂有恶的"气质之性"，所以要穷理格物，克服"气质之性"。陆派以为人心全善，止要明心，自然见性。照陆九渊的说法，各人都可自信为善，凡不合我心的尽可认为不善。这种思想发展起来，对拥护统治阶级利益的"天理"可能发生危险。因此朱学在政治力量援助之下，终于压倒了陆学。

（二）元明清三朝朱学极盛。元人修《宋史》，特立《道学传》，确定朱熹的道统。明清人科举，规定朱熹注的《四书》有经的资格。八股文代圣贤立言，不许违异朱注。元明清统治者提倡朱学，实际就是提倡奴化教育，也可以说，凡是教人讲程朱学的，一定是反对革命的人。

（三）明朝王守仁继承陆学，发挥"致良知"的学说，他提出四句教法："无善无恶心之体，有善有恶意之动，知善知恶是良知，为善去恶是格物。"王守仁发展心学达最高点。他的弟子王畿、王艮，再发展一步，完全变成佛教的禅学。

（四）程朱、陆王两派所讲的都是哲学化的（佛老化的）经学。陆王派经学不合需要，佛教色彩太明显，有失"圣学"的尊严；所以"俨然道貌"（虽然也杂有佛老）的程朱派经学，得统治阶级赞许而盛行，朱注《四书》取得经的地位。

第三部分　新汉学系——清到"五四"

一　初期的新汉学——清初

（一）南宋重"博学宏词科"，应试必须多读书，预备文章材料（王应麟《词学指南》），无意中成为考据学的开端（如王应麟《困学纪闻》等书）。

（二）明人重八股，空虚浅鄙，八股外一无所知，理学家空谈性命，与八股家同样庸腐。有些人感觉得知识界空虚无聊，愿意读书，被宋学废弃的古典书籍逐渐复活起来了。明人讲求文字学、音韵学、校勘学、目录学、辨伪学，都是读古书的准备功夫，进一步发展就成为清朝的新汉学。

（三）明末清初西洋天主教徒来中国，天文历算之学，大受中国学者的欢迎，科学方面影响考据学。清朝考据家如黄宗羲、梅文鼎、王锡阐、江永、戴震、焦循、王引之等，都兼长算学。

（四）满族入主中国，明末志士以为亡国原因是由于不读书说空话，因之号召讲求"实用之学"，企图恢复明朝。所谓"实用之学"，不外经学、史学。顾炎武创浙西学派，着重在经学；黄宗羲创浙东学派，着重在史学。浙西学派发展很快，因为经学比史学更受重视。

（五）顾炎武虽然主张"舍经学无理学"，但仍接近朱熹的理学。黄宗羲传王守仁的心学，著《宋元学案》《明儒学案》，并不非薄宋学。不过他们都要求复古（复汉儒之古）。阮元《汉学师承记序》说："两汉经学，所以当遵行者，为其去圣贤最近，而二氏（佛道两教）之说尚未起也。"这是清初儒生一般的旨趣。

（六）读古书必先破除古书的障碍。胡渭作《易图明辨》，揭穿程朱学说的本原是道士炼丹诀（太极图）。阎若璩作《古文尚书疏证》，揭穿东晋以来相传的假《书经》。新汉学用考据方法，证明宋学并非孔子真传，经书不可尽信，确立考据学"实事求是"的精神，与凭空谈理的宋学自然益趋隔离。

（七）清初经学家亲历亡国痛苦，发生新的政治思想。黄宗羲作《明夷待访录》，唐甄作《潜书》，主张去君主的威严，发平等之公理，颇具民主思想。王夫之作《黄书》，认黄帝为汉族共祖，严辨夷夏界限，颇具种族思想。王夫之又作《噩梦》，顾炎武作《天下郡国利病书》，对人民生活多所呼吁，有改善经济的思想。这与宋儒高谈性命，羞言钱谷的鄙习，显然异趋。可是这种进步思想，仅限于少数儒生，不能说新汉学含有进步思想。

二　新汉学的发展——乾嘉时代

（一）满清到乾隆时代，统治权巩固了。康熙时代对汉族主要是用收买政策（如开博学鸿词科）。雍正以后，转变为屠杀政策（如文字狱）。一般士大夫在威胁利诱之下，应考作官，种族意识早已消灭。他们继续发展清初的复古运动，却失去"实用"的意义。研究古代训诂制度，连篇累牍，烦琐曼衍，好像"屠沽记账"（方东树《汉学商兑》语），绝对不谈哲学思想。新汉学止准备了读古书（经及诸子）的门径，没有发挥古书的内容（朱一新《无邪堂答问》）。

（二）惠栋所创的吴派经学，以"博学好古"为宗旨，凡汉儒旧说（包括阴阳五行），都认为"可宝"。这一派的成就是辑逸书，供给丰富的考古材料。

（三）戴震所创的皖派经学，以"实事求是""无征不信"为宗旨。新汉学到戴震算是达到最高点，戴震作《孟子字义疏证》《原善》等书，建立新汉学的哲学思想，批评宋学"以个人意见为理，上以理责下，下之人死于理，比死于法还冤枉"。汉宋彻底分离，是戴震的大事业。不过新汉学不注重哲学，所以没有向前发展。

（四）桐城派古文家拥护宋学，与新汉学对立。桐城派本身空虚，当然不能阻碍新汉学的兴盛。

（五）新汉学推倒宋学，独霸经学界，但本身又起今古文的分化。戴震弟子孔广森开始治公羊学，庄存与继续研究《公羊》义例，今文学规模粗备。刘逢禄、龚自珍、邵懿辰、魏源等人，正式向古文学攻击，经学起今古文两派的斗争。

三　山穷水尽的经学——鸦片战争以后

（一）一八四〇年（道光二十年）鸦片战争以后，外国资本主义侵入中国，太平天国起义失败，中国封建势力与外国资本主义切实妥协，互相勾结，共同压迫人民革命。中日战争以后，当时中国新官僚与一部分资产阶级知识分子企图用改良主义的方法从上而下来挽救中国，使中国富强起来。这种思想反映在经学上，经学呈现大混乱状态，各派冲突而同归于尽。

（二）中国资产阶级势力微弱，不能依自力对封建势力革命，反而与统治者妥协，希望施行自上而下的改良主义，在经学上形成今文学一派。封建势力憎恶资产阶级，力保自己传统的地位，在经学上形成古文学一派。两派彼此冲突，但对外国资本主义都采取妥协态度，在经学上表现为经学附会西洋文学，标榜"沟通中西""以古证今"等口号。大抵今文派附会最甚，古文派附会里面还带些倔强顽固的性质。今文派主张改制度，古文派主张保守旧秩序。

（三）今文运动以康有为、梁启超、谭嗣同为首领。康有为作《新学伪经考》，认一切古文经书，全出刘歆伪造；又作《孔子改制考》，尊孔子做教主，以"三说""三世"为教义。三世是"据乱世""升平世"（小康）、"太平世"（大同）。所谓太平世，就是《礼记·礼运》篇所描写的大同世界（所谓天下为公）。他特著《大同书》，说明他的最高政治境界。《大同书》以《礼运》为主，杂凑一些佛教幻境、外国资本主义制度以及传闻的社会主义理想，以为人治的极轨是大同极乐世界。极乐世界上面，还有"天造之世"，那时候人都成为"神圣"。今文学者主张尊孔子为教主，因为他们误认基督教是外国致富强的原因，所以中国也应该创立宗教。今文学者又主张所谓"大同之世"的乌托邦，因为他们已经约略听到些马克思、恩格斯的学说,似是而非地剽掠一点传闻之辞,构成一套小资产阶级的极乐幻想,同时也欺骗广大民众,援助他们向封建统治阶级手里分取政权。中国资产阶级思想家,一开始就拿"大同之世"欺骗民众,不能不说是他们的"聪明"。

今文学派政治运动以戊戌政变的失败而没落。

(四)今文学者企图改变二千多年封建统治的工具(经学)作为资产阶级争取政权的工具(孔教),大受拥护封建统治的学者(古文学派)反对,因此今古文学派发生猛烈的斗争。试取湖南人苏舆编辑的《翼教丛编》作例,可以推见当时两派的战况。《丛编》所收文字,以王先谦、叶德辉二人为主,依据古文,攻击今文,俨然以"世道人心"为己任。其实这两位大古文学者,实际行为,恰恰是"世道人心"不堪问闻的土豪劣绅,访问湖南人士就能知道。苏舆作序文说:

> 甲午以来,外患日逼。皇上虑下情之壅阏,愍时艰之勿拯,博求通达时务之士,言禁稍弛,英奇奋兴;而倾险淫诐之徒,杂附其间,邪说横溢,人心浮动。其祸实肇于南海康有为。弟子梁启超张其师说,其言以《新学伪经考》《孔子改制考》为主,而平等、民权、孔子纪年诸谬说辅之。伪六籍,灭圣经也;托改制,乱成宪也;倡平等,堕纲常也;伸民权,无君上也;孔子纪年,欲人不知有本朝(满清)也。

看这段序文,古文学派十足拥护封建统治,反对资产阶级民主思想,态度非常明显。

(五)古文学派反对今文,与早已分家,势不两立的宋学,忽又调和起来。汉宋调和派主张"中学为体,西学为用",他们的意见是:

> 必须修明孔孟、程朱、四书、五经、小学、性理诸书,植为根柢,使人熟知孝弟忠信、礼义廉耻、纲常伦纪、名教风节以明体,然后再习外国文字、言语、艺术以致用。则中国有一通西学之人,得一人之用矣。(文悌参康有为折)

调和派影响很广,著名首领是陈澧、朱一新。

(六)古文学派如俞樾、孙诒让等,喜用经学比附"西学",意思是说,"西学"固然好,可是我们"圣经"里早就说到了。某古文学者曾说:"八大行星,中国首先发明。《诗经》不是说'嘒彼小星,三五在东'么,三加五就是八大行星了。"他们附会可笑到这样的程度!

(七)古文学派专讲训诂制度(考据),根本并无一定思想可言。如果思想斗争发展到"困兽犹斗"(俗话所谓狗急跳墙)的时候,它可以提出"全盘西化"论。这在政治上与"宁赠友邦,不与家奴"的见解是符合的。

(八)古文学派是拥护封建统治的,清末以刘师培、章炳麟为主干的国粹学报派,主张保存国粹,推倒满清成为民族革命的鼓吹者。这好像古文学派也赞成革命。可是刘师培很快投降两江总督端方当侦探,出卖革命党人。袁世凯做洪宪皇帝,他又是筹安会"六君子"之一,他这种卑污无耻的行为,的确继承了古文学"开山祖师"刘歆的"衣钵"。章炳麟入民国后,政治上碌碌无所表见,学术上反对甲骨文(因为古文学的坚固堡垒《说文解字》发生动摇),反对白话文(白话文是"五四"运动两大旗帜之一),那末,他依然保守着他的封建顽固性。

(九)胡适之先生在"五四"运动里,很有他的功绩,当他成为考据名家以后,他似乎不愿再继续发展"五四"精神了。他不承认自己是经学家,当然也不承认自己是儒,(他作《原儒篇》,说儒家是奴学)可是他的考据学不能不承认是新汉学的嫡派流传。他事实上是新汉学系的著名学者,可是厌弃经学而别有主张,足证新汉学系的末路。

"五四"运动中"名将"之一的吴虞先生,曾被称为"打倒孔家店的老英雄"。因为中国资产阶级的软弱性、妥协性,所以打先锋的"勇士",愈打愈不起劲而"解甲归田"了。听说吴虞先生老躯尚康,但很少发表新意见,也许是资产阶级与"孔家店"私下讲和,而打店勇士却负了"非圣无法"的罪累。如果这样,真难乎其为资产阶级的服务人了!

(十)梁漱溟先生是讲东方精神文明的专家,他的学说以宋学为骨干,"印度文明""西方文明",甚至掇拾些社会主义的名词作辅佐,"博采众长"组成有名的"村治学派"。梁漱溟先生在近代学者里面最有幸运。他的学说,不是"徒托空言",而是"见诸行事"。他在山东邹平县办村治,不但梁漱溟先生很自负,而且也为举世所属目。结果呢?日寇离邹平还远,村治领导者率领颇大的武装(被治的村民不在内),闻风退让到河南镇平县山中菩提寺,不久不知又往那里去了。孔子说:"吾之于人也,谁毁谁誉,如有所誉者,其有所试矣。""试"的结果,证明宋学系经学的末路。

(十一)代表中国资产阶级利益的今文学派康有为以"保皇""复辟"被人唾骂而终其身。梁启超以"政客""官僚""教授"了却一生。戊戌"志士"成了历史的陈迹,他们的今文学早因政治上的失败而"罕言"了。始终专心讲论,堪称新文学大师的要算井研廖平。他讲今文学比康有为早些,康有为的《伪经考》《改制考》,是从廖平《辟创篇》《知圣篇》推衍出来的。他生在咸丰二年(一八五二)死于民国二十一年(一九三二),他一生经历着清末以来今文运动的全程。他晚年自号"六译",因为他的经学变了六次。第一变讲"今古"(光绪九年),第二变讲"尊今抑古"(光绪十年),第三变讲"小大"(光绪二十四年),第四变讲"天人"(光绪二十八年),第五变讲"人学""天学"(民国七年),他这五大变,愈变愈离奇,牵强附会,不知所云。他还想再变一下(第六变),虽然有十四年的时间,但终于没有变出来(变无可变了)。这正证明今文学的末路。

(十二)新汉学系的古文学派、今文学派以及宋学系,"五四"以后,因封建残余势力的益趋没落以及资产阶级的软弱妥协不革命,而陷入末路。经学家如果不放弃"旧窠臼",不别寻新的康庄大道,"末路"的前面摆着是"死路"。

总　　结

(一)毛泽东同志《新民主主义论》,论到中国文化革命的历史特点时,有如下的正确指示:

> "五四"以前,所谓新学的统治思想,在当时,这种思想,有同中国封建思想作斗争的革命作用,是替旧时期的中国资产阶级民主革命服务的。可是,由于中国资产阶级的无力与世界已经进到帝国主义时代,这种资产阶级思想只能上阵打几个回合,就被外国帝国主义的奴化思想与中国封建主义的复古思想的反动同盟所打退

了。被这个思想上的反动同盟军稍稍一反攻,所谓新学就掩旗息鼓,宣告退却,失了灵魂,而只剩下它的躯壳了。旧的资产阶级民主主义文化,在帝国主义时代,已经腐化,已经无力,它的失败是必然的。

毛泽东同志这个英明的论据,显示了中国文化演变的实质,经学历史也证明这个论据的正确。康梁领导的今文运动,如火如荼,盛极一时,但在几个回合之下,就被帝国主义、封建主义的反动同盟军打得落花流水,一无所有了。古文学派联合宋学、"西学"(借口中学为体,西学为用,实际是依附帝国主义互相勾结)猛攻今文学派(参阅《翼教丛编》),也曾获得暂时的胜利。"五四"运动新民主主义革命的兴起,使反动同盟军暂时胜利变为永久的失败。

(二)《新民主主义论》又指出:

在"五四"以后,中国产生了完全崭新的文化生力军,这就是中国共产党人领导的共产主义的文化思想,即共产主义的世界观和社会革命论。……在社会科学领域中,不论在哲学方面,在经济学方面,在政治学方面,在军事学方面,在历史学方面,在文学方面,在艺术方面,都有了极大的发展。二十年来,这个文化新军的锋芒所向,从思想到形式(文字等),无不起了极大的革命。其声势之浩大,威力之猛烈,简直是所向无敌的。其动员之广大,超过中国历史任何时代。

这个论据,在经学方面也毫无疑义的证实它的十分正确。试看"读经"在大地主大资产阶级利用各种方法,来提倡读经,结果止增加青年学生的"头痛烦恼",在政治高压之下,勉强来个"小和尚念经,有口无心",丝毫不起预期的作用。而那些服务于大地主大资产阶级的"思想家",剽袭些汉学或宋学的陈言腐义,写成"文章",劝诱青年阅读。事实呢?凡是登载这类"大著作"的刊物,一定是销路呆滞,说明它仅仅起了"道士画符"的作用。反之,共产党领导的文化运动虽然被武力压迫,非理禁止等等无聊手段"严加防范",依旧风起潮涌,受到青年们的无限欢迎。这说明"五四"以前的反动旧文化的确腐朽就毙,没有它生存的理由。

（三）如果有人说："中国共产党不要国粹，唾弃固有文化，所以经学消灭了。"这是没落阶级百无聊赖的梦话。经学依封建主义而萌芽，而发展，而没落，而死亡。既然中国封建社会趋于崩溃，它的上层建筑之一的经学，当然不能无根而生存。共产党人并没有教人不要研究经学，反之有些人却曾高叫："把线装书丢到茅厕坑里去！"从"茅厕坑里"搬回来，强迫青年放在书桌上的又是谁呢？中国共产党是实践马列主义的政党，它不会利用封建文化来欺骗青年，也不会无视历史事实而一笔抹煞。它要用马列主义的尺度，估量中国传统文化的价值，批判地采取优秀部分来丰富中国无产阶级的新文化。

（四）《新民主主义论》又指出：

> 中国的长期封建社会中，创造了灿烂的古代文化。因此，清理古代文化的发展过程，剔除其封建性的糟粕，吸收其民主性的精华，是发展民族新文化提高民族自信心必要条件；但是决不能无批判的兼收并蓄，必须将古代封建统治阶级的一切腐朽的东西和古代优秀的民间文化，即多少带有民主性与革命性的东西区别开来。中国现时的新政治、新经济，是从古代的旧政治、旧经济发展而来的，中国现时的新文化也是从古代的旧文化发展而来。因此，我们必须尊重自己的历史，决不能割断历史。但是这种尊重，是给历史以一定的科学的地位，是尊重历史的辩证法的发展，而不是颂古非今，不是赞扬一切封建的毒素。因此，对于人民群众与青年学生，主要的不是引导他们向后看，而是要引导他们向前看。

依着这个重要指示，我们怎样来批判经学呢？第一，经本身是古代史料（六经皆史），汉学系经学把它发展了，因此，汉学系经学堆积起巨大的古代史料（如纬书里包含古史传说，大小戴《礼记》讲古制度及世系之类）。宋学系经学把经学发展为唯心派哲学，因此宋学系经学堆积起巨大的唯心派哲学史的材料。新汉学系经学从考据方面发展，古代制度文物，经考据学者的研究，艰深难解的古书，大体可以阅读，因此新汉学系经学堆积起巨大的考古材料。把封建统治工具的经学，改变成科学的古代社会史、古代哲学史的原料看，它自有很高价值存在，谁说应该"丢到茅厕坑里"呢？第二，经学里面多少含有民主性、革命性的东西

(《左传》里颇多),不是没有,尤其是讲做人道理的格言,(如"满招损,谦受益""己所不欲,勿施于人"之类)可采的更多。还有些封建统治阶级的"嘉言懿行",按其本质是反动的,如果移植到无产阶级文化中来,一样可变为有用。例如宋儒所说"饿死事小,失节事大",原来是用作压迫妇女的,无产阶级战士拿来作为反抗暴行的训诫,那就充满着"浩然之气"了。又如孟子所形容的大丈夫(富贵不能淫,贫贱不能移,威武不能屈),也只有无产阶级具备这种品质,能够发扬这种精神。

(五) 经学是封建社会的产物,说尧、舜、禹、汤、文、武、周、孔、孟是封建社会的圣人,如果在新民主主义革命时代还有人幻想着继承"道统"(尧、舜、禹、汤、文、武、周、孔、孟、"我"的那个道统),企图用"读经"方法麻痹青年,放弃革命。这类人毫无疑问一定是封建残余分子或者是投靠帝国主义的奴化分子。他们的思想表现在政治上一定是"民,冥也""民可使由之,不可使知之",而人民大众必然被看作"无知无觉"的"阿斗",永远不让"阿斗"有民主权利。所以新民主主义的文化革命,必需改变经学为史学,必须反对顽固性的道统观念。

(《中国文化》1940年第2卷第2、3期)

两汉今古文学之争的意义

杜国庠

一

反映着中国中世封建社会的渐趋确立,思想学术上也逐渐地要求统一和固定化起来。统治者有意无意的统制更加速这一趋势,因为统治者没有不希望能够永远统治下去的。秦始皇的所谓"朕为始皇帝,后世以数计,二世三世至千万世,传之无穷"(《史记·秦始皇本纪》),确道出了一般统治者的心理。为了要永久地私有天下,所以他们不但要求社会安定,政权的巩固,而且还要使思想学术的统一必须有利于自己。汉高帝就以这个缘故,才接受了陆贾的进说:"居马上得之,宁可以马上治之乎?且汤武逆取而以顺守之,文武并用,长久之术也。"(《史记·陆贾传》)这又促进了思想学术的固定化,并给与御用的思想家争取正统地位的机会,汉武帝的尊崇儒术,罢黜百家,就是一个显著的例子。他的用意,根本和秦始皇的"焚书坑儒",使民欲学者以吏为师,没有两样;所不同的,只是方式较为温和,实质更为刻毒罢了。自是而后,学术遂定于一尊,经学遂变成"禄利之路",观念家及其派系的利害遂和统治阶层联结在一起;所以说:"自武帝立五经博士,开弟子员,设科射策,劝以官禄,迄于元始百有余年,传业者寖盛,支叶蕃滋,一经说至百余万言,大师众至千余人,盖禄利之路然也。"(《汉书·儒林传》)也正因为它是一条"禄利之路",所以,不但经学未取得正统的地位之前,儒术与黄老之间有过一番剧烈的斗争〔如黄生(黄老)与辕固生(儒术)争论汤武受命抑篡弑的问题,辕固生对窦太后(黄老)谓老子书为"家人言耳",都隐然或公然利用政权的势力],而且既取得正宗地位之后,儒术阵营中仍不断的内争,其集中的表现,即所谓"经今古文学之争",它的剧烈程度也不让于正统之对待异端。而那些在争取正统中失败的异端思想,也不即归息灭,只是披着"经学"的外衣,以求得一插足的余地,自阴阳五行说之于董仲舒的学说,以及后来道释二氏之于宋明道学,都是这种倾向的表现。因此,研究中世的思想学术,决不能把经学只当作单纯的经学而忽视之,或因其含有迷信的成分而蔑视之。因为:注疏之学,不仅表现其人的学识断制,而且表现其人所持的哲学。例如,郑康成《六艺论》说:"注《诗》宗毛为主,毛义若隐略,则更表明;如有不同,即下己意。""此郑君注经之法,不独《诗笺》为然。"(陈澧《东塾读书记》)所谓己意,即是自己的见解。尤甚者,则如郭象的注《庄子》,发扬光大,足称独立的著作。至如戴东原的《孟子字义疏证》,直不啻以孟子的"字义"为自家哲学的伪装,用以避免"离经叛道"的指责。又阴阳五行乃至谶纬之说,固含有多量的迷信因素,但这实为两汉经学的特征,为研究这时代的思潮所不能忽视的;而且,中世封建时代之富有迷信因素,不独中国为然,在西欧更有甚的。所以说:"中世纪从衰灭的旧世界承继过来的唯一的东西,是基督教。其结果,……牧师成为知的教养的独占者,并且与此同时,教育本身,本质上是带有神学的性质的。在牧师手里,政治和法律,亦与其他学问一样,不过为神学的单单的一部门罢了,并且亦是依照着神学上所行施的原则而处现的。教会的教义,同时是政治上的公理;《圣经》的文句,在无论哪一个法院,都有着法律的效力。"试把它和两汉经学思想比较一下,所谓"以《禹贡》治河,以《洪范》察察,以《春秋》决狱,以三百篇当谏书"(皮锡瑞《经学历史》),几乎无施不可。甚至"下太常、将、大夫、博士、议郎、郎官及诸生诸儒会白虎观,讲议五经同异,……(章)帝亲称制临决,如孝宣甘露石渠故事,作《白虎议奏》(今《白虎通》)",以为经学准绳。正如李源澄所说:"既有经学以后,经学遂为吾国人之大宪章(《白虎通》就是它的具体表现——作者),经学可以规定私人与天下国家之理想,圣君贤相经营天下,以经学为模范,私人生活以经学为楷式,故评论政治得失,衡量人物优劣,皆以经学为权衡,无论国家与私人之设施,皆须于经学上有其根据,经学与时王之律令有同等效用,而经学可以产生律令,修正律令,在吾人心目中,国家之法律不过一时之规定,而经学则如日月经天,江河行地,万古长存。"(《经学通论》)这一段话,对于两汉以后言,或许稍为夸张,对于汉代言,则至为确当。如果说,两汉思想与西欧不同,那只是它挂着经学的招牌,换句话说,它是经师的神父化而已。由此可见,经学之所以采取这样的形态并不是偶然的。本文就在这样的了解之下来说明经今古文学之争。

二

首先,得说明"经""经学""今文""古文"等几个名辞的涵义。

第一,什么叫"经"?《说文》:"经,织从(纵)丝也。从糸,巠声。"纵丝称经,这是"经"字的原始的意义(后来"经学"的"经"字意义或从此出)。而《释名》则云:"经,径也,如径路无所不通,可常用也。"以"径"训"经",当在训"经"为"常"之后,观其末语——"可常用也"——可知。

关于《诗》《书》等古书称经的起原,有种种说法:

(甲)章太炎以为"书籍得名,实凭竹木而起",故谓"经者编丝缀属之称",他说:

> 余以书籍得名,实凭竹木而起。……世人以经为常,以传为转,以论为伦,此皆后儒训说,非必睹其本真。案经者,编丝缀属之称,异于百名以下用版者,亦犹浮屠书称修多罗。修多罗者,直译为线,译义为经。盖彼以贝叶成书,故用线联贯也;此以竹简成书,亦编丝缀属也。(《国故论衡·文学总略》)

(乙)刘申叔则引《说文》所释,以为"古人见经之多文言",故"假治丝之义"而"锡以经之名",他说:

> 盖经字之义,取象治丝。纵丝为经,横丝为纬,引伸之则为组织之义。……六经为上古之书,故经书之文奇偶相生,声韵相协,以便记诵,而藻绘成章,有参伍错综之观。古人见经之多文言也,于是假治丝之义而锡以六经之名。即群书之文言者,亦称之为经,

以与鄙词示异。后世以降,以六经为旧典也,乃训经为"法",又以为尽人所共习也,乃训经为"常"。(《刘申叔先生遗书·经学教科书》第二课)

章太炎、刘申叔都是经古文学者,但经今文学者——皮锡瑞则以为:

> (丙)经学开辟时代,断自孔子删定六经为始。孔子以前,不得有经,犹之李耳既出,始著五千之言;释迦未生,不传七佛之论也。(皮锡瑞《经学历史》)

而六艺之所以被尊为六经,乃因孔子的删定。

> 《春秋》,鲁史旧名,止有其事其文而无其义,亦如晋《乘》、楚《梼杌》,止为记事之书而已。……《春秋》自孔子加笔削褒贬,为后王立法,而后《春秋》不仅为记事之书。(《经学历史》)

而一经孔子删定便成为经,其原因在于:

> 孔子有帝王之德而无帝王之位,晚年知道不行,退而删定六经,以教万世,其微言大义实可为万世之准则。后之为人君者,必遵孔子之教,乃足以治一国,所谓"循之则治,违之则乱"。后之为士大夫者,亦必遵孔子之教,乃足以治一身,所谓"君子修之吉,小人悖之凶",此万世之公言,非一人之私论也。(同上书)

到了史学家章学诚则承认"六经皆史",以为"因传而有经之名":

> (丁)六经皆史也,古人不著书,未尝离事而言理,六经皆先王之政典也。

> 逮夫子既殁,微言绝而大义乖,于是弟子门人,各以所见、所闻、所传闻者,或取简毕,或授口耳,录其文而起义。《左氏春秋》,子夏《丧服》诸篇,皆名为传;而前代逸文,不出于六艺者,称述皆谓之传,如孟子所对汤武及文王之囿是也。则因传而有经之名,犹之因子而立父之号矣。(均见《文史通义》)

由上引诸说概括起来,我们可以获得这样的概念:(1)"经"这个名词,原起于丝织时用以称纵丝,《说文》的定义,正得其解。(2)古书用竹木简写定,编缀成册,必用丝韦(所谓"韦编");因丝韦之于书籍,恰像纵丝之于布帛,没有它,纬和简便无所附丽,故古书也取得"经"名(章太炎)。(3)古者学在官府,《春秋》本是鲁史,故用"二尺四寸"的长简,"传""论"发生于"学下庶人"之后,为了使用方便,尺寸都比官书缩短。至谓传、论用短简以示谦逊,则为"尊经"以后的思想。所谓"因传而有经之名"的说法,未必合于史实。因为战国末期已有经和说(《墨子》)或经和解(《管子》)之对待,大抵先有经而复有传,甚或同时写定,例如《韩非子》内外《储说》之提纲部分名经,申说部分为传是。可见先秦已有经这种体裁,并不是到了传记盛行之后才生起的。

经的起原虽在战国之季,但经被尊崇,则在汉武帝置五经博士以后。因为把经的地位抬得高了,后来便由五经而增至九经,由九经增至十三经,把"论""传""子"等都拉进去了。这是后来的事,在汉时闹经今古文学之争的时代,还只有五经呢(班固《白虎通》有《五经》篇)!

三

第二,今文和古文的区别。什么叫"文"?《说文解字叙》云:"仓颉之初作书,盖依类象形,故谓之文;其后形声相益,即谓之字。文者,物象之本;字者,言孳乳而寖多也。"文与字的这种区别,是就"小学"(文字学)上说的;但一般用语,则或以文概字,如谓"《春秋》文成数万,其指数千",固不限于狭义的"文";或则以字概文,如谓"一字之褒,荣于华衮",固不限于狭义的"字";或则泛指文章而言,如谓"《春秋》,鲁史旧名,止有其事其文,而无其义",不指单文只字,而指文和字所构成的文辞;而一般对于"语言"而言,则谓之"文字"。由此可见,"文"这个名词,实包含有初文、孳乳的字,以及用它们为工具而连缀组织成功的文章等意义;同时又可见必有其事其义以为其连缀组织的内容;更可见,经今古文学之争决不限于所用的文字。

所以,我们这里所要论究的"今文"和"古文",第一,是指汉代所谓五经者所赖以表现的工具——文字,是怎样的文字;第二,必须涉及经今古文学家所以争执的经的内容,即是所主的是怎样的经说。

现在先说所谓今文和古文的第一个意义——即是作为工具的"文"字。据《经学历史》的著者皮锡瑞(今文学者)的意见,以为"今文"是隶书,"古文"是籀文。他说:

> 两汉经学有今古文之分。今古文所以分,其先由于文字之异。今文者,今所谓隶书,世所传熹平石经及孔庙等处汉碑是也。古文者,今所谓籀书,世所传岐阳石鼓及《说文》所载古文是也。隶书,汉世通行,故当时谓之今文,犹今人之于楷书,人人尽识者也。籀书,汉世已不通行,故当时谓之古文,犹今人之于篆隶,不能人人尽识者也。……许慎谓孔子写定六经,皆用古文,然则孔氏与伏生所藏书亦必是古文。汉初发藏以授生徒,必改为通行之今文,乃便学者诵习。故汉立博士十四,皆今文家。而当古文未兴之前,未尝别立今文之名。《史记·儒林传》云:"孔氏有《古文尚书》,而安国以今文读之。"乃就《尚书》之古今文字而言。而齐鲁韩《诗》《公羊春秋》,《史记》不云今文家也。至刘歆始增置《古文尚书》《毛诗》《周官》《左氏春秋》。既立学官,必创说解。后汉卫宏、贾逵、马融又递为增补,以行于世,遂与今文分道扬镳。许慎《五经异义》有《古尚书说》《今尚书夏侯欧阳说》《古毛诗说》《今诗韩鲁说》《古周礼说》《今礼戴说》《古春秋左氏说》《古孝经说》《今孝经说》,皆分别言之。非惟文字不同,而说解亦异矣。(《经学历史》)

皮氏的意思,认为"今古文所以分",由于"文字不同""说解亦异",二者平列,未分轻重。其实,经今古文学之争,除了"禄利之路"的关系,"说解"相异,当占重要。至于"文字不同",前人早已致疑(如段玉裁、王念孙),而说得明白晓畅的,则莫过于龚定庵。他说:

> 请纵言今文古文!答曰:伏生壁中书,实古文也,欧阳、夏侯之徒以今文读之,传诸博士,后世因曰伏生今文家之祖,此失其名也。孔壁固古文也,孔安国以今文读,则与博士何以异?而曰孔安国古文家之祖,此又失其名也。今文、古文(当指原文——作者)同出孔子之手,一为伏生之徒读之,一为孔安国读之。未读之先,皆古文矣,既读之后,皆今文矣。惟读者不同,故其说不同,源一流二,渐

至源一流百。此如后世翻译,一语言也,而两译之,三译之,或至七译之,译主不同,则有一本至七本之异。……故经师之不得不读者,不能使汉博士及弟子员悉通周古文。然而译语者未尝取所译之本而毁弃之也,殊方语自在也。读《尚书》者不曰以今文读后而毁弃古文也。故其字仍见于群书及许氏《说文解字》之中,可求索也。(龚自珍《总论汉代今古文名实》)

由此可见:今古文字不同,并不足为经今古文学的区别,因而它也不能成为今古文学相争的主要原因,重要的还在于"读者不同,故其说不同"。但所谓古文者,也并不是什么籀书,而是战国时东土的文字;这一层不但皮氏所说有误,就是龚氏也只笼统地说为古文,未尝明白说明它是怎样的古文;直至王国维氏方始作出近真的答案。他在《说文所谓古文说》论文中说:

> 其二曰:至孔子书六经,左邱明述《春秋》,皆以古文(《说文解字》中语——作者)。此亦似谓殷周古文,然无论壁中所出与张苍所献,未必为孔子及邱明手书,即其文字亦当为战国文字而非孔子及邱明时之文字。何则?许氏此语实根据所见壁中诸经及《春秋左氏传》言之。彼见其与《史籀》篇文字不类,遂以为即殷周古文,不知壁中书与《史籀》篇文字之殊,乃战国时东西二土文字之殊。许君既以壁中书为孔子所书,又以为即用殷周古文,盖两失之。(《观堂集林》)

王氏这里指出了"壁中书与《史籀》篇文字之殊,乃战国时东西二土文字之殊",殊为有见;其结论具见于所著《战国时秦用籀文六国用古文说》,而论据则在他的《史籀篇疏证序》,兹摘引如下:

> 班孟坚言《仓颉》《爰历》《博学》三篇,文字多取诸《史籀》篇,而字体复颇异,所谓秦篆者也。许叔重言秦始皇初兼天下,丞相李斯乃奏同文字,罢其不与秦文合者,斯作《仓颉》篇,中车府令赵高作《爰历》篇,太史令胡母敬作《博学》篇,皆取《史籀》大篆,或颇省改,所谓小篆者也。是秦之小篆本出大篆;而《仓颉》三篇未出,大篆未省改以前,所谓秦文,即篆文也。……六艺之书,行于齐鲁,爰及赵

魏,而罕布于秦。其书皆以东方文字书之。汉人以其用以书六艺,谓之古文,而秦人所罢之文与所焚之书,皆此种文字,是六国文字,即古文也。……故古文籀文者,乃战国时东西二土文字之异名,其源皆出于殷周古文。而秦居宗周故地,其文字犹有丰镐之遗,故籀文与自籀文出之篆文,其去殷周古文反较东方文字(原注:即汉世所谓古文)为近。(《观堂集林·战国时秦用籀文六国用古文说》)

其次,王氏又从近世所出的六国兵器、货币、印玺、陶器,与魏石经及《说文》所出之壁中古文比较研究,证明"此数种文字皆自相似",即另成一个系统:

近世所出,如六国兵器,数几逾百;其余若货币,若玺印,若陶器,其数乃以千计。而魏石经及《说文解字》所出之壁中古文,亦为当时齐鲁间书,此数种文字皆自相似,然并讹别简率,上不合殷周古文,下不合小篆,不能以六书求之,而同时秦之文字则颇与之异。传世秦器作于此时者,……其文字之什九与篆文同,其什一与籀文同,其去殷周古文,较之六国文字为近。(《桐乡徐氏印谱序》)

至于六国文字所以不同于西土文字的缘故,王氏则归因于"时不同"与"地不同"。

王氏虽于东西二土文字不同及东土文字与所谓壁中书别成一个系〔统〕,有所发见。但正如钱玄同所说,"王氏识虽甚高,胆实太小,他是决不敢'疑古''惑经'的";然而他"最精于古代文字,以其研究所得证明壁中古文为用六国时讹别简率之字体所写,适足以补康氏(有为——作者)之阙,……更足以见康氏考辨伪经之精确"。于是钱氏便更进一步指出刘歆所以要用这种"讹别草率"的六国文字来写伪经的原因,在于"那时甲骨固未发见,尊彝也极少极少,而六国的兵器、陶器、玺印、货币,时代既近,当时必尚有存者。这些东西上面的文字,则自秦始皇'书同文字'以来悉被废除,常人必多不识,虽本是六国异体,大可冒充为'仓颉古文';更妙在字体讹别简率,奇诡难识,拿它来写伪古文经,是很合式的"。接着,他又引用吴大澂写《论语》《孝经》的故事,断定所谓壁中古文当多出于"拼合偏旁的假古字":

刘歆的"古文"虽源出于六国的兵器、陶器、玺印、货币上的文字，但那些东西上的文字，为数一定很少，拿来写经，是决不够用的。用近代同样的一件事作比例，便可以明白了。清吴大澂用尊彝文字写《论语》与《孝经》二书，并且兼采兵器、玺印、货币上的文字。吴氏所见古字材料之多，过于刘歆当不止十倍；而吴氏仅写《论语》《孝经》二书，刘歆则要写《尚书》《仪礼》《礼记》《春秋》《论语》《孝经》这许多书，还要写《左传》（《说文序》谓左丘明用古文写《左传》，又谓张苍所献《左传》中的字与壁中古文相似），是刘歆需用的字应该多于吴氏者当在百倍以上。可是吴氏用那样丰富的材料写那么简少的书，还是要多多的拼合偏旁，造许多假文字，又加上许多《说文》中的篆字，才勉强写成，则刘歆用那样贫乏的材料写那么多的书，岂能不拼合偏旁，造极多量的假古字呢？后来晋之《隶古定尚书》，宋之《书古文训》，其中十有八九都是拼合偏旁的假古字，这些假古字源出于魏《三体石经》之古文，而魏《三体石经》之古文则源出于刘歆之壁中古文。我们看《三体石经》《隶古定尚书》《书古文训》，以及《汗简》《古文四声韵》这些书中的"古文"，便可以测知壁中古文之大概。据此看来，说刘歆的古文源出于六国文字，不过考明它有来历罢了。实际上壁中经的字用真六国文字写的，不知有没有百分之一，而拼合偏旁的假古字一定占了最大多数，这是无疑的。所以说刘歆的古文源出于六国文字，是对的，若说它就是六国文字，那可大错了。然则目壁中古文为刘歆之伪字，不但可以，而且是应该的。（《古史辨》第五册，钱玄同《重论经今古文学问题》）

以上由于康、王、钱诸氏的考证，不但所谓"古文"的真相，已经无复余蕴，而且也透露出经今古文学之争是怎样不择手段的。

四

上面说过，经今古文学之争，只是取得了正统地位的儒学派别争宠的内哄。因此要了解这一斗争的真相，就必须明白汉家（以武帝为代表)尊崇儒术的用心和意义,以及儒家者流对之的反应,换句话说,就是彼此互相勾结和利用的情形。

汉武帝罢黜百家,尊崇儒术,表面上固由于卫(绾)、董(仲舒)辈先后的建议,但主要却由于汉家统治上的需要。高帝起自布衣,其所统治的对象又是和前代奴隶不同的农民,故汉家的统治,必须找到它的形上学的根据,以表示其天命有归,借以取得人民的信仰。除此之外,凡足以巩固政权的手段如粉饰太平、牢笼英雄和统一思想之类,都属必要。于是,有意争取正统地位以及继之而巩固其既得地位的儒家们,自然就会先意承志地为统治者献策的了。所谓禄利之路,便是他们"交易而退,各得其所"的生意经。

武帝建元元年(公元前一四〇年),"诏举贤良方正直言极谏之士,丞相(卫)绾奏所举贤良,或治申、商、韩非、苏秦、张仪之言,乱国政,请皆罢!奏,可。""五年,置五经博士。"元光元年,策问贤良,"于是董仲舒、公孙弘等出焉"。仲舒对策:"以为诸不在六艺之科、孔子之术者,皆绝其道,勿使并进,邪辟之说灭息,然后统纪可一,而法度可明,民知所从矣。"(《董仲舒传》)大概就这样地为了统一思想而罢黜了百家。看来,好像武帝是决然以振兴儒学为己任似的;然而事实不然。史载:建元元年,"议立明堂,遣使者安车蒲轮,束帛加璧,征鲁申公"。

(1) 及申公至,见上,上问治乱之事。申公……对曰:"为治者不在多言,顾力行何如耳!"是时,上方好文辞,见申公对,默然;然已招致,即以为大中大夫,舍鲁邸,议明堂事。(《汉书·儒林传》)

(2) 元光五年,复征贤良文学。上策诏诸儒,……时对者百余人,……天子擢弘对为第一,召见容貌甚丽,拜为博士待诏金马门。……(弘)每朝会议,开陈其端,使人主自择,不肯面折庭争。于是上察其行慎厚,辩论有余,习文法吏事,缘饰以经术,上说(悦)之。……元朔中代薛泽为丞相,……无爵,上于是……封丞相弘为平津侯。(《汉书·公孙弘传》)

弘以治《春秋》为丞相,封侯,天下学士靡然向风矣。(同书《儒林传》)

这一对照,可见武帝所好,并不是重"力行"的真儒术,而是"习文法吏事,缘饰以经术"的假儒者。他们这种勾搭,傍人都看得清楚。所以,不但"学黄老言"的汲黯要批评武帝:"陛下内多欲而外施仁义,奈何欲效唐虞之治乎?"同时"面触弘等,徒怀诈饰智,以阿人主取容"(《汲黯传》);就是同行的儒家辕固生也要告诫"公孙子(弘)务正学以言,无曲学以阿世"(《儒林传》)。

这种喜欢臣下"习文法吏事,缘饰以儒术"的心理,恐怕汉家有为的皇帝大都如此,下引宣帝这一段话便完全表白了出来:

> 孝元皇帝……为太子(时)……柔仁好儒,见宣帝所用多文法吏,以刑名绳下,……尝侍燕,从容言:"陛下持刑太深,宜用儒生。"宣帝作色曰:"汉家自有制度,本以霸王道杂之,奈何纯任德教,用周政乎?且俗儒不达时宜,好是古非今,使人眩于名实,不知所守,何足委任?"乃叹曰:"乱我家者,太子也!"(《元帝纪》)

"汉家自有制度,本以霸王道杂之",正是高帝以来的心传,也是"习文法吏事,缘饰以儒术"的好注脚。这一原则,根本不许动摇。所以武帝赐严助书,便指定奏对的范围:"具以《春秋》对,毋以苏秦纵横!"(《汉书·严助传》)因为《春秋》严上下之分,纵横则有害统一了。他的毅然"罢黜百家",用意在此。汉武曾谓献王曰:"汤以七十里,文王以百里,王其勉之!"这又表露了他不"纯任德教",则他的所谓《春秋》,也不外一种用作"缘饰"的工具。他要利用充满了灾异阴阳五行的迷信的《春秋繁露》作者——董仲舒,不是偶然的。其实,深一层看,董仲舒的天人对策,未曾不可以视为迎合武帝的策问——"三代受命,其符安在?灾异之变,何缘而起?性命之情,或夭或寿,或仁或鄙,习闻其事,未烛厥理?……何修何饰而膏露降、百谷登?"——的。后来选举,至以"明阴阳灾异"为标准(元帝)。又如光武相信认谶纬,其故也在关心于"受命之符";既已用以欺,自然不许有人反对。至少在这种封建社会的迷信空气笼罩之下,清醒的人,原自不多。今文学家,固在参加阴阳怪气的制造,就是被人认为重理智的古文学家,也何尝不援引纬书以说经呢(如郑康成)!

后来,似乎觉得暗示或指定范围尚不可靠,于是不惜亲自出马,"称制临决",前有宣帝甘露二年石渠阁"讲五经异同"的故事,后有章帝"下太常、将、大夫、博士、议郎、郎官及诸生诸儒会白虎观,讲议五经同异,……作《白虎议奏》(即《白虎通》)"的故事,结局规定了一部儒术的大宪章——《白虎通》来。其余波,则表现为经文的钦定,这就是《熹平石经》。

而两汉经今古文学之争,就在这所谓"以霸王道杂之"的政治原则之下演变了的。刘申叔说:

> 西汉之时,经学始萌芽于世。汉武虽表章经术,然宣帝即位重法轻儒,说经之儒犹抱遗经拳拳勿失,故今文古文之争未起。自刘歆移书太常为古文竞胜今文之始。新莽篡汉,崇尚古文。东汉嗣兴,废黜莽制,五经博士仍沿西汉之规;而在野巨儒多明古学,故今文古文学之争,亦以东汉为最著。……盖东汉初年,古文学派皆沿刘歆之传(如杜子春、郑众皆受业于刘歆),虽为今文学所厄,未克大昌,然片语单词已为学士大夫所崇尚,后经马、卢、郑、许诸儒之注释,流传至今,而今文家言之传于世者仅何休《公羊解诂》而已,余尽失传;此今文学所由日衰而古文学所由日盛也。

这里所谓"在野巨儒多明古学","虽为今文学所厄,……然片语单词已为学士大夫所崇尚",可见经今古文学之争,不在学说之公开流传,而是争取立博士,设弟子员——即官学的地位(按:博士的官并不算小——汉初俸四百石,其后增至六百石,内迁可为奉常、侍中,外迁可为郡国守相、诸侯王太傅等等。弟子员年考一次,如能通一经就可以补文学掌故的缺,考得最高等的,可以做郎中)。

经今古文学之争,终汉之世,大者计有四次:

(1) 西汉哀帝时,有刘歆(古)与太常博士争立《古文尚书》《逸礼》《左传》。

(2) 东汉光武帝时,有韩歆、陈元(古)与范升(今)争立《费氏易》《左氏春秋》。

(3) 东汉章帝时,有贾逵(古)之主《左氏传》与李育(今)之主《公羊传》之争。

(4) 在汉末桓、灵二帝之间,有郑玄(古)与何休(今)争论《公

羊》《左氏》优劣。(刘明水《国学纲要》)

由此观之,经今古文学之争,其中心问题常在争立《左传》,即是《春秋》的说解问题。关于汉家的重视《春秋》的意义,上面已经说过。而且汉代的"复古",只以《春秋》为理想(后来等而下之,则以文景治世为理想),实由于其封建的社会性使然。因为这个缘故,所以有孔子为汉制法之说(今),然后《公羊》(后来《穀梁》)能够久据官学的地位,《白虎通》即为今文学之结晶;有汉为尧后之说(古),然后《左氏传》在新莽时得立于学官(因便于新莽的禅代),光武以后也未"绝其道",尚得流传于学士大夫之间。及至汉末,兼并盛行,农民失地,黄巾蜂起,汉祚潜移;不但《白虎通》早已失其统治工具的作用,就是古文学派也再没有争取正统的雄心,终于表现为马、郑之流的古今综合的注疏,走上了折衷主义的道路。正如"古代社会的哲学的崩溃的显明表现,是折衷主义哲学"一样,两汉经学的结束的显明的表现,就是经今古文学的合流,而思想的主流则已经开始向玄学方面潜流了。

(《文讯》1947 年第 7 卷第 6 期)

读经问题

大学堂经学科大学（理学附）科目

经学分十一门：一、周易学门，二、尚书学门，三、毛诗学门，四、春秋左传学门，五、春秋三传学门，六、周礼学门，七、仪礼学门，八、礼记学门，九、论语学门，十、孟子学门。愿兼习两经者，听。十一、理学门。今依次列各门科目如下：

周易学门科目

主　课	第一年每星期钟点	第二年每星期钟点	第三年每星期钟点
周易学研究法	6	6	6
补助课			
尔雅学	2	1	0
说文学	2	1	0
钦定四库全书提要·经部易类	1	0	0
御批历代通鉴辑览	4	4	4
中国古今历代法制考	1	2	3
中外教育史	0	1	1
外国科学史	1	1	2
中外地理学	0	1	1
世界史	1	1	1
外国语文（英、法、俄、德、日，选习其一）	6	6	6
合　　计	24	24	24

第三年末毕业时，呈出毕业课艺及自著论说。

凡表中作圈者,皆本年无教授钟点者也。

经学研究法略解如下:

通经所以致用,故经学贵乎有用;求经学之有用,贵乎通,不可墨守一家之说,尤不可专务考古。研究经学者,务宜将经义推之于实用,此乃群经总义。

周易学

研究周易学之要义:一、传经渊源,一、文字异同,一、音训,一、全经纲领,一、每卦每爻精义,一、《十翼》每篇精义,一、全经通义(通义如取象、得数、时义当位不当位、阴阳、刚柔、内外、往来、上下、消息、错综、变化、动静、行止、进退、敌应、乘承、远近、始终、顺逆、吉凶、悔吝、利害、得失、旁通、反复、典礼、性命、言辞、制器、重卦互卦之卦、方位、卦气、大衍、图书卜筮之类),一、群经证《易》,一、诸子引《易》者证《易》,一、诸史解《易》引《易》者证《易》,一、秦汉至今易学家流派,一、《易纬》,一、《易经》支流(若《火珠林》《易林》《太元》《潜虚》之类),一、外国科学证《易》,一、历代政治人事用易道见诸施行之实事,一、经义与后世事迹不相同而理相同之处。

此不过举其大略,余可类推,务当于今日实在事理有关系处加意考究。

诸经皆同(每一经皆有通义数十百条,《春秋左传》《周礼》《礼记》尤多,各就本经摘出考之)。

经学以国朝为最精,讲专门经学者,宜以注疏及国朝诸家之书为要,而历朝诸儒之说解亦当参考。其应用各书,学堂中皆当仵贮备。

诸经皆同。

所注研究各法,为教员者不过举示数条,以为义例,听学生酌量日力,自行研究。

尚书学门科目

主　课	第一年每星期钟点	第二年每星期钟点	第三年每星期钟点
尚书学研究法	6	6	6
补助课与周易学门同			

毛诗学门科目

主　课	第一年每星期钟点	第二年每星期钟点	第三年每星期钟点
毛诗学研究法	6	6	6
补助课与上同			

春秋左传学门科目

主　课	第一年每星期钟点	第二年每星期钟点	第三年每星期钟点
春秋左传学研究法	6	6	6
补助课与上同			

春秋三传学门科目

主　课	第一年每星期钟点	第二年每星期钟点	第三年每星期钟点
春秋左氏、公羊、穀梁学研究法	6	6	6
补助课与上同			

公羊家后世经师之说，多有非常可怪不合圣经本义之论。如黜周王鲁、以《春秋》当新王之类，流弊无穷，适为乱臣贼子所借口，关系世教甚巨。近来康梁逆党，即是依托后世公羊家谬说，以逞其乱逆之谋。故讲《公羊春秋》者，必须三传兼讲，始免借经术以祸天下之害。

周礼学门科目

主　课	第一年每星期钟点	第二年每星期钟点	第三年每星期钟点
周礼学研究法	6	6	6
补助课与上同			

仪礼学门科目

主　课	第一年每星期钟点	第二年每星期钟点	第三年每星期钟点
仪礼学研究法	6	6	6
补助课与上同			

礼记学门科目

主　课	第一年每星期钟点	第二年每星期钟点	第三年每星期钟点
礼记学研究法	6	6	6

　　补助课与上同

论语学门科目

主　课	第一年每星期钟点	第二年每星期钟点	第三年每星期钟点
论语学研究法	6	6	6

　　补助课与上同

孟子学门科目

主　课	第一年每星期钟点	第二年每星期钟点	第三年每星期钟点
孟子学研究法	6	6	6

　　补助课与上同

《孝经》卷帙甚简,前已讲诵,其义已散见于各经内,不必另立专门。

理学门科目

主　课	第一年每星期钟点	第二年每星期钟点	第三年每星期钟点
理学研究法	1	1	3
程朱学派	2	2	0
陆王学派	2	2	0
汉唐至北宋周子以前理学诸儒学派	0	0	2
周秦诸子学派	1	1	1

　　补助课与经学同

理学研究法(理学源流,以群经证理学,以诸子证理学,理学盛衰,周、程、张、朱五子各不相同之处,朱、陆不同之处,陆、王不同之处,理学与二氏异同之处,《朱子语类》《朱子晚年定论》之确否,朱学、王学传派之人才,理学与经学之关系,理学与政事之关系,理学与世道之关系,理学诸儒言行政事之实验,以外国学术证理学)。

凡治经及理学者,无论何门,每日讲堂钟点甚少,应于以上各科目外,兼习随意科目如下:

第一年应以中国文学、西国史、西国法制史、心理学、辨学(日本名论理学,中国古名辨学)、公益学(日本名社会学,近人译作群学,专讲公共利益之理法,戒人不可自私自利)等为随意科目。

第二年应以中国文学、比较法制史、辨学、公益学等为随意科目。

第三年应以中国文学、西国文学史、心理学、公益学等为随意科目。

以上各随意科目,此时初办,碍难全设;应俟第一期毕业后,体察情形,酌量渐次添设。各分科大学之随意科皆同。

各补助科学书讲习法,略解如下:

尔雅学 《尔雅》专为解古经而设,《释诂》一篇,于转注之义尤多发明,以郝懿行《尔雅义疏》为主,以王念孙《广雅疏证》《经传释词》为辅,即已足用;若《小尔雅》《方言》《释名》《广雅》,皆《尔雅》之支流。《小尔雅》《广雅》两书用处较多,必宜参考。

说文学 传《说文》统系,六书之名义区别,六书之次第,古籀篆之变,引经异同之故,《说文》例,《汗简》证《说文》,钟鼎款识证《说文》,外国古碑证《说文》,《字林》证《说文》,《玉篇》证《说文》,《广韵》证《说文》,《集韵》证《说文》,唐以后各家音义书证《说文》,《说文》有逸漏字,大小《徐说》文之学,唐以前《说文》之学,宋元明《说文》之学,近人严可均、孙星衍、段玉裁、王筠、朱骏声诸家《说文》之学。

四库经部提要(看《四库提要·经部》本经一类,能参考他经尤善)。

御批历代通鉴辑览(愿兼参考各种正史、《通鉴》者,听)。

中国古今历代法制考(此时暂行摘讲近人所编《三通考辑要》。日本有《中国法制史》,可仿其义例自行编纂教授,较为简易)。

中外教育史(上海近有《中国教育史》刻本,宜斟酌采用;外国教育史日本有书可译用)。

中外地理学(译本甚多,宜斟酌采用,仍应自行编纂)。

世界史(近人有译本,宜斟酌采用,仍应自行编纂)。

现定科目之中学各书,应自行编纂;西学各书外国皆有教人课本,卷帙甚为简略,每种仅止一二本,宜择译善本讲授。三年之久,其日力实不仅能习此十余种科目,讲师所教不过略示途径;若欲求精求博,听该学生自为之可也。他门皆仿此。

(《奏定学堂章程》,1904)

京师大学堂经科规约

本科遵照《奏定章程》及学部迭次奏案办理,其教授管理诸法,除备载《奏定章程》及大学堂通用规则,均为诸生所宜遵守外,今复条次规约于后,窃愿诸生勉行之。

一,现今开办《毛诗》《周礼》《春秋左氏传》三门,而以《四书》《大学衍义》《大学衍义补》为通习。汉儒尝称《论语》总汇六艺,宋程朱又将《礼记》之《大学》《中庸》及《孟子》配《论语》为四子书。盖圣贤之精义毕萃于此矣。故《毛诗》《周礼》《春秋左氏传》则任诸生分治之,四子书、《大学衍义》《衍义补》则人人所当通习也。

一,《奏定章程》每星期合主课、补助课共二十四小时,今《毛诗》《周礼》《春秋左氏传》各为主课,照章每星期授课六小时,补助各课,时间亦仍如旧,增入《四书》《大学衍义》《衍义补》共三小时,钟点逾于定章。因查各门均有外国语文六小时,今诸生多二十以上之年,平日未习斯学,从字母学起,合计三年一百二十星期,为时甚少,所习无多。拟将此课作为随意科。诸生已经学习有年者,归入文科外国语文班习之;素未学习者,即可不习。盖通盘计算,三年期促,经科各课繁重,非爱惜光阴不能收获实益也。

一,我朝说经之学,国初但称经学,乾嘉以还始有汉学、宋学之目,门户之见,亦自此起矣。今抱定《奏定章程》,经学贵通,贵推之实用之旨,仍是国初遗法,考据义理,不别径途,实用之说,在能见诸施行,非仅保存国粹云尔也。

一,讲堂主课、补助课,由各讲师预先按照章程时刻算定分期。如某学期授至某书某处,某时毕业,不致有延长补习之弊。开列表册,存监督、总监督处,以备查照。嗣后照此编纂讲义教授,或有改动,仍由讲师、教务提调、本科监督酌商妥洽,关知总监督核定施行。

一,主课、补助课各有宏旨,论其极诣,决非三年所能尽。《奏定章程》立学总义第一章第一节称此十余种科目,讲师所教,不过略示途径,若欲求精求博,听诸生自为之,则是听讲之外,斋舍研究之事,亟宜讲求也。

一,研究之法,《奏定章程》已揭大纲,又得讲师按日指导,学者自可收事半功倍之益。今于研究法中参照广东学海堂章程,约分功课四类,曰句读,曰钞录,曰参考,曰著述。

一,句读每日以十叶照大板。计算为度,每一学期作二十星期计算,共一百二十日,须将按门指定各书,各加句读一千二百叶,能多加者听。此一千二百叶,为必不可少之数。句读铅黄朱墨,听诸生用之。

一,有句读而无参考,则顺文而过,恐未能细心体会,故既加句读,即须加以参考之功,各就所见,随手记之,多寡在所不拘。

一,钞书之学,古人所重。今各书均有板刻,似不必用此层功夫,然精纯之语,或切要之事,钞录一过,观感尤深,故钞录必不可少,非仅备遗忘而已也。

一,著述不必逐日为之,然苟有心得,正可发舒所见,体例在所不拘。

一,非通群经不能治一经,故句读一门,先从群经正文下手,其已熟诵者,温习一遍,尤为有益。若用单注本而句读之,每日所记叶数即照单注本计算。

一,读一书毕,再读他书,方为有益。刘蕺山《人谱》引朱子、司马温公论读书之法,皆于此兢兢致意,愿与学者共守之。或每日分读二书,如上午点札记,下午点《毛诗》、《注疏》亦可,然必须两书点完,然后接点他书。

一,本堂按月发功课日记表一本,由学者逐日写记,由讲师、提调、监督、总监督随时取阅。每一本毕,缴至教务处存记,当即续发一本。此表缴教务处后,不发还。

一,本堂另发札记本。每人四本。预备学者钞录、著述之用,用毕一册,即缴教务处存记,呈讲师、监督、总监督阅看,即续发第二次札记本,余以此类推。经讲师、监督、总监督阅看后,学者亦可暂时领回,然十日内即须缴还存案。至缮写功课，正楷、行楷均可，点句必不可少。

一，另单开列应加句读之书，皆与讲堂功课相表里，仍是略示途径之意。如已熟读，可一温习，其未读者，宜细心读毕，然后再读他书。单内未列之书，能加句读者听。

一，讲堂授课，由讲师给发讲义，开示一切。另置问答簿一本，诸生如有疑义，可写发问之意，候讲师以次批答。

一，《奏定章程》入大学之学生，皆系成材，久谙礼法，自必无违犯章程之事。然如违纪章程，即是不谙礼法，不得以成材，而姑从宽免，仍一律按照章程处罚，丝毫不得通融。

一，学生既是成材，理应志行高尚，远大自期。三年特短，进力治学，尚不暇给，更何能兼差兼馆？故凡有兼差兼馆者，一概不准入堂，或入堂时未经觉察，查出立即开除。

一，各功课积分，由考试时核记。前列句读等四门功课，拟定每四星期合成三百叶。句读最重，四星期应得二百四十叶，加多者听。给积分　分，与《四书》《大学衍义》《衍义补》功课合算，以二除之，合为一门。如四星期不及三百叶，即应以次扣分。

一，章程尚有随意科学多门，应系第二学期酌量添设。

经科应加句读书目略开于后：

《诗经注疏》《诗经汇纂》，以上治《毛诗》者习之。

《周礼注疏》《周礼义疏》，以上治《周礼》者习之。

《左传注疏》《春秋汇纂》，以上治《春秋》者习之。

《十三经注》，《说文》段《注》、王氏《句读》，《史记》《通典》《资治通鉴》《近思录》，以上各科同习之。

其余应读之书，由讲师随时指示。

为办理学生札记，有句读、钞录、参考、著述四门。今诸生已办一月，不记分数，有积久疏懈之弊，且系与《规约》不符。计算分数，应酌量妥善之法，请核阅决定。以下各条，因变通前次《规约》，以便实行，务祈斟酌复示。如有不妥，并请改定。

一，拟改为句读及札记二门，不分钞录、参考、著述，总名之为札记。惟所记须先商明讲师，以所读某书为范围。《规约》中应加句读之书，大纲已具。

此外之书,亦须先行商明本科讲师,以免泛滥无归。以为毕业时呈出著作之预备。

一,每一学期,将此札记分两次收阅。大约上课有二个月后收阅一次,至学期考试前收阅一次。由本科讲师评定分数,再由提调、监督阅看后呈总监督阅看。

一,句读分数,以四十分为满分,札记以六十分为满分。句读之书,应由教务提调、本科监督随时调阅,有虚报者,分数今扣,并记过示惩。句读页数不足者,札记凌杂无序者,以次减扣。句读每星期以六十页以上为及格。

一,某种札记,诸生既与讲师商定后,本学期内不得更动,以杜见异思迁之弊。

经文科谨启。

(原题《经科规约》,见胡玉缙《京师大学堂教事录》,复旦大学图书馆藏)

奏定经学科大学文学科大学章程书后

王国维

今日之奏定学校章程，草创之者沔阳陈君毅，而南皮张尚书实成之；其小学、中学诸章程中，亦有不合于教育之理法者，以世多能知之能言之，余故勿论。今分科大学之立有日矣，且论大学。大学中若医、法、理、工、农、商诸科，但袭日本大学之旧，不知于中国现在之情形有当否，以非予之专门，亦不具论，但论经学科、文学科大学。

分科大学章程中之最宜改善者，经学、文学二科是已。余谓此张尚书最得意之作也。尚书素以硕学名海内，又于政事之暇，不废稽古。观此二科之章程内，详定教授之细目及其研究法，肫肫焉不惜数千言，为国家名誉最高、学问最深之大学教授言之，而于中学、小学，国家所宜详定教授之范围及其细目者，反无闻焉。吾人不能不服尚书之重视此二科，又于其学术上所素娴者不惮忠实陈其意见也。且尚书不独以经术文章名海内，又公忠体国以扶翼世道为己任者也，故惧邪说之横流、国粹之丧失之意，在在溢于言表，于此二章程中尤情见乎辞矣。吾人固推尚书之学问，而于其扶翼世道人心之处，尤不能不再三倾倒也。虽然，尚书之志则善矣，然所以图国家学术之发达者，则固有所未尽焉。今不暇细论其误，特就其根本之处言之如左，以俟当局者采择焉。

其根本之误何在？曰在缺哲学一科而已。夫欧洲各国大学，无不以神、哲、医、法四学为分科之基本。日本大学，虽易哲学科以文科之名，然其文科之九科中，则哲学科衰然居首，而余八科无不以"哲学概论""哲学史"为其基本学科者。今经学科大学中虽附设理学一门，然其范围限于宋以后之哲学，又其宗旨在贵实践而忌空谈，《学务纲要》第三十条。则夫《太极图说》《正蒙》等必在摈斥之列,则就宋人哲学中言之,又不过其一部分而已。吾人且不论哲学之不可不特置一科,又不论经学、文学二科中之必不可不讲哲学,且质南皮尚书之所以必废此科之理由如何。

（一）必以哲学为有害之学也。夫言哲学之害,必自其及于政治上者始矣。数年前海内自由革命之说,虽与欧洲十八世纪哲学上之自然主义稍有关系,然此等说宁属于政治、法律之方面,而不属于哲学之方面,今不以此说之故而废直接之政治、法律,何独于间接之哲学科而废之？且吾信昔之唱此说以号召天下者,不独于哲学上之自然主义瞢无所知,且亦不知政治、法律为何物者也。不逞之徒,何地蔑有,昔之洪、杨,今之孙、陈,宁皆哲学家哉？且自然主义不过哲学中之一家言,与之反对者何可胜道？余谓不研究哲学则已,苟有研究之者,则必博稽众说而唯真理之从,其有奉此说者,虽学问之自由独立,上所不禁,然理论之与实行,其间必有辨矣。今者政体将改,上下一心,反侧既安,莠言自泯,则疑此学为酝乱之麴蘖者,可谓全无根据之说也。

（二）必以哲学为无用之学也。虽余辈之研究哲学者,亦必昌言此学为无用之学也。何则？以功用论哲学,则哲学之价值失,哲学之所以有价值者,正以其超出乎利用之范围故也。且夫人类岂徒为利用而生活者哉？人于生活之欲外,有知识焉,有感情焉。感情之最高之满足,必求之文学、美术；知识之最高之满足,必求诸哲学。叔本华所以称人为形而上学的动物,而有形而上学的需要者,为此故也。故无论古今东西,其国民之文化苟达一定之程度者,无不有一种之哲学。而所谓哲学家者,亦无不受国民之尊敬,而国民亦以是为轻重。光英吉利之历史者非威灵吞、纳尔孙,而倍根、洛克也。大德意志之名誉者,非俾思麦、毛奇,而汗德、叔本华也。即在世界所号为最实际之国民之中国,于《易》之太极,《洪范》之五行,周子之无极,伊川、晦庵之理气等,每为历代学者研究之题目,足以见形而上学之需要之存在,而人类一日存,此学即不能一日亡也。而中国之有此数人,其为历史上之光,宁他事所可比哉？今若以功用为学问之标准,则经学、文学等之无用,亦与哲学等,必当在废斥之列,而大学之所授者,非限于物质的应用的科学不可,坐令国家最高之学府与工场阛阓等,此必非国家振兴学术之意也。夫就哲学家言之,固无待于国家之保护,哲学家而仰国家之保护,哲学家之大辱也。又国家即不保护此学,亦无碍于此学之发达。然就国家言之,则提倡最高之学术,国家最大之名誉也。有腓立大王为之君,有崔特里兹为之相,而后汗德之"纯理批评"得出版而无所惮,故学者之名誉,君与相实共之。今以国家最高之学府,而置此学而不讲,断非所以示世界也。况哲学自直接言之,固不能辞其为无用之学;而自间接言之,则世所号为最有用之学,如教育学等,非有哲学之预备,殆不能解其真意。即令一无所用,亦断无废之之理,况乎其有无用之用哉?

（三）必以外国之哲学与中国古来之学术不相容也。吾谓张尚书之意,岂独对外国哲学为然哉? 其对我国之哲学,亦未尝不有戒心焉。故周秦诸子之学,皆在所摈弃;而宋儒之理学,独限于其道德哲学之范围内研究之。然此又大谬不然者也。《易》不言太极,则无以明其生生之旨;周子不言无极,则无以固其主静之说;伊川、晦庵若不言理与气,则其存养省察之说为无根柢。故欲离其形而上学而研究其道德哲学,全不可能之事也。至周秦诸子之说,虽若时与儒家相反对,然欲知儒家之价值,亦非尽知其反对诸家之说不可,况乎其各言之有故、持之成理者哉? 今日之时代,已入研究自由之时代,而非教权专制之时代。苟儒家之说而有价值也,则因研究诸子之学而益明;其无价值也,虽罢斥百家,适足滋世人之疑惑耳。吾窃叹尚书之知之与杞人等也,昔日杞人有忧天堕而压己者,尚书之忧道无乃类是? 若夫西洋哲学之于中国哲学,其关系亦与诸子哲学之于儒教哲学等。今即不论西洋哲学自己之价值,而欲完全知此土之哲学,势不可不研究彼土之哲学。异日发明光大我国之学术者,必在兼通世界学术之人,而不在一孔之陋儒,固可决也。然则尚书之远虑及此,亦不免三思而惑者矣。

尚书所以废哲学科之理由,当不外此三者,此恐不独尚书一人之意见为然,吾国士大夫之大半,当无不怀此疑虑者也;而其不足疑虑也,既如上所述,则尚书之废此科,虽欲不谓之无理由,不可得也。若不改此根本之谬误,则他日此二科中所养成之人才,其优于咕哔帖括之学者几何? 而我国之经学、文学,不至坠于地不已,此余所为不能默尔而息者也。

　　由上文所述观之，不但尚书之废哲学一科为无理由，而哲学之不可不特立一科，又经学科中之不可不授哲学，其故可睹矣。至文学与哲学之关系，其密切亦不下于经学。今夫吾国文学上之最可宝贵者，孰过于周秦以前之古典乎？《系辞》上下传实与《孟子》《戴记》等为儒家最粹之文学。若自其思想言之，则又纯粹之哲学也。今不解其思想而但玩其文辞，则其文学上之价值已失其大半。此外周秦诸子，亦何莫不然。自宋以后，哲学渐与文学离，然如《太极图说》《通书》《正蒙》《皇极经世》等，自文辞上观之，虽欲不谓之工，岂可得哉？此外如朱子之于南宋，阳明之于明，非独以哲学鸣，言其文学，亦断非同时龙川、水心及前后七子等之所能及也。凡此诸子之书，亦哲学，亦文学，今舍其哲学而徒研究其文学，欲其完全解释，安可得也？西洋之文学亦然，柏拉图之《问答篇》，鲁克来谑斯之《物性赋》，皆具哲学、文学二者之资格。特如文学中之诗歌一门，尤与哲学有同一之性质，其所欲解释者，皆宇宙人生上根本之问题，不过其解释之方法，一直观的，一思考的；一顿悟的，一合理的耳。读者观格代希尔列尔之戏曲，所负于汗德者如何，则思过半矣。今文学科大学中，既授外国文学矣，不解外国哲学之大意，而欲全解其文学，是犹却行而求前，南辕而北其辙，必不可得之数也。且定美之标准与文学上之原理者，亦唯可于哲学之一分科之美学中求之，虽有文学上之天才者，无俟此学之教训，而无才者亦不能以此等抽象之学问养成之。然以有此等学故，得使旷世之才稍省其劳力，而中智之人不惑于歧途，其功固不可没也。故哲学之重要，自经学上言之则如彼，自文学上言之则如此。是故不冀经学、文学之发达则已，苟谋其发达进步，则此二科之章程，不可不自根本上改善之也。

　　除此根本之大谬外，特将其枝叶之谬论之如左：

　　一、经学科大学与文学科大学之不可分为而二也。经学家之言曰："六经，天下之至文。"文学家之言曰："约六经之旨以成文。"二者尚书岂不知之，而顾别经学科于文学科中者，则出于尊经之意，不欲使孔孟之书与外国文学等侏儒之言为伍也。夫尊孔孟之道，莫若发明光大之，而发明光大之道，又莫若兼究外国之学说。今徒于形式上置经学于各分科大学之首,而不问内容之关系如何,断非所以尊之也。且果由尚书之道以尊孔孟,曷为不废外国文学也?貌为尊孔以自附于圣人之徒,或貌为崇拜外国以取媚于时势,二者均窃为尚书不取也。为尚书辩者,曰西洋大学之神学科,皆为独立之分科,则经学之为一独立之分科,何所不可?曰西洋大学之神学科,为识者所诟病久矣。何则?宗教者,信仰之事,而非研究之事。研究宗教,是失宗教之信仰也,若为信仰之故而研究,则又失研究之本义。西洋之神学,所谓为信仰之故而研究者也,故与为研究之故而研究之哲学,不能并立于一科中。若我孔孟之说,则固非宗教而学说也,与一切他学均以研究而益明,而必欲独立一科,以与极有关系之文学相隔绝,此则余所不解也。若为尊经之故,则置文学科于大学之首可耳,何必效西洋之神学科,以自外于学问者哉?

一,群经之不可分科也。夫"不通诸经,不能解一经",此古人至精之言也。以尚书之邃于经学,岂不知此义?而顾分经学至十一科者,则以既别经学于文学,则经学科大学中之各科,未免较他科大学相形见少故也。今若合经学科于文学科大学中,则此科为文学科大学之一科,自不必分之至析。夫我国自西汉博士既废以后,所谓经师,无不博综群经者,国朝诸老亦然。且大学者虽为国家最高之专门学校,然所授者亦不过专门中之普通学,与以毕生研究之预备而已。故今日所最亟者,在授世界最进步之学问之大略,使知研究之方法。至于研究专门中之专门,则又毕生之事业,而不能不俟诸卒业以后也。

一,地理学科不必设也。文学科大学中之有地理科,斯最可异者已。夫今日之世界,人迹所不到之地殆少。故自地理学之材料上言之,殆无可云进步矣。其尚可研究之方面,则在地文、地质二学。然此二学之性质,属于格致科,而不属于文学科。今格致科大学中既有地质科矣,则地理学之事可附于此科中研究之。若别置一科,不免有重复之弊矣。

由余之意,则可合经学科大学于文学科大学中,而定文学科大学之各科为五:一、经学科,二、理学科,三、史学科,四、国文学科,五、外国文学科。此科可先置英、德、法三国,以后再及各国。而定各科所当授之科目如左:

一、经学科科目:一、哲学概论,二、中国哲学史,三、西洋哲学史,

四、心理学,五、伦理学,六、名学,七、美学,八、社会学,九、教育学,十、外国文。

二、理学科科目:一、哲学概论,二、中国哲学史,三、印度哲学史,四、西洋哲学史,五、心理学,六、伦理学,七、名学,八、美学,九、社会学,十、教育学,十一、外国文。

三、史学科科目:一、中国史,二、东洋史,三、西洋史,四、哲学概论,五、历史哲学,六、年代学,七、比较言语学,八、比较神话学,九、社会学,十、人类学,十一、教育学,十二、外国文。

四、中国文学科科目:一、哲学概论,二、中国哲学史,三、西洋哲学史,四、中国文学史,五、西洋文学史,六、心理学,七、名学,八、美学,九、中国史,十、教育学,十一、外国文。

五至八、外国文学科科目:一、哲学概论,二、中国哲学史,三、西洋哲学史,四、中国文学史,五、西洋文学史,六、○国文学史,七、心理学,八、名学,九、美学,十、教育学,十一、外国文。

(《教育世界》1906年第118、119号)

"读经问题"解嘲

黎锦熙

为反对设"读经科"事而上"呈文",自然是"在官言官"(我在教育部虽然不是官,是站在"曾子,师也"的地位,不是立于"子思,臣也"的地位;但究竟是"在官"——在衙门里,就得守衙门里的规矩,用呈文来说话),那么,这篇呈文本来不是对社会而发表的。不料我递上去的第三天,《晨报》上已经把它和张宗昌、岳维峻们的文电等一块儿登出来了,于是我再把原稿整理出来,交给疑古玄同先生作本刊的材料(承疑古先生不惮烦,给它分了段,我自己才把这篇文章的条理看出一点儿来)。前天看见十五日《京报副刊》上有刘炳藜先生的一篇文章,又看见第三十七期《猛进》上有虚生先生的一篇短评,都极端反对读经,而对于我这篇呈文都表示不满意;我却十分感谢,因为他们两位是赞成我的意见"太过",而不是"不及"。

(一)画胡须与谈"读经"

刘炳藜先生说:"读经问题不是卫道的问题,用不着搬出什么'文化''国学'等名词来反对,这是学习心理学上的问题,这是教育心理学上的问题。"哎呀!看高了!又把读经归到"形式训练主义",啊呀呀!更看得太高了!

我且先说画胡须:我实在还是一个青年,没有留着胡须。呈文起草时,一下笔就是一些心理学和教育科学上的名词,纠缠不清,我想这一定是"白做了",因为说话人总要替听话人打算的;而且主张读经的决不是一二人,在社会上实在还有一种小小的潜势力,据我连实验带推测的结果,其中老头儿自然是过半数,其余的总在有胡须以上。现在我要揣摩这些先生们的心理而立言,陆机先生的《文赋》告诉我说:"信情貌之不差,故每变而在颜。"于是我就拿了一面镜子摆在面前,把毛笔饱蘸着墨在自己嘴唇上画起胡须来。我的儿子恰巧从学校里"挟策还家",看见了,嚷道:"您别画啦,我抽屉里还存着一副假胡须,六个子儿在糖挑子上买来的,给您使使吧!"我拿了一看,是"维廉式"的,不合用,因为怕作出文章来仍旧是"洋八股",赶紧掷还他了。经过大半天的工夫,文章写成了,其中说到八股时代士习之鄙恶,是"锦熙二十年前身历目击"的,这固然不是凭空扯谎(我从十一岁起,应过两次县考,一次府考,三次道考;到了有资格考举人了,忽然霹雳一声,科举废了,这真是很"天鹅绒"的事! 尤其是作八股还只做到"头比",没有"成篇",就被"煌煌明诏"改为"经义策论"。"成篇酒"是那时很严重很堂皇的典礼,没有来得及举行!),若是扯谎,岂敢大胆地下此断语,而且逆料有胡须以上的人们一定要点头承认这种情形说得果然不错呢? 但是,我若不是自己画上胡须,对着镜子,我哪里能够回想得这些意思出来? 那能有这种"笔法"——昨天还经过一件可笑的事:我在西升平园洗澡,听见隔房有两人议论这读经问题。一个人说:"黎锦熙大约也是一位老先生吧?"一个人答道:"不错,他是一个老教育部员,我认得的;年纪大约五十五六了,头发都白了。"我在那边只得"忍俊不禁"。我想只要能够使人家给我增加二十岁的年纪,这篇文章就可以不算"白做了"。

赞成读经的先生们,似乎根本上就不信西洋教育学理之能够适用于中国;他们只承认西洋的物质科学,精神文明究竟只有中国的好。至于懂得实验教育和研究儿童心理、学习心理学的专家,对于读经早已不成"问题",自然用不着再搬许多专门学理来"讨论""解决"了。——但我却不敢保险:刘先生文章里高声叫着:"大学校的教育和心理教授哪里去了!""中国的科学和实验教育家哪里去了!"我也很盼望他们根据着颠三倒四的学理来给读经问题下一个最正确的判决,虽然有胡须以上的先生们或者未必看得懂,看懂了也未必能够相信;但是有胡须"以下"的先生们总可更加一层合理的信念上的保障。不过,我们好朋友中,"科学的教育家"和"实验的教育家"却也不少,但我可不敢保证他们个个都反对读经,因为"洋八股"也和"土八股"一样,道理随人说,根据专家的学理,也许可以做出"赞成读经"的文章来。

(二) 现在的"读经论"究竟算哪一种教育主义？

"现在的读经论",果有合于西洋教育学说中之"形式训练主义"吗？我说刘先生更把它看得太高了。老实说吧：读经的理由完全是建筑在"准备说"（Preparation）基础之上的。杜威的 *Democracy and Education* 第五章起首解释"准备说"的意义：

> 准备说底大旨,就是说：教育乃是儿童们对于将来底一种准备。准备些甚么呢？自然就是成人生活所有底种种负担（Responsibilities）和特权（Privileges）不把儿童们看作社会底正式分子,在社会中有满足的相当的地位,只看作候补者（Candicates）,在候补人名单上给他们写上几个名字罢了。当欧洲中古时代,一般人把成人生活底自身也看作毫无意义,不过是为"来世"（another life）作一种预备的磨练；准备说对于儿童的观念,和这个正差不多。(p.63)

可怜啊！三千年的中国教育学说史上,我只能搜得出"准备说"的材料！像程颐先生说：

> 识得洒扫应对,便是"精义入神"。

又如王守仁先生的高足邹守益先生的话：

> 有疑圣人之功异于始学者。曰：王逸少所写"上大人",与初填朱模者,一点一直,不能一毫加损。(《东廓论学书》,《明儒学案》卷十六《江右王门学案》引)

这才含有一点"形式练习主义"（Formal Discipline）的根本原理,然而已不可多得。至于现在读经的主张,那能说得上这个主义呢？西洋从前的哲学家像陆克（Locke）等,实在是提倡这个主义的；他们学校课程里（究竟是中等教育的课程多）,所以要排上许多拉丁文、希腊文以及高等数学等,小学生所以要把很长而无用的单字和机械的拼音表读熟记熟,他们并不说这是现在有用的,也不说是预备着将来应用的;乃是作一种"心灵的训练",训练儿童们固有而未成熟的注意力、记忆力、观察力、推理力、判决力等。自然,近来实验的教育家像桑戴克(Thorndike)等实验的结果,已经把心灵的通转(Transfer)证明是靠不住的,这种主义便宣告破产了,可是残余的势力还未尽倒,因为它本来还算"持之有故,言之成理"的。读经的理由哪能比得上它呢?我已说过:

  昔时幼学读经,为其记忆力强,易于上口,有同器械;俾入场屋,试题一出,得知出处,免"曳白"耳。所谓利禄之途,不得不然也。

这难道也算得"形式练习主义"吗?这纯是一种下流的 Preparation!现在主张读经的人们,大约小时候都是受过这种"准备"教育折磨的;到了现在,虽然明明知道再叫小孩读经,已没有这个"利禄之途"之直接的希望了,可是当"友朋过从,纵谈今昔,成语古典,连珠而出"之时,总觉得子弟们之"瞠目不解"为讨厌,为可耻,为将来东方文化的大悲哀,为国家前途的大危险,所以非叫他们也读一点儿经不可;这或者和"从前受了婆婆的折磨,现在要还报在自己儿媳妇的身上"一样是变态的心理,说不上什么主义的,只算有胡须以上的人们对于没有胡须的人们之一种"无意的迁怒"。

  其实,在西洋教育学说里,有一派却大可为"读经论"张目的,就是"回顾主义"(Retrospection)。例如 Matthew Arnold 对于"文化"一词所下的定义是:"古代的思想和著述,其中有最卓越的几部分,这便是文化。"于是这一派的教育主义就是"回顾":要把已往的文学、科学、艺术等等,叫学者能应有尽有地获得、了解、谙熟,而且融化之;要能继承遗产,才好发展新知,因为新文化便是从这些旧遗产中逐渐发展出来的。老实说吧:我的"反读经论"早已采取这派的意见了,所以主张把所谓"群经旧训"分配到公民、国语、历史等科。不过要先把"群经旧训"重新估价,以定去取。这便又转入"文化""国学"问题,不能纯然从教育和心理学上去解决了。但如"倪嗣冲派"的读经论,一定要骂这个主义是"侮乱圣经"的。而且这个主义的基本原理,和所谓"猫狗教育"是同出一源；痛心疾首于"猫狗教育"的，便不配讲 Retrospection 的"读经教育"。"猫狗教育"大都是根据"复显论"（Recapitulation）的原理；虽则并不主张返本复始，到猴子的地位，却主张教小孩唱唱"猴戏"，也带有回顾的意味，所以如杜威的 *Democracy and Education* 中，就把"回顾主义""复显论"作一块儿批评（参照该书 pp.84—89）。

总之，现在的读经论，除非有几个作"洋八股"的教育学者出来给它润色藻饰一下子，是绝对够不上说是某种教育主义的。刘先生把它真看得太高！它和刘先生所说的至少还距离一万八千里；而且其间还有重重的隔阂，似乎这一万八千里之间还挡着许多许多的山。写到这儿，猛忆李商隐先生有两句诗，写以相赠：

刘郎已恨蓬山远，更隔蓬山一万重！

（三）甲乙丙的谈话

昨天有一个朋友甲对我说："现在主张读经的纵然说不上和西洋的'形式训练主义'相比，但向来读经的理论是根据《易经》上'蒙以养正，圣功也'这句话来的。便与程二先生和邹谦老他们的话在理论上也算不差甚么。不过训蒙的材料（整部的经书）和所用的方法（硬读硬背），实在远不如彼土讲'形式训练主义'者之各有种种的研究罢了。"这一说，是专就向来读经之纯正的理论上观察的，却也不错。不过他们的材料和方法，太与这种理论相反，因此所得的效果也大大的相反：二千年来的父兄们谁不说子弟转"蒙养"工夫端赖诵读所谓圣经贤传、嘉言懿行者？他们所要训练的"形式"，自然是偏重伦理的方面，而未尝注意心理的方面。不料经书越读得多，子弟们的操行越坏；不是"顽劣而无秩序"，就是"局促如辕下驹"（自然也有例外，但其能"崭然露头角，不与常儿伍"者，实具有别种原因，决不是受了经训的暗示）。这个相反的缘故，就在训练的材料和方法太与"心理"相反，因为"伦理"上形式训练的效果，只能做到一个完全失败。

但是，咱们这班老先生们，又把他看高了！真相信这个"蒙以养正，圣功也"的理论的，乃是真正理学先生的家庭。普通"诗礼"人家，他们的"月亮"只是照着"曲老先生吟韩诗","拜月神","背上几句《诗经》","弟兄们为砸碎了兔儿爷打架","谈易理","发明洋字从羊是羊种的字说",闹了一阵子,吃过饭,读经的父兄们躲在屋子里"叉麻将"去了;读经的子弟们跑在梅兰芳《嫦娥奔月》的台下叫好去了。只剩下冷清清的月亮和"诗礼"的精神徜徉在院子里!

又有一个朋友乙对我说:先生!您现在怎么这么"旧"哇!您名为"反对读经",其实是要"改良读经法"呀!被您这么一改良,读经的课程岂不更成了铁案了吗?我说您的罪比他们主张读经的还大。

同时又有一个朋友丙接着说:是啊!您一方面说读经是下流的"准备说",一方面自己又拿"回顾主义"来提倡改良读经法,替读经论张目。须知西洋的"回顾主义"不过是文艺复兴后转出来一个"新人文主义"的余波,它的价值不见得比"准备说"高。先生何必给它们生出"轩轾"呢?

以上两说,极是极是!我在前次的"读经问题解嘲"已说过了,那篇呈文是画着胡须对着镜子才做出来的,这就是表示我要自己打自己的嘴巴。我现在明明白白地声明一句吧:呈文中的改良读经论,其目的只在博得有胡须以上的先生们的同情,又对于主张读经的许多先生们,"以子之矛,陷子之盾",是"三句话不离本行"的说法。我的希望有二:一、说老实话,自然是要得有胡须以上的老先生们的点头或拍掌,"读经科"或许可以不成立了。二、决不愿意有胡须以下的先生们(除遗少外)也跟着点头或拍掌,而且希望他们群起而反对之。因为反对这篇文章的有胡须以下的人们(除遗少外),决不是赞成读经的(除作洋八股的专家外)。但虽不赞成读经却又赞成这种改良读经的"君主立宪论",也就是教育界思想的不彻底,所以我的第二个希望就是"欢迎反对"。

不过"经"里边就有两句话:"好而知其恶,恶而知其美。"固然不要把现今读经主张上的理论看得太高了,须知读经在二千年来的教育史上弄得那般"下流",实在是科举制度之过;它的本身,却不妨在中国这个现在的可怜的"文艺复兴时代"给它一个相当的提拔,把它和教育主义中的"回顾主义"比一比。充其量,它的程度只能到这里为止;过此以往,它再也比不上甚么西洋式的主义了。我却没有"提倡"回顾主义,也不愿意"轩轾"那些已经宣告破产的西洋教育学说。不过有一个预告在"回顾主义"的范围内研究读经,还的确可以从实验的教育学和学习心理学上得到一个更能替它张目的公例;可是"经"里边又有一句话,"毋教猱升木",所以我不敢说出来,只好任我的好朋友们去取得这个罪名。我拿"回顾主义"来比附读经,已经是一篇"洋八股"了;还有一篇好做的,我的"文料"还不够,留给大家去做,让朋友们也过一过挨骂的瘾,以昭大公。

以上甲乙丙三家和我的问答,随手记出来,即以充"宇宙"的篇幅。

(四)孔夫子的便壶

自虚生先生有"卑经"之论,而疑古先生复有"原经"之篇(见《语丝》第五十四期)。据鄙见看来,"原"则"卑","卑"则"尊"矣。何以言之?

"原"则经的真面目完全露出来了,然后大家恍然于二千多年以来所谓至尊之经就是这么一回事,故"卑"。所谓"卑",即由所谓"经"者从此一变而为古代的史料,而在历史的教育上古代史又远不"如近代史的重要,故'卑'。这就是卑经矣"。尊论者所持的理由。据我看来,卑何以言之?

曲阜县有所谓"孔子履"者,硕大破烂,无人能穿;我曾见之,有其照片。不但原物的宝贵远在坊刻十三经之上,即我这张照片的珍藏也觉得不要跟相台岳氏本五经搁在一起。由是观之,至尊之经,曾不若至贱之履矣。假使曲阜一带开矿的掘到一把便壶,上镌有"仲尼自用"字样,尽管是极粗陋的陶器(那时候自然没有磁器,也许是木制的还说不定),我想其为世人所宝贵必不亚于六经。那么,无论其归入午门的历史博物馆,或北河沿的北大研究所国学门,或竟落到古董者的私家,至少都要给它精制一个玻璃柜,深深地藏着,高高地放着。这区区一把便壶,居然得到世人这样地待遇,是"尊"呢,还是"卑"呢?经亦如是矣!假如有一个大摆架子要闹阔的军阀或财阀,金制的便壶还不够现出他的阔气,居然抢了这把便壶来供他自己的撒尿,世人批评他,其去"大逆不道"也怕不过"一间耳"。那些批评他的世人要一反其所为,就说:"孔夫子的便壶,岂能像这样地亵渎呢?须知圣人'咳唾为玉,便溺皆香'(明朝吕坤先生《呻吟语》中的话),这应该"瓣香以供奉之"! 香火久了,自然"显圣"。于是一传十,十传百:上某处向这"便壶尊神"去磕几个头,化一碗水,吃了可以治淋症。颇有明理的士大夫,听见了大不谓然,立志非革除这种陋习不可;然而"通经所以致用",于是喝退了众人,取了这把便壶回去盛酒,以供祭祀,以待宾客。

莽夫,愚民,士大夫,所以待孔夫子的便壶者各自不同,然而究竟是"尊"呢,是"卑"呢? 经亦如是矣!

所以我还是维持我的尊经论,"反对"虚先生的卑经论。

这时候,有一位印度造"经"的专家,从西方御风驾云而来,合掌宣言:所谓反对,即非反对,是名反对。何以故? "尊"不异"卑","卑"不异"尊"故;"尊"即是"卑","卑"即是"尊"故;"卑"与"尊"同出于一"原"故。

(五) 结 论

结论是通信,计凡三通:

(1)

炳藜先生:

《京副》三四〇号"支单"我看见了,很好! 我愿意承受这个支单。所谓西洋那些教育主义,在您前回赠我的那一本大著《近代教育思想》已叙述得明明白白。现在就大家把"读经"主义瞎配一下,也不成甚么问题。

支单上的数字,小有错误,擅为更正。这是极无关紧要的事,请别注意。

18 000 里×0	似宜改为	18 000 里×1
3 000 年	似宜改为	1 000 年

您说两三世纪前的心灵鬼附在我的身上了,这是确实的事,因为这个理也和画胡须一样。画了胡须,不过貌似,文必不工;能有鬼魂附体,方得有"神来"之笔。好在我的胡须终归于洗干净了,而这附体的心灵鬼,一等到那篇滥调东西做完的时候,也就跑了。——大凡在现代还要装模作样做文言文的,都可作如是观:不是"装鬼脸",便是"扮优伶"。

鬼脸所以吓人,优伶所以博趣。这不是骂一切做文言文的人,是说文言文之为用也止乎此。

（2）

么去先生:

您寄给我的这篇《读经作贼论》真太凶了!说句质直的话:虽则搜的证据很多,足供史料,可是发表出来,有伤忠厚;请您原谅,不登载了。况且时局推移,这时候更不可有一点"落井下石"的态度。我们要以赤手空拳和生龙活虎奋斗;向来是不打"死老虎",也不打"纸老虎"的。

（3）

敏之先生:

承问"猫狗教育"之说:其说远创于湖南我一个好朋友某君,近见于《甲寅》第十四期。某君之信,不在手头,不征引了。《甲寅》说:

> 自新政兴,学校立;将《千字文》《四书》《唐诗三百首》改为猫狗、木马、板凳之"国民读本"。……

猫狗读本之为世诟病,自从新学制公布,出版界提倡"儿童文学"之后而更甚。教育部一概给他们审定了,以为这原是近来世界许多教育心理专家"极深研几""实事求是"得到的通则和办法,还有甚么问题?不料我们社会的时代太隔远了:有几个同事的居然挨了几位老先生(实在并不老)一顿大大的面斥,说审定这些书的真该杀;像这样误人子弟,简直要绝子灭孙的。这是何等的深恶痛绝呀!于是非读经不可了。而岂知读经教育(改良的)和猫狗教育,在根本原理上也还是同出一"原"呢?

（《京报·国语周刊》1925年11月12日、11月29日、12月6日第24、25、26期）

十四年的"读经"

鲁　迅

自从章士钊主张读经以来,论坛上又很出现了一些论议,如谓经不必尊,读经乃是开倒车之类。我以为这都是多事的,因为民国十四年的"读经",也如民国前四年,四年,或将来的二十四年一样,主张者的意思,大抵并不如反对者所想像的那么一回事。

尊孔,崇儒,专经,复古,由来已经很久了。皇帝和大臣们,向来总要取其一端,或者"以孝治天下",或者"以忠诏天下",而且又"以贞节励天下"。但是,二十四史不现在么？其中有多少孝子、忠臣、节妇和烈女？自然,或者是多到历史上装不下去了；那么,去翻专夸本地人物的府县志书去。我可以说,可惜男的孝子和忠臣也不多的,只有节烈的妇女的名册却大抵有一大卷以至几卷。孔子之徒的经,真不知读到那里去了；倒是不识字的妇女们能实践。还有,欧战时候的参战,我们不是常常自负的么？但可曾用《论语》感化过德国兵,用《易经》咒翻了潜水艇呢？儒者们引为劳绩的,倒是那大抵目不识丁的华工！

所以要中国好,或者倒不如不识字罢,一识字,就有近乎读经的病根了。"瞰亡往拜""出疆载质"的最巧玩艺儿,经上都有,我读熟过的。只有几个胡涂透顶的笨牛,真会诚心诚意地来主张读经。而且这样的脚色,也不消和他们讨论。他们虽说什么经,什么古,实在不过是空嚷嚷。问他们经可是要读到像颜回、子思、孟轲、朱熹、秦桧(他是状元)、王守仁、徐世昌、曹锟；古可是要复到像清(即所谓"本朝")、元、金、唐、汉、禹汤文武周公、无怀氏、葛天氏？他们其实都没有定见。他们也知不清颜回以至曹锟为人怎样,"本朝"以至葛天氏情形如何；不过像苍蝇们失掉了垃圾堆,自不免嗡嗡地叫。况且既然是诚心诚意主张读经的笨牛，则决无钻营、取巧、献媚的手段可知，一定不会阔气；他的主张，自然也决不会发生什么效力的。

至于现在的能以他的主张，引起若干议论的，则大概是阔人。阔人决不是笨牛，否则，他早已伏处牖下，老死田间了。现在岂不是正值"人心不古"的时候么？则其所以得阔之道，居然可知。他们的主张，其实并非那些笨牛一般的真主张，是所谓别有用意；反对者们以为他真相信读经可以救国，真是"谬以千里"了！

我总相信现在的阔人都是聪明人；反过来说，就是倘使老实，必不能阔是也。至于所挂的招牌是佛学，是孔道，那倒没有什么关系。总而言之，是读经已经读过了，很悟到一点玩意儿，这种玩意儿，是孔二先生的先生老聃的大著作里就有的，此后的书本子里还随时可得。所以他们都比不识字的节妇、烈女、华工聪明；甚而至于比真要读经的笨牛还聪明。何也？曰"学而优则仕"故也。倘若"学"而不"优"，则以笨牛没世，其读经的主张，也不为世间所知。

孔子岂不是"圣之时者也"么，而况"之徒"呢？现在是主张"读经"的时候了。武则天做皇帝，谁敢说"男尊女卑"？多数主义虽然现称过激派，如果在列宁治下，则共产之合于葛天氏，一定可以考据出来的。但幸而现在英国和日本的力量还不弱，所以，主张亲俄者，是被卢布换去了良心。

我看不见读经之徒的良心怎样，但我觉得他们大抵是聪明人，而这聪明，就是从读经和古文得来的。我们这曾经文明过而后来奉迎过蒙古人、满洲人大驾了的国度里，古书实在太多，倘不是笨牛，读一点就可以知道，怎样敷衍、偷生、献媚、弄权、自私，然而能够假借大义，窃取美名。再进一步，并可以悟出中国人是健忘的，无论怎样言行不符，名实不副，前后矛盾，撒谎造谣，蝇营狗苟，都不要紧，经过若干时候，自然被忘得干干净净；只要留下一点卫道模样的文字，将来仍不失为"正人君子"。况且即使将来没有"正人君子"之称，于目下的实利又何损哉？

这一类的主张读经者，是明知道读经不足以救国的，也不希望人们都读成他自己那样的；但是，耍些把戏，将人们作笨牛看则有之，"读经"不过是这一回耍把戏偶尔用到的工具。抗议的诸公倘若不明乎此，还要正经老实地来评道理,谈利害,那我可不再客气,也要将你们归入诚心诚意主张读经的笨牛类里去了。

以这样文不对题的话来解释"俨乎其然"的主张,我自己也知道有不恭之嫌,然而我又自信我的话,因为我也是从"读经"得来的。我几乎读过"十三经"。

衰老的国度大概就免不了这类现象。这正如人体一样,年事老了,废料愈积愈多,组织间又沉积下矿质,使组织变硬,易就于灭亡。一面,则原是养卫人体的游走细胞(Wanderzelle)渐次变性,只顾自己,只要组织间有小洞,它便钻,蚕食各组织,使组织耗损,易就于灭亡。俄国有名的医学者梅契尼珂夫(Elias Metschnikov)特地给他别立了一个名目:大嚼细胞(Fresserzelle)。据说,必须扑灭了这些,人体才免于老衰;要扑灭这些,则须每日服用一种酸性剂。他自己就实行着。

古国的灭亡,就因为大部分的组织被太多的古习惯教养得硬化了,不再能够转移,来适应新环境。若干分子又被太多的坏经验教养得聪明了,于是变性,知道在硬化的社会里,不妨妄行。单是妄行的是可与论议的,故意妄行的却无须再与谈理。惟一的疗救,是在另开药方:酸性剂,或者简直是强酸剂。

不提防临末又提到了一个俄国人,怕又有人要疑心我收到卢布了罢。我现在郑重声明:我没有收过一张纸卢布。因为俄国还未赤化之前,他已经死掉了,是生了别的急病,和他那正在实验的药的有效与否这问题无干。

十一月十八日。

(《猛进》1925年11月27日第39期)

僵尸的出祟
——异哉所谓学校读经问题

周予同

这篇文章,实在是废话,在作者与读者方面,都是时间的浪费。但这有什么法子呢！在这样奇怪的国度里,僵尸穿戴着古衣冠,冒充着神灵,到民间去作祟,几乎是常有的事。你如果觉得太不入眼了,觉得有点忍耐不住了,你能沉默着不说话吗？你能不大声呼喊吗？朋友们！恐怕谁也说"不能"！但是,这真是没有法子呢！

劈头说了一段不着边际的话,这真似废话了。但是,且慢,请看八月十二日上海《时事新报》"学灯"栏中一段奇怪的新闻：

> 江苏教育厅于八月八日训令省立各学校、各县教育局长第一六〇五号文云：案奉省长第五一八六号训令内开：案准浙闽苏皖赣联军总司令部函开：兹据无锡公民杨钟钰、曹启文呈请禁止男女同校,特重读经与国文,禁用白话,并多设宣讲所等情。查中国礼教庄严,文献宏备,本为全球各国所重视。乃近岁学风浮嚣日甚,败常乱俗,谬托文明。推其狂悖之心,直欲使数千年道德留贻(？)铲除净尽,反不若欧美所设之学校,犹知维持德育。教部及各校职员,因循敷衍,舍己耘人,使青年子弟,渐染浇风,可为太息。该公民等所称,洞中时弊,颇堪采用。相应函请察照,令行教育厅核议施行为荷等因。并附件原呈到署。除函复外,合行抄录呈稿,令仰该厅长查照向章,分别核议具复,此令,等因。并钞发原呈。奉此。当以男女同学一项,在小学校生理尚属幼稚时代,似尚无妨。大学生年龄学力已达成人时期,在道德及法律上均可自负责任。按诸

国外各大学,亦类皆男女同学,似当有通融之余地。惟中等各校,学生年龄大率正在青春时间,定识定力,均尚未有充分修养,似应一律禁止男女同学,以防弊害,而肃风纪。读经一项,包括修齐治平诸大端,有陶冶善良风俗作用,似应由各校于公民科或国文科内,择要选授,借资诵习。至特重国文禁用白话一项,在小校学生程度尚浅,文言白话,不妨兼授,以期易于领会。中等各校学生以能阅本国典籍、现代文言报纸,及以清浅文字发表思想事物为重要之目的,似应多授文言文,以期国文程度之增进。并应禁阅不正当之小说,以肃校风,而端士习。又多设宣讲所一项,现在各县所办社会教育事项,类有通俗宣讲员担任宣讲,前经厅长通令整顿在案,似可即由职厅摘抄原呈要旨,令饬各甚原有宣讲员切实办理,无庸另行添设,庶几事易观成,费无虚耗等语。备文复请省长核示。兹奉指令内开:呈悉,准如所拟办理,即由该厅通令饬遵,并候特函总司令部查照,此令等因。奉此,除通令外,合行抄发原呈令,仰该校遵照,此令。

我不是美国哥伦比亚大学的教育博士,也不是新文化运动中的国语大家,关于男女同学和禁止白话文两个问题,自有那些带方帽子的博士们或者专家们去从容讨论,用不着我来饶舌。现在,我姑且专就僵尸似的读经问题谈一下罢。

这"读经"的僵尸,在民国作祟,已不止一次了。民国四年,国务卿徐世昌及程树德等,不由教部而径由政事堂编制《教育纲要》,添设读经,当时的遗老遗少们大有"猗欤盛哉"之叹,但不久袁世凯也就由总统变成皇帝了。共和重建,教育部总算顾全了这块民国招牌,所以也就通令废止。这是第一次。去年章士钊恃执政府教育总长的权威,在十月末开了一次部务会议,又要在学校里添设读经;侥幸当时教部还有几位有骨气的部员,坚持反对,于是终无结果,但不久段祺瑞枪杀学生的"三一八惨案"又就随着发生了。这是第二次。我真正有点担忧,这僵尸的出现,总多少给民国一点祸患。第一次的帝制,第二次的惨杀,固然不能说全原于读经,但它的确是反动行为的预兆呢!《易》曰:"知机其神乎!"现在这僵尸第三次又出现了,它或者已在伸出可怖的手爪来散播祸患的种子了！但是，当祸患还未降临的时候，我们惟一的救急手段，只有捉着这僵尸，剥掉它的古衣冠，用照妖镜似的眼光，看它究竟是一个什么东西变成的。现在，我不客气了，我只得先动手去触这个僵尸了。

如果我们像现在时髦大学考试国学常识似的，说："经是什么？有些什么？"恐怕大家或者不加思索地说：经是孔子的东西，它一共有十三部，所谓十三经，因而将《孟子》《尔雅》等书一一的列举出来。但是这个答案，假使我是主试者，我一定要给它一个零分。为什么呢？因为（一）经的定义，（二）经的领域，和（三）经和孔子的关系，在经学史上是一个争辩未决的问题，决不是那么简单的话所能答复的。所以提倡读经的人，假使对于上面三个问题自己先没有弄清楚，而仅仅的说初小要读《孟子》，高小要读《论语》，中学要读《左传》，那么，他不仅不配作一个真正的思想反动者，并且不配来谈经，来提倡读经。因为他所以经呵经呵这样无聊地喊，完全是自己被这个古衣冠的僵尸吓倒，因而把这个僵尸当作神灵样的去吓别人。

我们要晓得，经学上的争辩论难与其派别的复杂，和其他文学或哲学等是一样的。虽然自孔子到现在已经有二千四百七十七年（纪元前五五一——一九二六），自西汉经学产生到现在已经有二千一百三十二年（高祖元年当纪元前二〇六——一九二六），但经学本身依然是纷乱的，是不能"定于一"的。仅就上面几个问题——（一）经的定义，（二）经的领域，（三）经和孔子的关系——说，就我所知的，已经有四派完全不同的学说。我们为明了起见，可以名为：（一）经古文学派，（二）经今文学派，（三）骈文学派，（四）新古史学派。

这四派里面，它的学说比较地没有什么价值或权威的，是第三派的骈文学派。这派起源于清代阮元的《文言说》，到近人刘师培才成为比较有系统的主张。他以为"经"书为什么称为经呢？这因为六经中的文章多是奇偶相生，声韵相协，藻绘成章，好像治丝的经纬一样，所以称为"经"。依他的主张，孔子的六经所以名为经，是因为六经的文章大抵是广义的骈文体，所以其他群书，只要是"文言"的（即所谓广义的骈文体），也可以称为经，如《老子》称为《道德经》，《离骚》称为《离骚经》等。

这派发生的动机是反对桐城派的古文,因为桐城派的文学家援引《左传》《檀弓》等以自重,说自己这派的文学渊源于六经,所以当时的骈文学者为抵御敌方(古文家)起见,也援引《易经》中的《文言》,说自己这派的文学也渊源于六经,而且比较他们所援引的早些而且更有权威。这派不知道经学与文学有各自独立的领域,而甘心以文学作经学的附庸,实在不甚高明。现在录刘师培一段话,以见一斑。

> 许氏《说文》"经"字下云:"织也。从糸,巠声。"盖经字之义,取象治丝。从丝为经,衡丝为纬;引伸之,则为组织之义。……六经为上古之书。故经书之义,奇偶相生,声韵相协,以便记诵,而藻绘成章,有参伍错综之观。古人见经文之多文言也,于是假治丝之义,而锡以六经之名。即群书之文言者,亦称之为经,以与鄙词示异。后世以降,以六经为旧典也,乃训经为法;又以六经为尽人所共习也,乃训经为常:此皆经后起之义也。
>
> 如《易》有《文言》,而六爻之中亦多韵语,故爻字取义于交互。《尚书》亦多偶语韵文。《诗》备入乐之用,故声成文谓之音。而《孟子》亦曰:"不以文害辞。"《孟子》引孔子之言曰:"《春秋》,其文则史。"而《礼记·礼器》亦曰:"礼有本有文。"是六经之中无一非成文之书。(均见刘著《经学教科书》第一册)

刘氏的话固然有许多误谬的地方,最明显的,如《春秋》其"文"则史,礼有本有"文"的两个"文"字,决不能作"文言"的"文"来解释;但我们现在不是来编经学讲义,实在无需详密的批评。总之,对也罢,不对也罢;不过假使采取这一派的学说来谈经的定义及领域,那么,不仅只《孟子》《论语》可算是经,就是一切"文言"体的群书,如哲学的《道德经》和文学的《离骚经》也应当称为经。大声提倡读经的圣人们贤人们,你们的意见怎么样?恐怕又以为这不免涉及异端或斥为雕虫小技有妨大道了。

经学学派中,比较顽旧点的,是经古文学派;但就是依这派的主张,也恐怕不是现在这班提倡读经的圣贤们所能忍受。因为这派以为经是书籍的通称,不是孔子的六经所能专有。在孔子以前,固然已有所谓经书,在孔子以后的群书,也不妨称为经。总之,经就是线,就是订书的线,就是所谓"韦编三绝"的"韦编"。所以只要是线装的,全可以称为经。经是一切线装书的总称,不能占为五经、六经、七经、九经、十一经、十三经等经书的专名词。依它的主张推广地说,不仅现在书坊流行的"大狗跳,小狗叫"的小学国语教科书可称为经,就是他们表面上疾首痛恶而自己偷偷地在被窝里看着的《金瓶梅》,假使不是日本洋装式的翻板,也可以称为经。在腐旧的经学里,居然有这样大胆的主张,这在不学无术而又喜欢谈经的圣贤们,恐怕又要舌挢不下了!

这派的起源较早,但对于上述学说的集成,实始于近人章炳麟。章氏在《国故论衡·文学总略》篇,有一段解释"经""传""论"的起源,说这三者的区别完全出于书籍装订与版本长短的不同。现节录于下:

> 案经者,编丝缀属之称,异于百名以下用版者,亦犹浮屠书称修多罗。修多罗者,直译为线,译义为经。盖彼以贝叶成书,故用线联贯也;此以竹简成本,亦编丝缀属也。传者,专之假借。《论语》"传不习乎",《鲁》作"专不习乎"。《说文》训专为六寸簿。簿即手版,古谓之忽。书思对命,以备忽忘,故引伸为书籍记事之称。书籍名簿,亦名为专。专之得名,以其体短,有异于经。郑康成《论语序》云:"《春秋》二尺四寸,《孝经》一尺二寸,《论语》八寸。"此则专之简策当复短于《论语》,所以谓六寸者也。论者,古但作仑。比竹成册,各就次第,是之谓仑。箫亦比竹为之,故龠字从仑。引伸,则乐音有秩亦曰仑,"于论鼓钟"是也。言说有序亦曰仑,"坐而论道"是也。《论语》为师弟问答,乃亦略记旧闻,散为各条编次成帙,斯曰"仑语"。是故,绳线联贯谓之经,簿书记事谓之专,比竹成册谓之仑,各从其质以为之名。

章氏根据上说,所以在《国故论衡·原经》篇中,说经是一切群书的通称。他举了许多证据,以为:(一)兵书可以称经,如《国语·吴语》说"挟经秉枹"。(二)法律可以称经,如王充《论衡·谢短》篇说,"五经题篇,皆以事义别之;至礼与律,独经也"。(三)教令可以称经,如《管子》书有经言、区言。(四)历史可以称经,如《汉书·律历志》所援引的记载庖牺以来帝王代禅的"世经"。(五)地志可以称经,如《隋书·经籍志》所著录的挚虞的"畿服经"。(六)诸子可以称经,如《墨子》有《经上》《经下》两篇;《韩非子》的《内外储说》先次凡目,亦称为经;《老子》到汉代邻氏次为经传；贾谊书有《容经》。（七）其他六经以外的群书，也时常称经，如《荀子》所援引"人心之危，道心之微"二语，出于古代已经遗佚的《道经》。总之，依章氏的主张，一切的书籍都是经，这真使提倡读经的圣贤们为难了。章氏在今日，已居然作拥护旧礼教者的傀儡；但他的这种学说，恐怕又不是他们所能接受的。因为他们所崇仰或利用的，只是半疯假痴的章太炎，而不是洪宪以前的继承浙东学派与拥护经古文学的章太炎呢！

与经古文学派相反的，是经今文学派。这派虽然以为六经是孔子的作品，但他们对于经的定义异常狭窄，而主张复异常坚决，恐怕也仍旧使现在提倡读经的圣贤们为难。这派以为经是孔子著作的专有名称，孔子以前，不得有经，孔子以后的著作，也不得冒称为经。他们以为经、传、记、说四者的区别，不是如经古文学者所谓书籍板本长短的不同，而是著作者身分的不同。他们以为孔子所作的叫做经，弟子所述的叫做传，或叫做记，弟子后学展转口传的叫做说；一如佛教佛所说的名经，禅师所说的名律论的不同。所以他们以为只有《诗》《书》《礼》《乐》《易》《春秋》是孔子所手作，可以称为经；《乐》在《诗》与《礼》中，本无经文，所以实际上只有五经这名辞是可以成立或存在的。南朝增伪《周礼》《小戴记》二书，称为七经；唐又去《春秋》本经，而增《公羊传》《穀梁传》、伪《左氏传》三书，称为九经；宋又增《论语》《孝经》《孟子》、伪《尔雅》四书，称为十三经。这些所谓七经、九经、十三经等等名词，全是不通的，全是误谬的。宋朱熹又将《小戴记》中的《大学》一篇，分析首章为经，余章为传，以一记文分经传，更是荒谬的举动。并且进一层说，就是五经，还有应该讨论的问题。譬如《易经》，其中《卦辞》《爻辞》《象辞》《彖辞》，是孔子的作品，可以称为经；《系辞》《文言》，是弟子所作，只可以称为传。所以《史记·自序》篇称《系辞》为《易大传》。《说卦》《序卦》《杂卦》三篇，不仅不是孔子的著作，并且是汉时所伪造，所以连传、记、说的名称都不配。总之，依经今文家说，经的领域是异常狭窄的，所谓经，只有《诗》三〇五篇（他们不信古《毛诗》三百十一篇的话），《书》二十八篇（严格的今文家，连欧阳、大小夏侯后增的《泰誓》也不算），《仪礼》十六篇（本十七篇，除掉子夏所作的《丧服传》），《易》的《卦辞》《爻辞》

《彖辞》《象辞》四种（他们不信连《系辞》《文言》《说卦》《序卦》《杂卦》都计算在内而称为"十翼"的古文说），及"断烂朝报"似的《春秋经》的本文。这种学说，在清代中叶的汉学家已经这样地主张；但立足于今文派而大胆的提出抗议的，是始于龚自珍《六经正名》及《六经正名答问》诸文。但龚氏有时还混杂古文家说，所以后来的今文家，如皮锡瑞的《经学历史》、廖平的《知圣篇》、康有为的《新学伪经考》，提出更明确更有系统的主张。现节录龚氏文一段如下：

> 何谓传？《书》之有大小夏侯、欧阳，传也；《诗》之有齐、鲁、韩、毛，传也；《春秋》之有公羊、穀梁、左氏、邹、夹氏，亦传也。何谓记？大小戴氏所录凡百三十有一篇是也。何谓群书？……《礼》之有《周官》《司马法》，群书之颇关《礼经》者也。……何居乎后世有七经、九经、十经、十二经、十三经、十四经之喋喋也？或以传为经，《公羊》为一经，《穀梁》为一经，《左氏》为一经。审如是，是则韩亦一经，齐亦一经，鲁亦一经，毛亦一经，可乎？欧阳一经，两夏侯各一经，可乎？《易》三家，《礼》庆、戴，《春秋》又有邹、夹。汉世总古今文，为经当十有八，何止十三？……或以记为经，大小戴二记毕称经。夫大小戴二记，古时篇篇单行；然则《礼经》外，当有百三十一经。或以群书为经。《周官》晚出，刘歆始立；……后世称为经，是为述刘歆，非述孔子。……又以《论语》《孝经》为经。假使《论语》《孝经》可名经，则向早名之，且曰序八经，不曰序六艺矣。……于是乎又以子为经（指《孟子》）。犹以为未快意，则以经之舆儓为经，《尔雅》是也。《尔雅》者，释《诗》《书》之书，所释又《诗》《书》之肤末，乃使之与《诗》《书》抗，是尸祝舆儓之鬼配食昊天上帝也。

龚氏这段话，很能痛快的指斥十三经名词之不能成立，很能系统的指出《周礼》《小戴记》《公羊传》《穀梁传》《左传》《论语》《孝经》《孟子》《尔雅》九书之不能称经。但提倡读经的圣贤们，这于你们又发生困难了。依你们的意见，不过叫没有反抗力的小学生们读读《论语》《孟子》，读读《大学》《中庸》，或者读读《左传》。但是，这只能算是读传记、群书、诸子，不能算是读经；这和国文教员选读《史记》《庄子》是一样的，哪里配称读经？要读经，就要读断烂朝报似的《春秋》或佶屈聱牙的《尚书》等才行。但是，不客气说，谅这些圣贤们也没有这样大反动的气概与胆识！况且，孔子不删郑卫之诗，这谈恋爱说淫奔的国风，恐怕还要请呈司令部出示禁止呢！

上述三派，虽然对于经的定义与领域，各有不同的见解，但是对于五经与孔子有密切的关系一点，都是承认的。不料到了最近产生的新古史学派，他们根本的否认五经与孔子有什么关系。为拥护旧礼教而抬出孔子作招牌，是否得当，是否有效，都暂且退一百步不提；但是为昌明孔子之道而抬出五经作材料，那你就是被伪古史欺骗的大傻瓜！为什么呢？没有别的，就因为五经是五部不相干的杂凑的书，与孔子丝毫没有关系，孔子与五经真所谓"风马牛不相及"！自然，这在提倡读经的圣贤们，或者会大咋其舌，而斥为离经叛道；不过在平心静气以经书为客观的研究材料的人们，不能不承认他是经学上一个新学派，不能不承认他是一个超汉宋学、超今古文学而受怀疑哲学的洗礼的新学派！这派发生只有四年的历史，自然一时不能有很完备的学说；在现在，可以作这派代表的，也只有钱玄同先生。钱先生以为：（一）孔子没有删述或制作六经的事；（二）《乐经》本来无书，《诗》《书》《礼》《易》《春秋》本是各不相干的五部书；（三）把各不相干的五部书配成一部而名为六经的缘故，是因为附会《论语》"子所雅言，诗书执礼"及孟子"孔子作《春秋》"的话而成；（四）六经的配成，当在战国之末；（五）自六经名词成立以后，于是《荀子》《商君书》《礼记》《春秋繁露》《史记》《汉书》《白虎通》等书，一提及孔子，就并及六经，而且瞎扯了什么"五常""五行"的鬼话来比附；（六）因有所谓五经，于是将传记、群书、诸子乱加，而成为七经、九经、十一经、十三经的名称。他搜集《论语》上谈及《诗》《书》《礼》《乐》《易》《春秋》的话而加以严密的考证，因而断定：（一）《诗》是一部最古的总集；（二）《书》是三代时候的"文件类编"或"档案汇存"，应该认为历史；（三）《仪礼》是战国时代胡乱钞成的伪书；（四）《易》的原始的卦爻是生殖器崇拜时代的符号，后来被孔子以后的儒者所假借，以发挥他们自己的哲理；（五）《春秋》是五经中最不成东西的一部书，是所谓"断烂朝报"或"流水账簿"。自然，他决不是如上文所援引的那样的简单，那样大胆的武断；这不过是他研究以后的结论与断案，他所搜集的材料与考据的方法是和汉学家一样的丰富与缜密的。这种考证文字，本也可以节引，但似乎太繁琐，所以读者如欲明了其中的曲折，请参考他的原著（见顾颉刚《古史辨》第一册页六七至八二，或《努力周刊·读书杂志》第十期）。

这真使我们提倡读经的圣贤们更为难了！提倡读经是为宣扬孔道，宣扬孔道是为拥护旧礼教；现在经书和孔子根本上就没有关系，这真是这些圣贤们的致命伤了。

以上所说，还不过是就经的定义、领域及它和孔子的关系随便谈谈，已如此其繁复而不易解决；如果我们再进一层讨论经的内容，那它的困难问题更其是风起云涌，不仅小学生的脑子装不下，就是这班不学的圣贤们恐也要头昏脑胀呢！现在姑且拿十三经的头部书《易经》来说罢。易学派别的繁多，真是五花八门；有《易》汉学与《易》宋学的不同；《易》汉学中，又有今文《易》与古文《易》的不同；而今文《易》中，又有施（雠）、孟（喜）、梁丘（贺）、京氏（房）的分派；古文《易》中，又有费（直）、高（相）的分派；此外汉魏间郑玄、虞翻、荀爽、王弼的易学，清代的张惠言、焦循的易学，都自有其立脚点。他们的学说，每每一个问题，使你竟年穷究而不得结果！现在提倡读经的圣贤们，或者以为学生们用不着这许多，随便谈点罢了。但这是什么话！做学问只要随便，只要敷衍，这是对于学问的不忠实！这是对于自身的不忠实！这是卑鄙的心理！这是中国一切玄学、哲学、科学不发达的根本病因！我记得提倡读经的章士钊曾在去年《甲寅》上闹一个笑话。这笑话在一般人或者不注意，但只要对于经学稍有常识的人们，将要笑得齿冷。在哪一期，恕我没有闲功夫去查了。总之，在通讯栏，桐城派古文家马其昶写一封信给章士钊，替他的弟子保荐，同时送他一本马氏自著的《易费氏学》，章氏莫名其妙的对于他瞎称誉一顿。我当时有点奇怪，费氏易学久已失传，晋王弼《易》注是否继承费氏，在经学上，还是疑问，马氏现在忽然著了一部《易费氏学》，或者是辑佚的著作，当有一看的价值，于是向图书馆借来了一本。不料看了以后，完全不是那么一回事。马氏不仅不懂易学，连易学的派别全弄不清楚，署名"费氏学"，而乱七八糟的将自汉至清的关于易学的著作不分学派的乱抄一顿。桐城派作家对于经学无研究，本不足怪,而不料章氏竟上了一次大当!对于自身所崇奉信仰而欲以号召社会的东西,自身先没有忠实的研究,这是何等夸诞危险的事呵!我真不能不佩服中国式的政论家与教育家!

最后,我正式的宣示我的意见罢。经是可以研究的,但是绝对不可以迷恋的;经是可以让国内最少数的学者去研究,好像医学者检查粪便,化学者化验尿素一样,但是绝对不可以让国内大多数的民众,更其是青年的学生去崇拜,好像教徒对于莫名其妙的《圣经》一样。如果要大家懂得修齐治平之道,这是对的;但是,下之有公民学,中之有政治学、伦理学,上之有哲学,用不着读经!如果你们顽强的盲目的来提倡读经,我敢作一个预言家,大声的说:经不是神灵,不是拯救苦难的神灵!只是一个僵尸,穿戴着古衣冠的僵尸!它将伸出可怖的手爪,给你们或你们的子弟以不测的祸患!

九月六日脱稿。

(《一般》1926 年第 1 卷第 2 期)

学校读经问题

梁启超

学校读经问题,实十年来教育界一宿题也。因争持未决,而至今各校亦遂无经课。吾自昔固疑读经之难,故颇祖不读之说,谓将经语编入教科书已足。吾至今亦仍觉其难也,然从各方面研究,渐觉不读之不可。请略陈其说,与当代教育家商榷焉。

第一,经训为国性所寄,全国思想之源泉,自兹出焉。废而不读,则吾侪与吾侪祖宗之精神,将失其连属,或酿国性分裂消失之病。

第二,吾国言文分离,现在国语未能统一,所恃沟通全国人之情,使抟控为一体者,全恃文字。文字古今,虽微差别,然相去实不远,故我国古书,不能与欧西之希腊、罗马古文相提并论,自幼即当读也。

第三,我国因言文分离之故,故文字无变化,欲用国文以表今日各种科学思想,已觉甚难。然古书训词深厚,含意丰宏,能理解古书者,则借此基础以阐发新思潮,或尚有着手处。若全国皆习于浅薄之文学,恐非惟旧学失坠,而新学亦无自昌明。

第四,学童幼时,当利用其记性,稍长乃利用其悟性。盖悟性与年俱进,不患不浚发,若记性则一过其时,虽勤劳十倍,亦难收效。今若谓经终可不读,斯亦已矣。苟犹应读,则非自小学时即读之不可,长大以后,非特无此时日,即读亦不能受用。

第五,今之学童,亦曷尝不朗诵坊间所编教科书者。实则此本不必诵,而皆诵之,亦可证其性宜诵也。与其费日力以诵此,费脑力以记此,何不反求诸圣经贤传乎?

吾所以主张读经之理由略如此,至其详则愿以异日。虽然,今之主张不读经者,岂其有恶于经,但不知何读而可耳。以群经之浩瀚,畴昔并无各种科学之可授,犹且穷年莫殚,况于今日。此反对读经最强之理由也。吾以为此不足以难吾说也。欲读经则非删经不可,非编经不可,一孔之儒,闻此或且大诟,不知今日经之废,实此种拘墟之见为之梗也。窃计群经之中,其言古代制度器物仪注者,径可不读,以俟大学考古之专科足矣。其政治谭及性命谭可以缓读可以摘读,且皆中学之事也。将此数部分删去,所余有几?且又皆文从字顺,能使儿童理解者矣。再分别编为年课,以小学八年之力,应读之经略毕矣。吾不敏,窃愿奋笔从事于斯,惟希当代教育家先一是正斯说也。

(《饮冰室合集》,中华书局 1936 年)

读经与尊孔
——北大教授钱穆在蒙藏学校讲演
长　江

【本报特讯】北平蒙藏学校请北京大学教授钱穆于四月八日上午八至十钟莅该校讲演，题为"读经与尊孔"，讲词极为精采动人，听众均精神奋发。

钱氏首述反对读经之意，谓孔子以前及秦以前均无所谓"经"，孔子所讲之《尚书》及《春秋》，即是古代及当代的"历史"；其诵"《诗》三百"，即是讲求"文学"；其学《易》，即是研究古代"哲学"；其讲"礼"，即是讲求"社会学"及"民俗学"；并未将《书》《易》等书作为"经"看，亦未自命为"经"。及至汉代始有"五经"之名，至南北朝隋唐始有"十三经"等名。至现代尚沿其称。吾国自孔子后已有二千年历史，在此长时期中各代讲经状况不同，如汉朝则崇尚师法，门户相争；魏晋南北朝隋唐，则以老庄、释氏之言谈经；宋明人则以心性之说谈经；清代则以训诂章句之学谈经。于此吾人即发见三大问题：一为经书既有那样多，究以何书为正；二为各代讲经途径不同，究以何者为标准；三为讲经方法，究应怎样。若要读经，亦未始不可，但这几种问题必得解决，须请主张读经者，给吾人作个经学书目，并将各代讲经状况及是非，给个解说，读经方法作个具体表示，然后方有正路可走，不会读错，否则吾以不读为善，因为这些问题，二千年来未得到正确解决，恐以后亦没有解决之希望。所以读经一事，我不敢赞成。

次述尊孔之意，谓读经与尊孔，是两件事，吾不主张读经，但却绝端主张尊孔，因为一个民族国家，要永存不亡，就要其民族能尊重其历史，发生历史情感,而对创造历史之伟大人物,自当顶礼崇拜,以为民族精神之所归。观吾国数千年历史,儒家孔子之学得势时,则大体世治,别家得势时,则大约世乱,已可见孔子思想之伟大,实笼罩着中国民族文化之进展。盖孔子思想内容极为广大宏博,如墨家知有社会而忘个己,道家知有己而忘政治社会,法家则知有法治而忘德治,孔子则兼藏并包,众美悉备,用之则足治世,所以孔子学说能在中国历史上支配几千年,实非偶然。吾以为中国历史上除孔子外,实寻不出第二个能为民族文化的代表者,所以居今日而欲恢复民族光荣,图存于世界,实应崇拜孔子,不可把孔子放在背后,只知崇拜耶稣、康德等。若认中国过去文化有未善处,就一味崇拜别人,这是与为子者,以为自己父亲是个智识较低的乡下人,就去拜别人做父亲,是一样的错误,未有不败坏祖业的。所以一个民族,对于过去历史,不能以成败关系,来作为爱恶标准。就是失败和不幸也要爱惜。譬如淞沪之战,胜利者是日本,失败者是中国的蔡廷锴将军,何以吾民不去崇拜日本,而要崇拜战败的蔡氏为民族英雄?这可见民族爱惜本国历史,是具有自然的民性和合理的良心的。何况孔子是吾国历史文化的创造者,哪能把他置之脑后,而谓孔子书中寻不出飞机、炸弹、战舰、大炮,就毁之不值一钱呢?我以为尊孔也不妨害飞机、大炮的增进,一方面要输入他人之长,以为图存之具,一方面更要推崇孔子以为民族信仰,充实民族精神,才可永远立国于世界。所以我之尊孔,却不是顽固守旧,想把二千年前的文化思想,无别择的拿来完全施行于现在,其不合时宜的部分尽可不用。而我最大的意愿,是要在吾国民族文化的旧基址上,来急谋新的发展和进步,才有希望。若是舍本求人,这却绝对不可以的。所以孔子之应尊崇,实毫无疑义。至于读经,我却不赞成,我只赞成像孔子那种好学精神,去学历史、学文学、哲学、民俗社会学,这才是正确的态度。

(《北平晨报》1935年4月9、10日,第9版。华东师范大学李孝迁教授提供)

论读经有利而无弊
章太炎

居今而言读经,鲜不遭浅人之侮,然余敢正告国人曰:"于今读经,有千利无一弊也。"兹分三段论之:一,论经学之利;二,论读经无顽固之弊;三,论今日一切顽固之弊,反赖读经以救。

所谓经学之利者,何也?曰:儒家之学,不外修己治人,而经籍所载,无一非修己治人之事。《论语》:"兴于诗,立于礼,成于乐。"又:"不学诗,无以言;不学礼,无以立。"皆修己之道也。《周易》爻象,大半言修己之道,故孔子称:"五十以学《易》,可以无大过。"夫修己之道,古今无二,经籍载之,儒家阐之,时有不同,理无二致。孔子之后,儒分为八,论其归趣,不相乖违。孟荀二家,论性有别,而祁向攸同。厥后汉儒重行,宋人尚理,或实事求是,或旁参佛老,要之,不能不以经为本。是故,无论政体如何改易,时代如何不同,而修己之道,则亘古如斯。治人则稍异,古今异宜,习俗不同,不得不斟酌损益,至于尽善。吾人读二十五史,《史记》至《清史稿》。法其可法,戒其可戒,非语语尽可取也。《尚书》《周礼》《春秋》,性质与历史为近,读之亦当如是。夫读史之效,在发扬祖德,巩固国本;不读史则不知前人创业之艰难,后人守成之不易,爱国之心,何由而起?经籍之应入史类而尤重要者,厥维《春秋》。《春秋》三传虽异,而内诸夏外夷狄则一。自有《春秋》,吾国民族之精神乃固,虽亡国者屡,而终能光复旧物,还我河山,此一点爱国之心,蟠天际地,旁礴郁积,隐然为一国之主宰,汤火虽烈,赴蹈不辞,是以宋为元灭而朱明起,明为清灭而民国兴。余身预革命,深知民国肇造,革命党人之力,盖亦微矣,其最有力者,实历来潜藏人人胸中反清复明之思想也。盖自明社既屋,亭林、船山诸老倡导于前,晚村、谢山诸公发愤于后,攘夷之说,绵绵不绝,或隐或显,或明或暗,或腾为口说,或著之简册,三百年内,深入人心,民族主义之牢固,几如泰山磐石之不可易,是以辛亥之役,振臂一呼,全国响应,此非收效于内诸夏外夷狄之说而何?方今天方荐瘥,载胥及溺,满洲亡而复起,日人又出其雷霆万钧之力以济之,诸夏阽危,不知胡底,设或经学不废,国性不亡,万一不幸,蹈宋明之覆辙,而民心未死,终有祀夏配天之一日。且今日读经之要,又过往昔,在昔异族文化,低于吾华,故其入主中原,渐为吾化,今则封豕长蛇之逞其毒者,乃千百倍于往日,如我学人,废经不习,忘民族之大闲,则必沦胥以尽,终为奴虏而已矣。有志之士,安得不深长思哉!要之,读经之利有二:一、修己;二、治人。治人之道,虽有取舍,而保持国性为最要。

所谓读经无顽固之弊者,何也?曰:经学本无所谓顽固也。谥经学以顽固,盖出诸空疏不学辈之口,彼略识点画,苦于九经三传之不尽解,而又忝拥皋比,深恐为学子问难所穷,故尽力抹杀,谥以顽固。少年浮躁,利其便己,从而附和,遂至一世波靡,良可愤叹。夫经史本以记朝廷之兴废,政治之得失,善者示以为法,不善者录以为戒,非事事尽可法也。《春秋》褒贬,是非易分,而《尚书》则待人自判,古所谓《书》以道政事者,直举其事,虽元恶大憝所作,不能没也。例如《夏书·五子之歌》,序谓:"太康失邦,昆弟五人,须于洛汭,作《五子之歌》。"此文已佚,而伪古文有之,载五子作歌之意,甚见忠正。段玉裁《古文尚书撰异》谓:"《尚书》不当以歌名篇,盖五子者,当时之亡国大夫也。"屈原《离骚》:"启九辨与九歌兮,夏康娱以自纵;不顾难以图后兮,五子用失乎家巷。"《楚语》:"士亹曰:尧有丹朱,舜有商均,启有五观,汤有太甲,文王有管、蔡,是五王者,皆元德也,而有奸子。"韦昭注:"五观,启子,太康昆弟也。"观,洛汭之地。据此,则《五子之歌》者,五子往观耳。之,训往;歌、观,声通,故讹也。太康为失国之君,五子为致乱之臣,道太康以畋游者,即此五人,史臣书之,一如《晋书》之纪惠帝与八王耳。又《胤征》,序谓:"羲和湎淫,废时乱日,胤往征之,作《胤征》。"《史记·夏本纪》谓:"《胤征》,仲康时作。"伪《孔传》言:"羿废太康而立其弟仲康。"孔颖达《正义》谓:"仲康不能杀羿,必是羿握其权。"然则《胤征》者,羿令之征也。羲和为掌日之官,故后世有后羿射日之说。此事与曹操之灭袁绍、吕布,司马昭之灭诸葛诞无异。《尚书》录之,一如《后汉书》《三国志》之记曹氏、司马氏之事矣。兴废大端,不得不载,岂尽可为法哉?孟子曰:"吾于《武成》,取二三策而已矣,以至仁伐至不仁,何其血之流杵也?"《武成》今佚,据《汉书·律历志》所引,文与今《逸周书·世俘解》略同。观其所言,知"武王伐纣,杀人盈亿"。语虽过甚,要之,总不能尽诬,此与后之项羽伐秦何异?秦已无道,而羽之烧宫室、坑降卒,毒螫所及,更甚于秦,此岂可以为训?而史官书之,所以然者,兴废大端,不得不载也。苟有是非之心,不至如不辨菽麦之童昏,读之无有不知抉择者,孟子言之甚明,何谓读经必致顽固哉?

若夫经国利民,自有原则,经典所论政治,关于抽象者,往往千古不磨;一涉具体,则三代法制,不可行于今者自多。即如封建之制,秦汉而还,久已废除,亦无人议兴复者,惟三国时曹元首作《六代论》,主众建诸侯,以毗辅王室;及清,王船山、王昆绳、李刚主等,亦颇以封建为是:此皆有激而然。曹愤魏世之薄于骨肉,致政归司马;王、李辈则因明社覆亡,无强藩以延一线,故激为是论,若平世则未有主封建者矣。余如陆机《五等论》,精采不属,盖苟炫辞辩,而志不在焉,则不足数已。其次世卿之制,自《公羊》讥议以后,后世无有以为是者。唯晋世贵族用事,盖以九品中正定人材,其弊致于上品无寒门,下品无世族,自然趋入世卿一途,然非有人蓄意主张之也。二千年来,从无以世卿为善,而竭力主张之者,有之,惟唐之李德裕。德裕非进士出身,嫉进士入骨,以为进士起自草茅,行多浮薄,宜用仕宦子弟以代之,此则一人之私念,固未有和之者也。又如肉刑之法,自汉文帝后,亦无人昌言复古,王符、崔寔、仲长统之流,颇主严刑;诸葛武侯治蜀,亦主张严峻;然均未及肉刑也。惟魏之钟繇、陈群,尝议复之,然群制定魏律,终亦不主肉刑,足知一时之论,亦自知其不可行矣。又如井田之制,秦汉而后,惟王莽一人行之,诏以天下田为王田,禁民间不得卖买,然卒以致乱。若宋时张子厚行之于乡,要为私人之试验,非朝廷之定制。清初,颜李派之王昆绳、李刚主辈,亦颇有其意。余意王、李辈本以反清为鹄,其所云云,或思借以致乱,造成驱满之机耳。以故满清一代,痛恶主张封建、井田之人。总计三千年来，主张封建、世卿、肉刑、井田者，曹元首、王船山、王昆绳、李刚主、李德裕、钟繇、陈群、王莽、张子厚九人而已。此九人者，除王莽外，或意有偏激，或别含作用，固不可尽斥为顽固；就云顽固，二千年来，亦不过九人而已。此外尚有一事，足资讨论者，则什一之税是已。按什一而税，《春秋》三传及《孟子》之书，无不以为善制，《公羊》言"什一行而颂声作"，《孟子》谓"轻则大貉、小貉，重则大桀、小桀"，以为什一而税，乃税则之中。然汉初什五而税一，文景减赋，乃三十而税一，自兹以还，依以为准，即今苏松赋税，最为繁重，然与全国轻税之地平均计算，亦无过三十税一者（其预征田赋至民国五十年之类之非法行为，破坏国家定制，则未可以为例）。故自汉后税法观之，则什一之税，已为大桀、小桀，前代尊信孟子，不敢昌言驳议，多泛泛释之，然亦从无主张是者；有之，惟王莽一人而已，莽亦卒以致乱，后人引以为戒久矣。举此五事，以见古今异宜，凡稍能观察时势者，盖无人不知，何得谓读经即入顽固哉？且自明至清末，五百四十年，应试之士，无不读经者，全国为县千四百有余，县有学，府州又有学，为数不下一千六百区，假定每学有生员二百名，以三十年新陈代谢，则此五百四十年中，当有五百四十万读经之人。试问其中主张封建、世卿、肉刑、井田、什一之税者有几人哉？上述九人，生明代以后者，仅三人耳。试问此三人之力，能变易天下之耳目耶？能左右政治之设施耶？况其云云，复各有作用在乎？夫无证验而必之者，非愚即诬。今谓读经为顽固，证于何有？验于何有？且读经而至于顽固，事亦非易，正如僧徒学佛，走入魔道者，固不数数见也，何为因噎废食而预为之防哉？

所谓今日一切顽固之弊，反赖读经以救者，何也？曰：有智识之顽固者，泥古不化之谓也；有情志之顽固者，则在别树阶级，不与齐民同群，声音颜色，拒人于千里之外也。夫智识之顽固易开，而情志之顽固难料，信如是，则今日学校毕业之士，其能免于顽固之诮者几希。吾观乡邑子弟，负笈城市，见其物质文明，远胜故乡，归则亲戚故旧，无一可以入目。又上之则入都出洋，视域既广，气矜愈隆，总觉以前所历，无足称道，以前所亲，无足爱慕，惟少数同学，可与往还，舍此则举国皆如鸟兽，不可同群。此其别树阶级，拒人千里，非顽固而何？昔日士人，涵泳

《诗》《书》，胸次宽博，从无此等现象，何者？"君子忧道不忧贫"，"士志于道，而耻恶衣恶食者，未足与议"，"衣敝缊袍，与衣狐貉者立而不耻"，均见《论语》。此等言语，濡染既久，虽慕富贵患贫贱之心不能遽绝，而自有以维系之也。若夫盐商子弟，无过人之才，恃钱刀之力，纳赀入官，小则州县，大则道员，顾盼骄人，俨然自命为官长，此最顽固之甚者，而人之嗤之者众矣。然如此者，为数亦不甚多，非若今之学校，每年必铸造数千百人也。非直如是，今者新奇之说，流为格言，日驱人于顽固而不返者，曰"发展个性也"，曰"打倒偶像也"。发展个性，则所趣止于声色货利，而礼义廉耻，一切可以不顾。打倒偶像者，凡一切有名无形者，皆以偶像视之，若国家，若政治，若法律，若道德，无往而非偶像者，亦无往而不可打倒者。洵若是，则于禽兽奚择焉？世以是乱，国以是危，而种族亦将以是而灭矣。今学校之弊，既至于此，而国家岁费巨亿，以育人材，卒造成特殊之盐商子弟，长此以往，宁堪设想？论者不自病其顽固，而反惧经学之致顽固乎？

余以为救之之道，舍读经末由。盖即前者所举《论语》三事，已可陶镕百千万人。夫如是，则可以处社会，可以理国家，民族于以立，风气于以正，一切顽固之弊，不革而自祛。此余所以谓有千利无一弊也。质之诸君，以为然耶？否耶？

（章太炎讲演，王謇、王乘六、吴契宁、诸祖耿记录，《章氏星期讲演会记录》1935年第3期）

论学校读经

傅斯年

记得十七八年以前,内因袁世凯暴压后之反动,外因法兰西一派革命思想和英吉利一派自由主义渐在中国智识界中深入,中国人的思想开始左倾,批评传统的文学,怀疑传统的伦理。这风气在当时的先锋重心固然是北京,而中山先生在上海创办《建设》杂志,实给此运动以绝大的政治动向。我们从他当时所表见的议论中清清地看出,他是觉得专是一种文化的革新是不足的,必有政治的新生命,中国才能自立;必有政治的新方案,中国才能动转。中山先生提倡"把中国近代化"之功烈是后来中国人所万不当忘的!此后忽忽十年间,一步一步的左倾,又因内部组织不健全,为共党所乘,弄到中国几几乎苏维埃了。则自建业建都以来,政治上要右转些,本为事理之自然,当为人情所谅解。不料中国人"如醉人,扶得东来西又倒"。一朝右转,乃至步步倾之不已,只弄到去年的祀孔!远史不必谈,姑谈近史。满清升孔子为大祀而满清亡,袁世凯祀孔而袁世凯毙。韩退之有句话,"事佛求福,乃更得祸"!大凡国家将兴,只问苍生,国家不了,乃事鬼神,历史给我们无数的例。祀孔还不算完,接着又有读经的声浪,这事究竟演化到如何一步,我不敢知,我只替国家的前途担心。提倡革命的人们,无论左向右向的革命,总不免把主张说到极端,到极端才有强烈的气力,然而手操政权的人们,总应该用充分的知识、健强的理智,操持中道的,中道然后有安定!特别在这个千孔百疮的今日中国,应该做的是实际的事,安民的事,弄玄虚是不能救国的。

在批评读经政策之前,有几件历史事实应该知道。

一、中国历史上的伟大朝代都不是靠经术得天下、造国家的,而一经提倡经术之后,国力每每衰落的。我们且一代一代的看去。周朝还没有受这些经典于前代,那时候的学问只是些礼、乐、射、御、书、数的实际事件。秦朝焚书坑儒,更不必说。汉朝的缔造,一半赖高帝之武,一半赖文帝之文,高帝侮儒,文帝宗老,直到武帝才表彰六经,然而茂陵一生所行,无事不与儒术相反。宣帝以后,儒术才真正流行,东海边上的读经人作师作相,汉朝也就在这时节起头不振作,直到王莽,遍天遍地都是经学。李唐创业,最表彰的是老子;到了玄宗,儒学才在中天,玄宗亲自注《孝经》,玄宗亦亲自听破潼关的渔阳鼙鼓。赵宋的太祖、太宗都是武人,真宗像个道士,仁宗时儒术乃大行。也就从仁宗时起,仰契丹如上国,有蓄夏而不能制。赵普号称以半部《论语》治天下,我却不知道他之受南唐瓜子金,教太宗以夺嫡,在半部之外或在内?明朝是开头便提倡宋元新儒学的,其结果造成些意气用事的儒生,酿成燕变而不能制。若不是当时外国人不闹,若不是永乐真有本领,中国又要沉沦了。再看偏安的南朝。南朝的第一流皇帝,一个是纯粹流氓刘寄奴,一个是高超儒生萧老公。刘寄奴到底还灭燕灭秦,光复旧物,萧老公却直弄到断送南渡以来的汉人基业。我说这些话并不是蔑视六经、《论语》《孟子》等之历史的价值,他们在当年自然有过极大的作用,我们的先民有这些贡献犹是我们今日可以自豪自负的。我只是说,虽在当年简单的社会里,国家创业也不是靠经学的,而一旦国家充分提倡经学,一面诚然陶冶出些好人物,一面又造成些浮文诡化的儒生。不看宋明的亡国吗?儒生纷纷降索房,留梦炎本是状元,洪承畴更是理学人望,吴澄、钱谦益则胜国之盖世文宗也。事实如此,可知在古时经学制造的人物已经是好的敌不过不好的了。或是当时若没有经术,事情更糟,也未可定,不过当时的经术并无六七十分以上的成绩,是件确立的史实。

二、当年的经学,大部是用作门面装点的,词章家猎其典诂,策论家壮其排场,作举业的人用作进身的敲门砖。念经念到迂腐不堪的虽然极多,而真正用经文以"正心诚意"的,可就少了!这本也难怪,经文难懂,又不切后代生活。所以六经以外,有比六经更有势力的书,更有作用的书。即如《贞观政要》,是一部帝王的教科书,远比《书经》有用;

《太上感应篇》是一部乡绅的教科书,远比《礼记》有用;《近思录》是一部道学的教科书,远比《论语》好懂。以《春秋》教忠,远不如《正气歌》可以振人之气;以《大学》齐家,远不如治家格言实实在在。这都是在历史上有超过五经的作用的书。从《孝经》一直到那些劝善报应书,虽雅俗不同,却多多少少有些实际效用。六经之内,却是十分之九以上但为装点之用、文章之资的。我这些话不是我的议论,更不是我的主张,只是我叙述历史的事实。若明白这件事实,便当了然读经的效用,从来没有独自完成过。即就维持儒家的道德教化论,在当年五经大半也还是门面的,也还是靠别的书支持儒教。那么,在当年的社会中失败了的读经,在今日反能成功吗?

三、汉朝的经学是汉朝的哲学,"以《春秋》折狱","以三百篇当谏书",哪里是《春秋》、三百篇本文之所有的事?汉朝的儒生自有其哲学,只拿五经比附出场面来而已。宋朝的经学是宋朝的哲学,自孙复、石介以下每人都是先有其哲学,再以经文傅会之,岂特王安石一人而已?汉朝、宋朝的经学在当时所以有力量者,正因本是思想创造的事业,本来不是纯粹的经学,所以才有动荡力。清儒之所谓汉学是纯粹的经学了,乾嘉的经学也就全无政治的道德的作用了。清末,一面在那里办新学,一面在那里读经,更因今文为"康梁逆党"之学,不得用,读经乃全与现代隔开。上者剽窃乾嘉,下者死守高头讲章,一如用八股时,那时学堂读经的笑话真正成千成万。少年学生上此课者,如做梦一般。我不知今之主张读经者,为的是充实国文或是充实道德力量?如欲以读经充实国文,是最费气力不讨好的;如欲以之充实道德力量,还要先有个时代哲学在。不过据六经造这时代哲学,在现在又是办不到的事了。

据以上三类历史事实看去,读经从来不曾真正独自成功过,朝代的缔造也不曾真正靠他过,只不过有些愚民的帝王用他笼络学究,使得韩文公发明"臣罪当诛,天王圣明"的公式;又有些外来的君主用他破除种族见解,弄到朱文公也在那里暗用"夷狄之有君不如诸夏之亡"称赞金章宗!

难到相去不远的旧社会中试验二千年不曾完满成功的事,在相去如南北极的新社会中值得再去尝试吗?

以上是历史的考察，再就现在的情形论，尤觉这一回事断不可办。我的见解如下：

第一，现在中小学的儿童，非求身体健全发育不可，所以星期及假日是不能减的，每日功课是不能过多的。同时，儿童青年之就学，本为养成其国民的需要，谋生的资格，自然也该把知识教育的力量发挥到最大无害的限度，以便成就其为有用之人。况且现在的世界是列国竞进的，若是我们的中小学程度比起欧美、日本的同等学校来不如，岂非国家永远落后，即是永远吃亏？在这又要儿童青年健康，又要他们程度不比人差的难题之下，原有的功课已嫌难于安排，若再加上一个千难万难的读经，又怎样办？挖补自儿童的身体呢？挖补自儿童的近代知识呢？

第二，经过明末以来朴学之进步，我们今日应该充分感觉六经之难读。汉儒之师说既不可恃，宋儒的臆想又不可凭，在今日只有妄人才敢说《诗》《书》全能了解，有声音、文字、训诂训练的人是深知"多见阙疑""不知为不知"之重要性的。那么，今日学校读经，无异拿些教师自己半懂半不懂的东西给学生。若是教师自己说实话，"不懂"，或说"尚无人真正懂得"，诚不足以服受教者之心；若自欺欺人，强作解事，无论根据汉儒、宋儒或杜撰，岂不是以学校为行诈之练习所，以读经为售欺之妙法门？凡常与欧美人接触的，或者如我一样，不免觉得，我们这大国民有个精神上的不了之局，就是不求深解，浑沌混过；又有个可耻之事，就是信口乱说，空话连篇。西洋人并不比中国人聪明，只比我们认真。六经虽在专门家手中也是半懂半不懂的东西，一旦拿来给儿童，教者不是浑沌混过，便要自欺欺人。这样的效用，究竟是有益于儿童的理智呢，或是他们的人格？

以上第一件说明中小学课程中"排不下"这门功课，第二件说明"教不成"它。我想，这也很够反对这件事的"充足原理"了。至于六经中的社会不同于近代，因而六经中若干立义不适用于民国，整个用它训练青年，不定出什么怪样子，更是不消说的了。以世界之大，近代文明之富，偏觉得人文之精华萃于中国先秦，真正陋极了！

至于感觉目下中小学国文及历史教材之浅陋荒谬，我却与若干时贤同意见，这是必须赶快想法的。政府或书店还应编些嘉言集、故事集、模范人格的传记以作教训,以为启发。国文、公民及历史的教材中,也当充实以此等有用的材料。这些材料不必以中国的为限,其中国的自不妨一部分取资于六经中之可懂的、有启发性的、不违时代的材料,这就很够了。

(《大公报》1935年4月7日第2—3版)

我们今日还不配读经

胡 适

傅孟真先生昨天在《大公报》上发表"星期论文",讨论学校读经的问题,我们得了他的同意,转载在这一期里。他这篇文章的一部分是提倡读经的诸公所能了解(虽然不肯接受)的。但是其中最精确的一段,我们可以预料提倡读经的文武诸公决不会了解的。那一段是:

> 经过明末以来朴学之进步,我们今日应该充分感觉六经之难读。汉儒之师说既不可恃,宋儒的臆想又不可凭,在今日只有妄人才敢说《诗》《书》全能了解。有声音、文字、训诂学训练的人是深知"多闻阙疑""不知为不知"之重要性的。那么,今日学校读经,无异于拿些教师自己半懂半不懂的东西给学生。……"六经"虽在专门家手中也是半懂半不懂的东西,一旦拿来给儿童,教者不是浑沌混过,便要自欺欺人。这样的效用,究竟是有益于儿童的理智呢,或是他们的人格?

孟真先生这段话,无一字不是事实。只可惜这番话是很少人能懂的。今日提倡读经的人们,梦里也没有想到五经至今还只是一半懂得一半不懂得的东西。这也难怪。毛公、郑玄以下,说《诗》的人谁肯说《诗》三百篇有一半不可懂?王弼、韩康伯以下,说《易》的人谁肯说《周易》有一大半不可懂?郑玄、马融、王肃以下,说《书》的人谁肯说《尚书》有一半不可懂?古人且不谈,三百年中的经学家,陈奂、胡承珙、马瑞辰等人的《毛诗》学,王鸣盛、孙星衍、段玉裁、江声、皮锡瑞、王先谦诸人的《尚书》学,焦循、江藩、张惠言诸人的《易》学,又何尝肯老实承认这些古经他们只懂得一半?所以孟真先生说的"六经虽在专门家手中也是半懂半不懂的东西",这句话只是最近二三十年中的极少数专门家的见解,只是那极少数的"有声音、文字、训诂学训练的人"的见解。这种见解,不但陈济棠、何键诸公不曾梦见,就是一般文人也未必肯相信。

所以我们在今日正应该教育一般提倡读经的人们,教他们明白这一点。这种见解可以说是最新的经学,最新的治经方法。始创新经学的大师是王国维先生,虽然高邮王氏父子在一百多年前早已走上这条新经学的路了。王国维先生说:

> 《诗》《书》为人人诵习之书,然于六艺中最难读。以弟之愚暗,于《书》所不能解者殆十之五;于《诗》,亦十之一二。此非独弟所不能解也,汉魏以来诸大师未尝不强为之说,然其说终不可通。以是知先儒亦不能解也。(《观堂集林》卷一《与友人论诗书中成语书》)

这是新经学开宗明义的宣言,说话的人是近代一个学问最博而方法最缜密的大师,所以说的话最有分寸,最有斤两。科学的起点在于求知,而求知的动机必须出于诚恳的承认自己知识的缺乏。古经学所以不曾走上科学的路,完全由于汉魏以来诸大师都不肯承认古经的难懂,都要"强为之说"。南宋以后,人人认朱子、蔡沈的《集注》为集古今大成的定论,所以经学更荒芜了。顾炎武以下,少数学者走上了声音、文字、训诂的道路,稍稍能补救宋明经学的臆解的空疏。然而他们也还不肯公然承认他们只能懂得古经的一部分,他们往往不肯抛弃注释全经的野心。浅识的人,在一个过度迷信清代朴学的空气里,也就纷纷道听途说,以为经过了三百年清儒的整理,五经应该可以没有疑问了。谁料到了这三百年的末了,王国维先生忽然公开揭穿了这张黑幕,老实的承认,《诗经》他不懂的有十之一二,《尚书》他不懂的有十之五!王国维尚且如此说,我们不可以请今日妄谈读经的诸公细细想想吗?

何以古经这样难懂呢?王国维先生说:

> 其难解之故有三:讹阙,一也(此以《尚书》为甚)。古语与今语不同,二也。古人颇用成语,其成语之意义与其中单语分别之意义又不同,三也。

> 唐宋之成语,吾得由汉魏六朝人书解之;汉魏之成语,吾得由

周秦人书解之。至于《诗》《书》,则书更无古于是者。其成语之数数见者,得比较之而求其相沿之意义,否则不能赞一辞。若但合其中之单语解之,未有不龃龉者。(同上书)

王国维说的三点,第一是底本,第二是训诂,第三还是训诂。其实古经的难懂,不仅是单字,不仅是成语,还有更重要的文法问题。前人说经,都不注意古文语法,单就字面作诂训,所以处处"强为之说",而不能满人意。王念孙、王引之父子的《经传释词》,用比较归纳的方法,指出许多前人误认的字是"词"(虚字),这是一大进步。但他们没有文法学的术语可用,只能用"词""语词""助词""语已词"一类笼统的名词,所以他们的最大努力还不能使读者明了那些做古文字的脉络条理的"词"在文法上的意义和作用。况且他们用的比较的材料绝大部分还是古书的文字,他们用的铜器文字是绝少的。这些缺陷,现代的学者刚刚开始弥补:文法学的知识,从《马氏文通》以来,因为有了别国文法作参考,当然大进步了;铜器文字的研究,在最近几十年中,已有了长足的进展;甲骨文字的认识又使古经的研究添出了不少的比较的材料,所以今日可说是新经学的开始时期。路子有了,方向好像也对了,方法好像更精细了,只是工作刚开始,成绩还说不上。离那了解古经的时期,还很远哩!

正因为今日的工具和方法都比前人稍进步了,我们今日对于古经的了解力的估计,也许比王国维先生的估计还要更小心一点,更谦卑一点。王先生说他对《诗经》不懂的有十之一二,对《尚书》有十之五。我们在今日,严格的估计,恐怕还不能有他那样的乐观。《尚书》在今日,我们恐怕还不敢说懂得了十之五。《诗经》的不懂部分,一定不止十之一二,恐怕要加到十之三四吧。这并不是因为我们比前人更笨,只是因为我们今日的标准更严格了。试举几个例来做说明。(1)《大诰》开篇就说:"王若曰,猷大诰尔多邦。"《微子之命》开篇也说:"王若曰,猷殷王元子。"《多方》开篇也说:"周公曰,王若曰,猷告尔四国多方。"这个"猷"字,古训作"道",清代学者也无异说。但我们在今日就不能这样轻轻的放过他了。(2)又如"弗""不"两个字,古人多不曾注意到他们的异同;但中央研究院的丁声树先生却寻出了很多的证据,写了两万多字的长文,证明这两个否定词在文法上有很大的区别,"弗"字是"不之"两字的连合省文,在汉以前这两字是从不乱用的。(3)又如《诗》《书》里常用的"诞"字,古训作"大",固是荒谬;世俗用作"诞生"解,固是更荒谬;然而王引之《经传释词》里解作"发语词",也还不能叫人明白这个字的文法作用。燕京大学的吴世昌先生释"诞"为"当",然后我们懂得"诞弥厥月"就是当怀胎足月之时;"诞寘之隘巷""诞寘之平林"就是当把他放在隘巷平林之时。这样说去,才可以算是认得这个字了。(4)又如《诗经》里常见的"于以"二字:"于以采蘋,南涧之滨。于以采藻,于彼行潦。""于以采蘩,于沼于沚。于以用之,公侯之事。""于以求之,于林之下。""于以"二字,谁不认得?然而清华大学的杨树达先生指出这个"以"字应解作"何"字,就是"今王其如台"的"台"字。这样一来,我们只消在上半句加个疑问符号(?),如下例:"于以求之?于林之下。""于以采蘩?于沼于沚。"这样说经,才可算是"涣然冰释,怡然顺理"了。

我举的例子,都是新经学提出的小小问题,都是前人说经时所忽略的,所认为不须诂释的。至于近二三十年中新经学提出的大问题和他们的新解决,那都不是这篇短文里说得明白的,我们姑且不谈。

总而言之,古代的经典今日正在开始受科学的整理的时期,孟真先生说的"六经虽在专门家手中也是半懂半不懂的东西",真是最确当的估计。《诗》《书》《易》《仪礼》,固然有十之五是不能懂的,《春秋》三传也都有从头整理研究的必要,就是《论语》《孟子》也至少有十之一二是必须经过新经学的整理的。最近一二十年中,学校废止了读经的工课,使得经书的讲授完全脱离了村学究的胡说,渐渐归到专门学者的手里,这是使经学走上科学的路的最重要的条件。二三十年后,新经学的成绩积聚的多了,也许可以稍稍减低那不可懂的部分,也许可以使几部重要的经典都翻译成人人可解的白话,充作一般成人的读物。

在今日妄谈读经,或提倡中小学读经,都是无知之谈,不值得通人的一笑。

廿四,四,八。

(《独立评论》1935 年 4 月 14 日第 146 号)

再释读经之异议

章太炎

读经之要，前既详言之矣，而世人复有不明大义，多方非难者。夫正论不彰，异议乃滋，深恐歧说恣行，有误后进，不得已复为此讲。此讲约分三端：一、驳国家开创之初无须经学，经学兴于衰世，且讲经学者多行为不端之谬。二、斥胡适以经训不甚了然，谓我们今日还不配读经之鄙。三、释读经应遵古文乎今文乎之疑。今逐条剖析如左：

国家开创之初，固自不赖经学。盖开创恃兵，兵略自有专家，非经训所能为力。昔叔孙通背楚归汉，汉王方蒙矢石争天下，通所进者，皆群盗壮士，其徒因窃骂，通曰："诸生宁能斗乎？"见《史记·叔孙通传》。由此可知士子苟不能执干戈列行伍，自不能与开创之业，非徒经学鲜用，亦正不须用普通大学之讲义也。观民国开创之初，曾用大学讲义否耶？经学本非专为开创国家，其所包含，固甚远大，不应以一端限之。如云开创不用经学，即谓经学无用，然则大学讲义，果有用否耶？草泽英雄与陆军大学生作如此说，尚不足怪，彼身居普通大学而为此言，岂非作法自毙乎？若谓经学之兴，皆在衰世，此亦非实。汉文景时，国势艾安，虽用黄老，已知命晁错受经于伏生；武帝时，立五经博士，经学大盛，国势亦蒸蒸日上。如云汉武阳用经术，而阴则背之，亦未见其然。汉武制礼作乐，虽属装点门面，然汉自高祖至武帝初年，宰相皆列侯任之，绝无起自民间者，武帝拔公孙弘于布衣之中，一反以前相必列侯之局。弘之为人，虽不能比伊尹、傅说，然规模实胜前相。夫废世卿，举侧陋，安得谓与经术无关，岂可云汉武所为皆伪也？至宣帝时，石渠议礼，经术大兴，而宣帝教子之言，云："汉家自有制度，本以霸王道杂之。"见《汉书·元帝纪》。王者周政，儒学之常法；霸者汉律，施行之权宜。宣帝不纯用儒术，然云杂之，则固用其半矣。及元帝柔仁好儒，世以为汉衰之兆，其实元帝时膺惩戎狄，威力尚盛，陈汤斩郅支单于，即在此时。夫国之兴衰有二：一为内政之衰，其果则权臣篡窃；一为国力之衰，其果则异族侵凌。秦用法律，汉用经术，其后皆为本国人所亡，亡者独在嬴氏、刘氏，斯乃一家之索，非全国之衰也。是后唐用经术，国势亦自开张，孔颖达等定《五经正义》，在贞观全盛之时。今有意抹杀，猥谓明皇注《孝经》而唐即中衰。不思明皇注《孝经》，乃偶然之事，较之定《五经正义》，巨细宁止天渊，何以不举前事独举后事邪？且明皇之失国，自由内任权奸，外信蕃将使然，究与注《孝经》何涉？以注《孝经》卜唐之衰，是即《五行志》灾异之说，岂可用哉？宋立学校，在仁宗时，胡安定辈即于是时显名，若宋之衰，则在神宗以后，仁宗时固未衰也。明用五经取士，末世虽时起党争，神宗以前，尚无党争。然东林与非东林之争，其鹄的在政治，不在学术，即不用儒术，政治上之事实具在，当时亦必引起争端。近观民国初载，国会议员之争，亦甚剧烈矣，斯岂因经学致然？然则明之亡，虽由于党争，而党争本无关于经术儒术也。余详察全史，觉提倡经学致国势衰颓，实为子虚乌有之事，不知今之人何所见而云然？至于人之操行，本难一致，无论提倡何种学说，其流有善士，亦必兼有凶人，评议之士，本不应以一人之操行不端，抹杀诸多善良之士。汉重经术，在位之人，固有匡衡、张禹、孔光辈之阘茸无能，然亦有魏相、师丹之守正不阿。今人乃举明末洪承畴、钱谦益事，以归咎经学，无论洪与钱皆无当儒术，即以为儒，亦岂能以一二人之短，掩数十百人之长哉？洪承畴以知兵任用，稍有历史知识者皆知之，不知何所见而称之曰负理学重望也？钱本文人，不事经学，即以钱论，其人自身失节则信矣，而明之亡也，岂钱氏为之哉？况钱之弟子瞿式耜、郑成功等，亡国之后，志节皎然，尚能支持半壁，与胡清相抗，何以但论钱氏而遗瞿、郑乎？昔西晋之末，人人皆遗弃六经，务为清谈，致西晋之亡者，王衍之属也，何以又讳而不举耶？总之，经学于开创之初，关系较少，而于光复之关系则深，此意前已明言，若无《春秋》夷夏之防，宋亡则朱明不能起，明亡则民国不能兴矣。

上所云云，多就消极方面言之，至于积极方面，儒者身居上位而功业卓著者,亦难更仆。约举之,则西汉宣帝时,魏相以明《周易》显闻,卒能废黜霍氏,致中兴之盛;哀帝时,师丹虽无大效,然守正自持,四方瞻仰;后汉袁安,始则平反禁狱,后则力抗窦氏,为世所称;其后杨震、杨秉、杨赐,三世立朝,皆称清正,震尝有"关西夫子"之目;安帝以后,外戚宦官,更互用事,其能独立不倚,使正人犹有所恃者,非杨氏三世之力乎?三国时魏蜀任法,吴独任儒,顾雍德量,殊绝于人;陆逊反对先刑后礼,武功卓著而外,亦以相业见称。此后南北纷争,无足称述。至唐,魏徵以儒家佐太宗成太平之业,观徵所著书,《群书治要》而外,因《小戴礼》综汇不伦,更作《类礼》二十篇,盖纯乎其为经术之士也。尝侍宴,太宗奏破阵武德舞,徵俯首不顾,至庆善舞,则谛玩无斁。又,太宗宴群臣积翠池,酣乐赋诗,徵赋西汉,其卒章曰:"终借叔孙礼,方知皇帝尊。"太宗曰:"徵言未尝不约我以礼。"<small>均见其《唐书》本传。</small>其以儒术致太平,厥功最伟。其后则有杨绾,以清德化俗;郭子仪在邠州行营,方大会,闻绾除平章事,即散音乐五之四,其佗闻风而靡者,不可胜纪,<small>见《唐书》本传。</small>惜为相数月即卒,致有"天不使朕致太平"之叹。其后陆贽亦以儒术相德宗,所传奏议,人称"唐孟子"。德宗两度蒙尘,如无陆贽为之斡旋,恐已覆于朱泚、李怀光之手矣。其次,复有一人,勋业虽不逮上列诸公,而支持残败,不为无功,则郑覃是也。覃相文宗,以经术治国。<small>唐石经即覃所立。</small>甘露之变,仇士良尽诛宰相,覃起继之,士良不致大为患者,覃之力也。若宋时赵普以半部《论语》治天下,语或欺人,可以不论,而李沆为相,常读《论语》,或问之,沆曰:"沆为宰相,如《论语》中节用爱人,使民以时,尚未能行,圣人之言,终身诵之可也。"<small>见《宋史》本传。</small>宋初之治,李沆之力最多,沆所行与曹参为近,人或上书言事,沆多罢之,然参本黄老,沆本《论语》,则所宗稍异矣。李沆之后,则有范文正仲淹,文正以气节开理学之先,才兼文武,尚未能终其用,其所奖拔之富弼,亦于外交有力。其后温公司马光出,本经学儒术,为时名相,惜居位日浅,不及一年而卒,未能大展其学。至明,相之贤者,首推三杨,然皆文士,无关儒术。孝宗时,刘健与徐溥、李东阳并称贤相,而健功更高,孝宗一代之治,健之力为多。其后徐阶以王学绪余,卒覆分宜,取嘉靖四十余年之苛政,一切改从宽大,人有中兴之颂。后之论者,虽归功张居正,实则徐阶导其先路,况居正又徐阶所引进者耶!以上历举深明经义通达儒术之贤相十有八人,西汉则魏相、师丹,东汉则袁安、杨震、杨秉、杨赐,吴则顾雍、陆逊,唐则魏徵、杨绾、陆贽、郑覃,宋则李沆、范仲淹、富弼、司马光,明则刘健、徐阶。此十八相者,天才有高下,际遇有盛衰,在位有久暂,然每一人出,必有一人之功用。其功烈最伟,尤足称道者,治致太平,则魏徵、李沆、刘健;拨乱除佞,则魏相、徐阶;支持残败,则陆贽、郑覃、司马光。岂得谓明经术者皆无用哉?外此,不在相位而立大功者,则有魏之吴起,晋之杜预,明之刘基、王守仁、唐顺之等。吴起受业曾子,又传《左氏春秋》,虽行义未醇,而政治兵事,皆为魁桀,惜所辅非一统之主,遇谗被杀,卒未大显。杜预专法《春秋》,人称"左癖",而平吴之功,为晋代开国之基。宋之理学,永嘉、永康两派合流而成有明开国之刘基,基之功,尽人所知,无待赘论。其以理学兼战功之王守仁,与夫继承王学、平定倭寇之唐顺之,亦皆赫赫在人耳目。儒家之不相位而著功绩者如此,又乌得谓其全无用哉?外此,复有经术通明,而仕未大遇者,汉则有贾谊、刘向、龚胜、龚舍。文帝如用贾谊之言,决无七国跋扈之忧;成帝如用刘向之言,决无王氏代兴之变;龚胜、龚舍不仕王莽,节概亦高。唐则刘蕡,深于《春秋》三传,虽未及第,观其对策,危言切论,深中时病,使文宗用之,必不致有甘露之变。宋则有陈傅良、叶适、魏了翁诸贤,当时果重用陈、叶,南宋犹可复兴,决不致奄奄以尽;魏了翁位高而未亲,亦不能尽其怀抱,如能重用,亦陈、叶之亚矣。如此,儒家之有效者,不下三十人,乌得概以无用诋之?又安得以失节相诬耶?其他不以儒学名家,而有为之士亦多,借问若辈所读何书,亦曰经史而已。以故,但举明末降清之洪、钱二人,以诋儒术,若非有意加诬,则多见其识之陋耳。以上释第一条竟。

胡适素未从事经学,然亦略窥高邮王氏《经传释词》《经义述闻》《读书杂志》数书。高邮解经,虽称辨察,要亦未能穷竟。胡适据王国维之言,以为《诗》有十之二三不能解,《书》有十之四五不能解,不能解如何可读;如读,非待全解不可。于此,余须问胡适者,如适之言,以为高邮王氏配读经耶?抑不配耶?在高邮诸书既出以后,经文可解者十之七,未出以前,可解者未能及十之五,然高邮当时未尝曰"我不配读经"也。

奋志为之，成绩遂过前贤远甚。使高邮亦曰"我不配读经"，则亦终不能解矣。何也？文史之学，本须读过方解，非不读即能遽解也。初，念孙十余岁时，其父聘东原戴氏为师，授以经籍，当时东原教此未冠小生，当然卑无高论，是以东原在日，高邮尚无所知名，及后自加研究，方能发明如此。昔人云："舜何人也，予何人也，有为者亦若是！"士苟有志，岂可以通儒之业，独让王氏哉？王国维金石之学、目录之学，粗知梗概，其于经学，本非所长，仅能略具常识而已。其人本无意治经，其言岂可奉为准则？正使国维已言不配，若非自甘暴弃，则亦趣向有殊耳；奉以为宗，何其陋也。要之，说经如垦田然，三年然后成熟，未及三年，一年有一年之获，二年有二年之获；已垦二年，再加工力，自然有全部之获；如未及三年而废，则前之所垦，复归芜弃矣。今袭前人之功，经文可解者已十之七，再加群力之探讨，可解之处，何难由七而至八、由八而至九至十哉？高邮创立其法，而有七成可解，今人沿用其法，更加精审，益以工力，经文必有尽解之日。设全国有一万人说经，集百人之力，共明一条，则可解者已不少矣。假以时日，如垦田之垦熟过半，再加努力，不难有全部之收成。如已垦二年，所收不过一石，即曰"我不配垦田"，岂非怠惰已甚乎？《记》曰："善学者如攻坚木，先其易者，后其节目。"人之精神时日，自有限制，以高邮父子之老寿，念孙九十，引之七十余。其所著书，尚不能解释全经，则精神限之也，然其研究之法具在。喻如开矿，高邮父子因资本不足，中途停顿，后人以资本继之，自可完全采获，如胡适所举杨树达，已有见端。余虽不及前人，自计所得，亦已不少，况全国学人之众哉？若夫运用之妙，本不待全部了解而后可，得其绪余，往往足以润身经国，如垦田然，非待三年全部收成之后，始堪炊食，得三分之二，或三分之一时，亦尽可为炊而果腹也。庄子曰："鼹鼠饮河，不过满腹。"胡适宁不知此？以上为正告有志研经之士而言。复有为一般人识字而说者：夫读经非止求其义，亦必审其音，所赖《经典释文》作音正确，即宋儒释经，义或粗疏，而音亦无大误。是以前代老生，略称识字者，皆赖读经之功，若散漫求之，虽标音满纸，当时识之，少逝即遗忘矣。胡适自言"我们今日还不配读经"，余以为惟其如此，故今日不得不急急读经。"我们今日还不配读经"一语之下，应补足一句，曰："以故今日不得不急急读经。"不然,他人纵不配读全经,亦尚配读《毛诗》一句,而胡适于此,恐终身有望尘弗及之叹矣。以上释第二条竟。

读经依古文乎？依今文乎？此一问题,不待繁言而解,如论实事求是,自当依古文为准。然今文经传之存于今者,《公》《榖》而外,仅有《孝经》,《孝经》今古文之异,不可审知,古文既亡,自然不得不取今文矣。其余杂糅古今文者,则有《论语》,今《集解》本古、齐、鲁杂。文虽小异,而大义不至僻驰。《仪礼》亦杂古今文,更于大义无害。若《周易》则用王弼本,弼本费氏,《汉书·艺文志》谓:"刘向以中古文《易》校施、孟、梁丘经,或脱去'无咎''悔亡',惟费氏经与古文同。"则王弼本亦古文之遗也。《毛诗》向称古文,其书不出壁中。而云古文者,《小序》述事,与《左氏》相应,传中陈述制度,又与《周礼》相应,是所谓古文说耳。《诗》本赖讽诵上口以传,别无古文真本,但取其为古今说可也。《周礼》《春秋左氏》皆古文,《尚书》真古文不可见,今文亦不可见,然伪孔本文多依《三体石经》,说多依王肃,与今文全不相关,故《尚书》去其伪篇,虽非真古文,亦可谓准古文也。此外《小戴礼记》四十九篇,兼采今古,而文字依今文者多,然《仪礼》今存十七篇,天子诸侯之礼,大氐无存,而时于《戴记》见之,不能以其为今文而不采也。今问读经当依古文乎？今文乎？余则谓古文固当遵守,即古今杂糅者,亦有礼失求野之用,况分别古今,研究派别,乃大学之事,不与中学读经同时乎。以上释第三条竟。

祖耿案：先生此讲第一、二段,专为胡适、傅孟真而发,读者参阅《独立评论》第一四六号,自能判别泾渭,知所适从。至第二段末有词锋过峻处,已请于先生,改从婉讽矣,读者当以意求之。五月二十日,诸祖耿录后附言。

（章太炎讲演,王謇、王乘六、吴契宁、诸祖耿记录,《章氏星期讲演会记录》1935年第5期）

读经平议

胡　适

前几年陈济棠先生在广东,何键先生在湖南,都提倡读经。去年陈济棠先生下野之后,现在提倡读经的领袖,南方仍是何键先生,北方有宋哲元先生。何键先生本年在三中全会提出一个明令读经的议案,他的办法大致是要儿童从小学到中学十二年之间,读《孝经》《孟子》《论语》《大学》《中庸》。到了大学,应选读他经。冀察两省也有提倡小学中学读经的办法。

学校读经的问题,傅孟真先生在两年前的《大公报》星期论文(二十四年四月七日)里曾有很详细的讨论(转载在《独立评论》一四六号)。他先从历史上考察,指出三项事实:(一)中国历史上的伟大朝代创业都不靠经学,而后来提倡经学之后,国力往往衰弱,汉唐宋明都是实例。(二)经学在过去的社会里,有装点门面之用,并没有修齐治平的功效,五经的势力在政治上远不如《贞观政要》,在宗教道德上远不如《太上感应篇》。(三)各个时代所谓经学,其实都只是每个时代的哲学,汉宋学者都只是用经学来附会他们自己的时代思想,我们在今日要想根据五经来造这时代哲学是办不到的了。

傅先生又从现在事实上立论,指出两点:(一)现在儿童的小学中学课程已太繁重了,决不可再加上难读的经书了。(二)经过这三百年来的朴学时代,我们今日应该充分承认六经的难读:"六经虽在专门家手中也是半懂半不懂的东西,一旦拿来给儿童,教者不是浑沌混过,便要自欺欺人。"

傅孟真先生是经史学根柢最深的人,他来讨论这读经问题,正是专家说内行话，句句值得提倡读经的人仔细考虑。当时我十分赞同傅先生的议论，我也在《独立评论》上（第一四六号）发表了一篇《我们今日还不配读经》（收在《胡适论学近著》第一集里），特别引申他的最后一段议论。我指出近几十年来的"新经学"的教训是要我们知道古代经书的难读，博学如王国维先生，也不能不承认"以弟之愚暗，于《书》所不能解者殆十之五，于《诗》亦十之一二"（《观堂集林》卷一《与友人论诗书中成语》）。我举了许多例子，说明古经典在今日还正在开始受科学的整理的时期。我当时说：

> 《诗》《书》《易》《仪礼》，固然有十之五是不能懂的，《春秋》三传也都有从头整理研究的必要，就是《论语》《孟子》也至少有十分之一二是必须经过"新经学"的整理的。最近一二十年中，学校废止了读经的功课，使得经书的讲授完全脱离了村学究的胡说，渐渐归到专门学者的手里，这是使经学走上科学的路的最重要的条件。二三十年后，"新经学"的成绩积聚的多了，也许可以稍稍减低那不可懂的部分，也许可以使几部重要的经典都翻译成人人可解的白话，充作一般成人的读物。
>
> 在今日妄谈读经，或提倡中小学读经，都是无知之谈，不值得通人的一笑。

这都是两年前的老话。不幸我们说的话，提倡读经的文武诸公都不肯垂听。他们偏不肯服从"知之为知之，不知为不知"的古训，很轻率的把几百万儿童的学校课程，体力脑力，都看作他们可以随便逞胸臆支配的事。我们有言责的人，对于这种轻率的行为不能不指摘，对于这种重要问题不能不郑重讨论。

我现在用很简单的语言，表明我个人对于学校读经问题的见解。

第一，我们绝对的反对小学校读经。这是三十多年来教育家久已有定论的问题，不待今日再仔细讨论。小学一律用国语教本，这是国家的法令，任何区域内任何人强迫小学校用古文字的经典教学，就是违背国家法令，破坏教育统一，这是政府应该明令禁止的。何况今日的小学教员自己本来就没有受过读经的教育，如何能教儿童读经？

第二，初中高中的选读古文，本来没有不许选读古经传文字的规定,所以中学教本中,不妨选读古经传中容易了解的文字。今日初中读本往往选《孟子》《论语》《诗经》《左传》《礼记》,高中读本竟有选到《尚书》《小雅》《大雅》的。中学选读古经传,有几点必须特别注意:(一)中学选古经传,必须限于那些学者公认为可解的部分。今日有些选本实在选的不妥当,例如傅东华先生的《高中国文》第一册就选了《小雅》的《六月》和《大雅》的《民劳》,这正是王国维先生一流学者认为不易解的部分(例如《民劳》的诗的"汔"字、"式"字,傅君皆无注。今年中央研究院丁声树先生发表专文释"式"字,是为此字第一次得着科学的解释)。(二)中学选古经传的文字,与其他子史集部的文字同等,都是把他们看作古人的好文字,都是选来代表一个时代的好文学,都不是"读经"的功课。例如《孟子》"鱼我所欲也"一章,是最恳切哀艳的美文。无论他是经,是传,是文集,都应该选读。我们把经史子集里的一切好文章都一律平等看待,使青年学子知道古经传里也有悱恻哀艳的美文,这是引导青年读古经最有效的法门。(三)如果中学生被这些经传美文引诱去读《四书》《诗经》等书,教师应该鼓励他们,指示他们的途径,给他们充分的帮助。但我们绝对反对中学有"读经"的专课,因为古经传(包括《孝经》《四书》)的大部分是不合现代生活的,是十二岁到十七八岁(中学年龄)的一般孩子们不能充分了解的。我们都是尝过此中甘苦的人,试问我们十几岁时对于"天命之谓性""上天之载,无声无臭"一类的话作何了解!我们当时只须读几本官板经书,不妨糟蹋一点时间去猜古谜;现在的儿童应该学的东西太多了,他们的精力不可再浪费了!

最后,我有一个愚见,要奉劝今日提倡读经文武诸公:诸公都是成年的人了,大可以读经了,不妨多费一点工夫去读读诸公要小孩子读的圣贤经传。不但一读再读,还应该身体力行。诸公最应该读的,第一是《孝经》的第十五章,圣人说:

> 昔者天子有诤臣七人,虽无道,不失其天下。诸侯有诤臣五人,虽无道,不失其国。大夫有诤臣三人,虽无道,不失其家。士有诤友,则身不离于令名。父有诤子,则身不陷于不义。

诸公试自省,诸公有几个诤臣呢?第二应该读的是《论语》第十三篇的"定公问一言而可以兴邦"一章,特别是那一章的下半截:

曰:"一言而丧邦,有诸?"

孔子对曰:"言不可以若是其几也。人之言曰:'予无乐乎为君,为其言而莫予违也。'如其善而莫之违也,不亦善乎?如不善而莫之违也,不几乎一言而丧邦乎?"

诸公试自省,诸公提一案,下一令,影响到几百万儿童的学业体力,而诸公属下专司教育的厅长局长是不是都唯唯诺诺奉命唯谨呢?这是不是已到了"不善而莫之违"的程度呢?诸公读的圣贤经传,难道全不记忆了吗?

廿六,四,十四夜。

(《大公报》1937年4月18日第2版)

读经杂感并评胡适《读经平议》

李源澄

异日者,陈济棠以读经倡于广东,《教育杂志》亦出读经专号讨论之,无结果而终。本年何键复在三中全会提议明令读经,胡适乃于四月十八日在《大公报》星期论文发表《读经平议》,一为征引傅斯年反对经经之文,二为重述二年前对于读经之态度,三为胡氏现在对于读经之态度,四为奉劝提倡读经之文武诸公读经。吾对胡氏最后一点,不惟极端赞成,犹以胡氏限于篇幅,未能多举例证为恨。盖吾侪小民,其责任不如诸巨公之大且重,若诚意提倡经学,自当默而识之,学而不厌,体而行之,之死靡他也。经学之最为世诟病者,无过于历代奸人之假借愚民,而自立于提倡地位,大有"岂为我辈设哉"之概。故今日提倡读经,其术莫善于以身为教。"君子之德风,小人之德草,草上之风必偃",非圣人之明训耶?其最无理者,莫如傅斯年之谬论。第一谓征诸往史,创业不赖经学,而提倡经学则往往国力衰弱。第二谓经学为装点门面之具。第三谓各时代皆用经学来附会其时代之思想,今日根据五经来创造时代思想为不可能。自相矛盾而不知也。既谓为装点门面附会时代思想,即无异谓其无有影响,既无影响而偏尸国力衰弱之罪,直同梦呓。经学在过去是否为装点门面之具,既嫌空阔,姑且不谈。即为装点门面,其罪乃在后人,而不在经学本身。若谓不能根据五经来造时代哲学,此种推定,亦嫌武断。盖不能专根据五经,人皆知之,谓五经无补,则妄言耳。其第一点尤谬误。兴衰更易,各国皆然,彼未尝有经学者,其国即能悠久无疆乎?况同一时代,同服经教,在此为衰亡,在彼则为创业。如可言国力衰弱,亦可言国力兴盛。王莽与刘秀皆尝被经学之赐,何不利于莽,而利于秀?

且所谓国力衰弱者,为一家言乎? 抑为一民族言乎? 经学者岂为一人一家护符耶? 胡氏犹称之为"根柢最深之人"。胡氏视之则然耳,妄想援引人多为胜,在甲尚为未定之说,在乙则引为佐证,转相证成,莫可究诘。子又生子,子又生孙,海市蜃楼,未尝不似其技之巧,孰与比伦焉。

经学与读经,原不可混为一谈。况又列之教课,既须顾及国家教育方针,并须经专家考虑其效之多寡,及时间之分配,非可漫然列为教科也。就理而言,固宜若是。若就事而论,眼前教育之不合理者,亦非无有,而未见反对若是其亟者,于经学独不可稍宽耶? 吾故谓轻言读经者未尝是,反对读经兼诋经学者尤为悖谬也。当今学校学科,率来自异域。吾国在世界学术既无地位,在本国亦如是,为如何痛心之事。故馨香祈祷我国才知之士,或创造新学,或发扬故籍,而尤希望教育当局,在可能范围之内,使学生得相当之国学知识,而不限少数之大学文科学生,以确立有国性之教育也。教育乃整个问题,读经不过枝节问题,如整个教育均与经义背驰,即强加读经,亦不能生效,犹且有害。故与其不满于现代教育而提倡读经,于读经之价值既未衡审,读法亦未讲求,学生之时间既不考虑,教师之来源亦不准备,八比取士非经义耶? 利出一孔,上以此求,下以此应,其效不过如此。我瞻四方,其能远于八股讲章者,盖亦鲜矣。为尊经乎? 为侮经乎? 不待辨而明也。

况我国惯例,多言少实,官样文章,何补实际? 而经义不明,何适何违,往往举世指为背理,而一加省察皆可通者,不待于辨证乎? 亦有义理精深,童而习之,忽劣不察者,不待于阐发乎? 此皆就其文从字顺,视为能读者而言。其他艰深之处,视为专门研究者,尚不在此例。今日治国学者,所宜急务,非可以空言提倡也。欲速则不达,尊经隆古之士乎,与其发为空谈,毋宁以此时间,用之于治经,使经义大明。果有补于斯世,人皆趋之,夫谁得而阻之? 今日者,即专治国学之人,亦尚自疑,未有真见,即幸而四子五经遍于庠序,他日必转为经病,不亦可惧哉! 六经皆史也,汉人言通经致用,犹言通史致用也。经史分途,始于荀氏《中经簿》,撰述者虽殊才德,而其质不异,世之谤经、疑经者,率未尝窥经,语之通经致用则大哗,语之通史致用则了喻。盖异国有史而无经也,然亦无有轩轾。经为古史,为吾国文化之滥觞,从源至流,故当先河后海,束于此则不可,不足以尽斯理之变也。今日治经,言汉言宋,言今言古,皆局于一曲,不如分为语文学、历史学、政治学、伦理学、教育等,学而穷究其蕴,更合史部而观其通览其变之为得也。《中庸》论为学次第,曰博学、审问、慎思、明辨、笃行。知之真,然后行之笃。异于知而不行,与冥行者焉,此其所以为至善欤?终身由之而不知其道者,不能契于理;稍具知见而不能躬行心得者,则知而不乐。故学问之事,非考据、词章所能尽。离之则非也,偏重亦中人之才所不能免与。今日言经学而曰天经地义,则群起而非笑之。其义之不可得而变革者,岂剧无一存乎?此吾与胡氏二段同而不同也。同者皆以为有待于整理,不同者彼以为专有历史价值,而吾则以为不然也。

今日之亟亟提倡读经者,用意亦或不同。其最足佩者,亦不过伤风俗人心之日浇。故提倡移读经以挽救之,蔼然仁者之用心,夫何间然?惟学校为人生中一小段,而受社会之转移尤多,在上位者能以身作则,树之风声,并改良社会环境,其效必数倍于读经。学校当局能持身谨严,聘请教师,于学问之外,兼重其人格,使之作学生楷模,其效亦数倍于读经。今日提倡读经者,皆不言全读,而选择通论。不知此纯为儒家哲学部分,学生不能喻也,教师不能任也。于异日之文学则有助,其效乃在其所预期之上,愿留心教育者于此加之意焉。闻者必疑吾言读经之影响于行谊之微。学术之不胜社会习染与压迫久矣,稍一自省即知之,不假外求也。中人之资可使之勉就绳墨,入污世则失其所守。惟上知之才,心与理契,如好好色,如恶恶臭,故能不移。学术之效乃在造成舆论以范围人,在上位与为教师者皆生人,生人之力自倍于死人。吾言其效甚微,而未言不可读也。若专言行谊,则不如改良学校之校规。《论语》言"弟子入则孝,出则弟,谨而信,泛爱众,而亲仁",子夏之门人小子,当洒扫、应对、进退,此非当时之校规乎?然此绝不能专赖经学。朱子其知之也,故所为《小学》,取材不限于经,有以夫。至若经中之历史部分,如《尚书》之类,率皆难读,宜在古代史中讲之。惟近年编历史者,于历史材料之文字明显者,亦务更其原文,或更支离其辞,为可解不解之语,使学生不明出处所在。此人不坑,此书不焚,亦幸免耳。如不及待而提早读经,吾以为其利不过如此。此则吾与胡氏第三段,若同若异者也。

(《论学》1937年第5期)

"经"之价值与"经"之读法

赵纪彬

我承认"经"之为物,不但在建设中国本位文化上,有巨大的价值;即在世界文化史上,也是最古而最名贵的文献。因此,我同意专门学者,以集体的力量,从历史、政治、法律、文艺、伦理与哲学等方面,对"经"加以大规模的科学研究;然而,我反对实行中小学校读"经"。

今日之所谓"经",无论汉学派与宋学派、古文派与今文派怎样坚持真伪之争,充其量不过涉及"经"的产生年代问题,而"经"的本质,总不失为儒家思想的结晶。纵然因外族文化的输入,致"经"的内容,发生若干义理上的变化——如宋儒及陆王学派与本来儒教的差异,显然与佛教的输入有关——但此乃儒家思想本身的发展,而不能视为偷梁换柱的捏造。而且,自西历纪元前一三六年(即汉武帝建元五年)置五经博士以来,直至西历纪元一九一九年(民国八年)欧战终结,前后两千零五十五年间,"经"的道理,不仅是中国人格致诚正修齐治平的指导原理,而且也影响到欧洲和日本的文化构成——参照刘百闵先生译五来欣造著《儒教对于德国政治思想之影响》、后藤末雄著《中国思想对于法国之影响》、宇田尚著《儒教对于日本文化之影响》——其势力之大、历史之久、范围之广,在人类文化史上,实无其匹!所以黑格尔说:

> 中国"历史作家"的层出不穷,继续不断,实为任何民族所不及。……当我们遇到时代在基督前二千四百年,而竟没有提及洪水的事情的时候,中国人存有若干古代的典籍,读了可以绎出他们的历史、政体与宗教。《四吠陀典》(the Vedas)与《摩西纪录》(Mosaic records)是相同的文书;荷马(Homer)的诗篇亦然。中国

人则称这些文书为"经",做他们一切学术研究的基础。《书经》包含他们的历史,叙述古帝王的政治,并载有诸帝王所制定的律令。《易经》多系图象,向被视为中国文字的根据和中国思想的基本。该书系自一元及二元种种抽象观念为始,然后论附属于这些抽象的思想形式的实质的存在。最后为《诗经》,这是一部最古的诗集……除这三部特别受荣宠与研究的典籍以外,尚有重要较次的其他两部,即《礼记》(或《礼经》),专载帝王威仪与国家官吏应有的风俗礼制(并有附录一种曰《乐经》,专述音乐),以及《春秋》,乃孔子故乡鲁国的史记。这些典籍便是中国历史、礼俗与法律的基本。(商务印书馆出版《历史哲学》一九一至一九三页)

但是,中国人对此世界最古的文化遗产——"经",向乏正确的认识。"五四"以前,思想界在"非圣无法"的封建高压政策下,对于"经"只有信仰,而无研究;只有祖述的注解,而无客观的讨论,谁也不敢对其理论与实践的价值,提出怀疑或批判的意见。清初之际,虽有汉宋学派的论争,但其本质,不外是尊经战线内部的竞赛;所以,教者以"经"为教,学者以"经"为学,明"经"是学问,行"经"是令德,两千余年的思想界,从未将"经"之价值与"经"之读法,作为问题。是为信经时代。此信经态度之历史地位,一方面是周秦诸子对峙的终结,另一方面又是引起反经时代的根源。

中国的思想界,以"五四"为转机,而入于狂飙时代。这时代的特征,是以"赛因斯"与"德谟克拉西"为武器,对中国固有的一切,作对角线的攻击。清季"中学为体,西学为用"的主张,至此已无存的余地。于是,前此的信"经",一变而为反"经";甚至不仅反对传统的读"经"方法,连"经"之本身的价值,亦反对之不遗余力。当时反"经"最澈底的急先锋,为吴虞与陈仲甫二氏,吴氏被称为"只手打孔家店的老英雄",陈氏讥读经致用论者为"向牛粪中找香水"。此外,《新青年》杂志上,尚有《讨孔文》《讨父文》一类的作品,都是这反经态度的表现。自此而后,西洋文化,如詹姆斯、杜威等的实用主义,以及罗素哲学、博格森哲学,甚至俄国的马克斯主义,都输入了中国的思想界,所谓"经"这种学问,便从中小学校的课程表上,暗暗失掉了地盘。在这种反"经"时代(自一九一九至一九二七)里面,虽然尚有二三特异之士,对经书作抱残守缺的努力,但大体上读"经"致用的思想,已随"文以载道"论,同趋没落,终致"在文化领域中,看不见了中国"。

但是,建设一国的新文化,一方面固应摄取外来的文化,以为充实的营养品;另一方面尤须承继本有的文化遗产,以为发展的根据。"五四"时代以降,虽奠定了反封建势力的民主主义的精神,而在经学历史化的"整理国故"的代表倾向之下,也确乎对于"把握过去"的工作,执行的太不充分。固然,要将经学的道理,范围现代的社会生活,有其时代错误的缺点,但我们总不能说数千年来的先哲思想的结晶,在今后的文化发展上,毫无利用的价值。全部人类的历史,告诉我们:一时代的文化,均以前时代的业绩为基础,并且只有对过去的一切,得到本质的理解,才能把握现在的需要,促进未来的发展。欧洲的近代文化,建基于文艺复兴,而所谓文艺复兴的涵义,就是对古代希腊的文化遗产,加以批判的摄取。只要看一看黑格尔在其《哲学史》①中,怎样从古代的哲学体系里面,发现理念辩证法的要素及其运动的法则,使论理范畴与历史范畴,成为一体;便可知我们对于先哲思想的现代价值,估计甚有错误。欧洲的学者,对其前代的思想,常视为所要建立的新体系的先行阶段,在古人与今人之间,看出承继发展的一贯联系。而中国人对于自己的前代遗产,或视为神圣不可侵犯,一切都是"古已有之",而不许有"后来居上"的发展进化;或视为黑漆一团,全部都是野蛮、迷信、荒唐与错误,而为文化发展上的大障碍,似乎非否定古代文化的价值,即无建设新文化的可能性。这种对先代遗产的态度不同之处,实为欧洲的文艺复兴与中国的"五四"运动结果不同的总根源。

所以,我们现在的责任,已经不是信"经"与反"经",而是二者的综合,即识"经"。所谓识"经"者,就是一方面承认"经"是先哲在生活体验中所发现的关于宇宙与人生的认识的结晶,这种遗产,不但在过去支配过世道人心,纵在将来的文化发展上,也是历史与论理的根据,而有不可忽视的价值。但是,另一方面又承认"经"的道理,和一切别的思想见

---

① 注意:黑氏的《哲学史》,非文艺复兴时代的著作,前者在十九世纪,后者在十五世纪,相差约四百年。此处举出黑氏为例,意在暗示中国的学者,应以何种态度研究经书。因行文有欠明了,特为附注。

解一样,都有其历史的限界,故非吸收新的科学理论,以充实并改造其固有形态不可。然而,这种工作,是专门家的责任,万不能课诸中小学校的学生!如果有人以为实行中小学校读"经",就是建设中国本位文化的方法,则不但在教育学、心理学上没有根据,即以二千年来读"经"的历史经验而论,也足以确证此路不通。如谓读"经"可纠正青年的思想错误问题,这更是事倍功半的愚举。因为"经"文的难读难解,自古已成为定论,纵令"经"的内容,有善导思想之效,亦应由专家据此另编儿童能懂的启蒙著作,经政府审定,列入课程,何必要读古文写成的"经"!?如谓一般国民失去读古文的能力,足使中国固有文化趋于灭亡,更是认识不清的说法。第一,中小学学生纵然不能读"经",国家尚可培养专家作深入的研究;第二,中国固有文化的真精神,在其所包含的内容,而不在其所寄他的形式,只要其道理能深入人心,化为生活的指导原理,纵不懂古文,亦无碍于中国文化的发展。例如欧洲人不见得都能读拉丁、希腊文的原著,而欧洲本位的文化,何以依然发展!?我反对实行中小学校读"经",同时我希望:第一,国家应以文化事业全部经费的三分之一,用于先哲文化遗产的科学研究,其余三分之二的经费,作为输入外来文化与研究中国现势及需要之用,各占其半;第二,全国专门文化机关,亦应以人力财力的三分之一,作此项研究,其出版物,亦同此比例;第三,政府对研究先哲思想的工作者,应保证其生活之安全及文化方面之供给,对于有贡献之学者,应有养老金之类的抚恤。

总之,"经"是中华民族过去光荣的宝库,对"经"作科学的研究,是建设中国本位文〔化〕的工作之一个主要部门,有关于民族复〔兴〕者甚巨;但此应由专门家担当之,而中小学学生,却没有接受实行读"经"的义务。

(《政问周刊》1937年第73号)

论读经

郭沫若

我不反对读经,而且我也提倡读经。但我为尊重读经起见,却不希望年青人读经,而希望成年的社会人或专家读经,更尤其希望提倡读经的人认真读经。

提倡读经自然是有种种目的,最普遍的提倡者的目的大约是注重在道德的涵养上吧。关于这一层我也特别希望成年的人读,尤其是提倡读经的人们读。因为青年人的道德性比成年人高,这是中外的古先哲人已经告诉过我们的。譬如孟子就说过:"大人者不失其赤子之心。"人一成年,天性日日为社会所汩没,实在是时常须得涵养反省,收收自己的放心,恢复已失的人性。特别是极端繁忙的社会人,如政治家、银行家、大小工商业资本家等,实实在在有读经的迫切的必要。

但仅为涵养道德的目的而读经,我觉得应该加以选择,只消选读《论语》《大学》《中庸》就够了,《孟子》都可不必全读。《论语》《大学》《中庸》对于个人的修养上,民族道德的维系上,确是必读的书。这三种经书(《大学》和《中庸》本是《礼记》中的两篇,已经由宋儒剔出而独立,故我也称之为"经")的分量并不多,而内容确很精粹,读起来也比较容易懂,老年人、中年人读了,我觉得都有好处。假使只把这三种经规定为人人必读,我也并不反对,不过我感觉得特别是极端繁忙的社会人尤其必读之必读。把一些荒废在无聊的应酬上乃至不正确的娱乐上的时间,用来读这些于修养有关的书,不仅可以使个人更正大得一些,而且可以使社会更光明得一些。

假使是为研究古代的目的而读经,那是不应该有什么选择的,无论哪一经都是必读的书。但是读者的范围却只应该限于怀抱着这种目的的人，而不能使任何人都必读，而且也不能读。

读经实在不是一件容易的事体，不要把它太看菲薄了。在教育未改革的旧时代，从蒙童时分起就开始读经，但那实际上只是为的识字，对于经义是完全不懂的。

要中学生读一切的经，真是谈何容易。像《书经》那一部书看起来好像没有什么困难，但如近代的大学者王国维，他就说过："古经多难读，而《尚书》为最。"又说："阅岁二千，名家数十，而《书》之难读也如故。"（《尚书核诂序》）连王国维都读不懂的书，你叫中学生能够读懂吗？

除掉四子书以外的《诗》《书》《易》《春秋》《尔雅》及《仪礼》《周礼》《礼记》等书，有好些实在是难读。不仅马融、许慎、郑玄等汉儒不曾读懂，王安石和程朱之徒的宋儒不曾读懂，经过盛清乾嘉学派和近时的考古学派与疑古学派的整理，依然还是不能尽懂。你想，这样难的东西，怎么好叫中小学生去读？靠读经来识字的时代已经过去了，识字已经有更方便的捷径。教育制度改革以来，读经几乎全废，而中国人并不因此全成为了文盲，反而是识字的人更多，文笔清通的人也更多了，不就是铁证吗？

经书的难懂，也并不是它的思想内容是怎样的艰深，而是古代离我们太远，一切生活习惯、风俗制度、思维情感，以至文法语法、字音字义，都和我们的迥然不同，再加上流传既久，有不少的讹误伪托，淆乱其间，更加使人棘手。所以要想读懂经书就须得先克服这些困难，而这些困难并不是容易克服的。古人有"皓首穷经"之语，事实上也并不怎么夸张。方法得到了不见得便能通；方法没有得到的你就读到死，依然是"扁担吹火"。

要想真正能有资格读经，首先要研究文字音韵之学。你总要把古音古义弄得清楚，然后才能读古人的书。关于这项学问旧时称为"小学"，这是读经的门径。汉儒、清儒的关于"小学"研究的工具书相当多，差不多都在所必读。和这关联着，还须得彻底研究殷代的甲骨文和殷周秦汉的金文（青铜器上的铭文）。要有这步彻底的研究才能真正认识古字，而辨别得出汉人及古书上的讹误伪托。要把古书能够恢复到古代文字的原形原音原义，然后才能读得出一个大概——仅是一个大概，因为仅仅靠着文字学的修养，古书还是读不通的。要怎样才读得通呢？那是不仅要你能通古文，而且要你成为古人，就是说要你能懂得古代的生活习惯、风俗制度、思维情感。

要怎样才可以成为古人，或成为古代通，精通得古代的生活习惯、风俗制度，能以古人之心为心呢？这在古文字和古文书的研究中自可以求得一部分，然而还有比较研究的必经途径，便是须得参照各先进民族的古代研究和现存各落后民族的探讨。譬如希腊、罗马的古代和猓猓社会的现况，对于中国的经书都是绝好的钥匙。

但要做到这些研究更还须得你懂科学方法和其他有关的科学智识。这事情真是谈何容易！而一般提倡读经的人却把事情看得太容易了。正因为这样，他们在提倡读经。正因为这样，我也认真地提倡他们读经。自己先认真地读读，再管到青年的分上来吧。

读书倒也并不是坏事，任何书读了对于人无论在积极方面或消极方面总会有些贡献，但总要读得懂。读不懂的东西读了岂不是白费时间，而且白费心血？

同样是读经，在耶稣教徒们，便比较地懂得方法。他们要把希伯来文的原经典翻成各国的文字，而且还要翻成各种方言。译成中文的《圣经》除掉文言文之外，便有好些种的方言版本。这是值得提倡读经的人们效法的。

我们在普遍地提倡读经之前，总得先走一步翻经或译经的工作吧。把古代的难懂的经文翻译成现代文，先要让人能够亲近。不仅《易》《书》《诗》等难懂的经有翻译的必要，就连比较容易懂的四子书都有翻译的必要。旧时对于圣经贤传视同图腾禁忌，不准易一字、省一笔的科举时代已经老早过去了，我们现在所需要的是精神。谁个吃胡桃而不肯去掉青的果皮，硬的核壳，如可能时再设法去其仁衣的呢？不去皮不去壳的胡桃果，你就要青年吃，他怎么也是吃不下去的。你会说让他自己去剥吧，真正多谢你的亲切啦！不知道你自己曾经具有那种剥的本领没有？假使没有，你根本就违背恕道；假使是有，你何不更亲切、更负责一些，慷慨地担当起你宏道的大任？

中国的古代总是必须研究的,儒家的经典,正是研究古代的一部分重要的资料,这无论怎样是值得研究,值得谈。我自己也就是时常在读经的一个人,但我并不能全懂。因此,我感觉着没有文字学的素养,没有原始社会的研究,不通科学的方法,没有丰富的各种科学的常识的青年,实在还没有读经的资格。

　　因此,我为尊重读经起见,并不希望青年人读经,而希望成年人读,特别是希望那些提倡读经的先生们认真的读。所以我并不反对读经,而且我也提倡读经。

　　三月八日。

(《学习生活》1943 年第 4 卷第 5 期)

全国专家对于读经问题的意见

读经问题,在国内一般人看来,都早已不成问题。因为一部分人以为经书是二千年前的旧书,到现在已用不着再读,读经就是开倒车,还成什么问题。同时在另一部分人看来,经书是我国先哲的心传,不朽的杰作,值得我们多读,叫青年人人去读一点圣经贤传,还成什么问题。读经一事,双方既都认为不成问题,各执一说,不肯相下,于是乃真成为一个重要的问题。其实所谓读经,假使当做一种专门研究,让一班专家去下苦工夫,本不成问题。现在所以成为问题,就是因为有人主张中小学生都应读经的这一点。

本杂志既忝为全国教育专家的喉舌,对于这样一个重大问题,似乎不能不采用集思广益的方法,请求全国专家对于这个问题,分别发表一点高见,使得本杂志的数万读者能够得着一种很可贵的参考,来帮助他们去理解这个问题。

本杂志编者自己对于这个问题,本无成见;而且凡是带有学术性质的杂志,除提倡学术研究外,根本上本亦不应有成见。我们唯一的成见,就是从旁鼓吹学术的研究,以谋民族的复兴。至于应该研究什么,那是要请求全国专家指导的。我们做编辑的人只能负一点"记室"的责任。而且本杂志并不是政论性质的刊物,更不宜代某一个人或某一种主张做一个宣传的机关。我们因怕有人误会我们的提出读经问题的讨论,就是等于读经的提倡,所以不能不先行声明一下。

现代我国所以有提倡读经的运动,当然有相当的原因,就是原于现代我国思想的混乱和国难的严重。关于思想混乱的情形,编者以为最近张岳军先生在武昌亲向编者所说的一段话最是透辟。张先生说:

照我的观察，中国人的思想，几千年来，都是在儒家的势力支配之下。原来自从汉武帝表章六经、罢黜百家以后，我国思想就已定于一尊。虽则从历史上看来，儒家本身从很早的时候就已有了派别：孟子和荀子的思想便显然不同；汉儒重训诂，宋儒明义理，其方法亦大异。宋儒中间又有朱陆异同，明代王学又与朱学异趣。有清一代，康雍乾三代都竭力表章宋学，而学者却趋重汉学，同属儒家，已不一致。然于儒家思想支配人心一点，毫无妨碍；或者可说正因有这些不同的争辩，反使儒家思想更能深入人心。至于汉初的黄老之学，迄魏晋而未衰；六朝隋唐，佛学极盛，皆是与儒家分庭抗礼。然而整个社会还是有形无形的受着儒家思想的支配。所以我们可以断言，那时中国是有一种中心思想的，就是儒家思想。

自从海禁大开，和西洋思想接触以来，这个中心思想便渐渐被摇动了。甚至保守色彩极浓的张之洞也不能不主张"中学为体，西学为用"来妥协调停。直至民八，有一个新文化运动起来。这个运动在破坏方面确奏大功，而在建设方面却是毫无成绩。固有的中心思想是被摧毁了，而新的中心思想却未曾建立起来。弄得大家都彷徨歧路。同时外来的思想又是很混乱的冲了进来，左边从布尔雪维克起，右边到法西斯止，真是五花八门，应有尽有。同时大家又不肯埋头的去下一番研究的工夫。于是公说公有理，婆说婆有理，益发教人茫然无所适从了。我国现代青年的烦闷，就是这样形成。

编者以为张先生这一番谈话非常扼要，所以把它引用于此。同时我国自"九一八"事变以来，又受了一个重大的打击，民族生命几有朝不保夕之势。悲观的人甚至发出"中国必亡"的论调。于是有一部分忧国的人以为我们要挽救国运，纠正思想，只有恢复民族的自信心，而读经就成为恢复自信心的一种方法。

但是提倡读经是否就是挽救国运和纠正思想的正当方法呢？这确是一个问题，值得大家讨论。我们以为无论任何问题，若是主张的尽管主张，反对的尽管反对，决得不到相当的结论。若果双方能够开诚相见，互相辩论，使双方的理由得以和天下人共见，那末明眼的读者一定可以得到一种很好的参考,来决定他自己对这个问题的态度。这是本杂志出版这个专号的初意。

我们现在很荣幸能够得到国内各方面七十多位专家的指教,承他们在百忙之中,把他们的高见写出来寄给我们,贡献给本杂志的读者。同时我们在各种不同的意见中,仍旧可以看到一个相同的目标,就是"复兴民族"。我们的愚见以为国民的思想,如果大体上能够一致,那是再好没有;否则只要目标不错,以中国之大,亦正不妨殊途而同归。我们在现代似乎不宜再和从前一样,还要闹"门户之见"。这是编者个人一点小感想,不知诸位专家和读者以为怎样?

我们为便利读者起见,仍将各位专家的意见先加分析,再加综合;由极端的赞成起到极端的反对止,中间还有许多程度不等的意见,都先行依次略述一下。所有原文亦就照这个次序排列。不过我们在前面曾说,读经问题根本上以中小学生应否亦要读经为焦点,所以我们编制各位专家的意见时,就以他们对于中小学生应否读经的意见做我们分类的标准。

本杂志此次征求意见的信,发出一百余封,得到文字约七十篇。虽非洋洋大观,亦可谓应有尽有。我们就大体看来,在这许多意见当中,我们或者可以归纳成功下面这几句概括的话:就是若是把读经当做一种专家的研究,人人都可赞成;若是把读经当做中小学校中必修的科目,那末大多数人都以为不必。现在我们就根据中小学中应否读经的一点,把这七十余位的意见分析一下,结果得到三大类,就是:(一)绝对的赞成者;(二)相对的赞成者,同时亦可称为相对的反对者;(三)绝对的反对者。在这三类意见当中,绝对的赞成者和绝对的反对者,双方人数都不过十余人,其余都可归入相对的赞成或反对的一类中去。同时相对的一类的意见又有程度的不同:有的主张小学起,就可酌量读经;有的主张中学起,有的主张大学起;有的主张凡学校中的青年都不宜读,应让专家去研究。

(一)在绝对赞成读经者当中,无锡的唐文治先生,安徽大学的姚永朴和陈朝爵两位先生,中山大学的古直、曾运乾、陈鼎忠、方孝岳等四位先生,正风文学院的王节先生等,都各提出我国国民应该读经的一般理由。湖南省政府主席何键先生、岭南大学杨寿昌先生、湖南长沙的忆钦先生、中山大学的雷通群先生、光华大学的钱基博先生、江苏教育学院的顾实先生、交通大学的郑师许先生、上海的江亢虎先生等,都于主张读经以外,并提出课程分配、怎样读法和读什么经等项具体的意见。

（二）在相对的赞成或反对的意见中,北平师大的李蒸先生和北平的任鸿隽先生、南京的陈立夫先生以为在中小学中把一部分精华编为教材,亦未始不可。南京的郑鹤声先生和朱君毅先生,则以为初小不宜读,高小以上都不妨选读。这几位的意见可说是"相对论"中程度较高的一级。

其次一类的相对意见,就是大学中不妨当做一种专门研究,中学中不妨选读几篇,小学读经却是有害无益。中央研究院院长蔡元培先生,北平研究院的李书华先生,上海的胡朴安、王新命、何清儒、杨卫玉、陈鹤琴、李权时等六位先生,金陵女子文学院的缪镇藩先生,国立编译馆的刘英士先生,南昌中学校长吴自强先生,中山大学的崔载阳先生等都抱这种意见。这是"相对论"中的第二级。

再次一类的意见,以为初中以下都不宜读经,至少应从高中起。上海中学校长郑西谷、浙江大学的黄翼和复旦大学的章益等三位先生就是这样主张。这可说是"相对论"中的第三级。

再次一类的意见,以为经书固不妨自由研究,但不宜叫中学以下的学生去读。武汉大学的范寿康先生,安徽大学的谢循初先生,中山大学的陈钟凡先生,中央大学的赵廷为先生,江苏教育学院的陈礼江、方天游、朱秉国等三位先生,交通大学的陈柱尊先生,暨南大学的陈高佣先生,《文学》主编傅东华先生,都是如此主张。这可说是"相对论"中的第四级。

再次一类的意见,以为经学非无研究的价值,不过应让专家去埋头研究,不应叫青年人都走到故纸堆里去讨生活。厦门大学的杜佐周先生、勷勤大学高觉敷先生、湖北教育学院院长姜琦先生、江西教育厅长程时煃先生、江苏教育学院院长高践四先生、南京中央图书馆馆长蒋复璁先生、日本研究会的刘百闵先生、教育部的吴研因先生、中央大学的倪尘因先生、上海《太白》主编陈望道先生、复旦大学的谢六逸和孙寒冰两位先生、沪江大学的王治心先生、中华职教社的江问渔先生、日本留学生监督周宪文先生,都可归入这"相对论"的第五级。

(三)在绝对反对的意见中,北平地质调查所所长翁文灏先生,北京大学的尚仲衣、王西徵和陶希圣等三位先生,武汉大学的刘南陔先生,勷勤大学的林砺儒先生,厦门大学的吴家镇先生,安徽大学的周予同先生,上海的柳亚子先生,暨南大学的曾作忠先生,都是旗帜非常鲜明。上海辛垦书店总编辑叶青先生讨论读经问题,比较最为详尽,所以我们把他的意见当作殿军,以便读者的参考。同时我们承武昌中华大学中国文学系同人给我们一封信,把他们各种主张告诉我们,我们亦很感佩。因为不能归入某一类,所以一并附在后面。

最后我们还得声明,我们所分的三类,尤其是"相对论"中的等级,不一定无误。例如任鸿隽先生的意见本是根本反对读经的,几乎可以归入"相对论"的第五级,但因为他说中小学中不妨选读一些经书,我们就把他归入第一级。同时朱君毅先生的意见本是根本赞成读经的,原可归入绝对论的一类,但因他主张初小不宜读经,所以我们把他归入"相对论"的第一级。这不过一例,其余同样情形一定很多,我们唯有盼望读者自己去把各位的原文去细嚼一下。至于我们分类的标准,我们已曾说过,原以各级学校中应否读经的一点为中心,这原是本问题的焦点。不过因此或不免有舍本逐末之感,失掉诸位专家的初意,这是无可如何的事,还望各位专家和读者原谅。

还有一点,我们这次所收到的意见中,大体都是一种平心静气的讨论,没有一个说盛气凌人的感情话,这是一件很可喜庆的事。我们常常觉得从前南宋诸贤那副"逼人太甚"的面孔,在现在似乎已不需要的了。编者在此特提一下,表示我们对各位专家钦佩和感激的微意。

(《教育杂志》1935 年第 25 卷第 5 号"读经问题专号")

《读经问题》序言与后记

叶 青

序 言

读经问题在教育上提出过好些次。单以最近三年来说,就有两次。第一次是一九三五年,那时在主张读经的声浪中曾出现了一种反对读经的声浪。《现代》第六卷第三期有反读经特辑;《教育杂志》第二十五卷第五期是读经问题专号;《研究与批判》上也刊有反对读经的文章。第二次在今年,它开始于何键,自从他在本年二月国民党三中全会上提议读经后,又起了一种反对之声。《时事新报》底《星期学灯》在近几期上差不多每期都刊有一篇反对读经的文字。《中国文艺》底创刊号上也有一个读经问题特辑。这不是三年之内提出了两次读经问题的事实吗?

为甚么呢?原因在中国底社会情形中。具体的说明,就因为中国在由封建到资本的时代,有一部份人恋旧,有一部份人维新,因而反映在教育上就有主张读经与反对读经两种意见,互相争论。而这个时代,在中国相当长久,所以读经问题总是不断提出。我相信今年还不一定是最后的一次呢!

为澈底解决这个问题以促进中国底文化教育起见,不能不有一种正确的、深刻的和系统的意见发表出来。而且这个问题关系很大,亦不能不有一种正确的、深刻的和系统的意见。这是当前的迫切的要求。

因为这个缘故,所以我在一九三五年那次讨论读经问题时,曾尽了若干的力。单以我所写的文字来说,大约有五篇,即《评古直底读经论》

《读经与存文》《读经问题》《读经与作文》《五四文化运动底检讨》[①]。此外还一般地反对印古书和读古书[②]。在今年这次提出读经问题时,我却不准备写。因为回想从前,觉得有些文字还是活生生的,完全可用于现在,只要把它们编成一本书出版就对了。及到我把这个意思与好些朋友谈及时,都以为然。于是遂着手编辑。

本来这方面底文字,好的很多,即以《教育杂志》第二十五卷第五期而论,亦不算少。这可以说是美不胜收。但如果文字多了,篇幅一大,定价必高,殊于推广有碍。所以我只准备收入傅孟真底《论学校读经》、李麦麦底《与胡适谈读经》和我底《读经问题》三篇文字。但因为收入了李麦麦的,就想把胡适底《我们今日还不配读经》附录在它后面。然而我又觉得与其使读者先读李麦麦的,倒不如使读者先读胡适的好一点,因将胡适的作正文收入。于是合起来,共有四篇。

在傅孟真底《论学校读经》中,本有两句话为我所不赞成。因为那显然是一种市民的成见。但这不关乎读经。而在读经方面,又觉有收入他这篇的必要,遂只得勉强收入。为表明我对于他底市民成见不赞成计,特此声明一句。

我底《读经问题》,刊于《教育杂志》第二十五卷第五期的,因为主编先生以那期为读经问题专号之故,一律取销各作者自命之题名,而概题为某某先生底意见,于是我命名为"读经问题"的遂改成"叶青先生底意见"了。现在这两个题名都不可用,因为前者与本书同名,后者又系《教育杂志》读经问题专号底口吻,所以我把它改成"我对于读经的意见"。

我这篇文字很长,原有十节。在意思方面,怕是谈读经问题的文字中最长的一篇,因而非常完足。但在发表后,觉得对于主张读经以提高学生作文程度一点没有谈到,曾补写了一篇短文叫做《读经与作文》,刊于《新闻报》副刊《读书界》第十二期上。现在我把它编进来,使成十一节。于是《我对于读经的意见》一文,目次便如下了:

---

① 以上五文,是刊于《研究与批判》(第一卷第一期)、《现代》(第六卷第三期)、《教育杂志》(第二十五卷第五期)、《新闻报》底《读书界》(第十二期)、《文化建设》(第一卷第八期)五种刊物中的。
② 共有五篇,反对印古书者为《出版界底检阅和展望》《出版与文化》;反对读古书者为《读甚么书(上)》《中国古书与外国古书》《在目前是否需要读古书》。

引言
一　不可读经一
二　不可读经二
三　不可读经三
四　一答读经论
五　二答读经论
六　三答读经论
七　四答读经论
八　经书功罪问题
九　经书处理问题
十　文化复兴问题
十一　民族复兴问题
　　结论

　　另外，我把我在一九三五年写的《孔丘论》收入作为附录。这是与读经问题有关系的。我本想把同性质的文字另编成书，因为这也是批判封建思想之所必需。但恐发生某种困难，因暂限于读经问题。我想，只要读经问题有澈底的解决，尊孔问题便落空了，不用专书对付亦无关系。主要的是读经问题。这就只得把《孔丘论》作为本书底附录了。

　　最后还要说一句的，是我编本书的意思，不限于解决读经问题，把它当成一个单纯的教育问题或单纯的反对读经来做。我主张把反对读经看作反对封建思想或反对封建文化之一主要的和具体的工作。所以然者，我觉得反对封建思想是我们今天底文化运动底一个任务。难道继续五四底事业，还不很有必要吗？

　　在一九三五年，我写《五四文化运动底检讨》时，曾说过这一些话：

　　　然而主张尊孔、读经、存文的人，还以为那些（尊孔、读经、存文）是把我们从被压迫中解放出来的途径，因而说它们是"民族复兴"底方法。其实这完全如《时事新报》所说，"是一种谈笑于漏舟之中的无聊安慰"。①

---

① 本年（一九三五）二月二十八日《读经救国底剖视》。

那末,民族底真正解放之道呢? 我以为是恢复五四文化运动底精神,继续五四文化运动底事业,再展开一个新的文化运动——理论运动。为甚么呢? 因为我们底行为决定于思想,所以在做民族解放底运动之前,应该有一个思想运动。

中国民族底解放之道,在于伟大的思想革命之唤起。这不是尊孔、不是读经、不是存文。反之倒恰恰在记取五四文化运动底教训,激底批制一切传统的学术思想,大量地介绍欧洲底哲学、科学、文学,从那上面去创造理论,形成适应现阶段之需要的文化。①

所以这本《读经问题》,就是我们今天继续五四文化运动底事业,执行其反对封建思想的任务,从文化上来谋民族解放之一种方法。愿志同道合的人一致努力。

叶青,一九三七、五、一。

后　　记

把本书编完以后,我觉得还有说话的必要。

本书所收入的文字,在反对读经因而在反对封建文化上完全是与国粹派、复古派争斗。但在今天,有一种新国粹派、新复古派出现。这就是社会爱国派艾思奇等。他们底"理论"虽然比旧国粹派、旧复古派似乎时髦一点,用抗日救国来保留封建文化,实则用不着另外批判。在他们主张保留封建文化一点上,《我对于读经的意见》在批判旧国粹派、旧复古派中却已无情地批判着了他们。《反读经论中的问题》则特别地批判他们。现在我再把《中国研究》第一卷第四期上批判他们的话录几段出来,以资补足。

在他们联合各种思想派别上说来,新启蒙运动实在是左翼底妥协运动。他们与各种思想派别"携手""合作"。除了汉奸外,不能批评任何派别或思想。最可耻的是对封建文化让步、对孔子让步、对宗教让步这几点。现在我想把他们对封建文化让步的主张

---

① 《文化建设》第一卷第八期三二、三四至三五页。

引述出来作一个例子。

艾思奇说:"现在是要集中一切有爱国意义的文化成果,不管是旧的也好、新的也好,一致地去发挥对付外敌的作用,而不单是在自己内部做反封建的工作了。……我们不需要五四以前那样单纯的反封建。就是封建文化底遗产或封建文化底代表者,倘若他能发挥出一定的美点或者在爱国运动上有一点一滴的助力时,我们可以接受它。我们还需要封建文化中有用的精粹……"

〔他又说〕:"我们不需要五四时代那样对旧戏持完全排击的态度,我们还需要现在被禁止演的那一些东西,如《风波亭》《走麦城》之类。""……如果有人讲民族气节,我们仍可以接受它。"①

又如"孔家店","我们现在……倒不必是要激头激尾地把它打倒。我们要打破的,只是它被敌人利用的一方面。同时也要找出它底好的一方面,使相信这家店子的人觉悟到自己底民族底地位,使它从敌人利用底地位移到有利于我的地位罢了"。②

总之,在"目前我们底爱国运动和文化运动"中,"只要是于民族底生存有利益的话,就是对一部份封建势力携手也在所不惜"。"因此,这一个运动里即使联合了一部份封建势力,是不会被封建势力所利用,而是把封建势力引导到有利于民族生存的方面去"。③

凡此一切,不是社会爱国派在文化上与封建势力妥协的表示吗?不是社会爱国派在文化上勾结封建势力的表示吗?他们一点也不知道封建文化在今天的落后性质和反动作用就是它不能帮助我们救亡图存的所在。八九十年来的受侵略,从主观方面说,皆封建文化之赐。因为这样,才有戊戌变法、辛亥革命、五四文化运动底出现。而这些运动出现的意义,就是我们只有否定封建文化才可救亡图存的指明。

至于为了爱国就不惜与封建文化妥协,乃是绝对的爱国主义之表现,只注意于对外,一点历史观点也没有。这是无原则的爱国

---

① 艾思奇语。《生活星期刊》第一卷第十九号二二二页。
②③ 艾思奇语《文化食粮》第一卷第一期三九页。

修课。此外选修课目中,则有《诗》毛《传》、郑《笺》、孔《疏》(第一、二年级选),《周礼》郑《注》、贾《疏》(第三、四年级选),《仪礼》郑《注》、贾《疏》(第四年级选修),《礼记》郑《注》、孔《疏》(第二、三年级选),《四书集注》(未注何年级选),又有《公羊传》《穀梁传》文(亦未注何年级选),而《经学通论》(未注何年级选)、《经学历史》(第三、四年级选)乃并在选修之例。

综观所述,殆全为科举时代之旧习。其态度为墨守,则无所抉择;其方法重讽诵,则轻弃讨论。且教程颠倒,谬置通论、通史于选修;标举错误,竟列《公羊》《穀梁》于文事。其人非惟不知今,并亦不知古,徒标尊经,竟亦何益?于是来村学究之诮,塞研究者之途,而学术本身,益增障雾矣。

一曰以近世"文学""史学""哲学"之观点,部勒群经,抽引一端,矜为新解,而实无以观其全与通,笃时之士,多出此道,固不难一二举数也。

分析经部之书,始于陆懋德先生《经书之分析》一文,其后为目录学者,大率仰师其意(如李笠先生之《三订国学用书撰要》)。年前黎锦熙先生发表讲话,论读经问题(见二十四年四月二十四日上海《民报》),亦主经学分隶各科,按分析用以探其质,余亦素所宗守,若无综合以究其全,愚以为绝不能见中国思想之整体也。

夫六籍为先民巨典,古代文化于焉结集。孔子修述而后,儒家传诵,推阐衍变,各极精思。四千年来之思想学术、文物制度,莫不与有关涉,依为定转,而旁通互明,经学又自成体系。居今世而欲推究古代政、教、文、史诸科之实,固当于是取资,然不能因其钩稽史料之故,而遂割裂经学之统系,并抹煞其全体性。犹之"教育学"取资于哲学、心理、社会诸科,而自有其完整之性,独立为用也。盖学术分类,初无定准,当求其实,不当骛其名。彼西人立学,诚无经部之目,然基督之书,泰半神话,罗马之法,已属古典,犹且考释订注,视为专业,况此封域大小,远不相侔,义蕴精粗,别有特立者乎?推原时贤之论,亦有数端。其以《周易》为杯珓,《尚书》等乎档案者,此疑古玄同之论调,见所作《废话》一文中,当时以反对中小学读经,有为而发,词意不无偏激。然中小学之当读经与否,为一问题,探究经学之真,又为一问题,不容牵彼入此,纯任感情,作一往之论也。故《易》之卦爻,诚原卜筮,然《十翼》之续,则哲学思想也;《书》之文体,亦似案卷,然籀其微谊,则政教原理也。乌可以江河源于青海之微小,而遂否认其纳川入海之伟大哉?

此盖知溯源而不知衍流,知朔义而不知引申,亦犹仅知茹毛饮血、营巢掘穴之为古代生活,而不知烹调珍味、楼阁宫室等,亦由兹演进也。言者以此为高,何尝一考其史?大抵此辈用心,惟知哗众取宠,诡随阿世,固未尝平情酌理,别组统系;至如土直故篇,坚持反论者,则彼固欲摧烧,何事讲求?此又甘心灭学,无足深论者已。其次则以《毛诗》属文学,《尚书》属史学,《周易》属哲学;其于《春秋》三传也,则《公》《穀》入哲学,而出《左氏》于史;《周礼》《易》《书》隶史记,《礼记》又归哲学。著之目录,施于校课,于是经部之书,半被尸解,经学之名废,而经学之实亦寖微矣。

余非有私爱于经学之名,必欲坚持之以自固也;特探索经学之进展,含宏光大,发生未已,非一义所得而尽,非溯源所得而定。盖经学之为物,适如社会学然,固综合各种生活样式而自成机构者也。其所申述,若为陈迹,而因事寓理,逐时流转,自上世以迄今兹,推以至于将来,固时时昭示人生轨范,绵延创造,垂著常法。由自然社会推而至于思维,亦时时组成理则,自我认识,弥纶宇宙。惜今兹尚未完成,未能与世人以新的认识耳,但前途光明,来学难诬,努力以创造此新经学运动,是又所望于科学运动中具正觉之大勇者也。

窃谓此类似是而非之论,其言说甚狡,其影响亦最大,不可不辨。请先以《诗经》论之。近人论著纯认为其为古代歌谣总集,只许据文学观点欣赏。

此钱玄同、顾颉刚先生之说,见《古史辨》中(如《从〈诗经〉整理出歌谣的意见》)。按《诗》属文学,固为探源史论,然传笺疏解,已涉政教理障，故就经学立场言，《诗》解亦颇多思想资料也。

于是但取男女赠答之词，用相矜尚，谓传注拘牵，直可尽废，此亦探源而不竟其流，知布帛为丝所缕成，而不知可用裁以为衣也。春秋列国交聘，赋诗见志，床笫之言，可达公庭。

如《左传》所载，襄二十七年"七子赋诗"，昭十六年"六卿赋诗"，皆享饯大仪，而所赋诗如《野有蔓草》之类，则男女沟会之词，当时不以为嫌，翻见德好，是固因假借为用，非其朔义也。若伯有赋《鹑之奔》，赵孟斥之，以为"床笫之言不逾阈"，是非谓诗涉床笫不当赋，盖谓伯有赋诗之志在诬其上，是私室之言，不当播于公庭。此足征孔前诗教，已为行人之用，而非文学本义，则孔门言诗重在阐发（如子贡、子夏经师敷畅，别标义解），斯固思想发展之古例，不能一笔抹煞事实也。

词有比兴，各自标举，其于当世政教风俗，正可因此推见，此不必当探索者乎？迨仲尼宣述，因文起义，寄寓德教，有如格言，孟荀之徒，引赞实繁。

《孟子》引《诗》者三十三，论《诗》者二；《荀子》引《诗》者八十二，论《诗》者十一。凡所称述，意皆引申，类多恢宏理则，垂为典训，或则前说未密，后说转精也。

此于治思想史者，宁为无用耶？汉世齐、鲁、韩三家，分立学官。齐《诗》揉杂《易纬》之说，最为诡异，六情五际，旁通天人，然或以之陈灾异，当谏书，今用其说诚未可；使废其说，则无以究当时学术、政治之实矣。此外传笺义说，莫不考其时代思想，学术风趋。例如宋儒倡言义理，自辟境界，故郑樵、朱熹乃攻《小序》而自为说；明人趋尚文词，好为华言，故戴君恩、凌濛初等乃以品藻之法，创生新解。又如宋室南渡，国仇未复，则袁燮、谢枋得于《黍离》《扬之水》诸篇，三致意于"复仇"之意。似此引申，孳乳实繁，是则经学含宏甚广，亦有由矣。凡此数篇，皆为文化史、学术史宝贵之材料，而治经者亦当借文化史、学术史以相与发明，孰谓可举一废百，恝然置之乎？且以今之观点言，《诗经》固不徒为文学观赏之用而已，其草木鸟兽之名，治古生物学者所宜考索也；训诂音韵，治文字学者所宜论列也；民风国俗，治社会学者所宜察识也；语其时，征其地,证其事,明其人,所谓诗谱之学者,古史家又安可以忽诸?包世荣有《毛诗礼征》,李超孙有《诗氏族考》,洪亮吉有《毛诗天文考》,所涉亦博矣。凡此皆为"诗经学"者所当摄纲振维,通观博取,有以自得,有以谂人,不当妄生分别,仰屋而谈,使自生荆棘,动辄多碍也。此外诸经,凡儒家修订传述之后,亦多有新义,非必一如其旧也。《尚书》《春秋》,虽名列二体六家,若徒以史料视之,则多没其实。《周礼》《仪礼》,亦非惟《大清会典》之比。盖思想寓于制度,后代因于前代,因文见道,此即遗迹,况乎数千年既崇奉讲习,则其历史价值可见。以《礼记》言,奔丧投壶,明堂月令,类多古礼遗文,社会风尚,又岂能判然为异?总之,合之为经学,则赜而能遍,通而无碍,其于中国文化之大业,可以得其根株,明其条贯矣。

以言教学,则以经证经,其用犹宏,析而言之,约有数事:

一曰可以觇思维之全,可以鉴作述之原,探四术之说,辨六艺之实,周公旧典,孔父新义,条别类观,爰得其要。乃若经解判教,比同天台,蒙庄述学,同归道术,斯又完形派之谛论,而可以通科哲之邮也。

二曰可以考每代之主潮,可以论家法之流衍。齐鲁殊传,今古异学,家法具在,各有所明,一书之中,义或别出,数经通观,乃可证同。不考论其源流,何以知其条例?故合齐鲁,原八儒,而孔氏之学显;考古今,通汉宋,而儒家之道明矣。

三曰可以较典制之异同,可以证大义与微言。《周礼》《王制》,礼有别异;《论》《孟》《公》《穀》,言或相同;比合以观,其情乃著。此《白虎通论》《五经异义》所由作也。若夫昧于一隅,不可谓通,辨章学术,谊当出此。

四曰可以明训诂之通转,可以推文法之递嬗。《诗》《书》成语,多可比同,聚观则其用显,类列则义自明。《易》象《春秋》,爰及三礼,词多专门,文有条贯。正名释例,由来所尚。如"元亨利贞""春王正月"之类,各有异义,不可以常语为解。必深观博取,证其异同,然后行文之法,详略之故,乃可得明。是又非"独抱一经"可得而究其终始者也。

由上所明,则经学之当设专科教授,其义甚显。无论经学所含,可施于今世与否,而其历史价值,则断断不容忽视者也。彼域外之人,尚勤奋于"中国学""支那学"之攻究,而吾人固可蔑弃其国闻,土苴其文献耶？且今之所用，昔之所遗，社会文化，生息相切，如环无端，如流无已，故欲把握"现在"，直非检讨"过去"不可。余尝为经学下一新定义，有因借前业而创辟一新境界之思，其词甚长，见余所著《经学界说抉微》中。大要在"以系统组织的思考，求宇宙人生之法则，研究个人与集团演进之正确轨道，而达一天下共同的合理的人生行动与理想者，是为经学"。若此，则经学之业，益增宏博，不惟囊括旧典，且将创新来学。树义立坊，虽或觉其唐大难期，然实亦从事文化运动者所应有事。吾辈为学，欲其日辟百里，不欲其沟瞀自蔽也。尝谓中国政教学术之大原，既在于经，则凡大学文科中，皆宜择要讲习，使略明统绪，知所求索，其于文史哲教皆当有助；不然各守封域，貿不相知，则其发展为畸形，而甲部之书，终将拉杂摧烧矣。

然余非主恢复光绪末叶所订学堂章程之制也。其时大学堂文科之外有经学专科，盖犹沿科举之遗制，告朔饩羊，略存旧型。故其时学者，有服习而无讨论，知经籍而不知其余，诵读墨守，昧于时趋，夫知古而不知今，其极也并古亦无所真知，此则徒能为帖括之学、制艺之文，重为经学增其蒙翳耳，岂所以语于研究哉！所谓研究之法者，在使学者通其条贯，明其本真，顺流以溯源，因迹以求心，不杂成见，纯任客观。夫然庶可叙次众说，各与评价，举其时代而明其所以，意在阐述而不在信守，故内可以取证子史，外可以持较西说，异同宗绪，乃可得明，施于今世，乃可无过。夫岂遵功令而为文，奉神主以宣教者哉？斯并世贤达所以言及经学而颦蹙，革新志士所以论及读经而攘臂者，皆此辈"村学塾训""冬烘头脑"所引起之反感也。然如以此之故而根本反对，而不许检讨，则因噎废食，仍为一孔之见，而非所谓合理的科学态度者矣。

余不敏亦厕身大学，十年之间，历教三校（前武汉大学、中山大学、暨南大学），所任皆经学。居尝考究大学文科课目，于中文系课目之厘订，亦既贡其末议矣（拙著《检讨国内各大学中文系之名称及其组织课程》，见《新中国杂志》第五期；又《与邹海滨先生论中文系课程意见书》，见《教授与作家》第一期）。念此经学绝续之际，时贤论议，既多异同，各校课程，犹见歧异。余忝窃斯席，谊当有言，非以自卫，聊献其愚，愿与当世贤达一商榷焉。夫经学之自成体系，既如上述，其于大学文科中，自当专设讲座,使文、哲、教、政、经诸系学生,皆得选读,以期检讨。则经学之为专门研究,固急应探索者矣。惟二千年来,著述繁博,覃究讲习,须循次第,至其条目,可得而言,兹列为简表如左方:

课程	年级	必选修	每周授课时数	每周实习时数	修习期限	说　　明
群经概论	一	必	三		一年	提挈纲领,指示门径,使学者知经学为何物,及经部著述之梗概。
经学通史	二	必	三		一年	阐述经学上源流派别,及与各时代政教学术关涉之迹。
经学研究法	三	选	二	一	一年	举前人治经之成效,与近世科学方法,举例示端以为启发,此导专经研究之先路者也。
专经研究	四	选	三	一	一年	此为窄而深之研究,须示以研究之各面,及前人已有之成绩,时加以新观点、新材料之提示,使学者从事理董,有以自得。

备考:按研究事项,本难立一固定规程,此特略就教者讲授之时间言耳。至研究题目与期限,则由教者学者,视题目之大小难易,与材料之繁简抉择而定,兹特节录"日本东方文化学院"有关经学部分之研究成绩以示例,亦礼失而求诸野,以便比观参证之义云耳。

1. 东京研究所

研究题目	研究期限	研究员指导员助手
《仪礼》郑注补正	自昭和四年四月至昭和七年四月,昭和九年四月迄,延期,昭和十年四月迄,延期	研究员服部宇之吉 助手阿部吉雄
汉代今古文学研究	自昭和七年三月至昭和十年三月	研究员岛田钧一
公穀二现八子夕几礼研究	自昭和八年四月至昭和十年四月	指导员宇野哲人 助手牧野巽
儒家治道之研究	自昭和八年八月至昭和十一年八月	指导员宇野哲人 助手稻华诚一
《左传》研究	自昭和八年八月至昭和十一年八月	指导员宇野哲人 助手服部武
《吕览》《荀子》引经考	自昭和八年八月至昭和十一年八月	指导员岛田钧一 助手藤川熊一郎

2. 京都研究所

研究题目	研究期限	研究员指导员助手
《礼疏》校伪	自昭和六年一月至昭和十年一月,昭和十二年迄,延期	指导员仓石武四郎
《礼记·月令》天文考	自昭和七年五月至昭和十年四月	指导员新城新藏 研究员能田忠亮
《礼记疏》之研究	自昭和七年五月至昭和十年五月	指导员小岛祐马 助手常盘井贤十
《春秋左氏》贾服注研究	自昭和八年四月至昭和十一年三月	指导员小岛祐马 助手重泽俊郎
《曲礼正义》校释	自昭和九年四月至昭和十二年三月	研究员吉川幸次郎

研究结果者如研究员松浦嘉三郎所研究主题为"丧服源流考",而论文副产品者,则有《文字之起源说》《支那古代长子相续制度》《九族考》(自昭和四年五月至昭和七年四月)等特别收获。又如研究员吉川幸次郎所研究主题为"郑氏《春秋》学考",而其副产品别有《左氏凡例辨》诸论文(自昭和六年四月至昭和九年三月),则又取精用宏、博约并用之效也。

香港大学文科中文课程表

	经 学	史 学	文词学
第一年	《大学》《中庸》《论语》《孟子》(以朱子《集注》义理为主,参以古注训诂)	(甲)注意在历代治乱兴衰。《通鉴辑览》自三皇起至秦止,《史记》自《五帝本纪》起至《秦始皇本纪》止。 (乙)注意历代制度沿革,唐虞至两汉疆域考、财政考。以"九通"为主,参以"二十四史"表,有讲义。	精选历代名作
第二年	《诗经》《书经》(以《十三经注疏》为主,参以《钦定七经》)	(甲)注意在历代治乱兴衰。《资治通鉴》自西汉起至东晋止,《汉书》《后汉书》《三国志》《晋书》,择编讲义。 (乙)注意在历代制度沿革,唐虞至隋疆域考。以"九通"为主,参以"二十四史"表志,有讲义。	历代名作

续　表

	经　　学	史　　学	文词学
第三年	《仪礼》《周礼》《礼记》（以《十三经注疏》为主，参以《钦定七经》《五礼通考》）	（甲）注意在历代治乱兴衰。《资治通鉴》自南北朝起至五代止，《通鉴纪事本末》、南北史、《隋书》《唐书》、五代史，择编讲义。 （乙）注意在历代制度沿革，唐虞至宋疆域考、户口考、财政考。以"九通"为主，参以"二十四史"表志，有讲义。	历代骈散文名著
第四年	《春秋》《左氏传》《公羊传》《穀梁传》（以《十三经注疏》为主，参以《钦定七经》）	（甲）注意历代治乱兴衰。《续资治通鉴》自宋起至明止，《宋史》、辽金元史、《明史》，择编讲义。 （乙）注意历代制度沿革，历代疆域、户口、财政及其他制度。以"九通"为主，参以"二十四史"表志，有讲义。	历代诗文名著

香港大学中文学院专科授课

	经学	历史	哲学	文词学	翻译	英文
第一年	《孝经》《四书》	上古至汉	古代哲学至孔孟哲学	古文选讲集部	英译汉，汉译英	照大学入校试，英文教授
第二年	《诗经》《书经》	汉至隋	孔孟哲学至周末及秦诸子	古文诗选讲集部	英译汉，汉译英	照文科一年相同
第三年	《周礼》《仪礼》《礼记》	由南北朝起	荀子、庄子及汉魏晋诸子	唐宋诗文集	英译汉，汉译英，注重外交文件	照文科二年相同
第四年	《春秋》《左氏传》《穀梁传》《公羊传》	宋至明	近代诸子	文学择讲，历朝诗文集	英译汉，汉译英，注重选译诗集及中国诗古文辞	在文科内选择用英语教授之科学一门而习之，凡经及格文科第二年英文者，得选第三年英文而习之

按群经概论，所以提其纲也；经学通史，所以明其变也。此不过略涉藩篱，借为他科研究之助耳，似为一般文科所必修。若夫经学研究

法,则以导其径;专经研究,则以穷其奥。途术渐分,已近专门,此为高年级少数研究者所必设,使各就其性之所近,预为学术论著之准备。彼旧日学塾则不然,故用其全部时间于读经而仍尠通材者,即一由高头讲章之为累,一由教学程序之错倒也。或者又以为讲授概论、通史等课,将使学生尽为章实斋所谓"横通之士",非能有所□述者也。按此说亦似是而非,夫抉择精英,昭晰是非,孰与撽拾芜杂、黯蔽无闻者比观?条列要语,创通谊例,孰与拘牵章句、自限一隅者等视?盖此概论、通史之作,将使专攻者得其梯航,而非以此相限,苟再进而求之,则左右采获,如逢其源,途端径省,事半而功倍矣。借使非专攻之士习此而止,亦得稍窥端绪,粗闻要义,他日校论学术,考辨文化,亦可知所求索,不致重陷五里雾中也。试以古人所引起注意点者证之,昔戴东原幼时,读《大学章句》至"右经一章"以下,即举问塾师曰:"此何以知其为孔子之言,而曾子述之?又何以知其为曾子之意,而门人记之?"师应之曰:"此先儒朱子所注云尔。"即问:"朱子何时人?"曰:"南宋。"又问:"孔子、曾子何时人?"曰:"东周。"又问:"宋去周几何时?"曰:"几二千年矣。"又问:"然则朱子何以知其然?"师无以应。夫考定时代明其真伪,在旧日以经为"说教主义"者,自以为非务;在今日经为学术研究者,则当所先急。教学方法之异,时为之也,亦势为之也。方今不能人尽传注丛杂之说,然后为通观,而于经籍又不可不有明达之识解,斯固必有约举而告之者矣,此大学校与研究院之工作,所以不可缓者欤?若夫概论、通史虽有讥其为"横通"者,然略知经学之轮廓,犹当胜于"不通";况"横通"之说,亦为专家之所以标异自矜,谅非所语于教学之程序也。譬之治哲学者,亦当先习哲学概论、哲学史诸课,而后上探柏拉图、亚里士多德之书,下穷康德、尼采之论,由通以及别,则即别乃可以观通矣。

至于研究态度,可言者亦有二事:

一曰以现代合理的科学观点为主,不必为古人争门户。自来说经之士,多为家法师法所限,虽义各有明,而词归一偏。汉宋分垒,今古竞烈,偏执固非,调人亦误。大抵今文多唐大诡异之词,古文多拘泥牵附之弊。汉学言义理或疏,宋学于名物未审。其有依违两者之间者,乃又莫知抉择,漫然比合。吾辈今日治经,于家法派别,固当条晰缕述,校论异同，所以各述其本，用明真际，固不必然已死之□；苟为标异，助不可解之斗，益增棼乱也。

二曰以研究批判态度为尚，不可以说教主义蔽其真。此弊亦有新旧二派，其在旧派，以为圣人吐辞，彝论攸在，讽诵讲习，所以为德。故其讨论取去，一以所持之道德标准为断。譬之王柏以郑声为淫，而径删《郑风》；崔述以圣人为无过，而否定传说。若此之论，皆以后人成见，强施于古，其有不合，则以害于义为辞而径去之；其有所合，则断不容人考辨致疑。夫如此，是曰言孔孟，而去孔孟弥远也。夫使孔孟之说，有可施于今世者，当阐述其真，使出后人附益而可施行，虽非孔孟何害？学问之事惟求是，两者固可分道而驰也。至于新派则一以"疑今""惑古""杵击孔子为能事"，举一切中国之弱点，而尽以相付。窃以为疑今惑古非不可，但当不以成见出之。疑所不必疑，惑所不当惑，则亦王柏、崔述之续耳。至于真正批判与研究之事，当袪此两弊，不轻信，亦不妄疑，道德有新旧，无因拥护与反对之故，而牵引以入经学也，亦为真义既明，然后可以持论去取，以之建设新中国之文化焉耳。

凡经学研究，所有数事，若目的、课程、方法、态度，既皆稍加论列，略如上述矣。今请一述平日教学之实课程题解，撮要举例，以供参证。

一、群经概论

经之名，由编策之通号，而引申为宝典之称、常法之训；经之实，由六艺之专名，而渐以升配传记，蔚为十三。

> 十三经之结集成于宋世，然所升配之传记，固儒学之宗传、五经之羽翼，自汉以来，已渐尊显。清人段玉裁、龚定庵欲正名定辞，以尊六艺而更扩经为二十一，其事既未得用，今亦姑沿成俗为说。

彼其发展之途术，思想之统绪，自当阐析论次，明其概略者也。在昔沛王通论，束晳继作，载籍云蔑，厥旨不传。若石渠奏对，白虎讲论，并广集群儒，通议诸经，异同然否，乃可得明。许慎之辩五经，郑玄之论六艺，亦其次也。夫斯学之界义与其封域，类当使学者先知，否则望洋兴叹，迷不知津。若群经大义、传说流别之类，不有概论，孰条便是。本课首即说明经学在中国思想史上之地位，并重新估定其在世界学术上之价值，审名核实，广证求通，既述旧闻，并开新术。次乃覃究群经之原注重因果律与客观性,故其认识事实也,必然达正确之途,而叩真理之门。盖其由事实到论理,纯从实践经验来也。经学一物,既系因经籍之"组成""叙述"与"解释""说明"而来,故其所具之客观性、实在性、物质性,亦离主观而存在也。惟旧日二千年来之经学家,大都纯据主观,自立臆说,或为局部之解释,或为片面之观察,一经且未全授,群经遑言遍通,此或为雅或为颂之汉初事实,所以见讥于刘歆也(见《〔移让〕太常博士书》)。《艺文志·六艺略》称:"古之学者耕且养,三年而通一艺,存其大体,玩经文而已。"则尤古代未尝综合说明之证,故混合今古之郑玄,折衷三传之啖、赵,调和汉宋之陈澧,其欲由对立以求统一,斯固事实之必然性。虽其成效无多,贡献未宏,然究其在"经学之发生学"上言,固有其伟大意义也。尝谓过去经学之方法,虽与哲学相似,亦用"思维""推理""概观""批判""求根源""立系统"以创造其智识体系,然其欠明确不具体,则与观念论者之玄学等耳。故如希冀其能成世界上学术重镇,则仍应如科学方法之以"观察""实证""分类""假设""求原因""立定律"为科条,则庶乎可以另辟蹊径,别立境界也。

纳于经学研究中,此非唐大之辞,亦非标异之论,盖学术风趋,势所必至者也。试考今日所言之政治、经济、法律、教育、社会、哲学诸科,皆泰西学人覃精研思所分科树义者也。其条理密察,部析精至,诚有足多者,移用其法以治经术,科分类系,比絜异同,则中国文化之真际以明,而经学之研究益臻光昌。类系之则为各专科之史料,综观之则见经学之整体,固何妨取借外证,创生新解,而凡"归纳""演绎""辩证"诸方式,又皆资以为用,则其所得当益多。夫然,则经学之别成新学术,自可因此新元素而得新生命矣。

  居今日而论经学,鲜有不认为泥古顽守、迂拘不达者,不知经学之源,本之环境,与生活而俱来,随时代以贸迁,故予尝谓经学为人的科学,或为人类生活学(详余所著《经学界说抉微》中)。法人孔德,分世界学术思潮为神学的、玄学的、科学的三时期,予维中国经学之绵延演进,盖亦同此。彼固亦循此以进化者,由神人的混杂叙述,而入历史的说明演绎,今则应由分析而综合,由静观而动察,以达科学的合理阶段,此则新经学运动之急应努力者也。

《诗经》研究

《诗经》夙为显学,久重士林。历代研治,部录实繁。余尝即其见存者造一书目,约略记之,无虑二百余种。其间或详训诂,或辨序旨,或考论时地,为《诗谱》之学;或征验动植,补陆《疏》之要;猎取文词,则有品藻专书;校论读吐,则有音韵专作;有总纲要而为通论,或阐微言以翼三家,义各有明,言多可采。今之专科研究者,固当博综广取,兼收并蓄,为学术存史料,为政教求因变。而或者乃不了解,此虽成学之原,亦有演变之迹,竟谬以为传说尘蔽,不如尽废,直寻文本,乃得诗旨(顾颉刚先生《诗经之厄运与幸运》一文主此亦力)。此仅知溯古初之史,而不知寻转变之义,真所谓知其一不知其二者矣。夫训诂偶误,大义或乖,音节不厄,韵味索然。一物之微,而意关兴比;本事未知,则何由索解。是虽徒为文艺欣赏者,亦当备探众说也。即美刺之说,亦有可征,吉甫作颂,孟子为刺,《雅》《颂》庙堂之什,多有为而发,其在《国风》,亦可推考,是亦未能尽废也。且《诗》有本意,有采之、赋之、说之之义。孔子尝以诗为教,曰"兴于诗""思无邪",曰"迩之事父,远之事君",盖常以《诗》为情操教育之利器焉。其后儒者传习,各以其见附于《诗》,虽未必即原诗本意,然固代表说诗者其时其人之思想,是则后之论次学术者,盖亦有所取焉。准此以推,则虽丰坊伪书(如《子贡诗传》《申培诗说》)亦不必废也。故今之教《诗》者,自当叙次旧义,申之考辨,探原本始,明论删述,究徒歌乐诗之说,定时世先后之次,旁通礼制,征验土俗,四家异同,序义得失,总为要论,以发其凡。然后详核训诂,博考名物,审韵例而正读,析文法以通词,评骘篇章,涵泳文藻,明其本事,发其志意,洞彻群言,折衷一是。盖片善可矜,寸长足录,陈两曹之辞,而定谳可得;即庸常之论,而精义转在。启发助益,夫岂一事?固当胜于不考本末、面壁虚谈者矣。

《论语》研究

刘《略》班《志》,以《论语》《孝经》、小学宾附六艺。古代六艺,《书》以二尺四寸策,《论语》则八寸簿,比之传记,示不敢同于经。然汉世博士各守专经,而未有不通《论语》者,盖书舍启蒙之所通习,亦以其得儒启，成果有期。此探究之关于史学者二也。

3. 先民有言：“《春秋》之称微而显，志而晦，婉而成章，尽而不污，惩恶而劝善。”余惟《左氏》之文章，始克兼此数美。观其记君臣之问，对行人之辞，从容大雅，彬彬乎质有其文矣。其叙战争也，亦鳃理秩然，委曲尽意。自来文章家莫不摹其篇章，猎其字句，流传讽诵，在人口耳，固已成文学常识之一部矣。即以骈文隶事而论，亦多取于此，庾子山其最著者也。章实斋谓后世文章之体，备于战国，其实战国之文，多出《左传》，盖其博依善喻妙于语言同也。且用近世训诂文法之学以治《左传》，诚亦多可致力者。唐人帖括之学，以《左传》为大经，由今观之，岂徒以文词繁多为大哉？此探究之关于文学三也。

总上三术，通其大义，考其史实，籀其文章，发凡起例，以谂学者，见仁见智，惟所择焉耳。

《春秋》研究

王荆公诋《春秋》为断烂朝报，说者以为基孙莘老之书有为而发（详周麟之《春秋经解》、王伯厚《困学纪闻》卷六、朱竹垞《经义考》卷百十一）。章实斋《经解中》谓"夫子之述六经，皆取先王典章，未尝离事而著理"，则《春秋》为因事寄义之书，彼史学名家，亦有此共信。是则《春秋》之有微言，寓理想，斯固事实昭然，不容诬罔者也。或亡而为有，或正言若反，以文字之移易，定思想之批判，其文理密察，允称独特。夫《春秋》定名分，别嫌微，固儒学之要籍，孔氏之遗经。虽后人讲论，或有缘饰增附，要其大义微言，可探讨而得，可寻理而定。盖三传分途，各有所明，虽经同一文，而事义迥别。汉学守门户，则争持一家以为辩；宋儒矜新义，则多排"旧解"以立说。聚讼既纷，闻者生厌，则以为扪烛叩盘，本非其真；郢书燕说，自因其时。然口说流传，即后可以退前；异义纷陈，众中必有一是。是当参校史实，详稽典礼，究笔削之文，核日月之例。及门讲习，或有先后；汉儒所传，要存大较。策书之文，固有成法；孔子修述，非无义例。且研究之事，固有二端：一曰讨本寻源，以孔还孔，宣正名之义，究外王之道，则儒学之宗明；一曰考析传注，评定真谘，使俱如其本位，则真象可说。何休《解诂》，时杂谶纬，借明为汉制作，取重当世；胡安国《传》明外内之义，详复仇之说，感激时势，意在匡复。故或以为"汉之《春秋》""宋之《春秋》"也。若此之例，非止一端。范宁谓："《左氏》以鬻拳兵谏为爱君，《穀梁》以卫辄拒父为尊祖，《公羊》以祭仲废君为行权。皆伤教害义，不可强通。"不知此正可见其思想特色，时代影响，非《春秋》之意，亦正可觇彼时彼人之说。若公羊家所谓"大一统""大居正""王者无外"诸义，后世政治，犹且被其影响，讵可不详加考论以明儒学之绪乎？今以辨证之逻辑，作科学之覃究，博征载籍而不主一家，条具源流以各探其际，要为思想之抉发，不仅文献之整理，故与《论语》诸书，同为治儒学之要典焉。

一九三五·八·一〇。

（《民治月刊》1944年第1卷第2期）

《新学伪经考》序

康有为

《新学伪经考》，凡十四篇，叙其目而系之辞曰：始作伪乱圣制者，自刘歆；布行伪经篡孔统者，成于郑玄。阅二千年岁月日时之绵暧，聚百千万亿衿缨之问学，统二十朝王者礼乐制度之崇严，咸奉伪经为圣法，诵读尊信，奉持施行，违者以非圣无法论，亦无一人敢违者，亦无一人敢疑者。于是夺孔子之经以与周公，而抑孔子为传；于是扫孔子改制之圣法，而目为断烂朝报。六经颠倒，乱于非种，圣制埋瘗，沦于雾雾，天地反常，日月变色。以孔子天命大圣，岁载四百，地犹中夏，蒙难遘闵，乃至此极，岂不异哉！且后世之大祸，曰任奄寺，广女色，人主奢纵，权臣篡盗，是尝累毒生民、覆宗社者矣；古无有是，而皆自刘歆开之，是上为圣经之篡贼，下为国家之鸩毒者也。夫始于盗篡者终于即真，始称伪朝者后为正统。司马盗魏，嵇绍忠；曹节矫制，张奂卖。习非成是之后，丹黄乱色，甘辛变味，孤鸣而正易之，吾亦知其难也。然提圣法于既坠，明六经于暗瞀，刘歆之伪不黜，孔子之道不著，吾虽孤微，乌可以已！窃怪二千年来，通人大儒，肩背相望，而咸为瞽惑，无一人焉发奸露覆，雪先圣之沉冤，出诸儒于云雾者，岂圣制赫暗有所待邪？不量绵薄，摧廓伪说，犁庭扫穴，魑魅奔逸，雺散阴豁，日戁星呀，冀以起亡经，翼圣制，其于孔氏之道，庶几御侮云尔。

光绪十七年夏四月朔，南海康祖诒长素记。

述叙既讫，乃为主客发其例曰：客问主人曰："伪经"何以名之"新学"也？《汉艺文志》号为"古经"，《五经异义》称为"古说"，诸书所述"古文"尤繁;降及隋唐,斯名未改,宜仍旧贯,俾人易昭。主人听然曰:若客所云,是犹为刘歆所绐也。夫"古学"所以得名者,以诸经之出于孔壁,写以古文也;夫孔壁既虚,古文亦赝,伪而已矣,何"古"之云! 后汉之时,学分今古,既托于孔壁,自以古为尊,此新歆所以售其欺伪者也。今罪人斯得,旧案肃清,必也正名,无使乱实。歆既饰经佐篡,身为新臣,则经为"新学",名义之正,复何辞焉! 后世汉宋互争,门户水火,自此视之,凡后世所指目为"汉学"者,皆贾、马、许、郑之学,乃"新学",非"汉学"也;即宋人所尊述之经,乃多伪经,非孔子之经也。"新学"之名立,学者皆可进而求之孔子,汉宋二家,退而自讼,当自咎其夙昔之昧妄无为谬讼者矣。客又问主人曰:别伪文,正新名,既得闻命矣。主人所著《毛诗伪证》《古文尚书伪证》《古文礼伪证》《周官伪证》《明堂月令伪证》《费氏易伪证》《左氏传伪证》《国语伪证》《古文论语伪证》《古文孝经伪证》《尔雅伪证》《小尔雅伪证》《说文伪证》,既遍攻伪经,何不合作一书? 沧海之观既极,犁轩之幻自祛,发蒙晓然,绝其根株;离而贰之,鄙犹惑诸。主人曰:伪经虽攻,然其蒂附深远,未能尽去也。百诗证王肃之伪《书》,而王《书》自行也;司马证刘炫之伪《传》,而刘《传》自传也。吾采西汉之说以定孔子之本经,亦附"新学"之说以证刘歆之伪经,真伪相校,黑白昭昭,是非襫襫,虽有苏、张,口呿舌拤,无事麇聚于此,致启哓哓。客又问主人曰:主人之于文字,既攻许学之伪矣。然三古之真字不传,后世之野文日增,传流有绪,无如《说文》,虽乱淄、渑,犹有寄君;若舍汶长,将何依因? 主人曰:文字之别,有户有门,寻端绎绪,承变相因。若欲复篆,中隔汉隶,难逾此关。魏晋争乱,书体杂越,更难求真。唯开元之定今隶,为后世之矩绳,于今用之,正极为衡。《开成石经》《干禄字书》《九经字样》《五经文字》,依此写定,是师是承。其张、唐二本,如"桃栭""桨刊",《说文》《石经》,两体并存。《九经字样》不言《石经》,然曰"经典相承",即《石经》之类也。考中郎刊正,本主今文,南阁稽撰,专宗古学。今尊《石经》,其诸雅正欤! 门人好学,预我玄文,其赞助编检者,则南海陈千秋、新会梁启超也,校雠讹夺者,则番禺韩文举、新会林奎也。

(《新学伪经考》,文化学社1931年)

《新学伪经考》叙

梁启超

南海先生演孔之书四，而《伪经考》先出世焉。问者曰：以先生之大道，而犹然与近世考据家争一日之短长，非所敢闻也。梁启超曰：不然，孔子之道堙昧久矣。孔子神圣与天地参，制作为百王法。小大精粗，其运无乎不在。自荀卿受仲弓南面之学，舍大同而言小康，舍微言而言大义，传之李斯，行教于秦，于是孔子之教一变，秦以后之学者，视孔子如君王矣。刘歆媚莽，赝为古文，摭渎乱之野文，雠口说之精义，指《春秋》为记事之史，目大《易》为卜筮之书，于是孔子之教又一变，东汉以后之学者，视孔子如史官矣。唐宋以降，鉴兹破碎，束阁六经，专宗《论语》，言理则剿贩佛老以为说，言学则束身自好以为能，经世之志忽焉，大道之失益远，于是孔子之教又一变，宋以后之学者，视孔子如迂儒矣。故小有智慧之士，以为孔子之义甚浅，其道甚隘，坐此异教来侵，辄见篡夺，魏唐佞佛，可为前车。今景教流行，挟以国力，其事益悍，其几益危。先生以为孔教之不立，由于孔学之不明，锄去非种，嘉谷必茂，荡涤雾雾，天日乃见，故首为是书以清芜秽。至于荀学之偏，宋学之浅，但明于大道，则支流余裔，皆入范围，非吾党之寇仇，固无取于好辩。启超闻《春秋》三世之义：据乱世，内其国而外诸夏；升平世，内诸夏而外夷狄；太平世，天下远近大小若一。尝试论之，秦以前据乱世也，孔教行于齐鲁；秦后迄今升平世也，孔教行于神州；自此以往，其将为太平世乎？《中庸》述圣祖之德，其言曰：洋溢中国，施及蛮貊。凡有血气，莫不尊亲，孔教之遍于大地，圣人其知之矣。由斯以谈，则先生之为此书，其非与考据家争短长，宁待辩邪！演孔四书，启超所见者，曰《大义述》，曰

《微言考》,并此而三。又闻之孔子作《易》《春秋》,皆首著以元统天之义,所谓智周万物,天且弗违。呜呼!则非启超之愚所能及矣。

孔子卒后二千三百七十五年六月朔,弟子新会梁启超。

(《知新报》1897 年第 32 期)

《经学导言》自序

邬庆时

孔子卒后二千三百八十一年,桂平程子良先生来广州,讲学于时敏学堂。其时西学东渐甫露萌芽,举国若狂,醉心欧化,废经之说,多有倡者。即或倡言国粹,亦子史之学已耳,罔以经为念也。夫经为孔子大道所存,而中国二千年来宗教、政治、学术、风俗之所由出,其乌可废?且西人之所谓良法美意、至理名言,求之于经,所在多有。诚因时、因地、因人而损益之,则救国之道皆在于是,又何废之之忍云?虽然,亦无怪乎其欲废之也。子贡曰:"夫子之墙数仞,不得其门而入,不见宗庙之美、百官之富。得其门者或寡矣。"当时犹然,矧于今乎!古文既出,经学日棼,歧途无归,穷年莫究,童而习之,曰纷如也。国家需才如是其亟,当学之学又如是其多,有限之岁月,有限之精神,何能尽以事此?况尽用于此,亦未必可以通经而致用也。先生有忧之,是用大声疾呼,提倡西汉今文之学,以今文之学为孔氏之正传,而学者之正路也。王道平平,直达堂室,既夷且捷,何乐如之。且千途万径,以入室为归。既直达矣,则奚必遍历歧途、枉劳车马乎?庆时得此南针于大雾之中,遵道而行,雾迷若失,乃知通经实不难,所以难者,未得其门径故耳。窃恐口说之久而遗忘也,又不忍自秘,因记述其要,引伸其旨,整理其序,案饰其辞,演为《经学导言》三十章,都八千余言。修辞尚简,陈义务约,只求辞达,无取文繁。指点一言,分明歧路,庶省脑力,免费韶光。虽不敢曰治经者必须如是,然必如是而治经,中国之前途乃有济也。爱国之君子,其亦乐道之欤!

光绪三十一年大成节,邬庆时识于时敏学堂。

(《经学导言》,《半帆楼丛书》本,1928 年)

《经学教科书》序例与弁言

刘师培

序 例

治经学者,当参考古训,诚以古经非古训不明也。大抵两汉之时,经学有今文、古文之分。今文多属齐学,古文多属鲁学。今文家言多以经术饰吏治,又详于礼制,喜言灾异五行。古文家言详于训诂,穷声音文字之原。各有偏长,不可诬也。六朝以降,说经之书分北学、南学二派。北儒学崇实际,喜以汉儒之训说经,或直质寡文;南儒学尚浮夸,多以魏晋之注说经,故新义日出。及唐人作义疏,黜北学而崇南学,故汉训多亡。宋明说经之书,喜言空理,不遵古训,或以史事说经,或以义理说经,虽武断穿凿,亦多自得之言。近儒说经,崇尚汉学,吴中学派掇拾故籍,诂训昭明;徽州学派详于名物典章,复好学深思,心知其意;常州学派宣究微言大义,或推经致用。故说经之书,至今日而可称大备矣。此皆研究经学者所当参考者也。大约古今说经之书,每书皆有可取处,要在以己意为折衷耳。夫六经浩博,虽不合于教科,然观于嘉言懿行,有助于修身;考究政治典章,有资于读史;治文学者,可以审文体之变迁;治地理者,可以识方舆之沿革。是经学所该甚广,岂可废乎?然汉儒去古未远,说有本源,故汉学明则经诂亦明。欲明汉学,当治近儒说经之书。盖汉学者,六经之译也;近儒者,又汉儒之译也。若夫六朝、隋、唐之注疏,两宋、元、明之经说,其可供参考之资者,亦颇不乏,是在择而用之耳。

一,每册三十六课,每课字数,约在四五百言之间。

一,经学源流不明,则不能得治经之途辙,故前册首述源流,后册当诠大义。

一，经学派别不同，大抵两汉为一派，三国至隋唐为一派，宋元明为一派，近儒别为一派。今所编各课，亦分经学为四期，而每期之中，于经学之派别，必分析详明，以备参考。

一，经学派别，既分为四期，而每期之中，首《易经》，次《书经》，次《诗经》，次《春秋经》，次《礼经》，次《论语》《孟子》，《学》《庸》附焉，次《孝经》，《尔雅》附焉。盖《班志》于六艺之末，复附列《论语》《孝经》，今用其例。惟《乐经》失传，后儒无专书，不能与《礼经》并列耳。

一，所引各书，必详注所出，一二私见，附以自注，以供学者之采择。

弁　　言

《班志》言五经《易》为之原，则经书当首列《易经》。《易经》一书，所该之学最广，惟必先明其例，然后于所该之学，分类以求，则知《易经》非仅空言，实古代致用之学。惜汉儒言象言数，宋儒言理，均得易学之一端。若观其会通，其惟近儒焦氏之书乎。故今编此书，多用焦氏之说，剌旧说者十之二，参臆解者十之三。如《易》于《象传》之外，兼有《象经》，则系前人所未言。惟限于篇幅，引而伸之，是在读者。又此编计三十六课，以供学校第三学期之用。体例虽与前册稍殊，然均以发明《易》例为主，揭重要之义为纲，而引伸之语，参考之词，皆列为目，以教科书应以简明为主也。然《易经》全书之义例，粗备于此矣。

（《经学教科书》，国学保存会 1906 年）

《经学讲义》叙
倪羲抱

王阳明先生曰:"学绝道丧,俗之陷溺,如人在大海波涛中,且须援之登岸,然后可授之衣而与之食;若以衣食投诸波涛中,是适重其溺也。"有明一代,尊尚风节,阳明生于其间,忧世之心深切如此。盖学之不讲,道之不明,自昔已然。战国而降,至于汉兴,中经秦火,百年之间,余威未息,礼义泯矣。江都突起,正论复张,其后群儒继作,经术大行。魏晋而下,祸变相仍,文治日漓,圣贤之旨,不绝如缕。唐韩愈出,乃辟异端,起八代之文衰,挽百川之倒流。宋代诸子,禀其师承,后先传述,宜为极盛。然自北宋播迁,女真猾夏,半壁河山,尽沦异域,习俗之移深,休明之治替。胡元入主,名教荡然,更不堪问。驯是百年,寇盗奸宄,充斥区宇。至明祖崛起淮泗,以马上得国,尚文崇儒,徒存虚名。建文之世,稍明治本,而靖难兵至,遁逃空门。燕王猜忍成性,非可望大道之行。三代之英,下此数世,仅袭旧章。朝无名世,下乏通儒,非阳明以坚忍之诣,笃学深造,独悟良知,诏示来学,其岌岌乎殆哉!阳明殁后三百年,非无先哲挺生,足以撑拄气数。

近数十载,夷化既入,国风下降。始则士骛于名而忘其实,继则尽弃其义而务于利。言道德为迂,工奔竞为高。不幸降患,又屡败于海外诸国。慕利畏威,志意一变,反唇讥先我者之无能。六经先儒诸书,束诸高阁,学非外国之学不屑道,文非外国之文不屑语。廉耻无闻,天伦丧败。然则视阳明之世,其学绝道丧,俗之陷溺为何如?

羲抱以不度德量力,借鳞鸿往返,结文字因缘,每读阳明之说,毛骨悚然,常恐陷衣食投波涛之罪,然谓能有以援之,则虽狂愚,夫何敢云?

人必自处于非陷溺之地,乃可以见人之陷溺。羲抱固亦在大海波涛之中,日望有呼号而出者之不暇,况援他人乎?是编之作,取经训之切于身心学问者,录置座右,即以备觉梦之钟、醒迷之药,庶羲抱与诸君同自谋出陷溺、登道岸耳。先《论语》《学》《庸》《孟子》之说,次六经,更次及先儒之精理微言。其有能知者,则参以私意,诸君或有得焉。由是而处则修己,出则治人,学问在我,措施裕如。以较徒口说而鲜闻道者,必不可同年语矣。悠悠天地,堕落深悲,有当人不让者乎?予日望之矣。

(《国学杂志》1915年第1期)

黄炎之遗胄,益趋于贫弱也。余曰:恶,是何言欤?子亦知经毒之说所由来乎?有清光绪季年,朝野上下,怵于甲午之败衄,庚子之危乱,奋然欲有所改革,于是重奖出洋留学之士。东邻与我壤地相接,担囊负笈,以冀吸受文明之化者,肩相摩而踵相错也。彼邦深沉阴鸷之党魁,方欲利用教育事业以左右东亚之大势,遂创为经毒之说,以荧惑吾国之青年学子,俾之尽废先圣先师之经训,日从匪彝而即慆淫,以自戕其深固不摇之国本。观于二十年来之已事,其效亦可睹矣。周公之戒成王也,曰:"乃逸乃谚,既诞。否则侮厥父母,曰:'昔之人无闻知。'"今之戴发含齿,自命为国之秀民,而侮厥父母以为无闻知者,比比然矣。本实先拨,国欲兴,得乎?经训为治天下之鸿宝,其言可以寿菁蔡,其理可以格幽明,质诸鬼神而无疑,百世以俟圣人而不惑者也。是故沉浸醲郁,含英咀华,经之腴也;道洽政治,泽润生民,四夷左衽,罔不咸赖,经之泽也;范围天地而不过,曲成万物而不遗,经之精气也;沛然决江河而下,皭然与日月同明,经之流派与光焰也。故经本无所谓毒也,自慧我谋我者言之,则以为毒矣。慧我谋我者,忍心害理而以为毒,我亦盲从附和而毒之,是自杀之道也。国必自伐而后人伐之,人必自杀而后人杀之,痛乎悲哉!吾不忍言之矣。且夫邪正不能并立,是非不能两存,人人以非毒者为毒,则必视天下至毒之物为非毒,遂有屏绝谷食,而饮鸩以自甘,且訾谷食为伤生者,此自然之理,必至之势也。世运沦胥,舟流靡届,剥之无咎,行将及肤。余为此书,岂好辩哉?不得已也。《易·剥》象传曰:"剥床以肤,切近灾也。"又曰:"君子得舆,民所载也。小人剥庐,终不可用也。"程子释之谓:"正道消剥既尽,则人复思治,故阳刚君子,为民所承载也。若小人处剥之极,则小人之穷耳,终不可用也。"朱子谓:"惟君子能覆盖小人。今小人欲剥君子,则君子亡而小人亦无所容其身,是自剥其庐也。"夫先圣先师之经训,古今中外,论治论学者,均不能出其范围。其任重而致远也,不啻行者之有舆,可以跋山川而冒霜露也;其定倾而扶危也,不啻居者之有庐,可以勤垣墉而蔽风雨也。今之人乃欲自偾其舆、自毁其庐以为快,一二君子,危言悚论,冀挽其流失,而存此几希。其幸而胜也,则剥极而复、乱极而治之动机也;其不幸而败也,则君子小人同归于尽,剥庐之痛,切肤之灾。虽曰天命,亦由人事,栋折榱崩,侪将同压。吾辈号称先觉,固亦不得辞其责也。《诗》曰:"下民之孽,匪降自天。"又曰:"曾是莫听,大命以倾。"吾之灌灌不休,岂得已哉?亦欲乘此舆未尽覆、庐未尽坏之时,冀能垂听吾言,以补救于万一耳。子其无盲从恚我谋我者之说,而助敌人以张目也。

客唯唯而退,遂书之以为后序。

(《四存月刊》1922 年第 12 期)

《经学通论》叙恉

陈钟凡

凡先王之典籍谓之经。博综群言,研核经恉,判其异同,求其条贯,谓之经学。述群经之大恉,考传授之原流,兼稽古今各家派别,用以识其废兴得失之所由,是曰《经学通论》。

通论之体,离经为书,实与章句故训殊科。昔刘向父子校录三礼,于小戴记《檀弓》《礼运》诸篇,并题通论。后汉洼丹作《易通论》七篇,世号《洼君通》(《后汉·儒林传》)。虽在专门之业,亦得标"通"为题。若夫总述群经之纲要,辨章六籍之异同,则并离经别自为书,如刘向《五经通谊》(《隋志》录《五经通谊》八卷,注梁有九卷,不著纂人,《唐志》题刘向撰),班固《白虎通谊》,皆通论之体所由昉也。

挽近庠序版业,率名讲谊,稽其造端,昉诸宋儒。王应麟曰:"元丰间,陆农师在经筵,始进讲谊。自时厥后,上而经筵,下而学校,皆为支离蔓衍之词,说者徒以资口耳,听者不复相问难,道愈散而习愈薄矣。"(《困学纪闻》)是则讲谊之作,盛于南宋,本以陈之经筵,非录一先生之言,而为一切尺籍之大名也。今述斯编,正名通论,支离蔓衍之诮,庶几或免。

研治群经,必先诠释诂训,辨析章句,乃克究宣疑滞,剖析谊理。夫诂者古也,所以通今之言;训者道也,所以道万物之貌(邢昺《尔雅疏》说)。盖绝代离词,方俗异语,或同实而歧名,或片语而殊训,非诠明其解诂,曷由识其恉归?故保氏之教,课以六书,诗人有言,古训是式。孔子告哀公曰:"尔雅以观于古,可以辨言。"(《大戴礼·小辨》篇)焉以不憭古训而能通经谊哉?训故既明,宜析章句。《学记》曰:"古之教者,一年视离经辨志。"郑注:"离经,断句绝也。"定海黄氏曰:"古离经有二法,曰句断,曰句绝。句断者,其辞于此中绝而意不绝,句绝则辞意俱绝也。离经专以析句言,断章乃辨志事。志与识通,辨志者,辨其恉而标识之也。"(《离经辨志说》)是则离析经理,断绝章句,实古代考校之陈规,亦万世治学之要道也。

章句既明,则进而审词例,征典礼。古书文词,奥隐难识,或错综以成文,或参互以见谊,或倒文以协韵,或举偏以赅全,或两语似平而实侧,或两句似异而实同。凡斯诸文,奇侅滋众,傥不明其词例,末由阐其意恉。则寻览旧文,审正词例为急务矣。六籍悉先王之旧典,《周礼》实《易》《春秋》之通名,故《春秋》褒贬,上遵周制,下明法守。丘明发凡言例,皆经国之常制,史书之旧章,其为《周礼》,昭若发蒙。稽之《尚书》,则《尧典》之记命官,《周官》之详改制,并设官分职之大经;《禹贡》言随山浚川,任土作贡,亦体国经野之常法。斯皆尚古典制所赖以仅存者也。他若易教、诗教之通于礼教,则《虞氏易礼》《毛诗礼征》两书,考之尤赅备矣。

治经之道,既如右述,犹有二事,不可不明:一曰辨家法,一曰通谊例。先秦以前,学者传经,实凭口耳;至于西京,方著竹帛。时齐鲁两派,并立学官,而说多乖异,民间复有古文之传,视两家又特异焉。孔壁古文经发见,学者多据之以难今师,至刘歆其说愈显。世以壁经皆古字,别于今文,号曰古经。加博士以今字,古文、今文之名,遂由此立。两者匪直文字互殊,章句训诂各异,至典章制度,亦复彼此不同,学者宜区分异同,不相杂厕,方明汉人家法。若糅合古今,妄矜断制,则荆棘丛生,适以自扰而已。前儒治经,所以辨章明晰,使人有条贯之可循者,必皆创通谊例,乃免驳杂凌乱之讥。故何休解《公羊》,櫽括使就绳墨。贾逵、颍容治《左氏》,先就条例。凡此皆非理解全经,参伍错综,求其通则,不克执简御繁,旁通曲畅,使繁苛破碎之旧籍,本末较然,条理毕见也。

综上数端言之,前四者为通经之始事,后二者非熟玩经文,触类旁通,骤难企及。今兹讲述,于通论外,别取五经,随文籀绎,务使学者本前述涂径,提絜纲要以标其纲,立之科条以征其例。如是条贯昭明,然后治经乃有绳墨可寻,群经乃为有用之学。不则碎谊逃难,便词饰说,徒陷人于迷罔,终莫知所归宿,虽皓首勤劬,且不能究宣一艺也。

兹编所述,略明辜较。首言群经之名数,次考群经之述作及其传授之原流,次述解经诸传记,终论治经之方术。务期端绪昭然,本末毕具。至诸所称引,远稽陈说,近采通人。自揆梼昧,非真知灼见,未敢独标一是,蹈专己守残之陋习,而忘从善服谊之公心也。

近人说经,或主致用,于是穿凿附会,破碎支离,妄恣怪迂之谭,不求谊理之当,侮圣言以文奸慝,伤小知而惊愚朦,方闻君子,盖无讥焉。矧远援殊方之说,上凌前古之师,尤刘勰所谓"逐奇失正,摈古竞今"者也。凡斯芜词,允宜剪截,庶六籍之文,同昭日月,三古之圣,不沬音徽,以存鸿教于不刊,浚洪原于不涸也夫。

(《国学丛刊》1923年第1卷第4期)

《经学讲义》序
胡朴安

经之一名词,以今日之眼光观之,在学术中是否能成立,尚为一问题。以予个人之意见,学术中不承认有经之名词存在。惟是今之所谓经者,确为古代思想制度之所汇萃,欲求中国文明之原起,是当于经求之。所以吾人治经之方法,不可为经所拘,即不以经为古代贤圣之常道,而以经为古代学术之史料是也。予常分中国学术为七类:一哲理类,二(理)〔礼〕教类,三史地类,四语言文字类,五文章类,六艺术类,七博物类。如以经分归各类中,则《易》当入哲理类,《书》《春秋》当入史地类,《诗》当入文章类,《礼》当入礼教类。如详分之,《书》之《洪范》当入哲理类,《五子之歌》《多士》《多方》当入文章类。如更详之,讲求《易》之卜筮者,当入艺术类;讲求《诗》之音韵者,当入语言文字类;讲求《诗》之草木鸟兽虫鱼者,当入博物类。以此例推,有一经可分为数类者,有数经可合为一类者,但是现在尚未有人分类编纂。虽经之名词不可存在于学术之中,而经之书籍,不可不据为学术之研究,此《经学讲义》所以辑也。

予前所言经者,古代思想制度之汇萃,系指经之本体而言。至于治经学者,自两汉以至晚清,各有方法之不同。虽于制度方面无甚关系,而思想方面,可以治经之方法,得各时代思想递变之迹。所以研究经学者,不仅注意其本身,尤当注意各时代治经方法之不同。治经之方法,其初大要有二:一微言大义之学,一名物诂训之学。两汉之时,后先继起,一则为今文家言,一则为古文家言。今文家以经术饰吏治,喜言灾异五行。西京以降,治今文学者,渐以寥落,贾逵、二郑、许慎等,皆治古文学,名物必详,诂训必榷。魏晋说经,不循古法。唐人作义疏,《易》用王弼,汉训渐亡,惟《诗》《礼》为善。宋人影响于佛理,颇有独得之处,但未免穿凿耳。清儒治经,一曰汉学,一曰宋学。宋学空疏,不厌人望,汉学则吴皖并峙。吴中学派,掇拾故籍,好博而尊闻;皖中学派,号称精核,综形名,任裁断,要之皆古文学。中叶以后,常州人士研究微言大义,推经致用,为今文学。要而论之,各有所长,亦各有所短。汉人说经,递禀师承,恪守古训,其学笃实谨严,其弊也拘。魏晋及唐,各自为说,不相统率,其学日兹新义,其弊也杂。宋儒排击汉唐,精研义理,分别是非,暗袭佛说,用之儒家,其学冥契默会,时有精意,其弊也悍。清儒治古文学者,辨析异同,考核必慎,其学征实不诬,其弊也琐。治今文学者,以经术明治乱,以阴阳断人事,其学瑰义妙辞,文人喜道之,其弊也肆。说经之书,莫可究极,综其大要,如是而已。

综以上而观,研究经学之方法,以文字区别之,一今文学,一古文学;以时代区别之,一曰汉学,一曰宋学。名虽有四,实则二焉。今文、古文皆汉学,今文属于作为方面,古文属于考证方面,宋学属于思想方面。以今日研究学术之方法论之,今文学最不适用,所谓以《春秋》折狱,以《禹贡》治河,以三百篇当谏书,以及近人据乱小康大同之说,皆无一是处。宋人之思想,当分别观之。古文学之考证,最合于今日治学之方法。学之所以能成为科学者,以其收集各种证据,归纳以得公例,古文学家治学之方法,极合此种条例。分七类以收辑群经之所载,亦必以古文学家之方法得之,此治经方法之要也。

兹编所辑,只能略发其凡。先为群经总论,以明群经原流及派别与其大旨,次《易》,次《书》,次《诗》,次《春秋》,次《礼》,《论语》《孝经》附,《孟子》归之子,《尔雅》归之小学,俾学者得此,稍知治经之门径云尔。

民国十三年安吴胡韫玉自序。

(《民国日报》1924年11月14日第4版)

《经子解题》自序

吕思勉

本书皆予讲学时所论,及门或笔录之,予亦稍加补正。群经及先秦诸子之真者,略具于是矣。所积既多,或谓其有益初学,乃加以编次,衷为一帙,印以问世焉。此书有益初学之处凡三:切实举出应读之书,及其读之之先后,与泛论大要失之肤廓及广罗参考之书失之浩博令人无从下手者不同,一也。从前书籍解题,多仅论全书大概,此多分篇论列,二也。论治学方法及书籍之作,亦颇浩繁,初学读之,苦不知孰为可据,此所举皆最后最确之说,且皆持平之论,三也。然学问之道,贵自得之,欲求自得,必先有悟入处。而悟入之处,恒在单词只义人所不经意之处,此则会心各有不同,父师不能以喻之子弟者也。昔人读书之弊,在于不甚讲门径,今人则又失之太讲门径,而不甚下切实工夫:二者皆弊也。愿与承学之士共勉之。

驽才自识,民国十三年七月。

(《经子解题》,商务印书馆 1926 年)

《经学通论》序

林思进

自经术不明,而天下甚乱不治,至今日益见矣。非谓经之用必适于今,盖三代异姓受命,可得变革者,服色徽号粗迹;不可得变革者,大纲人伦风俗文义而已。而惑者乃欲于其不可者一切变革之,此天下所由甚乱不治也,岂非然哉!岂非然哉!往者汉儒尝假经义治事,而辕固生独戒公孙弘毋曲学以阿世,知当时大师,颛门笃守,谓经术所贵者在彼不在此,西京家法然也。自夏侯长卿始为左右采获,意主应敌,已启郑学坛宇。迄高密遍注群经,沟合今古,晋魏而降,莫越斯律,则儒者经世大要,未尝不借以证成。宋元至明,去圣益远,一掍于道学,再淆于制义,虽经术早绝,望道不至,然其范人心而尊节概,扶翼之效,未可诬也。清代经师至盛,名物制度,大义微言,斐然两京之旧矣。值国势阽弱,欧说东渐,哗世之士,不能究极中失,而更归非坟籍。方庚子、癸卯之际,吾与龚君相农,年皆盛壮,亦尝稍稍窥览其域。退而审谛,知不必然。陵夷至今,猥怪之说,视昔尤众。凡当日号称闻人巨子者,莫不俯首却行,仰号令为进退。呜呼!学之不讲,乃至是乎!今者群咮渐止,读经之声稍传庠序,而相农以经教授吾蜀高等师范者十年矣,其揩柱飙狂涛骇中者最久,于是有《经学通论》之作。诸弟子著录者,亦并服膺师说,惟恐或失,请于君得印行之,而丐予为叙。予既终籀其编,渊懿矜慎,无几微不惬吾意者,质之天下后世犹可矣,更何待赞一辞?故独推论经体之大,知其于治乱毋弗贯,则学者可以深长思而求。善乎翼奉之言曰:"贤者见经,然后知人道之务,《诗》《书》《易》《礼》《乐》《春秋》是也。"奉可谓知其本柢矣。彼势物之徒乐变,嚣嚣然日以乱天下为事者,又乌足与于斯。

(《国立成都高等师范国文学会学刊》1926年第1期)

《十三经读本》序

唐文治

　　斯道之在天下,如日月之经天,江河之行地,其孰能澌灭之乎?顾横览宙合,有不得不鳃鳃过虑者。诚以今日之世,一大战国之世也。战国之时,策士肆其簧鼓,时君逐于干戈,争地以战,杀人盈野,争城以战,杀人盈城,饥馑荐臻,流离载道,百姓辗转沟壑,其惨苦之状,为生民以来所未有。曾不逾世而秦政出,燔烧诗书,坑戮儒士,毒痡四海,于稽其祸,亦生民以来所未有。若是者何也?人心之害为之也。然而秦时之书,焚于有形,而今世之书,则焚于无形;秦时之儒,坑于可见,而今世之儒,则坑于不可见。横政之所出也,横民之所止也。截截乎学说之诐淫也,幡幡乎士林之盲从也。憯乎怛乎,闾阎之痛苦而无所控诉也;茫乎眇乎,世界之劫运若巨舟泛汪洋而靡所止届也。若是者何也?人心之害为之也。

　　人心之害孰为之?废经为之也。废经而仁义塞,废经而礼法乖,废经而孝弟廉耻亡,人且无异于禽兽。嗟呼!斯道之在天下,其将澌灭矣乎!于是正其本者则曰反经,挽其流者则曰治经。且夫天生人而与以至善之心,孰不有纯粹之良知,莹然蔼然,超出于物类之外,而乃有大谬不然,大惑不解,悍然废经而不顾者,非尽人之无良也。或曰:"经之过高过晦,阶之厉也。"不知非经之咎也,自来说经者之咎也;非经之晦也,说经者凿之使晦也;非经之高也,说经者歧之而高也。当是之时,倡废经之议,人乐其浅陋而便己也,是以靡然从风,而祸遂中于人心。当是之时,虽日告以读经之益,人且昧然莫知其径途也。乡壁以行,得其门者盖寡也。

《十三经读本》序

陈宝琛

唐蔚芝侍郎用古之道课江南诸生,尝辑《十三经读本》,施君省之刊行之,问序于予。窃以读经方法,自元儒程氏刻《读书分年日程》,颁为学式,善矣,然仅有经文,不及注疏。至望溪方氏,用二十余年之力,删取《通志堂经解》,玉林臧氏欲裁剪义疏,别为《九经小疏》,惟世尠传刻,购者难之。蔚芝《读本》,根据汉说,兼及宋儒,于四子书则附以己说,意在尊经,不求艰奥,取便初学而已。又以汉以前传经多口授,故重章句;宋以后读经有刊本,重在评点。因取宋元及国朝诸儒所评点经文,编为札记。其搜讨之勤,并世不数见也。夫六经无终晦之理,世运有时盲塞,人心所系,圣道常昭。世方以委巷话言、摧折文字而误后生,而海外学人转以诵习先圣遗书而慕中国文教之美,是知六籍弥纶宙合,人类将赖以扶持,非中国所能私,亦非新学众流所能掩也。

蔚芝周知四国,教学有年,必有见于士习时变所趋,非是莫救者,而施君先德既以振拨灾祲闻天下,省之又久习新学,今乃以读经为总絜陷溺之方,然则以废经为忧惧者,诚过虑也哉!

(《教育季报》1926年第9卷第3期)

《经学抉原》序

蒙文通

　　自井研廖先生据礼数以判今古学之异同,而二学如冰炭之不可同器,乃大显白。谓二学之殊,为孔子初年、晚年立说之不同者,此廖师说之最早者也。以为先秦师法与刘歆伪作之异者,廖师说之又一变也。以《大戴》《管子》之故,而断为孔子小统与大统之异者,廖师说之三变也。仪征刘先生著论,以为东西二周,疆理则殊;雒邑、镐京,礼文复判。此刘师释今古学之微意,而未大畅其说者也。四说虽立意不同,而判今古为不可相通之二学则一也。文通于壬子、癸丑间,学经于国学院,时廖、刘两师及名山吴师并在讲席,或崇今,或尊古,或会而通之,持各有故,言各成理。朝夕所闻,无非矛盾。惊骇无已,几历岁年,口诵心维而莫敢发一问。虽无日不疑,而疑终莫解。然依礼数以判家法,此两师之所同。吴师亦曰:"五经皆以礼为断。"是固师门之绪论谨守而勿敢失者也。廖师曰:"齐鲁为今学,燕赵为古学。鲁为今学正宗,齐学则消息于今古之间。壁中书鲁学也,鲁学今文也。"刘师则曰:"壁中书鲁学也,鲁学古文也,而齐学为今文。"两先生言齐鲁学虽不同,其舍今古而进谈齐鲁又一也。廖师又曰:"今学统乎王,古学帅乎霸。"此皆足导余以先路而启其造说之端。

　　壬戌秋初适渝,身陷匪窟,稽滞峡中,凡所闻见,心惊魄悸,寝不寐食不饱者殆月有余。忧患之际,思若纯一。绎寻旧义,时有所开。推本礼数,佐以史文,乃确信今文为齐鲁之学,而古文乃梁赵之学也。古文固与今文不同,齐学亦与鲁学差异。鲁学为孔孟之正宗,而齐晋则已离失道本。齐学尚与邹鲁为近,而三晋史说动与经违,然后知梁赵古文,固非孔学；邹鲁所述，斯为嫡传。及脱险抵渝，走笔追述所得，尽三日之力乃已。爰益以旧稿，著论九章，以赞师门之旨。稿既脱，乃南走吴越，博求幽异，期观同光以来经学之流变。而戎马生郊，故老潜遁，群凶塞路，讲贯奚由？遂从宜黄欧阳大师问成唯识义以归。

丁卯春初，山居多暇，乃作《古史甄微》。戊辰夏末，又草《天问本事》，则又知晚周之学有北方三晋之学焉，有南方吴楚之学焉，有东方齐鲁之学焉。乃损补旧稿以为十篇，旧作《议蜀学》一篇并附于末。于是文通适来讲斯院，滥竽经席，遂以此十篇之说用代讲疏。回忆昔时三先生讲德于兹，论业衎衎，杂以谐笑，同门数十人抠衣颂说其间，进有所闻，退有所论，乐何如也，其情盖犹历历如目前事，而吴、刘两师已归道山，廖师亦老病难持论，友朋星散，讲习无从。顾视庭柯，婆娑犹昔，而胜会不常，能不使人怆然以悲、惕然以惧？作而叹曰：师门之旨，将息于斯乎？抑光大亦于斯乎？以文通肤学，固未足以堪是，况又将有金陵之行，而义不可留也。则文通于师门之说，有同焉，有异焉，其是耶？抑非耶？斯不可以不论。

盖廖师之讲贯礼学，犹顾亭林之阐明古音，皆所谓开风气之先者。顾氏分古音为十部，历江、戴、王、段，递有所开，以迄于今，密以加密，而声均之道乃大备。廖师劈析今古，刘师从而疏通证明之，流乃益广。文通幼聆师门之教，上溯博士今文之义，开以为齐学、鲁学，下推梁赵古文之义，开以为南学、北学。推本邹鲁，考之燕齐，校之晋，究之楚，岂敢妄谓于学有所发。使说而是，斯固师门之旨也，说之非，则文通之罪也。是篇之作，宁有裨于高深，惟循是愈析愈精，密以加密，犹古音之学自顾氏十部之分渐进而至于分二十八部，以自附于段王之徒，是所期于同志好学之士，盖非文通力之所能逮焉。苟徒执齐、鲁、晋、楚以言学，盖犹粗疏灭裂之尤，固未足以当识者之一哂也。

戊辰仲冬，蒙文通叙于成都国学院。

（《经学抉原》，商务印书馆 1933 年）

《经学常识》提要

徐敬修

通经致用,非所期于今日学子,但其大要,不可不知。本书关于群经之旨,摘其要者述之。至于经学家之著述,则自汉京以后,迄于近世,其源流派别,皆为有统系之叙述,俾研究汉学者得备参考焉,不仅有裨常识而已。

(《经学常识》,大东书局1928年)

《先秦经籍考》序
江侠庵

宋学勇于疑古,以自由心证,移易经文,其弊也滥。清学反之,归于实事求是,是其得也;而经文历有长期之变化,不敢过问,其失也拘。用考证的疑古,取宋清两代之长,而遗其短,其今日国学所当趋之大势乎?

嘉庆以后,考证之学渐衰。同时有崔东壁崛起,用考证的疑古,撰成《考信录》诸书,为斯学派之开祖,所谓豪杰之士者非耶?其所未至者,以孔孟之书为尺度,而较量他书,未能澈底,此则时代为之也。近十余年来,其学大昌,风靡中东,学界渐知考正经籍为治学之先决问题。由是整理国故之声,高唱入云矣。然而此学中坚,虽有王国维、罗振玉二氏震荡于前,章炳麟、梁启超、胡适之、顾颉刚诸人推挽于后,而其空气曾不逮雍乾考证派远甚。然还顾东邦,其研究所得,似骎骎然驾吾人而上之者,何也?据吾所见,约有数端。

第一,吾人未有测量术之正确底线。测量术,择若干里地方,严密测定一条底线,为诸三角线之基本。此线正则皆正,误则皆误。吾国殷虚发掘之龟甲文,其关系之重,可举数千年之学术观念,根本推翻。而此龟甲文,经王、罗二氏之整理印行,不能不推为不朽盛业。而澈底收效,尚有俟于日人。盖东邦学者,从研究龟甲文之结果,判定殷人尚为祭卜社会,而未进至政治社会;为自然生活之游猎时期,未进于人为生活之耕牧时期。由是推定其时,只有断片文字,而未有长篇文字;其有长篇文字,不能不自周室始。此问题详载于丹羽正义之《殷周革命》篇,而《中国古史起源考》略之。彼假定此为测量术之底线,则《尚书》之虞夏商书、《诗》之《商颂》、《易》之羲卦,一概视为后世之假托品,则周室文字进程,亦发生种种问题焉。此其一也。

第二，吾人未用科学以考古。古代之书，多由传说或假托，因之不能不考正其著作时代之背影，及其变化之原因。欲考正之，不能不利用科学。即如因天文学之进步，而得校正《春秋》之置历；利用地中发掘物，以正书籍之舛讹，其尤著也。而马克斯之唯物史观，用科学以解剖各时代之社会状况，于近世考古学，尤有莫大之影响。而吾国学者，以科学整理国故者，其风气尚未展开。此其二也。

第三，缺乏善良之传本。吾国因历代兵燹，古籍消毁无存。而东洋未受兵灾，吾国之古钞本，流传于彼者，尚多无恙。参观《七经孟子考文补遗考》及《日本国见在书目录考》，可以知其梗概。故吾关于善本方面，根本已不逮人。况彼因政治健全、经济澎涨，图书馆环立，学者得以纵观，随意涉猎。吾国较完之图书馆，不啻凤毛麟角，即欲自购，势亦良难，遂至麻痹学者之志气。此其三也。

尔来各地图书馆，渐次增加。而僻处偏隅者，幸商务印书馆有《四部丛刊》之印行。吾人欲取阅善本之书，较前良易，颇可以解决第三问题。年来教育改良，科学人才寖出，此项出版物亦日盛。即用科学以考古，在学者之决心耳，由是可以解决第二问题。至日本人假定测量术之底线，是否正确，吾人当公开讨论而决定之。用是不揣固陋，介绍此四十一篇，提供于海内同志，俾作他山。又幸蒙商务印书馆王云五所长赞助印行。他日于整理国故前途，或有多少影响，是即区区之所企望也。

民国十八年一月一五日，编译者江侠庵。

（《先秦经籍考》，商务印书馆1929年）

叶郋园先生《经学通诰》跋

杨树达

吾师叶郋园先生当清末造,以南皮张文襄公之礼聘,主讲武昌两湖存古讲席,造《经学通诰》三卷,近益述"经师考"及"绪言"合为五卷。树达顷以讲业归自京师,先生命以校字之役,复命有言,谨书其后曰:吾国自汉以来儒学独盛,传衍蜕嬗,时起纷争。其尤著者,西汉之末有今古文之争,汉魏之际有郑学、王学之争,南宋及明有程朱、陆王之争,迄清中叶有汉宋之争,而其争尤烈。江子屏作《汉学师承记》,严立门户,学如亭林,犹致不足之辞。于是方东树作《汉学商兑》,攻击汉学不遗余力。主汉学者往往谓明之亡由于讲学,而吾乡孙芝房侍讲又谓粤难之兴自汉学。恶声相酬,几于市儿之互詈,可谓甚矣。吾师尝平亭其事,以谓自郑君而后,学问之博,识见之卓,无如朱子。朱子疑东晋《古文尚书》,则阎、惠之开山也;于《阴符》《参同契》、韩文皆有考异,则清儒校勘学之先导也。朱学后辈有王伯厚、黄东发,伯厚著《困学纪闻》,东发著《黄氏日钞》,则清儒考订学之鼻祖也;伯厚又有《郑氏易注》《三家诗考》,则清儒辑佚学之所自出也。清儒以朱子之学为学而攻朱子,实为数典而忘祖。而朱子学之所以可贵,不在其空言义理,而在其实事求是,谈言微中,直达窾要,百年迷雾,旷若发蒙。与夫以汉宋兼采,或汉儒通义为帜志作调人者,夐乎远矣!树达尝笑质吾师:"宋儒袭佛氏之说而攻佛老,清儒治朱子之业而攻宋儒,事正相类,毋亦循环往复之道有使之然者耶!"吾师闻,亦相与辴然一笑也。呜呼!百学衰废如今日,吾师以六十之年孳孳不倦,犹日以所业昭示国人,后之学者能毋兴起感发乎?至是编之真价,读者当自知之,毋庸树达为蛇足也。

民国十三年八月七日,受业弟子长沙杨树达谨书。

(《文字同盟》1931年第5卷第4、5、6号合刊)

《国学研究经部》例言

顾荩臣

一、本书的目的，在陈述吾国古来一切经籍的大概情形，用极浅显、极简要的方法，一一为之分别指示，使学者得以明了各种经书的内容，而开启其读经的门径。

二、本书的编制，以广义的经目为范围，故除十三经以外，即《大学》和《中庸》两书，因其为圣哲的遗训，与"六经"相为表里，遂亦一并列入，且使学者多得研究一部专书的机会。

三、本书论述的各经，每举一种，必先论它的名义，再详叙它的体制，使人先明一经之体；此后更提举各种经书的文法，说明优点之所在，借知经之为用。

四、本书为指示研究经学入门的参考书，故取材务求简单质实。若经义考据之学，自在学者明经而后，可以翻阅"经解"，以求贯通，今不论列。

五、本书编纂，因求说理的简明，故征引不取宏博；又以著者之学殖有限，取舍容有不当，希海内明途，加似匡正！

顾荩臣，中华民国十九年七月十五于光华大学。

（《国学研究经部》，世界书局 1930 年）

《四书解题及其读法》序

钱基博

余以十四年讲学北平,遇梁任公,贻以《要籍解题》一册,中《论语》《孟子》,意有异同,别纂为篇,任公不之忤也。十六年在上海,成《中庸解题》。今秋病不能事,养疴杜门,发箧得向时肄诵《大学》本,籀绎其指,条次成文,而后《四书》之篇第备。

伏念《明史·艺文志》,"经部"始立"四书"一门,前史无是例也。《论语》《孟子》旧各为书,而《大学》《中庸》则《礼记》中之二篇,自司马光始表章之,二程兄弟详为论说,而编为《四书》,则自朱子始。原本首《大学》,次《论语》,次《孟子》,次《中庸》。其教人也,以《大学》《语》《孟》《中庸》为入道之序而后及诸经,以为:不先乎《大学》,则无以提纲絜领,而尽《语》《孟》之精微;不参之《语》《孟》,则无以融会贯通,而极《中庸》之指趣。然不会其极于《中庸》,则又何以建立大本,经纶大经,而读天下之书,论天下之事哉!学者先读《大学》以立其规模,次及《语》《孟》以尽其蕴奥,而后会其归于《中庸》,盖以为学之程序,而第其书之先后也。书肆刊本,以《大学》《中庸》篇页无多,并为一册,遂移《中庸》于《论语》之前。江都汪中好为诋诃,撰《大学平义》一篇,乃居为奇货,谓:"曾子受业于孔门,而子思则其孙也。今以次于《论语》之前,无乃僭乎!"而不知朱子之旧不如此。今第《四书》,一复其旧,《中庸》殿四书之末,而《大学》列《论语》之前。《汉书·艺文志》:"《论语》,弟子各有所记,门人相与辑而论纂。"而汪氏则谓"《大学》者,七十子后学者所记",则亦门人相与辑而论纂之书也,何不可以次《论语》之前乎!至《中庸》以次《孟子》之后者,所以立民彝之极则,明至德之会归,朱子盖尝见义于《书临漳所刊四子后》曰:"《中庸》虽七篇之所自出,然读者不先于《孟子》而遽及之,则亦非所以为入道之渐。"别识心裁,不同常解,未可绳以一孔之论也。朱子为宋学大宗,而其解经则一依汉儒家法,尝谓:"某寻常解经,只要依训诂说字。"(《语类》卷七十二)"汉儒善说经者,不过只说训诂。"(《答张敬甫书》)"如教人亦只言某字训某字,自寻义理而已。"(《语类》卷一百三十七)"程先生经解,理在解语内;某集注《论语》,只是发明其辞,使人玩味经文,理皆在经文内。"(《语类》卷十九)一生精力,殚于《四书》。《大学》古本为一篇,朱子则分别经传,颠倒其旧次,补缀其阙文,《中庸》亦不从《礼记郑玄注》分节,用汉儒《书》欧阳、大小夏侯章句,《春秋公羊》《谷梁》章句之例,谓之"章句";而《论语》《孟子》则融会诸家之说,谓之"集注",犹何晏注《论语》,哀八家之说,称"集解"也。诂训取之汉魏,义理宗于二程,先之《精义》以荟萃众家,继为《或问》以辨证得失,《四书》之学,朱子实以名家。而后来绍明其学者,皈依攸同,蹊径各别,核而为论,不出二派:其一采朱子《文集》《语录》,下逮门人所记以发明《章句》《集注》,则有宋真德秀、刘承撰《四书集编》二十六卷,赵顺孙撰《四书纂疏》二十六卷,元卢孝孙撰《四书集义》一百卷,刘因删其烦芜,成《四书集义精要》二十卷(佚二卷),胡炳文撰《四书通》二十六卷,倪士毅《重订四书辑释》二十卷,史伯璿撰《四书管窥》八卷,凡六家(卢孝孙、刘因为一家)一百三十六卷,以朱诂朱,是为正宗。其二旁采众家,参证同异,以折衷于《章句》《集注》。其中又分二派:有主发明义理者,则有宋蔡模撰《孟子集疏》十四卷,蔡节撰《论语集说》十三卷,金履祥撰《大学疏义》一卷,明吕留良撰《四书讲义》四十三卷;有重训诂考证者,则有宋金履祥撰《论语集注考证》十卷、《孟子集注考证》七卷,元张存中撰《四书通证》六卷,詹道传撰《四书纂笺》二十卷,清程大中撰《四书逸笺》六卷,凡八家一百二十卷。或旁采博搜,以朱子为折衷,或拾遗补阙,匡朱子所未逮;而要之言必有宗,义取旁证,此为旁裔。其他诸家,有无心与朱子立异而颇不合于朱子者,亦分数派,则有宋郑汝谐撰《论语意原》二卷,张栻撰《癸巳论语解》十卷,此与朱子同时而不相为谋者也。宋黎立武撰《中庸指归》一卷、《中庸分章》一卷、《大学本旨》一卷,此与朱子同门异户,而传郭忠孝、郭雍之学,于程门别树一帜者也。宋袁甫撰《中庸讲义》四卷,阐陆象山之旨,而明周宗建撰《论语商》四卷,刘宗周撰《论语学案》十卷,鹿善继撰《四书说约》三十三卷,黄宗羲撰《孟子师说》二卷,承王阳明之绪,此与朱子道不同,故不为谋者也。孙奇逢撰《四书近旨》二十卷,则又折衷朱陆之间者也。凡九家八十七卷,皆无心与朱子立异而颇不合于朱子者也。亦有立意与朱子为难而别标眉目者,则有元陈天祥撰《四书辨疑》十五卷,明高拱撰《问辨录》十卷,清毛奇龄撰《论语稽求篇》七卷、《四书胜言》四卷、《大学证文》四卷、《四书改错》二十二卷,凡三家六十四卷。具条睹记如右,庶几读者穷原至委,竟其流别,足以阐明朱子《四书》一家之学矣。

清儒解经,喜称汉学,以自别于朱子,而门户蹊径,又自不同。有搜采异义以匡古注之阙违者,胡渭撰《大学翼真》四卷,焦循撰《论语补疏》二卷,宋翔凤撰《孟子赵注补正》六卷、《大学古义说》二卷、《四书纂言》四十卷,刘台拱撰《论语骈枝》一卷,沈涛撰《论语孔注辨伪》二卷,黄式三撰《论语后案》二十卷,潘维城撰《论语古注集笺》二十卷,俞樾撰《续论语骈枝》一卷,凡八家九十八卷。有绍明绝学以葺一家之佚说者,宋翔凤辑《论语郑注》十卷,俞樾撰《论语郑义》一卷,凡二家十一卷,此发明郑义者也。宋翔凤又以刘熙之学出于郑氏,其注《孟子》,如南河、牛山诸注,考其地形,并胜赵岐,辑《孟子刘注》一卷,此宣扬刘熙者也。刘逢禄撰《论语述何》二卷,宋翔凤撰《论语说义》十卷,刘恭冕《何休注训论语述》一卷,戴望撰《论语注》二十卷,康有为撰《论语注》二十卷,凡五家五十三卷,此绍述何休者也。但就考订而论,亦复各有所明。有考订名物人地者,凡七家二十六卷:阎若璩撰《四书释地》一卷、《续》一卷、《又续》二卷、《三续》二卷、《余论》一卷、《孟子生卒年月考》一卷,孔广牧撰《先圣生卒年月日考》二卷,宋翔凤撰《四书释地辨证》二卷,此考订地理人物者也。江永撰《乡党图考》十卷,金鹗撰《乡党正义》一卷,此疏证名物典制者也。其他若王夫之《四书稗疏》二卷,方观旭《论语偶记》二卷,则名物典制、人名地理,有所得,辄记之,亦属此类。有考订文句音义者,翟灏撰《四书考异》七十二卷,徐养原撰《论语鲁读考》一卷,蒋仁荣撰《孟子音义考证》二卷,凡三家七十五卷。至周广业撰《孟子四考》,曰《孟子逸文考》第一、《孟子异本考》第二、《孟子古注考》第三、《孟子出处时地考》第四,则又博极群书,而于时地人物,文句故训,兼考备采,以自名一家言者也。若乃弥纶群言,折中至当,则有刘宝楠、恭冕父子撰《论语正义》二十四卷,焦循《孟子正义》三十卷,撷众家之菁英,集清学之大成焉。

特是《论》《孟》多专家,而《学》《庸》罕兼及,此乃汉学门户,所为与朱子不同者也。唯朱子特标《四书》以约五经之指归,而汉学则揭《孝经》以见六艺之总会。《汉书·艺文志·六艺略》既立《孝经》一类,以统五经杂议,而郑玄《六艺论》则谓:"孔子以六艺题目不同,指意殊别,恐道离散,后世莫知根源,故作《孝经》以总会之。"《隋书·经籍志》亦引其语而卒之曰:"明其枝流虽分,本萌于孝者也。"然则《孝经》者,六艺之总会,大道之本萌也。故以附于篇,匪惟征汉宋之异学,抑以明至德之由苗。朱子精阐之以天人性命之奥,汉儒体验之于人伦日用之常,一则发微以阐显,一则言近而指远。以立言论,朱子入微,而汉儒为粗;就体用言,朱子蹈空,而汉学平实。辞趣不同,而要归之于修身以立命,尽己以淑群,则无乎不同。

髫岁服习,初不经意,而今四十岁,饱更世患,民治革政,共而不和,争民施夺之既久,浸寻以至今日,又见有专无制,哀哉耗已!末法披昌,人将相食!穷则反本,重温故书,然后知圣人忧世之情深,仁民之道大也!缮写既定,而为考镜原流,发明指意,于文章典籍之中,得其辨名正物之意,庶几尼山正名之义云尔。

中华人民造国之十八年十二月,无锡钱基博自序。

(《四书解题及其读法》,商务印书馆 1934 年)

《经训读本》序
杨寿昌

有法治,有人治;有法弊,有人弊。立一法而凡生存于其时其地者,皆范围于法之中,所谓法治也;有其人而遂诞生最良之法,所谓人治也。法虽多而不适应于其群之生活,此之谓法弊;有良法而运用无其人,则法为具文;有良法而人或诡于法之中,或遁于法之外,则一法立,一弊生,而法遂为世诟病,此之谓人弊。孔子曰:"人能弘道,非道弘人。"孟子曰:"徒善不足以为政,徒法不能以自行。"有旨哉!有旨哉!吾中华大地最久远文明,先进之国也。先圣昔贤所以正德、利用厚生、修己治人、开物成务之道,具于经,著于史,散见于诸子百家之书,而经为之原。凡其所以经纶天下之大经,立天下之大本,因时制宜,变通尽利者,其原理原则,中正深博,足以开辟宇宙,模范方来。而后之人于其微言大义,或不能尽知,知或不尽行,故二千年间,治乱循环,尚未实现孔子大同之理想。

海通以来,吾中华内忧外患,日以益亟。以骄而败,以愚而败,以闭塞怯懦而败,以苟且敷衍自私自利焉而败。骄也,愚也,闭塞怯懦也,苟且敷衍自私自利也,皆先圣昔贤之所深恶而痛绝者也。愤时之士,但感于中国积弱之外形,不深究本末,一切归狱于前人贻谋之不臧。于是舍其旧而新是谋,六经束阁,《论语》当薪,固以为摧陷廓清,可辟光明之路矣。然而国势陵夷,每下愈况,道德沦丧,群治日乖,不惟于外人之长驾远驭,望尘莫及,即所谓物质文明,亦仅仅得其皮毛。民膏民脂,漏卮以巨万计,农村破产,骇人听闻。故步已失,新望弥左,旁皇歧路,莫知所归。如久病之夫,荡之清风而恶寒,暴之爱日而惊热,进之以珍错美馔而肠胃梗塞,益以不安。何者? 其吸受力、抵抗力、消化力既已耗失,故虽有极良之感触,随所遇而皆足为厉也。家有万金,缄縢扃鐍,听其剥蚀灭毁,而日借债以为生,甚或沿门托钵,以苟延旦夕之命,不亦大可哀乎!

第一集团军总司令伯南陈公,深观世变,知不可不有以救其穷也。于是毅然本先总理恢复固有道德之旨,令燕塘军事政治学校,一律读经。复有学校读经之提议,西南政务委员会通过此案,令行广东省政府教育厅办理,厅长仙庭谢公、麟书黄公,先后延在粤学者冯君愿、石君光瑛、谭君太冲、麦君伯庄、刘君冕卿,与厅中职员曾君同春、黄君希声、关君国屏、黄君佐、陈君良烈任其事。寿昌之愚,亦忝与斯役。经长时间之讨论编纂审查,小学中学以次讫功,已将编辑大意,揭之篇首。有甲乙二客,造门而前,剧谈此事。

甲曰:时之不可违久矣。今日饮食衣服居处器用,社会之组织,国际之交涉,一切生活之具,周遭之环境,无一与昔同,而欲举二千年前之言行,范围现世之人,虽至愚知其不可也。

乙曰:此义非独今人知之,昔人早知之。《中庸》之时中,《周易》之变通,《春秋》之三世三统,皆是物也。然而人类之相爱、相敬、相助、不相犯,以意志统帅躯体,知仁勇之德,孝弟忠信、礼义廉耻之道,则自生民以来,以至后此之无量世,不可缺也。得其原理原则,则执简驭繁,万变而不离其宗,经之可贵在此也。否则,人类生活,顷刻万变,岂惟二千年前不同,即昨日之事,今日已不同,今日之事,明日又不同;甲地之事,乙地不同,乙地之事,丙地又不同。印板求之,无有是处。将中外之历史地理,社会之调查研究,报章之记载阅读,不皆可废乎?

甲曰:信如所言,经则尊矣。然而原书具在,今割裂颠倒,以为读本,其侮圣言,不已甚乎?

乙曰:子之意是也,子之言则未尽其条理也。如子之言,则非读全经不可,其势必将使学者望洋兴叹,徘徊踯躅,不得其门而入。是欲尊之,而反废之也。经学之有读本,乃入门,而非究竟。且欲使中小学生,得此经训数十百条,以为国民道德之基本。若贯通全经,自有专门学者,非可责之中小学生也。

甲曰:教育贵统一,今每周加经训两小时,部章所无,若各省纷纷效尤,变更学制,何统一之有乎?

是曰盲瞽。述而不作，无取受命之符；信而好古，宁有改制之义。末学拟宣圣于瞿昙，齐四术于十字，谓事皆创作，道匪宪章。于是托古之说，由《春秋》而及《尚书》；制法之谈，推《王制》以至《仪礼》。其始欲以尊圣，其继乃以灭经。猖狂黄吻，土苴琬琰，匪但疑尧舜为一人，直欲等夏商于大素，是曰嗇祥。冢墓之文，沿于晋代；金石之录，著自宋人。逊清诸子，踵事增华，雕琢残砖，拓摹饵饼，家藏影本，户侈拓文。夫间师传录，岂敌秘阁之储；冶匠范形，宁有斯籀之学。即非赝器，亦属骈枝。今则唐钞而外，来坠简于流沙；周铜以前，出甲骨于洹水。欲借以刊礼堂之定本，黜浃长之古文，饰智惊愚，是曰穷奇。格致诚正之术，《大学》首抉其微；学问思辨之功，《中庸》明立其目。导源者千圣，会极者尼山。故言学则文章与性道兼行，成材则德言偕政学俱备。乃或者谓智周万物为玄谈，以结集群经为至诣，于是大成之元圣，遂夷于《七略》之国师。论虽贤于传灯，识实同于窥管，是曰沟瞀。凡兹四失，俱足乱经，而反道败常，前二为烈。若非辨章绝业，何由荡涤祲氛？

自记述经解以还，总论群经者，官书有《石渠议奏》《白虎通德论》，私家则刘向有《五经通义》及《要义》，曹褒、张遐均有《五经通义》，刘辅有《五经通论》，许慎有《五经异义》，而高密郑公，撷择群言，为《六艺论》，总论以纲全经，分论以明各学，最为士林津梁。今行世者独《白虎通义》，余皆不传，仅时时见诸别籍。夫索隐行怪，当世有述，而哗众取宠，儒者不为。是用绍述高密，辨惑钩元。虽峣嵝难拟泰山，而细流实资江海，其诸君子亦有乐于是乎？

（《六艺后论》，钟山书局 1934 年）

《十三经概论》序

卫聚贤

中国经学,自民国以来,时兴时废,究竟经学的价值安在?按《史记·秦本纪》载秦穆公问由余曰:"中国以《诗》《书》《礼》《乐》法度为政,然尚时乱。今戎夷无此,何以为治?"由余笑曰:"此乃中国所以乱也。"秦穆公站在封建社会立场上,以封建社会不用《诗》《书》《礼》《乐》法度为政,不足以维持社会治安。由余站在氏族社会(由余的戎国尚为游牧社会)的立场上,以氏族社会用《诗》《书》《礼》《乐》法度为政,适足以乱。秦穆公与由余所处的社会背影不同,于是各是其是,而各非其非。

现在中国一般的青年,说经学根本没用。其实经学在中国的封建社会中,的确有它的价值,不应一笔抹杀。近有人提倡读经,各大学间有开"经学概论"一课的,但多聘老先生依旧法讲授,使青年听了莫明其妙,于是我将在持志学院所授的《中国经学史》修改为《十三经概论》问世。

一九三四、一○、一○,记于上海真如杨家桥福庄。

(《十三经概论》,开明书店 1935 年)

《经学概论》弁言与序例

汪国镇

弁　言

经为群言之祖，文史制作，罔不导源于是，不但舍经学无理学，即舍经学亦无所谓文史也。两汉之贾、董、扬、刘诸儒，固以经术泽其文章，而唐宋之欧、曾、苏、王所作，亦何尝不资夫经义？刘勰之言宗经，颜介之论文原，良有以也。有清经学鼎盛，超轶汉宋，其文章亦宏博绝丽，得力于经者至深，庄、张、龚、魏，其屈指也。乃自西学东来，学术思想为之丕变；迄乎今日，莘莘学子，群惟科学是骛，蟹文是咻，等旧学为筌蹄，鄙经生为顽固，不及百年，国学之亡，可预测也。有识者慨然忧之，乃倡以科学方法整理国故之说，大学取士，亦群以国学常识试之，于是士之有志升学者，遂不得不留意于是矣。

惟是言国学于今日固难，而言国学中之经学，则难之尤难。何则？经学既为子史文章之总汇，而尤为中国文化之策源，决非拘牵故训谨守门户者所能集事。而当此新旧递嬗之时，尤宜高掌远蹠，酌古准今，探赜索微，兼新贱旧，发扬经学之功用，以恢宏固有之文化，进而求东西文化之融会，此则通儒所有事也。

予不敏，少承庭训，稍知经义，长而入校，兼骛新知，以是荒其业者历年。出校以后，服务教育，盱衡世变，慨然于骛新之流弊，几不可究诘，于是翻然舍其新而旧是谋，良以学不修而德不讲者，皆由无经学之修养也。然昔人以穷经而皓首，而一经尚不能通，今予欲以皓首而穷经，经岂可穷与？是亦太不自量矣。虽然，经非不可穷也，要在穷之之道为何如耳。苟其伊唔占毕,咬嚼文字,倚傍门户,迷恋骸骨,虽穷老气尽,亦不能通,遑论皓首?若其兼赅大义,揣摩微旨,以历史之眼光,为归纳之研究,本之六艺以守其源,参之子史以明其委,泽之西学以神其用,则岂但六经皆我注脚,虽予取予携,物各付物,可也。如此治经,虽皓首何害?然此非予一人之大言,实今之言国学者所应取之态度也。教学之暇,爰取最近三年来之所口讲而笔录者,汇为斯编,颜曰《经学概论》。大抵取鸟瞰式之观察,为平列式之叙述,撮其大旨,用识门径,于以备学者研究之一助,不无小补也。至于粗枝大叶,诚不免贻诮通人,而筚路樵轮,昔贤亦所不废,几经斟酌,于是乎书。

民国二十四年七月,彭泽汪国镇自叙于省立南昌第二中学校。

例　　言

一、本书三编,系就最近三年来教授王易《国学概论》时口讲之材料,整理而得,大都为王本所无,而为诸生所应知者,详为讲解,期与王本相得益彰。

二、第一编《六艺概说》,实为《十三经概说》,较王本扩张颇多。此因诸生中多有未读经书者,不能不指示门径,以满足其对经学常识之欲望。虽其中尚嫌浅近,但以再进一步,则学者又嫌其沉闷。故抱定"宁浅无深""宁易无难"之宗旨,以求其易入。阅者谅之。

三、第二编《历代经学史略》,原为著者数年来改正皮锡瑞《经学历史》之散篇杂记,因皮君今文气味太重,而著者对于古文家之训诂繁碎,亦颇不满。本此两种意见,故有是作。及教王本后,更加补充修正,于是汇为是编。其中对于两家,毫不偏袒,纵有微辞,亦不问今古,阅者观后自见。

四、第二编有涉及经学以外之叙述者,此因著者向认经史一贯之说,故范围略加扩大,容纳各方面之重要常识,以期满足诸生之求知欲望。

五、第二编后半详于清学,而于顾、黄、戴、王诸大师之略历,少所叙述者。因诸生于此诸大师之行谊,自入初中以后,耳熟能详,故不再加叙述,以免讲及史传之嫌,离题太远,故略之。

六、第三编《汉学与宋学》,为著者四年前之讲稿,因恐学者对于前两编嫌其简略,故特加修正补充,作为本书第三编,使学者得知经学无论何派,均可归纳为汉宋两学,可作为本书结论。其中略有与第二编相同之材料,本拟删去,继思删之则不能成编,存之则详略互见,故存之于此,以资学者参考云。

七、本书为在二中教授高三班三次泐成之稿,几经斟酌,尚不洽于心,后当随时补充改正,以臻完善,于再版时付印,特声明于此。

国镇又识。

(《经学概论》,南昌一职印刷所 1935 年)

《中国经学史》译者序

孙俍工

此书为日本本田成之著,原名《支那经学史论》,今译改今名,每章并另加注释,卷末附《中国经学年表》。

中国从来就是以所谓尊经尊孔的文教立国,但对于孔子,却从来就不完全认识;对于经,尤其是只知寻章摘句,断章取义,一字的解释有多至二万言者,其支离灭裂的弊病,实遗二千年来儒者之患。

至近代善化皮锡瑞,始有《经学历史》之作,欲系统地把中国经学底开辟流传及其盛衰作一个整个的提示,然因其略而不详,研究经学者虽得窥其藩篱,无从入其堂奥。

此书纵地把中国历代经学作一总结束,而且对于孔子底思想、经学底源流、今古文底异同等均有明了地叙述,使读其书者不致为孔子所迷,不致为经学所迷,于中国经学者别开研究新途径,也许是本书值得介绍的特点之一哩。

中国人研究古学,每易陷于主观,故人主出奴门户之见,为二千年来中国学术不发达的大原因。此书论断,大体取科学的态度,为我们底治学者应取法的处所实多,故此书底值得介绍,这也是其一点。

余译此书至第七章,忽见商务有广告,已有江侠庵君译本正要出版,深悔不该重译。迨至江译本出版,购而校读之,乃知江君所译与我底译本比较有不同处甚多,最显著者如加注释,附年表,眉头提要,及关于所引中国经学家言论均参考原著予以校正等,皆为江译所无,其重出也许不是毫无意义的吧!

民国廿三年九月,译者序于南京。

(《中国经学史》,中华书局 1935 年)

《经学通志》自序

钱基博

余曩读唐陆元朗德明《经典释文》，叙经学源流，文少波澜，未足以发人意；又恨其记载疏舛，于魏晋以下不详。后清儒江藩郑堂绍述其意，作《经师经义目录》，则又胶于门户，特以清儒承汉学，而摈唐宋于不论不议，学术流变之迹，因以不明。爰辑旧闻，纂为是志。无锡钱基博。

(《经学通志》，中华书局 1936 年)

《中国经学史》序

马宗霍

经者,载籍之共名,非六艺所得专;六艺者,群圣相因之书,非孔子所得专。然自孔子以六艺为教,从事删定,于是中国言六艺者咸折中于孔氏。自六艺有所折中,于是学者载籍虽博,必考信于六艺,盖六艺专经之称自此始也。仲尼没微言绝,七十子丧大义乖,遭秦焚书,经籍用熄。汉兴,收摭散滞,书往往颇出,至孝武帝罢黜百家,而后经乃定于一尊,然离于全经固已远矣。缀学之士,保残守阙,分文析字,则章句训诂之学起。由汉以降,垂二千年,儒者转相讲述,学凡屡变,虽有醇有驳,其名氏篇第,自前史皆存而不绝也。昔宋章如愚《山堂考索》尝溯诸经授受而为之图,明朱睦㮮《授经图》则刺取各史艺文志及儒林传,就章氏图而广之者。论者谓条析诸经之源流,朱氏书实为嚆矢,顾弗能辩章得失。清初万斯同《儒林宗派》搜采较博,又仅列名氏,且不限于传经。朱彝尊《经义考》周赡矣,然体大而冗,有存佚而无是非,可谓说经之书目,亦非经学之史也。晚世有皮锡瑞为《经学历史》,始自具裁断,与但事钞疏者稍殊,惟持论既偏,取材复隘,其以经学开辟时代断自孔子,谓六经皆孔子作,尤一家之私言,通人盖不能无讥焉。宗霍生当经学放废之后,闵斯道之将丧,惧来者之无闻,爱踵前修,窃有所辑,按时分述,都十二篇,知有愧于甄明,冀或免于诬妄,其于历代经学盛衰异同之故,览之者傥尚有取乎斯。

民国二十五年岁次丙子初秋,衡阳马宗霍叙于南都寓斋。

(《中国经学史》,商务印书馆 1936 年)

《经学通论》序

李大明

经学沉晦,垂二千年,学者聚讼于章句训故之间,六经大义,末由表见。晚清今文学复兴,大义渐显。然以欧学羼入,学者趋新蔑故,无复研求。近人复有倡古书有毒及废弃线装书之说,欲将数千年固有文化摧灭而廓清之。恶风摩荡,大教沦胥。后生小子,习非成是。西迷所极,于是苏格拉底学说可以奉为典要,孔子言便不知尊崇;伯拉图可以赏识,孟子书便不许涉猎。夫苏格拉底与孔子之正名一也,伯拉图与孟子之雄辩一也。呜呼!孔孟何不幸生而为中国人,苏伯何幸生而为欧人乎!

夫谓古书有毒,以其古也。外国古书极多,然则外国古书亦有毒乎?中国古书则主张燔灭之,外国古书则提倡诵习之,斯为吾大惑不解者也。

中国之书,莫古于六经,其微言大义之湛深微妙,亦莫如六经。今舍六经不诵习,不明其家法,不求其义理,信口雌黄,诋为有毒,毋乃妄乎!

六经大义,博大精深。《诗》与《礼》《乐》,则注重修养身心;《书》与《春秋》,则注重政治措施;《易》则将身心修养、政治措施镕成一片。六经大义,息息相通。

善哉吾师宪子先生发《诗》《礼》《乐》大义之言曰:"温柔敦厚,恭俭庄敬,广博易良,合观之,便成一高尚优美之人格。若从反面观之,不温柔则浮躁,不敦厚则轻薄,不恭俭则兀傲斗狠、贪占便宜,不庄敬则苟且偷安、无责任心,不广博则狭隘而计较小利,不易良则阴险苛刻而毒害,如是则不成人格。凡不成人格之人,皆因失《诗》《礼》《乐》之教。……《诗》《礼》《乐》之教,固注重修养身心,但不只注重个人,同时推之于有众。……使天下人人皆修养,以致其和平,故曰'凯弟君子'。凯弟者,和平之至也。'夙夜其命宥密',言夙夜谋为政教以安民,使之宽和宁静也。有威可畏,有仪可象,民自效之,国自化之,匍匐之救,则仁心上下相通,普遍于全国,浑然一体矣。仁之至,《诗》《礼》《乐》之至,和平之至,治道之至。"

其言《书》与《春秋》则曰:"《书》与《春秋》,政治之书也。治人最患蔽塞聪明,治道最患急功近利。《书》以疏通知远为教,此政治学原理之最精者。《春秋》属辞比事,其含义极丰。从横体观之,则计较精密,君君、臣臣、父父、子子、夫夫、妇妇,有条不紊;从竖体观之,则带历史性,由据乱而升平,由升平而太平,不躐等。明是者,可称大政治家矣。"

其言《易》则曰:"夫修养身心,至于通《易》,则已见佛家之庄严净土矣。但是佛非自了,儒当渡人,如是,则有时开杀界以行慈悲。苟絜静精微未至,则必失之贼。"又曰:"人生过恶之大者,在游移不定,动于利害而不明是非。今日以甲为利,则变宗旨而趋之;明日以乙为利,复变宗旨而趋之。变则变矣,而不能断,此《易》义之所不取也。《易》义虽尚变,而先尚辞。辞者,断定之谓,不许游移,不许浮滑,不许趋避,不许取巧,否则不能谓之变。观于日月,时时刻刻变动,而有一定之执道,若出乎轨道而变,则乾坤或几乎息矣。今人之过恶丛脞,为害国家人群者,其原即由于乱变,有失尚辞之义,故其言之不通,行之为祸,大业无成,只有鼓动天下之民为非而已,此与《易》义至相反者也。"

以上伍先生论六经之精义如此。夫人生世间,有我一方面,同时有人一方面。我无人格,何以自处?我无方法,何以处人?是则身心修养与政治措施为人人所必习。诚如是,则六经关系于人群,不已多耶!浅识末流,不通经义,妄诋经学,徒见其不知量耳!

宪师承南海、竹居两先生之余绪,于经学大义,研讨有素。近年游历欧美,博洽见闻。于经学则主张以科学方法整理之,于欧学则主张撷长补短,以应时用,绝不泥古,亦不趋新。鉴于人事乱变,国步艰难,认拨乱反正,有提倡经义之必要,盖有独见也。

明随侍先生遍游各国，亦既有年。其在海外言论，著作等身。是书之作，成于庚午，盖应三藩市国学函授学院之请也。壬申，明因事归国，频年奔走，必携置行箧中，暇辄展诵，不忍释手。今岁小留沪上，特校刊之，以飨世之同好者。

丙子七月，门人李大明谨识。

(《经学通论》，上海东方文化出版社1936年)

《经学源流考》叙

甘鹏云

叙曰：太岁丁丑，海内学人旅燕京者，悼大道之湮郁，痛患气之方兴，思以棉力寸心提倡古学。于是有古学院之设，假团城为讲学所，揭橥十科，曰经学，曰史学，曰政治学，曰声音文字学，曰地理学，曰金石学，曰九流诸子学，曰哲理学，曰词章学，曰艺术学。由同人分门担任，而鹏云任经学。公议先述诸学源流，以提其纲，而后从事纂述。予乃发箧陈书，左右采获，为《经学源流考》八卷。既付写官写定，乃援笔而序之曰：六经为周史之大宗。《易》，卜筮之史也；《尚书》，记言之史也；《春秋》，记动之史也；《诗》，风俗之史也；《礼》，一代之律令，史职藏之故府者也。然则六经乃先王之政典耳，无所谓经也。自孔子闵王路废而邪道兴，于是删《诗》《书》，定《礼》《乐》，赞《周易》，修《春秋》，七十子之徒，乃始被以经之名。经者何也？谓经为常久之至道，所以经纶世宙，如径路之无所不通，可常用也。乾坤之所以不毁，人类之所以长存者，实赖有此常久之至道耳。常久之至道，莫备于六经。扶树立国之纲纪，范围天下之人心，巩固中夏之国基，维持社会之安宁秩序，岂能舍六经而他求哉？而无如曲学异端，倡邪说，逞淫辞，恣肆猖狂，毫无忌惮，举国学子，尤而效之，靡然从风，而千圣百王之大经大法，六经四子之大义微言，不明于世，以致溃决藩篱，人人思轶出绳轨之外，民生憔悴，四海困穷，遂以酿成天下之大乱而不可止。《大戴礼》曰："以旧防为无用而坏之者，必有水败；以旧礼为无所用而去之者，必有乱患。"呜乎！岂不然哉！岂不然哉！顾亭林曰："有亡国，有亡天下。亡国与亡天下奚辨？曰：易姓改号，谓之亡国；仁义充塞而至于率兽食人，人将相食，谓之亡

《经学纂要》绪言

蒋伯潜

我们要了解我国固有的文化,明了我国古代学术思想底渊源,便不得不知道所谓"经"底大要。我国自有目录之学以来,分别图书部类的,都把"经"特列为一部门,如刘歆《七略》、班固《汉书·艺文志》底《六艺略》、郑默《中经》、荀勖《新簿》底甲部、王俭《七志》底《经典志》、阮孝绪《七录》底《经典录》、《隋书·经籍志》以至《四库全书》底经部,都是专门著录"经"类书籍的。因为从汉到清,所谓"经"者,已成为我国地位最高、权威最大的古书了。专制帝王底提倡,利禄底引诱,固然是前人尊经底一种重大原因,但是"经"底本身,如果毫无价值,则帝王虽欲利用之以笼络人心,数千年来的学者也有许多淡泊明志、富贵不能淫的,为什么尽毕生底心力来研究经学呢?"经"之中,有古代底哲理、文学、史料,以及制度、风俗……,我们可以由此寻得古代学术思想底源泉,借以了解固有文化之最重要的部分。所以现在虽不必像科举时代那样去死读经书,以博科名,但是"经"和"经学",却不能不知道它们底大概。

为什么这一部分的古书,特别称做"经"呢?《释名·释典艺》曰:"经,径也,常典也,如径路无所不通,可常用也。"《文心雕龙·宗经》篇曰:"经也者,恒久之至道,不刊之鸿教也。"《孝经序》疏引皇侃曰:"经者,常也,法也。"《玉海》四十一引郑玄《孝经注》曰:"经者,不易之称。"这些解说,都是汉以后尊经者之谈。他们以为"天不变,道亦不变",经是垂教万世、永远不变的常道,所以有此解说。《论语集解序》有"六经之策长二尺四寸,《孝经》谦,半之,《论语》八寸"的话,这和现代书籍版本各有大小一样。因此,有人以为"经"是官书,所以竹简特大,故称为

"经"。竹简大小,古代或有定制,诚未可知,但是这些竹简特大的官书,何以特名曰"经",则又难索解了。且《国语·吴语》"挟经乘桴"之"经",则指兵书;《内经》《难经》,则为医书;《荀子》常引《道经》,贾谊《新书》又有《容经》。这些"经",既非官书,亦非圣人所作,万无不变的常道。所以上述二说,似都不能成为通解。近人章炳麟尝说,"经"为以丝编缀竹简成册之通称,犹印度佛书称"修多罗",翻译梵文者,也都译作"经",颇为得之。如章氏之说,则"经"字本为泛指书册的名称,其后以尊经之故,方成为一特殊的名称的。

《庄子·天运》篇孔子谓老聃曰:"丘治《诗》《书》《易》《礼》《乐》《春秋》六经以为文。""六经"之名,见于古书中者,似以此为最早。大概庄子时已有所谓"六经"了。《礼记·经解》篇曰:"温柔敦厚,《诗》教也;疏通知远,《书》教也;广博易良,《乐》教也;絜净精微,《易》教也;恭俭庄敬,《礼》教也;属辞比事,《春秋》教也。"虽然所说的是《诗》《书》《乐》《易》《礼》《春秋》之教,并未径称此六书为"经",而并举六书,且以"经解"名篇,可见那时必已以此六书为"六经"。可是这篇《经解》究是何时人所作,已不可考了。汉人则称"六经"曰"六艺",故《七略》著录经类书籍者,曰《六艺略》。贾谊《新书·六术》篇曰:"《诗》《书》《易》《春秋》《礼》《乐》六者之备,谓之六艺。"称六经为六艺,似以此为最早。至于《周礼》保氏"以六艺教国子"底"六艺",则系指礼、乐、射、御、书、数六者而言,并非指六经的。

《庄子·天下》篇曰:"《诗》以道志,《书》以道事,《礼》以道行,《乐》以道和,《易》以道阴阳,《春秋》以道义。"这虽是极简单的几句话,颇能说明六经之用。《史记·滑稽列传》引孔子曰:"六艺之于治,一也。《礼》以节人,《乐》以发和,《书》以道事,《诗》以达意,《易》以神化,《春秋》以道义。"和《天下》篇所说,大同小异。《自序》又曰:"《易》著天地阴阳五行,故长于变;《礼经》纪人伦,故长于行;《书》记先王之事,故长于政;《诗》记山川溪谷、禽兽草木、牝牡雌雄,故长于风;《乐》乐所以立,故长于和;《春秋》辨是非,故长于治人。是故《礼》以节人,《乐》以发和,《书》以道事,《诗》以达义,《易》以道化,《春秋》以道义。"这一段文章,不过在前面加以说明,意义却和《滑稽传》所引孔子之言相同。《汉书·艺

《十三经概论》自序

蒋伯潜

"十三经"者,我国古代之丛书也;《易》《书》《诗》《礼》《春秋》五经为其中坚,余则附庸而已。以传统的观念,定其等级,则五经为"经";《左传》《公羊传》《穀梁传》为《春秋经》之"传";《礼记》为"记";《孝经》虽独以经为书名,亦"记"也;《论语》为孔子之言行录,亦"记"也;《孟子》本列诸子,而其体仿《论语》,则亦"记"尔;《尔雅》集录汉代经师之训诂,又其次矣。以经学的立场,别其今古,则《易》为《费氏易》,《诗》为《毛诗》,虽本经今古文无大异,要皆为古文;《礼》之《周礼》,《春秋》之《左传》,皆古文;《尚书》则为伪古文;《仪礼》与《春秋公羊传》《穀梁传》及《孝经》皆今文;《论语》则为张禹混合之本,而篇目与今文之《鲁语》同;《礼记》本集七十子后学,下及秦汉儒者之论文而成,本身无所谓今古,而其中如《王制》,则今文说也;《尔雅》本身亦无所谓今古,而其训诂,则古文说也;《孟子》,子也,故独无今古之别。以现代的眼光,辨其性质,则《易》本卜筮之书,而寓哲理;《诗》本歌谣之集,纯为文学;《论语》《孟子》记孔孟之懿行嘉言,与诸子论哲理之书相近;《春秋》为雏形粗具之编年史;《左传》详于记事,亦史也;《公羊》《穀梁》详于义例之笺释,别为经解,而以大体言之,亦史也;《仪礼》记礼俗,《周礼》记官制,《尚书》记言者多,记事者少,皆史料;《礼记》半释《仪礼》各篇之义,半为通论,皆儒家言,《孝经》为后儒论孝之言,皆可隶之诸子之儒家;《周礼》,如余所揣度不缪,为战国才士之理想的官制,则亦可以成一家之言,而隶之诸子;《尔雅》直是杂录训诂,为字书辞典之滥觞。故"十三经"之内容,实非常庞杂。虽然,于此可以见古代之文学焉,见古代所崇尚之卜筮焉,见儒家孔孟以下之哲理焉,见古代之史实焉,见古代之礼俗焉,见古人理想的或曾实行的官制焉,甚且见汉代经师之故训焉。吾人如欲了解古代之文化,终当于"十三经"中求之。

伯潜少承庭闻之训,始龀,先妣盛孺人即授以《孝经》;十龄左右,先君子授以《论》《孟》《诗》《书》《左传》,以至《仪礼》《尔雅》,然诵读多而讲解少。读《尚书》,已苦其佶屈聱牙矣;《仪礼》《尔雅》,尤苦其难于成诵,终未卒业;惟于《诗》,则喜其为韵语,易上口;于《孟子》《左传》,则喜其能领会,有兴趣。年十三,从先师李问渠(永年)先生,受《周易》《周礼》《礼记》《公羊》《穀梁》。忆读《周易》,仅五日而毕全书,然仅强记一时,不能解,亦不能熟也;《周礼》,颇能解矣;《礼记》,则选读者多属通论,一知半解,颇亦喜之;《公羊》《穀梁》,先师止为讲解,分与《左传》比勘,《春秋经》对照,兴味盎然,但亦未能成诵也。其印象最深者,则为复温《论语》时,先师于朱注之外,多所发挥,且令阅《洙泗考信录》。伯潜此时,诚有闻所未闻、见所未见之乐,其后之喜涉猎群经,皆李先生有以启之。嗣入杭州府学,有经学一科,先后受业于寿师梅溪(锡恭)、钟师郁云(毓龙)。寿师自编《春秋讲义》,虽以《左传》为主,而参以《公》《穀》,旁及《胡传》;钟师授《周礼》,以孙诒让《正义》为主,而时引秦汉以后之政制为论佐;讲习之余,自谓能得淹贯之益矣。卒业后,以家贫无力升学,执教于乡校,凡四年。先伯父耐溪者,曲园俞先生之弟子,素以经学名,著有《周官新诂》一稿,则受而读之。伯父家所藏多经解,乃就学海堂、南菁书院所刻,择要令浏览,始得窥经学之门径焉。时先君子方致力于诸子,命录所为《诸子人物考》《诸子著述考》《诸子学说考》,于是见异思迁,觉群经不若诸子之可喜;嗣娶吾妻夏,之其家,谒伯岳灵峰先生伯定(震武),问程朱之绪论,于是又见异思迁,觉经学不若理学之笃实。伯潜于经学,其卒不能专,不能深造而有得者,殆以此哉? 比入故都,肄业北京高等师范,初仍醉心理学,自程朱而陆王,暑期假归,就正于灵峰先生,尝为所斥,窃憾理学门户之见太深,又不复作深究之想。及受文字学于先师钱玄同先生,以为不通声韵训诂,不足以治经,决先致力于此。又以钱师及马师幼渔之介,得谒太炎章先生于城南某寺。章先生与先伯父为同学,以世谊,得参末座,闻余论。彼于经学中,独崇古文一派,而马、钱二师,虽尝受业于章先生,其论经学颇右今文,疑不能决。闻当世今文大师为康有为,梁先生任公者,康先生之大弟子也,乃以胡适之先生之介往谒。后数年,又见康先生于西湖之丁家山。自闻章、康、梁三先生之言论,读其著述,乃知经学今古文之门户水火,亦不下于理学之程朱陆王。要之,伯潜之于学,忽经忽子,忽汉忽宋,忽今忽古,忽程朱忽陆王,殆欲无所不窥,而其结果则直是一无所见、一无所得,泛而不专,杂而不精,譬自门隙窥宫室之美,而终为门外汉也。今贫病残废,虱处瓯脱,苟活且难,遑云老学?

犹忆二十七年春,携眷避地上海,尝为粹芬阁主人沈君知方改订其《四书白话广解》,初约但为正谬润色,而下笔不能自休。沈君欲以此书纪念六十寿辰,会其病,急于付印,匆促杀青,未暇覆阅。排版甫竣,沈君即物故。其哲嗣以为伯潜所自著,遽印行之,且乞唐、张诸先生为之序。于是伯潜直似郭象之注《庄子》,掠向秀之美而私诸己,读者不察,误会滋多。时伯潜方执教大夏大学,好学者常以经学请益,好事者妄以经学推许,夫岂始料所及乎?窃思在昔清季,承科举遗风,中小学即有读经之科目,大学亦特设经科。民国肇建,废止读经,大为老师宿儒所不满。袁氏为政,竭力提倡读经。袁氏帝制未成而殂,读经之制,不久又废。学校当读经与否,双方争辩,甚嚣尘上,当时杂志有以讨论读经问题为专号者。平心论之,谓经为专制思想之渊薮,读经足以酿成帝制者,是惩羹而吹齑,因噎以废食也;谓学校教育科目繁多,吾国科学落后,尤当侧重,无暇遍读群经,则为时势所趋之事实。谓经为天经地义,天不变,道亦不变,故虽万世之后,亦必人人读经,固是盲从传统的尊经之说;谓经为古代文学、哲理、政俗所汇萃,固有文化之精华,不当完全屏弃,则又合于事理之谈也。故现行大学选修课中,列有"群经概论"一科。既曰"概论",限于时间,若举十三经一一讲读,非仅为势所不能,抑亦为理所不必。爰特不揣谫陋,编著《十三经概论》一书,就所谓"十三经"者,首录解题,次述内容,俾教者可省编纂之劳,学者可得诵习之资,有志深造者亦可先获一概念焉。至于纰缪偏陋之处,自知难免,但冀海内贤达赐以教正而已。

中华民国三十三年春,蒋伯潜识于新关故庐之喜无闻斋。

(《十三经概论》,世界书局 1944 年)

《西汉经学与政治》自序
杨向奎

研究经学史的人,多注意于今古文之不同,而罕道孟荀之差异,此乃如"数典忘祖"。西汉经师,一面承袭思孟之天道说,一面又承袭荀子学派之思想。后孔子儒,应分为孟荀两大派的。

今古文经,并没有根本上的差异;即有差异,也如同为今文而有不同。公羊学派,是今文经学,而受有荀子的影响;但我认为《周礼》也出于荀子学派,那正是后王之粲然者,当为时王所取法。就《周礼》所表现的思想而论,其中重刑赏的观念,也是取自法家。同出于荀子后学的书而有今古之别,那么,所谓今古文者也不过立学官分先后而已。

这是一个重大而复杂的问题。我这本小书虽努力作如是的解释,但忽略和草率的地方很多。一来因为教书没有充分时间,二来书籍不够用。补充和校正只好俟诸异日了。

类似这种性质的文章,过去有钱宾四先生的《刘向歆父子年谱》和顾颉刚先生的《五德终始说下的政治和历史》两大文,我得力于此两文者当然甚多。写此文时,黄仲良先生及林冠一、冉晋叔两兄时加鼓励,而同学王瑞明、赵文涛、马羲德诸君任钞写之劳,今统此致谢。

三十二年三月廿五日,于城固西北大学。

(《西汉经学与政治》,独立出版社1945年)

《读经示要》自序
熊十力

读经问题，民初以来，常起伏于一般人之脑际，而纷无定论。余虽念此问题之重要，而无暇及此。且世既如斯，言之无益，不如其已。去年责及门诸子读经，诸子兴难，余为笔语答之，惧口说易忘也。初提笔时，只欲作一短文，不意写来感触渐多，遂成一书。六经究万有之原，而言天道。天道真常，在人为性，此克就人言之耳。在物为命。此言命者有二义：一、流行曰命。言天道流行，至健而无息也。二、物所受曰命。物禀天道而生，即一一物皆天道呈显，不可说天道超脱万有而独在也。此中言物，亦摄人。言命，亦即性。命以所受言，性谓人物所以生之理。言异而其实一也。性命之理明，而人生不陷于虚妄矣。第一讲首释道。顺常道而起治化，则群变万端，毕竟不失贞常。通万变而不可易者，仁也。知变而不知常，人类无宁日也。今世列强，社会与政治上之改革，与机械之发明，可谓变动不居矣。然人类日习于凶残狡诈，强者吞弱，智者侵愚，杀机日炽，将有人类自毁之忧。而昏乱之群，复不思自存自立之道，且以其私图，而自伤同气，尤为可悯。盖今之人，皆习于不仁，即失其所以为人之常道，宜其相残无已也。第一讲以九义明治化，通万变而贞于大常，实六经之撮要。《大学》三纲八目，总括群经。三纲八目，范围天地之化而不过，曲成万物而不遗。此为常道不可易。《儒行》十有五儒，归本仁道。行不一，而同于仁。仁，常道也。凡此皆为第一讲所提揭。经为常道，庶几无疑。夫常道者，万变所自出也。本书"道"字，略有二义：一谓宇宙本体，乃万化之原也。二谓凡事理之当然，通古今中外而无可或易者，亦名常道。如《大学》三纲八目，立内圣外王之极则。由此而体道，由此而修学，由此而致治，由此而位天地、育万物、赞化育。此便是当然，不可异此而别有道。天下言道者，或有从事明明德，而不务新民与止至善，是佛家小乘也。大乘誓度众生，而以人间世为生死海，只求度脱，而无齐治平之盛业，吾儒之外道也。致知而疏于格物，宋明学有遗憾也。格物而不务致良知，即难言诚正，西学未立大本也。《大学》为常道无可疑。又如儒行十五，总不外己立立人，己达达人。此亦是当然。若不务立达，使自暴自弃，而不可为人矣。又如革故创新,必行之以至公至明至诚至信,是变动之必本常道也。不能公明诚信,而言革新,则失常道,自取乱亡而已。略举三例,余可推知。然"道"字之义虽有二,而第二义实依第一义以立,究竟无二也。**天地密移矣**,天地大物也,世俗见为恒存。其实,诸天与员舆,刻刻移其故而新生。参看《新唯识论》。**而所以成其清宁者,未有改移也。**老子云:"天得一以清,地得一以宁。"一者,绝对义,谓常道也。天曰清,地曰宁,皆以其德性言也。天地由道而成,道则真常而无可改移也。**人事屡迁矣**,群变万端,不可胜穷。**而干济必本公诚焉,无可苟渝也。**当变革之任,而不公不诚,未有能立事而不乱亡者。公诚,常道也。事势万变,而事之成,必由常道。一国之事如此,国际尤然。**死生诚大变矣,而存顺殁宁之理,谁云可变。**人皆禀道而为性命。其存也,必顺保性命之正,而无或罔。其殁也,乃全其性命,而无余憾。故张子云"存顺殁宁"。**是故学术千途万辙,必会归常道,而后为至。知不极乎知常**,知常亦云见道。**只是知识,而不足言一切智智。**一切智智,借用佛典名词。若泛释之,亦可云最高的智慧。**老氏曰:"不知常,妄作凶。"**不见道者,徇私欲而灭天理,所作皆迷妄,故凶。**斯笃论也。夫不悟常道,则万物何由始,人极何由立,万事何由贞,皆其智之所不及也。学不究其原,理不穷其至,知不会其通,则未能立大本以宰百为,体大常而御万变。**"则未能"三字,一气贯下。**欲免于妄作之凶,其可得乎?**

第一讲,直明经为常道。以经明示常道故,遂言经为常道。无时可离,无地可离,无人可离。奈何吾国后生,自弃宝物,不肯是究。嗟尔违常,云胡不思。

第二讲,言治经态度。必远流俗,必戒孤陋。尚志以立基,砭名以固志。持以三畏,然后志定而足以希圣。圣者道全德备,而大通无碍。故读经希圣,非可专固自封也。今当融贯中西,平章汉宋。上下数千年学术源流得失,略加论定。由是寻晚周之遗轨,辟当代之弘基,定将来之趋向,庶几经术可明,而大道其昌矣。

第三讲,略说六经大义。仲尼祖述尧舜,宪章文武,其发明内圣外王之道,莫妙于《大易》《春秋》。《诗》《书》《礼》《乐》,皆与二经相羽翼。此讲特详二经。二经通,而余经亦可通也。议者或谓余实以《新论》说经,《新论》,具云《新唯识论》。是固然矣。夫《易》《春秋》虽并称,而汉人相传,《易》为五经之源,比《春秋》尤尊矣。惜乎汉师乱以术数,宋儒略于思辨。宋学注重体认,于人生日用践履间,修养工夫最紧切。修养深,而私欲尽、真体现,即真理不待外索,而炯然自识。孔子谓之默识,宋儒说为体认,佛氏亦云自证。余尝谓先哲尚体今文，而其经未尝不同。以费《易》言之，与施、孟、梁邱，固有今古文之分也，为同六十四卦，三百八十四爻，古文如是，今文何独不如是乎？古文《尚书》，与伏生所传二十八篇，亦分今古，国朝编者按：指清代。诸大儒，已疑百篇为伪，而不敢直决者，以伏生所传为未备。孔子序《书》，原自百篇；《史记·孔子世家》言"孔子序《书》，上纪唐虞之际，下至秦缪，编次其事"，以及《儒林传》言孔氏安国传《古文尚书》之说，为可信也。祖诒不信《书序》，因并即《世家》《儒林传》之说，皆以为刘歆窜改。今考百篇之目，多有为他书所引者，如《太甲》《太誓》见引《孟子》之类，不可枚举。祖诒能概屏其说，而以为非《尚书》篇名乎？祖诒不信壁中古文，当并其孔庙藏书之事而亦疑之，以其事原相类，今文与古文，不过后先之分也，何以于壁中古文，则不信《史记》，于《孔子世家》言庙藏孔子琴书，则反据《史记》？凡此之类，皆自相矛盾，书中如此类者甚多。多见其说之妄也。《毛诗》亦古文，《史记·孔子世家》称"古者《诗》三千余篇，及至孔子，去其重，定为三百五篇"云云，今《毛诗》之目犹合也。后人考订三家《诗》，其篇目亦未尝不与《毛诗》同；不过三家序说，与毛互有同异，盖汉时师说如此也。祖诒斥《毛诗》为伪经，然则自《关雎》而下，《殷武》而上，皆为刘歆所撰乎？《周官》虽亦晚出，然考其中典礼，多与他经传合；如巡守礼，已见《尧典》；建都，已同《洛诰》之类。即其官名，亦无不载《戴记》之内。如冢宰，见《王制》；司空徒等，见《曲礼》；以及天地四时等目，见《盛德》篇之类。此皆祖诒所称为孔子制者也，祖诒称为伪经，于何见之？即其中间有异同之处，此以他经传考之，亦莫不皆然者也。即如《仪礼》，亦间有出入，祖诒实未之考耳。据《汉艺文志》，有《周官经》六篇，当即《周礼》旧本，祖诒既不信《艺文志》矣，又何足与辨哉？《春秋左传》与《国语》，原相为表里，世称为内外传，皆为左邱明撰；《史记·报任安书》称"左邱失明，厥有《国语》"者，盖举《国语》而《左传》自在其中。今考《史记》世家等传，多采其事，足明其书为不误也；与《公》《穀》虽自别行，而实亦相通。《公》《穀》单举义例，而《左传》则兼纪事实；今治《公》《穀》者，不有《左氏》事实，尚不足以明义例，又安见非孔子授受乎？况《公羊》与《穀梁》，亦互有同异，《左氏》可疑，则《公羊》并可疑。不过三家师说，原自各异，亦如《毛诗》之与齐、鲁、韩三家同；其自"元，春王正月"以至西狩获麟，又未尝非孔子全经也。其他所称古文《孝经》《论语》之属,此亦今古文之绪余,不与辩,亦不足辩。总之,祖诒之意,以古文为伪,而以今文为真;古文之伪不可见,则借刘歆校书之事明之。夫刘歆虽有校书之事,不能即故府所藏者而尽为删改也。祖诒意以为《汉志》为歆所撰,刘向《别录》亦歆所改窜,至不能申其说,则并司马迁《史记》而亦疑之。考《汉书》成于班孟坚,大半皆本《史记》而成,未闻刘歆有撰《汉书》之事也;向为歆父,其作为《别录》也,亦本当时简删而成,歆方缵承父业之不遑,以云改窜,夫谁信之?至司马迁《史记》,则自西汉已垂为定本,史公《自序》所谓"藏之名山,传之其人",即祖诒亦以为人人共读者也,歆又乌得而改窜之? 中亦有人补缀,如褚少孙所补之类,不在此例。即祖诒所指为歆改窜者,亦不指此。即使改窜,亦当弥缝无间,不予后人以指摘之端,乃能掩其作伪之迹,何歆竟若是之愚乎?况其书中所言,或从《史记》,或又驳《史记》,或据《别录》,或反攻《别录》,大约于合己者则取之,于异己者则弃之,支离惝惚,莫衷一是,治经之道,固如是哉?凡治经之法,贵笃守旧说,经传中微言大义,不少可以致力之处,即有可疑,亦当就其说而引申之。至目录一门,尤不宜妄加驳斥。士生千百载后,得以窥见古人绪余者,恃有先儒之考订耳,使其可疑,古人去古未远,已先我而疑之;今祖诒力排旧说,独逞肊见,皆谬诬之甚,妄诞之尤,不足以言治经也。

(《孔学》1943 年创刊号)

经学史与经学之派别
——皮锡瑞《经学历史》序

周予同

客岁,商务印书馆为初治国学者计,汇选入门书籍暨重要著作若干种,施以标点注释,冠以序言,总名为《学生国学丛书》,而皮锡瑞之《经学历史》即为其一。皮书之标注,由余承任。书成,石岑兄请以其《序言》先刊载于《民铎》杂志,余以肤浅辞谢。石岑兄谓:是篇叙述经学流别,足以矫言学术而不明门径者之弊;而纠正谬误观念,于时下思想界亦颇有影响。余勉允之,然中心殊未安也。予同附记。

一、经学之三大派
二、经学之重要与其分类
三、皮锡瑞传略
四、皮著《经学历史》批判

一

皮锡瑞《经学历史》是经学入门书籍,可以说是"经学之导言";本篇之责,在介绍《经学历史》于读者诸君之前,则不过"经学导言之导言"而已。然而因为是经学导言之导言,所以不能不对于经学先作鸟瞰的说明,以冀显出经学史的重要与本书的价值。

中国经学,假使我们慎重点说,追溯到西汉初年为止,也已经有二千一百余年的历史。这二千多年中,经部书籍,因为传统的因袭的思想关系,只就量说,也可以配得称"汗牛充栋"。不说别的,我们只要一看纳兰性德汇刊的《通志堂经解》,阮元、王先谦汇刊的正续《清经解》,也几乎使你目为之眩;至若列举朱彝尊《经义考》的书目,那真所谓"更仆难数"了。但是,假使我们能应用大刀阔斧的之史学家处置史料的手段,则这许多繁重的著作,也不过可以归纳为三大派,所谓"经学之三大派"。这三大派都显然地自有其立足点与特色;就我的私意,可称为(一)"西汉今文学",(二)"东汉古文学",(三)"宋学"。

西汉今文学发生于西汉,就是所谓"今文十四博士"之学。在西汉时候,因帝王之利用的提倡,在学术界几有独尊之势。后来因古文学的暴兴,与郑玄、王肃的混乱家法,遂渐渐的衰落。延至曹魏、西晋,因政乱及胡祸的过烈,连仅存的章句传说也多随兵燹而俱灭。一直到了清代的中末叶,因社会、政治、学术各方面趋势的汇合,于是这骸骨似的今文学忽而复活,居然在学术界有当者披靡之象。当时所称为"常州学派""公羊学派",就是这西汉博士的裔孙。现在满清覆亡已十六载,而这今文派的余波回响仍然在学术界里存在着,并且似乎向新的途径发展去。

东汉古文学,稍为慎密地说,可以说是发生于西汉末年。到了东汉,因为今文派自身的腐化及古文学大师的努力,大有取今文学而代之之势。郑玄、王肃虽说混淆家法,但究竟左袒古文学,所以魏晋时代,今文学亡灭,而古文学反日趋于发扬开展。后来六朝的南北学,隋唐的义疏派,虽虚实繁简,不必尽同,而其立场于古文学则无殊异。一直到了北宋庆历以后,经学上的怀疑学派——宋学——崛兴,于是这正统派的古文学暂时衰歇。但元明之末,因为姚江学派之流于虚妄,及满清思想压迫政策之实现,于是顾炎武扛了"舍经学无理学"的大旗来复兴古文学。清代三百年学术界的权威,遂为这一派所独占。所谓以惠栋为领袖之"吴派"与以戴震为领袖之"皖派",都和东汉古文学有血统的关系。

宋学之怀疑的精神,唐时经师如啖助、赵匡、陆淳辈已开其端,但这种风气的盛行,则不能不说在北宋庆历之后。到了南宋,因研究方法的不同,虽可分为以二程、朱熹为领袖之"归纳派",以陆九渊、杨简为领袖之"演绎派"及以叶适、陈傅良为领袖之"批评派"三派,但他们立足于哲学的见解，以理欲心性为穷究的对象，而借助于经学的解释，则初无二致。元明以来，归纳派的朱学，因朝廷的提倡，侥幸地取得正统的地位；而演绎派得王守仁（阳明）生力军似的加入，也颇能得具有天才的学者的信仰。但这两派都是假借经学以言理学，结果所谓"尊德性"者固然流于禅释，即所谓"道问学"者亦空疏无一物。于是元明二代成为经学史上之衰落时期，而东汉古文学遂得乘之而复兴。

上文"经学的三大派"说，自然是极其粗枝大叶的叙述。假使详密的观察，不仅清代复兴的古文学与东汉原始的古文学不同，清代复兴的今文学与西汉原始的今文学不同，元明的宋学与北宋的宋学不同，即各派自身的流别，以及学者自身思想的变迁，都须加以烦琐的说明，但这决不是这简短的篇章所可容纳，所以不能不从删略了。这三派的不同，简劲些说，就是今文学以孔子为政治家，以六经为孔子致治之说，所以偏重于微言大义，其特色为功利的，而其流弊为狂妄。古文学以孔子为史学家，以六经为孔子整理古代史料之书，所以偏重于"名物训诂"，其特色为考证的，而其流弊为烦琐。宋学以孔子为哲学家，以六经为孔子载道之具，所以偏重于心性理气，其特色为玄想的，而其流弊为空疏。总之，三派固各有其劣点，亦各有其优点；我们如果说，因经今文学之产生而后中国之社会哲学、政治哲学以明，因经古文学之产生而后中国之考古学、文字学以立，因宋学之产生而后中国之形而上学、伦理学以成，决不是什么武断或附会的话。

最后尚须附带说明的，就是关于经学的分派，前人有采二派说的，有采四派说的，我个人觉得都不尽妥善。二派说可以《四库全书总目提要》为代表，它以为："自汉京以后，垂二千年，……要其归宿，则不过汉学、宋学两家互为胜负。"其后江藩《国朝汉学师承记》《宋学渊源记》、阮元《国史儒林传序》都取此说。其实他们所谓"汉学"，是专指东汉古文学，并不包括西汉今文学而言。这样，不正是截去经学史的首尾吗？康有为《新学伪经考》前序说："凡后世所指目为汉学者，皆贾、马、许、郑之学，乃新学，非汉学也。"这种讥评的话也确有一部分理由。采取四派说的，推近人刘师培。刘在《经学教科书·序例》中说："大抵两汉为一派，三国至隋唐为一派，宋元明为一派，近儒别为一派。"这话也很有商榷的余地。宋元明固自为一派,两汉及近儒不都是含有互相水火的古今文学两派吗?三国、隋唐不就是古文学的支流吗?刘氏所以有这样疏略的话,或者是强以时代分派之故。

二

上文叙述经学之三大派,其目的不过在与读者以经学上之简明的概念,以为进论经学史之预备而已。

中国经学研究的时期,绵延二千多年;经部的书籍,据《四库全书总目》所著录,已达一千七百七十三部,二万零四百二十七卷。但是很可骇怪的,以中国这样重视史籍的民族,竟没有一部严整的系统的经学通史。自然,经学的史料是异常丰富的,广义的经学史或部分的经学史亦不是绝无仅有,但是如果说到经学通史或经学历史,而且是严整点的、系统点的,那我们真不知如何答辞了。皮锡瑞的《经学历史》,刘师培的《经学教科书》第一册,固然不能说不是通史;但是以两位近代著名的经今古文学大师,而他们的作品竟这样的简略,如一篇论文或一部小史似的,这不能不使我们失望了。最近日人本田成之撰《支那经学史论》,将由东京弘文堂出版。以具有二千多年之经学研究的国度,而整理经学史料的责任竟让诸异域的学者,这在我们研究学术史的人,不能不刺骨地感到惭愧与耻辱了。

况且,就是撇开这种感情的话,而只就中国其他学术的研究而言,经学通史的撰述也是决不可少的。我们研究古史学,我们能不取材于《尚书》《左传》《周礼》等书吗?但一谈到这三部书,则《尚书》的今古文成问题,《左传》的真伪成问题,《周礼》是否为实际的政绩的记载成问题。我们研究哲学史或思想史,我们不能不论及《易》与《春秋》,而《易》的产生的时期与思想的来源成问题,《春秋》的笔削的命意与《公》《谷》《左氏》的异同成问题。我们研究古代民众文学,当然首及《诗经》,而《关雎》等篇之为美刺成问题,《静女》等篇之为淫否成问题。最后我们说到古文字学的研究,则六书的起源,壁中古文的真伪,籀、篆、隶的变迁,无一不成问题,也无一不与经学发生密切的关系。至于将来比较宗教学、文化人类学、民俗学等的研究,则不仅当探究《易》《礼》之原始的意义或背景,即举世斥为妖妄怪诞而与经学有关的纬谶,也是绝好的资料。但是说,要研究哲学、文学、史学、文字学等等的学者都先要向经学下一番苦功,不是太不经济吗?不是太不了解学术分工的功用吗?所以我说,在现在,经学之继承的研究大可不必,而经学史的研究当立即开始。因为它一方面使二千年的经学得以结束整理,他方面为中国其他学术辟一条便利的途径。

我这样地热望着经学史的产生,或者会引起一般随俗者的误会。自然,我是十分清楚的,现在时髦的口号是"打倒孔子""废弃经学";但是我所不解的,是他们之无理由的打倒与废弃,不足以服顽旧者之心。我自是赞成"打倒"与"废弃"的,但我自以为是站在历史的研究上的。我觉得历史派的研究方法,是比较的客观、比较的公平;从历史入手,则孔子一部分的思想与经学一部分的材料之不适于现代,不适于现代的中国,自然而然地呈献于我们的目前。我们不必高呼口号,而打倒与废弃的理由已了然于胸中。所以我们就是反对经学之学术史的研究,而只是立足于致用的、功利的观点,那经学史的完成也似乎是现代的工作之一。

经学史之需要,既如上述,但在中国旧有的著述中,经学通史又这样异常的缺乏,所以我们现在只得将它的范围放宽些,以寻求性质相近而较有价值的著作。这种著作,大概可分为三类:(一)以经师为中心的,例如胡秉虔的《西京博士考》、张金吾的《两汉五经博士考》、王国维的《汉魏博士考》、江藩的《汉学师承记》、洪亮吉的《传经表》《通经表》,以及各史的《儒林传》或《儒学传》等属之。这类著作的缺点:第一,每每是断代的记载,不能看见经学之整个的趋势;第二,每每偏重个人的成就,而抹煞某一时代之全体的表现;第三,甚至于仅有姓名而无事实,或附以极简短的小传,大有"点鬼簿"之消。(二)以书籍为中心的,例如朱彝尊的《经义考》、翁方纲的《经义考补正》、郑樵《通志》的《艺文略》、马端临《通考》的《经籍考》、《四库全书总目提要》的经部,以及各史中的《艺文志》或《经籍志》的经部属之。这类著作的缺点,大致与前者相同,虽然大多数不是断代,但其不能表示经学之整个的趋势则一。(三)以典章制度为中心的,例如顾炎武的《石经考》、万斯同的《石经考》、杭世骏的《石经考异》、王国维的《五代两宋监本考》都是;而在古代,选举、学校与经学也颇有密切的关系,所以《通典》的《选举门》、《通志》的《选举略》、《通考》的《选举考》《学校考》也可以属于这一类。这类著作的缺点,即每每仅为罗致若干的史料,加以排比,而不能显出这种制度典章在经学上之前因后果与其相互间的关系。总之,想真切的了解经学的变迁,以上三类书籍只能作为辅助的或分门的参考资料,而仍有待于经学通史。因为这种原因,所以这样简略的皮著《经学历史》竟成为适应需要而另有价值的著作了。

我年来时常作如此的计划,假使我的环境与学力允许我的话,我将献身于经学史的撰著。我将慎重地著撰一部比较详密而扼要的《经学通史》,使二千年来经学的变迁,明晰地系统地呈献于读者。其次,分经撰述,成《易学史》《尚书学史》《诗经学史》等书;其次,分派撰述,成《经今文学史》《经古文学史》《经宋学史》及《经古今文学异同考》《经汉宋学异同考》等书;再其次,以书籍或经师为经,以时代为纬,成《历代经部著述考》与《历代经学家传略》;再其次,探究孔子与经学的关系,成《孔学变迁史》与《孔子传记》;最后,我将以我个人的余力编辑一部比较可以征信的《经学年表》与《经学辞典》。自然,这在具有天才的学者们,或以为这是胥钞的事,而加以轻蔑的冷笑,但我总觉得学术要专攻,这初步的整理的工作,也应该有人忠实地埋头做去。我希望着,不,我热望着,我热望着我的环境与学力能够允许我,而同时热望着能引起读者的共鸣,而到得几位学术上的伴侣。

三

在经学史这样需要而缺乏的时候,则皮锡瑞《经学历史》之有一读的价值,了然可知了。现在在未谈及《经学历史》之前,请先绍介皮氏的生平与他的学术的大概。

皮先生名锡瑞,字鹿门,湖南善化人。早岁颇有经世之志,留心于郡国利病。光绪戊戌政变时,因提倡学校制度,大受其故乡顽旧者的疾视,其至于斥为乱党,不得已避居他邑。皮氏治经,宗今文,但持论平允,没有康长素这样的武断,也没有廖季平那样的怪诞。他所著的书,除《经学历史》外,还有《易经通论》一卷,《书经通论》一卷,《诗经通论》一卷,《三礼通论》一卷,《春秋通论》一卷,《今文尚书考证》三十卷,《古文尚书冤词平议》二卷,《古文尚书疏证辨正》一卷,《尚书大传疏证》一卷,《尚书中候疏证》一卷,《史记引尚书考》六卷,《春秋讲义》二卷,《左传浅说》二卷,《礼记浅说》二卷,《王制笺》一卷,《郑志疏证》八卷,《六艺论疏证》一卷,《圣证论补评》二卷,《鲁礼禘祫志疏证》一卷,《孝经郑注疏》二卷,《师伏堂笔记》一卷,《经训书院自课文》三卷,《师伏堂骈文》四卷,《师伏堂诗草》六卷,《师伏堂咏史》一卷,《宙合堂谈古》□卷。他的著作的内容,虽没有很伟大的创见,如同时几位著名的经今文学大师,但学术门径很清楚,善于整理旧说,所以如《经学历史》《五经通论》等书,对于初学者,真可称为"循循善诱"。他的著作,大抵于光绪间由湖南思贤书局刊行,流传不广。《经学历史》曾有上海群益书局铅印本和商务印书馆影印本,《今文尚书考证》曾有师伏堂自刊本,比较易得。

因为皮氏是经今文学者,所以同时经古文学者颇非难他。章炳麟在《文录》卷一《驳皮锡瑞三书》中讥斥得很烈害,陈汉章在《经学通论》附录中亦表示着不满意。陈氏所批评的话多属于小疵或补正,现在撮录章氏的话于下,以见清末今古文学派的争辩。章氏说:

> 善化皮锡瑞尝就《孝经》郑注为之义疏,虽多持纬候,扶微继绝,余甚多之。其后为《王制笺》《经学历史》《春秋讲义》三书,乃大诬谬。《王制笺》者,以为素王改制之书,说已荒忽;然《王制》法品,尽古今夷夏不可行,咎在博士,非专在锡瑞也。《经学历史》,钞疏原委,顾妄以己意裁断,疑《易》《礼》皆孔子所为,愚诬滋甚。及为《春秋讲义》,又不能守今文师说,糅杂《三传》;施之评论,上非讲疏,下殊语录,盖牧竖所不道。又其持论,多以《四库提要》为衡。《提要》者,盖于近世书目略为完具,非复《别录》《七略》之俦也;其序多两可,不足以明古今文是非,锡瑞为之恇惑,兹亦异矣。

章氏为现代经古文学惟一大师,平素说经,反对刘逢禄、宋翔凤、魏源、龚自珍,又反对康有为、廖平,凡近代经今文学者,没有不受其讥斥;

那他的呵诋皮氏为"牧竖所不道",毫不足怪。不过以我们第三者的眼光观察,除《春秋讲义》糅杂《三传》,失了今文学者立足点之外,其余主《王制》,以《易》《礼》为孔子作,正是今文学所谓"微言大义"之所在。至于引用《四库提要》,这也是不得已的办法,我们似应加以原谅。

我很惭愧,我所得于皮氏的生平,仅仅简略如是。他的生卒,他的师友,他的学术的传授,我竟无法查考。我曾辗转地询问几位湖南的学者,但不是没有回音,就是以"不知"答。当这样离乱的时候,大家救死惟恐不暇,谁能留意他们以为微末的事呢?据杨树达先生说,皮氏的弟子某君拟为他撰一年谱,我诚恳地希望着,希望他的年谱早日呈献于读者之前,而将我这简短疏略的小传像刍狗似地舍弃掉。

四

我现在绍介皮著《经学历史》于读者,并不以为这本书是万分完善、毫无可议;在现在经学史这样缺乏的时候,无论如何,这本书是有一读的价值的。我们读这本书时,第一,不要忘记皮锡瑞是经今文学者。因为他立场于今文学,所以他对于宋学是不满意的,更其是宋人的改经删经的方法;我们只要看他全书对于王柏的讥斥,便可了然了。又因为他立场于今文学,所以他对于经古文学也不表示绝对的崇信;他对于清代考证学的发展是相当地加以赞许,但他绝不以为是经学研究的止境。我们明了了这一点,则他所主张的六经断始于孔子,《易》《礼》为孔子所作,以及其他排抑《左氏》、讥贬郑玄等等的话,都可以有一贯的解释了。第二,不要忘记皮锡瑞究竟只是一个经学家而不是史学家。因为他不是史学家,所以史料的搜集不完备,史料的排比不妥善,而且每每不能客观地记述事实,而好加以主观的议论。他这部书,假使粗忽的披览,似乎不能将经今古文学、宋学的发生、变迁、异同、利弊一一明晰的显示给我们。他不能超出一切经学的派别来记述经学,而只是立在今文派的旗帜之下来批评反对派。诚然,就经学说,他是没有失掉立足点;但是,就史学说,他这书就不免有点宣传的嫌疑了。我觉得这部书的优点和劣点都不少,但是我不愿意在这简短的"导言之导言"中絮絮地谈论,更不愿因此给读者以批评的暗示。现在将这本书其他一切的优劣让读者诸君自身去体味去,而只将我现在认为是荒谬的思想揭示出来。

皮氏作这本书的时候,正是今文学发展的时候,因为时代迁异的关系,颇有我们现在以为不对的地方。这在皮氏,自然深可原谅;但我们决不可因为重印这部书,而使这些荒谬的思想仍然流行着。

第一,我以为荒谬的,便是所谓"孔教救国"之说。孔子学说的真相究竟怎样,后世儒家所描写的孔子,后世君主所提倡的孔学,后世学者所解释的儒教,究竟是否是真的孔子,都是绝大疑问。在这步工作还没有完成之前,而冒昧地将传统的因袭的孔教来治国,这简直是鬼话。皮氏在第一章中说:"后之为人君者,必遵孔子之教,乃足以治一国;……后之为士大夫者,亦必遵孔子之教,乃足以治一身;……此万世之公言,非一人之私论。"今文学者尊崇孔子,以为他怀抱着伟大的政治思想,这在我是可以相当的承认的。但不论时代,不论地域,以他主观所得的孔教印象冒失地应用着来拯救现世,这不是很危险的吗?现在近似这种荒谬的思想仍然流行着,不是将失真的孔子来代表东方文化,就是深一度的荒谬使孙中山孔子化,这似乎不能不加以纠正。

第二,即所谓"六经致用"之说。经今文派以孔子为政治家,以六经为孔子政治思想之所托,这话固然有一部分理由,然已经有商榷的余地。但是今文学者每喜更进一步,探求六经致用之例,于是对于西汉君主利用迂儒的策略,愚而且诬地在赞叹着、仿效着。皮氏也不免陷于同一的错误。他在本书第三章中说:"前汉今文学能兼义理训诂之长,……其学极精而有用;以《禹贡》治河,以《洪范》察变,以《春秋》决狱,以三百五篇当谏书,治一经得一经之益。……汉学所以有用者,在精而不在博;将欲通经致用,先求微言大义。"这些论调,就我们现在观察起来,真有点非愚即妄。试问假使现在黄河决口了,你就是将《禹贡》由首一字背诵到末一字,再由末一字背诵到首一字,你能像灵咒样的使水患平息吗?孔子和六经的相关度,以及六经与致用的相关度,不仅相去十万八千里,而且根本上还是大疑问。所以现在就是研究经学,也只能采取历史的眼光,应用科学的方法,而决不能含有些微的功利观念。

第三,即所谓"纬候足征"之说。今文学家尊崇孔子为素王,所谓

"无冕的帝王";而且相信历代帝王欺罔民众的技术,以为帝王必有瑞征,于是孔子也有所谓"感生",所谓"受命",所谓"告成",于是孔子不仅是政治家,而且是教主,而且是道士了。这些感生、受命等等的鬼话,多出于纬候,今文学家因为急急的为素王找寻证据,于是遂冒失地相信纬候了。这是第一个原因。其次,今文学者以为天人合一之说出于西汉,如《易》的占验,《书》的五行,《诗》的五际六情,《礼》的明堂阴阳,《春秋》的灾异都是;今文学源于西汉经师,则为拥护其学统起见,自不能加以攻击,于是又只得容忍这妖妄的纬候了。这是第二个原因。皮氏在第四章中说:"汉儒言灾异,实有征验。……天人本不相远,至诚可以前知;解此,则不必非光武,亦不必非董、刘、何、郑矣。"又说:"当时儒者以为人主至尊,无所畏惮,借天象以示儆;……此《春秋》以元统天、以天统君之义,亦神道设教之旨。……后世不明此义,谓汉儒不应言灾异,引谶纬,于是天变不足畏之说出矣。"这类话简直是算命卖卜者流的话,我们不能不大声的斥为荒谬。自然,我们不必像欧阳修似的,欲将纬候之说一切加以毁灭。它里面包含着原始民族的信仰与仪式,夹杂着古代的学术与经说,我们将它作为客观研究的材料,是非常可贵的;但居然奉为圣书,以为与六经相辅,那真是大笑话了。

皮氏这本书自有其许多的优点,值得我们一读;更其是为经学史辟一新途径,是值得我们后学者的尊敬的;但是上所条举的错误,在新旧思想交替的时候,大有纠正的必要,所以我就如此率直地着笔了。

(《民铎》1928年第9卷第1号)

评《先秦经籍考》

张季同

《先秦经籍考》，江侠庵编译，商务印书馆刊行，民国二十年二月初版，三厚册，定价三元。

此书系江侠庵君就近年日人关于先秦旧籍之考证文字选译纂集而成，共选三十八篇，又附载关于汉人著作之考证三篇，总合四十一篇。大部系选自《支那学》《艺文》《支那学文薮》等杂志，而如《老子原始》《穆天子传考》等，则系从单行本译出收入者。大部属内藤虎次郎、狩野直喜、武内义雄、本田成之、小川琢治、小岛祐马等之作，而选武内义雄之作品尤多，达十八篇，几占全书之二分一矣。各篇大体皆颇精粹，而尤以《作易年代考》《尚书编次考》《禹贡制作年代考》《两戴记考》《礼运考》《左传引经考证》《大学制成年代考》《中庸考》《尔雅之新研究》《老子原始》《庄子考》《穆天子传考》等篇，最为佳构。其怀疑之精神，客观之态度，精严之方法，锐敏之眼光，令人读之不得不敬佩，而其搜讨之勤，征引之博，举证坚实，下断审慎，尤为不可及，确属曾下真实工夫之作。

但其中亦有不甚佳者，如《曾子考》《列子冤词》《墨子笺注考》等篇，文字既短，内容复弱。而如《唐钞古本尚书释文考》《旧钞本老子河上注跋》《校论语义疏杂识》，皆非直接考证先秦古籍者，同纳之"先秦经籍考"一名之下，似属不伦。又书末载《四部丛刊述》一篇，更为怪特，系述新刊丛书之文，缘何亦入于先秦书考中，且置之于附录前邪？故此书所选文字虽多精粹，而选择纳取上，究未完全妥当。

目次上《总论》类、《周易》类、《尚书》类、《毛诗》类、两《戴记》类、《春秋》三传类、四书类、《孝经》《尔雅》类、诸子类、地理及传记类、杂考类，亦多未当。如《诗》类而必曰《毛诗》,既排三家《诗》于不论,亦违先秦旧典之本名;有两《戴记》类而无《周官》及《士礼》,尤为大失公允;《春秋》三传中不纳关于《春秋经》之考论;四书类一名,更不宜复用于今,致将《大学》《中庸》与《戴记》隔判,失之殊深。

而关于《墨子》,但选一不重要之短篇,关于荀子、公孙龙及管商申韩之书,都无所论,或日人未有此项文字邪?

吾人读近年来国人所作考证文字,每每未读竟而已发现错误累累,驳之良易;证据之无力,推断之急躁,误解之屡见,是其通病。而读此书中所录日人之文,则读后每不觉为所折服,虽本存反对之见,有时竟不能不放弃,而首肯彼说。盖确系潜精积虑之作,内容坚实丰允,非浅薄之人率尔操觚者比也。

所选各篇中,其论八卦非文字之祖,《易传》成于孟子以后;《尚书》编次,在伏生前已经多次变化;《礼运》《大学》皆为汉人之作;公羊家之学说乃董仲舒之思想,非《公羊传》之本旨;《庄子》篇章文句皆有分合省增,具见不肯轻信、实地审考之精神。而论定《诗经·文王之什》《穆天子传》为西周最确实之史料,又见不肯乱疑之态度。

至于方法之精审细密,在在可见。试举一例,如《庄子考》中,从陆氏《音义》中引崔、向本否以考郭象本与古本之异同,证明今本各篇有分合处,《天下》篇末"惠施多方"一章,实为《惠施》篇文,着眼处可谓极细微,而所断则甚切允。又从《淮南子》与《庄子》同文及高诱注所引,证明今本内篇中杂有淮南解说之文,皆精细之极。

其论《中庸》时代,定今《中庸》前半为子思旧作,而其首章及后半则成于秦代,分一篇而二之,不以偏断全,以确实证据分别断论部分,尤见科学分析客观之态度。

然其方法有一部系得自清代先儒者,如《子思子考》中,说实衍自黄以周;《庄子考》论郭注、向注之关系,法系得自《四库提要》而扩充精讨之。吾国学者不知用古人此等方法,而日人反知用之,亦足怪已。

各篇中亦有不能满意之处,如论《曾子》十篇为乐正氏派所作,未见允确;记今本《老子》五千言中数段为纵横家、兵家之言,实由误解;论《列子》为西汉旧本,尤未为的当;认《山海经》之价值在《禹贡》上(古则较古，价值高下颇难言），似存偏见，如此者亦颇多。又所选诸篇中，似未有对孔子与《春秋》之关系加以怀疑加以确实研讨者，亦不足之点。

前年师范大学毕业生渡日参观，日某教授语一行云："再俟十年，贵国人研究古籍，亦必须来此留学矣。"其对于吾国国学界可谓尽蔑视取笑之极致，但实际情形多足以证明此言，亦复奈何？综观二十年来足以抗衡日本学者，或且驾而上之者，惟有王国维及郭沫若之于甲骨（郭于质实方面稍不及王，于创见方面过之），陈寅恪、陈垣之于中亚语言历史，胡适、冯友兰之于哲学史（冯著尤为精湛，允称宏构），傅增湘之于目录，杨树达，奚侗之于释注（奚之《庄子补注》《老子集解》，卷帙不多而内容之佳，罕其俦匹），数人而已。此外则顾颉刚之疑古精神，唐钺之谨严方法，亦皆足称，而顾先生每太信任自己，对于客观证据之尊重不足，故所撰著或欠固实；唐氏则心理学者，本非国学者，故于材料丰富方面稍不足也（冯芝生氏亦非国学者，但著作则出国学者之上。又章太炎、柯凤荪之书夙为日人敬佩，此但论近年之书，故不及之）。

而如《读子卮言》之书，竟有人称之为瑰宝，又有人采之于国学必读中。顾惕生所著，亦能风行一时（顾著《汉志讲疏》颇佳，其余如《文学史》《老子解诂》《杨朱哲学》《文字学》《天下篇讲疏》等，颇不足观，而竟连售三四版）。或又唱墨子印人之说，或述《左传》子夏作之论，近今所谓国学界之盲目与杂乱，妄人之多，真令人兴慨而莫可如何也！

有清一代，学者便分两派，一派能疑古而欠坚实，如崔述、姚际恒；一派极其坚实精密而乏怀疑精神，如惠、王、俞、孙。时至现在，所谓国学界仍分两派，而罕有兼备二者之长者。但日人不特兼备二者之长，且更进一步，其所撰著真有一部可称以"科学的"，吾人宁得不愧？

且今之所谓国学家，又每有一奇癖，即不肯撰著。如钱玄同先生，大名震天下，而除七八年前一本旧讲义外，直无所述。钱先生讲学诸大学，妙辞滔滔如瀑布，而竟不稍以笔代口，钱氏又名疑古，今则令人不得不"疑疑古"矣。又如徐鸿宝先生，博闻强识，冠绝一时，而亦无著述，真所谓怀其宝而迷其邦矣。

所谓国学家之中，又有一派，更有一特癖，其癖过甚，与其谓之癖，不如谓之沉疾：非清代以前之书不读，非冷典古字不用，对于《古史辨》

等书,不一阅而径訾骂之,或更谓天下之文除彼一二人外无一通者。诚皆已进爵夜郎国王矣。彼等固不恤国人之讥评,独亦不顾日人之哂笑耶?

近数年来,后出之秀颇不乏,若能效清代朴学之谨严方法,而益之以怀疑精神,于西洋之科学方法与辩证法所有素养,不矜奇务怪,不求速得结论,只认证据不认人,毫钱之差不放松,肯切实下工夫,强记博览,不以临时翻帑了事,则或能雪此最小之国耻亦最甚之国耻乎?

日本为中国国故之整理立一专名曰支那学,使与西洋所谓埃及学、巴比仑学等并立,亦藐视吾国之表现也。

江氏所选概皆三四年前之文,近一二年,日人当又有若干新成就应介绍者,深望江先生继续此种工作,实为对于吾国国学界之有大益之刺激与滋养料也。

至于译笔方面,大体极忠实通顺可诵,但亦屡见不能通之处,谬于中文文法之处亦颇夥。错误之处亦间见,如《老子原始》篇中引老子圣人如何句,皆作吾人如何。但自大体言之,实属不常见之佳译也。

七月三十一日。

(《大公报·文学副刊》1931年8月17日第188期)

江侠庵编译《先秦经籍考》底胡译
慧　先

《先秦经籍考》,江侠庵编译,商务印书馆发行,民国二十年二月初版,上中下三册,定价三元。

当这书出版的时候,在杭州与友人钟敬文兄闲谈神话底研究,讲到日本小川琢治底《穆天子传考》,因而讲到江侠庵先生编译《先秦经籍考》(《穆天子传考》一文,也收入此书中)。敬文兄说江先生译文错误甚多。后在复旦大学与友人叶德均兄等闲谈,谈到了《先秦经籍考》,德均兄说,听人说译者江先生是不懂日文的。

读黄云眉先生辑著《古今伪书考补证》,《序》中有"属稿甫竣,吾友陈伯瀛先生以江侠庵君所编译之日人《先秦经籍考》示余,受而读之,其中如本田成之论《作易年代考》等,与本书持论颇有不同。然以专家成专著,甚有研讨之价值。本书不暇采择,姑附其篇目于此,以志景仰"的话(页五),对此书推崇备至。

因此,我感到有检阅此书底译文的必要。

这书底原文,如江先生所说,"他日于整理国故前途,或有多少影响"(《序》页三)——但是,不幸得很,我检阅的结果,这部"介绍此四十一篇,提供于海内同志,俾作他山,又幸蒙商务印书馆王云五所长赞助印行"(同上)的编译本底译文,竟是"胡译"!

此书共收四十一篇,一半以上译自《支那学》杂志,其余译自《艺文》杂志、《支那学文薮》《研几小录》等。

其中第三十八篇武内义雄著《四部丛刊述》,当然是带了学术的面具,为那"蒙""赞助印行"的商务印书馆,作报纸上的评前广告的。为什么"当然"呢？因为武内义雄底《四部丛刊述》，登在《支那学》第一卷第四号——而便在这篇文章底下面的神田喜一郎底《关于四部丛刊底本之选择》，我们江先生忘却"编译"了。

以下，随手找几篇，摘述其"胡译"。

（一）内藤虎次郎著《尔雅新研究》（编译本中册页一六二起），第一段译文：

> 关于《尔雅》之研究。余尝从两方面讨论之。其一。从新的言语学。以为研究方法。即《尔雅》是如何成立之书。又含于其中之言语。是如何时代者。及某地方者。搜集中国古之言语。比较之于其近傍种族之国语。考究其有无共通之语根。而明其关系。但此方法。尚必要有东亚诸国言语之智识。方能从事。余尝主张。从东北塞外种族之言语。即大体举乌拉阿尔泰尔之言语。在《尔雅》中。检查其两者间。是否为一致之言语。关于此事。曾在京都大学言语学会。发表一回。当时余未留稿本。以留代他日研究之机会。并请学界之批判焉。其二。研究方法。以《尔雅》为普通相传的诸经之辞书。今须考《尔雅》之成立。同时考其与诸经发展之互相关系。其中言语。属于如何时代。及属于如何地方。其间可考得者。至于如何程度。从编纂之次序及意义等而推之。则含有某时某地方之言语。以及至某时代。在某地方而被窜改。可以判断焉。就于后一方法。余以为比前一方法。较有兴味。故近日依此方法。而稍有研究。虽未完全。兹先发表其所得。以请吾党诸君之批判。

这一段译文，除了错误之外，这种"中国文"也很难了解。试翻译于后：

> 关于《尔雅》底研究，我曾经从两方面来考察。一，是依据新的语言学来研究的方法。不论《尔雅》是如何地成立的书籍，又不论其中所包含的语言是如何的时代或地方的东西，一定要对于这些事情毫不穿凿，单纯地把它当作搜集中国古代语言的书籍，与其邻近的种族底国语相比较，推究有无共同的语根，以阐明其关系。这个方法，关于东亚各国底语言的智识，是必要的。我曾经以东北塞

外种族底语言(即大体上属于乌拉阿尔泰语系的语言)为主来推究,检阅《尔雅》中有与这些语言相一致的语言否,曾经将其一端,在京都大学底言语学会中发表一次过。当时我并不另留底稿;关于这一点,将来会有作为一种的研究,请学界批判的机会的吧。还有一个研究方法,是把《尔雅》,如普通所传述,作为对于群经的辞书,研究《尔雅》本身底成立,同时,与群经底发展连系着来考查;其中的语言是如何的时代或地方的东西,到某程度为止,是可以考察的;所以,从其编纂的次序及意义等来推察,可以作为断定那包含某时代某地方的语言的经籍,在某时代的某地方被窜改了资料。关于这个方法,我很久以前便有兴趣了;近来,依据这个方法,稍作研究,虽则不完全,试发表其所得,请诸位批判!

(二)本田成之著《作易年代考》(编译本上册页三十九起),第一句便"胡译"。

  五经之传统系谱。莫不以为由于孔子。此因汉立五经博士。故一般人莫不信之。此为不可争之事实。(江译,页三十九)

  五经都传述孔子以来的传统系谱,是因为就汉时博士所传以博信的,这是无可争论的事实。(慧先译)

  大抵经书由子夏所传。以及荀卿。至《易》则云由商瞿子木。而其传于弟子。则有一奇事。由鲁人商瞿。而传于楚。楚传于江东。江东传于燕。此一派皆边鄙人物。最后则于齐尤为盛行。此极当注意之点也。殊作《史记》司马迁之父谈。受《易》于杨何之事实。尤不可轻易放过。(江译,页四十一)。

  大多的经书,由子夏传承,及于荀卿。至于《易》,由叫商瞿子木这么一位不大听到的弟子传承的,这是一件奇事;其所传的,是或楚或江东或燕的边鄙的人物,最后,似最盛行于齐,这是可注意的一点。尤其是,《史记》底作者司马迁底父亲谈,受《易》于杨何这件事,是不可忽略的。(慧先译)

  "以为《易》是早已有了的",译成"从《易》之最古一部考之"。(江译,页四十二)

"这些,并不成为很有力的证据,这已成了学界底定论",译成"前人以为极有力之证据。学界中似以为定论矣"。(江译,页四十二)

以下再随手指摘一段,以结束本文。

如内藤虎次郎《尚书编次考》(江先生编译本上册页七十九起)。

然则对于古书观察之方法。其不误者几希。从来之考证家。多根据含于古书中之史实。虽然。史实皆从频频变化中而流传者也。即如《左传》《国语》,为多含古代史实之书。若以其史实。与其他先秦古书所载之事实相比较。则或觉为详密。或觉为简略。或有全然相反之意味。实际因其时之思想。在根本上。有急激之发展。由是渐次发生事实之变化。所以批评先秦古书之方法。须从探索古书中之事实始。欲采索其事实。尤须探索其事实之变化之由来。而欲探索其事之变化所由来。须从探索其思想之根本上变化始。否则徒劳而无功焉。(江译,页八十三——八十四)

所以,对于古书,不使观察的方法错误,这是很重要的事情。历来的考证家,大多以包含在古书中的史实为根据。但是,史实却是常常在变化着的,所以不适合的。以《左传》《国语》为始,其中包含着许多史实;其史实,如其与别的先秦古书中所见的事实相比较,或者详密,或者简略,有时其意义全然不同。这是因为以当时的思想为根本,随着其思想底发展,事实便歪曲了,这其间,事实便渐次变化了。因此,在实际上,批评先秦古书的方法,与其探索古书中的事实,不如探索那使事实发生变化的根本的思想之变化,此外便别无方法了。(慧先译)

我在这里敬告商务印书馆,敬告"王云五先生",这种"胡译"的东西,不要再"印行"了,不要再"赞助印行"了,免得播毒社会!

(《现代》1935年第6卷第2期)

续　表

经别	今文家说	古文家说	评断
诗经	鲁颂　奚斯作。 商颂　正考父作。	鲁颂　季孙行父作。 商颂　正考父得于周太师。	《鲁颂》鲁僖公时所作，《商颂》宋襄公时所作，今文说较长。
仪礼经	孔子定。	周公作。	《仪礼》为战国末年儒家所撰。
周礼	(1) 战国阴谋家作。 (2) 刘歆伪窜。	周公作。	今文说是，古文说伪托。
春秋经及左传	经　孔子修鲁史为经。 左传　本有此书（《国语》或《左氏春秋》），后为刘歆乱。	经　周公定例，鲁史撰史，孔子修经。 左传　左丘明作。	《春秋》乃孔子后儒家所修定，与周公绝无关系；《左传》今文说近是。

右表但择各经说之重要者列之。

今古文说制度异同表附评

制度	今文说	古文说	两说短长	附　　说
封建	(1) 分五服，各五百里，合方五千里。	(1) 地分九服，亦各五百里，并王畿千里，合方万里。	今文说长	(1) 五服见于《虞书·禹贡》，九服但见《周礼》，《虞书·禹贡》较古，《周礼》为汉人伪造之书；且五千里与万里之说，亦五千里较近事实。
	(2) 分三等：公侯方百里，伯方七十里，子男五十里。	(2) 分五等：公方五百里，侯方四百里，伯方三百里，子方二百里，男方一百里。		(2) 封地三等制见于《孟子》，五等制见于《周礼》，孟子说较古。
	(3) 王畿内封国。	(3) 王畿内不封。		(3) 据甲骨文、金文、《左传》《国语》等文籍，王畿内均有封国；古文说据《周礼》非。
	(4) 天子五年一巡狩。	(4) 天子十二年一巡狩。		(4) 五年一巡狩制见《虞书》，十二年一巡狩制见《周礼》，《虞书》较古。

续 表

制度	今文说	古文说	两说短长	附 说
官制	(1) 天子立三公、司徒、司马、司空、九卿、二十七大夫、八十一元士，凡百二十。	(1) 天子立三公，曰太师、太傅、太保，无官属。又立三少以为之副，曰少师、少傅、少保，谓之三孤。又立六卿，曰冢宰、司徒、宗伯、司马、司寇、司空。六卿之属大夫士庶人在官者，凡万二千。	今古文说各有短长	(1) 今文说官名皆见古籍，但官数太少；古文说官名有不见古籍者，但官数颇当。然二说似以今文说为较早出。
	(2) 无世卿，有选举。	(2) 有世卿，无选举。		(2) 古有世卿，有选举（但选举多限于贵族）。今古说皆偏。
祭祀	(1) 社稷所奉享皆天神。	(1) 社稷所奉享皆人鬼。	古文说较长	(1) 社祀后土及禹，稷祀柱与后稷，后稷在西周已被视为祖先，禹在西东周间亦渐被视为人王，后土及柱晚出，殆即禹稷之化身。故古文说稍长。但禹稷等本由神而变为人者，则今文说亦得其一部分之理由也。
	(2) 天子有太庙，无明堂。	(2) 天子无太庙，有明堂。		(2) 古天子有太庙，有明堂（太庙见金文，明堂见《孟子》）。今古说皆偏。
	(3) 七庙皆时祭。	(3) 七庙祭有日月时之分。		(3) 古制紊乱，恐未必为单纯的时祭，但亦未必有详尽的日月时祭祀之分。今古文说皆凿。
	(4) 禘为时祭，有祫祭。	(4) 禘大于郊，无祫祭。		(4) 就金文中观察，今文说盖未然（金文中之啻祭即禘祭），《说文》称周礼五岁一禘，说近是，祫祭之名亦不见各古籍。

续　表

制度	今文说	古文说	两说短长	附　说
赋税	(1) 远近皆取什一。 (2) 山泽无禁。 (3) 十井出一车。	(1) 以远近分等差。 (2) 山泽皆入官。 (3) 一甸出一车。	今文说较长	(1) 什一制见《孟子》,以远近分等差,盖后起补救之说,故今文说为长。 (2) 山泽之禁,以古代情形度之,当无有。今说为长。 (3) 此项今古文说盖皆出于附会杜撰,古代恐无是等画一之制。
其他	(1) 天子不下聘,有亲迎。 (2) 刑余不为阍人。 (3) 主薄葬。	(1) 天子下聘,不亲迎。 (2) 刑余为阍人。 (3) 主厚葬。	古文说长	(1) 古籍中不见天子亲迎之礼,天子下聘屡见于《春秋》中,不亲迎则尊天子,下聘则通列国之感情,此盖为古制。 (2) 刑余为阍见《左传》,核以古代情形,盖自古即然;刑余不为阍,盖后起惩前创之制。 (3) 周人尚文,当主厚葬;薄葬盖后起惩前弊之制。

附注:左两格皆周氏原来之表,右两格则作者所下评语。

据上第二表:今文说长者两项六目,古文说长者两项五目,今古文说各有短长者一项三目,今古文说皆非者二目,则今古说之短长,盖亦略当。学者不可偏废也!(案,今古说自皆有其宜专释之书籍,此特就制度之古近立论耳。)

至今古文版本上文字之异同,试举论《经典释文》内所列《论语郑玄注》中鲁(今)古异文,以概一班。

篇　名	今本论语文	鲁	古	二本长短	附　注
学　而	传不习乎。	专	传	古　长	
公冶长	崔子弑齐君。	高	崔	古　长	
述　而	吾未尝无诲焉。	悔	诲	古　长	
	五十以学易。	亦	易	鲁　长	孔子未尝重易。
	正唯弟子不能学也。	诚	正	古　长	
	君子坦荡荡。	汤	荡	古稍长	汤盖荡本字，然读以今文，似以荡为长。
	冕衣裳者。	冕	弁	未敢定	
乡　党	瓜祭，瓜齐如也。	瓜	必	古　长	
	下如授。	趋	下	古　长	
	乡人傩。	献	傩	似古长	
	君赐生。	牲	生	古　长	
	冕衣裳者。	冕	弁	未敢定	
	车中不内顾。	无不字	有不字	古　长	
先　进	仍旧贯。	仁	仍	古　长	
	咏而归。	归	馈	鲁　长	
颜　渊	片言可以折狱者。	制	折	古　长	案《吕刑》主以中道治狱，则折字义长。
卫灵公	好行小慧。	惠	慧	似古长	
季　氏	言未及之而言谓之躁。	傲	躁	似古长	
阳　货	归孔子豚。	归	馈	未敢定	二字义略同。
	古之矜也廉。	贬	廉	古　长	
	天何言哉？	夫	天	古　长	
	恶果敢而窒者。	室	窒	古　长	
微　子	已而！已而！今之从政者殆而！	期斯已矣，今之从政者殆！	同今本	古　长	
尧　曰	子曰："不知命，无以为君子也；不知礼，无以立也；不知言，无以知人也。"	无此章	有此章	古　长	此章简短，无甚大义，当非古文家所伪造。

据上所列:古长者十九条,鲁长者仅两条,两本难定长短者仅三条;似古文之版本较今文为可靠。然郑氏既据古以改鲁,当然择其文义较长之字句(桓谭《新论》以为今古文《论语》文异者四百余字),故此例并不足以证明古文本较今文本大胜,亦不足以证明古文经传确为真本(文字优长是一事,本子真伪又是一事);此仅以证明古文本于校勘上亦有参考之价值而已。

(《浙江省立图书馆馆刊》1934 年第 3 卷第 5 期)

皮锡瑞《经学通论》书后

杨敏曾

经学至清而极盛,其初不过宗汉儒、称汉学而已。自常州庄、宋、刘诸人援西京今文之学,以排斥古文,遂自成一学说,风会所趋,迄今日而未已。善化皮氏《经学通论》盖即本此宗旨而发挥之者也。

窃谓经义宏深,莫殚莫究,非合今古学说参互而折衷之,必不足以信今而传后。若趋逐风气,标揭宗派,则适足为经之障碍而已。今先即今文古文而分析之。汉立十四博士,《易》施、孟、梁邱、京,《尚书》欧阳、大小夏侯,《诗》齐、鲁、韩,《礼》指《仪礼》。大小戴,《公羊春秋》严、颜,皆今文立学者也。费氏《易》、孔氏《古文尚书》、《毛诗》《周官》《左氏春秋》,皆古文不立学者也。其后今文立学者皆不传,古文不立学者反盛行。清代汉学家大抵为依据贾、马、许、郑,罕有专以今文立说者。此后起之常州派所以矫之而别树一帜欤?则试即二者而平心论之。

一则今文古文名称之不尽正确也。今古文之分,莫先于《尚书》,亦莫确于《尚书》。《史记》《汉书》皆云孔安国得壁中《古文尚书》,安国以今文读之,因以起其家。观此,知经初无今古文之名,自得古文而始以今文别异之。所谓今文,即汉代通行之小篆。所谓古文,即汉代不通行之古籀。惟其不通行,故壁中古文,安国必以今文读之,而始能起其家。古今之分,专以字体不同言,非以学说不同言。此外,《易》有费直古文,而施、孟、梁邱、京房得称今文。《礼》有壁中本,而大小戴方得称今文。《春秋》有古文《春秋左氏传》,而《公羊》严、颜方得称今文。若《诗》齐、鲁、韩之与毛,但有家法之不同,初非字体之迥别。今以齐、鲁、韩为今文,以毛为古文,名不正确。至许慎《说文解字序》则并孟氏《易》而亦指为古文矣。

一则今文古文家法之互有出入也。说经之宜注重家法,夫人而知之。《书》以欧阳、大小夏侯为今文,孔安国为古文,亦夫人而知之,而不知安国实兼综今古文也。《史记·儒林传》叙欧阳生、张生之为博士,下云自此之后,鲁周霸、孔安国,洛阳贾嘉,颇能言《尚书》事,是明言安国与闻今文家绪论也。《汉书·儒林传》引用此文,但举周霸、贾嘉,不及安国,意以安国专属古文家,故不列。然下云欧阳生授倪宽,宽又受业孔安国,欧阳、大小夏侯学皆出于宽,既出于宽,则必兼采其师安国之说。是安国实先以今文名家也。惟其先通今文,故得壁中书,即能以今文读之。安国得古文而不为作传,其授都尉朝与答司马迁,纵或参以己意,决不大异今文。班氏谓司马迁从安国问,故迁书载《尧典》《禹贡》《洪范》《微子》《金縢》诸篇多古文说。后人以《尚书大传》校迁书,其说颇合,是其明证。曰多古文说,明乎其不全用古文也。后人误以为皆古文说,遂不可通矣。后汉许、郑皆宗古文,然许书明载今文,郑则先通京《易》、韩《诗》、公羊《春秋》,亦注《大传》。两汉大儒,今古文家法已互相出入,并不以古文概屏今文,而后世汉学家乃欲标揭今文,以压倒古文,可乎?

一则今文古文之传授源流,其不能尽详所出,两者相等也。群经惟《易》本商瞿,以迄田何,历代师传一一可证。然如十四博士中之京氏《易》,但知源出焦延寿,独得隐士之说。与古文之费氏《易》不详所出者正同。此外今文伏生《书》,齐、鲁、韩《诗》,高堂生《礼》,董子、胡母生《公羊春秋》,与古文家之孔安国《书》、毛公《诗》,张苍、贾谊《左氏春秋》,不详所出者亦同。《艺文志》于《诗》下云毛公之学,自谓子夏所传,《经典释文》引徐整说三国吴人。及又一说以证之。两说人名各异,一出荀卿,一不出荀卿,而皆以为出子夏,与《汉书》合。皮氏据《汉书》"自谓"二字,以为此即人不取信之辞,《释文》所引,皆由后人之展转附会。至于《左传》,则《正义》《释文》并引刘向《别录》,由左邱明递传至张苍,凿凿可据。说出于西汉,人当不能难。皮氏以为传授果如此分明,则刘歆《移太常博士书》何不据以立说,因臆断陆、孔所引为伪。不知当时博士,以邱明为不传《春秋》,根本推翻,歆何为再引邱明所传授之人以相难乎？范升诋《左传》，以为师徒相传，无其人。即此可见博士之陋，今文之废由此辈酿成之。且如所言，诸书无一可信，则所谓子夏传公羊高，高传平，平传地，地传敢，敢传寿，始著竹帛，系戴宏说，见徐彦疏所引。绝不见于《史》《汉》，亦当然在不可信之列矣。而皮氏谓戴宏所言当得其实。或信或疑，全凭臆测，可乎？

综此三者，后人于今古文自不当以己意为轩轾矣。至今文当极盛之后而卒衰者，其机括系于刘向、刘歆父子。向以中古文校欧阳、大小夏经，多所补正，是其于《书》兼通今古文。向治《春秋》穀梁学，《汉书》言歆数以《左氏传》难向，向不能非间，然犹自持其《穀梁》义。考桓谭《新论》云刘子政、子骏尤珍重《左氏》，教子孙，下至妇女，无不读诵。《北堂书钞》九十六引。是向于《春秋》亦兼通今古文。歆继父业，奏《七略》，班氏删其要成《艺文志》。《志》于《诗》下云："汉兴，鲁申公为《诗》训诂，而齐辕固、燕韩生皆为之传。或取《春秋》，采杂说，咸非其本义。与不得已，鲁最为近之。"明言三家之违失本经，于无可取之中，节取《鲁诗》，为不得已。王先谦《汉书补注》言齐韩训诂亦各有取，惟鲁最优，适与班意违反。班言三家皆不取，鲁较近。王言三家皆可取，鲁最优。非相反而何？《志》又言三家皆列于学官。又有毛公之学，自谓子夏所传，而河间献王好之，未得立。皮氏谓《志》于毛有微辞。实则班《志》著"自谓"二字，明非后人传闻之辞。河间献王为实事求是之学，所得皆古文先秦旧书，其好之必有卓见，而深以汉不立学官为可惜也。刘歆《移太常博士书》中一节举《古文尚书》《逸礼》《春秋左氏》，不及《毛诗》，盖专指古文而言。故下云孝成皇帝陈发秘藏，校理旧文，得此三事。秘藏者，即《艺文志》所言之中古文。《毛诗》非古文，故不及。王氏《汉书补注》谓知《毛诗》不如《书》《礼》《左氏》之可信，则歆方欲建立《毛诗》，安有不信之理？其谬甚多。《志》于《春秋》下云："仲尼以鲁周公之国，礼文备物，史官有法，故与左邱明观其史记。有所褒讳贬损，不可书见，口授弟子，弟子退而异言。邱明恐弟子各安其意，以失其真，故论本事而作传，明夫子不以空言说经也。及末世口说流行，故有公羊、穀梁、邹、夹之《传》。"是明以《左氏》为得夫子之真传，而以《公羊》为末世传闻之学矣。皮氏谓左邱明不在七十子之列，不得口授传指，又适与班意违反。且班氏又见其意于《儒林传》，曰："公孙弘以治《春秋》为丞相封侯，天下学士靡然乡风矣。"又云："丞相公孙弘本为公羊学，于是上因尊公羊家，诏太子受《公羊春秋》,由是公羊大兴。"明《公羊》之得立,由势力,不关学说也。《赞》曰:"武帝立五经博士,开弟子员,设科射策,劝以官禄,迄于元始,百有余年,传业者寖盛,支叶蕃滋,一经说至百余万言,大师众至千余人,盖利禄之途然也。"明博士解经,非果有得于经,似盛而实衰也。自来官定之书,局于功令,恒不若私家行用者为善。班氏所见,正如此耳。学者生今日,不睹西京今文之书,而好主张西京今文之学,竟以诋古文为事,不知古文而不可信,则经学无可依据,而经亡矣。但知投时好以沽名,与汉博士之动于利禄者正同,岂真由衷之言哉?

西京今文之学,至今日而散佚殆尽。其所援据以排斥古文,惟恃何休《公羊解诂》一书。今更专以《春秋》言之。《论语》一书,记孔子言行最详,初无一语及《春秋》。表章《春秋》,始自孟子,曰:"其事则齐桓、晋文,其文则史。孔子曰:'其义则丘窃取之矣。'"又曰:"《春秋》,天子之事也。是故孔子曰:'知我者其惟《春秋》乎!罪我者其惟《春秋》乎!'孔子成《春秋》而乱臣贼子惧。"观此知《春秋》之义在讨乱贼,义之所在,因事而见。司马迁引孔子之言曰:"我欲载之空言,不如见之行事之深切著明。"盖他经皆言义理,惟《春秋》为纪事之书,舍事实更无义理也。又以孟子有"《春秋》天子之事"一语,恐人误会,谓孔子以天子之事自任,若后世所谓素王然者。于是特举贬损之义,而释之曰:"后有王者举而开之,《春秋》之义行,则天下乱臣贼子惧焉。"乃知天子指后王而言,乱贼之惧以此,初非褒贬之空言所能使之惧也。孔子之功在万世以此,初非舍实事而别有微言大义,以待后人之揣测也。圣者庸德,经者常道,说经者安有非常异义之可言哉!三传并为《春秋》而作,得失互见。即其大者而言之,则《公羊》多失《春秋》之意,而何休又大悖《公羊》之意,以之解《春秋》已不可,以之进退群经,则尤不可也。今为明揭之:

一则意在尊孔子,而尊之不当反诬孔子也。孔子自言"述而不作,信而好古",综括一生删订之大旨。《春秋》盖述鲁史,而非作也。后人疑《春秋》若仍鲁史之旧,非有特笔不足以见孔子,于是今文家素王改制、黜周王鲁之说出焉。不知夫子平日言论,不敢以圣人自居,况敢僭窃王号,以匹夫而操南面之权哉?皮氏亦言孔子作《春秋》以讨乱贼,必不自蹈僭妄,因引《左传序》释文谓:"素王之王,古读为王天下之王,并不解为王号之王。"然二字音读虽异,而以师儒为王天下,仍无解于僭妄之罪也。又云:"素王属《春秋》言,不必说是孔子。"然《春秋》一书,名作者系孔子,不指孔子,又是何人?其尤异者,何休并言素王为汉制作也。《春秋》获麟绝笔,《公羊》但言伤吾道之穷,何氏谓孔子预知刘季将得天下,因引《演孔图》而说之曰"木绝火王,制作道备","血书端门",语绝怪诞,显乖本经。欧阳修讥休为狭陋,曰:"孔子作《春秋》,岂区区为汉而已哉!"皮氏强解之曰:"《春秋》为后王立法,虽不专为汉,而汉继周后,即谓为汉制法,有何不可?即如欧阳修生于宋,宋尊孔教,即谓《春秋》为宋制法,有何不可?今人生于大清,大清尊孔教,即谓《春秋》为清制法,亦无不可。"不知尊孔当以道德言,自可师表万世,若法制则随时代为变迁。孔子生于周季,安能举自汉至清之法而一一预制之?且《春秋》一书,全不见有制法之事,《公羊》亦无黜周王鲁之明文,何可诬也?皮氏亦知何引谶纬,意在媚世,为之说曰:"何休之罪,比贾逵犹为末减。"贾逵引《左氏》文十三年传,明刘氏为尧后。说者谓此文系贾所增入。既有罪,而但求末减,其书尚可尊信乎?

一则舍事实而专言义,实乖孟子本旨也。《春秋》以义为重,然必人之善恶,事之是非,一一分明,而后褒贬有所施,而义乃曲当。为褒为贬,其义但就本义而定,此不待言而知。而《公羊》晚出,但据传闻,不明事之真相,义不可通,说者因有借事明义之旨。皮氏举其例曰:"鲁隐非真能让国也,而《春秋》借鲁隐之事,以明让国之义。祭仲非真能知权也,而《春秋》借祭仲之事,以明知权之义。齐襄非真能复仇也,而《春秋》借齐襄之事,以明复仇之义。宋襄非真能仁义行师也,而《春秋》借宋襄之事,以明仁义行师之义。祭仲、齐襄之事,所以特笔褒之者,止是借当时之事做一样子,其事之合与不合、备与不备,本所不计。"案《公羊》以祭仲逐君为行权,全由昧于事实之故。其言曰:宋人执祭仲,谓之曰:"为我出忽而立突。"祭仲不从其言,则君必死、国必亡。如其言社稷为重、君为轻,故许祭仲为行权。不知宋郑国势相等,仲不出君,宋安能以兵亡郑国?仲之出君,为身计,非为国计,明甚。观《公羊》所说,明许祭仲,亦并非借之以立说也。是其言义每与事相反,而贤奸可任意假托也。《公羊》又有"张三世"之说,皮氏释之曰:"《春秋》始于拨乱,即借隐、桓、庄、闵、僖为拨乱世;中于升平,即借文、宣、成、襄为升平世;终于太平,即借昭、定、哀为太平世。世愈乱,而《春秋》之文愈治。"是又义必与事相反,而治乱可任意假托也。刘逢禄解"黜周王鲁"曰:"《春秋》何尝真黜周,何尝真王鲁?"陈澧以为既曰非真,是乃作伪。皮氏谓陈"不知假借,而疑为作伪,为不知圣人之微言"。不知事之相类者可假借,事之相反者万不可假借。且孔子何不就事论事,有何不得已,而必出于假借,使人眩于名实?则虽自谓能通微言者,亦遂无一语以解之矣。如欲发明行权之义,或借祭仲事以明辨其非权,而权之真义自见。如欲发明仁义行义之义,或借宋襄事以明辨其非仁义,而仁义之真义自见。如此方可谓之借事明义,而无如《公羊》之动辄相反也。

　　一则力诋《左氏》,而不足折服《左氏》也。汉公羊家皆言《左氏》不传《春秋》。考《汉书·艺文志》,明言仲尼与左邱明观鲁史,邱明论本事而作传。然《志》本刘歆,或不足以折服博士之口。若严彭祖则十四博士之一,而公羊胡母生之嫡传也,《左传疏》据沈氏陈人,沈文阿。云:"《严氏春秋》引《观周》篇此系古《家语》篇名,非王肃伪撰之《家语》。云:'孔子将修《春秋》,与左邱明来观书于周史,归而修《春秋》之经,邱明为之传,共为表里。'"此言《春秋》因周史与左氏家言因鲁史不同,而言经传同时所修则同。列国之君遇弑,《春秋》恒书为薨,盖当时赴告,除赵盾、崔杼外,大率如此。鲁史既据而书之,孔子不能易也。故必左氏为之一一详其本末,而乱贼始无可掩饰。公羊先师谓经传同时所修,自是千秋定论。皮氏以严说不可驳,因言《严氏春秋》久成绝学,未必陈时尚存,遂臆断沈所引者必伪。然徐彦唐人,在沈后,此据《四库全书提要》。近严可均、洪颐煊以为北齐人,则与沈氏同时。《公羊序》疏尚引《公羊颜氏记》三条,则严氏遗说必不尽佚,何能无据而强断为伪?桓谭《新论》云:"《左氏》经之与传,犹衣之表里,相待而成。若有经而无传,使圣人闭门思之,十年不能得也。"《太平御览》六百十引。《史记》一书,亦多原本《左氏》。即今世治公羊学者,若无《左传》为底本,一部《春秋》亦无从说起也。惟《春秋》或有经而无传,或有传而无经,博士因此遂谓《左氏》不传经。不知孔子因鲁史《春秋》以鲁纪年,自以因鲁史说为长。而作《春秋》,史体谨严,非大事不书,非列国自行赴告不书,即其所书,亦未能详其事之曲折与其始末。左氏因博采私家纪载议论,以附于《春秋》逐事之下,故经无而传有者特多,其经有而传无者亦时有之。孔子自言吾犹及史之阙文,阙者,不能以意为增补。经传之不能适合者,以此。要之,经传互相发明,全书具在,不如博士所言明甚也。

一则何氏解《公羊》,并不信公羊先师之说也。严、颜两家,为公羊嫡传,其说必应遵守。纵使略有改正,如郑氏笺毛,间下己意,要未尝不申敬于毛。何休《公羊序》云:"其中多非常异义可怪之论。说者疑惑,至有倍经任意反传违戾者。"徐彦疏"说者"谓胡母生、董仲舒之后,庄彭祖、即严彭祖。颜安乐之徒。所谓违经反传者,则引颜安乐三说以明之。序又云:"恨先师观听不决。"徐疏"先师",戴宏等也。是公羊师说无一足当何氏意者,其必自逞臆见矣。先师不可信,何氏独可信乎?皮氏书多援据《史记》,以为在刘歆前,其说可信。然《史记·平准书》曰:"自公孙弘以《春秋》之义绳臣下取汉相,张汤用峻文决理为廷尉,汤欲假经义决狱,屡就董仲舒问《春秋》义,仲舒答之。于是见知之法行,而废格诅诽、穷治之狱用矣。"盖深慨说经不慎,为佞臣酷吏所利用。汉世尊《公羊》,首受《公羊》之祸也。况《公羊》所未言,何氏更以非常异义增入之乎?皮氏《通论》于《诗》《春秋》语多偏激,而《春秋》尤甚。举世方骛于新奇,此种学说亦遂风行一时。兹特明辨之,学者幸毋为所误也。

(《国风》1934年第5卷第6、7合期)

《经学史论》
一 之

原著者：本田成之。译述者：江侠庵。二十三年五月商务印书馆出版。

经学在我们中国虽说有两千多年的历史，但是叙述这两千余年来经学流变的历史的只有刘师培的《经学教科书》第一册和皮锡瑞的《经学历史》。这两书都是很简略的叙述，前者只是一种启蒙式的教科书，后者也不过暗袭清儒的《六朝经术流派论》《唐孔颖达义疏得失论》《两汉经师家法考》这一类的文章编纂而成，而且这两书都是三十年前的产物，现在看来，许多地方的见解都欠正确，一部新的经学史在现在是很切迫的需要的。这三十年来，国人对于这方面没有什么努力，而六七年前日本本田成之却撰成了一部《支那经学史论》。以异邦的学者来继续地整理我们两千余年的经学史，这实在使我们感觉到惭愧。现在请因译本之便，略举愚见所及，以供商讨。

我觉得这本书最有商量余地的是第一章"经学的起源"。这一章共分六节，第一节"经名的由来"，著者对于经的名义的解释既未列举在现在为一般人所信奉的章太炎之经犹浮屠书称修多罗的说法，而以为只是"当时的流行语，彼此各称奉其原本做经"。这对于经名的由来仍未说出所以然来。他反对皮锡瑞、章学诚都盲信自汉以来孔子删定六经的因袭成见，但这根据《孟子》书来说则可，若以《史记·孔子世家》所述孔子删《诗》的话"和纬书一样"，而以为"前人虽说纬书起于前汉末叶哀平之际，实在胡毋生、董仲舒以前已经存在，司马迁和董生都曾经读过纬书"。这样立论未免太不可靠了。纬书不见于《汉志》，断片的传说起源虽早，却很难说司马迁以前就有一部整个纬书存在而至于可以诵读的。这些意见，已够不正确了。

这一章自第二节至第六节是"上代的教学总说""明堂教学时代""太史教学时代""庠序教学时代""大司乐教学时代"。著者不从古代社会的背景，民俗学上的信仰与习惯等来找出中国经学中思想的来路，而以为是起于"殷代"巫宗祝史在明堂中的教学，不知这种思想决不是"教"出来的。退一步来说罢：即令是"教"出来的了，而这些"教"者的"学"又是从哪里来的呢？他的泉原又在何处？他采用狩野直喜之说，以为巫祝等"次第制成典礼"，"巫在殷以前实是天文、医方、文学的基础而为中国文化的渊源"，殊不知所谓典礼许多只是出于民俗。冠礼只是一种成人礼，已冠而字之只是新成年者要受一新名，不复用以前的旧名的遗迹。如果完全是制成的典礼，那为什么婚礼夫妇不言拜，新妇至舅姑不出，有这些不合理的地方？诗歌文学的起源只是古代民俗中的歌谣，《诗三百篇》显然是由那些无技术的作品进步而成，也无从见得是由"教"而"学"的！况且所谓巫宗祝史，在刘光汉则以为"巫官之学流为墨，医官之学流为道家，而卜官之学则流入阴阳家"（《古学出于官守论》）。史官则旧日认为道家所自出，更何从见其教学"必"流为儒家的经典呢？这里要以教学来说明经的起原，恐怕那不是真的泉原罢！

在《诗·灵台》的正义中早说过："《大戴礼》遗逸之书，文多假托。"而著者以为"记事尤古的"是《大戴礼记》。著者对于明堂只有"一个假定"的"判断"，而却以为"后世经学必从这点（著者所谓由想象而成的论定）发源"。至于所谓太史教学时代，著者一方面以为"巫和史同时存在"，而一方面又说"不过这在甚么时代还未明了"。他以为太史教学时代"不重射御等武艺而重人事和前人的教训"，而"周初"的庠序教学校的教科目第一就是"射御等武艺"。这简直以为殷代是偃武修文，而到周初反转来尚武了。著者以为大司乐时代在"周的中期"，"实为周的文化达到最高的时代"。以周中期的文化要比晚周学术思想昌明时代的文化要高，这更是一种奇异的论调了！总之，"想象而成的论定"，而且"时代还未明了"，便要勉强划分为四个时代，自然不免有许多不合的地方，而著者便以此来说明经的起原，终不如换一个方法才好罢！

第二章"经学内容的成立",在全书中比较算是好的。但是说采诗不能根据《礼记·王制》、刘歆与扬雄书、《汉书·食货志》、宣十五年《公羊传》注,以及《说文》丌部近下之说来证明采诗只是传说,各说中的人物不同,时间不同,方式不同,在古代并没有定制。而著者错怪了《汉志》采诗之说也是"不论什么事都向着《周官》征引",殊不知这一点确不是向着《周官》征引的。又,著者以为"《诗》的《周南》《召南》《雅》《颂》等,都是东周以后的作品",这也未免太武断。《雅》《颂》之完全出于东周以后,在现在是没有方法来证明,而且据两周金文的韵读看来,正有一些词句与三百篇相合,如虢季子盘等更不能说是出于东周之后了。在本章中,著者更提出《春秋》不是孔子作的,三传以《左氏》最古,三礼统出于汉时,《十翼》是从《老子》来的,这些问题。这本是关于各经著作年代的问题,在这里难以详细讨论,但是这些意见,如不信《孟子》书中孔子作《春秋》之说,不信《汉书》刘歆引传解经之说,那些不信的理由是没有的。《仪礼》之出要比《周礼》还晚,《十翼》的思想与《老子》相同,这更不尽然了!不过在这一章中,以为《易》原来不是孔门的经书,虽是因袭近人之说,而在大体上有些意见是可取的。

第三章"秦汉的经学",第四章"后汉的经学",这是在中国经学史上问题最复杂的一个时期,而是叙述最应当详细的地方。这时期今文学派的分化以至于古文学派的兴起,这两派当时的争论以及后来的两派所争论的焚书问题,献书问题,今文经师的传授,汉魏博士的家法,这些都是应当详细说明的。著者于第三章不详谈焚书问题,大概是很相信"秦始皇时已把天下的书籍尽行焚毁"。但同时又以为伏生壁藏之"说可疑,秦博士官之书,是没有禁的,伏生做了秦的博士,就不壁藏,据理应该时常得见"。著者毫不怀疑地引用《河间献王传》的"献王所得书皆古文先秦旧书",以为果有其事。而最有趣味的是以"孔安国之家又有一种《尚书》"(译本页一五〇),"其后孔安国又从自己家中探出《古文尚书》及佚儒书十余"篇,硬直认孔壁为"孔安国之家"了!大概著者对于这些问题的真相如何,后人对于这些问题的疑问如何,都不甚明了,所以不感到有详细的叙述的必要。过去如洪亮吉的《传经表》《通经表》,胡秉虔的《西京博士考》,张金吾的《两汉五经博士考》,都不免有遗漏与错误,著者更不知根据吴之英《汉师传经表》、王国维《汉魏博士考》等书来重新整理一番。今古文之分究竟在文字上呢?还是在家法上呢?著者也没有详细地说明。纬学的兴废源流,以及谶纬的今古之分,在这两章更未提到。关于熹平石经比皮锡瑞说得还要简略。在这两章中,实没有比皮锡瑞《经学历史》很进步的地方。至其见解之不正确的,如说"战国秦汉之际,一般的儒者""不过通于音乐,谙练一种礼式作法罢了。至于贯通《诗》《书》和理解《易》《春秋》的人,实在没有"。这话自然是武断而且忘了浮邱伯这般人了。如说《公羊传》的大一统,"是天下一统的意味,这不能说是秦汉以前的用语"。大一统只是一种主张,未必一定要实现了才能说。至于《古文孝经孔传》,他说"收入《知不足斋丛书》中的第一本,真伪还未得知",殊不知丁晏的《孝经征文》早已说过这书是伪的。他叙述师法及家法,只是引用皮锡瑞的说法,而不知皮锡瑞还是暗袭他人的成文。著者以为廖平《今古学考》、皮锡瑞《经学历史》诋郑玄破坏今古文的家法是有多少道理,而不知在郑玄以前的许慎也时而从今时而从古。他如说"郑玄以《周礼》为周的制度,《王制》为殷的制度,没有显然的错误",这些都像对于经学没有很深刻的认识的地方。但是在这两章中,著者以为《毛传》"像经过谢曼卿或其他后汉人所改窜的","拿他和齐、鲁、韩三家《诗》比较,而《毛诗》这断定是不安稳的","又前汉诸儒的经注,大概是疏疏落落的","《毛传》很简洁而整齐,就那点,像由后汉以来的改窜"。这却是有相当的理由。

本书的第五章述"三国六朝时代的经学",第六章述"唐宋元明的经学",第七章述"清朝的经学",对于经学流变的因果亦无若何进步的说明。不过关于重要的经师多有详细的叙述,这却是很应当如此的。义疏之学虽然似受佛教的影响,但是因为毛、郑的异同,郑、王之争辨,而引起南北朝诸儒的义疏的编述这也势所必至的。六朝唐人辨伪的风气,与宋儒的疑古是有相当的关系的。佛教固然有影响于由六朝至宋明的经学,而书籍的商品化,印刷术之进步,也要发生相当的影响的。清代末年的学者之努力于新疏,也是势所必至的。同时如马瑞辰《毛诗传笺通释》之不墨守毛、郑,孙诒让《周礼正义》之不曲徇郑注,张宪和《读公羊注记疑》之攻讦何休,这一方面固是受王氏父子的影响,一方面将家法的信条解放,这当然也是清代经学的一个潮流。这些地方著者在本书都没有谈到。第七章于康有为的《新学伪经考》《春秋董氏学》都没有什么介绍,关于康氏也只说到一两句,但是康氏之说无论其为是为非,在经学史上是要占很重要的位置的,做经学史的人是不应当撇去不谈。这几章中只有认定范宁对于汉儒,是企图经学上一大革命的人,这是皮锡瑞《经学历史》所绝对见不到的。

在这一部书中,因为著者的观点和立场不甚正确,还有许多自相矛盾的地方,现在也一一细说。的确,诚如著者所说:"经学这东西,若不通中国的天文、历数、历史、地理、制度、音律、声音、艺术,实不易明白。""在日本学界有言,若未涉猎过正续《皇清经解》全书者,不足以语汉学。"著者且谓:"因此,我尝披览该籍,真觉浩如烟海,……渐觉醰醰有味。"以异邦的学者,对于这样繁杂的经学如斯之努力,而结果撰成这一部比较材料丰富的《经学史论》,真是难能可贵了。著者最后更谓:"埃及和迦勒底的学问,在其本国已忘掉了。希腊的学问,在他的本国已亡,而在他国却完全保存着呢。佛教也是这样。像经学这一学科,将来或失于中国,而被存于日本,也未可知。"我读到这里,真有无限的感慨,无限的惶恐。我希望我们有志于研究经学的人们,一方面赶快作部分的考究,一方面更赶快地作系统的整理,而最好在短期间能有较正确的作品出来,否则像这样繁杂的经学这一学科,在中国固然不敢担保其必能保存,而在日本恐怕也难担保其必能保存罢!

(《大公报·图书副刊》1934年9月8日第43期)

《中国经学史》

觉 斋

马宗霍著,商务印书馆出版,《中国文化史丛书》第一辑。定价洋一元。

商务印书馆以张菊生先生七十生日之纪念,编印《中国文化史丛书》,其第一辑二十种,于昨年十二月开始发行;第二辑二十种,亦已约定海内学人担任撰述。吾人睹其书目与著者,无论其出版与否,知其不乏胜任愉快者,然亦有不得其人,以致其书内容,不足一观。其中如《中国理学史》,本刊既已评之矣。尝一购读其《中国经学史》,觉其内容肤浅,谬误繁多,尤甚于《中国理学史》;列之《中国文化史丛书》中,恐其名实之有乖,诚不能不略加以抨弹也。

吾国经学,具有数千年之历史,典籍浩繁,议论纷歧,欲为详确之考订,系统之叙述,本属难事。故至今日,犹无良好之经学史,可以供世人之参稽。过去刘师培之《经学传授考》(原名《经学教科书》)、皮锡瑞之《经学历史》,无论其见解为如何,其所叙述皆极简短,于历代经学之变迁,并不能详细推陈之。在今日编述经学史,自当更就各时代之政治社会情形以阐明其与经学变迁之关系;根据各史儒林经籍传志以详列历代经学上之著述与人物;更从群经之研究以见各时代经学之潮流与趋势;如是乃能明变求因,期于既详且确。为介绍中国文化史而编著之《中国经学史》,尤宜使之详明。斯编共为十篇,第一篇古之六经,第二篇孔子之六经,第三篇孔门之经学,第四篇秦火以前之经学,第五篇秦火以后之经学,第六篇两汉之经学,第七篇魏晋之经学,第八篇南北朝之经学,第九篇隋唐之经学,第十篇宋之经学,第十一篇元明之经学,第十二篇清之经学。其分章与皮氏《经学历史》实际上无大差异；全书篇幅只百五十余面，不能逾十万言，比之皮氏《经学历史》实加详无几。其内容之简略亦可知矣。第四篇、第五篇秦"火以前之经学""秦火以后之经学"，标题颇属含混，所谓古之六经，亦在秦火以前，而两汉之经学，即在秦火以后，而故为分析，似增多于皮氏《经学历史》，殊不知睹其目次，已令人感觉是书之欠明晰矣。

著者于自序中谓皮锡瑞《经学历史》谓"六经皆孔子作，尤一家之私言"。以今观之，经之编纂写定，颇有在孔子后者，皮氏之说，诚不足据。著者于经之起源，乃不能依民俗学之所论叙，以及古代政治社会之情形，推究《诗》《书》《礼》《乐》之所由起，第一篇述古之六经，乃谓"《易》《诗》《礼》《乐》，三皇已肇其端"，"盖五帝时，六经皆有萌芽"。夫经之起源虽古，而必谓在三皇五帝之世，则不足凭。郑玄《诗谱序》谓："《诗》之兴也，谅不于上皇之世，大庭轩辕，逮于高辛，其时有亡，载籍亦蔑云焉。"而著者乃谓"伏羲造驾辩之曲，作网罟之歌，即《诗》之始也"。郑氏所不敢信，而著者乃据元结《补乐歌》等书而断言伏羲时有《诗》，开宗明义，已多臆说，而不免于诬妄。著者又谓"及黄帝时而有书契，于是左史记言，右史记事，亦有其具，事为《春秋》，言为《尚书》"，以见《春秋》《尚书》之起原。其实则左右史记言事之分，不惟近今治甲骨金文者多已否认其说，即在章学诚《文史通义·书教上》亦以为"其职不见于《周官》，其书不传于后世，殆礼家之愆文"。而著者乃不之察，而犹取以为说，则又失《春秋》《尚书》起原之真情矣。其尤谬者，则此篇述古之六经，自孔子时，即已残缺不完，而谓"至若《礼》《乐》二者，则诸侯恶其害己，而皆去其籍，故残缺尤甚"。诸侯恶礼之害己，而皆灭去其籍，在古籍中，固有是说。《乐经》之亡，则自来未有以为诸侯恶有害己而去其籍者。《汉志》但云："《礼》《乐》二者相与并行，周衰俱坏，《乐》尤微眇，以音律为节，又为郑卫所乱，故无遗法。"未尝有诸侯之灭去其籍也。著者乃不分别言之，致涉含混，亦有愧于甄明矣。此在第一篇中述古之六经，著者不能依民俗、政治、社会以言六经之起原，以阐明其真情，可訾议者已如是也。

谓六经为孔子作，在今文经学家之中，已颇有大张反对之帜者，如崔适《五经释要》云："今人南海康君乃始发明古文为刘歆所伪托，以别真孔学为今文，见于其所作《新学伪经考》，信有拨乱反正之功。但以刘歆谓《春秋》亦非孔子所作，变而为《诗》《书》《礼》《易》皆孔子作，《伪经考》已发其端，《孔子改制考》乃牵缠附会，实为矫狂过直之巨谬。"著者虽以六经皆孔子作，尤一家之私言，似与崔氏意同；然而在第二篇中谓："世儒咸言孔子述而不作，是固然矣，然……虽曰述而不作，而作已寓于述之中。"又谓："孔子于六艺，既有述有作，作固手定，述亦笔削，其间择改因革，大有经营，则亦自与泛言传述有别。"则著者之意见，仍无以异于皮氏，而不若崔氏说之允。著者在第一篇颇称道章学诚谓周公以《周礼》集羲轩尧舜以来之大成，又举余杭章君《六诗说》以言《诗》，似为古文经学家之徒；而此又依违于廖、康诸家之说，以见其不偏不倚，不知今文家中固早有反对廖、康之说者也。且以今观之，孔子与六经，关系若何，已郐难言，《诗》不必为孔子所删，《易十翼》非孔子作，《仪礼》成于战国之世，《周礼》或系刘歆所伪，则自宋讫清学者多能言之；《尚书》今有考订其《尧典》出于汉武之世者。此种论证，著者一概置之，乃谓五帝时六经皆有萌芽，孔子于六经，作寓于述之中，而不察其是非，则是篇所述者恐亦非不偏不倚之论也。

第三篇孔门之经学，述"孔子之为教，始于《诗》《书》，终于《礼》《乐》"。又谓："孔门高弟之学，其流被于后，要以子夏、曾子为最可溯。"其是否合于事实，兹姑弗论。若云："盖弟子传悉取《论语》弟子问次以为篇，疑者则阙。"不知《史记》弟子传所据别有弟子籍。若谓"《大学》一篇，博论为政，朱子亦定为曾子之书"，不知朱子所定者正难必其可信。此皆失于检点者也。

第四篇所谓秦火以前之经学，著者以为《易》《诗》《春秋》之分派，在春秋以前，而实皆臆度之辞。如云："子弓兼师之（商瞿、子夏），固亦理之所许"，"安知子夏不分授两人，毛公不兼承两派。"所谓"理之所许"，"安知""安知"云者，正不必有其事也。其大谬误者，则云："《汉书·艺文志》有《记》百三十一篇，《明堂阴阳》三十三篇，《王史氏》二十一篇，《乐记》二十三篇，是皆先秦之遗也。"《乐记》二十三篇，在《汉志》并未注明为七十子后学所记，已难言其为"皆先秦之遗"。且《记》百三十一篇等,明为二《戴记》所采,其中颇有汉代之作,如小戴《王制》为汉文博士所作,大戴《公冠》录孝昭冠辞,其是否"皆先秦之遗",亦难质言。又谓荀子"《正名》篇之旨,本于《左传》名不可假人;《王霸》篇言公侯失道则幽,本于《左传》诸侯相执称人"。荀子之言正名本系当时潮流,即谓有所渊源,亦不必为《左传》;公侯失道则幽,春秋时多有之;诸侯相执称人,本为《春秋》之义,何得云本《左传》?凡此则又皆不免于诬妄也。

第五篇所谓秦火以后之经学,著者以为《易》《书》《礼》《诗》《春秋》皆因秦火而缺,力辟晚近学者所持诸经皆全之说。然既云:"秦虽燔书,意在愚民,其在朝廷,犹有藏书之府,博士官之所职,柱下史之所主。"又曰:"叔孙通、张苍、制氏、宝公、伏生、浮丘伯诸人,或为秦博士,或为秦之御史,或为秦之儒生,或为六国时乐人,其于《礼》《乐》《春秋》《诗》《书》,皆讲诵于秦火以前,而传授于秦火以后。"则博士官之所职,柱下史之所主,未必俱经秦火。伏生等既讲诵于前,而又传授于其后,则未必因而残缺。晚近学者所持,固未必诬妄。著者述天下故书往往颇出之原,谓有三途:一曰传自故老,一曰发自孔壁,一曰得自河间。著者据《隋志》"《礼》古经出于淹中,而河间献王好古爱学,收集余烬,得而献之",谓淹中《礼》即河间献王之所得。然如王国维《汉时古文诸经有转写本说》,则谓"河间之《尚书》及《礼》,颇疑即孔壁之转写本"。必谓淹中《礼》即河间献王之所得,则仍有疑问也。又,汉之《泰誓》,马融已斥其伪,而著者厕之先秦故书之中,亦失之涌混。

吾国经学,于两汉为极盛,而是书第六篇述两汉之经学,则最令人不满。两汉经学之盛衰,与政治社会之情形皆有密切之关系,博士之建立、经师之传授、纬书之兴起、石经之刊刻,皆叙述两汉经学所必当详言者,著者多弗之及,或所说甚略。但就古今之殊、齐鲁之异、师法家法之分、官学私学之别,兹数事者,略略述之而已。以今文古文言之,西汉今文授受,并非一成不变。《易》之卦气五行,孟喜、京房,说有异同;《诗》之六情五际,翼奉《诗纬》,即不尽合;正犹大小夏侯同传《尚书》,而小夏侯与大夏侯有异;胡母生、董仲舒同传《公羊》,而董、胡所持亦不尽从同也。东汉之古文家,杜、马诸儒与服、郑自不尽同,亦非一成不变。今兹为经学史,如不详细述之,曷足以明其演进之迹?今古之分,西汉较严,而著者乃云："讫乎东汉,争论既起,其界始严。然争论自争论,而古今学兼治者,则较西京为尤多。"殊不知西京今古兼治者之寡,正由其时古文之学未兴,今古之分正严,刘歆争立古文经,不为今博士所许,其证验甚显然,何得云讫乎东汉,其界始严耶?此其未尽述学之能事一也。以师法家法言之,著者所述大抵仍不出《诂经精舍文集》中赵春沂、胡缙等《两汉经师家法考》及皮锡瑞、刘师培诸家之说,如蒋湘南《七经楼文钞·师法家法说》等文,则绝不见征引。两汉家法师法虽严,然其分界则不甚严,"孔安国以今文读《古文尚书》,因以起其家,汉武帝使江公与董仲舒议,不如仲舒,因尊公羊家:家法即师法也。《前汉·儒林传赞》五帝立五经博士,传业者浸盛,一经说五百余万言,大师众至千余人。《后汉·儒林传序》光武立五经博士,各以家法教授:师法即家法也"。二者之分既无足轻重,著者之复不能详明,此其未尽述学之能事二也。博士之建立,著者虽附于官学私学中言之,然如谓"至孝宣世,复立大小夏侯《尚书》,大小戴《礼》,施、孟、梁邱《易》,穀梁《春秋》",不能依王国维《汉魏博士考》订正,宣帝时大小戴并未分立。戴圣虽于宣帝时为博士,实为后氏《礼》博士也。后汉初博士十四人,《后汉书·儒林传序》《续百官志》所言,尚不得其真,盖后汉初曾置庆氏,当时为博士有曹充诸人;而未立京氏,《范升传》言近有司请置京氏《易》博士可知。著者乃弗能详,而谓《后汉·儒林序》言《诗》有齐、鲁、韩、毛,《日知录》以为衍一"毛"字,"毛与氏形相近,或氏字之讹"。于琐屑不重要者,则立异以为高,殊不知适足增其陋耳。此其未尽述学之能事三也。经师之传授,已有洪亮吉《传经表》《通经表》、吴之英《汉师传经表》诸书,今兹为经学史者,宜更加以理董,再列表以明之。为经学史者如不是,使读者借以明今古文授受之分,则将属之何人耶?洪氏《传经表》颇有讹误,订正之功,尤宜加详。如《鲁诗》之传授,博士江公与博士江生本为二人,据《前汉·儒林传》言瑕邱江公传子至孙,则卓茂传中之博士江生为瑕邱江公之孙,旧多误为一人。如楚元王交受《诗》于浮丘伯,传子刘富,诸家亦多失考。诸如此类,并当补正者也。经师传授,关系甚大,如不为之表明,治其他学术史者,往往无从参考。而王充本治《今文尚书》,治哲学史者每有误以为经古文家者,故经学史中不可不详列之,以备参稽。著者是编,乃略弗言,此其未尽述学之能事四也。纬学兴废源流,石经刊刻流传,其为叙汉代经学所必不可忽,亦略弗言。此篇在全书中最要而最不足一观,其所叙述之各方面皆不能令吾人满意也。

第七篇述魏晋之经学,著者谓当时与郑学为难者有王粲、王肃,殊不知王弼注《易》,讥郑康成为老奴,三王皆郑学之敌,实当并述。著者谓"王、何既以名理诂《易》,杜、范复以博采破颛门",殊不知刘兆之为《春秋》调人,实在范宁之前。

第八篇述南北朝之经学,著者谓清儒王鸣盛谓《公羊疏》亦徐遵明作,未可遽定,殊不知近人已考订徐疏确为北朝之儒所撰述。著者谓"义疏之兴,初盖由于讲论,两汉之时已有讲经之例,石渠阁之所平,白虎观之所议,是其事也"。殊不知平议究与讲论不同;白虎奏议究与义疏不同,而义疏之兴在何时,已有人详考之,特著者不之知耳。至谓南北朝诸儒之义疏,"唐人《五经正义》,盖不能无本于诸家,乃仅皇、熊二家,其名犹见于《礼记正义》,余则可考者少"。殊不知即以《易》而言,则《周易正义》引周弘正说者凡十二条,刘瓛说者凡七条,张讥说者凡七条,褚仲都说者凡十五条,何得云乃仅皇、熊二家耶?惜哉!著者之弇陋如斯也。

第九篇述隋唐之经学,著者云:"隋之官学,大抵操诸南人或为南学者之手,则其经学之折入于南,不亦宜乎?"又曰:"观贞观十四年表章先儒之诏,……多南人或北人而兼通南学者,此《五经正义》所以亦多从南学也。"此则未明"南儒在北,一致见推,北儒来南,不免依违"之故。当时北人而为南学,实以南学为时所尚,非由官学操诸南人之手,表章者多南人也。

第十篇述宋之经学,有云"至宋而有道学,……徒以图书之传,传自道士,遂有道学之目",颇具新解。惟谓"朱子之学,博综旁通,……即同时之人,如胡瑗、欧阳修……亦莫不择善而从",稍费索解。宋人经学,亦颇有足称述者,兹编于宋儒颇多贬辞,实则撰经学史者,不惟当不偏于今古,且当不偏于汉宋,乃能抉发其真。

第十一篇述元明之经学,似较皮氏《经学历史》加详,然亦非无可议者,如述黄泽之著述,不知举赵汸《春秋师说》,以见以其于《左传》之论鲁隐不书即位，尹氏卒，夫人子氏薨，单伯逆王姬，皆以为此《左氏》之不如二传，非脉络尽在《左传》。如述王介之《春秋四传质》，列之明代诸儒，而其弟王夫之则属之清初，似不如统归之明末或统归之清初。如谓郝敬解经，好冯私意，实则郝氏《尚书辨解》之攻伪古文，阎若璩《尚书古文疏证》谓其"始畅发古文之伪"，则郝氏并非无功于经学而专好冯私意。著者不分别言之，亦无当已。

  清代经学，在吾国经学史上，可称为复兴时期。著者所述，亦甚谫陋，盖其所得于清代经学者，实甚鲜也。著者于船山为同里，其述船山之经学也，仅抄撮邓显鹤《船山著述目录》以为说，未尝于船山诸经稗疏传义一寓目；船山说《尚书》，犹信伪古文，而于《金縢》一篇，则历举十余证以攻之；船山于《诗》，虽亦汉宋兼采，而于《无衣》一篇，则以为秦哀公从申包胥之请而作，虽以姚际恒、崔述、方玉润说《诗》之精，弗能过之。此种精神，著者弗能言之，乃谓"王氏平生痛诋党人标榜之习，不欲身隐而文著，故其书久而始章"，不知王氏著述之时，纸笔多取给于门弟子，著作写定之后，即为人携去，非不欲身隐而文著也。游谈无根，斯为甚矣。戴东原氏，于清代经学中为巨擘，著者谓"所著有《毛郑诗考正》《诗经二南补注》《尚书义考》《仪礼考正》《考工记图》《春秋即位改元考》《大学中庸补注》《孟子字义疏证》《尔雅文字考》《经说》"等书，不分别其孰为专书，孰为论文。《诗经二南补注》本为《杲溪诗经补注》，《大学补注》《中庸补注》则并未成，不分别言之，殊觉混淆；戴氏《声韵考》《声类表》，并为重要著述，乃不详列之：皆无当也。其论南海康有为窃廖氏之绪作《新学伪经考》《孔子改制考》，殊不知廖氏所见，实不逮康氏，康书决非窃廖氏之绪者。其述清代新疏，谓惠栋《周易述》，江藩《周易述补》，则《易》之新疏也。殊不知李道平之《周易集解纂疏》，纂辑惠、张之说，发明汉《易》之旨，真可谓为《易》之新疏，黄季刚氏常称道之，著者乃不之知。《诗》之新疏，有王先谦之《诗三家义集疏》；廖平之《穀梁古义疏》，可谓《穀梁》之新疏；若孙星衍之《尚书今古文注疏》，误以《史记》为古文说；刘文淇《左传旧注疏证》，其书并未完成；孙希旦《礼记集解》颇有胜于朱彬《礼记训纂》者，亦不能分别言之，足见其于《易》《书》《礼》《诗》《春秋》，并无深刻之研究，故多浮光掠影之谈，于经学之实际，并不能详述之。故于清代经学之潮流,亦但人云亦云,而无若何新见也。

皮氏《经学历史》,持论既偏,取材复陋,诚不能令人满意,然除谓六经为孔子作外,尚无大谬误。今统观著者是编,于今文家说,多不采取;于宋儒之说,亦一概抹煞之:持论仍不免于偏。而其叙述两汉经学,不知就《汉师传经表》《汉魏博士考》等书加以理董;述清代经学,于经学大师之著述多未能言之;诸经之新疏,且有不知者:取材仍不免于陋。而好逞臆见,谓诸侯灭去《乐经》之籍;经学之分派在秦以前;义疏之兴,由于石渠、白虎之讲论;南北朝义疏,仅皇、熊二家列名唐人正义:颇有甚可悯笑者。其以道学之目原于道士,胡瑗、欧阳修与朱子同时,更令吾人感觉其头脑不甚清晰与有文理欠亨之处。其不足取,亦可知矣。

(《大公报・图书副刊》1937 年 6 月 3 日第 184 期)

《经学源流考》
齐思和

甘鹏云撰,八卷三册,民国二十七年北平甘氏崇雅堂印行。

自西汉儒术统一天下,经学遂笼罩全世。二千年来,经生风气,无虑数变。《四库提要》论之曰:"其初专门授受,递禀师承,非惟训诂相传,莫敢同异,即篇章字句,亦恪守所闻,其学笃实谨严,及其弊也拘。王弼、王肃稍持异议,流风所煽,或信或疑。越孔、贾、啖、赵以及北宋孙复、刘敞等,各自论说,不相统摄,及其弊也杂。洛闽继起,道学大昌,摆落汉唐,独研义理,凡经师旧说俱排斥以为不足信,其学务别是非,及其弊也悍。学派旁分,攀缘日众,驱除异己,务定一尊,自宋末以迄明初,其学见异不迁,及其弊也党。主持太过,势有所偏,材辨聪明,激而横决,自明正德、嘉靖以后,其学各抒心得,及其弊也肆。空谈臆说,考证必疏,于是博雅之儒,引古义以抵其隙。国初诸家,其学征实,及其弊也琐。"(《经部总叙》)其论各代经学之得失利弊,既已精矣。自清初至今,研经风气,亦可得而言也。乾嘉大儒,专究名物训诂,学日繁难。道咸以来,学者遂又一反之而专玩大义,搜西京之家法,绍博士之堕绪,务求简括,以图致用,及其弊也诞(如康有为以古文尽刘歆伪造,廖平以经学附会西学之类)。民国以后,新学之士犹或拾取康、廖之诐词曲说,恢弘而扩广之,间不免失之于妄。今则虚诞之风已衰,征实之学又盛。兼之西学昌明,他山之石,足为通经之助。经学之研究,将又变矣。

经学之所以屡变,自受各时代学术空气之影响。盖有西汉天人五行之学,遂有今文谶纬之说。东京学趋征实博雅,古文之学遂盛。魏晋老庄盛行,遂有何晏、王弼之经学。宋明理学大兴,遂有程、朱、陆、王之经注。下迄有清,乾嘉大儒精明音训,遂有惠、戴、钱、王之考据。道咸以还,士大夫喜谈变法,微言大义之学又盛。各代经学之变,皆时为之也。盖汉前诸子争鸣,他宗攻儒家于外;汉后儒术笼罩一切,新说变之于内。而儒术之所以能维系人心至数千年,历久不衰者,亦以其屡经转变,与时俱进也。《易》曰:"穷则变,变则通,通则久。"此则一切思想宗派皆如是,固不独儒家为然也。

此种演变之过程,惜尚无人为系统之董理。朱彝尊之《经义考》仅列目录,洪亮吉之《通经表》专表人物,俱未能说经学消长变化之经过。至陈澧著《东塾读书记》,始拟将此问题为一有系统之研究。其书先述群经源流,次叙各代经学盛衰。其持论既不囿于汉宋之见,亦不蔽于古今之争,态度平允,援引精博,信属不刊之典。惜诸经通论,立言过简。源流之部,仅成郑学、三国、朱子数卷,其余西汉、东汉、晋、南北朝、隋、唐、五代、宋辽金、元、明、国朝、通论诸章,俱有目无书。至清季善化皮锡瑞继陈氏遗志,著《经学通论》及《经学历史》两书,前者分论各经,后者综述沿革,元元本本,颇称赅洽。惜皮氏笃守今文,议论失之偏激。虽尚不若康、廖之犷悍,然亦不足以为初学之津梁也。迩来坊间因又有二三新著,然自郐以下,可以无讥。最近甘鹏云先生之《经学源流考》一书出版,在新出各经学史不啻鸡中之鹤,故吾人乐为介绍也。

甘氏之书,共分八卷。据序言乃作者在北平古学院之讲稿。其书首论经学起源,次分论各经源流,后论群经总义及历代经学。大抵参考《经义考》《通经表》《四库提要》等书而成,而得之于《东塾读书记》者尤多,宜其持论公允,不为汉宋今古之成见所囿。其辨析流派,亦极清晰扼要。其论《易》汉学,曰:"夫乾嘉诸老,当师法荡然之后,捃拾残剩,以抉微学之一线,固不为无功矣。然一惟汉儒之言是从,专门墨守,乌能免穿凿之讥哉?"(二十二卷页一)其论《书》孔注,引焦理堂之言曰:"置其假托之孔安国而论其为魏晋间人之传,则未尝不与何晏、杜预、郭璞、范宁等先后同时。晏、预、璞、宁之传诂可存而论,则此传亦何不可存而论乎?"(卷二页四下。按,此与陈氏持论相同)其论明代经学,以为"《大全》出而捷径开,八比盛而俗学炽,科举之文名为发挥经义,实则发挥注义,不问经义如何也。且所谓注意者,又不甚究其理,而惟揣摩其虚字语气,以备临文之摹拟,并不问注意如何也。盖自高头讲章一行非惟孔、曾、思、孟之本旨亡,并朱子之《四书》亦亡矣。此则后世用朱子《四书》为科举文之流弊,而非朱子《四书》之弊也。"所论皆有平允可喜。

虽然,是书列举书名人名太多而诠释过少,反不〔及〕陈氏、皮氏之简括。又往往采用他说而不注出处。如第一章论孟子学术实本之陈氏《东塾读书记》,末论历代经学多采自《四库提要总论》,并宜注明,以便学者覆检。又卷八论清儒考群经中一端者则有秦蕙田之《观象授时》。按《观象授时》乃秦氏《五礼通考》之一部,阮元摘出之刊入《皇清经解》,非专书也。凡此之类,小小疏失,亦不能免。又其论《伪古文尚书》谓:"经术关系世风甚巨,《古文尚书》诵习数千百年矣。忽著书显攻其伪,请问士子究应读何书? 其意若曰专究今文可耳。岂知以《古文尚书》为伪,此风一倡,安知不有以《今文尚书》为伪者乎? 方今士人,本不悦学,六经束阁,圣道有堕地之惧。惜乎阎、惠未目睹今日之景象耳。设阎、惠生于今日,亦当深悔攻击《古文尚书》之作俑也。"(卷二页八下至九上)则又不免失之于迂。但就全体论之,本书取材详博,条目清晰,虽多袭陈说,殊少创获,但议论持平,究远胜皮氏两书,亦治经学者所宜参考者也。

(《史学年报》1939 年第 3 卷第 1 期)

《中国经学史概说》

晞

泷熊之助撰，陈清泉译，三十年八月初版，商务印书馆印行。平装一册，四二四页，定价二元。

中国经学史之作，其最早者为清代皮锡瑞之《经学历史》，其后作者颇不乏人。其断代者，则有江藩之《汉学师承记》。日本则有本田成之《中国经学史论》。断代者，又有森木竹城之《清代儒学史概说》。本书作者，大抵根据上列数书而成，观其第一章第四节"经学史之参考书"，可概见已（一九页注二十）。

本书对于经学派别，则重古文而轻今文。其言曰："现今日本经学之倾向，乃由古文的立场，成为考证学风。本书之态度，亦立于古文学的见地，但不流于极端，竭力保持稳健之见解。"（第一章第四节"经学史"条）又曰："皮锡瑞有《经学历史》《经学通论》，此皆由公羊家之立场而作者，不免有若干僻论。"（第八章第一节"公羊学派皮锡瑞"条）此则立场正当，不若中国今日，滔滔者皆是今文学家之末流，多流于新奇僻论，言经学而抹煞经籍也。

本书第二章第二节言"经学之成立及内容"，亦颇多持平之论，不采清代今文家怪僻之言。其怀疑之说，仅采宋人言论而止，如论《易》之《十翼》云："《十翼》为孔子所作之说，始于《史记》，《汉书》及《周易正义》等对之亦无异议。至宋之欧阳修始疑之，其后学者多从之。故今日对于《十翼》非孔子所作之说，已无疑义。"（三〇页）《十翼》中有"子曰"等语，故欧阳修疑为非孔子所撰，此属正当疑问。然孔子学《易》，见于《论语》，《史记·仲尼弟子列传》："商瞿，鲁人，孔子传《易》于瞿。"然则《十翼》安知非其弟子所记孔子之言与？此与《论语》所称"子曰"何异？虽非孔子自撰，然谓与孔子极无关系，亦属过当之论。盖《十翼》中多儒家言，反与《易》之原义有不合也。

其论《尚书》云："夏商周三代之书，诚如《汉书》所云，可以肯定为各时代史官之笔，但尧舜二帝之书，则不无疑义，似为后世所作。"（页三一）案所谓后世者，不过谓非尧舜时所作，而夏代所记，亦可谓之后世者，《左传》《墨子》等书所引《尧典》，皆称夏书，可证也。故此所谓后世，下笔亦颇得宜。其不采皮锡瑞说，谓《尧典》为孔子伪撰，以文饰其新制三年之丧者，亦有卓见。

其论《周礼》，则采宋朱熹之说。其言曰："《周礼》未必是周公自作，恐是当时如今日编修官之类为之。"（三九页）此疑亦颇正当，其不采康有为"《周礼》为刘歆伪造"之说，亦具卓识。

此书自元明以前，尚少谬误，可以为初学之参考。虽经学家传记及历代经学通论，似觉太略，然拘于体例，未足深责。惟其经学造诣不深，不特玉石混淆，不能发其晶光，抑且漫无限制，有失裁断。盖经学史必限于经学，然有时叙及各家之史学、哲学、文学作品，已属费辞。至若宋之郑樵著《通志》，以史学见长；晋之裴頠著《崇有论》，以哲学见长；梁之刘勰著《文心雕龙》、钟嵘著《诗品》、昭明太子辑《文选》、陈之徐陵集《玉台新咏》，皆以文学见长，而皆阑入于经学家；而吴之步骘等，仅能读书，毫无著述，亦列于经学家专传：此则真所谓泛滥而无所归矣。此例甚多，不胜枚举，其著书不知体例如此。

至于清代，谬误更多。举其大者，一为时代失于断限，二为派别失于凌乱。

以时代言，既云清代经学，则凡卒于清亡之后者，皆不应入于清代。如公羊学派中之康有为、梁启超，清末正统派中之章炳麟、王国维，"清朝经学家表"中之王仁俊至廖平等十五人皆是。其间虽有著作成于清代者，然若章炳麟、刘师培、王国维、梁启超等，其重要著作，皆成于民国。至若胡适、陈独秀、罗振玉等且其人现在，著作亦然，何可入于清代经学史中？当另辟"民国初期经学"一章以容纳之，方不悖于"逻辑"。

以派别言，即清代经学，强分为浙西、浙东两大派。浙西派以顾炎武为主,其下又分三派:一为浙西吴派,以惠栋为主;二为浙西皖派,以江永、戴震为主;二派以外,又强分一扬州学派,则以汪中为主。浙东学派,以黄宗羲为主(三八四—三八六页)。其他又有常州学派,又名为公羊学派,则即所谓今文学派也,以庄存与、刘逢禄为主(四〇八—四一七页)。案清代自惠栋、戴震以前,无所谓派别也,汉宋不分,今古不分。自惠栋、戴震出,始主汉学,而反对宋学。故惠栋之弟子江藩,始有《汉学师承记》之作。惠、戴虽同主汉学,而一主墨守,一主裁断,故又有吴派、皖派之分,然今古文未尝严分也。此书所谓扬州学派,实多以皖派为宗,作者以其注重文学而强分之,此何关于经学宏旨耶!浙东学派,以史学为主,万斯同、章学诚,皆以史学名;即以黄宗羲而论,其所著述,如《明史案》《弘光实录》《行朝录》《明儒学案》等,亦多属于史学,邵晋涵、全祖望之著作,亦偏重于史学,其于经学,皆无特别发明,何能自成一派?而此派中列入刘宝楠、陈立、陈乔枞三人,作者皆指为今文家,所谓常州学派也,已见于公羊学派中(四一三页),未知何以又列入此?至于马国翰之列入浙东派,更觉不伦。马氏仅以《玉函山房丛书》表见,皆为辑佚之作,其书或言章宗源撰,姑不必深究,而其所辑佚书,经史子集均有,与黄奭《汉学堂丛书》相类,不应入经学家。即欲滥入,亦应入于吴派,不应入于浙东派。盖辑佚之业,在清代则倡于吴派也,惠栋之《九经古义》、余萧客之《古经解钩沉》是已。且马氏既已列于浙东学派,而清末正统派中,何以又列入之?(四二一页)其凌乱可谓甚矣。至于排斥古文学派,而以今文学相标榜者,始于刘逢禄,即所谓常州学派也,其末流至康有为而止,谭嗣同、梁启超辈,对于经学,实未尝有著作,不应列入经学家。而与今文家对立者,则有章炳麟。盖章与康同时,康主今文,又主保皇,章为俞樾弟子,俞始为皖派,晚年亦参公羊学。故章氏之学,始与康氏不相忤也,其后章氏反对保皇,主革命,乃始反对今文,主古文。故至清末,又有古文一派,其弟子中亦有专主古文学者。此则著者所不知也,故其所分清代经学派别,乃强不知以为知者也。

又浙西学派中有纪昀、胡适。纪昀为目录学家兼小说家,纪昀既滥入经学家,故张之洞、叶德辉、林纾等亦可滥入焉。胡适之学,与梁启超相类,既无经学著述,不应列入经学家;若其治学之法,则亦属于今文学派,乃为常州派,而非皖派。梁、胡皆偏于政治,彼二人既滥入经学家,故陈独秀、郑孝胥亦可滥入焉。

原夫作者致病之由,首在乎不知著书体裁及学术范围。盖彼自言中国经学史参考书有五种,其中两种,实非专言经学,即梁启超之《清代学术概论》、森木竹城之《清朝儒学史概说》。此书益多剿袭其说,故多佚出范围,而牵入哲学、史学、文学等人。不知彼以学术或儒学标题,故其范围可广,此则以经学标题,则其范围宜隘也。又左右弋获,故不觉所说矛盾,如刘宝楠、陈立、陈乔枞既入于浙东派,又入于常州派;马国翰既列于清末正统派,又入于浙东派,是也。其对于经学著作,又多未尝涉猎,如言"刘宝楠著《论语正义》二十六卷,乃由公羊家立场,解释《论语》"(四一三页),故列刘宝楠为公羊学派。不知以公羊学家之立场解释《论语》者,乃德清戴望,而刘宝楠实近吴派,其《论语正义》仅二十四卷,其书未成,其子恭冕足成之。恭冕后序云:"先君子不为专己之学,亦不欲分汉宋门户之见。"则其不为今古门户之分明矣。观其《正义》,采辑众长,不主一家,何尝以公羊家之立场以为解释乎?嗟乎!不精读书,而粗著书,中国学者,比比皆是,又何尤乎外人哉!

(《图书月刊》1942 年第 2 卷第 2 期)

熊著《读经示要》

谢幼伟

熊十力著:《读经示要》,三十四年十二月南方印书馆印行,共四三八页。

居今日而言读经,自不易引起社会人士之注意,以社会人士之所急者为物质,为生存;亦不易引起学术界之注意,以学术界之所急者为创造,为发明。读经之于生事无补,似不待论,即亦不易言创造或发明。此熊十力先生《读经示要》一书出版后,迄今近两年,各方对之,若不睹不闻者,非无故也。学术界中,固有注意经书之士,惟经书在若辈眼中,多被视为博物院中之古物,供其搜订考据之资,虽曰读经,而实志不在读;甚或窃喜他人之不读,或鼓励他人之不读,然后己之所得,方可视为奇货可居,足以自炫炫人。故即在考据家,对于读经,亦不感兴趣。熊著之为人所忽视,不惟与社会趋向有关,即与学术风气,亦有关系也。

熊著《读经示要》,成于抗战危急之际,而出版于抗战胜利之后。全书共分三讲:第一讲论经书常道不可不读,第二讲论读经应取之态度,第三讲略说六经大义。三讲内容,第一讲"直明经为常道,无时可离,无地可离,无人可离"。所谓常道,熊先生曾列举九义,而加以阐明:一曰仁以为体,二曰格物为用,三曰诚恕均平为经,四曰随时更化为权,五曰利用厚生,本之正德,六曰道政齐刑,归于礼让,七曰始乎以人治人,八曰极于万物各得其所,九曰终之以群龙无首。说明九义后,复进而解释《大学》首章,于格物致知之说,对先儒见解,颇有折衷。彼认为"致知之说,阳明无可易,格物之义,宜酌采朱子"(原书八六页)。第二讲,表明治经态度,"必远流俗,必戒孤陋,尚志以立基,砭名以固志,持以三畏,然后志定而足以希圣。圣者道全德备,而大通无碍。故读经希圣,非可专固自封也。今当融贯中西,平章汉宋,上下数千年学术源流得失,略加论定。由是寻晚周之遗轨,辟当代之弘基,定将来之趋向,庶几经术可明,而大道其昌矣"(《自序》)。此种态度,至为开明。熊先生虽主张读经,然于西方学术,绝不固拒,即对汉宋学,亦不为左右袒。第三讲,说明六经大义,而实际仅详说《易》与《春秋》二经。因熊先生认为"仲尼祖述尧舜,宪章文武,其发明内圣外王之道,莫妙于《大易》《春秋》。《诗》《书》《礼》《乐》,皆与二经相羽翼。此讲特详二经,二经通,而余经亦可通也"(《自序》)。全书内容,约略如上。

此书虽以《读经示要》名,有若唯言读经,不及其他,实则全书所论,多为儒家哲学之阐明,故可作儒家哲学读。次则全书于中国学术之源流得失,亦有精审明确之批判,故亦可作中国学术思想读。自民初读经问题发生以来,于经之认识最深,而态度又最持平者,熊先生或为第一人。唯人与物竞,士不深思,曲高寡和,固其宜耳。

全书可称美之点至多,最令评者心折者,一为对汉宋学之评价,二为对中国、西洋及印度三方面哲学之评价。熊先生于汉学家或考据家之治经,颇多责备之辞。一则曰:"清儒之自负讲明经学者,实所以亡经学也。"再则曰:"考据家仅通六经之训诂名物而已,而曰圣人之道在是。曾不思畏圣言高远,吾实未得其旨也,吾之疏解,皆似之而非也,则窃圣言以自文,而无所畏矣。"然于汉学家之功绩,熊先生亦绝不忽视。如曰:"夫清儒治经,正音读,通训诂,考制度,辨名物,其功已博矣。若其辑佚书,征考古义,精校勘,订正伪误,深究语言文字之学,而使之成为独立之科学,其嘉惠后学固不浅。吾于清儒长处,何可否认?"于宋学或理学,熊先生固多赞美之辞,然理学之流弊,熊先生亦知之最深。如曰:"理学末流,则袭程朱陆王诸老先生之绪言,以托于孔孟之徒,践履无实,知见固陋,而语录迭出,不知所谓,是其窃而无畏,较经生尤偷惰鲜耻也。至于浮夸盗名,托《春秋》《礼运》而以圣自居者,或标榜圣言,而所行与之相反者,斯皆不足论。"此其平章汉宋,虽今之以考据家或理学家自居者,亦必俯首无辞。又熊先生虽以儒家哲学为宗,于孔孟之说,特别推尊,然于西洋、印度哲人之说,亦认为各有长短,不能执一以自封。其言曰："余尝言,中国哲学,于实践中体现真理,故不尚思辨。西洋哲学,唯任理智思维,而能本之征验,避免空幻。但其探求本体,则亦以向外找东西的态度去穷索,乃自远于真理而终不悟也。印度佛家,其功修吃紧,只是止观,其极乎空脱,而造乎幽玄,终以般若为至。盖止观双运,至般若观空,而后穷于赞叹矣。今后言哲学,必于上述三方,互融其长,而去其短。"此种融贯中西,不守旧自足之态度,即趋新之士,亦不能仅目熊先生为顽固派也。明此二点,已足见熊先生识解超人。至全书解释义理之精到处,读者当自得之,此不能详。

独有一事,足为是书之病者,即是者必欲以六经为孔子所作,或必为孔子之思想,而所提证据又不甚充足。是盖一涉此种问题,即为事实问题,为考据问题。事实问题,唯事实能解答之,能证明之,而思想或义理之为如何,仅能作为旁证,决不能直接证明事实之为如何。思想上孔子应有某某言论,此不能证明(至低限度不能完全证明)事实上孔子必有某某言论。熊先生所提证据,便多类是。例如,《大学》首章,熊先生认为乃孔子口说,由曾子门人写成。然其证据则如何?其言曰:"今俗以疑古为能,遂有谓此篇为汉人所作者,此甚无稽。须知此篇囊括万有,广大悉备,非孔子不能说,非亲一贯之旨者不能记。后生不解义,故敢轻疑圣文耳。"(原书九二页)姑勿论《大学》是否为孔子口说,此种言论,即不能令考据派心服。盖"非孔子不能说者",未必即孔子所说也。为熊先生计,凡属此类问题,究以不论为佳。

总之,熊著是书,除考据方面或有问题外,实为博大精深,得未曾有之作。不论赞成读经或反对读经者,均有细读之必要与价值。

(《浙江学报》1947年第1卷第2期)

图书在版编目(CIP)数据

中国经学评论/王应宪编校.--上海：上海古籍出版社,2021.3
(中国近代史学文献丛刊)
ISBN 978-7-5325-9890-8

Ⅰ.①中… Ⅱ.①王… Ⅲ.①经学-中国-文集 Ⅳ.①Z126-53

中国版本图书馆CIP数据核字(2021)第042393号

中国近代史学文献丛刊
中国经学评论
王应宪 编校
上海古籍出版社出版发行
(上海瑞金二路272号 邮政编码200020)
(1) 网址：www.guji.com.cn
(2) E-mail: guji1@guji.com.cn
(3) 易文网网址：www.ewen.co
浙江新华数码印务有限公司印刷
开本635×965 1/16 印张35.75 插页5 字数515,000
2021年3月第1版 2021年3月第1次印刷
ISBN 978-7-5325-9890-8
B·1197 定价：158.00元
如有质量问题，请与承印公司联系